정신적 외상 극복을 위한
마음챙김
명상을 활용한 치료적 중재

Victoria M. Follette · John Briere · Deborah Rozelle
James W. Hopper · David I. Rome 편저
김도연 역

학지사

🐦 역자 서문

지난 수십 년간 정신적 외상에 대한 많은 이해와 진전이 있었습니다. 외상을 치료하기 위한 다양한 중재는 삶에서의 고통과 괴로움을 보다 적응적으로 다룰 수 있는 치료적 기제를 검토하였고, 내담자의 치유와 성장을 돕는 데 기여하였습니다.

최근에는 '마음챙김(Mindfulness)'에 기반한 치료적 중재가 다양한 심리적 문제에 적용되고 있고, 주요 심리장애의 치료뿐만 아니라 재발 방지를 위한 유지치료로서 의미 있는 성과를 보이고 있습니다. 나아가, 이러한 '마음챙김'의 주요 기제들은 우리의 일상적인 삶의 고됨을 돌보기 위한 지혜의 방편으로 손색이 없을 만큼 간결하면서도 명료하여 심리치료의 복잡성을 내려놓고 누구라도 쉽게 이해하고 접근할 수 있도록 안내하고 있습니다. 특히, 이 책에서 논의하고 있는 외상(Trauma) 치료로서의 마음챙김은 내담자의 고통스러운 기억, 정서, 신체감각 및 대인관계 손상에 이르는 다차원적 쟁점에 대한 주목할 만한 치료적 접근과 경과를 보여 주고 있습니다.

이 책은 정신적 외상 극복을 위한 마음챙김 중재를 기반으로 외상과 관련된 다양한 실존적 · 심리적 관점을 제시하고, 마음챙김 기제의 적용과 제한에 대한 구체적인 지침을 제공하고 있습니다. 또한 기존의 실제적인 외상 치료(CBT, EMDR, 포커싱 치료 및 노출 치료 등)와 마음챙김의 통합적 접근 방향을 제시하고, 관계적 마음챙김으로 내담자–치료자 간의 심리적 소진과 치료적 성과를 다루며, 신경생물학적 접근으로 마음챙김 수행과 관련된 핵심적인 뇌와 심리적 과정에 대한 이해를 제공합니다. 나아가, 이 책 전반부에 포함된 실증적인 사례는 내담자가 외상 경험을 자신의 체제 안으로 통합하고, 자비와 수용으로 삶을 감싸 안으며, 외상 전의 온전함으로 나아가는 모습을 구체적으로 보여 주고 있어 이 책을 읽는 실무자에게 마음챙김의 치료적 중재를 이해하는 유익함이 있으리라 봅니다. 이 외에도 아동기 애착 문제, 발달과정상의 배반외상, 대인관계상에서 초래되는 복합 외상에 이르기까지 외상적 스펙트럼의 다양한 구성을 포함하고 있는 이 책의 주요 고려사항은 외상 치료에 대한 새로운 관점과 나아갈 방향에 대한 고민을 함께 안겨 주리라 봅니다. 이와 더불어 마음챙김 기반 중재에 초점을 두고 있는 전체 4부로 구성된 22개 장의 실제적 접근들은 외상 치료에 대한 잘 확립된 증거 기반 치료로서의 충분함을 제공하고 있으며, 이는 성장 지향 모델로서의 '마음챙김'에 대한 기대와 믿음을 확고하게 합니다.

책을 번역하고 원고를 다듬는 동안 지지와 격려를 보내 주신 모두에게 감사를 드립니다. 특히, 매 순간 수고로움을 함께한 송채현 선생님의 노력과 헌신은 더없는 고마움이었습니다. 또한 안정적인 지지와 자비, 수용을 공유하는 우리 가족에게 사랑을 전합니다. 마지막으로, 출간이 지연됨에도 배려를 아끼지 않으며 기다려 주신 학지사 김진환 사장님과 오수영 편집자님께 깊은 감사를 드립니다.

이 책을 읽는 모든 분의 평안과 행복을 기원합니다.

2017년 2월
역자 김도연

🐦 편저자 서문

빅토리아 M. 폴렛(Victoria M. Follette)
존 브리어(John Briere)
데보라 로젤(Deborah Rozelle)
제임스 W. 호퍼(James W. Hopper)
데이비드 I. 롬(David I. Rome)

지난 몇십 년 동안 우리는 정신적 외상 및 효과에 대한 이해가 크게 확대되고, 외상 후 스트레스를 치료하는 경험 기반 치료가 급성장하는 것을 목격해 왔다. 이러한 많은 치료가 인지-행동 치료인 반면, 일부 치료는 관계 및 정신역학 관점을 지니고 있으며, 일부는 다수의 접근을 결합한다. 축적된 데이터와 임상 경험은 이러한 다양한 중재가 외상 후 스트레스 장애(PTSD; American Psychiatric Association, 2013)와 관련된 결과를 개선시키는 데 꽤 유용하게 쓰일 수 있다.

동시에 두 가지의 추가적인 발전이 외상에 초점을 둔 임상의들의 주목을 끌었다. 첫 번째는 보통 PTSD, 불안 및 우울증의 영향 아래 포함되는 것보다 훨씬 더 많은 증상과 문제를 포함하는 광범위한 외상 효과에 대한 과학적 인식의 증가다. 이러한 외상 효과로는 대인관계의 어려움, 손상된 자기인식, 부정적 관계 도식, 신체 몰두, 해리 그리고 약물 남용, 자해, 비정상적 성적 행동, 공격성을 통해 고통스러운 내적 상태에 대처하려는 시도가 있다(Briere & Scott, 2014). 또한 많은 생존자가 의기소침, 의미 상실, 소외감, 불충분한 자기수용 및 행복 등으로 고심한다(Nader, 2006; Thompson & Walsh, 2010; Shay, 1995). 이러한 쟁점들은 일반적으로 대표적인 외상 후 스트레스 증상 및 불쾌감과 관련하여 전통적·경험적으로 검증된 중재에 잘 반응하지 않는다. 이에 따라 외상 사건 및 상실의 가장 시급한 일부 영향들이 일반적으로 이용 가능한 심리치료로 해결되지 못하고 있다.

두 번째는 심리적 고통을 다루는 마음챙김 기반의 명상 중재를 적용하는 것과

관련된다. 이러한 접근, 특히 불교 심리학에서 도출되었지만 다른 전통도 포함하는 접근은 보통 외상의 실존적 영향들과 더 직접적인 관련이 있는 것으로 나타난다. 또한 외상 관련 고통과 장애의 치료에 대해 새로운 선택권을 제공할 수 있다.

이러한 명상 방법론 중 주요 방법론은 종종 "의도적으로, 비판단적으로, 특별한 방식에 따라 현재의 순간에 주의를 기울이는 것"으로서 기술되는 **마음챙김**이다(Kabat-Zinn, 1994, p. 4). 이 책의 여러 저자가 논의하는 바와 같이, 더 우수한 마음챙김 능력을 발전시키는 사람들은 불안, 우울, 질병 관련 통증과 고통 및 다수의 기타 정서적 · 신체적 문제의 감소를 경험하는 것으로 나타난다. 또한 기술하는 바와 같이, 중요한 것은 마음챙김이 특히 PTSD로 고통받는 외상 생존자를 도울 수 있다는 점을 새로운 연구가 보여 준다는 것이다.

동시에 요가, 자애(loving-kindness) 명상 혹은 자비심 수행 같은 기타 마음챙김 관련 접근 또한 심리적 · 정서적 문제로부터 고통받는 사람들, 특히 외상과 관련된 사람들에게 도움이 될 수 있다는 것이 점차 명백해지고 있다. 그러나 이러한 접근은 주류 저널 및 저서에서 자주 언급되지 않는다. 이 후자의 접근을 공부하고, 적용하기 어려운 부분들은 (최근까지도) 별로 견고하지 않은 경험적 검증 그리고 이것의 기본 가정과 현재 외상 및 그 효과에 대한 과학 이론의 가정 사이에 존재하는 잠재적 대립이 있기 때문이다. 또한 이러한 접근은 외상 생존자와 임상의가 광범위하게 고수하지 않는 종교 또는 정신의 전통에 속할 수 있다.

이러한 점에서, 우리는 이 책의 부제와 여러 장에서 사용하는 **명상 수행**의 개념을 명확히 하고자 한다. 온라인 옥스퍼드 사전(www.oxforddictionaries.com/us/definition/american_english)은 이 용어를 다음과 같이 정의하고 있다. ① 깊은 성찰적 사고, ② 사고하거나 계획하는 상태, ③ 종교적 명상, ④ (기독교 영성에서) 개인이 심적 이미지와 개념을 초월해 신성한 것을 직접 경험하고자 추구하는 기도 및 명상의 형태다. 이 책에서 우리는 주로 종교 지향적 개념보다는 내적인 주의, 관찰, 탐구를 뜻하는 첫 번째 정의를 사용할 것이다. 이러한 초점은 종교적이거나 영적인 관점을 묵살하려는 것이 아니다. 단지 광범위하게 볼 때 명상은 심오한 개념적 · 비개념적 이해에 도달하기 위해 내면을 향하며, 개인의 사고, 감정 및 기타 내적 경험을 분석하는 반복적 행위를 반영한다는 점을 강조하는 것이다. 이러한 방식은 일반적으로 마음챙김의 일부 형태를 환기시키는 것이지만, 추가적인 결과들, 정신요법, 영적 및 기타 형태 또한 관련될 수 있다.

이러한 다양한 쟁점에 대해 우리는 이 책의 저자들로서, 마음챙김과 관련 명상 방법론이 외상과 연관된 복잡한 심리적 · 실존적 고통에 적용된 방식 혹은 적용될 수 있는 방식을 분석하고자 했다. 영감을 준 한 가지는 2009년 6월 뉴욕 개리슨(Garrison) 재단에서 개최된 혁신적인 콘퍼런스였다. '외상의 변혁: 통합 명상 수행, 신경과학, 다문화 관점들(Transforming Trauma: Integrating Contemplative Practices, Neuroscience, and Cross-Cultural Perspectives)'이라는 제목의 이 다방면의 포럼은 외상 사건에 노출된 사람들을 돕는 광범위한 명상 수행의 잠재적 혜택을 분석하기 위해 소집되었다. 참석자들은 여러 불교 종파에서 하타 요가에 이르기까지 광범위한 명상 전통을 대표했다. 또 다른 참석자는 신경과학자, 외상 연구자, 널리 존경 받는 임상의들이었으며, 일부는 특정 형태의 명상 수행에 관련된 사람들이었다. 참석자에 대한 유일한 요건은 각 개별 영역에서 지도자로 여겨지는 사람들로, 외상 해결에 초점을 맞추고 있으며, 자신들의 방법론과 관련하여 몇몇 형태의 경험주의를 지지하는 사람들이어야 한다는 것이었다.

중요한 것은, 개리슨 회의가 외상과 그 치료에 대한 더 광범위한 학제 간 초점이 외상과 그 해결책에 대해 일부 측면에서 우리의 논의와 접근을 '터놓고 이야기할 수 있도록' 한다는 것을 제시했다는 점이다. 이 회의가 우리에게 권장한 질문은 다음과 같았다.

- 마음챙김 지향 전통은 외상 후 문제의 개선에 유용한 요소를 포함하는가?
- 이러한 요소가 어떻게 안전하게 적용될 수 있는가?
- 그 효능에 대해 어떤 증거를 모을 수 있는가?
- 외상의 더 실존적인 효과들이 이러한 중재에 의해 어떻게 다루어질 수 있는가?
- 새로운, 특히 효과적인 외상 치료를 만들어 내기 위해 외상에 대한 서양의

경험적 치료를 명상 접근과 결합할 수 있는가?

이 책은 이러한 질문들을 탐구하는 초기 단계를 보여 준다. 30명 이상의 임상의, 연구자 및 영적 수행자의 생각을 담고 있으며, 이들 모두는 동일한 목표를 가지고 있다. 그것은 바로 현대 외상 치료에서 다양한 명상 수행 형태의 잠재적 역할에 대해 기술하는 것이다. 이들 모두는 저자, 교사 및 연구자들이며, 대부분이 이 책의 여러 장에 나오는 설명에 익숙하다. 그러나 단 한 권의 책에 이들의 생각을 한데 모으는 것은 원대한 과제였다. 이들은 학계 내외에서 임상적으로 초점을 맞춘 혹은 주로 이론적인 다양한 관점, 전통 및 전문성을 대표하며, 이들의 모든 견해가 전적으로 명상에 관한 것은 아니었기 때문이다. 그러나 우리의 의도는 통일성을 달성하고자 한 것이 아니었다. 대신 우리는 외상 치료에 대한 광범위한 마음챙김 지향 접근에 내재된 막대한 잠재력, 즉 사고, 새로운 결합 및 분야 간 조화를 촉진하는 것을 의도로 하는 다양성을 부각시키고자 했다. 이러한 이유로, 독자는 이 책에서 동의하게 될 그리고 동의하지 않을 많은 생각을 발견하게 될 것이다. 우리는 모든 기고자가 비교적 높은 수준의 설명을 제시하도록 했지만, 동시에 이들이 새로운 생각과 표현 방식을 자유롭게 제시하도록 권장했다.

책의 구성

이 책은 마음챙김 지향 외상 치료의 기초, 명상 수행을 포함한 치료법을 분석하는 네 개의 부분으로 구분되며, 일부 경험적 뒷받침과 신경생물학적 및 신체 감각적 관점, 외상과 관련된 치료, 특수 인구집단에 대한 적용을 담고 있다.

1부에서 세 개의 장은 외상 치료에서 마음챙김 지향 접근의 사용을 뒷받침하는 배경과 전제를 제공한다. 1장에서 존 브리어(John Briere)는 외상 사건에 노출되는 것과 연관될 수 있는 수많은 결과를 다루기 위해 불교와 서양의 접근을 결합하며, 외상과 관련된 통증 대 고통의 문제에 대한 개요를 제공한다. 그는 고통스러운 삶의 경험을 다루는 동양과 서양 철학의 결합으로 고려될 수 있는 중다양식(multimodal)의 접근에 대해 주장한다. 2장에서 타라 브랙(Tara Brach)은 외상 생존자들이 어떻게 고통을 겪으며, 자신들의 진정한 전체 자아를 확인하는 능력을 어떻게 상실하는지에 대해 설명하기 위해 명상 기반 불교 심리학의 핵심을 다룬다. 기술과 기록을 통해, 그녀는 내담자가 안전감과 삶에 대한 연결을 강화시켜 주는 자신들의 내적 자원에 다시 연결되도록 돕는 것에 관한 지침을 제공한다. 3장에서 크리스토퍼 K. 거머(Christopher K. Germer)와 크리스틴 D. 네프(Kristin D. Neff)는 명상 치료들이 외상 생존자들에 대한 치유에서 핵심 요소로 고려되는 자기자비(self-compassion)에 직접적 영향을 끼칠 수 있다는 것을 보여 주는 경험적 발견에 대해 논의한다. 이들은 자기자비를 직접 다루는 한 가지 방법을 제공하는 한편, 이 책에서 제시되는 다른 치료 방식에 대한 직간접적 연관성에 주목한다.

2부는 외상 치료에 대한 접근에 명상 활동 및 관점을 포함시키는 치료에 초점을 맞춘다. 제시카 L. 엥글(Jessica L. Engle)과 빅토리아 M. 폴렛(Victoria M. Follette)은 4장에서 외상 생존자들을 다루는 것과 관련된 수용 전념 치료(ACT; Hayes, Wilson, Gifford, Follette, & Strosahl, 1996)에 대한 개요를 제공한다. 외상 치료를 위한 ACT는 많은 저서와 글의 주제였지만, 이 4장은 핵심 가치들과 연결되도록 내담자를 지원하기 위해 마음챙김 실천을 사용하는 것의 중요성을 강조한다. 이러한 연결은 삶에 대한 더 큰 몰두로 이끌고, 현재에 머무르는 것 그리고 친절과 자비에 연관되는 것으로 고려된다. 데비카 R. 피오릴로(Devika R. Fiorillo)와 앨런 E. 프루제티(Alan E. Fruzzetti)의 5장은 원래 일반적으로 경계성 성격 장애와 연관되는 광범위한 정서적 문제를 다루기 위해 개발된 변증법적 행동 치료(DBT; Linehan, 1993)가 어떻게 외상 생존자의 치료에 특히 적합한지에 대해 설명한다. 이들은 DBT가 마음챙김을 발전시키고, 현재의 순간에 충실하며, 외상 관련 증상을 관리하기 위한 효과적인 기술로 나아가도록 내담자를 지원하는 방식들에 대해 이야기한다.

우울증은 외상과 역경의 흔한 결과다. 6장에서 J. 마크 G. 윌리엄스(J. Mark G. Williams)와 토르스텐 반호퍼(Thorsten Barnhofer)는 원래 만성 우울증의 재발 방지를 위해 개발된 마음챙김 기반 인지 치료(MBCT; Segal, Williams, & Teasdale, 2013)가 외상 생존자들의 치료와 얼마나 관련이 있는지에 대해 논의한다. 특히, 과잉 일반화 기억 같은 이론적 쟁점과 MBCT를 채택하는 것에 대한 경험적 발견 및 권장을 제시하며, 저자들은 외상 및 우울증을 다루는 현 상황에 대한 개요를 제공한다. 데보라 로젤(Deborah Rozelle)과 데이비드 J. 루이스(David J. Lewis)는 7장에서 보통 명상으로 고려되지 않는 PTSD 치료법인 안구 운동 민감 소실 및 재처리 요법(EMDR; Shapiro, 2001)에 대해 논의한다. EMDR에 대한 일반적 관점들을 벗어나 확장시키며, 이들은 명상 방법과 경험적 기반 방식을 연계시키고, PTSD 및 그 치료에 대한 새로운 통찰을 제시하며, 불교와의 중요한 관련성에 대해 설명한다. 8장에서 리처드 C. 슈왈츠(Richard C. Schwartz)와 플린트 스파크스(Flint Sparks)는 외상 효과들에 대한 치료, 특히 자아의 가상 내적 구성요소의 건강한 기능을 촉진시키는 것과 관련된 내적 가족 체계 모델(IFS; Schwartz, 1994)에 대해 설명한다. 이들은 치료 과정에서 외상으로 고통받는 사람의 타고난 마음챙김 능력, 자애, 자비를 강조하면서, 자신들의 치료 접근을 대승불교의 요소와 관련 짓는다.

9장에서 트리시 매기어리(Trish Magyari)는 어린 시절 성적으로 학대 받은 여성에 대한 치료에서 마음챙김 기반 스트레스 감소(MBSR; Kabat-Zinn, 1982)를 이용한 것에 대해 쓰고 있다. MBSR은 교훈적 표상, 명상 수행, 내적 경험 수용의 장려를 염두에 둔 탐구 자세를 포함한다. 매기어리는 더 복잡한 형태의 외상 후 증상에 MBSR을 특별히 적용하는 것에 대해 설명한다. 도랠리 그린들러 카토나(Doralee Grindler Katonah)는 10장에서 다양한 심리적 문제에 대해 사용되어 온 치료법인 포커싱(focusing) 지향 심리치료(Gendlin, 1998)의 명상 측면을 제시하며, 특히 '신체적 앎(bodily knowing)'과 개인의 전인성에 대한 의도적 초점을 가지고 이 연구와 외상 생존자들의 관련성에 대해 주장한다. 이러한 접근은 내담자가 외상 경험들을 통합하고, 더 의미 있는 삶으로 이끌 수 있는 성장 과정을 시작하도록 장려한다. 마지막으로, 11장에서 데이비드 에머슨(David Emerson)과 엘리자베스 K. 호퍼(Elizabeth K. Hopper)는 치유를 촉진하고, 내담자가 더 집중하면서, 더 구체화되고, 의도적인 방식으로 헤쳐 나가도록 도울 수 있는 명상 치료 법으로서 설명되는, '외상에 민감한' 하타 요가의 특별한 사용에 대해 임상적으로 풍부한 논의를 제공한다. 또한 이 부분의 다른 장은 외상 생존자에 대한 자신들의 접근 적용을 뒷받침하는 경험적 발견을 제시한다.

지금껏 명상 연구의 신경생물학 토대에 대한 관심은 증가해 왔다. 카밧진 (Kabat-Zinn)과 데이비드슨(Davidson)의 달라이라마에 대한 글(예: Kabat-Zinn, Davidson, & Houshmand, 2011)은 마음챙김 및 자비 수행과 더 세속적인 '자연 과학' 사이에 연관성을 강조했다. 3부는 외상 및 회복과 관련된 기초 심리학 과정 들에 대해 설명한다. 제임스 W. 호퍼(James W. Hopper, 12장)는 뇌 역학에 대한 개요, 외상 후 두려움 및 우울증이 심리적 기능에 끼치는 영향에 대한 강조로 시 작한다. 두뇌 회로와 명상 수행의 영향을 연결시키며, 그는 외상과 치유에 대한 우리의 이해를 발전시키는 기반으로 기능할 수 있는 과학, 임상, 명상 지식을 연 계시키기 위한 체계를 제시한다. 다니엘 J. 시겔(Daniel J. Siegel)과 모리야 고트만 (Moriah Gottman, 13장)은 대인관계 신경생물학 접근을 사용한 외상의 발달 영향 에 대한 논의로 생물학적 토대를 확장시킨다. 이들은 다수의 비적응적 심리 과정 을 초래하는 혼란 애착 및 저하된 신경 통합의 역할에 대해 논의하며, 이러한 장 기적인 문제들을 해결하는 데 있어 마음챙김의 활용을 제안한다. 3부의 마지막 장 에서 팻 오그던(Pat Ogden, 14장)은 인지, 정서, 감각 지각, 운동, 내부 감각의 함축 적 과정을 포함하는 감각운동 심리치료에 대해 설명한다. 그녀는 '관계적 마음챙 김'을 포함하는 내담자–치료자 상호작용이 내담자의 '현시점'에 대한 경험 처리 를 촉진시킴으로써 어떻게 성장과 치유로 이끌 수 있는지에 대해 설명한다.

4부에서 우리는 특수한 인구집단 혹은 고유한 표상을 통해 마음챙김 지향 수행 의 특별한 적용에 대해 고려한다. 메리 앤 더튼(Mary Ann Dutton, 15장)은 외상 노 출이 반복된 저소득 소수집단 여성에 대한 MBSR의 사용을 다룸으로써 4부를 시 작한다. 그녀가 치료한 내담자는 치료를 추구하지 않았으며, 오히려 외상 관련 증 상을 가지고 살아야 했던 사람들이라는 점에서 특별하다. 이러한 MBSR의 적용 에 대한 경험적 평가는 증가된 자기자비를 포함한 광범위한 증상의 개선을 입증했다. 로널드 D. 시겔(Ronald D. Siegel)의 신체적 통증에 대한 마음챙김 접근에 관한 장(16장)은 특정 치료 중재들이 심리와 신경 수준에서 통증의 경험 및 통증 관련 고통을 경감시킬 수 있다는 것을 보여 주는 연구에 대해 설명한다. 그의 치료 접근은 통증의 처리와 '내려놓는', 수용에 초점을 맞춘다. 데이비드 J. 키어니(David J. Kearney)는 17장에서 MBSR과 자애 명상(LKM; Kearney et al., 2013)의 이용에 있어 참전 군인의 특별한 요구들에 대해 다룬다. 재향군인 관리국(VA) 시스템에서 관리하는 재향군인은 일반적으로 지속적 노출 및 인지 처리 치료같이, PTSD에 특별히 초점을 맞추는 명상 및 치료를 제공 받는다. 그러나 모든 내담자가 이러한 접근으로부터 혜택을 얻는 것은 아니며, 키어니는 재향군인들이 직면하는 문제의 범위를 다루기 위한 마음챙김 기반 중재의 사용을 강하게 권장한다. 18장에서 랜다이 J. 셈플(Randye J. Semple)과 라일라 A. 매드니(Laila A. Madni)는 외상 병력을 가진 아동들에게 마음챙김 기반 인지 치료를 적용하는 것에 대한 명확한 근거와 데이터를 제공한다. 12주 그룹 프로그램은 치료에 대한 아동들의 참여를 지속시키도록 돕는 다양한 활동을 포함하기 위해 성인의 치료에서 채택되었으며, 8~12세 아동에게 성공적으로 이용되었다. 린 C. 왈드(Lynn C. Waelde)는 19장에서 해리가 다양한 형태를 가질 수 있으며, 다수의 기능을 한다는 것에 주목한다. 그녀는 마음챙김과 명상을 포함하는 치료 프로그램을 시행하고, 심한 해리 증상을 가진 내담자와 관련된 특별한 고려사항 및 주의사항을 제공하는 데 있어 명확한 지침들을 제시한다.

이 책은 주로 외상과 학대의 생존자 치료를 다루지만, 로버트 A. 파커(Robert A. Parker, 20장)는 청소년 성범죄자를 치료하는 데 있어 안내가 되는 마음챙김의 형태로서 포커싱 지향 치료에 대해 논의한다. 마음챙김은 신체가 타인들과 관련하여 더 자비로운 방식으로 행동하는 것을 향한 움직임을 보유하고 있다고 고려하는 '함축적 앎'에 연결하는 데 사용된다. 21장에서 제니 필립스(Jenny Phillips)와 제임스 W. 호퍼는 보호가 부족한 또 다른 집단인 교도소의 외상 죄수들에게 명상 수행을 이용하는 것에 관해 쓰고 있다. 이들은 최대의 보안 교도소에서 제공된 집중적인 비파사나(vipassana) 명상 프로그램에 대해 설명하며, 집중적인 비파사나 수련이 자신과 타인들에 대한 자비로 죄수들의 고통과 결핍을 어떻게 다루는지에 대해 논의한다. 4부의 마지막 장(22장)에서, 브룩 닷슨 라벨(Brooke Dodson-Lavelle), 브랜단 오자와 드 실바(Brendan Ozawa-de Silva), 게셰 롭상 텐진 네기(Geshe Lobsang Tenzin Negi), 찰스 L. 레이즌(Charles L. Raison)은 광범위한 인구 집단에 대해 시행되고 평가되어 온 인지 기반 자비 훈련으로, 위탁 시설의 청소년들에 대한 명상 치료에 대해 설명한다. 치료에 대해 상세하게 설명한 후, 이들은 재향군인과 유사한 외상 관련 증상을 가진 위탁 시설의 아동에게 이러한 접근을 사용한 사례를 제시한다.

　종합하여 볼 때, 이 책의 장들은 우리가 기존에 분야의 발전이라고 믿은 것에 대한 뒷받침을 제공한다. 즉, 외상 효과에 대한 전통적 임상 접근이 많은 외상 환자에게 유용한 것으로 입증되었지만, 우리가 이제 이용할 수 있게 된 전체적으로 다른 영역에서 파생된 중요한 통찰, 이론적 관점, 방법론이 존재한다. 이 책의 여러 장에서 밝혔듯이 이러한 많은 '새로운' 방법은 시험되고, 경험적으로 검증될 수 있으며, 보통 더 전통적인 심리치료와 결합될 수 있을 것이다. 이러한 결합은 외상 치료에서 중요한 진보를 만들어 낼 수 있으며, 이는 기존 외상 치료의 효과를 향상시키고, 증상 감소를 넘어 전반적인 심리적 건강을 아우르는 결과를 촉진할 수 있다.

차례

제1부 **기초**

 제2부 **명상 접근들의 적용**

제3부 신경생물학/신체적 쟁점 및 접근들

제4부 특별한 적용과 대상 집단

제1부

기 초

Mindfulness-Oriented Interventions for Trauma

제 *1* 장

통증과 고통

외상에 대한 불교와 서양 접근의 결합

존 브리어(John Briere)

　사랑하는 사람의 죽음, 자동차 사고, 중병 진단 혹은 오랜 관계의 예기치 못한 단절 등 어떤 것과 관련되든, 역경, 고통과 상실은 삶의 필연적인 측면들이다. 이 장에서 우리는 특히 압도적이며, 보통 정신적 외상으로 언급되는 사건들에 대해 조사하고, 이러한 현상에 대한 서양의 접근과 불교 접근 사이에 유사점과 차이점을 분석해 보겠다. 이와 함께 우리는 상처를 받는다는 것이 뜻하는 바와 이것이 차후의 감정적 고통과 어떻게 관련되는지, 그리고 얼마나 필연적으로 다른 고통을 초래하는지 고려할 것이다. 최종적으로 우리는 불교 심리학, 특히 마음챙김 훈련이 외상 회복/통합 과정에 고유하게 영향을 끼치는 방식을 분석할 것이다. 그전에 외상이 실제로 무엇을 뜻하는지, 보통 그 효과는 어떠한지, 서구 심리학이 일반적으로 외상 관련 문제를 다루기 위해 사용하는 치료 중재에는 어떤 것이 있는지 검토해 보겠다.

외상과 외상 후 결과들

　외상은 서구 심리학에서 실제적이고 위협적인 사망, 부상 혹은 기타 신체적 온

전함에 대한 위협을 포함하며, 보통 큰 정서적 고통을 초래하는 사건으로 정의된
다(American Psychiatric Association, 2013). 감각적 · 인지적 · 정서적 측면을 가
질 수 있는 외상의 기억은 차후 시점에 순간적 회상(flashback), 고통스러운 정
서 상태, 침투적 생각으로 촉발되고, 되새겨질 수 있다. 결국 이러한 현상은 그 자
체로 문제가 되는 회피 반응의 원인이 될 수 있다. 또한 외상 사건들은 지속적
인 긴장, 불안, 민감함, 과도한 각성, 불면증, 자극 감수성을 초래하는 자율 신경
계의 '투쟁 또는 도피'(노르 아드레날린) 요소들을 과민하게 만들 수 있다(Hopper,
이 책 12장; Yehuda, 1998). 이러한 감각적 · 인지적 · 정서적 측면이 수적으로나
강도(intensity)상으로 충분한 경우, 여러 증상은 외상 후 스트레스 장애(PSTD;
American Psychiatric Association, 2013)의 증거로 고려된다.

외상은 우울증, 불안, 대인관계 장애 그리고 정서 상태를 감내하고, 조절하는
것의 어려움을 포함하여 추가적인 효과가 있다. 이 중 후자는 약물 남용, 해리, 자
해, 자살, 공격성, 충동적 행동(Briere, 2004; Courtois & Ford, 2012; van der Kolk et
al., 1996)과 같은 고통 감소 행동의 동기가 될 수 있다. 기타 외상의 영향은 개인
의 삶이 어떤 의미나 목적도 없는 것처럼 느끼거나, 죽음에 대한 두려움, 영적 신
념에 대한 상실, 타인들 및 사회와의 단절을 느끼는 것처럼, 명백히 실존적인 특
성이 있다(Nader, 2006; Thompson & Walsh, 2010; Shay, 1995).

이러한 이질적인 결과를 고려할 때, 어떤 단 하나의 심리적 중재 및 접근으
로 모든 경우나 모든 유형의 외상 관련 고통이나 혼란을 해결할 수 없을 것이
다. 예를 들어, 인지 행동 치료는 일부 개인에게서 PTSD를 감소시키거나 해결
하는 것으로 나타났지만(Cahill, Rothbaum, Resick, & Follette, 2009; Hembree &
Foa, 2003), 일부 사람에게는 이러한 치료가 특별히 유용한 것으로 나타나지 않
았다(Dutton, 이 책 15장; Belleville, Guay, & Marchand, 2011; Bradley, Greene,
Russ, Dutra, & Westen, 2005; Kar, 2011; Schottenbauer, Glass, Arnkoff, Tendick,
& Gray, 2008). 유사하게, 고전적인 정신분석은 순간적 회상 및 자율신경 과각성
(autonomic hyperarousal)에 직접적인 효과를 발휘할 수 없으며, 간혹 도움이 되
기는 하지만, 정신과적 약물치료는 외상 관련 정동조절부전(affect dysregulation),

관계 문제 혹은 정체성 혼란 같은 결과는 차치하고, PTSD의 모든 측면을 개선시키지 않는 것으로 나타났다(Scott, Jones, & Briere, 2014). 개별 심리적 증상에 대한 서양 치료 기법들의 불완전한 효능 이외에, 더 복잡한 외상 효과들[예, 경계성 성격 장애(American Psychiatric Association, 2013), 발달상의 외상 장애(vou der kolk et al., 2005)]은 특히 전통적인 심리적 중재에 저항할 수 있으며, 부정적 경험의 실존적 효과는 현재의 경험적 정보에 입각한 치료로는 완전히 다룰 수 없을 것이다(Schneider, Bugental, & Fraser Pierson, 2002).

단 하나의 치료 접근이 모든 내담자에게 유용할 수 없기 때문에, 최근의 연구와 임상 방식은 여러 치료 요소를 다양한 문제, 증상 및 어려움에 적용시킬 수 있는 중다양식(multimodal) 치료에 더 초점을 맞추고 있다. 특히 외상 분야에서는 외상 생존자의 정서 조절 능력을 증가시키고, 감정 처리를 촉진시키며, 외상 후 인지를 다루는 방법론이 관심을 받고 있다(예, Cloitre, Stovall-McClough, Miranda, & Chemtob, 2004; Follette & Vijay, 2009; Wagner & Linehan, 1998). 이와 같은 최근의 접근 중 주목해야 할 것은 마음챙김의 발전 및 심화를 포함하는 중재로, 이는 이 장의 후반에 설명하며 이 책 전체에 걸쳐 심도 있게 다룰 것이다. 그러나 우리는 외상 치료의 맥락에서 마음챙김을 고려할 수 있기 때문에, 외상의 가장 문제가 되는 측면 중 하나인 상반성에 대해 분석해야 한다.

고통의 역설

감정적 통증에 직면하게 될 경우, 인간의 일반적인 반응은 움츠러들고, 멍해지고, 산만해지고, 부인하거나 아니면 인식을 억제하게 된다. 그러나 정신적 회피는 실제로 정신적 고통을 지속시키거나 심화시킬 수 있다. 예를 들어, 약물 및 알코올을 남용하고, 해리 상태에 이르고, 이상 행동을 통해 외재화하거나, 괴로운 생각 및 기억을 억제하는 사람들은 표면적으로 회피되는 내용에 몰두할 수 없다. 따라서 심리적으로 대사 작용을 하게 되기 때문에 다른 사람들보다 더 침투적이고,

만성적인 문제 및 증상을 발전시킬 가능성이 크다(예, Briere, Scott, & Weathers, 2005; Cioffi & Holloway, 1993; Gold & Wegner, 1995; Morina, 2007; Pietrzak, Harpaz-Rotem, & Southwick, 2011; Siegel, 이 책 16장).

실제로 고통스럽거나 괴로운 내적 상태들을 회피하고자 하는 한편, 괴로움을 지속시키는 행동에 몰두하는 것은 **고통의 역설**(pain paradox)이라 부를 수 있다 (Briere & Scott, 2014). 괴로움을 줄이려는 노력에 따라, 우리는 결국 원치 않는 생각이나 감정을 증가 및 감소시키거나, 더 지속적으로 만드는 일을 하게 될 수 있다. 또한 우리의 관심을 한정시키고, 인식을 줄임으로써, 우리는 행복과 연관된 삶의 중요한 측면을 놓칠 수 있다. 결국 이러한 경험의 무감각은 더 긍정적인 선택과 감정이 가능하다는 증거를 의식에서 제거하여 회피를 추가적으로 강화할 수 있게 한다.

회피의 주요 이유는 심리적 항상성을 유지하려는 욕구 때문이다. 개인의 감정적 고통이 자신의 정서 조절/인내력을 초과하는 경우, 개인은 이러한 괴로움의 인식을 회피하려는(혹은 최소한 줄이려는) 동기를 갖게 되며, 이에 따라 더 이상 자신의 정서적 평형에 도전하지 않게 된다(Briere & Scott, 2014; van der Kolk et al., 1996). 노숙자는 자신의 상황과 연관된 정서적 고통과 이미 제한된 자신의 정서 조절 능력을 초과하는 삶의 잔인함에서 잠시나마 벗어나려는 방법으로 술이나 메스암페타민(methamphetamine)을 남용하게 될 수 있다. 유사하게, 아동 학대의 생존자는 고통스러운 기억들과 연관된 압도적인 불안이나 수치심을 줄이거나, 주의를 분산시키려는 시도로 해리 상태 및 성적 이상 행동에 빠질 수 있다.

심리적 기능을 넘어, 회피는 일반적으로 거부, 주의 분산 혹은 억제를 통해 불편한 상태를 해결하는 사회적 훈련을 반영한 우리의 문화에서 널리 지지를 받는다. 예를 들어, 큰 상실이나 외상 이후 몇 주 혹은 몇 달 동안 우울증, 불안함, 분노 상태에 있는 사람은 다른 사람으로부터 "그냥 이겨 내.""과거를 잊어.""넘어가." 라는 말을 듣게 될 것이다. TV와 기타 매체의 광고는 불행이나 단순한 불편함을 없애 주는 약물 및 치료제를 홍보하며, 많은 경우 기분이 좋아지거나, 자각되는 부적절함 혹은 불만족을 해결하는 방법으로 구입을 권장한다. 전달하는 메시지는 보통 괴로움과 불편함은 좋지 않은 것으로서 제거되고 숨겨지거나 약물로 치료되어야 하며, 이렇게 하면 말 그대로 기분이 좋아진다는 것이다.

불행히도 이전에 설명한 것처럼, 회피는 장기적으로 거의 효과를 발휘하지 않는다. 그러나 반대로 우리가 마음챙김이라고 부르는 것을 통해서든 혹은 정신역학 심리치료, 치료 노출, 기타 외상 내용에 접근하고, '함께하는' 방식에 대한 반응으로든, 고통을 직접 경험할 수 있는 사람들은 시간이 흐름에 따라 회피하거나 부인하는 사람들보다 고통의 감소를 경험할 가능성이 더 크다(예, Hayes, Strosahl, & Wilson, 2011; Foa, Huppert, & Cahill, 2006; Kim-brough, Magyari, Langenberg, Chesney, & Berman, 2010; Thompson & Waltz, 2007). 이러한 점에서, 다양한 이론적 관점은 직접적으로 관여하여 압도되지 않은 채 심리적 고통을 허용하는 개인적 처리는 외상 및 괴로운 정신상태를 더이상 고통 및 침투적 경험의 원천이 되지 않도록 인지적으로 수용할 수 있게 한다고 제시한다(Briere & Scott, 2014; Chödrön, 2002; Horowitz 1986; Rothbaum & Davis, 2003).

따라서 고통의 역설은 궁극적으로 우리에게 고통스러운 상태를 직접 느끼게 하거나, 고통스러운 사고를 생각하게 함으로써, 사실상 회피를 피하도록 조언한다. 이러한 '두려움을 초대하는'(무명의 초기 선종 지도자), 혹은 '고통에 기대는'(Brach, 2004) 개념은 외상 처리에 대한 불교와 일부 서양 접근에 있어 중심이 된다. 외상 생존자가 자신의 정서적 평형과 상관없이 일관되고 완전한 집중을 자신의 의식에 적용할 수 있는 경우, 그는 표면적으로 회피의 상반성에 관여하게 된다. 불교 심리학에서 직접적으로 집중하는 능력, 개인의 내적경험에 대한 비판단적 주의는 마음챙김의 주요 요소로 고려된다.

마음챙김

마음챙김은 판단을 하지 않고, 수용하며, 내부 정신 상태, 사고, 감정, 기억, 외부 세계의 침해 요소를 포함하는 직접적 경험에 대해 알아차림과 개방성을 유지하는 능력을 뜻한다(다양한 정의들의 경우, Bishop et al., 2004; Germer, 2013; Kabat-Zinn, 2003; Siegel, 2007 참고). 마음챙김은 보통 명상을 통해 습득되지만, 명상과 동일하지는 않다. 전자의 의미가 마음의 능력으로 고려된다면, 후자의 명상은 의식을 변화시키거나 강화하기 위해 개인이 호흡이나 생각에 지속적으로 집중하는 것에서부터 특정 형태의 움직임(예, 걷기나 춤) 혹은 발성(예, 낭송이나 기도)에 이르는 수행을 뜻한다. 마음챙김은 내적으로 지향된 알아차림을 촉진하며, 명상 활동은 과거에 대한 집착이나 미래에 대한 우려를 줄여 주도록 현재의 순간에 대한 깊은 주의를 가르친다. 따라서 마음챙김의 증진은 차후에 설명되는 다양한 심리적 혜택과 연관된다.[1]

마음챙김이 대중성을 얻음에 따라 대다수의 임상의들이 자신들의 인지 행동(예, Hayes, Follette, & Linehan, 2004; Segal, Williams, & Teasdale, 2002)과 정신역학(예, Bobrow, 2010; Epstein, 2008) 치료에 이를 통합하게 되었다. 많은 경우에(예, Germer & Neff, 이 책 3장; Dodson-Lavelle, Ozawa-de Silva, Negi, & Raison, 이 책 22장; Gilbert, 2009), 임상의들은 이 장 후반에 각각 설명되는 자비, 상위인지적 자각, 연기(dependent origination)에 대한 이해 같은 불교 심리학의 추가 측면을 포함시켰다.

마음챙김 훈련 및 수행을 확립된 치료 접근에 통합시키는 것 이외에, 연구자-임상의들은 다수의 마음챙김에 특화된 치료 중재를 개발했다. 이러한 것들로는 **수용 전념 치료**(ACT; Hayes et al., 2011; Engle & Follette, 이 책 4장), **변증법적 행동 치료**(DBT; Linehan, 1993; Fiorillo & Fruzzetti, 이 책 5장), **마음챙김 기반 인지 치료**(MBCT; Segal et al., 2002; Williams & Barnhofer, 이 책 6장), **마음챙김 기반 재발 방지**(MBRP; Bowen, Chawla, & Marlatt, 2011; Marlatt & Gordon, 1985), **마음챙김 기반 스트레스 감소**(MBSR; Kabat-Zinn, 1982와 이 책의 여러 장들)가 있다. 급증하는 문헌들이 불안, 공황상태, 우울증, 약물 남용, 섭식 장애, 자살, 자해 행동, 해리,

---

1) 흥미롭게도, 주로 서양에서 높이 평가 받은 마음챙김 훈련의 심리적 영향들은 깨달음, 최선의 환생 및 기타 영적인 결과를 추구하는 전통 불교와 비교적 관련이 없을 수 있다(주의 분산을 제외하고).

낮은 자존감, 공격성, 만성 통증 그리고 경계성 성격 장애로 설명되는 것을 포함하여(Baer, 2003에 의한 메타 분석 참고; Coelho, Canter, & Ernst, 2007; Grossman, Neimann, Schmidt, & Walach, 2004; Hofmann, Sawyer, Witt, & Oh, 2010; Lynch, Trost, Salsman, & Linehan, 2007), 외상과 연관된 여러 증상 및 문제를 예방하거나 감소시키는 데 있어 이러한 중재의 효능을 뒷받침한다.

이 장과 관련하여, 여러 연구 중 MBSR과 DBT가 특히 아동 학대 생존자(예, Kim-brough et al., 2010; Steil, Dyer, Priebe, Kleindienst, & Bohus, 2011; 또한 Fiorillo & Fruzzetti, 이 책 5장과 Magyari, 이 책 9장 참고), 재향군인(Kearney, McDermott, Malte, Martinez, & Simpson, 2012), 친밀한 상대의 폭력 희생자(Dutton, Bermudez, Matas, Majid, & Myers, 2013)에게 유용하다는 것을 보여 준다. 이 외에 특별히 마음챙김에 초점을 맞추지는 않지만, 초월 명상(transcendental meditation) 또한 전쟁을 겪은 사람들에게서 외상 후 스트레스를 줄여 주는 것으로 나타난다(Rosenthal, Grosswald, Ross, & Rosenthal, 2011).

결합 접근을 향하여

서양의 접근과 마음챙김 접근의 혜택을 고려할 때, 우리는 최소한 일부 정신적 외상 생존자들에게 효과적인 중재를 제공하기 위해 이러한 접근의 결합을 제안한다. 일부 측면들에서, 이는 처음에 보이는 것보다 더 쉬울 수 있다. 불교와 서양 심리학은 일반적으로 자신들의 중재를 활성화하는 다수의 중요 초점에서 일치를 보인다(Baer, 2003; Bruce, Shapiro, Constantino, & Manber, 2010; Hayes et al., 2011; Engle & Follette, 이 책 4장). 여기에는 인지 변수들(예, 통제에 대한 과도한 욕구, 부정확한 예상들, 부정적 귀인)이 외상 효과를 증대시킬 수 있으며, 괴로움에 대한 회피가 심리적 고통을 지속시키고, 심지어 심화시킬 수 있다는 사실에 대한 공감이 포함된다. 또한 더 큰 알아차림이 처리와 통합을 촉진시키며, 역경에 대한 주관적/왜곡된 반응에 대한 더 높은 통찰이 이러한 반응을 줄여 줄 수 있다는 것에 동의

한다.

물론 이와 동시에 두 개의 관점 사이에 상당한 차이가 존재한다. 서양의 중재는 보통 심리적 장애와 그 치료에 대한 개념에 의존하며, 목적은 내담자가 자신의 외상 전 기능 수준으로 돌아가는 것이다. 대조적으로, 불교 접근은 삶의 현실의 '실제' 특성에 대한 지속적인 내적 알아차림, 증가된 통찰, 수용의 발전과 전적으로 부상 및 질병만 고치는 것이 아니라 새로운 이해, 능력, 기능 개발에 주력하는 관점에 초점을 맞추는 경향이 있다.

왜 마음챙김 훈련만으로는 안 되는가

마음챙김 중재들은 광범위한 잠재적 외상 관련 증상 및 문제에 도움되어 왔고 서양 의학 모델의 문제를 넘어서는 것을 다룰 수 있기 때문에, 단순히 외상 생존자에게 마음챙김 기법을 가르치고 서양 치료 접근을 전체적으로 중재하면 된다는 생각이 들 수도 있을 것이다. 그러나 이러한 유용성에도 불구하고, 마음챙김 기반 중재는 만성 및 중증 외상 생존자에 대해 상당한 제약을 가지고 있다. ACT와 어느 정도의 DBT를 제외하고, 마음챙김 기반 중재는 이러한 코호트에 대한 치료에서 외견상 필수 요소로 여겨지는 개인 심리치료의 환경에서 이루어지지 않는다 (Courtois & Ford, 2012). 대신 이러한 중재는 보통 그룹 환경에서 이루어지며, 비임상적인 것을 지향하는 경향이 있고, 심리 증상들 자체에 대한 특정 해결책보다는 특정 기술(예, 마음챙김과 명상 능력)의 습득에 더 많은 초점을 맞춘다(Baer, 2003). 또한 대부분의 마음챙김 그룹은 비교적 단기간에 이루어지며, 일반적으로 대략 2시간 30분의 8주 회기와 하루의 면담을 포함한다. 대조적으로 중증 및 장기적 외상의 심리적 영향은 복잡성과 광범위함을 고려할 때, 치료에 상당히 더 많은 시간이 필요할 수 있다(Courtois & Ford, 2012). 마지막으로, 아마도 가장 중요한 점으로, 이 장의 후반에서 설명되는 치료 결과 문헌은 내담자를 향한 치료자의 적절하고 자비 어린 관심을 포함하는 치료 관계가 치료에서 중요한 기능을 행사한다고 제시하는데, 이는 마음챙김 그룹이나 명상만으로는 재현하기 어려울 것이다

[심각한 심리적 괴로움으로 고통받는 사람들에 대한 명상의 잠재적 한계에 관한 선견지명이 있는 논의의 경우, 불교 지도자이자 심리학자인 Jack Kornfield의 초기 글 참고(www.buddhanet.et/psymed1.htm)].

마음챙김 증강 외상 치료

앞과 같은 우려를 고려하여, 우리(예, Briere & Scott, 2014)는 외상 관련 문제에 불교 심리학과 서양 심리학을 적용하기 위한 알고리즘을 제시했다. 우리가 제시하는 이러한 동양과 서양 모델의 결합은 임상의가 양쪽 세계의 최상의 것, 즉 치료 관계의 치유력을 포함하는 경험적으로 검증된 외상 치료의 확립된 혜택, 마음챙김의 유익함 그리고 우리가 **실존적 통찰**(existential insight)이라고 부르는 것을 제공할 수 있도록 한다. 물론 이것은 단지 하나의 관점이 아니며, 독자는 이 책에서 다른 접근에 대해 설명하는 많은 다른 장을 참고할 수 있다.

명상의 적합성에 대한 검사

임상 경험은 특별히 침투적 사고들, 순간적 회상, 반추 혹은 쉽게 촉발되는 외상 기억의 영향을 받는 내담자들의 경우 명상을 할 때 괴로움을 경험할 더 높은 위험성을 가지고 있으며(Siegel, 이 책 16장; Shapiro, 1992; Williams & Swales, 2004), 이는 아마도 명상과 마음챙김이 인지와 정서 회피를 감소시키고, 이에 따라 외상 기억과 고통스러운 정서 상태를 포함하는 내적 경험에 대해 더 높은 정도의 노출을 제공하기 때문일 것이라고 제시한다(Baer, 2003; Germer, 2013; Hayes et al., 2011; Treanor, 2011). 또한 일부 중증 외상 생존자들은 정서 조절/인내력 저하로 고통받기 때문에(Briere, Hodges, & Godbout, 2010; van der Kolk et al., 1996), 명상 중 발생할 수 있는 감각과 감정 소재에 의해 쉽게 압도될 수 있다. 더 명백하게 정신증, 극도의 우울증, 해리 장애, 조증/경조증, 약물 중독, 자살 혹은 현저한 이완 유도 불안(relaxation-induced anxiety)에 대한 민감성을 겪는 사람들은 일반적으로 이러한 증상 및 상태가 개선되거나 해결될 때까지 명상 기반 마음챙김 중재를 피해야 한다.

마음챙김 명상이 잠재적으로 문제가 될 수 있지만, 전체적으로 사용이 금지되지는 않는 경우에 관련된 다른 선택이 활성화되지 않는 경우가 있을 수 있다. 예를 들어, 현재까지 이에 대한 연구 데이터가 소수에 불과하기는 하지만, 자애(자비) 명상(Salzberg, 1995) 및 요가(Harvard Health Publications, 2009; Emerson & Hopper, 이 책 11장)는 마음의 알아차림에 직접적으로 초점을 맞추기보다는 잠재적으로 불안감을 주는 내용에 초점을 맞추며, 이에 따라 고통스러운 기억 및 조절이 되지 않는 내적 경험에 더 맞는 접근을 제공할 수 있다. 이러한 방식의 전환은 잠재적으로는 더 높은 안전을 제공하며, 이는 고통스러운 마음 상태에 대한 접근이 저하됨에 따라 외상 관련 소재에 덜 노출되고, 정서 처리도 감소된다는 것을 뜻할 수도 있다.

마음챙김 그룹이나 자격을 갖춘 명상 및 요가 센터에 의뢰

이용 가능한 경우 전문적인 외상 초점 마음챙김 그룹들(예, Kimbrough et al., 2010에서 설명함; 또한 Magyari, 이 책 9장 참고)은 특히 유용할 수 있다. 마음챙김 기반 외상 치료에 대한 대부분의 논의는 치료자가 내담자에게 명상을 교육시키도록 권장하지만, 이것이 항상 가장 적합한 방법이 될 수는 없다(Brach, 2013 및 다른 사람의 설득력 있는 제시를 참고). 특히 초기 회기 동안 광범위한 마음챙김 훈련은 비교적 비효율적일 수 있다. 마음챙김의 발전은 생존자가 가장 필요한 외상 초점 중재들에 대한 접근을 줄인 경우, 상당한 시간과 노력을 투자해야 한다. 또한 현대 명상 교육자들은 일반적으로 명상에 대한 연구와 수행뿐 아니라, 이러한 기술을 다른 사람에게 어떻게 가르칠지에 대해 수년 동안 전념했으며, 이는 대부분의 임상의가 가지고 있지 않을 수도 있는 배경이다.

임상의가 외상 치료, 마음챙김, 명상 교육에 대해 충분히 훈련받고, 경험을 쌓았을 때조차도, 그는 외상 환자가 특정 시점에 가장 필요로 하는 것이 무엇인지 주의 깊게 고려해야 한다. 예를 들어, 마음챙김 훈련이 가장 적합한가, 아니면 내담자가 더 즉각적으로 정착, 지원, 기타 형태의 정서 조절 훈련, 인지 중재 및 적정 치료 노출을 필요로 하는가다. 이것은 물론 양자택일의 시나리오가 아니다. 마음챙김 훈련을 받은 임상의는 간단한 명상 치료 지침 혹은 마음챙김 활동을 도입할 수 있지만, 이렇게 하는 데 과도한 시간을 보낼 필요는 없으며 혹은 내담자 조사 및 마음챙김 관점으로 정보가 전달된 치료 방식과의 상호작용에 대응할 수 있지만, 반드시 마음챙김 자체를 직접 교육할 필요는 없다(Germer, 2013).

중요한 것은 임상의가 내담자의 주요 명상 교육자가 될 수 없다 하더라도, 임상의의 명상과 마음챙김에 대한 개인적 경험은 마음챙김을 포함하는 치료를 수행하는 데 있어서 전제조건이다(Kabat-Zinn, 2003; Semple & Lee, 2011; Shapiro & Carlson, 2009). 외상 생존자가 심리치료와 마음챙김 수행에 동시에 참여하고 있는 경우, 명상 경험을 갖춘 치료자가 과정을 모니터하고, 정보를 전달하며, 내담자가 각 영역에서 배우고 경험한 것을 탐구하고, 이해하고, 통합하도록 도울 수 있다.

내담자가 명상과 마음챙김 기술들을 얻음에 따라, 동시에 진행되는 외상 초점 심리치료 동안 이러한 능력을 불러올 수 있다. 이러한 경우는 다음과 같다.

- **처리 기술들의 이용:** 호흡에 집중하고, 의식적으로 현재의 순간에 몰두하며, 비반응적 방식으로 정서와 인지에 주목하는 것처럼, 마음챙김 수행을 통해 자신의 불안이나 외상 후 과각성을 줄일 수 있는 내담자는 고통스러운 기억을 만나거나, 혼란스러운 감정이 촉발될 때 괴로움을 조절하기 위해 이러한 기술들을 사용할 수 있다(Baer, 2003; Ogden, Minton, & Pain, 2006; Siegel, 이 책 16장; Waelde, 이 책 19장). 유사하게, 침투적이거나 지속적인 정신적 내용을 '내려놓는' 능력을 포함하는 마음챙김 기술은 반복적이거나 지속적인 부정적 인지-정서 상태에 빠지기 쉬운 내담자에게 유용할 수 있다(Segal et al., 2002). 상위인지 '알아차림'에 관해 나중에 주목되는 바와 같이, 처리 기술은 정서 조절의 형태에 해당하며, 특히 불안, 우울증, 분노에 의해 쉽게 압도되는 사람들에게 유용할 수 있다(Linehan, 1993).

- **내재적 치료 노출:** 여러 저자(예, Baer, 2003; Fulton & Siegel, 2013; Kabat-

Zinn, 2003; Treanor, 2011)는 마음챙김과 연관된 회피의 감소가 비교적 안정된 상태와 덜 복잡하고 비판단적인 인지 조망의 맥락, 즉 민감성을 탈피하게 만들고, 고통스러운 소재의 역조건을 형성하며, 고통을 생성하는 힘을 약화시키는 과정에서 개인을 감정적으로 괴로운 기억들에 노출시킬 수 있다는 것에 주목한다(Briere & Scott, 2014). 치료 회기에서 이러한 과정은 내담자에게 비교적 상세하게 외상 사건들에 대해 설명하고, 가능한 한 동시에 마음챙김 관점에 참여하면서 수반되는 감정을 느끼도록 요청함으로써 장려될 수 있다.

내담자가 편견 없이 그리고 더 많은 수용성을 가지고 외상 기억을 경험할 수 있을 때, 이러한 기억의 효과는 수치심이나 죄책감과 관련된 인지들에 의해 악화되거나 심화되지 않을 것이다. 실제로 외상 기억에 대한 수용의 증가는 말 그대로 이러한 기억들을 덜 '부정적'으로 만들고, 이에 따라 잠재적으로 회피를 요구하지 않으며, 더 많은 노출과 심리적 처리를 가능하게 할 것이다.

- **상위인지 자각:** 치료하는 동안, 내담자는 자신의 외상 관련 생각 및 지각들을 마음챙김, 특히 상위인지 관점에서 고려하도록 권유받을 수 있다(Segal et al., 2002). 이러한 관점에서 외상 관련 생각 및 지각은 자기, 타인 혹은 환경에 관한 필연적으로 정확한 정보와 대조적으로, '단지' 기억 혹은 마음의 생성물로 여겨진다. 예를 들어, 유발 동일시(trigger identification; Briere & Lanktree, 2014)에 따라 내담자는 외상 후 스트레스의 증상 혹은 특별히 수치스럽거나 자책감이 드는 인지에 시달리게 될 때 상위인지 관점을 적용하도록 배운다. 내담자가 자신의 특정 외상 관련 유발 인자들(예, 거부, 비난, 특정 얼굴 표정 혹은 권위적인 인물과의 상호작용), 이러한 것들이 불러일으키는 상태들(맥락상 부적합한 정서 상태, 침투적 사고, 해리 삽화 혹은 약물 남용 및 자해 행동을 하고 싶은 욕구), 그리고 중재 방식들(예, 필연적으로 타당성을 받아들이지 않고 침투에 주목하기, 욕구가 사라질 때까지 회피 행동 지연하기, 상황이나 관점에 안전한 타인들에게 접촉하기, "이것은 단지 나의 과거를 이야기하는 것뿐이야."하고 말

하는 것처럼 혼잣말하기)에 대해 숙지함에 따라, 외상 생존자는 유발된 함축적 기억과 현재의 상황에 대한 정확한 지각을 구별하기 시작하며, 전자를 실제 현실 상태에 대한 데이터라기보다는 일시적인 외상 관련 현상으로 바라보게 된다.

필연적으로 동일시하지 않은 채, 개인의 내적 경험을 관찰하는 이러한 능력은 내담자의 정서 조절 능력을 증가시키는 것으로 나타난다. 내담자가 침투적 인지를 기억에 저장된 과거 현상으로 재해석함에 따라, 현재의 '실제' 세상에 대해 두려워하거나, 분노하는 일이 감소될 수 있다. 그리고 생존자가 유발된 사고나 기억을 단지 외상에 대한 마음의 반응으로 바라보게 됨에 따라 자해, 약물 남용 및 공격성과 같은 회피 전략은 맥락상 관련이 적어지기 때문에 필요하지 않게 될 수 있다(Briere & Lanktree, 2012).

또 다른 상위인지 기법으로는 **욕구 서핑**(urge surfing; Bowen et al., 2011)이 있으며, 이 기법에 따라 내담자는 약물 남용 및 고통 감소 활동에 대한 욕구가 유발될 때 마음챙김 기술을 적용하는 법에 대해 배우게 된다. 생존자는 이러한 행동의 욕구를 파도를 타는 것과 유사하게 (멈추려 하기보다) 보도록 권유 받는다. 이러한 측면에서 생존자는 유발된 욕구 상태에 대응하는 것이 아니라, 이러한 욕구가 작게 시작해서, 크기가 구축되고, 정점에 이른 후 사라지는 것으로 받아들이는 법을 배우게 된다. 내담자가 시간이 제한된 과거의 침투로서 그리고 억제되거나, 그에 따라 행동해야 하는 것보다 마음챙김의 방식으로 '유지'될 수 있는 내적 생성 현상으로서 활성화된 상태와 충동을 경험할 수 있게 되면 약물 남용이든 자해든 문제가 되는 행동을 회피하거나 감소시킬 수 있을 것이다.

실존적 통찰 지원

앞서 제시된 바와 같이, 마음챙김을 통하는 것은 단지 불교 심리학에 의해 외

상 환자를 지원할 수 있는 데에 그치지 않는다. 이것은 불교도가 **지혜**(Brach, 2013; Germer & Siegel, 2012) 또는 더 세속적 관점에서의 실존적 통찰이라고 부르는 것에 도움이 될 수 있다. 이러한 기여가 명확하게 과학적 기반은 아니지만, 많은 마음챙김 지향 임상의는 불교의 실존적 측면들이 지속적인 중증 상실, 외상 혹은 극적으로 변화된 환경을 겪는 사람들에게 큰 도움이 된다고 여긴다. 즉, 마음챙김 기술들을 넘어, 고통을 포함하는 삶이 어떻게 해석되고 경험되는지를 판단하는 폭넓은 관점을 발전시키는 것이 중요할 수 있다.

부처가 처음 '네 개의 고귀한 진리(Four Noble Truths, 사성제)'에 대해 설명했을 때(Bhikkhu, 2010), 그는 여러 가지 조직화된 명제를 소개했다. 이 중 하나에 따르면, 세상은 확고하게 우리의 바람들을 초월해 존재하기 때문에, 삶은 필연적으로 고통과 상실을 포함한다. 즉, 나쁜 일이 일어나고, 간혹 우리가 사랑하는 사람들이 죽거나 떠나며, 우리는 약하고 영원하지 않다. 이것은 질병이 유행하고, 전쟁 및 다른 형태의 폭력이 삶의 일반적 부분이었으며, 빈곤이 보편적이었고, 많은 사람이 완강한 카스트 제도와 극도의 민족적·성적 불평등에 의해 억압 받았던 부처의 시대에 특히 명백했다.

두 번째 명제는 고통과 상실이 반드시 인간의 지속적인 괴로움의 유일하거나 일차적인 원인이 아니라는 것이다. 불교의 글은 외상 자체에 대해 이야기하지 않지만, 삶이 결코 지속되거나, 진실일 수 없는 것들에 대한 인간의 헌신에 도전을 경험할 때 고통이 발생할 수 있으며, 이러한 경험을 받아들이는 것이 더 도움이 될 때 저항(회피)에 대한 동기를 갖게 된다고 제시한다.[2] 따라서 사람들의 부정확한 기대, 역사적으로 습득된 욕구, 정서적 투자가 현실의 일시적이고 끊임없이 변화하는 특성을 받아들이지 못하도록 할 때 고통이 발생할 수 있다. 예를 들어, 심장마비는 일반적으로 큰 고통을 수반하는 것에 더하여 인간의 불멸, 자율성, 삶의 궤적 그리고 큰 장애 없는 삶의 가정에 대해 이전에 갖고 있던 신념과 기대를 강

---

2) 이것은 부처가 불공평하거나 부당한 처우의 수동적 수용을 제시했다는 것을 뜻하지 않으며, 또한 현대의 '활동 중인' 불교도들이 억압, 폭력 혹은 사회적 소외를 끝내기 위해 적극적으로 노력하지 않는다는 것을 뜻하지 않는다(Queen, 1995; Hanh, 2005).

하게 위협할 수 있다. 이러한 위협과 이에 대한 인간의 투쟁은 물리적으로 손상된 심장과 연관된 통증과 두려움만큼 절망적일 수 있다.

이러한 관점에서 주어진 외상 경험과 연관된 고통의 최소한 두 가지 근원이 존재한다. 첫 번째는 지속적이거나 강렬할 수 있는 사건 자체와 그 사건이 발생시키는 정서적 고통이고 두 번째는 고통을 피하려는 시도와 연관된 괴로움 및 침투적이고 원치 않는 현실에 직면하여 자신, 타인, 행복에 대한 이전의 모델을 유지하려는 고군분투다.

일부 장기적인 고통의 경우는 회피, 위협 받는 욕구 및 애착에 대한 효과들과 반대로, 인간 외상 반응의 생리로 인한 것이라고 합당하게 주장할 수도 있다. 그러나 이러한 경우에도, 종종 비생물학적 현상(예, 인지 요인 또는 부자연스러운 회피)이 장기간에 걸쳐 지속적인 외상 후 스트레스에 영향을 끼친다(Foa et al., 2006; Rothbaum & Davis, 2003). 유사하게, 일부 외상 기억들(예, 고문, 강간, 사랑하는 사람에 대한 만행 목격)은 너무 고통스러워서, 생존자의 현재 알아차림과 전적으로 떨어질 수 없다. 그러나 이러한 경험조차 치료 및 마음챙김 기반 수용의 상위인지 측면으로 강도와 의미에서 변화를 만들어 낼 수 있다(예, Briere, 2012b에서 캄보디아 고문 생존자에 대한 관점 참고).

외상의 고통과 심리적 요인으로 인해 발생할 수 있는 괴로움 사이에 잠재적 차이에 대한 사례에서, 초기 불교 교리는 빠르게 연속으로 두 개의 화살을 맞은 사람에 대한 우화를 제시한다(Thanissaro, 1997). 첫 번째 화살은 역경, 외상, 상실을 마주할 때 느꼈던 실제 고통 및 괴로움이다. 두 번째 화살은 부정확하기는 하지만 철저히 고수해 온 기대, 욕구, 세계관을 고통이 위협하는 정도로, 이러한 고통은 저항, 회피 그리고 불교도들이 괴로움이라고 부르는 더 복잡한 상태를 초래한다.

불교 심리학은 내담자가 자신의 외상과 연관된 '두 번째 화살' 문제를 더 직접적으로 다룰 기회를 제공한다. 이는 일반적으로 임상의와의 대화 동안 그리고 간혹 명상 동안, 내담자가 자신의 경험, 삶의 가정, 고통 역설의 측면을 탐구함에 따라 일어난다. 이러한 맥락에서 고려되는 두 번째 화살의 측면 중에는 애착, 무상, 연기가 있다.

애착은 궁극적으로 영원하지 않은 것에 대한 매달림, 의존, 집착 혹은 과도한 헌신의 욕구로 정의될 수 있다. **무상**은 모든 것이 유동적 상태에 있으며, 우리의 생명과 소중히 여기는 것을 포함하여 어떤 것도 영원히 지속될 수 없다는 것을 뜻한다. 따라서 이러한 관점은 소유, 사회적 지위, 자신이나 타인에 대한 융통성 없는 사고 및 가정과 같은 것들이 필연적으로 지속될 수 없고, 신뢰할 수 없으며, 결국 위기, 상실 및 불행을 초래하기 때문에, 이것들에 대한 집착을 단념시킨다(Bodhi, 2005).

불교 심리학이 내담자가 무상의 영향들에 접근하도록 도울 수 있다면, 최소한 두 가지 상황이 일어날 수 있다. 내담자는 불멸이나 지속적인 행복에 대한 기대의 저하로 초기의 괴로움 및 환멸을 느낄 수 있지만, 결국 이러한 현실을 받아들이는 법을 배우게 되며, 따라서 부정적 사건은 포기, 배반, 철저한 실망의 감정을 포함한 일부 특징을 잃게 된다. 불교의 우주론을 바라보는 사람들은 간혹 괴로움 및 그의 원인과 관련하여 외견상 관점의 암울한 특성에 대해 지적하지만, 실제로 잘못된 믿음과 사회적으로 습득되거나 강화된 욕구로부터의 자유가 증가함에 따라 더 큰 정서적 안정, 있는 그대로의 삶에 대한 수용, 일시적이지만 순간의 특별함에 대한 인식으로 이끌 수 있다.

세 번째 실존적 측면인 연기는 모든 것이 다른 원인 및 조건과의 광범위한 상호 호혜적 배열의 맥락에서 자체적으로 발생하는 구체적 조건과 지속적인 원인으로 인해 일어난다고 본다(Bodhi, 2005). 이것은 자신 및 타인들의 내재된 악, 부적응 혹은 병적 측면의 특성이 불충분한 정보로 인한 것일 수 있다고 제시한다. 우리가 특정 개인(혹은 우리 자신)의 문제 행동 및 지속적인 괴로움의 논리와 역사에 대해 알 수 있다면, 우리는 타인이나 우리 자신을 판단하거나 비난할 수 없을 것이다.

중요한 것은 개인이 저지르는 나쁜 행위들 또한 사회 기반의 특성 및 신념, 부적합한 지식, 심리적 · 신체적 고통 및 장애, 이전의 학대 및 외상, 억압적이거나 소외시키는 사회적 역학에 대한 노출을 포함하는 선행 원인 및 조건에 의해 영향을 받는다는 것이다. 이러한 것들은 '타고난 악에서 새롭게' 발생할 수 없다(Briere, 2012b). 행동의 책임 문제, 실제로 '자유로울 수 있는' 독립적인 주체 및 자아의 존재, 혹은 카르마(업)에 대한 전통 불교의 관념 중 어떤 것과 관련되든, 이러한 견해의 '자유 의지 대 결정론' 측면은 매우 복잡하다(예, Anderson & Huesmann, 2003; Baer, Kaufman, & Baumeister, 2008; Gier & Kjellberg, 2004 참고).

상처를 주거나 폭력적인 행동이 선행되는 현상으로부터 발생할 가능성이 높다는 사실은 특히 부정적 감정과 사고에 대한 권리의 결여를 함축하거나, 조기 종료에 대한 압력 신호를 보내는 정도로, 내담자가 반드시 가해자를 '용서'해야 한다는 것을 뜻하지는 않는다. 증오하고, 분개하고 혹은 자신에게(혹은 사랑하는 사람들에게) 심각한 피해를 끼친 누군가에게 복수를 하고 싶은 욕구를 느끼는 것은 매우 인간적인 반응이다. 고통의 역설은 이러한 감정을 해결하려면 억제하거나 회피해서는 안 된다고 제시한다. 동시에 처리되지 않은 분노는 장기간에 걸쳐 사람들에게 좋지 못한 영향을 끼칠 가능성이 크며, 반면 이러한 상태에 빠지는 것을 궁극적으로 감소시키는 것은 행복의 개선과 연관된다(Dalai Lama & Goleman, 2003). 따라서 우리는 분노 또는 증오가 다른 외상 관련 정서 현상과 동일한 방식이면서도 분명히 다른 사람들에게 피해를 끼치지 않는 방식으로 경험되고, 수용되며, 처리되어야 한다고 권장한다.

두 번째 화살에 대한 노력

내담자의 실존적 자각이 증가하는 상황에서, 내담자는 산산이 부서지거나 위배된 외상 이전의 가정, 희망, 욕구를 탐구하도록 장려 받으며, 이 중 최악의 경우를 둘러싼 것에 대해 상세히 고려할 비지시적 기회를 제공받을 수 있다. 주로 이러한 인지적 과정이 전개됨에 따라 무상, 애착, 연기, 저항이 더 명백해질 수 있으며, 더 직접적으로 다루어질 수 있다. 두 번째 화살과 관련된 몇 가지 질문은 다음과 같다.

• 내담자는 외상 이전에 정확하지 않을 수 있었지만, 자신, 타인 혹은 삶에 대해 무엇을 믿었는가? 사례들로는 삶이 영원히 지속될 것이고, 사랑하는 사람들이 결

38

코 떠나지 않을 것이며, 정의는 세상의 특징이고, 현재의 긍정적 경험은 미래의 행복을 위해 희생되어야 한다는 것이 있을 수 있다.

• **어떤 사회적 메시지와 습득된 욕구들이 내담자의 현재 고통을 더하거나, 복잡하게 만드는가?** 이러한 것들은 타인들에게 사랑받거나 가치를 인정받기 위해 신체적 매력이 필요하고, 상처를 입었거나 장애를 가진 사람들은 다른 사람들보다 부족하거나 못하고, 보복은 '마무리'를 제공하고 유용한 것이며, 돈, 재산이나 지위는 행복에 있어 중요하다는 관념을 포함한다.

• **내담자는 외상 및 그 영향에 관해 어떤 것을 거부하는가? 저항하지 않는 것은 무엇을 초래할 수 있는가?** 예를 들어, 돌이킬 수 없는 상실, 지속적인 통증·장애 혹은 임박한 죽음 같은 것을 받아들이는 일은 포기하거나 굴복하는 것처럼 보일 수 있지만, 부정적 상태 및 인식을 거부하거나, 이에 저항하는 것은 부정적인 면을 줄여 주지 않으며, 종종 고통을 악화시킬 수 있다. 대조적으로 수용은 절망이나 거부를 바탕으로 하지 않기 때문에, 고통스러운 경험을 '인정하는 것'은 더 큰 안정과 행복을 포함하는 긍정적인 상태를 초래할 수 있다.

마음챙김과 치료자

치료자 자신의 마음챙김 또한 내담자의 치료 진전에 기여할 수 있다. 주의하고, 수용하며, 자비로운 방식으로 내담자에게 관심을 집중할 수 있는 치료자는 분명히 치료 관계의 질을 증대시킬 것이다(Fulton, 2013; Siegel, 2007; Brach, 이 책 2장). 긍정적인 내담자-치료자 관계는 궁극적으로 특정 치료 중재의 효과를 넘어서는, 심리치료의 가장 유용한 일반 요소가 되는 것으로 나타난다(Lambert & Barley, 2001; Lambert & Okishi, 1997; Martin, Graske, & Davis, 2000). 이는 긍정적 관계가 최소의 요건이자, 강력한 중재가 될 수 있는 외상 생존자의 경우에도 마찬가지다(Cloitre et al., 2004; Courtois & Ford, 2012).

마음챙김은 긴밀하고, 집중적이며, 편견 없는 주의를 수반하기 때문에, 내담자에게 맞추어 조율하는 데 있어 임상의에게 도움이 될 수 있다(Fulton, 2013; Morgan, Morgan, & Germer, 2013; Shapiro & Carlson, 2009). 또한 마음챙김은 내담자의 진행 중인 경험을 이해하는 치료자의 능력을 증가시켜 줄 뿐 아니라, 내담자가 (대조되는) 마음을 쓰는 관심의 맥락에서 부정적 대인관계 도식을 처리하도록 도울 수 있다. 조율이 지속적으로 경험될 때, 특히 임상의의 연민이 명백하게 드러나는 경우, 내담자의 개방성과 연결을 장려하고, 위험에 대한 예측(과 이에 따른 방어)을 줄여 주며, 행복을 증가시켜 주는 심리적·신경생물학적 체계에 몰두하고, 애착 활성화의 형태에 돌입할 수 있다(Briere, 2012a; Gilbert, 2009; Schore, 1994). 두려움을 촉발시킬 수 있는 대인관계 맥락에서 도출되는 이러한 긍정적 감정은 관계에서 오는 괴로움의 반대 조건을 형성하며, 미래에 신뢰와 대인관계 연결의 가능성 증대를 만들어 낼 수 있다.

임상의에게 마음챙김은 역전이에 대한 일정 부분의 보호로서 기여할 수 있다(Bruce et al., 2010). 치료자는 그들 자신의 사고, 감정, 반응의 주관적이고 다차원적인 특성을 보다 잘 인식할 수 있으며, 그들이 비치료적인, 심지어 해로울 수 있는 행동을 유발하기 전에 적절한 조망을 가지고 임상의가 반응할 수 있도록 유발한다. 게다가 마음챙김은 치료자가 내담자의 외상 내력과 폭로에 덜 영향받고 반응하지 않게 함으로써 잠재적으로 대리외상과 '심리적 소진'을 감소시키는 데 기여한다.

결론

마음챙김 기반 중재는 외상 사건에 대한 노출과 연관된 다양한 문제 및 괴로움의 형태로부터 고통을 받는 사람들에게 도움이 되는 것으로 나타난다. 어떤 경우에, 마음챙김 기반 활동의 기저를 이루는 과정들은 현대 외상 이론에 잘 규정되어 있는 것들과 병행하거나, 이들을 반영한다. 다른 경우에, 마음챙김 및 불교 심리학의 다른 측면들(예, 실존적 알아차림)은 서양 치료들에서 쉽게 접근하기 어려운 기술과 통찰을 제공할 수 있다. 이러한 이유로, 고전적 외상 치료와 마음챙김 훈련을 포함하는 결합 접근이 특히 유용할 수 있다. 이 장에서는 마음챙김 기술이 보통 치료 외부에서 효율적으로 습득되며, 이후 심리치료 회기 동안 이러한 기술을 불러올 수 있다고 제시한다. 이 접근은 안정화, 관계 처리, 치료 노출, 인지 중재와 같이 외상 초점 심리치료의 매우 중요한 측면을 희생시키지 않으며, 마음챙김, 실존적 알아차림 및 기타 불교 심리학의 유용한 측면에 따라 가능한 한 최대로 이러한 측면을 증진시킨다.

제2장

외상으로 인한 두려움의 치유

마음챙김과 사랑의 날개

타라 브랙(Tara Brach)

나는 심리치료사와 불교 명상 지도자로서 지속적인 외상을 가진 사람들을 치료하면서, 치유가 일어나도록 하기 위해서는 몸속에 묻혀 있는 고통스러운 감정을 새롭고 확장된 관점에서 직접적으로 다시 건드려야 한다는 것을 알게 되었다. 이것은 오직 충분한 안전, 주의, 연결을 가진 환경을 수립하고, 내담자 자신의 내적 자원들을 강화시키도록 도운 후에만 달성할 수 있는 섬세한 과정이다. 마음챙김과 사랑의 존재를 각성시키는 명상은 신뢰 있는 치료 관계와 결합할 때, 외상에서 오는 치유를 촉진할 수 있는 큰 잠재력을 제공한다.

외상은 처리하고 대처하는 개인의 정상 능력을 압도하며, 신체적 혹은 정신적으로 극도의 스트레스를 받는 경험이다. 사람들이 원초적인 생존 전략에 사로잡혀 외상 상태에 있는 경우, 내적 지혜와 주위 세상의 자원에게서 고립된다. 이들의 전체 현실은 고립되고, 무력하고, 두려워하는 자아에 대한 감정으로 제한된다. 이러한 깊은 단절 상태는 외상의 핵심 특징이다.

신경과학은 우리에게 외상을 초래하는 학대가 생리, 신경계, 두뇌 화학작용에 영향을 주어 지속적인 변화들을 초래한다고 이야기한다. 기억들을 형성하는 정상 과정에서, 우리는 스스로 만들어 낸 응집된 세계관의 관점에서 각각의 새로운 상황을 평가한다. 외상의 경우, 이러한 인지 과정은 고통스럽고 강렬한 자극의 급증으로 인한 정신적 단절이 일어난다. 세상이 어떻게 작용하는지에 대한 우리의 이해에 맞추고, 이로부터 학습하는 '경험의 처리' 대신, 외상을 입은 사람들은 신체적 감각과 시각적 이미지들을 통한 더 원초적인 부호화의 형태로 돌아가게 된다. 충분히 이해되지 않고 뇌와 몸에 갇혀 버린 외상은 의식으로 침입하며 무작위로 경험된다. 실제 위험이 지나간 후 몇 년 동안, 외상 사건은 현재에도 지속적으로 일어나는 것처럼 되살아날 수 있다.

처리되지 않은 고통은 영구적인 경계에 따른 외상 환자의 자기보호 체계를 지속시킨다. 갑작스러운 침투적 기억 이외에, 대부분 위협적이지 않은 광범위한 상황이 몸에서 놀랄 만큼 높은 수준의 고통과 두려움을 활성화시킬 수 있다. 누군가의 배우자는 격앙되어 목소리를 높일 수 있으며, 현재 위험이 존재하지 않음에도 과거 외상 상처들이 가진 총력, 즉 몸속에 살고 있는 모든 두려움, 분노, 상처가 촉발될 수 있다.

다시 각성된 고통을 견뎌 내기 위해, 일부 외상 환자들은 물리적 감각에 대한 자신의 민감성을 둔하게 만들며, 신체로부터 해리되기도 한다. 일부 사람은 먼 거리에서 삶을 경험하며, 마치 분리된 것처럼 '비현실적'으로 느낀다. 이들은 두려움과 고통의 생생한 물리적 감각들을 느끼지 않기 위해 무엇이든 할 수 있다. 이들은 공격적으로 화를 내거나, 우울증 혹은 혼란으로 꼼짝 못하게 될 수 있다. 일부는 자살을 생각하거나, 인사불성으로 술을 마실 수 있으며, 또 다른 사람들은 과식하거나, 약물을 남용하거나, 정신적 집착에 빠져들 수 있다. 그러나 고통과 두려움은 사라지지 않는다. 오히려 이들은 뒤에 도사리고 있다가 때때로 갑자기 지배한다.

해리는 정신적 외상으로부터 스스로를 보호하지만, 괴로움을 만들어 낸다. 외상으로 고통받는 사람들이 자신의 신체에서 벗어날 때, 괴로움은 자신을 떠나게 된다. 고통을 거부하고, 자신의 존재 기반으로부터 떠남으로써 이들은 분리, 즉 외로움, 불안, 수치심의 질병을 겪게 된다. 이들은 완전한 존재와 단절된다.

보살핌의 존재

내가 외상으로 고통받는 사람과 상담할 때, 자연스러운 진행 과정이 존재한다. 첫 번째 단계는 내담자가 물리적·정서적·활동적으로 나의 존재에서 위안을 얻을 수 있도록 하는 것이다. 이는 몇 개월 혹은 그 이상이 걸릴 수 있다. 외상을 입은 자아는 취약하며, 외부의 자원을 필요로 한다. 그러나 원래 외상 상처는 보통 관계에서 발생하기 때문에, 관계는 위험과 연관될 수 있다. 이러한 이유로 치료 관계에서 신뢰를 쌓는 것이 중요하다.

내담자인 데이나는 4개월 동안 나의 주간 명상 그룹에 참여했으며, 하루는 수업 이후에 나를 찾아왔다. 그녀는 자신의 두려움을 다루기 위해 나의 더 많은 도움이 필요하다고 말했다. "신뢰는 내게 쉽게 찾아오지 않아요. 그러나 당신의 이야기를 듣는 것은 나를 차분하게 만들어 주죠. 당신과 상담을 할 때에는 안전하다는 느낌을 받아요."라고 그녀는 말했다.

데이나는 불안정하거나 쉽게 겁을 내는 것으로 보이지 않았다. 그녀는 20대 후반의 키 크고 건장한 흑인 여성으로, 주 교도소에서 가석방 담당관으로 일하는 고된 직업을 가지고 있었다. 또한 편안한 미소와 생기 있는 눈을 가지고 있었지만, 그녀는 정반대의 이야기를 들려주었다. "나는 괜찮을 수 있어요, 타라."라고 그녀는 말했다. "그러다 내가 발을 헛디디기라도 하면, 나는 완전히 불능인 사람이 되죠." 이것은 특히 힘센 남성이 그녀에게 화를 내는 경우에 그러했다. "마치 내가 겁에 질린 꼬마 같고, 무력하게 느껴져요. 말문이 막혀 버리죠."

우리의 첫 번째 회기에서 나는 데이나에게 두려움으로 말문이 막혔던 최근의 일들에 대해 이야기해 달라고 부탁했다. 그녀는 초조해하며 다리를 떨기 시작했다. 그러다 일단 이야기를 시작하자, 말이 쏟아져 나왔다. "한 번은 남자친구랑 같이 있을 때 일어났어요. 그는 술을 너무 많이 마셨고, 가끔 마치 내가 다른 남자들과 바람을 피우거나, 그의 뒤에서 험담을 하는 것처럼 사실이 아닌 것들에 대해 나를 비난하며 소리를 지르기 시작했죠." 그녀는 한동안 멈추었다가 다시 이야기를 이어 나갔다. "그가 나를 위협하며 괴롭히기 시작하면, 나의 내부는 단단한 작은 공처럼 쪼그라들고, 진짜 내가 사라지는 것처럼 느껴져요." 이럴 때마다 그녀는 생각을 하거나, 말을 할 수 없었다. 그녀가 인식하는 것은 오직 자신의 심장 박동 소리와 목에서 느껴지는 숨 막힘뿐이었다.

그 남자친구는 그녀를 위협한 첫 번째 남자가 아니었다. 그녀를 위협한 첫 번째 남자는 삼촌이었고 그가 데이나를 추행하기 시작한 열한 살 때부터, 그녀에게 작은 공처럼 사라지는 느낌이 반복되어 왔다는 것이 곧 드러났다. 삼촌이 다른 주로 이사를 갈 때까지 4년 동안, 데이나는 엄마가 일을 하러 나갔을 때 그가 집에 들를까 봐 두려움에 떨며 살아야 했다. 추행을 한 후마다, 그는 그녀에게 비밀을 지키도록 했으며, 자신에 대해 이야기할 경우 벌을 주겠다고 위협했다. 그는 그녀가 '원한 것'이라며 비난했다. 이후에도 데이나는 이것이 사실이 아니라는 것을 알고 있었지만, 그녀 안에 무언가가 그를 믿도록 만들었다. "여전히 그래요."라고 그녀는 말했다. "항상 마치 내게 언제가 들통날 잘못이 있는 것 같아요."

데이나는 두려움의 근원에 관해서는 명확했지만, 이러한 명확성이 불안, 죄책감, 무력감의 감정으로부터 그녀를 보호하지는 못했다. 다음 번에 그녀와 만났을 때, 그녀는 우리의 첫 번째 상담 회기 이후, 오래된 공포들이 다시 떠올랐다고 보고했다. 이제 나의 사무실에서 그녀를 오래되고 익숙한 두려움의 소용돌이로 빠뜨렸다. 그녀는 떨고 있었으며, 호흡은 얕아졌다. "안으로 사라지고 있나요?" 나는 그녀에게 물었다. 그녀는 쳐다보지 않은 채 고개를 끄덕였다. 데이나가 외상 후 스트레스 반응을 가지고 있는 것이 분명했다. 마치 그녀는 삼촌이 그녀를 학대했을 때 무방비한 채 위험에 빠졌던 과거로 다시 떨어지는 듯해 보였다.

나는 두려움이 이처럼 강렬할 때 그 사람이 필요로 하는 것은 내가 '동반되는 것'이라고 불렀던 느낌, 즉 또 다른 개인의 보살핌, 수용하는 존재의 경험을 갖는 것이라는 점을 발견했다. 취약함의 핵심은 혼자 고통 속에 있다는 느낌이다. 즉, 또 다른 개인과의 유대는 두려움을 완화시키고, 안전감을 증가시킬 수 있다. 그러나 누군가 외상 후 스트레스 장애(PTSD)를 경험하는 경우, 그 사람이 접촉의 정도를 제어하는 것이 중요하다. 그렇지 않을 경우 접촉 자체가 외상 상황과 연관될 수 있다.

"데이나." 나는 조용히 말했다. "내가 당신 옆에 앉아도 될까요?" 그녀는 고개를 끄덕였다. 그녀의 옆으로 자리를 옮긴 후, 나는 그녀에게 가까이 가도 괜찮은지 물었다. 그녀는 속삭였다. "그럼요, 고마워요." 나는 소파가 그녀의 몸을 지지하고, 그녀의 발이 바닥에 놓여 있다는 것을 느끼도록 가능한 한 편안해질 것을 권장했다. 그리고 그녀에게 우리가 함께 앉아 있는 것이 어떤 느낌인지 주목해 볼 것을 권장했다.

다음 몇 분에 걸쳐, 나는 여러 번 내가 그녀와 함께 있다는 것을 그녀가 알도록 확인시켜 주었다. 그녀는 여전히 조용했지만, 서서히 떨림이 멈추었고, 호흡은 규칙적이게 되었다. 내가 어떤지 묻자, 그녀는 내 눈을 맞출 정도로 고개를 돌렸으며, 약간의 미소를 지었다. "진정되고 있어요, 타라. 이제 훨씬 좋아요." 나는 그녀가 눈길과 미소를 통해 관계를 맺고 있으며, 더 이상 자신의 두려움 내부에 갇혀 있다고 느끼지 않는다는 것을 알 수 있었다.

나는 그녀를 마주 보는 의자로 되돌아가서, 무슨 일이 일어났는지에 대해 논의했다. "나한테 무슨 일이 일어났는지 몰랐어요." 그녀가 말하기 시작했다. "나는 스스로 이겨 낼 수 있어야 하지만, 아까처럼 얼어붙어 있을 때에는 정말 당황스러워요. 내가 정말 약한 것처럼 느껴지죠." 데이나는 자신이 외상을 가지고 있다는 것을 알고 있었지만, 여전히 자신의 '에피소드들'을 나약함과 비겁함의 상징으로 여겼다. 더욱 좋지 못한 것은, 이러한 것들이 그녀가 정신적으로 상실감에 빠져 있다는 것을 보여 주는 증거라는 점이었다. 그녀는 다음과 같이 말했다. "나는 영적인 중심이 없어요, 영혼 없이… 그냥 어두움이 있을 뿐이에요."

수치심을 주는 외상의 탈피

외상이 남기는 가장 고통스럽고 지속적인 유산 중 하나는 바로 자기비난(self-blame)이다. 수련생과 내담자는 종종 내게 자신들이 '하자 제품'처럼 약하고, 결점이 있다고 이야기한다. 이들은 외상의 영향을 이성적으로 이해하지만, 여전히 통제를 벗어나 느끼거나 행동할 때, 자기혐오와 수치심을 경험한다. 이들의 근본적인 믿음은 자신들의 내적 폭발이 얼마나 끔찍하든, 공포를 억누르고, 비극적인 생각을 진정시키고, 중독 행위와 같은 잘못된 피난을 회피할 수 있어야 한다는 것이다. 즉, 얼마나 고통받았든 자아는 항상 제어되어야 한다는 것이다.

그러나 내담자가 치료자의 수용과 신뢰에 어떤 편견도 없다고 느낀다면, 받아들이는 것이 내재화될 수 있는 시기다. 데이나의 경우, 외상의 생생한 느낌들이 발생한 순간 동안 나의 보살핌과 수용을 느꼈기 때문에 신뢰가 증가했다. 사무실에서 이러한 충격적인 순간들이 일어나는 동안 우리의 긴밀한 접촉은 중요한 첫 번째 단계였다.

어린 시절 아버지로부터 심한 학대를 받았던 내담자 로잘리는 서른 다섯 살이 되어서도 여전히 극심한 불안으로 고통받았으며, 그녀의 가장 강력한 동반자는 나의 상담실에서 인도되는 여정 동안 접촉하게 된 가상의 '착한 요정'이었다. 요정이 여전히 그녀의 내부에 살고 있는 어린 소녀인 로잘리가 끔찍한 감정들을 다룰 준비가 될 때까지, 그녀의 몸에 결박된 모든 끔찍한 감정을 견딜 수 있도록 마법 지팡이로 그녀의 몸 여러 부분을 터치하고 봉인함으로써 로잘리를 보호하겠다고 약속했다. 요정은 로잘리가 그동안 묻어 둔 감정들을 막기 위한 방법을 찾아야만 했다고 설명했다. 또한 요정은 그녀의 고통을 관리하기 위한 전략들, 즉 식욕 부진, 친밀함 회피, 마리화나와 수면제에 대한 의존이 그녀를 수치심에 휩싸이도록 만들었지만, 최선을 다하고 있다고 이야기했다. 요정은 로잘리가 자신의 고통스러운 감정들과 접촉하고 치유할 수 있는 회복력을 갖추는 날이 올 것이라고 예측했으며, 그녀가 타고난 선함을 가지고 있으며, 사랑스럽다는 것을 확신시켰다.

요정의 메시지는 로잘리의 깊은 안도감의 근원이었다. 이때까지 로잘리는 어리고 상처 입은 자아가 생존할 수 있도록 만들어 준 전략에 대한 자기혐오 이외에는 아무것도 느끼지 못했다. 이러한 이해는 일반적으로 외상과 수반되는 깊은 수치심에 의해 고통을 받는 사람에게 열쇠가 된다. 로잘리의 경우, 이러한 메시지는 그녀가 자기수용과 자비로 나아가고, 치유를 향한 길을 열도록 도와주었다.

내적 안전지대 구축

처음에 치유가 이루어지고 지속될 수 있도록 수용, 안전감, 가치 및 사랑에 대한 느낌은 외부의(혹은 가상의) 타인을 통해 제공되지만, 이러한 상태들은 내적으로 경험되어야 한다.

명상 전략을 통해 외부 안전지대, 즉 치료자라는 보살핌의 존재는 보통 실현되지는 않았지만 각 내담자 자신의 마음에 있는 사랑과 행복이라는 믿을 수 있는 내적 안전지대를 펼치는 다리가 될 수 있다.

일단 치료에서 긍정적인 마음 상태가 생성되면, 임상 환경 외부에서 지속적으로 강화될 수 있다. 여기에서 바로 집중 훈련, 즉 명상이 도입된다. 내담자가 긍정적 경험으로 느낀 감정에 초점을 맞추고, 지속적으로 집중하는 훈련을 받는 경우, 두뇌와 신경계에서 자립적인 패턴으로 내재화될 수 있다. 연구자는 명상을 하는 사람들이 사랑에 초점을 맞추어 집중할 때 이들의 두뇌에서 무슨 일이 벌어지는지에 대해 연구하고 있다. 정교한 두뇌 스캔은 외상 동안 비활성화되는 뇌의 부분인 좌측 전두엽 피질이 자애와 자비 명상 동안 활성화된다는 것을 보여 준다. 연구와 주관적 보고에 따르면, 뇌의 이 부위가 '활성화'될 때, 행복, 개방, 평화의 감정들과 상관관계가 있다. 신경학자들은 '뉴런들이 함께 활성화되고, 함께 연결된다'는 것을 보고한다. 명상 같은 개별적 수행을 더 할수록, 이러한 긍정적 정서들의 군집을 더 유지하게 된다.

긍정적인 내적 자원을 의도적으로 내재화시키고 강화시키는 것은 내담자들이 사랑받고 있으며 안전하다는 것을 느끼는 내적 안전지대를 발전시킬 수 있도록 한다. 이들이 내적으로 생성된 언어, 심상 혹은 자신의 손길을 통해 내적 안전지대에 접촉할 수 있는 경우, 이들의 신경생물학이 변화하게 된다. 전형적인 투쟁-도피-정지(fight-flight-freeze) 반응은 더 이상 잠재적으로 적응 반응들을 압도하지 못하며, 마음은 더 넓어지고 수용적이 된다. 외상 공포의 강도가 감소됨에 따라, 새로운 연상, 새로운 내적 자원 그리고 대처하고 이해하는 새로운 방식이 자발적으로 나타나기 시작한다. 가장 기본적인 결과는 자기효능감, 자신감 혹은 신뢰의 감정들이 증가하는 것이다. 즉, 내담자는 증가하는 평정심을 통해 삶의 상황들을 충족시키는 데 필요한 것이 무엇이든, 자신의 내부에 가지고 있다는 것을 발견하기 시작한다.

나는 마음을 위한 명상을 가르칠 때, 종종 수련의 일환으로 가장 사랑하는 사람을 시각적 이미지로 보여 주거나, 스스로를 부드럽게 터치하는 것을 포함시킨다. 연구는 20초의 안아 주기가 사랑, 유대감, 안전의 감정들과 연관된 호르몬인 옥시토신(oxytocin)의 생성을 촉진시킨다는 것을 보여 준다(Grewen, Girdler, Amico, & Light, 2005). 그러나 우리는 다른 사람과의 물리적 껴안기가 필요하지 않다. 많은 내담자와 명상 수련생이 볼과 심장에 자신의 터치를 느끼거나 혹은 안아주기를 상상했을 때, 유사한 행복의 감정을 일깨울 수 있었다. 시각화, 말, 터치에 의한 것이든, 사랑에 대한 명상은 긍정적 감정들을 일깨우고, 외상 반응을 감소시키는 방식으로 두뇌 활동을 변화시킬 수 있다. 이는 결국 몸에서 외상의 활성화된 충들에 치유하는 마음의 존재를 가져다준다.

우리가 안전과 보살핌의 감정을 확립한 후, 데이나와 상담하는 데 있어 나의 다음 목표는 그녀가 스스로 사랑과 안전의 감정들에 접근하도록 돕는 것이었다. 그녀는 이미 전통적인 자애 명상 방식을 수련하고 있었지만, 이제 우리는 그녀가 사랑받고 있다는 것을 느낄 수 있는 특별한 심상과 단어를 확인하며, 이를 개인화시키고자 했다.

내가 그녀에게 그녀의 삶에서 누가 내적으로 안전한 느낌을 주는지 물었을 때, 데이나의 눈이 반짝였다. "그건 쉽죠. 나의 친구 마린이나 내 동생 세레나가 그렇답니다. 나는 이 둘을 신뢰하고, 이들은 완전히 나의 편이죠. 그리고 나는 당신과 있을 때 안전함을 느낍니다." 그녀는 약간 수줍어하며 말했고, 나는 내가 포함되는 것을 영광스럽게 생각한다는 것을 그녀가 알도록 미소 지었다.

다음으로, 나는 그녀에게 우리 셋에 둘러싸여 있는 자신을 상상하며, 이 방에서 지금 그녀의 '동지들'을 그려 볼 것을 권장했다. 눈을 감고, 데이나는 몇 분 동안 집중한 후, 부드럽게 말했다. "좋아요, 나는 여러분 모두가 보여요. 당신과 마린은 양쪽에 있어요. 여러분은 내 팔을 하나씩 잡고 있고, 내 동생은 바로 내 뒤에 있어요."

그녀에게 어떤 느낌이 드는지 묻자, 그녀는 주저 없이 대답했다. "따뜻한 욕조에 있는 것 같아요!"

"좋아요." 나는 대답했다. "이제 그 따뜻함에 스스로를 담그고, 얼마나 깊게 갈 수 있는지, 가장 필요로 하는 마음속 부분들을 얼마나 편안하게 만들 수 있는지 느껴 보세요." 그리고 그 후 "당신의 동지들이 있는 따뜻함에 자신을 담그면서, 듣고, 기억하기에 가장 편안한 말들은 무엇이었나요?"라고 물었다.

"그건 내가 안전하다는 것과 내가 사랑받고 있다는 것이었어요. 이건 내가 기도하는 것이죠. 내가 안전함을 느끼고, 사랑받고 있다는 것을 느낄 수 있도록 해 주세요."

나는 몇 분을 기다린 후, 권했다. "데이나, 공포로 인해 당신의 내부를 쪼그라들게 만들고, 웅크리게 될 때, 바로 여기에 우리 모두가 있다고 상상해 보세요. 당신을 둘러싼 따뜻함을 느끼고, 당신의 기도가 당신을 편안하게 만들도록 해 보세요. 안전하고 사랑받는 느낌에 빠져들어 보세요. 당신의 몸이 사랑받고 있다는 것을 느끼도록 해 보세요. 괜찮다면, 이것을 지금 연습해 보세요."

데이나는 의자에 편히 기댄 후 가만히 앉아 있었다. 그녀가 다시 나를 쳐다보았을 때, 그녀는 웃으며 말했다. "이 방법은 내가 편안해질 수 있다는 것을 알려 주네요. 마치 내 주위에 그물망이 있어서, 떨어지지 않을 것 같아요. 오랫동안 느껴왔던 것보다 훨씬 기분이 좋네요."

데이나가 떠나기 전, 나는 그녀에게 매일 스트레스가 낮은 특정 시점에 동지들을 불러보는 연습을 하도록 권했다. "우리의 존재, 우리가 함께 있다는 것을 느끼도록 돕는 것에 대해 시험해 보세요."라고 말했다. "이 편안함과 연결시켜 줄 수 있는 것이 무엇이든, 우리 이름을 속삭이거나, 우리 얼굴을 떠올리고, 당신을 격려하는 우리의 손길을 느껴 보세요. 그리고 안전과 사랑에 대한 당신의 기도를 기억하고, 이러한 생각으로 당신을 채워 보세요."

어떤 사람들은 데이나처럼 가족 구성원이나 친구, 치료자나 지도자처럼 존재

자체가 '집에 있는 듯한' 편한 느낌을 생성하는 개인을 즉시 찾아낸다. 다른 사람들의 경우에 집은 영적인 공동체, 12단계 그룹 혹은 친밀한 친구들의 모임이 된다. 때때로 소속감은 죽은 사람 혹은 달라이라마, 간디, 테레사 수녀처럼 숭배하지만 결코 만날 수 없는 사람을 향하는 것이 가장 강력하다. 많은 사람이 부처, 예수, 성녀 마리아와 같은 원형적 인물들에게 마음을 빼앗긴다. 또한 나는 자신들의 개나 고양이를 떠올릴 때 편안함과 소속감을 느끼는 다수의 사람들을 알고 있다. 나는 내담자와 수련생에게 어떤 인물도 다른 사람보다 더 영적이거나 더 높지 않다는 것을 확인시킨다. 중요한 것은 지속적인 초점과 현재의 순간에 머무르는 명상 집중을 통해 안전함과 사랑을 느끼고, 이러한 느낌들을 강화시키는 근원을 선택하는 것이다. 이러한 지침들의 핵심은 몸 안에서 긍정적 경험을 느끼는 것이다.

수련생과 내담자들에게 동지를 식별하도록 요청하는 것 이외에, 이들이 안전과 사랑의 내적 안전지대를 발전시키도록 돕기 위해 제기하는 몇 가지 다른 질문들이 있다. 그리고 이러한 질문은 항상 이들이 공포에 휩싸이지 않을 때 가장 좋은 것으로 고려된다는 충고를 함께 제시한다. 정기적으로 연습할 경우, 이러한 질문들은 힘든 시기 동안 안전지대로 느낄 수 있는 중요한 통로가 될 수 있다.

- **"당신은 언제, 어디에서 가장 집에 있는 것 같은 느낌, 즉 안전하고, 확고하며, 편안하거나, 강하다는 느낌을 받습니까?"** 어떤 사람들은 자연 세계에서 보호의 느낌을 발견하며, 숲이나 바다에 있을 때 편안해질 수 있다. 다른 사람들은 교회나 절에 있을 때 안전한 느낌을 갖는다. 또 다른 사람들은 대도시의 소음과 활기에 둘러싸여 있을 때 더 안전하다는 느낌을 받는다. '집에 있는 듯한' 느낌은 어디에서나 일어날 수 있다. 내담자들이 실제로는 거의 편안하거나 안전하다는 느낌을 받지 못함에도, 이들의 일상생활을 주의 깊게 들여다봄으로써 이들은 집에 있는 것 같은 편안한 느낌과 가장 가까운 몇 가지 환경과 상황들을 확인할 수 있을 것이다.
- **"당신의 힘, 용기, 잠재력은 어떤 사건 및 경험 혹은 관계들에서 가장 잘 드러났습니까?"** 때때로 특히 의미 있는 경험, 즉 개인적 만족감이나 성취감의 근원인 예

술적 · 직업적 노력, 제공받은 서비스, 운동 경기의 성과 등에 대한 기억이 이러한 경우다. 한 내담자의 경우, 이러한 기억은 학교 연극에서 그녀가 맡았던 역할이었으며, 한편 또 다른 내담자는 열두 살 때 그의 아버지가 어머니에게 소리를 지르고, 물리적으로 위협을 가했던 일을 마주했던 것을 기억해 냈다. 어떤 경험이든, 내담자들은 스스로에 대한 신뢰를 얼마나 심화시키는지 그리고 편안함, 안전, 보살핌을 각성시키도록 돕는지에 대해 분석하기 위해 이러한 경험을 이용할 수 있다.

- "당신의 어떤 점이 당신의 선함을 신뢰하는 데 도움이 됩니까?" 우리가 외상이나 매우 강력한 감정에 휘말릴 때, 우리 자신 혹은 타인의 선함을 되돌아보기는 어렵다. 그러나 몸과 마음이 별로 불안하지 않은 경우, 이러한 질문은 내적 안전지대로의 강력한 진입로가 될 수 있다. 나는 종종 내담자나 수련생에게 자신이 좋아하는 스스로의 특징들, 즉 유머, 친절함, 인내, 창의력, 호기심, 충실함, 경이로움 등을 고려하도록 요청한다. 나는 이들이 가장 깊은 삶의 열망들, 즉 만족스러운 사랑, 진실의 깨달음, 행복, 평화, 다른 사람들에게 봉사하는 것 등을 떠올리고, 자신들의 마음이 갈망하는 선함을 느껴 보도록 제시한다. 그리고 자신들의 본질적 선함, 활기에 대한 경험, 자각, 마음을 느껴 보도록 권한다.

- "당신이 두려움에 사로잡혀 있을 때, 당신이 가장 느끼고 싶은 것은 무엇입니까?" 내가 이 질문을 할 때, 사람들은 보통 단지 두려움이 사라지는 것을 원한다고 말한다. 그러나 잠시 멈추어 반추할 경우, 긍정적인 마음 상태에 대해 더 많이 이야기한다. 이들은 소중하거나, 가치 있다는 느낌을 받고 싶어 한다. 이들은 평화롭거나, 편안하거나, 신뢰 있는 느낌을 갈망한다. 또는 이들은 물리적으로 안기고, 포용되는 느낌을 받고 싶어 한다. 이들의 열망을 부르는 단어와 이들에게 떠오르는 심상은 내적 안전지대로의 귀중한 진입로가 될 수 있다. 종종 시작점은 '내가 안전하고, 편안한 느낌을 받을 수 있기를'과 같이 바람이나 기도를 제시하는 것이다. 고전적인 자애 명상에서의 구절들처럼, 이러한 것들은 개인의 내적 삶을 보살피고, 마음을 열고, 편안하게 만드는 데

도움이 되도록 상기시키는 역할을 한다.

그러나 때때로 사람들은 사랑과 안전에게서 너무 고립되고 단절된 나머지, 처음에는 구축할 내적 자원들을 발견하지 못한다. 특히 이들이 겁에 질려 있을 때, 행복을 비는 구절들을 스스로 제시하는 것으로는 도움이 되지 못한다. 그러나 나는 더 큰 소속감, 즉 삶의 선함으로 경험되는 것에 대해 약한 줄기라도 존재한다면, 마음의 안전지대가 배양될 수 있다는 것을 발견했다. 그 열쇠는 마음을 열고 따뜻하게 만드는 것이 무엇이든 찾고, 이후 반복해서 집중하려는 진실한 의지다.

깊어지는 사랑의 안전지대

3개월 동안 데이나는 비교적 차분한 순간마다 자신의 동지들을 상기하며, 성실히 연습을 했다. 그녀는 동지들의 따뜻함 그리고 안전과 사랑에 대한 자신의 기도로 포용되는 느낌을 받는다고 보고했다. 이러한 내적 자원에 의지하는 역량을 시험했을 때, 데이나는 가능하리라고 생각지 못했던 자신감으로 다른 끝에 도달하게 되었다.

"나는 스스로를 신뢰하는 것이 무슨 뜻인지 알아 가고 있어요." 삶을 바꾸는 에피소드를 겪은 이후 그녀가 말을 꺼냈다. 그리고 그녀는 내게 무슨 일이 일어났는지 들려주었다. 술을 여섯 병이나 마신 후, 데이나의 남자친구는 그녀를 조롱하기 시작했으며, 그녀가 반응을 보이도록 부추겼다. "내 말이 마음에 들지 않는 거야? 말해 봐, 이 못된 것. 나를 닥치게 하고, 무슨 일이 일어나는지 한번 보지 그래." 데이나는 자신의 마음이 두려움으로 멈추기 시작하는 것을 느꼈으며, 그대로 있으면 단지 겁에 질리며, 얼어붙게 되리라는 것을 알고 있었다. 문으로 걸어 나가기 전에 그녀는 남자친구에게 이제 우리 사이는 끝났다고 말했다.

그리고 두려움이 그녀를 강타했다. 집에 혼자 있는 것이 두려웠던 그녀는 친구 마린의 아파트로 갔으며, 하룻밤을 신세지겠다고 부탁했다. 마린은 그녀를 환영했으며, 이들은 한 시간 동안을 이야기하며 보냈다. 그러나 마린이 잠든 후, 데이나는 소파에서 잠들지 못하고 깨어 있었다. "나는 그가 나를 어떻게 벌주려 할지에 관해 생각하는 것을 멈출 수 없었어요." 공포가 다시 일어나는 것을 느끼며, 데이나는 공처럼 웅크리며 떠는 자신을 발견했다. "바로 그때 나는 당신의 상담실에서 겁에 질렸다가, 함께 소파에 앉아 있었던 때가 기억났어요. 나는 동지들을 불러야 한다는 것을 깨달았죠."

데이나는 똑바로 앉아서, 담요를 주위에 둘렀다. 그녀는 내가 두려움이 올라올 때 하라고 권유했던 것처럼, 자신 아래에 있는 소파를 지지한 채 집중했으며, 바닥의 단단함을 느끼며, 바닥에 발을 똑바로 두었다. "그리고 나는 도움을 요청했어요." 데이나가 말했다. "나는 마린의 이름과 동생의 이름, 그리고 당신의 이름을 속삭였어요. 내 여성 동지들을 모으고, 그들이 내 주위에 있도록 했어요. 그러나 그렇게 했음에도 내 마음은 여전히 두려움으로 폭발할 것 같았죠."

데이나는 두려움을 자신의 가슴을 찢는 '뜨겁고, 깨진 유리'로 비유했지만, 그녀는 동지들의 이름을 계속해서 속삭이며, 바닥에 놓인 발에 집중했다. 그녀의 몸은 통제하지 못할 정도로 떨렸고, 두려움은 계속해서 침투했지만, 그녀는 스스로를 안았고, 우리가 그녀를 안으며 그곳에 있는 상상을 했다. 그러나 그녀는 다음과 같이 말했다. "나는 마치 나를 보살피는 존재에 의해 둘러싸여 있는 것처럼, 계속해서 여러분 모두가 그곳에서 나를 보살핀다고 느꼈지만, 나의 내부는 부서지고 있었어요. 나는 겁에 질렸지만, 혼자 있다고 느끼지 않았어요. 나는 마음속으로 지나가는 '나는 안전하고, 사랑받고 있다.'는 말을 들을 수 있었답니다."

데이나는 서서히 무언가 변화하고 있다는 것을 알아차렸다. "두려움은 여전히 그곳에 있었지만, 더 이상 지배하지는 못했어요. 어떤 공간이 존재했어요. 그 공간은 이 두려움 자체보다 더 큰 사랑의 공간이었죠. 그리고 나는 약간 편안해졌고, 시간이 흐름에 따라 그 공간은 점점 더 빛으로 채워졌어요. 마치 내가 그 빛의 일부가 된 것 같았어요. 그리고 나는 나의 영혼이 다시 돌아왔다는 것을 깨달았어요. 그 밝혀진 공간은 나의 내부였죠. 나는 이 빛 없이 살았고, 부서진 자아로 살았던 그동안의 잃었던 모든 나날이 어땠는지 느끼며 눈물을 흘리기 시작했어요."

데이나는 조용해졌다. 그녀의 손은 마치 기도하는 것처럼 맞잡고 있었으며, 그녀는 눈물이 흐르도록 놔두며 고개를 숙였다. 그녀가 다시 고개를 들고 말을 시작했을 때, 그녀의 목소리는 부드러웠지만, 깊은 울림이 있었다. "타라." 그녀는 말했다. "나는 슬프지만, 괜찮아요. 무언가 새로운 것이 내 안에서 자라고 있어요. 내가 당신한테 나 자신을 신뢰하는 법을 배우고 있다고 말했을 때, 내가 뜻한 것은 사랑이 들어오게 보살피는 지점이 바로 나의 영혼을 사랑하는 것이라는 점을 믿는다는 것이었어요. 여기가 바로 안전한 곳이지요. 나는 아마도 다시 부서지는 느낌을 받을 수 있을 것이고, 상실된 느낌을 받을 수 있겠지만, 나는 돌아가는 길을 찾을 거예요. 이 빛과 이 사랑은 내 일부분이에요."

외상의 고통은 우리의 영혼이 더럽혀지거나 파괴되었다고 믿도록 만들지만, 사실은 그렇지 않다. 어떤 규모의 폭력이라도 우리 존재의 바탕인 영원하고 순수한 존재를 더럽힐 수 없다. 수치심이나 두려움의 물결이 일시적으로 몰려올 수 있겠지만, 우리가 계속해서 스스로를 사랑하는 존재로 신뢰하고, 우리 스스로 사랑받고 있다고 느낀다면, 우리의 삶은 점점 더 우리가 누구이고 무엇인지에 대한 표현이 될 것이다. 이것이 바로 은총의 본질, 즉 우리 자신에게로 귀향하는 것이다.

자신에게로 돌아가는 데이나의 여정은 "집중되는 곳으로 에너지가 흐른다."는 구절에 대한 좋은 사례다. 명상 훈련을 통해 우리가 반복적으로 우리의 마음을 사랑이나 안전 혹은 힘의 느낌들을 불러일으키는 사고와 기억들을 향하게 할 경우, 우리의 뇌 구조는 변경된다. 물리적이고 활력적인 수준에서, 치유를 위한 필수적인 채널들로 기능하는 새로운 신경 연결들이 형성된다. 데이나가 사랑과 순간의 경험으로 현재에 집중하기에 대한 명상으로 발견함에 따라, 그녀는 영혼의 빛과 사랑, 즉 오랫동안 잃어버렸던 자신의 일부를 집으로 가져갔다.

마음챙김의 날개 알아차리기

심리치료와 명상에서 일단 충분한 외적·내적 자원들이 준비되면, 중요한 전환

작업의 다음 단계가 시작된다. 이것은 분리되고, 느끼지 못했으며, 몸에서 '얼어붙은 채로' 남아 있던 경험에 대해 명확하고 연민 어린 관심을 가져오는 것이다. 신체의 존재를 포함하는 특정 치료 과정은 내담자와 치료자의 양쪽 부분에서 마음챙김을 필요로 하지만, 많은 경우에 마음챙김의 알아차림을 육성할 명확한 훈련이 결여되어 있다. 이러한 훈련은 내담자에게 자신의 순간마다 경험에 비판단적인 주의를 가져오는 방법에 대해 가르치는 것을 수반할 것이다. 치료에 포함될 경우, 마음챙김에 대한 훈련은 자기자비를 심화시키고, 내담자가 독립적으로 치유 과정을 지속하도록 역량을 부여할 것이다.

나는 최근 이라크에서 복무한 후 PTSD로 고통받고 있던 청년을 상담했다. 그가 처음 내게 왔을 때, 그의 발 이외에 신체의 다른 부위에 관심을 집중하는 것은 그의 공포를 촉발시켰다. 우리는 두 개의 내적 자원들의 닻을 내리기 위해 함께 노력했다. 바로 그를 지탱하도록 도울 그의 발에 대한 감각과 그에게 사랑하는 보편적 영혼의 보호를 상기시켜 줄 만트라 혹은 신성한 말들이었다. 수개월 동안, 그의 주요 훈련은 내적으로 계속해서 반복하며 그의 만트라를 반추하는 것이었으며, 땅을 딛고 있는 그의 발을 느끼는 것이었다. 약 6개월 후 그가 지면에 기반을 두고 보호 받는 느낌을 받게 되었을 때, 그는 서서히 마음에 담아 말하기 시작했으며, 자신의 자각에 나머지 신체 감각들을 포함시키기 시작했다. 이는 우리의 회기들 동안 그리고 스스로 연습하는 동안 이루어졌다. 이윽고 그는 가장 취약하고 낯설게 느꼈던 부위들에 기민하고, 호기심 어리며 다정한 관심을 가져올 수 있게 되었다. 그는 이러한 그의 여정을 '살아 있는 완전한 존재로 돌아가는 것'이라 불렀고, 강한 감정들을 가지고 살아가며, 이러한 감정들을 지속적으로 발생시키는 자신의 능력에 대한 자신감을 발전시켰다.

내가 아버지로부터 성적인 학대를 받았던 내담자 로잘리와 상담을 시작했을 때, 그녀의 몸이 문제를 나타내고 있는 것은 분명해 보였다.

그녀가 '착한 요정'을 발견하도록 인도된 여정은 과정의 일부분이었으며, 우리의 관계와 자애로운 내적 존재의 느낌을 결합한 것은 그녀가 안전에 대해 느끼는 경험에 더 다가갈 수 있도록 만들어 주었다. 로잘리는 이제 깊은 상처로 억제되어 있던 몸의 부분들에 대한 주의깊은 알아차림을 체계적으로 증진할 준비가 되었다.

나는 발과 다리, 몸통, 어깨, 팔과 손, 목, 머리 등 각 부위에 초점을 맞추며, 그녀의 관심을 몸의 위와 아래로 인도하는, '훑어 내리기 명상(sweeping meditation)'을 소개했다. 나는 그녀가 집중하고 있는 몸의 부위로 에너지와 빛을 불어넣고, 다시 내뱉음에 따라 편안해지는 것을 상상하도록 격려했다. 로잘리가 각 부위에 대한 관심을 심화시킴에 따라, 나는 그녀가 그곳에서 느끼는 감각들을 있는 그대로 받아들이며, 이러한 감각들에 마음챙김을 가져오도록 제안했다. 가장 중요한 것은 경험이 '너무 많게' 느껴지는 경우, 로잘리는 우리가 함께 방에 있는 것을 상기시키거나 자신의 내적 자원들로 향할 수 있다는 것이었다.

한 회기 동안, 그녀는 자신이 위와 골반 부위에서 감각을 느끼기 어렵다고 이야기했으며, 나는 그녀에게 어떤 색이 그녀를 치유하는 것으로 느껴지는지 물었다. 그녀는 요정을 둘러싼 반짝이는 파란색을 떠올렸다. 나는 그녀가 어려움이 느껴지는 몸의 부위들이 파란색 물에 담기는 것을 느끼고, 각 호흡마다 그녀를 통해 색이 빠져나가는 것을 상상하도록 권장했다. 얼마 후, 로잘리는 초조하게 보고했다. "나는 약간의 움직임과 따끔거림을 느끼고 있어요." 그리고 말했다. "지금으로서는 충분해요." 그녀는 새롭게 각성되는 부위에 오랫동안 관심을 지속시킬 수는 없었지만, 자신의 첫 번째 노력들을 뿌듯해 했다. 매우 위험하게 느껴졌던 장소들에 다시 들어갈 수 있는 용기를 내도록 만들었다.

우리의 마지막 회기 중에 로잘리는 그녀가 만난 새로운 남자에 대해 흥분한 상태였다. 그러나 그다음 주에 흥분은 불안으로 바뀌었으며, 그녀의 몸은 두려움으로 굳어 보였다. 그녀는 정말로 이 남자를 좋아했으며, 과거에 반복적으로 그래왔던 것처럼 두려움 때문에 물러나고 싶어 하지 않았다. "타라, 내가 이 두려움과 화해할 수 없다면, 나는 버틸 수 없을 거예요." 그녀가 말했다. 로잘리는 자신이 그녀 몸의 두려운 반응과 마주하고, 받아들여야 한다는 것을 알고 있었다.

나는 그녀에게 관심과 수용을 가장 필요로 하는 감각인 그녀 몸을 느끼며 잠시 가만히 있어 볼 것을 권했다. 이것은 로잘리에게 새로운 경험이었다. 지금까지 그녀는 오직 비교적 편안한 상태일 때 몸에서 마음의 존재를 탐구하는 경험만 했었다. 이러한 경험은 안전하게 느껴졌지만, 생생한 두려움을 경험하는 것은 많은 고통스러운 연상들을 만들어 냈다. 눈을 감고 그녀는 가만히 멈추어 있었다. 약 1분 후, 그녀는 손을 자신의 위에 올려놓았다. "바로 여기에서 느껴져요. 나는 정말로 두려워요. 마치 토할 것 같아요."라고 그녀는 말했다. 나는 그녀에게 손의 따뜻함과 그녀 자신의 부드러운 손길을 느끼도록 권했으며, 그녀가 불쾌한 감정들을 완전히 알아차리도록 도왔다. 나는 그녀에게 내부에서 느낄 수 있는지 물었으며, 일어나고 있는 것에 주목할 것을 권했다.

로잘리는 몇 번 긴 호흡을 하고, 소파로 다시 기대었다. 다음 몇 분 동안 그녀는 자신이 경험하고 있는 것을 말했으며, 그냥 일어나게 놔두었다. 이러한 경험은 바로 배의 중심에 느껴지는 아픔과 압박하는 단단함, 몇 번의 깊은 호흡과 함께 올라갔다가, 떨어지는 가슴의 느낌, 위에서 느껴지는 견고한 매듭이 풀어지고 없어지는 것, 위 전체에 걸쳐 퍼지는 전율과 거슬림, '아마도 그가 완벽한 사람일 것이야.'라는 생각, 찌르는 두려움, 떨림, 아버지로부터 달아나 옷장에 홀로 숨어 있는 어린 소녀의 이미지, '나는 견딜 수 없어.'라는 생각, 그녀의 가슴과 목으로 퍼지는 열기, 목에서 느껴지는 목 졸림, 새파래지는 호흡, 몸의 열림과 부드러움, 고조되는 슬픔이었다. 그녀가 마침내 고개를 들었을 때, 그녀의 눈은 눈물로 반짝였다. "타라, 이 모든 것이 내 안에서 일어나고 있어요. 나는 그냥 내 팔에 어린 소녀를 안고 있었어요." 그녀는 잠시 멈추었다. 그리고 덧붙였다. "나는 이 고통을 받아들일 수 있다고 느껴요. 내가 무엇을 느끼든 처리할 수 있어요."

불교 심리학의 핵심에는 우리가 우리의 완전성을 잊어버리고, 자아에 대한 제한되고 결핍된 감각과 동일시될 때 고통을 겪는다는 이해가 존재한다. 내담자가 외상의 고통을 겪을 때, 종종 내담자는 삶의 흐름에서 단절되었다고 느끼며, 편협하고, 위험에 처한, 무력한 자아에 대해 느끼게 된다. 이 장 전체에 걸쳐 논의된 바와 같이, 치유 과정은 사랑과 존재의 내적 자원들과 다시 연결되도록 내담자를 지원하는 과정이다. 치료자들은 우리가 보살핌과 수용을 제공하는 것처럼 지원을 제공하는 한편으로, 내담자가 안전과 사랑에 대한 내적 감각을 강화하고, 전개되는 경험에 깊은 주의를 기울이도록 돕는다.

마음챙김과 사랑이라는 존재의 두 날개가 함께하는 순간에는 정체성의 변화가 존재한다. 로잘리는 다음과 같이 말했다. "이 모든 것이 내 안에서 일어나고 있어요. 나는 내 팔에 단지 어린 소녀를 안고 있었어요." 그녀는 더 이상 자신의 작고, 두려움 가득한 자아와 동일시하지 않았다. 그녀는 두려움을 억제할 수 있는 마음과 사랑의 존재가 차지하는 것으로 자신에 대한 지각을 확장시켰다. 이러한 정체성의 변화는 모든 치유 치료를 통해 발견되고, 모든 영적 관련 글에서 지적되는 고통에서의 진정한 해방이다.

제 3 장

외상 생존자에게서의 자기자비 구축

크리스토퍼 K. 거머(Christopher K. Germer)
크리스틴 D. 네프(Kristin D. Neff)

> 황폐해진 마음, 재정적 손실, 주위에 갈등으로 공격받는다는 느낌 혹은 표면상 희
> 망이 없는 질병과 같이, 당신의 어려움이 무엇이든 당신은 항상 매 순간 마음의 나침
> 반을 가장 높은 목적들을 향하도록 설정할 자유가 있다는 것을 떠올려라.
>
> – 잭 콘필드(Jack Kornfield, 2011)

우리 대부분은 나쁜 일이 일어날 때 스스로를 다소 불친절하게 다룬다. 스스로
에게 우리가 사랑하는 사람에게 주는 것과 동일한 동정과 지원을 제공하기보다,
우리는 스스로를 비난하고("도대체 문제가 뭐야!"), 수치심에 우리 자신 혹은 타인
으로부터 숨고("나는 쓸모가 없어."), 우리에게 무엇이 일어났는지를 이해하기 위
해 머리에 갇혀 버리는("왜 나인가?") 경향이 있다. 그리고 정말 나쁜 일이 일어났
을 때, 예를 들어, "나는 학대당했기 때문에 좋지 못한 사람이야."와 "나는 나쁜 사
람이기 때문에 학대를 당한 거야."라고 말하며, 두 가지 방향에서 우리 스스로를
공격한다. 해리를 통해 자신에 대해 둔감해지지 않는다면 우리는 약물, 술, 자해를
시도할 것이다. 그리고 우리가 머릿속에서 나와 우리 삶에 충실해지기를 얼마나
많이 바라는지와 상관없이, 우리는 침투적 기억, 악몽, 순간적 회상과의 싸움에 갇
혀 버린 자신을 발견하게 된다.

이러한 반응은 우리의 고통을 지속시키고, 심지어 확대시키지만, 이러한 것들이 우리의 잘못은 아니다. 이는 바로 우리에게 입력된 방식이다(Gilbert, 2009a). 우리가 외부의 위험으로부터 위협을 느낄 때, 우리의 생존은 투쟁-도피-정지 능력에 달려 있다. 그러나 우리가 공포나 수치심 같은 강렬한 감정들에 의해 내적으로 위협을 받을 때, 투쟁-도피-정지 반응은 자기비판, 자기고립, 자기몰두의 위험한 삼위일체로 변하게 된다.

다행스럽게도 우리는 진정시키고 치유하는 방식, 즉 **자기자비**로 우리 자신의 고통에 대응하도록 내재된 능력을 가지고 있다. 달라이라마(1995)는 자비를 '완화시키려는 바람을 가지고 고통에 대해 열린 것'으로 정의하며, **자기자비**는 자아를 향한 동일한 태도다. 이는 어린 시절의 학대, 방치 혹은 이후의 외상으로 고통받는 사람에게 무리한 요구로 보일 수 있지만, 자기자비는 부정적 사건들에 직면해 신중한 고려를 보장하는 정서적 탄력성을 포함하여, 심리적 행복과 정신 건강의 많은 수단에 연관되어 왔다. 또한 인지 행동, 정신 역학, 인본주의, 가족 체계 등의 특정 치료 모델로 작업을 하는 치료자는 내담자가 자기자비를 **구축하도록** 도울 수 있다. 이 장에서는 자기자비에 대한 우리의 현재 이해를 검토하고, 외상을 가진 내담자들이 더 큰 보살핌, 이해, 존중을 가지고 스스로를 대하도록 돕는 권장들을 제공한다.

자기자비란 무엇인가

자기자비는 고대 불교 명상 심리학에서 파생된 비교적 새로운 심리적 구성체다. 발달 심리학자인 네프(Neff, 2003)와 불교 명상 수련생이 처음으로 이 개념을 정의했으며, 대부분의 연구에서 사용되는 자기자비 척도(Self-Compassion Scale: SCS)를 개발했다. 자기자비는 세 가지의 주요 구성요소를 가지고 있는데, ① 자기 친절(self-kindness), ② 보편적 인간성에 대한 의식, ③ 마음챙김이다. **자기친절**은 우리 삶에서 일들이 잘못될 때, 스스로를 향한 따뜻함과 보살핌을 수반한다. **보편**

적 인간성은 어려운 상황이 발생할 때, 절망적으로 혼자라는 느낌보다 고통의 공유되는 특성을 인식한다. 그리고 **마음챙김**은 고통스러운 경험('상처받은')에 대해 비반응적이고, 균형 잡힌 자각으로 개방되는 능력을 뜻한다. 종합하자면 자기자비는 내부 위협에 대한 우리의 전형적인 반응, 즉 자기비난, 자기고립, 자기몰두와 정확히 반대되는 것이다.

고대 시대에도 부처는 친절을 보편적 인간성으로, 마음챙김은 비현실적인 두려움과 공포에 대한 해독제로 규정했다. 자애 명상을 수행하는 우리의 현재 방법은 부처가 우기 동안 숲에서 사는 것을 두려워하며, 명상을 수행하는 수도승 집단에게 제공한 이야기에서 파생된다. 이러한 담론의 발췌문(metta sutta, 자비경)은 다음과 같다.

> 누구도 또 다른 일을 망치는 일을 하지 않도록 한다.
> 누구도 다른 사람에 대해 나쁘게 생각하지 않도록 한다.
> 분노 혹은 폭력적인 생각들을 가지고,
> 다른 사람들에게 고통을 주는 것을 바라지 않을 것이다.
> 어머니가 일생을 바쳐 자신의 하나뿐인 아들을 돌보는 것과 마찬가지로,
> 마음을 발전시키는 것과 동일한 방식으로
> 모든 생명 있는 존재를 향해 무한하게
> 자애의 마음을 발전시킨다.
> 전체 세상을 향해 무한하게:
> 위와 아래로, 모든 곳에
> 주저하지 않고, 꺼리지 않고, 어떤 적도 없이.
>
> – 올렌즈키(Olendzki, 2008)[1]

두려움에서 자애로 마음가짐을 전환함으로써, 수도승들은 숲으로 돌아갔으며,

---

1) Andrew Olendzki의 허가를 받고 재판됨.

우기가 끝나 방랑을 다시 시작할 수 있을 때까지 명상을 할 수 있었다.

그 당시에, '자애의 마음, 전체 세상을 향한 무한함'은 자신 또한 포함했다. 모든 사람이 행복하고 고통 없이 사는 것을 바라고 태어나기 때문에, 다른 사람들을 향한 자비를 구축하는 수행은 전통적으로 우리가 스스로를 향해 자연스럽게 어떻게 느끼는지에 대한 우리의 알아차림에 기반을 두면서 시작한다. 역설적으로 현대 시대에는 우리가 다른 사람들, 즉 특별한 사람들이나 다른 생명 있는 존재들을 향해 어떻게 느끼는지를 기억함으로써 사랑하는 마음 상태를 유발하고, 이후 자신에 대한 사랑을 유발하기 위해 자비심으로 들어가 보는 것이 더 쉽다. 자기자비는 특히 외상의 결과로 인한 수치심과 자기비난으로부터 고통받는 사람들에게 이질적이지만, 이는 무엇보다 중요하다.

자기자비와 외상

외상 후 스트레스 장애(PTSD)에서 일반적으로 발견되는 세 가지 증상은 각성, 회피, 침투 증상이다. 흥미롭게도 이 세 가지 범주들은 스트레스 반응(투쟁-도피-정지)과 앞서 언급된 내적 스트레스에 대한 우리의 반응들(자기비난, 자기고립, 자기몰두)과 긴밀하게 일치한다(〈표 3-1〉 참고). 이들과 함께 외상에 대한 건강한 대안적 반응으로 자기자비가 있다. 자기친절은 자율신경 과각성에 대한 진정 효과를 가질 수 있고, 보편적 인간성은 수치심으로 숨는 것에 대한 해독제이며, 균형 잡힌 마음챙김의 알아차림은 우리가 스스로와 침투적 기억 및 감정들을 구분할 수 있도록 한다.

〈표 3-1〉 스트레스 반응, PTSD, 자기자비의 구성요소

스트레스 반응	내적으로 조율되는 스트레스 반응	PTSD 증상	자기자비
투쟁	자기비난	각성	자기친절
도피	자기고립	회피	보편적 인간성
정지	자기몰두	침투	마음챙김

한 연구는 자기자비가 결여된 사람들이 역기능 가정에서 주로 볼 수 있는 비판적인 어머니 밑에서 자랐으며, 불안정한 애착 패턴을 보일 가능성이 크다는 것을 보여 준다(Neff & McGeehee, 2010; Wei, Liao, Ku, & Shaffer, 2011). 어린 시절의 정서적 학대는 낮은 자기자비와 연관되고, 이렇게 낮은 자기자비를 가진 개인들은 고통을 더 많이 경험하며, 알코올 중독이나, 심각한 자살 시도를 할 가능성이 매우 높다(Tanaka, Wekerle, Schmuck, Paglia-Boak, & the MAP Research Team, 2011; Vettese, Dyer, Li, & Wekerle, 2011). 또한 연구는 자기자비가 어린 시절의 학대와 차후의 정서 조절 부전 사이에 관계를 중재한다는 것을 보여 주며, 이는 학대를 받은 개인 중 높은 수준의 자기자비를 가진 사람일수록 괴로운 상황들에 더 잘 대처할 수 있다는 것을 뜻한다(Vettese et al., 2011). 이러한 관계는 학대의 과거, 현재의 고통 수준, 약물 남용의 원인을 확인한 후에도 유지되므로, 이는 자기자비가 어린 시절 외상을 입은 사람들에게 중요한 회복탄력성 요인이라는 것을 제시한다.

PTSD의 기준을 충족시킨 대학생들(주로 사고 및 사망과 같은 성인 외상을 가진)에 대한 연구에서, 톰슨과 왈츠(Thompson & Waltz, 2008)는 증상 중 '회피'만이 자기자비와 부적 상관관계를 갖는다는 것을 발견했다. 자기자비는 정서적 괴로움의 회피를 감소시키고 탈감각을 촉진함으로써 PTSD의 진전으로부터 보호할 수 있다.

어린 시절의 방치 및 학대 같은 초기 외상을 가진 사람들은 어린 시절 충분한 따뜻함, 위로, 애정을 받지 못했기 때문에 자기비난과 수치심이 초래될 가능성이 크다(Gilbert & Proctor, 2006). 자비 초점 치료(CFT; Gilbert, 2009b, 2010) 분야의 선구자인 폴 길버트(Paul Gilbert)는 어린 시절 학대의 생존자들이 자신들의 부적응적 사고 패턴들('나는 사랑스럽지 않아.')을 쉽게 확인할 수 있으며, 대안적 자기진술('어떤 사람들은 나를 사랑한다.')을 제공할 수 있지만, 이들이 반드시 정서적으로 안정을 주는 인지적 재구성을 발견하는 것은 아니라는 점에 주목한다. 따라서 CFT의 목표는 '대화에 활기를 주는' 것이다(Gilbert, 2011, 개인적 대화). 자비 마음 수행(CMT: 자비 초점 치료에 바탕을 둔 구조화 프로그램; Gilbert & Irons, 2005)에 대한 예비 연구에서, 수치심 및 자기비난과 싸우는 내담자들에 대한 병원의 일일 치료는 우울증, 자기공격, 수치심, 열등감의 상당한 감소를 보여 주었다(Gilbert & Procter, 2006).

자기자비는 여러 형태의 치료에서 작용 기제가 되는 것으로 나타난다(Baer, 2010). 예를 들어, 단기 정신역학 치료 이후 불안감, 수치심, 죄책감은 감소하고, 슬픔, 분노를 기꺼이 경험하려는 의지는 증가하며, 친밀함은 더 높은 자기자비와 연관된다(Schanche, Stiles, McCollough, Swartberg, & Nielsen, 2011). 동일한 연구에서 자기자비의 증가는 정신과적 증상 및 대인관계 문제들의 감소로 예측되었다. 자기자비는 편견 없이 어려운 감정들에 연결함에 따라 예측되기 때문에, 더 건강한 심리적 기능을 초래할 것으로 보인다.

마음챙김과 자기자비

불교 심리학에서 자비는 네 가지 **사무량심**(Brahmaviharas) 혹은 건전한 태도 중 하나로, 정신 건강에 기여한다. 다른 세 개는 자애, 감정이입의 즐거움, 평정심이다. 자애가 "모든 지각 있는 존재들이 행복하기를 바라는 것"이라면, "자비는 모든 지각 있는 존재들이 **고통에서 벗어나기를** 바라는 것"(Dalai Lama, 2003, p. 67)이다. 자비는 사랑이 고통을 마주할 때(그리고 사랑하려는 태도가 남아 있을 때!) 출현한다. 고통은 자비의 전제조건이다.

역설적으로 우리가 고통을 겪을 때, 우리는 이를 가장 마지막으로 알게 될 수 있다. 보통 우리는 감정적 고통의 단순한 경험과 접촉하는 것("아야!")을 상실한 채, 우리의 머리로 솟구치는 문제에 대해 반추하게 된다("왜 이러한 일이 나에게 일어났는가?" "이것은 나에 대해 무엇을 말하는 것인가?" "나는 무엇을 해야 하는가?"). 바로 여기에서 감정적 고통에 대해 시시각각으로 마음을 열며, 자비 반응을 촉발시킬 수 있는 마음챙김이 도입된다. 이런 식으로 마음의 자각은 자비의 토대가된다.

마음챙김은 '수용을 통해 현재의 경험을 알아차리는 것'이며(Germer, 2005), 자기자비는 **마음챙김의 마음**, 특히 고통이 관심의 초점인 심리치료의 맥락에서 마음챙김에 대한 정서적 태도로 고려될 수 있다. 자기자비는 특별한 종류의 수용이다. 이것은 슬픔과 고통에 직면한 자기수용이다. 마음챙김은 일반적으로 매 순간의 경험을 수용하는 것에 초점을 맞추지만, 자기자비는 경험하는 사람의 수용에 초점을 맞춘다. 마음챙김은 "폭넓은 알아차림을 통해 당신의 고통을 느끼라."고 말한다. 자기자비는 "고통의 한가운데에서 당신 스스로에게 친절하라."고 덧붙인다. 외상을 입은 개인이 공포, 혼란, 무기력과 같은 부정적 감정들에 빠져들 때, 이 사람은 고통을 살펴보고 변모시킬 만큼 길게 감정적 고통에 열린 채로 있을 수 없다. 이때가 바로 요가(Emerson & Hopper, 2011), 초점을 둔 알아차림 경험(예, 바닥에 놓인 발 느끼기, 호흡 느끼기; R. D. Siegel, 2010), 애완견 쓰다듬기, 자애 명상 및 자비의 혼잣말 같은 자기위로 기법들을 통해, 내담자가 몸에서 더 안전하고 더 편안하게 느끼도록 외상 치료자가 도와야 하는 시점이다.

자기자비는 연구 관점에서도 마음챙김의 마음으로 고려될 수 있다. 예를 들어, SCS에서 반영되는 자기자비에 대한 다중 요소 정의(마음챙김뿐 아니라 친절과 보편적 인간성을 포함하는)는 우울증, 불안, 전체 삶의 질을 예측할 때 마음챙김 주의 알아차림 척도(MAAS; Brown & Ryan, 2003)보다 열 배 더 많은 분산을 차지한다(Van Dam, Sheppard, Forsyth, & Earlywine, 2011). 또한 마음챙김 기반 인지 치료(MBCT; Segal, Williams, & Teasdale, 2002)가 마음챙김의 강화와 자기자비를 통해 우울증을 감소시켜 주지만, 자기자비는 우울한 생각과 긍정적 결과의 비동조화와 연관된 유일한 요소다(Kuyken et al., 2010).

마음챙김과 자기자비 양쪽에서 발견되는 공통적인 치유 요소는 감정적 고통에 대한 거부에서 친밀감으로 서서히 변화하는 것이다. 마음챙김은 주로 다음과 같은 질문을 권장한다. "당신은 무엇을 경험합니까?" 그리고 자기자비는 다음과 같이 묻는다. "무엇이 필요합니까?" 심각한 외상 생존자의 경우 자신이 필요로 하는 것을 알고 있거나, 스스로에게 친절해지는 것이 보통 어렵기 때문에, 치료자는 내담자가 스스로 할 수 있을 때까지 이러한 질문들을 유념한다.

마음챙김은 천천히 그리고 안전하게 우리 삶의 위기의 지점들을 향하고, 서서히 탈감작시키는 방식이다. 자기자비는 탈감작 과정에 편안함과 따뜻함의 명확한 요소를 추가한다. 마음챙김과 자기자비는 함께 우리가 열린 눈과 열린 마음을 가지고 힘든 생각, 감정, 감각에 몰두할 수 있도록 한다. 마음챙김이 만개할 때, 자연스럽게 자기자비도 우리가 고통을 당할 때마다 충만해진다.

자기자비가 아닌 것

외상을 입은 개인들의 치료에 개입할 수 있으므로, 자기자비에 관해 다루어야 할 가치가 있는 몇 가지 공통적인 오해들이 존재한다. 치유를 위한 플랫폼으로서, 외상을 입은 개인들은 안전감과 자신의 삶에 대한 통제를 재확립해야 한다. 자기자비에 관한 공통적인 오해는 순종, 안주, 물러남, 수동성과 유사하게 약하다는 것이다. 그러나 자비는 실제로 변화의 매우 강력한 기제가 될 수 있다(마틴 루터 킹 또는 마하트마 간디를 떠올려 보라). 자기자비는 의지, 즉 선의의 힘이다. 이것은 보살핌과 지지를 제공하고, 열등하거나, 다른 사람들에게 종속되는 느낌이 아니라 공정한 대우를 요구하는 것이다(McEwan, Gilbert, & Duarte, 2012). 우리가 자기자비 상태에 있을 때, 우리는 우리 자신의 고통을 확인하고, 확고한 방식으로 대응할 가능성이 높다. 가정 폭력의 희생자가 "이것은 아프다. 정말로 아프다! 그리고 전혀 괜찮지 않다!"고 주장하며, 자신을 보살피는 데 전념한다면, 이 사람은 가해자에 대해 변명을 하거나("그는 힘든 어린 시절을 겪었다.") 부인하려 하지 않을 것이며("이 일은 그렇게 나쁘지 않다. 나아질 것이다."), 스스로를 반복적으로 위험에 빠뜨리지 않을 것이다.

많은 사람이 자기자비는 이기적이라고 여긴다. 역설적으로 자기자비는 다른 사람들에 대한 자비를 지속해야 한다.

다른 사람들을 향한 순수한 자비를 발전시키기 위해, 우선 자비를 구축할 기반을 갖추어야 하며, 기반은 자신의 감정들을 연결하고, 자신의 행복을 보살피는 능력이다… 다른 사람들을 보살피는 것은 스스로를 보살피는 것을 필요로 한다.

비행기로 비유하자면 선실의 공기 압력이 떨어질 경우, 우리는 우선 스스로 산소마스크를 써야 한다. 이것은 일부 외상 희생자들에게는 쉬운 일이 아니다.

어린 시절의 외상 생존자들은 또한 자기자비를 자기연민이나 자기중심성과 동일시하게 될 수 있다. 이들은 어린 시절에 괴로워하거나, 불만을 제기했을 때 "그만 좀 투덜거려."라는 말을 들었을 것이다. 친절함으로 우리의 감정적 고통에 진입할 경우, 우리가 자기연민에 빠질 가능성이 적다는 것은 중요하다. 이유는 자기자비가 인간 고통의 공유되는 특성을 인식하고, 자기중심성을 피하기 때문이다. 간혹 우리의 고통을 확인하고, 이러한 고통으로부터 해방시키는 데 필요한 시간은 고작 몇 분에 불과하다.

삶에서 최소한의 외상을 가지고 살아가는 각 개인들은 자기비난이 특정 혜택들을 가지고 있다고 가정한다(Gilbert, McEwan, Matos, & Rivis, 2011). 자기비난이 없을 경우, 우리는 결코 우리의 실수를 바로잡고 개선하려 하지 않을 것이다. 그러나 자기비난에는 **자기격려**라는 대안이 존재한다. 훌륭한 코치처럼, 우리는 스스로에게 "멍청이! 도대체 문제가 뭐야!"라고 말하기보다, "잘 되지는 않았지만, 좋은 시도였어. 최소한 무언가를 배웠을 거야. 다른 접근을 시도해 보는 게 어때?"라고 말할 수 있을 것이다. 자기비난은 수치심, 불안, 우울증(Gilbert & Proctor, 2006), 그리고 저성취와 미루는 습관 같은 자기불구화 전략들(Powers, Koestner, & Zuroff, 2007)의 감정과 밀접하게 연관된다.

자기도취와 자기자비 사이에는 어떤 연관성도 없다는 것을 연구가 보여 주었음에도, 보통 자기자비는 자기도취적 자기애와 혼동된다(Neff, 2003; Neff & Vonk, 2009). 자기도취(나르시시즘)는 우리가 실패할 때 자기이미지를 개선하려는 반응적 시도("나는 영리해, 이것은 그냥 멍청한 테스트일 뿐이야!")인 반면, 자기자비는 실패에 열려 있는 개방성 그리고 스스로를 편안하게 하고, 상황을 평가하고, 이를 개선시키려 노력하는 능력을 뜻한다(Neff, Hseih, & Dejitthi-rat, 2005; Neff & McGeehee, 2010). 자기자비는 불행에 대해 우리의 기분을 낮게 만드는 건강한 내적 반응이지만, 사회적 평가, 즉 칭찬과 비난, 성공과 실패 등과는 비교적 관계가 없다(Neff & Vonk, 2009). 이것은 수치심으로 괴로워하며, 견고한 토대에서 충격을 받은 자기감을 재건하기를 바라는 외상 생존자들에게 있어 특히 중요하다.

　어린 시절 외상 희생자들은 보통 자신의 기본적 생존 욕구를 충족시키는 것이 금지된 사치라고 느끼며, 충분한 자기도취를 가지지 못한다. 비행이나 나쁜 본성으로 인해 아이가 고통 받아야 한다고 생각한 1차 보호자와의 보이지 않는 유대를 끊는 희미한 가능성에서 불안이 발생할 수 있다. 이들에게 자기박탈(self-deprivation)은 '안전한 행동'이 된다(Gilbert & Proctor, 2006). 이것은 살아남기 위해 학대를 당한 아동에 의해 이루어지는 필요한 절충으로, 따라서 내담자는 계약을 파기할 때 본능적·무의식적으로 겁에 질리게 된다. 이러한 이유로 학대당하거나 방치된 내담자들을 도우려는 치료자의 성실한 노력들은 저항에 직면할 수 있다. 이러한 내담자들은 우선 자신들의 감정적 고통과 접촉해야 하고, 자신의 잘못이 아니라 어떻게 비롯되었는지 봐야 하며("당신은 잘못이 없습니다!"), 이후 서서히 다른 취약한 존재들에 자신들이 줄 수 있는 것과 동일한 다정함을 스스로에게 가져와야 한다.

　예를 들어, 베스가 어렸을 때 그녀의 어머니는 물리적인 폭력을 가했으며, 종종 음식을 주지 않는 것으로 벌을 주었다. 성인이 된 베스는 살림이 넉넉지 않음에도, 자신의 딸은 최고로 보살폈지만, 자신은 머리가 빠질 때까지 제대로 음식을 먹지 않았다. 그녀는 충분한 영양을 섭취하는 것이 불필요하게 느껴졌다. 베스는 연결을 유지하고 생존하기 위해 강력하고 위협적인 보호자의 메시지("너는 그런 벌을 받아 마땅해. 너에게는 어떤 것도 가당치 않아!")를 내재화시켰던 것이다. 치료에서 베스는 자신의 자기박탈 패턴을 바꾸기로 결심했다. 이 목적을 위해, 베스는 술술 외울 수 있었던 그녀의 딸을 위한 자애 구절들("딸이 안전하기를." "딸이 건강하기를.")을 낭송하기 시작했다. 그리고 그녀는 자신이 건강하지 않을 경우 자신의 딸도 건강할 수 없다는 것을 이해하며, 자비에 스스로를 맡겼다("딸과 내가 안전하기를." "딸과 내가 건강하기를."). 그리고 마침내 베스는 손을 가슴에 대고, 스스로에게 말할 수 있게 되었다("내가 안전하기를." "내가 건강하기를.").

외상 치료에서 자기자비

자기자비는 외상 생존자들에게 있어 도전이자 기회다. 이것은 비극적인 사건이 발생한 이후 우리가 어떻게 본능적으로 스스로를 대우하는지 실체를 파악하지만, 또한 외상 기억들을 향하는 것과 멀어지는 것 사이에 취약한 정서적 균형을 기울일 잠재력을 가지고 있다. 자기자비는 과거의 고통에 마음을 열면서 현재의 고통을 헤쳐 나가야 하는 양날의 검이다. 따라서 광범위한 임상적 의미에서 자기자비는 단기적·장기적으로 스스로를 보살피는 것을 뜻한다. 단기적으로, 우리는 외상 기억들을 견디고, 이를 변모시키는 내담자의 능력을 구축하고자 하며, 장기적으로는 동일한 기억들에 대해 회피하지 않고, 안전하게 노출되는 것을 권장하고자 한다.

이제 무엇이 필요한가?

자기자비 수행에 대한 주요 질문은 "이제 나는 무엇이 필요한가?"다. 일부 내담자들의 경우 단순히 이러한 질문을 하는 것이 그들의 외상 기억을 촉발시킬 수 있다.

나(C. K. G)에게는 어린 시절의 외상이 너무 심한 나머지, 스스로에게 "나는 무엇이 필요한가?"라는 질문을 할 때마다 환청("너는 쓰레기야!")이 일어나는 '사라'라는 내담자가 있었다. 사전에 사라는 그녀의 고양이를 쓰다듬는 것이 자신을 차분하게 만들어 주지만, 자신이 차분해졌다는 것을 알아차릴 때 하던 것을 멈추게 된다고 말했다. 보살핌과 편안함은 본능적인 두려움을 이기지 못했다. 이성적으로 사라는 자신이 고양이를 쓰다듬을 수 있어야 한다는 것을 알고 있었지만, 어린 시절 수년 동안 그녀가 미소 짓거나 행복감을 느낄 때마다 분노하고 우울해했던 어머니에게 맞았기 때문에 좋은 느낌을 두려워하게 되었다. 치료를 받는 동안, 사라는 용기를 내어 몇 초부터 시작해서 고양이를 쓰다듬는 시간을 늘렸으며, 위협과 비난이 마음속에서 폭발했지만 고양이의 부드러운 털이 주는 편안한 느낌을 경험하도록 스스로를 허용했다. 사라는 서서히 자신이 뒤따르는 결과 없이도 좋은 느낌을 가질 수 있다는 것을 발견했다. 그녀는 자신의 마음에서 용솟음치는 목소리에 반응하지 않고 그것을 내버려 뒀으며, 자신에게 무엇이 필요한지 물을 수 있게 되었다.

자기자비는 차 한 잔을 마시고, 따뜻한 목욕을 하고, 친구들과 수다를 떨고, 운동을 하고, 음악을 듣는 것처럼 수많은 다양한 방식으로 나타날 수 있다. 이러한 행동의 자기돌봄은 보통 명상 같은 마음 훈련보다 더 안전하다. 불안 퇴치 명상을 하는 것은 장기적으로 경험적 회피의 형태가 될 수 있지만, 또한 개인이 실제로 필요로 하는 것이 될 수 있다. 외상 내담자가 명상을 할 수 있는 경우, 아마도 자기자비 방식에서 일상생활의 도전들을 마주하게 될 가능성이 증가할 것이다. 자기자비 명상(Germer, 2009; Neff, 2011 참고)은 선의의 의도 및 태도를 함양시킨다. 궁극적 목표는 고통을 느끼고, 치유 과정이 시작될 수 있도록, 안전감을 가진 상태에서 개인적 고통에 있게 되는 것이다.

자기자비 훈련의 진전은 의도의 개선으로 측정될 수 있다. 우리 모두는 자기자비를 통해 더 좋은 느낌을 갖도록 노력하는 것으로 시작할 것이고, 간혹 여전히 불행이 느껴질 때 환멸을 느끼게 되면서, 마침내 '더 기분이 좋아지기 위해서가 아니라, 우리가 불행을 느끼기 때문에' 스스로를 포용하는 법을 배우게 된다. 이것은 수수께끼이자 선문답이다. 자기자비 훈련이 우리의 시시각각 경험을 조작하는 데 사용되는 경우, 이것은 우리의 증상들을 증폭시키는 경향이 있는 미묘한 형태의 저항이기 때문에 반드시 실패할 것이다. 잠을 이루지 못하는 것과 싸우기 위해, 우리는 불면증을 발전시킨다. 비통함과 싸우기 위해, 우리는 우울해진다. 그러나 감기에 걸린 아이를 향하는 것처럼, 우리가 단순히 불행을 느끼기 때문에 스스로에게 친절한 경우, 필연적인 부작용으로 깊은 완화가 발생할 수 있다. 명상 지도자 롭 네언(Rob Nairn)은 다음과 같이 말했다. "우리의 목표는 완벽해지려는 것이 아니라, 큰 자비와 함께 고군분투하고, 불확실하고, 완전히 인간적 상태의 자비로운 문제 상태가 되는 것이다."(Nairn, 2009)

치료 관계에서 자기자비

대부분의 정서적 고통은 관계에서 만들어지며, 관계로 경감된다. 진정시키는 존재를 가진 또 다른 사람과의 공감적 조율의 치유력은 아무리 강조해도 지나치지 않는다(D. Siegel, 2007, 2010). 치료를 받으며 자신의 몸에서 치료자의 감정과 의도를 주관적으로 경험하는 내담자의 내장된 능력은 과각성되고 외상을 입은 뇌를 하향 조절할 수 있다(Cozolino, 2010; Iacoboni et al., 2005).

자비는 내담자가 고통을 견디고 변모시킬 수 있도록 하는 자원이지만, 또한 치료자가 대리 고통을 견디도록 돕는 개인적 자원이기도 하다. 일부 외상 치료자들은 자신들이 너무 많은 자비를 가져서, 자비피로(compassion fatigue)를 초래하지 않을지 우려한다. 이 경우, 우리는 '자비피로'보다는 '공감 피로'에 관해 이야기하고 있는 것이다(Klimecki & Singer, 2011; Ricard, 2010). 공감은 "안에서 보이는 내담자의 세계에 대한 정확한 이해"다(Rogers, 1961, p. 284). 반면, 자비는 따뜻함과 선의의 추가된 요소를 갖는다. 우리가 학대와 외상의 끔찍한 보고를 듣는 경우에도, 우리 내담자와 우리 자신의 내적 온기를 느끼는 능력은 자비피로에 대한 강력한 완충제가 될 수 있다.

물론 모든 인간은 한계를 가지고 있으며, 자비의 입장은 우리 자신의 한계와 내담자의 한계를 알고 있다는 것을 뜻한다. 밝은 빛의 반추를 공유하고, 상담실의 감정들을 존중하면서 주목하고, 내담자에게 자신이 비난을 받지 않아도 된다는 것을 상기시키며, 몸의 감각으로 느껴지는 혼란스러운 감정에 기반을 두고, 고통의 보편성에 관해 숙고하며 혹은 단순히 주제를 바꾸면서 우리는 언제 함께 고통을 지향하고 언제 그만두어야 하는 것인가? 심리치료는 유인상술이다. 내담자는 보통 고통을 없애고 싶은 바람을 가지고 치료를 받으러 오지만, 치유 과정은 지원적이고, 반응적이며, 자비롭고, 변형적인 관계에서 함께 다른 생각, 감정, 감각들로 이동함으로써 이루어진다.

시간이 흐름에 따라, 자비는 외상 경험과 스스로에 대한 새로운 관계의 형성으로 내담자에게 영향을 끼친다. 이러한 일이 어떻게 일어나는 것인가? 한 가지 설명은 우리 내담자가 우리에게 자신의 정서적 고통과 개인적 상실감을 가져오고, 우리는 열린 눈(마음챙김의 알아차림)과 열린 마음(자비)으로 이 모두를 '수용하며', 치료 과정 내내 자비로운 인식으로 내담자와 내담자의 노력을 '유지시키고', 서서히 일상생활로 가져갈 수 있는 더 긍정적인 자세를 '제공하기' 때문이다.

역류

대부분의 임상의는 치료에서 내담자가 실제로 보고, 듣고, 사랑하던 기억들을 다시 떠올리는 것이 얼마나 어려운지 목격했다. 이러한 과정에 대한 비유가 바로 '역류'다. 역류는 뜨거운 불길이 뒤에 남아 있는 문을 소방관이 열 때 발생한다. 산소가 급격하게 밀려들며, 불꽃의 폭발을 일으킨다. 유사하게 자비로 마음의 문을 열 때, 때때로 강렬한 고통이 해제될 수 있다. 무조건적인 사랑은 우리가 과거에 사랑받지 못했던 상황을 드러낸다(앞서 나온 사라의 사례 참고). 따라서 일부 내담자, 특히 어린 시절의 학대 및 방임의 과거를 가진 내담자는 자비를 두려워한다(Gilbert et al., 2011).

역류는 치유에 내재되어 있는 부분이지만, 내담자가 치료 상담실을 떠난 후 떠오른 감정들을 억누를 능력을 갖추지 못했다면 어떻게 되는 것인가? 자기자비의 기술이 없는 내담자는 약물을 먹거나, 다른 형태의 자해를 함으로써 혼란스러운 감정들과 싸워야 한다는 것을 알게 될 수 있다. 자비에 기반을 둔 치료자는 내담자가 회기 중, 특히 외상 치료 중 너무 많이 마음을 열지 않도록 멈추는 능력을 가지고 있어야 한다(Herman, 1997; Rothschild, 2010). 내담자는 반드시 감정적 고통에 뛰어들 필요 없이, 오직 근원이 되는 감정적 고통과 '접촉'해야 한다. 그리고 스스로를 위로하고 진정시키는 정서적 자원들을 적용해야 한다. 진정과 위로는 안전한 노출과 탈감작의 전제조건들이다.

자기자비 중재들

외상을 입은 내담자에게 가장 필요로 할 때 스스로를 진정시키고 위로하는 특별한 기술들을 가르치는 것은 보통 도움이 된다. 경도 외상에서 중등도 외상이 된 다음 사례를 고려해 보자.

레이첼은 내성적인 중년 여성으로, 그녀의 가족이 수 세대 동안 소유해 온 여름 별장에서 남편이 아는 친구와 2년 동안 바람을 피웠다는 사실을 발견하고 충격을 받았다. 하룻밤 새에 그녀의 평생 위안의 장소였던 곳은 그녀의 남편이 침대에서 바람을 피우고, 연인과 즐겁게 산책을 하고, 베란다에서 노을을 보며 저녁을 먹는 외상 이미지를 촉발하는 곳이 되었다. 2년 후, 레이첼은 매일 열 번에서 백 번까지 발생하는 침투적 사고들과 악몽들로 인해 치료를 받게 되었다. 그녀는 충격적인 소식을 접한 이후로 여름 별장을 방문하지 않았다. 나의 상담실에서 자신의 이야기를 들려준 후 몸을 떨던 레이첼은 자신이 잃어버린 안전한 느낌을 회복할 수 있을지 고민했다. 레이첼은 그 밖의 것은 괜찮은 편이었다. 그녀는 개인 상담과 부부 상담을 받았으며, 항우울증 약을 복용했다. 이후 그녀의 남편은 바람을 피운 것에 대해 깊이 후회했으며, 이 둘은 다시 사랑을 하게 되었고, 그녀의 가족 관계는 견고해졌다.

레이첼의 이야기를 들은 후, 나는(C. K. G) 도움 없이 그녀를 집에 보내고 싶지 않았기 때문에 그녀에게 고통스러운 이미지들이 마음속에 떠오를 때 스스로를 위로하고 진정시킬 방법을 배우고 싶은지 물었다. 그녀는 동의했으며, 우리는 **자기자비 브레이크**(self-compassion break)라는 훈련을 연습했다(Neff & Germer, 2013; Neff, 2011). 나는 레이첼에게 깊은 호흡을 하고, 스스로에게 천천히 "**고통은 삶의 일부분이다.**"라고 말하고, 뒤이어 "**이것은 고통의 순간이다.**"라고 말할 것을 요청했다. 또한 레이첼에게 잠시 동안 전 세계 많은 사람도 그녀와 똑같이 결혼의 배신으로 인한 외상의 고통을 당하고 있다는 사실을 반추하도록 권했다.

그리고 나는 레이첼에게 가슴에 양손을 얹고, ① 손의 온기를 느끼고, ② 가슴에서 손의 부드러운 손길에 주목하고, ③ 호흡할 때 가슴이 리드미컬하게 올라갔다 내려오는 것을 느끼도록 요청했다. 1분 후, 나는 레이첼에게 "나 자신에게 친절해지기를." "내가 편하게 살기를."이라는 두 가지 구절, 혹은 그녀에게 더 잘 맞는 유사한 구절들을 반복하도록 권했다. 그녀에게 말들이 들어가기를 기대하지 말고, 단순히 가슴에 대고 말을 하도록 권유 받았다. 레이첼은 그녀의 침투적 사고, 악몽과 불안이 서서히 감소되는 것을 발견했다.

자기자비 브레이크의 세 가지 요소는 앞서 언급된 자기자비의 세 가지 요소와 일치한다. 즉, ① 마음챙김("이것은 고통의 순간이다."), ② 보편적 인간성("고통은 삶의 일부분이다."), ③ 자기친절("나 자신에게 친절하기를.")이다. 각 요소는 레이첼이 자신의 반추들을 놓아 버리고, 자신의 고통을 완화시킬 수 있도록 한다. 즉, 서서히 탈감작시킨다.

물론 어떤 단 하나의 수행이 모든 사람에게 효과가 있는 것은 아니다. 예를 들어, 어린 시절의 중증 외상을 가진 내담자 엘리사는 천천히 양손을 가슴에 놓음에 따라, 학대를 한 아버지를 향한 증오가 더해진다는 것을 발견했다. '역류'는 그녀에게 너무 강렬했다. 엘리사는 가슴으로 고통을 가져갔기 때문에, 단순히 자신의 호흡을 느끼고, 마지막에 스스로에게 선의를 제공하는 것으로 훈련을 변경했다. 어떤 사람들은 손으로 얼굴을 감싸거나, 손을 배에 놓음으로써 스스로를 더 잘 진정시킬 수 있다는 것을 발견한다. 자기자비 훈련에서, 우리는 내담자가 자신의 외상에 마음을 열기에 충분히 안전하고 강하다는 느낌을 받을 때까지 자원들을 구축하며, 위로와 진정의 측면에서 머무르고자 한다.

일부 치료자들은 치료 중 내담자에게 자기자비 훈련들을 교육하는 것에 대해 불편함을 느낀다. 예를 들어, 일부 외상 내담자는 단지 자신의 이야기를 들어 주는 것을 원하며, 자기자비를 편안하게 연습할 준비가 되어 있지 않을 수 있다. 다른 내담자는 자기자비를 유발하는 데 어려움을 겪는다는 것에 수치심을 느끼며, 치료를 그만둘 수 있다. 마음챙김과 자비를 기반으로 한 패러다임 내에서 작업을 하는 치료자는 교육하기 전에 변화 과정을 직접 경험하는 것, 특히 고통을 완화시키기 위해 고통의 역설을 찾아보며 직접 경험하고(Briere, 이 책 1장 참고), 필요한 경우 내담자를 위한 수련들을 어떻게 수정할지 아는 것이 중요하다. 개인 수련은 감정적 고통에 마음을 여는 것의 위험이 보통보다 더 높은 외상 내담자와 상담을 할 때 특히 중요하다.

자기자비 훈련 프로그램

일부 외상 내담자들은 마음챙김 훈련(Briere, 2012)과 같이 직접 혹은 간접적으로 자기자비를 교육시키는 구조화된 프로그램에 적합한 후보자가 될 수 있다. 연구는 재발되는 우울증 치료를 위한 마음챙김 기반 인지 치료 프로그램(MBCT; Kuyken et al., 2010; 또한 Semple & Madni, 이 책 17장 참고)과 마찬가지로, 마음챙김 기반 스트레스 감소 프로그램(MBSR; Kabat-Zinn, 1991)이 자기자비를 상당히 증가시킨다(Shapiro, Astin, Bishop, & Cordova, 2005; Shapiro, Brown, & Biegel, 2007; 또한 Kearney, 이 책 17장 참고)는 것을 입증했다. 마음챙김 명상을 수행하는 사람들은 경험이 적은 사람들보다 더 자기에게 자비로우며(Lykins & Baer, 2009; Neff, 2003; Orzech, Shapiro, Brown, & McKay, 2009), 자기자비는 마음챙김 훈련과 긍정적 정신 건강 사이에 관계에서 '중요한 태도 요인'이 되는 것으로 나타난다(Hollis-Walker & Colosimo, 2011).

특히 자비를 구축하도록 설계된 다수의 훈련 프로그램이 존재한다. 자비 구축 훈련 프로그램(Rosenberg, 2011), 인지 기반 자비 훈련(Williams & Barnhofer, 이 책 6장 참고), 비폭력 의사소통(NVC; Rosenberg, 2003)이 바로 이러한 프로그램들이다. 자기자비를 구축하는 것에 초점을 둔 프로그램은 마음챙김 자기자비 훈련(MSC; Germer & Neff, 2013; Neff & Germer, 2013; 또한 www.CenterForMSC.org 참고)과 자비 마음 훈련(CMT; Gilbert & Proctor, 2006; 또한 www.Compassionate-Mind.co.uk 참고)이다. 후자의 두 프로그램의 경우, MSC는 마음챙김에서 개발되었고, CMT는 주로 진화 심리학에서 발생했다는 점에서 다른 기원을 가지고 있지만, 두 프로그램의 훈련과 명상 수행들 사이에 일부 중복이 존재한다.

MSC 프로그램은 카밧 진(Kabat-Zinn)의 MBSR 과정(여덟 번의 회기들과 휴식일, 공식과 비공식 명상)과 유사한 구조적 요소를 가지고 있다. MSC 프로그램의 무선 통제 연구에서, 결과들은 과정에 대한 참여가 자기자비, 마음챙김, 타인자비, 삶의 만족도를 크게 증가시킨 반면, 우울증, 불안, 스트레스, 정서적 회피를 상당히 감소시켰다는 것을 보여 주었다. 참여자의 자기자비 수준이 증가하는 정도는 프로그램의 과정에 걸쳐 비공식과 공식 자기자비 수행을 얼마나 많이 수행하는지와 크게 연관되었다.

마지막으로, 이 책의 차후 장들을 읽는 동안 각 접근에서 명확하거나 함축적으로 자기자비의 요소들을 발견할 수 있을 것이다. 예를 들어, 변증법적 행동 치료(DBT) 프로그램은 특히 정서 조절과 외상 과거에 대해 어려움을 가지고 있는 내담자들을 '온전히 수용하기' 위해 설계되었다(Fiorillo & Fruzzetti, 이 책 5장 참고). 수용 전념 치료(ACT)는 우리 자신의 고통에 대한 수용, 자비 반응을 장려하며, 외상 치료에 성공적으로 적용되어 왔다. 그리고 내적 가족 체계(IFS)는 일생에 걸쳐 간혹 강렬하게 고통을 받는 우리 자신의 많은 다양한 부분에 대해 자비를 기반으로 새롭게 떠오르는 치료 모델이다(Schwartz & Sparks, 이 책 8장 참고). 각 프로그램은 자기자비를 강화하는 다수의 중재들을 제공한다.

결론적으로, 자기자비는 외상 치료에 대해 불교 심리학의 고대 지혜에서 유래된 유망한 비전을 제공한다. 자비 자비는 정서적 행복과 강하게 연관되며, 심리치료에서 중요한 변화의 메커니즘으로, 외상 관련 증상의 핵심을 건드린다. 자기자비에 대한 우리의 현대적이고 과학적인 이해는 어린 시절과 성인 외상 생존자들을 위해 특별히 설계된 자기자비 기반의 고유하게 효과적인 치료들을 발전시키는 가능성을 열 것이다.

제2부

명상 접근들의 적용

Mindfulness-Oriented Interventions for Trauma

제4장

마음챙김과 가치 있는 행동
외상 생존자의 치료에 대한 수용 전념 치료 접근

제시카 L. 엥글(Jessica L. Engle)
빅토리아 M. 폴렛(Victoria M. Follette)

외상 생존자들은 외상 사건으로 인해 다양한 위기에 직면하게 되며, 어떤 경우에 이러한 위기는 외상 관련 고통으로 인식되지 않는다. 외상 관련 고통의 치료들에 대한 많은 경험적 연구는 외상 후 스트레스 장애(PTSD)의 세 가지 주요 증상군의 완화에 초점을 맞추었다. 바로 사건을 재경험하는 것, 사건 관련 자극들의 회피, 과각성이다. 이러한 증상들 외에, 외상 후유증은 우울증, 약물 남용, 불안, 자살 그리고 더 일반적인 개인 간 또는 개인 내 문제들을 포함하여 다양한 문제로 구성된다(Polusny & Follette, 1995).

PTSD에 대해 이용 가능한 치료들 중에서, 노출 치료는 그 효과를 뒷받침하는 가장 큰 기반의 경험적 증거를 가지고 있다(Cahill, Rothbaum, Resick, & Follette, 2008; Cahill, Foa, Hembree, Marshall, & Nacash, 2006). 그러나 PTSD를 치료하기 위해 이를 이용하는 실무자들은 비교적 소수에 불과하다는 증거가 존재한다(Cahill et al., 2006). 일부는 동시 발생하는 문제들을 치료하는 것의 중요성에도 불구하고, PTSD 증상들에 대한 노출 치료의 거의 전적인 초점에 대해 우려를 갖는다(Orsillo & Batten, 2005). 다른 사람들은(예, Twohig, 2009)은 무작위 실험에서 참여자의 3분의 1이 노출 치료(Bradley, Greene, Russ, Dutra, & Westen, 2005)에 반응을 보이지 않는다는 것에 주목했다. 노출 치료에서 치료 거부와 실패의 높은 비율은 또한 조사와 임상 연구에 대한 문제들을 제시한다(Schottenbauer, Glass, Arnkoff, Tendick, & Gray, 2008). 낮은 이용, 치료에 대한 비반응과 실패의 문제에 기여할 수 있는 다른 요인들이 존재하지만, 이러한 대부분의 문제들은 논쟁의 대상이 되고 있으며(Mulick, Landes, & Kanter, 2011, 2005), 이 주제들에 대한 전체적인 논의는 이 장의 주제를 벗어난다. 그러나 이러한 문제들은 매뉴얼화된 노출을 벗어나 PTSD와 다른 외상 후유증을 표적으로 하는 치료들에 대해 연구가 필요하다는 것을 보여 준다(Mulick, Landes, & Kanter, 2011; Orsillo & Batten, 2005). 이를 위해 마음챙김 기반 치료가 전통적 노출 치료에 대한 잠재적 대안이자 부속 치료로 고려되어 왔다(Thompson, Arnkoff, & Glass, 2011; Follette, Palm, & Pearson, 2006).

지난 20년에 걸쳐, 마음챙김은 PTSD 및 다른 심리 문제들의 치료에 점차 포함되어 왔다(Follette et al., 2006; Baer, 2003; Mace, 2007). PTSD의 치료에서, 마음챙김은 회피와 현저하게 대조를 이루는 과정인 경험들의 수용을 촉진함으로써 치유를 가능하게 만든다(Follette et al., 2006). 회피는 외상 후 고통을 유지시키는 것으로 여겨진다(Orsillo & Batten, 2005). 행동 모델에 따르면, 외상에 뒤이은 회피 관련 고통은 2단계 과정으로 발전한다. 첫째, 외상 사건들과 연관된 경험 및 상황들은 고전적 조건화의 과정을 통해 고통의 특성을 습득한다(Mowrer, 1960). 이러한 연합된 경험 및 상황들은 조건 자극이라고 불리며, 일반적으로 피해를 끼치지는 않지만, 이들의 존재는 강한 정서적 반응을 유발할 수 있다. 외상 생존자가 이러한 고통을 주는 조건 자극을 회피함에 따라, 외상 관련 증상들은 유지되거나 악화된다.

직접적으로 회피를 표적으로 하며, 알아차림/마음챙김을 강하게 강조하는 행동 치료 중 하나는 바로 수용 전념 치료(ACT; Hayes, Strosahl, & Wilson, 2012)다. ACT는 과거와 현재 경험들에 대한 마음챙김의 알아차림과 수용을 발전시키기 위해 구조화된 지침을 제공한다. ACT의 중심 목표는 **심리적 유연성**(psychological flexibility)의 증대다. 이것은 바로 과거의 역사를 가진 의식 있는 존재로서 현재를 내적(예, 사고, 감정, 가치), 외적(예, 객관적 상황)으로 알아차리고, 개인의 선택된 가치들에 따라 행동을 효과적으로 변화시키거나 지속시키는 능력이다. ACT는 내적 경험들(예, 사고, 기억, 감정, 감각들; Hayes et al., 2012)의 형태 및 빈도를 회피하거나 변경하려는 시도로 개념화되는 **경험회피**를 표적으로 한다. ACT 및 기타 현대 행동 이론들의 관점에서, 경험회피는 PTSD 및 기타 많은 정신 장애에서 고통의 근원이다(Hayes, Wilson, Gifford, Follette, & Strosahl, 1996; Orsillo & Batten, 2005).

현재 PTSD에 대한 ACT의 결과 자료는 단일 사례 연구의 발견들로 국한된다(예, Twohig, 2009; Batten & Hayes, 2005). 그러나 ACT는 우울증, 강박 장애, 정신증, 공황장애, 사회 공포증, 범불안 장애, 만성 통증, 복합 물질 남용 등을 포함하여 많은 정신적 문제를 경감시키는 데 효과가 있는 것으로 나타났다(Smout, Hayes, Atkins, Clausen, & Duguid, 2012; Hayes, Luoma, Bond, Masuda, & Lillis, 2006에서 검토된 바와 같이). 또한 연구들은 경험적 회피가 외상 생존자들의 외상 후 성장(Kashdan & Kane, 2008) 및 삶의 질(Kashdan, Morina, & Priebe, 2008)과 부정적으로 연관된다는 것을 보여 주었다. 이러한 자료를 고려할 때, PTSD에 대한 ACT의 효과, 특히 공존 문제를 가진 개인과 노출 치료에 반응하지 않는 개인에 대한 효과를 분석하기 위해 더 많은 연구가 타당해 보인다.

외상 생존자에 대해 경험회피를 표적으로 하는 ACT

원치 않는 내적 경험들을 변경시키거나 쫓아 버리려는 지속적인 고군분투는 우리가 내담자로부터 자주 듣는 진술에서 명백하게 드러난다. 이들은 '과거를 잊거나' 혹은 '단지 무슨 일이 일어났는지에 관해 잊어버리는 것'을 시도해 왔지만 효과가 없었다. 외상 생존자들은 강렬하고 정서적으로 환기시키는 기억을 가지고 있으며, 이러한 기억을 회피하는 데 상당한 시간을 보낼 수 있다. 원치 않는 외상 관련 기억 및 감정의 회피는 몇 가지 전략들을 포함하며, 이 중 하나는 외상 관련 기억 및 감정에 대한 조건 자극이 되는 환경적 자극을 회피하는 것이다. 예를 들어, 강간 피해자들은 보통 냄새(예, 향수), 신체적 모습, 장소의 시각적 특징(예, 어두운 방), 뒤에서 걸어오는 사람의 발걸음을 듣는 것과 같은 특정 자극들에 노출될 때 가해자를 상기하게 된다고 보고한다. 나쁜 기억들을 촉발시키는 여러 장소, 활동, 상황을 회피하는 것은 이러한 자극들의 존재로 발생할 수 있는 원치 않는 고통을 경감시키는 데 도움이 될 수 있다.

감정 및 기억을 회피하려는 시도가 단기적으로는 효과가 있을 수 있지만, 회피 전략들은 보통 여러 가지 다른 방식들로 역효과를 낳는다. 예를 들어, 일시적이기는 하지만 감정들을 회피하는 한 가지 성공적인 방식은 정신에 변화를 주는 약물을 사용하는 것이며, 약물 사용의 대부분은 건강 문제들을 초래하고, 관계, 경력, 전반적인 행복을 저해한다. 연구들은 특히 억제라는 하나의 회피 전략이 장기적으로는 성공적일 수 없으며, 보통 회피되는 내용의 돌출을 증가시키는 효과를 끼칠 수 있음을 보여 주었다(Wegner, Schneider, Carter, & White, 1987; Salkovskis & Campbell, 1994). 또한 외상 생존자들이 활동을 억제함으로써 외상을 물리적으로 상기시키는 것을 회피하는 경우, 이들은 의미 있고 유익한 삶의 경험들에 참여할 기회를 상실하게 될 수 있다. 외상 관련 경험을 회피하려는 시도들은 보통 고통을 영속시키며, 개인들이 대부분의 시간을 감정들과 헛되이 내적 싸움을 벌이는 데 보내도록 만든다. ACT를 통해 우리는 내담자가 내적 경험과의 싸움을 놓아 버리고, 대신 자신들의 과거, 감정, 기억을 가지고 가치 있는 삶을 살도록 돕기 위해 노력한다.

마음챙김은 현재의 상황에 더 유연하고, 효과적으로 대응할 기회를 만들어내며, 개인의 과거, 내적 경험, 외부 환경이 현재의 순간과 관련 있는 알아차림의 방식을 불러일으킨다. 바로 지금이 행동을 취할 수 있는 **유일한** 순간이다. 그러나 인간들은 많은 시간을 과거와 미래에 관해 생각하면서 보내고, 외상 생존자들은 특히 과거에 관한 생각에 갇혀 버리는 경향이 있다. 마음챙김은 개인이 **그때 그곳**이 아닌 **지금 여기**에 위치해 있는 것을 알아차릴 수 있도록 한다. 이것은 특히 자신들의 존재가 과거 경험들에 의해 규정되며, 외상의 기억에 의해 자주 '재경험되는' 것처럼 느끼는 외상 생존자들과 상담할 때 중요하다. 이들은 자신들의 과거가 자신들의 삶을 장악했고, 사고 및 감정들을 통제하는 것이 생존의 유일한 방법이라고까지 생각할 수 있다. ACT는 통제가 이해되는 방식에 다시 초점을 맞춤으로써 이 문제를 다룬다. 우리는 우리가 느끼는 것을 항상 통제할 수 없지만, 우리가 현재 순간에 하는 것에 대한 통제력을 가지고 있다. 살아갈 가치가 있는 삶을 다시 얻는 해결책은 역설적으로 내적 경험을 통제하려는 노력을 포기하도록 요구한다. ACT에서 마음챙김은 현재의 모든 순간에 존재하고, 개인의 과거를 넘어, 가치 있는 방향에서 경험하는 것을 선택하는 것에 관한 것이다.

ACT 과정

　마음챙김은 ACT의 여섯 가지 핵심 과정들 중 하나이며 각각의 다른 핵심 과정들, 즉 수용(acceptance), 탈융합(defusion), 맥락적 자기(self as context), 가치(values), 전념(committment)과 상당히 중복된다(이러한 과정은 [그림 4-1] 참고). ACT 내에서 마음챙김 수행은 내담자가 더 가치 있는 삶을 사는 방법을 확인하도록 돕기 위해 함께 작용하는 각각의 과정에서 이용된다.

　많은 사람이 ACT 과정과 불교의 원칙 사이의 유사성에 관해 언급했다(Hayes, 2002). ACT가 불교 심리학 및 수행에서 비롯되지는 않았지만, 고대 불교 전통들과 공통성을 공유한다(Hayes, 2002). ACT의 창시자인 스티븐 헤이즈(Steven Hayes)는 인간들이 고통에 대한 자각을 구축하고, 애착을 포기하며, 선행을 베푸는 것을 통해 자신들의 삶의 가치에 몰두함을 지향하는 불교의 사성제와의 관계에 주목했다(Hayes, 2002). 고통에 대한 자각을 기르거나 애착을 내려 놓는 것이 반드시 자체 목표는 아니지만, 개인들을 삶의 중요한 가치들과 접촉하도록 하고, 이러한 가치들을 효과적으로 수행할 수 있도록 과정으로서 이해할 수 있음에 주목하는 것이 중요하다.

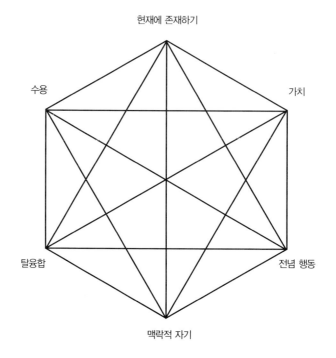

[그림 4-1] ACT 모델

주: Steven C. Hayes의 저작권이며 허가를 받아 사용함. 그림은 자유롭게 복제되고, 재사용될 수 있음.

수용

수용은 억제하거나 최소화하려는 시도 없이 불편한 기억, 사고, 감각, 감정들을 가지려는 의지와 관련된다(Hayes et al., 2012). 이 과정은 판단하거나 바꾸려 하지 않고, 불편한 경험을 포함하는 내적 경험들에 대해 마음을 열도록 장려한다. 앞서 논의한 바와 같이, 수용은 경험회피에 대한 대안 전략으로, 경험들을 향한 수용성을 포함한다. 많은 마음챙김 수행은 있는 그대로 경험들에 집중하고 자각하는 것을 촉진하기 때문에 경험회피는 마음챙김과 공존할 수 없다.

외상 관련 고통을 가진 외상 생존자의 경우, 수용은 이들을 한동안 피해 왔던 많은 불편한 감정에 노출시킨다. 수용은 두려움과 불안 같은 감정에 익숙해지도록 촉진하며, 결국에는 시간이 지남에 따라 회피 반응들을 소멸시킨다(Hayes et al., 1996). 회피를 줄임으로써, 수용은 삶의 질을 증대시킬 수 있는 행동에 대한 참여를 촉진시킨다.

탈융합

융합은 사고들이 객관적 사실로 인지되는 과정으로 정의된다(Hayes et al., 2012). 즉, 단순한 존재는 그것의 진실성에 대한 충분한 증거로 간주되듯이, 사람은 하나의 사고와 융합되거나 과도하게 동일시될 수 있다. 융합은 인지 과정들에 대해 강한 정서 및 행동 반응을 초래할 수 있다. 예를 들어, '나는 멍청하다.'는 사고와의 융합은 '나는 너무 멍청하기 때문에 학교로 돌아가거나, 회사에서 더 높은 위치에 자원할 수 없다.'는 것과 같은 중요한 결정들이 이루어지는 단독 근거가 될 수 있다. 이런 식으로, 융합은 개인의 행동을 한정함으로써 새로운 경험을 탐구할 기회를 제한할 수 있다.

융합과 대조되는 과정으로, 탈융합은 개인의 사고와의 새로운 관계의 발전을 수반한다. 즉, 과도한 동일시 없이 생각들의 내용을 인정할 수 있다. 사실로 받아들여지는 경우, '나는 쓸모없어.'라는 생각은 개인의 정서 상태 그리고 개인이 삶을 어떻게 살지 선택하는 것에 현저한 영향을 끼칠 수 있다. 탈융합은 사고의 내용과 이러한 사고에 대한 행동 반응들 사이에 심리적 거리를 만들어 내는 것으로 작용한다.

탈융합은 사고의 내용에 대한 신뢰 없이, 이들을 관찰함으로써 사고에 대한 자각을 통해 발전할 수 있다. 다수의 전통적 명상에서 장려되는 바와 같이, ACT는 애착 없이 사고들을 '단지 바라보는' 수행으로 장려한다. 많은 ACT 치료자 또한 자신의 사고에 대한 반응들을 추가적으로 줄이도록 도움으로써, 내담자가 사고를 개인이 가진 '단순한 생각들'로 인정하도록 장려한다(Hayes et al., 2012). 내담자는 사고가 얼마나 설득력 있는지와 상관없이 반드시 사실은 아니며, 이러한 사고와 융합하는 것은 자신이 원하는 삶을 사는 것에 방해가 될 수 있음을 상기하게 된다.

맥락적 자기

ACT에서 맥락적 자기는 삶의 상황이 경험들과의 과도한 동일시 없이 관찰될 수 있다는 관점이다(Hayes et al., 2006). 맥락적 자기는 시간 흐름에 따라 자각을 통해 흐르는 삶의 상황, 사고, 감정을 지켜본 조용하고 의식적인 '관찰자'로서 경험되며, 이러한 경험은 많은 개별적인 것을 초월하는 감정으로 이름 붙일 수 있다(Hayes et al., 2012). 맥락적 자기와 반대되는 것은 **개념적 자기**라고 불리며, 이는 개인의 역할, 행동, 사고, 감정 및 기타 경험들을 통해 이해되는 자기다. 문화적으로 자기개념들은 시간 흐름에 따라 지속적으로 유동적임에도 불구하고, 우리는 스스로를 우리의 자기개념들에 따라 정의하는 것에 익숙하며 이는 본질적으로 불안정하거나 융통성 없는 자기개념을 초래할 수 있다.

많은 개인은 자신에게 효과적이지 않은 자기개념들에 집착한다(Hayes et al., 2012). 예를 들어, '독립적'이고 '강한' 것으로 자랑스럽게 규정되어 온 사람은 비극적 사고로 불구가 되거나, 다른 사람들의 도움을 필요로 하게 된 후 자신의 정체성과 조화되는 것에 어려움을 겪을 수 있다. 맥락적 자기는 의식의 경험에 대해 자각함으로써, 자신이 어떤 사람인지에 대한 개인의 이해를 폭넓게 만든다. 우리는 간혹 개인 경험의 이러한 부분을 '관찰자적 자기'라고 부른다. 이러한 '관찰자적 자기'에 대한 자각을 일깨우는 마음챙김 훈련은 명상을 하는 사람에게 삶 전체에 걸쳐 사건 및 이와 관련된 사고와 감정을 기억하면서, 동시에 내내 존재했던 조용하고 관찰하는 알아차림의 진행 중인 흐름에 주목할 것을 요청한다. 명상을 하는 사람은 이후 지속적으로 시간에 따라 진전하면서, 알아차림을 통해 경험들이 어떻게 흘렀는지 주의를 기울이도록 요청받지만, 관찰자적 자기는 변하지 않은 채로 유지된다.

가치

불교에서 팔정도(eightfold path)는 인간의 고통을 경감시키는 것으로, 고려되는 개인의 삶을 수행하는 특정한 방식을 규정한다(Nhat Hanh, 1998). 이와 유사하게 ACT는 개인들이 선택한 가치에 따라 자신의 삶을 수행하도록 장려함으로써 인간의 고통을 경감시키고자 한다(Hayes et al., 2012). 특정 경로를 확인하는 불교와 대조적으로, ACT는 내담자가 자기 자신의 가치와 그것과 일치하는 행동들을 확인하도록 돕는다는 점에서 더 개인 중심적이다.

ACT에서 가치는 자유롭게 선택되며, 역동적이고, 현재 진행 중이다(Wilson, Sandoz, Flynn, & Slater, 2010). 즉, 가치는 개인에 의해 구성되며, '해야 하는 것들' 혹은 부정적 결과들의 회피에 따라 동기 부여되지 않는다. 이러한 가치는 목표를 포함할 수 있지만, 가치가 삶의 진행되는 방식들이라는 점에서 목표와는 구별된다. 예를 들어, 평생 학습을 가치 있게 여기는 것은 학교에 진학하고 학위를 얻는 목표들을 수반할 수 있지만, 학습은 학위를 얻은 이후에도 가치 있는 것으로 유지된다.

내담자는 종종 가치를 확인하고 명확히 하는 데 있어 도움을 필요로 하며, 치료자는 많은 면에서 이러한 과정을 지원할 수 있다. 가치에 관한 임상 대화들을 원활하게 만들기 위해 개발된 여러 척도가 있다(Wilson, Sandoz, Flynn, Slater, & DuFrene, 2010 참고). 가치 있는 삶 질문지(VLQ; Wilson, Sandoz, Kitchens, & Roberts, 2010)는 지필 질문지로, 가치에 대한 임상 진료를 인도하는 데 있어 유용할 수 있다. 다른 가치 평가로는 개인 가치 질문지(PVQ; Blackledge & Ciarrochi, 2006)와 가치 나침반(Dahl, Wilson, Luciano, & Hayes, 2005)이 있다.

가치를 확인하는 것 외에, 가치에 전념하는 일이 일부 심리적 고통의 근원이 될 수 있다는 것은 보통 사실이다. 가치에 따라 살지 않은 것의 고통과 접하는 것은 어려울 수 있다. 또한 가치 있는 삶을 살기로 선택하고, 이러한 가치와 연관된 선택들을 하는 데 있어 어려움과 접하게 됨에 따라 고통이 발생할 수 있다. 예를 들어, 가족 구성원과 사랑하는 관계를 유지하는 가치는 해롭지는 않지만, 짜증나는 가족 구성원의 행동들을 참아 내는 것을 필요로 할 수 있다. 이는 말하기는 쉬우나 행하기는 어렵다. 이러한 이유로, 사고와 감정들의 수용은 가치 있는 삶을 살아가는 데 있어 필수적인 부분이다. 마음, 신체 그리고 세상이 영향을 끼치는 것에 따라 살면서, 가치에 따라 의식적으로 행동을 선택하는 것은 순간에 느끼는 것에 대해 유념하여 알아차리고 받아들이는 능력을 요구한다.

전념 행동

전념 행동은 개인이 선택한 가치와 일치하는 행동들에 참여하는 것을 수반하는 ACT에서 핵심 과정이다(Hayes et al., 2012). ACT에서 전념은 가치 있는 행위에 참여하는 단순한 동기 이상의 것을 포함한다. 이는 바로 가치 있는 행위에 대한 행동적 참여다. ACT에서 전념은 행동의 활성화를 포함하며 ACT의 목표, 즉 가치 있는 삶을 사는 것에 있어 필수다(Hayes et al., 2012).

가치 있는 삶을 사는 것에 대한 전념은 현재 순간의 알아차림을 통해 촉진될 수 있다. 환경 내적으로 발생하고 외적으로 존재하는 것 이외에, 가치와 목표들에 대한 현재 순간의 알아차림은 효과적인 가치 지향 행위들을 선택하는 능력을 강화시킨다. 즉, 목표와 가치를 인식하면서, 현재의 순간에 지속적으로 집중하는 것은 가치에 전념하는 행동들을 제대로 확인하고, 참여할 수 있도록 돕는다. 초점과 유연성을 가지고 현재의 환경에 접근할 수 있는 것은 변화에 대한 최상의 기회를 제공할 수 있으며(Hayes et al., 2012), 이는 ACT 과정들이 정확히 촉진하고자 의도한 것이다.

평가

각 과정의 임상 평가들에 대한 철저한 논의는 이 장의 범위를 벗어나는 것이지만, ACT의 핵심 개념이 서로 연결되며 성공적인 결과에 있어 필수적인 것으로 고려된다는 것에 주목해야 한다. ACT는 지형학적 접근 대신에 행동을 분석하기 위해 기능적 접근을 이용한다(Hayes et al., 1996). 즉, 행동의 형태(행동이 어떻게 나타나는지)에 초점을 맞추는 것과 대조적으로, 행동이 어떻게 기능하는지 혹은 내담자에게 어떻게 작용하는지에 초점을 맞춘다. 문제와 기능적으로 관련된 행동들을 결정함으로써(예, 약물 남용, 고립, 자해의 행동들 모두 회피로 기능한다는 것을 결정함으로써), ACT 치료자는 치료에서 표적이 되었던 각 여섯 개의 과정에 대한 정도를 확인할 수 있다. 각 과정은 경험적 수용을 촉진하며, 이는 선택한 가치와 일치하는 행동들에 대한 전념적 참여를 활성화한다.

실무에서 ACT

치료자에게 있어, 외상 생존자들에 대해 가장 효과적으로 ACT를 수행하는 것은 ACT 모델에 대한 기초적인 교육적·경험적 훈련으로 시작한다. ACT의 핵심 이론과 과정들을 이해하는 것은 더 높은 수준의 치료 역량을 낳으며, 여섯 개 과정의 상호연관성을 보지 못하는 것과 같은 다양한 치료 문제들을 피할 수 있다고 여겨진다(Luoma, Hayes, & Walser, 2007).

치료자의 역할

경험적으로 연구되어 온 많은 치료 사이에서, 치료 관계가 치료 성공의 강력한 예측인자라는 것은 오래 전부터 알려져 왔다(Hayes et al., 2012). 내담자는 효과적인 ACT 치료자와 함께 상담하는 것이 보통 연결과 타당성 확인에 대한 깊은 의식을 가져온다는 것을 알게 되었다. 부분적으로는 ACT 치료자가 심리적 문제들은 정상적인 심리 과정의 결과라고 믿으며, 내담자가 비정상이거나 손상되었다고 여기지 않기 때문에 이러한 친밀함이 발전하는 것으로 여겨진다. 대신 내담자와 치료자는 동일하게 학습과 언어 과정의 문제들에 취약한 것으로 여겨진다. 이

러한 이론적 입장은 내담자를 향한 이해와 자비의 입장을 불러일으킨다. 또한 많
은 ACT 치료자는 내담자와 상담할 때, 그리고 자신의 삶의 다른 분야에서 현재의
순간에 관련된 자신들의 가치, 사고, 감정에 대해 인식하려는 바람을 발전시킨다.
ACT 과정들에 참여함으로써 가치 있는 삶을 살고자 하는 유사한 열망이 일반적
으로 내담자와 치료자의 상호작용들에서 명백하게 나타나며, 이는 가치 있는 삶
을 살아가려는 노력에 대해 공유되는 의식을 구축하도록 돕는다.

　　ACT의 효과성은 치료자가 자신의 삶에서 ACT를 수행할 때 강화되는 것으로
여겨진다(Hayes et al., 2012; Luoma et al., 2007). 이에 대한 많은 이유가 존재하며,
첫 번째 이유는 치료자가 상담실에서 일어나는 것을 기꺼이 수용하려고 하지 않
는 경우 수용을 위한 공간을 구축하기 어렵기 때문이다(Hayes et al., 2012). 우리
가 알고 있는 외상 생존자와 상담하는 치료자는 자신이 내담자에게 매우 고통스
러운 사고와 감정들에 접촉하도록 권장한 후 상당한 불편함을 느낀다는 것을 간
혹 인정했다. 외상 생존자와 상담하는 것은 보통 고통스러운 작업이며, 치료자가
자신의 고통을 어떻게 다루는지는 내담자의 고통스러운 반응을 자신이 어떻게 다
루는지만큼 중요할 수 있다. 치료자가 고통에 대한 반응을 마음으로 인식하지 못
하고, 자신의 편견을 탈융합하지 못하며 가치 지향 행동(이 경우, 가치 지향 행동은
내담자가 향상되도록 돕는 것임)에 참여하기 위해 발생하는 감정들을 수용하지 못
하는 것은 잠재적으로 내담자의 치료 진전을 저해할 수 있다. 예를 들어, '내가 이
내담자를 상처 입히고 있다.'는 생각과 융합하는 치료자는 슬픔과 죄책감 같은 감
정에 쉽게 빠질 수 있으며, 내담자와의 추가적인 정서 상담에 접근하는 것을 회피
하게 될 수 있다. 이런 식으로, 치료자가 치료 중 자신의 감정을 회피하려는 시도
는 내담자의 감정에 대한 회피를 강화시킬 수 있다.

　　치료자가 ACT와 일치하는 개인적 수행들을 유지하도록 권장 받는 또 다른 이
유는 ACT와 일치하는 행동들의 모델링을 통해, 내담자를 위한 학습을 용이하게
만들 수 있기 때문이다(Hayes et al., 2012). 이것은 치료자가 ACT와 일치하는 삶
을 살아가는 데 있어 완벽해야 한다고 제시하는 것이 아니라, 치료자가 스스로의
기술들을 성장시키면서, 내담자와 자기 개발 노력을 공유할 수 있다는 것이다. 마

지막으로, 연구자는 우리 자신의 삶에 ACT를 포함시키는 것은, 우리가 내담자의 어려운 치료 노력에서 가져오는 진정성과 정서적 용기의 증인이 되도록 도움으로써 내담자가 가진 막대한 힘을 존중하는 것이라고 제시한다.

마음챙김으로 ACT 과정들의 표적화

ACT에는 외상 생존자에 대한 수용, 현재 순간의 알아차림, 탈융합 노력에 도움이 될 수 있는 많은 마음챙김 방식이 존재한다. 예를 들어, 치료자가 내담자에게 마음챙김과 수용을 촉진시키는 한 가지 방법은 내담자의 현재 순간에 대한 정서적 경험을 내담자 본인이 기술하도록 정기적으로 유도하는 것이다(Engle & Follette, 2012). 어떤 경우에, 내담자는 자신의 현재 감정들을 설명하는 것이 불가능할 수 있다. 이러한 일이 발생하는 경우, 치료자는 내담자에게 어떤 신체 감각이나 생각들이 일어나고 있는지 설명하도록 요청할 수 있다. 다음으로 내담자는 한동안 이러한 경험들을 '받아들이도록' 요청 받는다. 내담자에게 감정, 사고 혹은 감각의 경험을 자신의 알아차림으로 가져오고, 이에 초점을 맞추도록 요청하는 훈련을 함으로써, 고통스러운 감정이 발생한 후 거의 자동으로 외상 생존자들에게 나타날 수 있는 회피 과정(예, 외상 사건에 대한 논의 중 해리)에 반하는 작용을 한다. 내담자가 피하지 않고 고통스러운 감정들을 더 잘 경험할 수 있게 됨에 따라, 그는 점차 감정이 존재할 수 있음을 보여 주는 상황, 인지, 물리적 경험을 인식하게 될 수 있다. 이러한 개인의 경험 패턴에 대한 일반적 알아차림은 감정의 존재에 대한 유연한 반응을 증진한다. 또한 이는 감정과 관찰자적 자기 사이에 약간의 경험적 거리를 만들어 내는 추가적인 효과도 가지고 있다. 감정 상태로부터의 완화가 마음챙김의 일차 목표는 아니지만, 이는 보통 경험되어야 하는 잠재적인 완화다.

수용, 현재 순간의 알아차림, 탈융합을 목표로 하는 또 다른 마음챙김 훈련은 조용히 앉아서 현재의 순간에 경험되는 사고, 감정, 감각에 주목하는 것을 포함한다. 이 훈련은 특히 마음챙김 명상에 낯선 내담자에게 경험의 흐름을 마음속에 그려 주는 심상 환경을 포함시키는 데 도움이 되기는 하지만, 다수의 방식으로 지시될 수 있다. 예를 들어, ACT 치료자와 내담자에 의해 널리 사용되는 훈련은 '시냇물 위에 흐르는 나뭇잎(leaves on a stream)'으로 불린다. 이 훈련은 내담자에게 시냇물과 그 옆의 나무를 마음속에 그리도록 요청함으로써 시작된다. 이 훈련의 초기 부분에, 나뭇잎들이 어떻게 생겼으며, 시냇물이 얼마나 빠르게 흐르는지 등을 상상하면서 심상 환경을 채우는 데 상당한 시간을 보낼 수 있다. 일단 환경이 수립되면, 내담자는 떠오르는 생각, 감정 혹은 감각에 주목하도록 요청받는다. 그리고 내담자는 이러한 경험을 나뭇잎에 두고, 이를 쫓거나, 붙잡으려 하지 않은 채, 시냇물을 따라 흘러 내려가는 것을 지켜보도록 요청받는다. 이때 내담자에게 각 경험을 사고, 감정 혹은 감각으로 명명하도록 요청되며, 지시사항이 추가될 수 있다. 이러한 형태의 훈련들은 현재 순간의 알아차림, 내적 경험의 수용, 탈융합을 발전시킨다. 내적 경험을 명명함으로써, 내담자는 경험에 갇히거나 과도하게 융합되지 않고, 단지 생각, 감정 혹은 감각이라는 실제 특성으로 경험을 볼 수 있게 된다. 우리의 경험상, 외상 생존자들은 보통 이러한 경험이 진정시키는 특성이라는 것을 발견하며, 발생하는 자신들의 내적 경험에 갇히지 않도록 하는 유용한 방법이라는 것을 알게 된다.

맥락적 자기 과정은 특정 비유와 훈련들(예, 체스 판 비유, 전체적, 완벽한, 완전한 훈련; Walser & Hayes, 2006; Hayes et al., 2012 참고)을 통해도 표적화될 수 있다. 그러나 이러한 과정을 기존의 마음챙김 훈련과 통합하는 간단한 방법은 내담자에게 훈련 중 자신의 내적 경험을 의식하는 '자기'에 주목하도록 요청하는 것이다. 관찰자적 자기에 대한 알아차림을 발전시키는 것은 외상 경험 이후 종종 개인의 정체성에 대한 혼란이나 불만족이 발생하는 외상 생존자들에게 특히 유용할 수 있다. 많은 개인은 외상이 발생한 후 자신이 공허하며, 자기감을 상실했다고 느끼거나, 혹은 '자신의 모습이었던 자아'를 혐오하게 된다. 어떤 사람들, 특히 대인관계의 특성을 가진 외상으로 고통받는 사람들은 자기감이 오직 다른 사람들의 지각에서만 존재한다는 것을 발견할 수 있다. 명명함으로써 규정되는 것이 아니라, 단지 '존재하고 있는' 자기의 초월적인 부분을 인식하게 되는 것은 자기에 대한 개인의 이해를 변모시키고, 편견으로부터의 탈융합을 촉진하는 데 도움이 될 수 있다. 자기에 대해 가지고 있던 생각으로부터 탈융합하는 것은 개인들에게 앞으로 나아갈 역량을 부여하고, 자신이 누구이며, 무엇을 할 수 있는지에 관해 마음이 말하는 것으로 제한시키는 것과 대조적으로 살아갈 가치가 있는 삶을 구축할 수 있도록 돕는다.

ACT를 통해 살아갈 가치가 있는 삶을 구축하는 것은 선택한 가치들의 확인과 개인의 일상생활에서 이러한 가치들에 대한 전념 행동을 포함한다. 전념은 단지 개인이 하게 될 행동에 대한 명제가 아니라, 현재 하고 있는 것이다. 이는 현재의 순간에 중요한 행동을 취하도록 선택하는 것이다. 따라서 현재 일어나고 있는 것과 개인이 현재 가치 있게 여기는 것에 대한 마음챙김은 전념하는 가치 지향 행동들에 참여하는 데 있어 매우 중요하다.

결론

PTSD와 외상 관련 문제의 치료에서 ACT의 효과성을 판단하기 위해서는 더 많은 연구가 필요하지만, ACT가 효과적일 수 있다고 여기는 이유가 존재한다. 경험회피는 외상 관련 결과들과 관계가 있는 것으로 입증되어 왔다(Palm & Follette, 2011). ACT의 수용 과정은 외상 생존자들의 가치 있는 활동이 원치 않는 내적 경험을 유발한다 하더라도, 이러한 활동에 대한 참여를 촉진한다. 이런 식으로 ACT는 외상 증상 및 관련 문제를 유지시키는 회피를 최소화하는 작용을 하며, 또한 삶의 질을 높일 수 있는 가치 있는 활동들에 대한 참여를 증가시킨다.

삶 속에서 현재에 존재하기는 ACT에서 핵심 과정이다. 이는 자신의 삶에 완전히 참여할 수 있도록 만드는 것 그 이상의 의미를 갖는다. 우리가 우리의 가치에 따라 삶에 전념할 때, 우리는 살아가며 마주하게 되는 어려운 경험을 수용할 수 있게 된다. 수용을 수행하는 것은 우리의 과거, 생각, 감정을 편견 없이 수용할 수 있도록 우리 스스로에 대한 자비심을 낳는다. 이러한 자기에 대한 자비는 보통 타인들을 향한 자비의 확장으로 이어진다. 우리가 상담한 많은 외상 생존자는 타인들의 고통에 닿고, 그것을 최소화하는 데 도움이 되고 싶다는 바람을 통해 자신들의 자비를 표현했다. 이러한 자비의 강도와 가치 있는 삶을 살아가려는 전념은 우리의 연구에 지속적으로 영감을 불어넣어 준다.

제5장

외상 생존자에 대한 변증법적 행동 치료

데비카 R. 피오릴로(Devika R. Fiorillo)
앨런 E. 프루제티(Alan E. Fruzzetti)

변증법적 행동 치료(DBT; 예, Linehan, 1993)는 자해, 자살 시도, 우울증, 약물 남용 및 기타 문제들과 함께 전형적인 경계성 성격 장애(BPD)를 포함하는 중증 정서 조절 장애에 연관된 광범위한 문제들에 대한 치료의 표준으로 여겨진다(Feigenbaum, 2007; Robbins & Chapman, 2004). BPD를 가진 개인들 사이에서 PTSD의 유병률은 지역사회 표본의 경우 33%이며, 입원 환자 표본의 경우에 58%에 이르기까지 차이를 보인다(Swartz, Blazer, George, & Winfield, 1990; Zanarini, Frankenburg, Hennen, & Silk, 2004). 따라서 BPD에 대한 치료 표준인 DBT는 외상 생존자의 중재에서 핵심 초점이 된다(Wagner & Linehan, 1994; Harned & Linehan, 2008). 마음챙김은 DBT에서 '핵심' 기술이며, 중재 전략들에 걸쳐 이용된다. DBT로 외상 관련 문제를 가진 사람들을 치료할 때, 마음챙김은 특히 노출 지향 중재들을 활성화하고, 회피를 차단하거나 바로잡고, 수용을 증가시키고, 내담자들이 정서 조절과 자신들이 원하는 삶의 질 구축을 위한 다른 기술들을 배우도록 돕기 위해 이용된다. 이 장에서 우리는 외상 관련 문제들에 대한 DBT 중재의 간략한 개요를 제시하고, 뒤이어 외상 관련 문제들의 치료와 관련하여 DBT 중재들에서 마음챙김의 특정 사용에 대한 상세한 설명을 제시하겠다.

DBT의 개요

DBT(변증법적 행동 치료)는 원래 다수의 복잡하고 중증인 동시 발생 심리 문제들로, BPD(경계성 성격 장애)를 진단 받은 만성 자살충동 여성들을 치료하기 위해 설계되었다(Linehan, 1993). 최근 DBT는 정서 조절장애와 관련된 다양한 문제를 가진 사람들을 치료하는 데 있어 효과적인 것으로 나타났다. DBT는 개인적 의사소통이 자주 처벌을 받거나, 무시당하거나, 오해를 받는 비수용적인 사회 및 가족 환경과 기질적 취약성으로 인해 BPD의 성격적 문제가 발전한다고 보는 생물사회 및 교류 이론을 기반으로 한다(Fruzzetti, Shenk, & Hoffman, 2005; Fruzzetti & Worrall, 2010). 사회 환경에서 무력화 반응과 취약성(예, 정서 민감성, 반응성, 기준선으로의 느린 회귀)은 정서 조절의 어려움을 발생시키고 유지하며, 상호 호혜적 · 반복적 방식에서 처리되는 것으로 나타난다.

정서 조절장애의 핵심 문제를 다루는 데 있어 DBT는 고전적 · 조작적 조건화, 긍정적 · 부정적 강화, 행동의 자극과 반응 종류들의 발달, 노출 기반 중재 같은 행동 과학의 원칙들과 마음챙김, 수용, 타당성 확인의 중요성에 의해 크게 영향을 받는다. 이에 따라 문제가 되는 행동을 변화시키거나 교체하고, 사회적 관계 및 환경을 개선시키기 위해 치료는 기술의 발전을 강조한다. 또한 DBT는 문제 해결과 행동 치료에 따라, 특히 마음챙김 기술을 발전시키는 데 있어 수용의 균형을 맞추고 결합하는 변증법과 균형 변화의 원칙에서 도출된다.

심각한 외상 이력을 가진 개인들을 위한 치료로서 적용할 때, DBT는 노출 기반 중재에 대한 준비로 안정화를 촉진시키며, 이러한 절차들을 증가시킴에 따라 PTSD 및 기타 외상 관련 문제를 가진 개인들에게 유용할 수 있다. 또한 약물 남용 문제, 관계 문제, 우울증, 불안, 낮은 자존감, 섭식 장애 등을 포함하여, 외상 경험들과 직접 관련된 것을 넘어 확대되는 추가적이고 복잡한 문제들을 다루기에 매우 적합하다.

DBT에서 마음챙김

DBT는 부분적으로 선종 불교 원칙들(예, Hanh, 1976)을 기반으로 마음챙김과 인지 행동 치료(CBT) 변화 전략을 명확하게 결합함과 동시에 대부분의 다른 동양의 영적 수행들과 서양의 명상 및 경험적 전통들(예, Binswanger, 1963)과 양립할 수 있다. DBT에서 마음챙김 수행은 공적(행위), 사적(사고, 감각, 감정) 행동들에 대한 관찰 및 자기 모니터링을 강조하며, 이는 최근에 채택된 CBT의 마음챙김 중재들과 대부분 유사하다. CBT에서 마음챙김에 대한 가장 일반적인 정의들(예, Bishop et al., 2004; Kabat-Zinn, 1994)은 DBT 마음챙김 기술 및 수행들과 양립할 수 있다. 마음챙김은 ① 목적에 따라 혹은 의도적으로 주의를 기울이는 것, ② 판단 없이 주의를 기울이는 것, ③ 현재의 순간에 주의를 기울이는 것이 핵심 요소다. 그러나 DBT는 두 가지 방식에서 마음챙김에 대한 다른 CBT 접근들과 다소 차이가 있다. 첫 번째 방식은 DBT는 내적 경험에 대한 알아차림과 마음챙김의 관점 혹은 '지혜의 마음'으로 행동하는 것을 더 크게 강조한다는 것이다. 그리고 두 번째 방식은 행동(공적 혹은 사적)에 대해서도 마음챙김 연습이 권장되며, 명상의 사용은 강조되지 않거나 필요하지 않기 때문에, 마음챙김은 일상생활에 이상적으로 완전히 통합된다는 것이다. 또한 마음챙김 기술은 모든 다른 기술 단위(고통 감내, 정서 조절, 대인관계 효율성)와 연결된다.

마음챙김은 또한 DBT 내에서 외상을 치료하는 데 있어 핵심 기술로, 외상에 대해 진행되는 다른 중재들을 활성화시킨다. 첫째, 수용 전략으로서 마음챙김은 현재 순간에 대한 알아차림과 수용으로 이끌며, 변증법적 과정들의 부분으로 DBT에 있어 필수적인 변화(예, 노출)에 대한 강조의 균형을 잡아 준다. 둘째, '직접' 노출 중재는 효과적이기는 하지만 어려우며, 중도 포기의 비율이 높은 편이다. 마음챙김은 중도 포기를 줄이도록 도울 수 있다. 셋째, 마음챙김은 알아차림을 증대시키고, 내담자의 역량에 초점이 유지되도록 할 수 있으며, 이는 경험을 주목하고, 설명하고, 전달하는 능력을 향상시킨다. 이러한 강화된 주의는 개인들이 치료에서 자신들의 경험을 관찰하고, 기억하고, 전달하는 능력을 갖추어야 하는 모니터링 의존 중재들을 도울 수 있다. 이러한 주의를 기울이는 능력은 증대된 알아차림이 고통스러운 감정들에 대한 2차 반응을 감소시키며, 감각 및 감정에 대한 비형식적 노출로 기능하기 때문에 이러한 측면에서, 특히 외상 생존자들에 대한 DBT와 관련된다. 이는 결국 환자들에게 있어 형식적 노출을 더 효율적이고 관리하기 쉽게 만들며, 이에 따라 더 효과적이 되도록 만들 수 있다. 마지막으로, 마음챙김은 다른 기술들의 학습과 이용을 강화시킬 수 있다. 따라서 마음챙김은 중요한 삶의 개선 그리고 이전에 회피되어 왔지만 의미 있는 활동에 대한 참여를 촉진할 수 있다.

DBT에서 가르치는 마음챙김 기술은 어린 시절 성적·물리적 학대를 경험한 생존자들을 포함하여 외상 생존자들에게 매우 적합하다. 마음챙김의 혜택으로는 외상의 이력을 가지고 있으며, 외상에 대한 생각 및 기억들과 여러 강렬한 감정을 경험함으로써 산만해지는 개인들과 관련된 주의 조절이 있으며, 이는 과거 사건들에 대해 극도로 예민한 혹은 반추하는 집착을 감소시키도록 돕는다. 현재의 알아차림에 초점을 맞추는 마음챙김 수행은 추가적으로 외상 사건들을 다시 경험하게 되는 것을 줄여 준다. 거의 항상 도피와 회피 기능의 역할을 하는 문제가 되는 행동들(자해, 약물 남용 등)에 몰두하는 일부 개인들은 현재의 정서(특히 근본 정서)에 대해 증가된 주의나 대안이 되는 자극 그리고 정서 조절 기술들로 상당한 혜택을 입을 수 있다(Harned, Korslund, Foa, & Linehan, 2012). 다른 개인들은 현재의 상황과 도출될 수 있는 긍정적 정서들에 대해 증대된 정서로 혜택을 얻을 수 있다. 마지막으로, 마음챙김 기술은 다시 피해를 입지 않도록 방지하는 데 있어 필수적일 수 있는 위험 관련 단서를 포함하여, 대인관계 단서에 대한 알아차림을 증대시키도록 도울 수 있다(Fruzzetti & Lee, 2011).

'핵심' 기술로서 마음챙김

마음챙김은 DBT에서 가르치는 '핵심' 기술로, 이는 마음챙김이 다른 기술들

(예, 정서 조절, 고통 감내, 대인관계 기술)의 중요한 구성요소라는 것을 의미한다. 세 가지의 마음 상태가 확인되는데, ① **이성적** 마음이나 지적, 이성적, 논리적, 경험적 혹은 계획적 관점에서 알아차림이나 '앎'에 접근하는 마음 상태, ② 알아차림(그리고 사고와 행동)이 주로 높은 정서 각성 상태에 의해 통제되는 순간을 뜻하는 **정서적 마음**, ③ 이성과 감정의 통합 및 합의 명제를 기반으로, 더 순수한 알아차림 및 직관적 앎을 뜻하는 **지혜의** 마음 등이다. 지혜의 마음 알아차림과 행동은 많은 상황에서 발견하기 어렵거나 사용하기 어려울 수 있지만, 모든 사람의 레퍼토리에 존재한다. DBT에서 마음챙김 기술에 관해 고려하는 한 가지 방식은 지혜의 마음을 달성하는 단계 및 수단으로서, 부분적으로 조절되지 않는 정서 및 인지를 안정시키거나, 완화(혹은 방지)하도록 도와 효과적인 행위로 이끄는 것이다. 이러한 과정은 리네한(Linehan, 1993)에 의해 교육 가능한 기술 단계들로 발전되었으며, 그는 마음을 챙길 때 개인이 **무엇을** 할지, 그리고 개인이 마음챙김으로 이러한 과제들에 어떻게 참여하는지 설명한다.

마음챙김의 '무엇을'과 관련된 기술들

이러한 마음챙김 기술들은 실제로 유념하여 자신의 주의로 무엇을 하는지 확인한다. 이러한 기술들은 관찰, 기술(describing), 참여를 포함하며, 알아차림과 기술(수용과 변화 지향 기술을 포함하는)로 자신의 삶과 경험에 참여하는 능력을 발전시키도록 준비된다.

관찰은 개인 외부의 사건들과 개인 내부의 사고, 감각, 감정에 단순히 주목하거나, 주의를 기울이는(현재의 순간에) 과정을 뜻한다. 관찰 시 개인은 유쾌할 때 연장하려 하지 않거나, 불쾌할 때 중지하려 하지 않는 것을 포함하여, 자신의 경험 및 사건을 변경하려는 시도에 관여하지 않는다(최소한 그 순간에는). 관찰은 단지 주목하며, 어떤 것에 주의를 기울이는 것을 포함한다. 내담자들이 주의를 지속시키고, 자신들의 내적 경험을 더 잘 인내할 수 있게 됨에 따라, 마음챙김은 사고, 감각, 감정에 대한 알아차림을 포함하게 된다. 마음챙김 수행은 얼마나 고통스러운

지와 상관없이, 역기능적 회피 행동에 관여하기보다 순간을 경험하는 개인의 능력을 강화하기 때문에 매우 중요하다. 이러한 '순간의 경험'에 대한 초점은 자동 회피와 공포 반응을 없애도록 돕고, 습관화를 증가시킴으로써 강화되지 않은 노출을 촉진시킨다(예, Foa & Rothbaum, 1998). 또한 사건을 관찰하는 경험은 사건 자체(예, 공포의 느낌은 위험에 처한 것과 다르다)와 구별된다. 약물 남용 피해자들의 경우, 이러한 특정 사건들(예, 기억, 심상, 외상 사건에 대한 순간적 회상)에 주의를 기울이는 능력은 동시에 현재 순간의 현실(안전)에서 이러한 사건들을 물러나도록 하는 능력과 함께 성공적인 결과에 있어 중요하다.

기술은 판단이나 평가 방식보다 기술적 단어의 사용을 필요로 하며, 이는 특히 사고와 감정을 다루는 데 있어 중요하다. 단순히 사고를 사고로서, 감정을 감정으로서 명명하는 것은 현재 경험에 대한 내담자의 해석에서 글자 그대로의 해석과 중요성을 감소시킨다. 예를 들어, "나는 학대를 초래할 만한 일을 저지른 게 틀림없어요."라는 생각과 죄책감 및 수치심의 감정들은 각각 사고와 감정으로 관찰되고, 설명될 수 있으며, 실제로 학대당할 만했다는 것과 구별될 수 있다. 또한 이러한 사고와 감정은 개인들에게 실제 내용으로 '부여되는' 것이 아니라 고통스럽고 부당하지만, 규범적인 학대의 결과로서 타당성이 확인될 수 있다(자기타당성 확인). 외부와 내부 상황들을 나타내기 위해 언어 명명을 이용하는 것은 자기통제의 더 내적인 위치를 확립하는 데 있어 매우 중요하다. 감각, 감정, 욕구를 관찰하고, 이를 기술할 수 있는 것은 내담자가 자신이 행동을 지시하지 않았다는 사실을 이해함과 더불어 발생한 맥락을 이해할 수 있도록 돕는다. 경험을 이해하기 위한 기술적 단어의 정확한 사용은 또한 정서 조절과 효과적인 의사소통에 유용하다. 개인적 해석, 부정확한 '기술', 기타 오해가 되는 의사소통이 전달되는 메시지를 흐리게 만들 수 있기 때문에 정확하고 기술적인 표현은 다른 사람들이 더 쉽게 이해하고, 타당성을 확인할 수 있도록 만든다(Fruzzetti & Worrall, 2010).

참여는 자의식 없이(즉, 참여하면서 관찰 및 기술 혹은 기타 더 높은 인지 활동에 초점을 맞추지 않고), 진행되는 활동으로부터 분리되지 않은 채, 현재 순간의 활동에 몰두하는 것이다. 이는 현재 순간에 상황, 과정, 활동과의 진실한 연결 및 과도하게 자동화되거나 습관화된 반응의 감소를 장려한다. 실행은 어려울 수 있지만, 생각은 단순하다. 즉, 걸으면서 걷기에 완전히 주의를 기울이고, 샤워를 하면서 샤워에 주의를 기울이고, 먹으면서 먹는 것에 주의를 기울이고, 운전하면서 운전에 주의를 기울이는 것 등이다(판단하거나, 평가하거나, 산만해지지 않고, 이러한 활동에 몰두한다).

마음챙김의 '어떻게'와 관련된 기술들

마음챙김 기술들의 두 번째 요소는 마음챙김하여 '어떻게' 행동하는지 기술하고, 마음챙김하여 관찰하고, 설명하고, 참여하는 방식에 대해 설명한다.

판단을 하지 않는 입장은 '좋은' '나쁜' 혹은 '올바른' '잘못된'으로 명명되지 않은 채, 인정되는(기술적으로) 모든 경험 및 상황에서 강조된다. 마음챙김에는 과거에 '해야 했던' 혹은 '해서는 안 되었던' 것은 존재하지 않는다. 이런 식으로, DBT에서 마음챙김은 경험 및 상황, 사람들을 향한다(그리고 이에 따라 과거의 '현실과 싸우는 것'에 에너지를 쏟지 않는다). 판단하지 않거나 현실을 수용하는 것이 부정적 판단을 긍정적 판단으로 교체하거나, 부정적 경험을 무력화시켜야 한다는 것을 뜻하지는 않는다는 점에 주목해야 한다. 외상 생존자들의 경우, 판단하지 않고 수용하는 입장일지라도, 학대를 용서 및 정당화하는 것이라 오해해서는 안 된다. 실제로 판단하지 않는 관점은 개인이 피해를 끼치는 결과들이나 긍정적 혹은 부정적 감정들을 인정하도록 도울 수 있지만, 있는 그대로 전체 경험에 대한 수용이 분명히 강조되어야 한다. 상당한 수의 외상 생존자들이 특히 스스로에 대해 극단적인 판단을 하는 경향이 있으므로, 판단을 버리도록 배우는 것(그리고 대신 자신들의 경험과 스스로에 대해 주목하고, 기술하거나, 참여하는 것)은 자기비난의 패턴에 대한 중요한 대안이며, 다른 행동 변화들을 촉진할 수 있다.

마음챙김의 비판단적 특성은 외상과 연관된 자기낙인, 자기무력화, 자기비난의 감소에 도움이 될 수 있으며, 불안정하거나 무력화시키는 사회적 상황에서 여전히 살아가는 생존자가 이를 변화하도록 도울 수 있다. 외상 과거를 가진 개인들은 스스로와 자신들의 과거에서 특정 행동들을 수용하는 데 있어 빈번하게 어려움을 겪는다. 따라서 비판단적 수행은 스스로에 대한 더 큰 수용을 촉진하는 방법으로 이용될 수 있으며, 이는 내적으로 감소되는 고통과 안전하고 사랑하는 타인과의 더 큰 연결을 초래할 수 있다.

가해자에 대해 판단하지 않도록 배우는 것은 외상 생존자들 그리고 치료자에게도 어려울 수 있다. 마음챙김의 관점에서, 가해자가 나쁘거나 사악한 사람이 아니었다고 말하는 것(즉, 판단을 없애는 것)이 그 가해자가 좋은 사람이라는 것을 **뜻하지는 않는다**. 여기에는 어떤 선이나 악도 존재하지 않는다. 이는 오히려 치유를 촉진하는 기술을 이끌어 내는 데 도움이 될 수 있다. 즉, 그 사람은 폭력적이었으며(그가 한 일을 상세하게 기술), 이는 다수의 오래 지속되는 부정적 결과들을 가져왔다(초래된 신체적·정서적 고통에 대해 기술)는 기술이다. 이는 개인이 가해자가 사악했다거나 혹은 피해자가 당할 만했다는 판단의 입장들 사이에서 왔다 갔다 하는 '학대의 이분법'에 갇히기보다, 학대의 현실을 수용하고 결과를 회복시키는 것에 대한 초점으로 이끌도록 돕는다(Linehan, 1993). 그럼에도 불구하고, 외상 생존자들과의 상담에 비판단적 입장을 가져오는 것은 어려운 일일 수 있다.

하나의 마음챙김은 과제들 사이에서 행동적·인지적으로 주의를 분산시키거나 산만해지는(목적의식이 없는 주의) 대신, 현재의 순간에 한 번에 하나의 일에 초점을 맞추는 것을 뜻한다. 특히 외상 생존자들은 현재의 문제들에 관한 반추, 자기 무력화와 수치심, 부정적인 기분에 대한 집착 혹은 미래에 대한 염려와 함께, 외상 및 외상의 후유증과 관련된 사고와 심상들로부터 영향을 받을 가능성이 크며, 기민하고 각성된 방식으로 한 번에 하나의 활동에 주의를 집중시키는 기술을 필요로 한다. 이러한 기술은 식사, 운전, 버스 타기, 취미 활동, 친구 및 배우자와 시간 보내기 같은 다수의 일상생활 활동에서 연습할 수 있다.

효과적인 방식으로 행동하기의 의미는, 특정 상황에서 개인의 장기적인 목표 및 단단히 고수되는(지혜의 마음) 가치들과 일치하는 방식으로 행동하는 것을 뜻한다. 이는 개인의 목표를 확인하고, 전적으로 결과 지향적이지 않은 균형 잡힌 원칙 지향 방식으로 행동하는 것을 포함한다. 따라서 큰 주의를 기울인다고 하더라도, 이러한 정의 내에서 검증하여 자기파괴적인 행동을 하는 것은 불가능하다. 또한 외상 과거를 가진 내담자들은 자기 자신의 지각, 판단, 결정을 신뢰하는 데 어려움을 겪을 수 있으며, '맞다'(효과적이기보다)고 가정하는 것에 과도하게 집중할 수 있다. 효과적인 마음챙김은 내담자가 보다 '지혜의 마음'에 따른 결정을 내리도록 도울 수 있다.

치료에서 마음챙김의 이용

치료자 관계 마음챙김

DBT를 이용하는 치료자가 효과적으로 기술을 가르치고, 강한 치료 관계를 만들어 내기 위해서는 마음챙김에 따른 경험을 가지고 있는 것이 매우 중요하다. 대부분의 마음챙김은 보다 교육적인 훈련과 함께 경험적 활동을 포함한다. 특히 치료자 자신이 문제를 겪는 시기 동안, 치료자 측에서 마음챙김의 경험적 수행은 치료자가 내담자의 문제를 더 잘 이해하도록 돕고, 결과적으로 이들의 문제를 해결하는 더 큰 기회를 가능하게 만드는 근본적인 원칙 및 방식에 관한 심도 깊은 지식을 구축한다. 치료자에 의한 마음챙김 수행은 치료자가 만성적인 중증 문제를 가지고 있을 수 있는 학대 과거를 지닌 내담자와 상담할 때 중요한 초점과 방향을 유지하도록 도울 수 있다. 초점을 유지하는 능력의 증대는 내담자가 별 관계가 없는 강력한 상황에 있을 때, 혹은 광범위한 문제를 보고할 때 도움이 된다. 또한 마음챙김의 수행은 치료자가 내담자와의 상담에 대응하여 자신의 신체적 · 인지적 · 정서적 경험을 관리하도록 도울 수 있다. 학대 생존자들과 상담하는 치료자는 자기 자신의 판단(내담자, 피해자, 스스로 및 타인에 대한) 이외에, 수동성과 무력감 같은 문제가 되는 행동을 다룰 수 있다. 또한 외상 치료자는 정기적으로 내담자에 의해 민감한 학대 내용에 노출됨에 따라 2차 외상 반응을 경험하게 될 고유의 위험에 놓인다. DBT에서 내담자에게 가르치는 많은 기초적 마음챙김 기술은 적절한 주의와 정서 조절 및 균형을 유지하려는 목적으로 치료자에 의해 회기 중 사용될 수 있다. 치료자는 단순히 자신의 신체 감각, 사고, 감정에서 약간의 변화를 알아차릴 수 있으며, 반응적 방식보다 효과적 방식으로 행동하기 위해 호흡에 주의를 기울일 수 있다.

또한 마음챙김은 치료자가 자신의 부정적 자기평가에 대처하도록 도울 수 있다. 학대의 과거를 지닌 많은 내담자는 가혹 바꾸기 어려워 오래 지속해 온 행동 패턴을 가지고 있기 때문에, 치료자는 자신의 능력에 의구심을 가지게 될 수 있으며, 무력감의 증가와 포기하고 싶은 충동을 경험하게 될 수 있다. 이는 결국 내담자에게 동기를 부여하고, 목표 지향 활동에 초점을 유지하는 치료자의 역량에 영향을 끼칠 수 있다. 또한 마음챙김의 수행은 치료자가 목표를 향한 지속적 상담과 결과에 대한 집착을 발전시키는 것 사이에서 균형을 이루도록 도울 수 있다. 집착하지 않는 것은 매우 중요하다. 목표들이 충족되지 않을 때 혹은 최소한 치료자가 원하는 수준에 도달하지 못했을 때, 이러한 비애착을 유지함으로써 치료자의 괴로움과 소진을 방지 및 개선할 수 있다.

상담 회기에서 마음챙김

외상 생존자들과 관련하여, 치료자는 노출을 촉진하기 위해 마음챙김의 원칙을 회기에서 이용할 수 있다. 특정 외상 경험에 대한 전통적 노출 기반 중재 또한 DBT에서 사용되지만, 노출은(다양한 상황에 대한) '반대로 행동하기'라고 이름 붙여진 중재에 따라 더 비공식적으로 이행된다. 반대로 행동하기의 목표는 역기능적 회피와 연관된 부정적 기분을 감소시키고, 새로운 적응적 행동들을 증가시키며, 이러한 행동들과 연관된 긍정적 정서를 구축하는 것이다(Rizvi & Linehan, 2005). 단서 노출에 따라, 치료자는 도피와 회피 행동들, 죄책감과 수치심, 분노의 감정과 같은 문제가 되는 반응들을 차단하고, 내담자가 정서 조절 전략에 몰두하도록 돕는다. 외상 생존자들과의 상담 대부분은 반대로 행동하기에 초점을 맞추며, 마음챙김의 원칙은 변화를 촉진하는 중재 전체에 걸쳐 이용된다.

반대로 행동하기는 행동 충동과 연합된 모든 정서를 관찰하는 데 기반을 두며, 이러한 정서가 현재의 순간에 일어난 일에 의해 부차적이 되거나 혹은 정당하지 않게 되는 경우 행동 충동의 반대에 있는 대안적 행동에 관여하는 것은 부정적 정서를 줄여 줄 것이다. 이러한 과정을 활성화하기 위해, 치료자는 자주 부정적 정서에 의해 압도되고, 정서를 확인하는 데 어려움을 겪고, 단일 정서의 경험에 갇히게 되고, 오직 사후에만 자신의 정서를 인지하게 되는 내담자와 상담할 때 각성 상태를 유지하고, 생체 내 단서를 환영하게 된다.

치료자는 또한 자신이 정서 반응을 회피하거나 억제하고 있다는 것을 보여 줄 수 있는 내담자에 자주 정서 반응에 대해 묻고, '도피' 패턴을 차단하며, 수동적이고, 미묘한 행동 징후들을 관찰한다. 내담자는 정서와 행동 충동을 연결할 수 있고, 반대로 행동하기를 배웠기 때문에, 치료자는 마음챙김을 이용하여 내담자가 정서 상태를 관찰하고 명명하도록 도울 수 있다. 이는 내적 · 외적으로 촉발되는 상황, 상황에 관련된 사고 및 해석, 정서 경험과 연관된 물리적 · 감각적 반응, 정서 및 행위 경향과 연관된 바람이나 욕구, 정서의 여파에 대한 알아차림의 고취를 포함한다. 내담자는 또한 얼굴 표정과 신체 자세, 움직임 그리고 특정 정서의 경험에 반하는 다른 행동들과 같이, 특정 정서를 반영할 수 있는 명시적 반응에 주의를 기울이도록 요청받는다. 학대 생존자들은 보통 정서를 정확하게 명명하고 확인하는 데 어려움을 나타내기 때문에, 마음챙김은 정서에 대한 지식과 알아차림을 개선시키는 중요한 역할을 한다.

반대로 행동하기 같은 변화 기반 전략들의 균형을 잡기 위해, DBT 치료자는 수용 지향 기술로서 마음챙김, 고통 감내, 정당화 확인(그리고 자기정당화 확인)에 초점을 맞춘다. 마음챙김은 내담자가 '근본적 수용' 혹은 자신과 학대 자체를 포함하는 상황을 향한 비판단적 태도를 적용할 때 필수적이다. 또한 치료자는 내담자의 관점에서 세상에 대한 이해를 반영하고, 내담자 정서, 사고, 행동의 정당성을 전달하는 내담자의 경험을 확인한다. 정당화는 부정적 정서 각성을 줄이는 데 도움이 되기는 하지만, 이러한 정당화가 내담자 자체를 진정시키거나 위로하는 역할을 하는 행위로 오해되어서는 안 된다(Shenk & Fruzzetti, 2011). 정당화의 핵심 목표

중 하나는 내담자가 자기감을 증대시키고, 자기판단과 수치심, 죄책감 같은 2차 정서를 줄이는 데 중요한 자기정당화를 어떻게 하는지 배우도록 돕는 것이다.

치료자는 내담자들이 자신들의 정서 및 기타 경험을 정확하게 관찰하고 명명하도록 돕기 위해, 마음챙김의 원칙과 빈번한 수행을 이용한다. 추가적인 판단과 평가 없이 사적 경험(사고, 감정, 욕구 등)과 명시적인 행동을 기술하는 법을 배움으로써, 내담자는 학대 생존자들에게 매우 흔한 자기무력화 반응을 차단하거나 방지할 수 있다. 또한 내담자는 자기부여 행동 요구들, 수용 가능한 행동에 대한 비현실적 기대들 그리고 불필요한 고통의 증가를 초래하는 비효과적 전략들인 죄책감과 수치심의 관련된 경험에 주목하고, 이를 기술하도록 인도될 수 있다. 내담자들이 자신들의 사고 과정들, 스스로와 세상에 대한 근본적 가정들, 자신들의 사회 세계에서 '미치게 만드는' 경험들을 관찰하고 기술하도록 돕는 데 있어 치료자의 적극적인 역할이 가정된다. 이러한 노력은 궁극적으로 내담자들이 스스로를 있는 그대로 수용하도록 돕는다.

사례

다음은 가상의 사례다(일반적으로 내담자가 보여 주는 특징과 표상을 종합함). 앤지는 서른 두 살의 여성이다. 그녀는 어린 시절부터 시작하여 수년 동안 자신의 양부로부터 성적인 학대를 받았으며, 당시 일곱 살이었던 자신의 오빠에게서 심한 물리적 학대를 받았다고 보고했다. 앤지는 주요 우울증, 범불안 장애, 알코올 남용에 대한 기준을 충족시키며, 상당한 대인관계 문제들을 가지고 있었다. 그녀는 몇 년 전에 이혼했으며, 열 살짜리 딸에 대한 법적 양육권을 전남편과 공유한다. 앤지는 주마다 몇 번씩 자신의 딸과 시간을 보낸다. 그녀와 전남편 사이의 관계는 딸에 대해서는 대부분 협력적이다. 앤지는 지난 2년 동안 다른 남자와 데이트를 했으며 공식적이거나 헌신적인 관계에 있는 것은 아니라고 이야기했지만, 정기적으로 연락을 주고받았다. 앤지에 따르면 그녀의 전남편은 그녀를 '아기'로 보는 경향이 있으며 간혹 아이처럼 대하는 반면, 현재 데이트를 하고 있는 남성은 종종 압도하고 통제하려 한다.

다음은 중재 자체로서, 그리고 다른 중재 전략들을 증가시키기 위해 마음챙김의 이용을 부각시킨 초기 회기에 대한 사례다.

치료자　자, 이제 오늘의 우리 주제에 대해 생각해 보죠. 당신의 일기 수첩은 오늘이 이번 주에 가장 힘든 날일 수 있었다는 것을 보여 주고 있어요. 당신을 압도하며 연쇄적으로 일어난 일에 대해 살펴보죠. 달리 주제로 삼고 싶은 것이 있나요?

앤지　나는 이것이 지금 바로 가장 도움이 필요한 일이라고 생각해요. 모든 것은 오늘 아침에 시작되었어요. 나는 팀(전남편)이 아침 회의가 있었기 때문에 첼시(딸)를 학교에 데려다주기 위해 딸을 데리러 그에게 갈 때까지는 괜찮았어요. 알다시피, 그는 학교에서 첼시의 성적에 대해 교사들과 급히 잡은 만남 동안 내가 이야기할 것에 대해 신경을 써 달라고 부탁했어요. 그는 마치 내게 경고할 것이 있는 것처럼 보였고, 나는 이것이 이전에 내가 교사들 앞에서 멍청하게 굴었기 때문이라고 확신했죠. 내가 사람들에게 이야기하는 것에 대해 주의할 점을 그가 상기시켜야 한다는 것 때문에 나 자신이 멍청하게 느껴졌어요. 알다시피, 난 그렇게 똑똑한 사람이 아니었기 때문에 내가 첼시 일을 망치고, 교사들에게 무언가 끔찍한 일을 저지를 것 같아 걱정이 되기 시작했어요. 그래서 나는 도움이 되도록 스튜어트(현재 남자친구)를 학교에 데리고 가기 위해 집에 들렀어요.

치료자　자, 좀 천천히 이야기해 보세요.

앤지　그러죠….

치료자　자, 여기서 잠시 멈추고, 분명히 짚고 넘어가죠. 마치 당신은 오늘 아침 스스로에 대해 비판적이었다는 것처럼 들리네요. 그리고 바로 지금도 다시 그런 것 같군요.

앤지   무슨 뜻인가요? 팀의 말이 맞아요…. 나는 이러한 일들을 망치곤 하죠. 팀은 상처를 주려는 게 아니었어요. 나는 가끔 다른 사람들과 교류할 때 정말 이상해지는 것 같아요.

치료자 좋아요, 여기에서 당신의 문제를 축소하려 하지 않겠지만, 오늘 아침 당신의 경험, 생각, 판단, 감정을 오렌지에 비유해 보죠. 당신은 이전에 오렌지를 먹어 본 적이 없거나, 누군가 오렌지 먹는 것을 본 일이 없다고 가정해 봅시다. 당신은 오렌지 전체를 먹으려 합니다. 당신은 오렌지가 여러 부분들로 구성되며, 일부는 먹을 수 있지만, 다른 부분들은 먹을 수 없다는 것을 알지 못하죠. 내가 당신에게 권하고자 하는 것은 당신이 먹을 수 있는 부위를 분리하기 위해 오렌지 껍질을 벗기는 것과 매우 유사하게, 상황 자체에서 판단과 다른 경험들을 벗겨내 버리라는 것입니다. 이는 껍질이 오렌지의 일부분이 아니라거나 혹은 당신의 판단이 경험의 일부분이 아님을 뜻하는 것이 아닙니다. 단지 분리될 수 있음을 뜻하는 것입니다. 그러고 나면 이러한 판단에는 주의를 덜 기울이고, 당신의 경험에 대한 기술 부분에 더 주의를 기울일 수 있을 것입니다.

앤지   그렇게 시도해 볼 수 있을 것 같아요. 나는 내가 이전에 첼시의 교사들을 화나게 하고, 좌절하게 만드는 말을 했다는 것을 알고 있어요. 이건 알다시피, 좋은 엄마가 되어야 한다는 것이 너무 걱정되고, 첼시가 괜찮기를 바라고, 내가 좋은 엄마인지 알고 싶은 나머지 그들에게 말할 때 초조해지기 때문이에요. 나는 매우 직설적으로 대화하는 경향이 있는데, 이는 나의 긴장을 숨겨 주기 때문이죠. 나는 수동적으로 보이고 싶지 않아요. 이런 수동적인 모습은 몇 년 동안 내게 문제되어 왔던 것이고, 첼시가 닮지 않기를 바라는 모습이지요. 때때로 나는 너무 단도직입적이어서, 사람들이 내 말을 어떻게 받아들이는지에 대해 생각하지 않아요. 바로 이러한 점이 첼시의 교사들과 팀의 경우, 그리고 다른 많은 장소에서 나를 여러 번 곤란에 빠트렸습니다. 또한 나는 많은 판단을 하는 편이죠. 나는 항상 내가 나쁜 엄마이고, 너무 멍청해서 첼시의 교사들과 대화할 수 없으며, 나의 요구들을 제대로 주장할 수 없으므로 나의 딸을 위해 시도조차 해서는 안 되고, 나는 전남편만큼 잘하지 않기 때문에, 아마도 딸은 그와 있는 것이 더 좋을 것이라는 생각을 합니다. 또한 팀이 정확히 무슨 생각을 하고 있는지 묻지 않았지만, 단지 내가 멍청하다고 말할 것이라고 추측했어요.

치료자 지금 당신의 판단을 상황 그 자체와 분리하는 것은 굉장한 일이에요, 앤지. 당신 말이 맞습니다. '멍청하다는 것'은 판단이죠. '나쁜 엄마'도 판단입니다. 물론 당신은 당황할 수 있고, 간혹 효과적인 것을 약간 넘어 과도하게 자신을 주장할 수도 있습니다. 이것은 기술적이며, 해결 가능한 문제이고, 우리가 노력할 수 있는 것이지요.

앤지 하지만 내가 나쁜 엄마라는 것은 너무 실제 같아요. 나는 간혹 나의 판단을 실제인 것과 어떻게 구분하는지 알지 못해요. 이는 너무 현실적이어서, 나는 내가 가지고 있는 이러한 생각들에 압도당하죠. 마치 마음속에 있는 토네이도 같아요.

치료자 네, 맞습니다. 바로 그러한 식으로 나타나죠. 모든 사람이 때때로 판단을 하며, 실제 현실과 판단을 구분하기 어려워할 수 있습니다. 우리가 테플론 프라이팬과 테플론 마음에 관해 이야기했던 것을 기억하나요? 튀어 오르지만 달라붙게 놔두지 않는 판단에 주목하면서, 테플론 팬이 되어 보겠어요? 그리고 이러한 것들은 큰 손상 없이 떨어질 수 있을 것입니다. 바로 지금 시도해 볼래요? 당신은 이전에 정말 잘했었잖아요.

앤지 알았어요… 바로 지금 해 볼게요. 다음 번에도 시도하는 것을 떠올릴 수 있을 거예요.

치료자 정말 좋아요!

[몇 분 동안의 추가 논의는 이러한 두 전략, 즉 일상생활에서 '테플론' 마음처럼 실제 묘사와 판단을 구분하는 것과 더 연습하기 위해 지향하고 전념하는 것을 이용하는 것

에 관한 것이다. 이는 상담 회기에서 코칭에 따른 더 직접적인 연습을 포함할 수 있다.]

치료자   자, 다음으로 넘어가서, 그다음 어떻게 되었나요? 도움을 구하러 스튜어트에게 갔다고 말했잖아요.

앤지   맞아요. 스튜어트가 함께 가기는 했는데, 내가 무언가를 이야기하려 할 때마다 그가 내 말을 잘라 버렸기 때문에 그에게 연락한 것은 상황을 더 악화시켰죠. 그뿐만이 아니라, 스튜어트는 내가 대화하는 것에 얼마나 어려움을 겪는지, 내가 부모 노릇을 잘못하는 것에 대해 자신이 어떻게 생각하는지 장황하게 떠들어 댔어요. 게다가 첼시도 그 자리에 있었답니다! 나는 너무 감정에 휩싸인 나머지, 그와 함께 차 안에 있던 마지막 몇 분 동안 무슨 일이 일어났는지 기억조차 할 수 없어요(침묵. 그녀는 등을 구부리고, 시선 마주침이 감소한다).

치료자   지금 막 무슨 일이 일어난 건가요? 지금 다르게 행동하고 있는 것을 알아차렸나요?

앤지   나는 단지 스스로에 대해 끔찍한 기분이 들었어요(부드러운 목소리로).

치료자   네, 그랬군요. 판단을 다시 떨쳐버리고, 이번에는 당신의 감각에 주목하고, 그러한 모든 추측과 비난 혹은 무력화에 직면한 경우, 누구에게나 정말 불쾌한 상황이 되었을 거라는 점을 관찰해 보세요. 이제 어떤 감정이 느껴지나요?

앤지   모르겠어요. 단지 내가 가치 없게 느껴지고, 내가 좋은 엄마라는 생각이 들지 않아요(더 부드러운 목소리로). 나는 정말 수치스러워요.

치료자   네, 정말 그런 것 같군요. 다른 사람들이 우리에 대해 비난할 때 혹은 우리가 스스로를 비난할 때, 우리 모두 당황스럽거나 수치심을 느낀답니다. 하지만 여기에는 종종 다른 감정들도 있습니다.

앤지   나는 수치심이 많이 느껴져요. 나는 단지 약간의 도움을 원했을 뿐인데, 모든 사람의 앞에서 스스로를 바보로 만들어 버렸죠. 그뿐만이 아니라,

> 첼시는 아마도 내가 최악의 엄마라고 생각하고 있을 거예요(거의 들리지 않는 목소리로, 시선을 마주치지 않는다).

치료자   좋아요, 멈추고, 다시 주목해 보세요(잠시 멈추고). 판단에 집착하지 말고, 판단을 관찰하면서 어떤 다른 느낌을 받을 수 있는지 시도해 봅시다. 그 밖에 어떤 것을 주목할 수 있나요? 오렌지 껍질만이 아니라… 무엇이 더 있나요?

앤지   모르겠어요. 단지 스스로에 대해 끔찍하다는 느낌만 들어요. 아마도 일종의 공포 같아요. 또한 나는 정말로 슬퍼요. 아마 당신도 내가 나쁜 엄마라고 생각할 거예요. 지금 그만두고 싶어요. 정말 힘드네요.

치료자   그렇다면 당신은 수치스러울 때, 다른 어떤 것도 보기 힘들고 아마도 나를 포함한 세상으로부터 도망가거나 숨고 싶은 것 같군요. 여기에서 일종의 반대로 행동하기를 시도해 보죠. 나를 쳐다보았으면 좋겠어요. 할 수 있나요? 그리고 수치스러운 느낌이 들더라도 똑바로 앉아 보세요.

앤지   그렇게 하죠(천천히 쳐다보며, 의자에서 똑바로 앉는다).

치료자   나를 쳐다볼 때 어떤 것을 알아차렸나요? 내가 당신을 비난하고 있나요?

앤지   그렇지 않아요.

치료자   맞아요, 물론 나는 그렇지 않아요. 그리고 달아나고 싶은 당신의 욕구와 반대로 행동하고, 지금 바로 여기에서 주목할 때, 무슨 일이 일어나는지 더 쉽게 볼 수 있어요. 당신이 정말로 나에게 주의를 기울인다면, 내가 당신을 비난하고 있다는 생각이나 느낌은 들지 않을 거예요. 당신의 지혜로운 마음은 알고 있어요. 주의를 기울이고, 주목해 보세요. 내부에서 뭔가 정서적으로 다른 것이 느껴질 거예요.

앤지   네. 덜 수치스럽고, 감정에 압도되지 않는 것 같아요.

치료자   정말 좋아요. 수치심은 압도적으로 느껴질 수 있지만, 당신은 이제 이 수치심이라는 날뛰는 야생마에 올라타기 시작한 것이며, 아직 떨어져서 돌바닥에 부딪힌 것은 아닙니다. 잠시 시간을 갖고, 지금 가질 수 있는 혹은 오늘 아침 첼시의 학교에 있었을 때, 또는 팀이나 스튜어트와 함께 있었을 때 가졌던 다른 감정에 주의 기울여 보겠어요?

앤지   스튜어트가 단지 내 옆에 있어 주는 대신 나에 대해 이야기했을 때 정말 좌절했어요. 나는 그가 모든 사람에게 내가 부모로서 문제가 있다고 얘기하며, 내 치부를 공개적으로 드러냈다는 것에 너무 상처를 받았어요.

치료자   물론이죠. 그의 의도와 상관없이, 정말 곤란한 상황을 만들어 버렸고, 좌절과 상처는 당연한 일이에요. 당신은 지지를 원했지만, 상황은 정말 달라졌죠. 딸과 교사들이 있는 데서 공개적으로 일어났어요. 어떤 사람도 이런 식으로 이야기되는 것을 좋아하지 않을 거예요. 사람들에게 전하고 싶은 말에 대해 생각이 있는데, 누군가 말을 자르거나, 이야기할 기회조차 주지 않는다면 나라도 좌절할 거예요.

앤지   네. 이 일에 관해 스튜어트와 어떻게 얘기해야 할지도 모르겠지만, 해야 할 것 같아요.

치료자   자, 그에게 어떤 감정이나, 다른 생각들을 전달하고 싶은가요? 그가 당신의 말을 이해하길 바라나요?

앤지   이 모든 것에 대해 내가 얼마나 위축되었는지, 얼마나 슬프고 실망했으며 상처를 받았는지 정말로 그가 이해하기를 원해요.

치료자   정말 이해가 가요. 아마도 우리는 이러한 감정들을 실제로 얼마나 효과적으로 전달할 수 있는지에 우리의 주의를 돌려야 할 것 같아요. 만일 당신이 그렇게 할 수 있다면, 위축되었다는 느낌을 별로 받지 않게 될 것입니다. 지금 당신의 감정은 어떤가요? 스스로에 대한 당신의 비난은 어떻습니까?

앤지   스튜어트에게 이야기할 마음이 생긴 것 같고, 나에 대한 비난은 잠잠해지고 있어요. 하지만 이제 그를 화나게만 하는 것은 아닌지 약간 두려워지네요.

치료자 알겠어요. 그러면 그를 화나게 하지 않고, 정말 분명하고, 단호하게 전
달할 방법을 찾아보죠…. 방법은 스스로에 대해 솔직해지고, 그가 이해
할 수 있도록 당신의 주장을 능숙하게 펼치는 것입니다. 그렇게 되면
그 사람도 완전히 비난 받았다는 느낌은 들지 않을 거예요. 우리가 이
런 종류의 상황에 대해 사용한 기술이 기억나시나요?

[치료자와 앤지는 그녀가 스튜어트에게 무엇을, 어떻게 이야기할지 계속해서 구성하
고, 연습한다. 회기 막바지에 앤지는 스튜어트에게 효과적으로 이야기할 동기가 부여
되고, 이에 전념하는 느낌이 들며, 수치스러움이 덜 느껴지고, 첼시와의 저녁이 기대
된다고 보고한다.]

결론

DBT는 과거, 현재 혹은 과거와 현재에 주로 무력화 환경의 맥락에서 정서 조
절장애에 의해 유지되는 것으로 가정되는 심리적 문제를 가진 개인들에게 적합
한 기술 기반 중재 프로그램이다. 마음챙김은 DBT의 필수적인 부분으로, 내담자
들이 역량 강화와 실제 현실을 느끼도록('지혜의 마음'에서) 돕기 위해 기술 훈련
과 일반화를 촉진하고, 다른 절차 및 전략들(예, 노출)을 증강시키는 데 사용된다.
DBT가 표적으로 삼는 문제는 어린 시절 학대의 생존자들에 의해 일반적으로 보
고되는 것들과 상당히 중복된다. 실제로 외상을 경험한 사람들 중, 노출 기반 중
재에 저항을 보이는 개인들이 특히 DBT의 사용에 적합할 수 있다. 마음챙김은 내
담자에게 핵심 기술로 가르쳐지며, 이는 치료자에 의해 내담자가 의미 있고, 능숙
하며, 역량이 강화된 방식으로 고통을 감내하고, 정서를 조절하고, 삶에 몰두하는
레퍼토리를 발전시키는 과정에 참여하도록 하는 데 사용된다.

제 *6* 장

만성 우울증과 외상에 대한
마음챙김 기반 인지 치료

J. 마크 G. 윌리엄스(J. Mark G. Williams)
토르스텐 반호퍼(Thorsten Barnhofer)

우울증은 어느 때이든 세계 인구 중 약 5%에 고통을 주는 전 세계적 문제다. 이
는 부유한 국가들로 국한되지 않는다. 우울증은 고소득과 저소득, 중소득에 이르
는 국가들에서 질병으로 인한 손실의 주요 원인이지만, 환자들 중 약 25% 이하만
이 효과적인 치료에 접근한다(Mathers, Boerma, & Ma Fat, 2008). 우울증이 전 세
계적으로 부담을 주는 주요 이유는 우울증의 최초 발병이 주로 청소년기와 청년
기에 발생하며, 이후 재발의 위험성이 높기 때문이다(첫 번째 삽화 이후 50% 재발,
차후 삽화들 이후 70~80% 재발 위험; Boland & Keller, 2009). 우울증에 가장 일반적
으로 사용되는 치료는 항우울제 투약이지만, 일단 치료가 끝나면, 또 다른 삽화의
위험이 치료 시작 이전 수준으로 돌아간다(Geddes et al., 2003). 이 장에서 우리는
만성으로 갈 가능성을 높게 만드는 심리적 과정들(특히 자서전적 기억)에 대한 외
상과 역경의 역할에 초점을 맞추면서, 때때로 만성 우울증의 이유를 분석할 것이
다. 마지막으로, 우리는 만성 우울증을 앓는, 자살 위험이 있는 개인들에게 마음챙
김을 가르친 경험에 의존하여 마음챙김 프로그램에 어떤 변화를 주어야 제기되는
특정 문제를 다루도록 만들어질 수 있는지에 대해 알아보겠다.

우울증과 만성의 문제

주요 우울증은 개인이 2주에 걸쳐 대부분의 시간 동안 동시 발생하는 다수의 증상을 정상 기능에 피해를 끼치는 강도로 경험할 때 진단된다. 이는 이 기간에 걸쳐 사람들이 주요 우울증의 핵심 증상인 우울한 기분과 관심 결여 중 하나 혹은 양쪽을 경험하며, 또한 비핵심 증상들(식사 패턴의 변화, 수면 변화, 불안이나 지체, 죄책감, 집중 장애, 피로, 자살 생각이나 실제 자살 시도 행동) 중 최소 네 개를 경험한다는 것을 뜻한다. 실제로, 단 2주만 지속되는 우울증은 거의 없으며, 6개월에서 9개월가량 지속되는 것이 일반적으로 예상된다. 이 외에 자주 반복되는 것이 우울증의 경로일 뿐 아니라, 삽화들의 수치에 따라 재발 위험이 증가하고, 재발 위험을 촉발시키는 생활 사건을 점점 덜 필요로 하게 된다(개요에 대해 Tennant, 2002 참고).

반복되는 우울증을 가진 사람들이 겪는 부담의 규모는 장기간의 연구들이 완료됨에 따라 지난 몇 년간 명확해졌다. 저드와 동료들(Judd et al., 2008)은 국립 정신건강 연구소(NIMH)의 우울증 협력 연구(CDS)에서 모집된 내담자들에 대한 자신들의 장기 추적 연구에서, 15년 이상에 걸쳐 우울증을 가진 내담자들은 기간 중 약 20% 동안 약한 장애, 그리고 기간 중 거의 10% 동안 심각한 손상을 경험하게 되는 것을 포함하여, 기간 중 50% 이상 동안 일정 정도의 장애를 경험했다는 것을 발견했다(Kennedy, Abbott, & Paykel, 2004). 우울증을 가진 모든 내담자 중 약 20%(그리고 우울증을 가진 내담자 중 47%가 정신 건강 체계에서 치료를 받는다)가 현재의 분류 체계, 즉 2년 이상 지속되는 주요 우울증의 삽화로 정의되는 만성 우울증으로 고통을 받는다. 서구 국가들의 성인 인구 중 만성 우울증만의 유병률은 약 3%인 것으로 보고되며, 만일 증상들이 대부분의 시간동안 나타나는 것으로서 전 생애적 경과를 지닌다는 확장된 정의로 본다면, 이 비율은 상당히 더 높아질 것이다. 만성 경로는 보통 어린 나이에 시작되며, 시간이 지남에 따라 점차 습관화되는 증상들의 유지에 기반이 되는 심리적 메커니즘으로서 자기영구화되는 경향이 있고, 삶의 질에 심각한 영향을 끼친다. 이유는 일단 환자들이 우울증의 만성 경로에 들어서게 되면, 이들은 확립된 치료에 상당히 반응을 보이지 않기 때문이다. 만성 우울증의 심리치료에 대해 16개 연구를 포함한 최근의 메타 분석은 더 좋은 효과를 가진 만성 우울증에 대한 치료법이 최근 단 한 개가 개발되었다는 것과 함께, 단 $d=0.23$(Cuijpers et al., 2010)의 유의미하지만 작은 치료 전후 효과 크기를 발견했다(Keller et al., 2000).

특정 경로 구성과 관련하여 차이를 보이기는 하지만, 최근의 연구는 광범위한 인구통계, 임상, 심리사회, 가족력, 치료 반응 변수와 관련하여 우울증의 만성 형태가 매우 균일하며, 한편 동시에 우울증의 삽화 형태들과 관련하여 중요한 측면들에서 차이를 보인다는 것을 발견했다. 우울증이 이런 식으로 지속되거나 완화되는 것과 관련된 요인들은 무엇인가?

만성 경로들은 현재의 DSM-5 범주에 비해 생애 증상의 평가들을 기반으로 (잔여 및 불충분한 증상 상태들을 고려하여) 가족 집적성(familial clustering)의 비율이 추정될 때 가장 두드러지는 발견들에 따라, 증가된 가족성(increased familiality)으로 특징지어지는 경향이 있다. 또한 연구는 만성 우울증이 신경증 증가와 부정적 기질 정서의 증가와 같은, 증가된 기질적 취약성(increased temperamental vulnerabilities)과 연관된다는 것을 지속적으로 입증했다(개요에 대해 Klein, 2010 참고). 세 번째 요인이자, 이 장의 관심사인 만성화(chronicity)는 어린 시절 역경의 증가되는 수준과 연관된다(Lizardi et al., 1995).

그러나 치료 개발에 있어 이러한 요인들의 타당성은 이들이 변경 불가능하기 때문에 제한적이다. 따라서 문제는 바로 이것이다. 우리는 외상 및 역경의 과거에 의해 개인에게서 어떤 장기적인 변화들이 만들어질 수 있는지 확인할 수 있는가? 이러한 것들은 일단 발생하면 차후에 우울증의 위험을 증가시키고, 우울증이 발생하면 기분 장애를 유지하는 역할을 한다. 우리는 이제 이러한 한 가지 변수에 관심을 돌리고자 한다. 바로 과일반화 기억(overgeneralized memory)이다.

자서전적 기억 과일반화, 외상, 우울증의 만성화

기억들을 연구하는 우리의 방법론은 골턴(Galton)의 단서 단어(cue-word) 패러다임을 이용하여 과거에서 사건을 도출하는 것이다. 이는 참여자에게 긍정적ㆍ부정적 혹은 중립적 단어를 제시하고, 단어가 상기시키는 특정 기억을 다시 떠올리도록 요청하는 것을 포함한다. 지시들은 사람들에게 오래전 혹은 최근으로부터 중요하거나, 별로 중요하지 않을 수 있는 사건을 생각해 내도록 요청한다. 유일한 제약은 하루 이내에 발생한 사건에 대한 특정 기억이어야 한다는 것이다. 즉, 즐거움이라는 단서 단어에 대해 "나는 항상 재미있는 파티를 즐겨요."라는 말은 용인되지 않는다. 그러나 "나는 다섯 달 전에 제인의 파티에서 즐거웠던 것이 기억나요." 혹은 "나는 여덟 살 때 나의 첫 번째 생일 파티가 기억나요."라고 말하는 것은 용인된다.

윌리엄스와 브로드벤트(Williams & Broadbent, 1986)에 의한 원래의 발견은 일반적으로 행복, 안전, 미안함, 흥미로움 같은 단서를 제시받을 때 사람들은 특정 기억을 만들어 내는 데 별로 어려움을 겪지 않지만, 무력감을 느끼고 자살충동을 느끼는 사람들은 비특이적 반응을 만들어 낸다는 것이다. 예를 들어, 안전이라는 단어에 대해 "우리 집에 있는 것"이라고 말하는 것이다.

우리가 자살충동을 가진 환자들에 대한 원래 연구 이후 제기한 첫 번째 질문 중 하나는 이것이 다른 임상 집단들의 경우에서도 사실로 나타나는지 여부였다. 우리는 이러한 발견, 즉 과일반화 기억이 주요 우울증에 걸린 사람들 사이에서도 존재했다는 발견(Williams & Scott, 1988)이 사실인지 알아보고자 착수했다. 이와 비슷하게, 리처드 맥널리(Richard McNally)가 이끈 베트남 참전군인에 대한 하버드 연구에서 이들도 과일반화 기억을 겪는다는 것을 발견했다(McNally et al., 1995). 맥널리의 연구 이후, 과일반화와 외상 과거 사이에 연관성이 반복적으로 보고되어 왔다. 일부 연구들이 모호함을 보이기도 하지만(Moore & Zoellner, 2007 참고), 연구들은 외상, 경험회피 그리고 과일반화 기억 사이에 연관성을 지속적으로 보여 주고 있다.

과일반화 기억은 이후에 정서 장애를 만들어 내는 외상의 역할을 설명할 수 있는가

하비, 브라이언트 그리고 당(Harvey, Bryant, & Dang, 1998)은 더 일반화된 단어들로 교통사고를 회상하는 사람들이 몇 달 후 외상 반응을 갖게 될 가능성이 크다는 것을 발견했다. 유사하게 브라이언트, 서덜랜드 그리고 거스리(Bryant, Sutherland, & Guthrie, 2007)는 소방관이 처음 일을 맡았을 때 기억에서 과일반화를 평가하는 테스트를 했다. 소방관이 직업의 일부로서 몇 번의 외상을 겪은 2년 후, 이들은 누가 더 외상 후 스트레스 장애(PTSD)를 갖게 될 가능성이 큰지 알아보기 위해 코호트를 검사했다. 이들은 처음에 과일반화 기억들을 보여 주었던 사람들이 외상에 따라 PTSD를 겪게 될 가능성이 크다는 것을 발견했다. 이와 비슷하게, 클라임과 엘러스(Kleim & Ehlers, 2008)는 폭행을 당한 이후, 사람들이 과일반화 기억들을 가지는 경우 PTSD와 우울증에 걸릴 가능성이 높아진다는 것을 발견했다.

아마도 가장 큰 관심을 받은 연구는 브레넌과 동료들(Brennen et al., 2010)의 전쟁 외상에 관한 연구일 것이다. 첫 번째 연구에서, 이들은 모두 3세에서 7세 사이였을 때 1991~1995년 전쟁을 목격한 보스니아 청소년들($n = 40$, 현재 평균 연령 $= 18$)을 평가했다. 표본의 40명 중 39명은 가까운 가족 구성원이 전투에 나갔으며, 38명은 인근에서 폭탄에 의한 폭발을 경험했고, 29명은 집이 폭탄 및 포격을 당했고, 33명은 집을 떠나야 했으며, 20명은 대학살이 발생한 장소 인근에 살았고, 6명은 전쟁에서 부모를 잃었다.

연구자들이 이 청소년들과 대응되는 노르웨이 청소년 표본과 비교했을 때, 보스니아 청소년들이 특정 기억을 잘 떠올리지 못하고, 일반화된 경우가 많다는 것을 발견했다. 물론 브레넌과 동료들은 보스니아의 표본과 노르웨이의 표본이 기억에서의 차이를 설명해 줄 수 있는 다른 문화적 차이를 가질 수 있다는 것을 깨달았다. 따라서 이들은 1999년 북대서양조약기구(NATO)에 의해 폭격을 받은 마을에 살았던(이들이 9세에서 13세였을 때) 세르비아 청소년들을 테스트하기 위해 전 유고슬라비아로 향했다. 그는 이러한 50명의 청소년들과 NATO에 의한 폭격을 당하지 않은 다른 마을에 살았던 90명을 비교했다.

결과는 놀라웠다. 첫째, 현재의 우울증이나 사건의 현재 영향의 관점에서[사건 영향 척도(Impact of Event Scle: IES) 이용; Horowitz, Wilner, & Alvarez, 1979] 폭격을 맞은 청소년들과 맞지 않은 청소년들 사이에 구별 가능한 차이들이 전혀 존재하지 않았다. 그러나 기억의 특정성은 브래넌이 예측한 낙인 효과를 그대로 보여 주었다. 폭격을 당한 마을에 있었던 집단이 과일반화 기억을 갖는 경우가 더 많았다.

이 청소년들의 우울증과 IES 점수는 이들이 평가 당시에 과거 외상으로 괴로움을 겪지 않았다는 것을 보여 주었다. 그렇다면 이러한 비특이성이 왜 문제가 되는지 물을 수 있다. 이는 과일반화가 잠재적 취약성 요인인 경우, 개인이 다른 스트레스 사건들을 겪게 될 때 차후에 후속 영향을 끼칠 수 있기 때문에 문제가 되는 것이다. 이러한 일이 발생할 수 있음을 보여 주는 여러 연구들도 있다.

과일반화 기억의 후속 결과

깁스와 루드(Gibbs & Rude, 2004)는 81명의 청년들(평균 연령 = 21)을 연구했다. 이들은 청년들의 과일반화 기억 수준을 평가했으며, 4~6주 후에 발생한 생활 사건을 기록하고, 우울증의 가능성에 대해 조사했다. 이들은 개인이 연구 기간 초에 과일반화 기억이 중앙치 이상이었는지 이하였는지 여부에 따라, 각 개인의 생활 사건 빈도로부터 두 번째 테스트 시기(Time 2)의 우울증 증상[첫 번째 테스트 시기(Time 1) 점수를 제어하는]에 대한 예측이 존재한다는 것을 발견했다.

유사하게 앤더슨, 고다드 그리고 파월(Anderson, Goddard, & Powell, 2010)은

14주 기간에 걸쳐 생활 사건이 우울증을 예측하는지 여부에 관해 135명의 청년들(평균 연령＝22)을 조사했다. 이들은 일상의 혼란이 높은 경우, 기존의 기억에 **특이성**이 있었던 사람들의 경우 두 번째 테스트 시기에 우울증 증상이 첫 번째와 별로 차이 나지 않는다는 것을 발견했다. 그러나 첫 번째 테스트 시기에 과일반화 기억을 보여 준 사람들의 경우 두 번째 테스트 시기의 우울증 증상이 50%까지 증가했다.

마지막으로, 섬너와 동료들(Sumner et al., 2011)은 55명의 청소년들(평균 연령＝17)에 대해 연구했다. 이들은 대인관계 스트레스 그리고 처음에 과일반화 기억의 여러 수준들을 고려하여 16개월 기간에 걸쳐 우울증을 예측했는지 여부를 살펴보았다. 이들은 대인관계 스트레스를 겪는 사람들의 기억의 특이성 기능에 따라 이 기간에 걸쳐 주요 우울증 삽화(MDE)가 시작될 가능성이 훨씬 크다는 것을 발견했다. 특정 기억을 가진 사람들의 경우, 다수의 대인관계 스트레스를 갖게 된다 하더라도, MDE 시작의 확률은 영향을 받지 않았다. 그러나 높은 대인관계 스트레스와 과일반화 기억을 가진 경우, 주요 우울증 위험은 높았다.

윌리엄스와 동료들(Williams et al., 2007)은 세 개의 주요 변수들이 과일반화 기억을 설명할 수 있다고 제안했다. 첫째, 개인이 자기지시적 소재에 의해 쉽게 '포획' 이후 이에 관해 반추하기 시작하는 경우 과일반화 기억의 가능성이 높아진다. 둘째, 종종 우울증의 경우에서처럼, 사람들이 어떤 이유로든 실행 능력이 감소하는 경우 과일반화 기억의 가능성이 높아진다(Dalgleish et al., 2007). 세 번째 요인은 여기에서 관심을 가지는 요인으로, 사람들이 과거에 외상이나 역경을 겪은 경우, 이들은 기억의 회상을 감소시킴으로써 정서를 조절하고자 시도하기 때문에 과일반화 기억을 더 갖게 될 가능성이 높다는 것이다(Raes et al., 2003). 과일반화는 과거에 외상으로 만들어진 낙인이자, 잠재적 취약성 요인으로 남을 수 있으며, 미래에 추가적인 부정적 생활 사건이 생기는 경우 주요 우울증이 **시작될** 가능성을 높이면서, 조정자의 역할을 하게 된다. 그렇다면 이는 **만성** 또한 예측하는가?

브리틀뱅크, 스코트, 윌리엄스, 페리에(Brittlebank, Scott, Williams, & Ferrier, 1993), 달글레이시, 스핑크스, 옌드, 퀴켄(Dalgleish, Spinks, Yiend, & Kuyken,

2001), 그리고 피터스, 위즐, 메르켈바하, 분-버머렌(Peeters, Wessel, Merckelbach, & Boon-Vermeeren, 2002)은 모두 우울증 초기에 과일반화 기억을 가지게 된 사람들이 3~7개월 후 두 번째 테스트 시기에도 여전히 우울할 가능성이 크다는 것을 발견했다. 유사하게 헤르만과 동료들(Hermans et al., 2008)은 삽화의 초기에 과일반화 기억은 내담자들이 몇 달 후 여전히 우울증의 진단 기준을 충족시킬지 여부를 예측한다는 것을 발견했다. 과일반화와 만성의 연관성은 수정하기 어려운 '특성' 요인 및 과거의 경험과 연관되지만, 자체적으로는 수정 가능한 심리적 변수를 제공한다는 점에서 확실히 중요하다.

요약하자면, 과일반화 기억은 대인관계 스트레스와 생활 사건을 고려할 때 왜 일부 사람들이 다른 사람들보다 더 우울증의 위험이 높은지에 대한 설명을 제공한다. 이는 추가적인 생활 사건이 생길 때까지 잠재적인 취약성 요인으로 남아 있는 과거 외상의 낙인이 될 수 있다. 그 이유는 과정들, 즉 포획과 반추의 증가, 회피의 증가, 실행 능력 손상 증가의 결합 때문이다. 여기에서 특히 관심이 가는 부분은 과일반화 기억과 과거 외상 이후 생긴 회피 사이의 연관성이다. 그러나 어떤 과정이 기반이 되든지, 과일반화 기억은 추가적인 스트레스에 따라 우울증 위험을 증가시킬 뿐 아니라, 우울증을 지속시키며 만성으로 만드는 취약성 요인으로 유지될 수 있다는 설득력 있는 증거가 존재한다.

마음챙김이 어떻게 도움이 될 수 있는가

마음챙김에 관한 고유 특징 중 하나는 주의 포획과 반추를 저하시키고, 회피를 줄이며, 실행 통제를 증가시키는 정신 훈련을 제공한다는 것이다. 따라서 우리는 마음챙김 훈련이 과일반화 기억을 감소시키고, 이에 따라 취약 특성을 감소시킨다고 예상할 수 있다. 윌리엄스, 티즈데일, 시걸 그리고 소울스비(Williams, Teasdale, Segal, & Soulsby, 2000)는 '일반 치료(treatment as usual: TAU)' 집단과 비교하여, MBCT(마음챙김 기반 인지 치료)는 과일반화 기억을 감소시킨다는 것을 발견했다. 이러한 발견의 중요한 재연이 히렌, 반 브로크 그리고 필립포(Heeren, Van Broeck, & Philippot, 2009)에 의해 수행되었다. 이들은 마음챙김 전후에 특정 기억을 살펴보았으며, 통제집단에서는 어떤 차이도 없었지만, MBCT 집단에서는 마음챙김이 과일반화 기억을 저하시킴으로써 특이성의 큰 변화가 존재한다는 것을 발견했다.

외상으로 인한 만성 해결을 다루는 MBCT의 잠재적 변화들

MBCT는 원래 재발 방지를 위해 설계되었으며, 우울증 삽화 사이에 있는 사람들에게 제공되었다. 이러한 측면에서 MBCT는 매우 성공적인 것으로 나타난다. 6개의 무작위 통제 실험에서(전체 N = 593), MBCT는 장애의 반복적 경로를 가진 내담자들의 재발을 방지하고, 실험에 걸쳐 평균 44%로 우울증 위험을 감소시켰다. 그리고 이 중 두 가지 실험에서는 항우울제와 동등한 효과를 보이며 높은 효능이 있는 것으로 밝혀졌다(Piet & Hougaard, 2011).

MBCT는 현재 점차 다른 치료에서 실패한 사람들에게 사용되고 있다. 이러한 연구들은 MBCT가 극심한 치료 저항(Eisendraht et al., 2008)과 만성(Barnhofer et al., 2009) 우울증을 가진 내담자들의 치료에 성공적으로 확대될 수 있다는 것을 보여 준다. 마음챙김 명상이 증상 유지와 관련된 인지 과정에 영향을 끼치는 방식을 이해하는 것은 만성 우울증 치료에 대한 이 접근을 추가적으로 발전시키는 데 도움이 될 것이다.

현재의 증상들 그리고 만성 증상들이 보통 특정 행동에 대한 일반적 동기 부여에 대한 어려움으로 변모한다는 것을 고려할 때, 새로운 치료는 마음챙김 명상에 대한 집중 훈련과 행동 활성화 기법(초기 치료 단계에 증상 감소를 목표로 하는)과 같은 새로운 요소들의 결합을 필요로 할 수 있다. 행동 활성화 중재는 내담자들이 활동 일정과 모니터링 같이 집중 활성화 전략을 통해 자신들의 삶에 다시 몰두하도록 도우며, 체계적으로 회피 경향을 감소시킨다(Dimidjian & Davis, 2009).

둘째, MBCT는 외상이 만성을 만들어 내는 데 행사하는 역할을 고려해야 할 필요가 있을 수 있다. 이렇게 하는 데 있어, 외상에 대한 현재의 심리 모델과 이러한 모델로부터 파생된 치료에 의지해야 할 것이다. 예를 들어, 자살 성향이 있는 우울증에 대해 MBCT를 이용하는 현재 연구는 외상 기억이 우울증으로 종종 발생하는 기타 괴로운 생각 및 심상과 질적으로 어떻게 다를 수 있는지를 명확하게 고려한다. 우울한 생각은 특성상 더 언어적이고 반추하는 반면, 외상 기억은 보통 '바로 현재'의 특징을 가지고 있으며, 더 생생하고, 몇 가지 감각 양식의 심상 형태로 나타날 수 있다. 기법들이 과거에는 도움이 되었지만 이제는 적용할 수 없는 일이 내담자들에게 생길 수 있다. 명상 지도자는 외상 심상의 특성을 설명함으로써 필요한 경우와 필요한 곳에 대응할 수 있도록, '영역 지도(map of territory)'를 알아야 한다. 특히 외상 기억은, ① 파편화되어 있고, ② 기억에서 잘 통합되지 않으며,

사고	감정
내가 할 수 있는 일이 없다. 나는 망가지고 있다. 나는 미래가 없다. 나는 완전히 패배했다. 나는 다시는 찾지 못할 것을 잃어버렸다. 나는 더 이상 예전의 내가 아니다. 나는 무가치하다. 나는 다른 사람들에게 짐이다. 내 삶의 무언가가 영원히 손상되었다. 내 삶의 의미를 찾을 수 없다. 나는 완전히 무기력하다. 고통은 영원히 사라지지 않을 것이다.	무기력 두려움, 공포 혼란 상태 거부됨 멍하고, 마비된 버려진, 외로운 혼란스러움 고통스러움 불확실 통제 불능 공허함 절망

[그림 6–1] 절망의 영역

우울해지고, 자살 충동을 느끼는 것에 매우 취약한 사람들과 과거의 외상 및 역경으로 고통 받을 수 있는 사람들에게서 발생하는 사고와 감정의 사례다(Orbach, Mikulincer, Gilboa–Schechtman, & Sirota, 2003 참고).

③ 확인하기 어려울 수 있는 촉발 요인들에 반응함으로써 발생하기 때문에 더 직관적이다. 또한 외상 기억은 특히 자살과 자살 행동에 관련된 심상이 존재하는 경우, 순간적 미래 장면(플래시 포워드)과 순간적 과거 회상(플래시백)을 만들어 낼 가능성이 크다(Holmes, Crane, Fennell, & Williams, 2007; Crane, Shah, Barnhofer, & Holmes, 2012). 마지막으로, 외상 심상은 개인이 돌이킬 수 없는 손상을 입었으며, 어떤 것도 변하지 않을 것이라고 느끼는 강하게 부정적인 사고와 감정을 만들어 낼 가능성이 크다([그림 6-1] 참고).

마음챙김 지도자는 다수의 방식들로 내담자들을 장려하고 도울 수 있다. 예를 들어, 고통스러운 심상과 신체 표상에 신중하게 더 가까이 다가가고, **다시 멀어지는** 가능성을 부각시키고, 신체 감각이나 호흡을 기반으로 하고, 가까이 가고, 멀리 떠나는 데 있어 친절과 자비의 역할을 강조함으로써 더 유연성을 장려한다.

결론

만성 우울증은 고통받는 사람들과 그 가족들, 전체 사회에 막대한 부담이 된다. 이는 유전적 요소를 가지고 있으면서도 외상 및 역경의 과거와 밀접하게 연관된다. 그러나 유전적 변수와 과거의 변수에 관해 아는 것만으로는 치료에서 우리에게 도움이 될 수 없다. 이를 위해, 우리는 이러한 생물학적 또는 과거 요인이 수정 가능한 심리적 변수에 어떤 영향을 끼치는지를 알아야 한다. 우리는 과일반화 기억이라는 한 가지 변수를 살펴보았다. 이것은 외상에 의해 영향을 받으며, 우울증 시작 위험을 증가시키고, 불행한 기분을 느낄 때 만성이 될 위험을 증가시킨다. MBCT는 기억의 과일반화를 감소시키는 것으로 밝혀졌지만, 이는 현재 차도를 보인 사람들의 재발을 방지하기 위해 설계되었으며, 따라서 외상 요인에 따라 만성과 차도를 보이지 않는 우울증의 특정 치료를 위해 마음챙김 프로그램에 대한 수정이 이루어져야 할 것이다. 이러한 수정들은 내담자들의 기억이 과일반화되는 경향을 고려해야 할 것이다. 바로 외상 기억의 다감각 특성과 순간적 회상(플래시백), 이러한 것들이 순간적 미래 장면(플래시 포워드: 미래에 대한 침투적 이미지)을 초래할 수 있는 방식, 완전히 희망이 없는 미래를 예상하는 매우 불쾌한 부정적 사고와 감정들이다.

이러한 것들은 심각하고 지속적인 정서 장애를 겪는 사람들과 상담하는 데 있어 문제가 되는 것이지만, 초기 징후들은 마음챙김과 수용 기반 접근이 우리가 심리치료 연구의 역사에서 이전에 보아 왔던 것보다 더 많은 것을 제공할 수 있다는 것을 시사하고 있다.

제 7 장

안구 운동 민감 소실 및
재처리와 불교 수행

외상 후 스트레스 장애 치료의 새로운 모델

데보라 로젤(Deborah Rozelle)
데이비드 J. 루이스(David J. Lewis)

외상 후 스트레스 장애에 대한 EMDR 치료

안구 운동 민감 소실 및 재처리(eye movement desensitization and reprocessing: EMDR)는 외상에 초점을 맞춘, 외상 후 스트레스 장애와 관련 문제에 대한 개인 치료법이다. 가장 잘 알려진 요소는 양측 시각, 청각, 촉각 자극이지만, EMDR은 인지, 행동, 인본주의, 신체 기반, 정신역동 치료들의 요소 그리고 명상 방법을 갖춘 잘 연결된 완전한 통합 치료 체계다(Shapiro & Maxfield, 2003, p. 197; Shapiro, 2002, pp. 5-6). EMDR은 PTSD가 기억과 정보 처리 장애이며, 치료 변화는 만성 기능부전을 유지시키는 내담자의 기억, 두려움, 가정, 지각, 신체 반응의 개인 네트워크를 내담자가 탐구하고 처리하는 것을 포함한다고 상정한다(Adler-Tapia & Settle, 2008, pp. 3-4; Van der Kolk, McFarlane, & Van der Hart, 1996, pp. 419-420).

EMDR은 1989년에 도입될 때 효능에 대한 주장을 뒷받침하는 연구의 자질에 대한 질문을 불러일으켰지만(Herbert et al., 2000), 차후에 수많은 연구, 메타 분석, 전문 기관들이 지속적 노출(PE) 치료 및 외상 초점 인지 행동 치료(TF-CBT; Spates, Koch, Cusack, Pagoto, & Waller, 2009, p. 288; Bisson et al., 2007)의 효능과 동일한, PTSD에 대한 1차 심리치료법으로 확립시켰다. 남아 있는 주요 실질적 문제는 최근 연구에서 상당히 다루어지고 있는 양측 자극 및 안구 운동의 역할과 필요성인데, 이를 이 장에서 다룰 것이다.

EMDR과 불교

EMDR은 지금까지 명확하게 명상 치료법으로 고려되지는 않았다(Lipke, 2000, p. 83; Smyth & Poole, 2002, p. 159). 그러나 우리는 주의 집중과 변형적 통찰력의 육성을 포함하여, EMDR과 광범위한 불교 수행들 사이에 상당한 일치가 존재한다고 제시한다. 이에 따라 EMDR이 함축적으로 명상을 수반하고, 불교적 사고와 수행의 시각을 통해 작용 기제를 밝히고, 외상 치료에 대한 새로운 외상에 대해 전반적으로 더 효과적이고 효율적인 명상 방법들의 사용을 향한 길을 제시할 수 있다.

이 장에서는 불교 수행과의 상관관계를 반영하며 EMDR의 기초를 제시하는 사례를 중심으로 살펴보겠다.

사례: "나의 세상이 움츠러들고 있어요."

EMDR은 모든 강도 및 복잡성 수준에서 PTSD에 사용되지만, 불교와 EMDR의 일치성을 명확하게 보여 주기 위해, 우리는 고립된 외상 사건으로 인해 소모성 PTSD 증상의 치료 사례를 제시하고자 한다. 내담자인 티나(가명)는 PTSD 치료를 위해 나에게(D. R.) 찾아온 40세 여성이었다. 티나는 실제 생존자의 강한 입지와 강인함을 가진 자랑스럽고, 독립적인 여성이었다. 과거 심각한 외상 사건들과 삶의 주요 스트레스 요인들이 있었음에도 불구하고, 티나는 강하고 확고한 애착 경험으로 비교적 회복탄력성을 지니고 있었으며, 3년 전 가장 친한 친구의 비극적 사망 이전까지 임상적으로 PTSD를 보이지 않았다. 몇 가지 이유들로 인해, 티나는 단기 치료를 요청했으며, 우리는 그녀의 현재 PTSD 증상들과 연관된 오직 최근의 외상에만 표적을 맞추는 것에 동의했다.

티나와 그녀의 친구는 술 취한 운전자가 도로를 벗어나 친구를 치기 전까지 인도를 걷고 있었고, 친구는 현장에서 티나의 팔에 안겨 사망했다. 비극적인 사건 이후 시간 동안, 티나는 광범위한 외상 반응이 발병했으며 대부분이 소모성 증상이었다. 그러나 대다수의 생존자들에게 일어나는 것처럼 티나의 증상은 약화되기보다 악화되었고, 멈추려는 그녀의 의도적인 시도에 저항했으며, 그녀의 삶에 심각한 영향을 끼쳤다. 반응들과 이러한 반응들의 지속성은 대다수의 외상 생존자들에게서 발생하는 PTSD의 정의에 해당한다.

특징상, 티나는 외상을 규칙적으로 여러 방식에 따라 **재경험했다**. 빈번한 악몽과 예상치 않게 깨어나는 친구 죽음의 이미지는 텔레비전의 자동차 추격 장면 같이 그녀에게 외상을 상기시키고, 부적응 반응을 유발하는 **촉발 요인**에 반응하였고, 즉흥적으로 발생했다. 이미지는 외상이 바로 그날 밤, 그 장소에서 일어났던 것처럼, 생생한 세부 사항으로 가득 채워졌고, 이는 외상 사건 동안, 그리고 사건 직후 그녀가 경험한 것과 동일한 많은 반응(강한 공포, 절망, 광범위한 **과각성**과 **저각성** 반응들)을 현재에 만들어 냈다. 각각의 재경험은 과거 삽화 이후 그녀가 발휘해 온 관점과 차분함을 빼앗아 갔다. 그녀는 **둔감화**, **회피**, **과다 경계**와 같이 좀처럼 그녀의 아파트를 떠나지 않는 수많은 다른 효과를 겪었다. 아이들과 친구들에 대한 사랑을 느낄 수 없었고, 죽은 친구에게 그랬던 것처럼 이들에게 자신이 쓸모없다는 수치심을 느꼈다. 또한 사고 현장이나 이와 유사한 장소를 피했다. 티나의 회복탄력성은 모두 사라졌으며, 시간도 그녀를 치유하지 못했다. 티나는 스스로에게 말했다. "나의 세상이 움츠러들고 있어요."

PTSD와 불교: 비대칭적 유사성

PTSD는 광범위한 소모성 증상으로 삶의 모든 측면에 영향을 끼친다. 특히 재경험은 거의 모든 순간에 외상의 고통을 다시 촉발시키는 위협을 가하며, 다른 기능 장애의 기반이 된다. 많은 연구자 및 임상의와 마찬가지로, 우리는 PTSD의 현상학적 뿌리를 과거가 아닌 바로 지금 여기에서 일어나는 것처럼 외상 사건 및 사건들과 고통의 침투적 · 지속적 · 전 개념적 재경험으로 간주한다(Brewin, Lanius, Novac, Schnyder, & Galea, 2009, pp. 369-370; Ehlers, 2010; Michael, Ehlers, Halligan, & Clark, 2005; Thompson & Waltz, 2010, p. 409; van der Kolk & MacFarlane, 1996, pp. 9-15).[1] 따라서 우리는 PTSD를 장소, 시간, 기억, 정체성에 대한 자신의 경험을 상당히 왜곡하는 고통을 받는 사람의 경험 특성에 관한 망상, 깊고, 지속적이고, 전 개념적인 오해의 종류에 뿌리를 둔 고통의 영역으로 생각한다.

반대로, 불교는 **모든 사람의 일상적 경험**이 실제로 윤회(samsara)라고 불리는 고통의 영역이라고 상정한다. 윤회의 고통은 명확한 고통과 손실에서 명백하게 발생할 뿐 아니라, 우리가 보통 즐거움과 이득이라고 보는 것에 대한 집착에서도 미묘하게 발생한다. 이는 이러한 경험들이 일시적이며, 필연적으로 끝나기 때문이다. 그리고 PTSD에서와 마찬가지로, 불교는 윤회와 그 고통의 뿌리를 근본적인 망상, 오해로 여긴다.[2] 그러나 윤회의 오해는 PTSD의 오해에 비해 훨씬 더 깊고 광범위하다. 불교에 따르면 우리는 대부분 자아와 세상 모든 것의 본성을 서로 연결되어 있지 않으며, 실제로 서로 반대되는 개별적이고, 의존적이지 않고, 영구적

---

1) 다른 연구자들은 통계적 상관관계와 주로 회피를 다루는 치료의 정당성 같은 각도에서 PTSD의 핵심 증상이 회피라고 제시했다(Thompson & Waltz, 2010, p. 409). 회피는 의도적 혹은 무의식적으로 촉발 요인들의 고통과 재경험을 방지하기 위해 존재하기 때문에, 회피와 재경험은 실제로 관련된다.

2) 종종 '망상' 혹은 '무지'로 변역되는 불교 용어의 복잡성을 포착할 수 있는 영어 용어가 존재하지 않는다. 그리고 물론 망상은 또한 많은 함축을 가진 심리학의 복잡한 개념이기도 하다. 따라서 이 장의 나머지 부분에서, 우리는 PTSD와 불교에서 이러한 확장된 의미를 갖는 오해라는 더 중립적인 용어를 사용할 것이다.

인 실체들로 오해하지만, 실제로는 끊임없이 변화하며 상호 의존적인 원인과 결과의 망에 뒤얽혀 있다(Hanh, 2012, pp. 136-137, 518).

PTSD의 증상들이 윤회 내에 포함되기는 하지만, PTSD는 외상에 대한 재경험의 추가적 오해로 힘입은 별개의, 지배적이며, 지속적인 존재다. 따라서 우리는 윤회와 PTSD 사이에 현상학적 유사성을 도출해 냈다. 이는 각각이 개별적인 비개념적 오해에 뿌리를 둔 고통의 영역이라는 것이다. 두 오해들 사이에는 이론적 관계를 포함하여, 우리가 이 장에서 다루는 것보다 훨씬 더 많은 유사성이 존재한다. 그러나 여기에서 우리는 불교 수행과 EMDR을 비교하고, 실제로 새로운 치료 모델을 만들어 냄으로써 치료 작용 기제에 초점을 맞출 것이다. PTSD 치료와 불교의 이상적인 목표는 내담자의 개별적인 근본적 오해를 끝내고, 이에 따라 내담자의 고통 수준을 단호하게 완화시키는 것이다. 불교 수행은 경험적·비개념적 통찰을 윤회의 오해에 인도함으로써 이를 행한다(Bodhi, 2013). 우리가 논의하는 EMDR도 이와 유사하게 외상적 오해를 경험적 통찰로 촉진하여, 발전시키고, 내담자가 외상 사건이 단지 기억일 뿐이며 더 이상 위협이 되지 않는다는 것을 깨닫도록 도움으로써 이를 행한다.

유사성에는 상당한 비대칭이 존재한다. 바로 동등하지 않다는 것이다. 불교는 현실, 존재, 명백하고 미묘한 모든 고통의 뿌리 그리고 이러한 뿌리들로부터의 해방, 깨달음의 목표, 슬픔을 초월하는 상태에 대한 궁극적인 질문들을 다룬다. 대조적으로, 외상 치료의 주요 목표는 PTSD의 비교적 명백한 고통을 완화하고, 내담자를 일반적인 불행(Freud, 1895), 즉 윤회로 돌려보내는 것이다. 불교 수행은 우리가 일반적으로 단 하나의 통합되고, 독립적이며, 변하지 않는 정체성이라고 지각하는 방식으로 일상의 자아가 존재한다는 것에 대한 깨달음을 목표로 하는 반면, 실제로 전통적인 심리치료법인 EMDR은 일상적인 경험의 기반으로 일상의 자아를 수용한다.

계속되는 사례: 안전한 장소 자원

티나의 과거를 듣고 초기 평가를 수행한 후, 나는 그녀가 진정되고, 현실에 기반을 두며, 현재 인지되는 위협으로부터 안전한 다중 양식의 심상인 가상의 안전한 장소를 만들도록 인도했다. 또한 그녀에게 EMDR에 대한 지침을 설명했다. 이것은 어떤 것이 일어나든, 일어나도록 놔두고, 올바르거나 잘못된 것은 존재하지 않으며, 그녀가 책임지고 언제든 멈출 수 있다는 것이다. 이는 내담자가 치료자에게서 최소한의 조언을 들으며, 자발적으로 "관련 소재 속으로 연속적으로 이동하는" EMDR의 근본적 과정이며, 이에 따라 티나에게 개인적 소재에 대해 주로 고요히 자유 연상을 이용하도록 권장한다(Shapiro, 2001, p. 321).

데보라   실제든 가상이든, 당신이 차분하고, 만족하고, 평화로우며, 편안한 느낌을 받는 장소를 떠올려 보세요. 이 장소가 밖인지, 내부인지, 당신이 혼자인지 혹은 누구와 같이 있는지, 당신이 무엇을 하고 있는지 혹은 하고 있지 않은지, 무슨 요일인지 등 기타 세부사항에 주목해 보세요.

티나   나는 어렸을 때 아버지와 낚시를 갔던 때가 생각나요. 우리는 많은 대화를 나누고, 좋은 시간을 보냈었죠. 간혹 우리는 보트를 타기도 했어요. 나는 항상 자연이나 물을 좋아했어요.

데보라   당신이 무엇을 보는지, 어떻게 느끼는지 주목해 보세요.

티나   나는 나무, 제방, 아버지, 우리 낚싯대가 보여요.

데보라   이런 장면을 떠올리면서 어떤 느낌이 드나요?

티나   평화로워요. 모든 것이 균형 잡혀 있어요. 좋은 행복감이에요.

데보라   당신의 몸은 어떻게 느끼나요?

티나   차분하고, 진정되어 있어요, 세상과 하나가 된 것 같아요.

데보라   좋아요. 내 손가락을 따라가며 떠올려 보세요. 무슨 일이 일어나든 그냥 일어나도록 놔두세요.

[나는 나의 왼쪽 검지와 중지를 함께, 똑바로, 티나의 눈에서 약 2피트 떨어진 곳에 놓고, 그녀의 시야 내에서 5에서 6초 동안 초당 한 번 회전하며(혹은 1분에서 2분까지, 차후 회기에는 좀 더 빠르게), 왔다 갔다 수평으로 움직인다. 나는 티나에게 고개를 움직이지 말고 눈으로 내 손가락을 쫓으라고 요청한다. 생각들이 그녀를 어디로 데려가든, 그녀가 생각을 따를 수 있도록 우리는 말을 하지 않는다. 이는 양측 자극(bilateral stimulation: BLS)으로 자유 연상의 한 세트를 구성하는데, 자원 개발 그리고 나중에는 외상 처리를 위한 기본적인 EMDR 단위다.]

[나는 부드럽게 손가락의 움직임을 멈춘다.]

데보라   편안하게 숨을 쉬세요. 이제 무슨 일이 일어나고 있나요?

티나   태양이 느껴져요. 물을 즐기고 있어요.

데보라   좋아요. 그걸로 가 보죠.

[우리는 또 다른 BLS 세트를 수행한다. 이후 티나는 편안하고 유쾌해 보인다.]

데보라   다시 숨을 쉬어 보세요. 이제 무엇을 알 수 있나요?

티나   나는 선물로 테이블에 놓는 작은 분수를 받았어요. 이는 집에서 내 작은 테이블 중 하나에 놓여 있죠. 재미있는 것은, 나는 이걸 부모님 사진 옆에 놓았어요. 전에는 이들이 어떻게 연결되는지 알지 못했죠. 집에서, 나는 불경 소리와 함께 분수 소리를 들어요. 매우 평화롭죠.

[티나는 자유 연상 중 연상된 소재에 첫 번째 연결을 한다. 이는 다음에서 자세히 논의할 근본적 발생이다.]

안전한 장소 및 기타 자원

안전한 장소는 EMDR에서 자원에 대해 가장 두드러지는 사례로(Korn & Leeds, 2002), 부정적 상태에 대한 긍정적 해독제이고, 내담자가 자신의 외상 기억과 접촉할 때 접근해서, 머무를 수 있으며, 처리에서 장애물을 극복하기 위한 자기조절 도구다. 자원 개발은 EMDR 치료의 **안정 단계**로, 외상 정보에 입각한 치료의 합의 모델에서 초기 단계와 일치한다(Korn & Leeds, 2002). 티나는 자신의 각성을 조절하고, 외상 소재에 반응하는 증상을 감소시키기 위해 안전한 장소를 환기시킬 것이며, 이는 외상 처리의 성공을 위한 중요한 기능이다.

외상 처리

안전한 장소 및 기타 안정 단계 자원(이 장에서는 다루어지지 않은)을 가진 상태로, 티나는 **외상 처리 단계**를 시작한다. 그녀는 EMDR의 외상 처리 프로토콜을 사용하여 직접 외상 소재를 다룬다(Leeds, 2009; Shapiro, 2001, pp. 69-75, 222-226). 외상 처리 또한 BLS 세트를 사용하지만, 프로토콜은 상당히 더 정교하다. 치료 계획에서 티나와 나는 처리를 위한 표적, 각 외상 기억, 현재 촉발 요인 혹은 미래 실행을 위한 템플릿을 선택했다. 요약된 형식 이후 티나의 짧은 치료 경로를 위한 단일 외상 기억 표적의 처리가 이어진다.

계속되는 사례: 외상 처리

데보라 당신이 아버지와 낚시를 갔던 안전한 장소를 포함해서, 자원들과 당신의 긍정적 자질을 모아 봅시다.

티나 좋아요. 나는 준비 됐어요. (조용한 결단을 가지고 나를 쳐다본다.)

데보라 친구가 죽었던 최악의 순간에 대한 이미지를 가져와 봅시다. 무엇이 보이나요?

티나 (크게 몸을 떨며) 나는 피와 냄새를 지울 수가 없어요. 그래서 옷을 없애 버렸어요.

[외상 소재에 대한 티나의 첫 번째 의도적 몰입은 중요하다. 나는 그녀가 기억과 접

촉할 때 각성되었지만, 성공적으로 대처하는 그녀의 몸을 바라본다. 그녀는 이미 증상을 다소 감소시켰으며, 회기 초기에 안전한 장소를 환기시켰다.]

데보라 그것을 바라보면서, 현재 스스로에 대해 어떤 생각이 드나요? 좋지 않은, 부정적인 믿음인가요?

티나 나는 절대 깨끗해질 수 없어요. 나는 무가치해요.

[이에 따라 티나는 이 표적에 대해 NC(negative cognition, 부정적 인지)를 확인하며, 추가적으로 그녀가 지금까지 처리하지 못했던 외상 소재를 분명히 밝히고, 구체화한다.]

데보라 당신이 최악의 순간인 그 장면을 볼 때, '나는 무가치해' 대신에 이제 스스로에 대해 오히려 무엇을 생각할 건가요?

티나 나는 가치 있다는 생각이요. 하지만 그건 사실이 아니죠.

데보라 (안심시키며) 괜찮아요. 1에서 7까지의 점수에서, 1은 완전히 거짓이고, 7은 완전히 사실이라고 할 때, 이 장면에 대해 당신이 생각하는 '나는 가치 있다.'는 말은 얼마나 사실인가요?

티나 2? 3?

[이에 따라 우리는 이 표적에 대해 PC(positive/preferred cognition, 긍정적 인지)를 확립하고, PC의 힘을 추적하기 시작한다. 내담자의 능력에 따라 PC는 최종 목표를 반영하거나, 비현실적인 기대와 절망을 피하기 위해 현재로서는 절제된 상태로 유지될 수 있다.]

데보라 피와 냄새의 장면을 떠올림에 따라 어떤 감정, 느낌들이 드나요?

티나 쓸모없어요! 내가 할 수 있는 일이 아무것도 없어요. 무기력하죠.

데보라 그렇다면, 0에서 10의 점수로, 0은 고통이 없거나 중립이고, 10은 최악이라고 할 때, 현재 이 기억은 당신에게 얼마나 고통스럽나요?

티나 8이요.

데보라   냄새 말고, 당신의 몸 어디에서 고통이 느껴지나요?

티나   등이 서늘해요. 땀이 나질 않죠.

[이에 따라 우리는 외상과 연관된 신체 감각을 찾는다. 티나는 이제 자유 연상에 대한 준비가 되었다.]

데보라   좋아요, 이제 조각들을 맞추어 봅시다. 피와 냄새에 대한 생각, '나는 무가치하다.'는 생각, 쓸모없고 무력하다는 느낌 등의 서늘함이 있어요.

[티나가 떠오르는 소재를 의도적으로 따르며, 우리는 일련의 BLS 세트를 실행한다. 세 번째 세트 동안, 그녀는 다시 몸을 떨고, 역겨운 표정을 짓는다.]

데보라   숨을 쉬어 보세요. 지금 무엇을 느꼈나요?

티나   윽, 추위를 느꼈어요(기침과 콧물).

데보라   (부드럽고, 한결같은 목소리로) 네, 그냥 주목해 보세요. [또 다른 BLS 세트]

티나   나는 차분해지려고 노력 중이에요. 여전히 등에서 서늘함이 느껴졌어요, 그 후 나는 낚시를 하는 아버지를 떠올렸어요. [또 다른 BLS 세트]

[티나의 몸이 고통 이후 눈에 띄게 더 차분해졌으며, 아마도 이것은 안전한 장소 및 기타 자원들의 함축적·명시적 사용 때문으로 보인다. 그녀는 외상 소재와 접촉할 때 반응을 회피하기보다 적정하고, 효과적으로 자기조절을 하고 있다.]

티나   보았듯이, 나는 대처할 수 있고, 처리할 수 있어요. 나는 무슨 일이 일어나는지 알아요. 나는 다룰 수 있어요. (10점 중 8점에서 5점으로 고통이 감소되었음을 보고한다.)

데보라   무엇이 5점에 머무르게 하나요?

티나   나는 쓸모없었어요. 나는 그녀를 구할 수 없었어요!

데보라   그렇다면 질문이 있어요. 당신의 아버지가 당신에 대해 알고 있는 것을 고려할 때, 그는 당신에게 쓸모없다고 이야기했을까요?

티나   (약간 당황한 모습, 멈춘 후, 부드럽게 이야기한다.) 아뇨.

데보라   그것으로 가 보죠. [BLS 세트]

티나   도움이 되네요. 그는 무슨 일이 일어나도 나를 사랑했어요.

데보라   그것으로 가 보죠. [BLS 세트].

티나   그녀를 너무 구하고 싶었어요. 그녀는 정말 좋은 사람이었어요. 나의 가장 친한 친구였죠.

[이 중재는 짜깁기(interweave)라고 불리며, 티나가 자신의 처리를 열도록 돕는다. 짜깁기는 능동적인 중재로, 드물게 사용되며, 내담자가 자신의 처리에서 장애물과 순환들을 극복하도록 돕는다(Shapiro, 2001, pp. 244-247). 짜깁기는 인지적·정서적·신체적인 것이 될 수 있으며, 많은 형태로 제시될 수 있다. 이번 것은 소크라테스 식으로, 티나의 확고한 애착을 기반으로 교정적인 자기지각을 이용한다.]

외상 표적, 노출 그리고 고통

티나는 처리되어야 하는 표적으로 구성되는 외상 기억과 연관된 기억 이미지, NC, 감정들과 신체 감각들로 회기를 이어 나갔다. 직접 외상 소재를 다루는 것은 **노출**이라고 부른다. PTSD에 대한 모든 1차 치료는 특정 형태로 노출을 이용하지만(Foa, Keane, Friedman, & Cohen, 2010, p. 551), EMDR은 TF-CBT에 비해 훨씬 적은 노출을 수반하고(Ho & Lee, 2012), 그 노출은 덜 강하다(Lee, Taylor, & Drummond, 2006). 이번 회기에서 티나는 부분적으로 외상 오해를 끝내기 위해 고전적 노출 기제(Rauch & Foa, 2006, pp. 63-64)를 반영하여, 의식적 혹은 무의식적으로 자신의 외상 기억을 현재의 안전과 대조했다. 그러나 EMDR은 안전한 장소 및 기타 자원의 주관적 안전과 차분함을 추가하며, 이는 확실히 효과를 강화한다. 또한 우리가 논의했듯이, EMDR은 다른 변화 양식을 가지고 있다.

명상으로서 EMDR

불교의 명상은 두 가지 측면을 가지고 있다. 바로 **집중**(concentration, shamatha, 고요히 머물기)과 **통찰**(insight, vipashyana)이다(Gunaratana, 2011). 집중은 안정과 명료함으로 고조되는 주의다. 마음은 흥분으로 배회하지 않으며 또는 둔해지지도 않는다(Wallace, 2006, p. 14). 통찰 명상은 오해를 뚫고 나가 자아와 현상의 본성을 경험적으로 깨닫고, 이에 따라 고통을 완화하기 위해 집중을 이용한다.

EMDR의 주로 조용한 내적 탐구는 형식적으로 명상은 아니지만, 일반적인 명상의 특징을 가지고 있으며, 무엇보다 **기능적으로** 외상 처리에 있어 불교 수행의 두 측면과 유사하다. 안전한 장소와 같은 자원을 이용함으로써, "나는 대처할 수 있고, 처리할 수 있어요."라는 티나의 외침은 친구의 죽음 이후 상실했던 능력을 되찾게 했다. 그녀는 안정적이고 명확한 집중을 달성하기 위해 둔함과 과도한 흥분에 대한 해결책을 이용하는 명상가와 같이, 기민하고 차분한 상태를 유지하기 위해 저각성과 과각성 사이에 **인내의 창문**(window of tolerance) 내에 머무르며, 자원들로 외상 소재에 대한 자신의 반응을 조절했다(Minton, Ogden, & Pain, 2006, pp. 26-29). EMDR을 통해, 내담자의 집중은 보통의 기준으로 오직 약하게 고조되며, 외상 및 관련 소재와 접촉하여 유지되는 내담자의 개선된 능력은 보통의 쉽게 산만해지는 주의에 대해 훈련된 집중 명상처럼, 자신의 일상적인 외상 반응과 관련된 성취와 같다. 따라서 EMDR의 자원은 기능적으로 집중 명상과 일치한다.

또한 불교 명상가의 집중이 윤회의 오해를 약화시키는 비개념적 통찰을 가능하게 하는 것과 마찬가지로, EMDR 내담자의 기민하고 차분한 상태는 외상 소재의 처리와 해결을 가능하게 한다. 티나에게 경험적 통찰이 스친 "나는 무슨 일이 일어나는지 알아요."는 그녀의 외상 오해를 뚫고 나가, 재경험과 고통의 주목할 만한 감소를 만들어 냈다. 따라서 외상 처리는 유사성을 통해 명상의 통찰 측면과 일치한다.

PC와 열망

PC(긍정적 인지)는 우리가 EMDR의 **양극**(긍정 극)이라고 부르는 측면으로, 또한 자원들과 정서 짜깁기(interweave)를 포함한다. 양극은 불교 수행과 상관관계가 있는 몇 가지 중요한 기능을 가진 EMDR 치료의 중요한 측면이다(Lipke, 2000, pp. 67, 73-83). 이 지점에서 티나의 PC는 치유에 대한 자신의 열망을 구체적으로 표현한 것으로, 이는 불교에서 동기 부여의 중추적 기능과 동일하게 부합한다(Harvey, 2000, pp. 190-191). 불교 수행의 동기 부여와 마찬가지로, 내담자는 각 회기의 거의 초기에 PC를 환기시키며, 이는 처리가 긍정적 방향으로 움직이도록 유지하고, 회피를 약화시키며, 종종 의식적 알아차림 아래에서 내내 중요한 영향을 행사한다. 티나의 여전히 약한 PC에 관한 나의 격려는 그녀의 고통이 단단히 자리 잡았더라도, 치유될 수 있다고 확신시키며, 자기자비를 구축하도록 돕는다(Germer & Neff, 이 책 3장). 비대칭적 유사성을 통해, 이는 깨달음을 통해 고통을 끝내는 모든 존재의 고유 능력이라는 **불성**(Buddha Nature)의 원칙(Makransky, 2007, pp. 3, 35)에 부합한다.

계속되는 사례: 자유 연상

티나는 우리 중 누구의 명시적인 해석 없이, EMDR의 조용한 자유 연상 방식을 주로 이용하여 외상 기억을 표적으로 하는 처리를 지속한다. 그녀는 외상 이미지를 계속해서 혹은 격하게 곱씹지 않는다(Greenwald, 2007, p. 41). 대신 그녀는 과거, 현재, 미래에서, 간혹 외상 자체로 돌아가 차분하게 긍정적·부정적 기억들, 감정들, 머리부터 발끝까지의 신체 감각들과 같이 연상되는 사고의 순서를 따른다. EMDR은 어떤 이론적 제약도 부여하지 않으며, 나는 초기 표적을 선택하도록 돕고, 짜깁기를 제공하는 것 이외에 처리를 지시하지 않는다. 따라서 티나는 주로 자신의 연상이 이끄는 곳으로 가게 된다. 따라서 EMDR의 자유 연상은 대부분의 외상 생존자들이 PTSD로 인한 좌절과 외상의 고통을 해결하는 자연스러운 과정을 준비하고, 지원하는 것으로 나타난다.

티나의 특정 연상은 그녀의 아파트에서의 삶, 친구의 가족, 사고가 발생한 이웃 동네, 어린 시절의 사건들 및 기타 기억을 중심으로 돌아간다. 그녀는 멈춘 후, 이러한 많은 것에 초점을 맞추고, 여러 방식들로 인해 외상 고통을 감소시키는 크고 작은 깨달음을 얻는다. 예를 들어, 한 세트 이후 티나는 몇 년 전 아버지의 갑작스러운 죽음에 관한 생각을 보고한다. 이 죽음과 연관된 기억을 처리하는 몇 번의 BLS 세트 이후, 그녀는 깨달음에 도달하게 된다. "정말 힘들었지만, 지금은 괜찮아요. 나는 그를 그리워하겠지만, 그는 항상 나와 함께 있어요." 더 많은 처리를 거친 후, 그녀는 아버지의 죽음을 명백하게 최근 외상과 연결시킨다. "아버지에 대한 경우처럼 느낄 수 있다면, 아마도 나는 친구에 대해서도 그렇게 느낄 수 있을 거예요." 이에 따라 표적 이미지에 대한 그녀의 고통 수준은 상당히 낮아지게 된다.

자유 연상과 분석적 명상

일어나는 생각을 따르며, 몰입하는 EMDR의 이동하는 주의는 특히 마음챙김의 전통에서 볼 때 명상으로는 잘 보이지 않으며, 오히려 주의 분산을 억제하지 않고, 그냥 놔두기보다 대상들에 몰입한다는 점에서 명상과 대조되어 보인다(Lutz, Slagter, Dunne, & Davidson, 2009, pp. 6-7). 그러나 분석적 명상이라고 불리는 중요한 티베트 불교의 통찰 수행은 주의가 분산되지 않는 이동과 고정된 주의의 결합을 이용하며(G. K. Gyatso, 1995, pp. 89-94; Gelek, 2005), 많은 면에서 EMDR의 자유 연상과 유사하다. 명상가는 비상호 의존성에 대한 근본적 오해를 깨닫고, 무상과 같은 길을 따르고, 자비와 같은 도움의 특성을 발전시키기 위해 분석적 명상을 이용한다(G. K. Gyatso, 1995, pp. 394-446; Dodson-Lavelle, Ozawa-De Silva,

Negi, & Raison, 이 책 22장). 분석적 명상에서 이들은 다양한 관점을 가지고 주제를 평가한다. 바로 부분-전체 분석, 논리적 추론, 인과 관계, 개인적 경험, 자기성찰적 관찰과 질문, 감정 혹은 인지, 정서 및 유형의 측면들이다. 이들은 유사한 연결들로 대상 사이를 이동한다. 이러한 주의 이동 동안 직관이나 깨달음에 대한 암시가 특정 지점에서 발생할 경우, 명상가는 이해와 통찰을 강화하기 위해 그곳에 초점을 맞춘다.

자유 연상의 구조는 주로 내담자의 외상 이미지 및 치료 계획에서 선택된 기타 표적이다. 대조적으로 분석적 명상은 무상, 자비, 오해된 자아 같은 보편적 주제들과 부차적 논제들, 연결, 추론 그리고 글과 가르침에서 도출되는 중간 결론에 대해 광범위하고, 미리 정해진 발판(scaffolding)을 이용한다(Pabongka, 1991). 그러나 자유 연상과 분석적 명상 양쪽에서, 수행자는 개별 발판 내에서 자신의 관점과 경험으로부터 사고의 순서를 불러낸다. 따라서 EMDR의 자유 연상은 연결의 개인적 망으로 외상 소재를 탐구하고, 통합하여 처리한다는 점에서 분석적 명상과 유사하다.

계속되는 사례: 중요한 처리 삽화

티나는 표적에 대해 많은 연상을 처리했으며, 고통 수준을 10점 중 3점으로 감소시켰다. EMDR에서 우리는 0점 혹은 1점을 목표로 한다.

데보라 사고에 대한 기억을 떠올려 보죠. 최악의 순간에 주목해 보세요. 무엇이 보이나요?

티나 (눈물이 샘솟으며) 그녀는 숨을 제대로 쉬지 못해요. 나는 그녀를 안고 있고, 뭘 해야 할지 모르고 있어요.

데보라 (부드럽지만 단호하게) 그 순간을 떠올림에 따라, 스스로에 대해 갖게 되는 좋지 못한 생각 그리고 스스로에 대한 부정적 믿음은 어떤 것인가요?

티나   내 잘못이에요. 그녀를 살릴 수 없었어요.

데보라   (대답으로 고개를 끄덕이며) 그렇다면 이러한 이미지를 볼 때, 스스로에
       대해 대신 무엇을 생각할 것인가요?

티나   (망설이며, 약하게) 나는 가치 있다?

데보라   (부드럽게) 좋아요. 바로 지금 강하게 느낄 수는 없을 거예요. 1에서 7점
       의 척도로 볼 때, 지금 당신에게 이러한 말은 얼마나 사실로 느껴지나요?

티나   3점?

데보라   이 이미지를 떠올릴 때, 어떤 감정이 주목되나요?

티나   (눈물이 얼굴을 타고 흐르며) 나는 그녀가 죽기를 원하지 않았어요. 난
       절망적이었죠. 그건 정말 고통스러웠어요.

데보라   1에서 10점의 척도를 사용할 때, 지금 당신에게 고통과 절망은 얼마나
       큰가요?

티나   (계속 눈물을 흘리며) 6점이요. [이 새로운 소재는 고통의 증폭을 가져온다.]

데보라   고통은 당신의 몸 어디에서 느껴지나요?

티나   눈이요, 가슴이요, 나의 손과 팔이요.

데보라   당신이 그녀를 안고 있는 이미지, '내 잘못'이라는 생각, 절망과 고통,
       눈과 가슴, 손과 팔의 감각들, 이 모든 것들을 한데 모아 보죠. 내 손가
       락을 따라오세요.

[우리는 BLS 세트를 수행한다. 티나는 깊은 호흡을 내쉰다.]

티나   이상해요. 굉장하군요. 내 몸이 부드럽게 흔들렸어요. 편안하고 평화로
       웠어요.

데보라   그것으로 가 보죠. [또 다른 BLS 세트]

티나   그녀는 헐떡거렸어요. 나는 그녀를 꼭 안아 주었어요.

데보라   그것으로 가 보죠. [또 다른 BLS 세트]

티나   (부드럽게) 세상에, 나는 막 무언가가 떠올랐어요. 그녀의 뺨을 내 손으
       로 어루만졌어요. 그녀의 이마에 키스하고 사랑한다고 말해 줬어요.

데보라   (상냥하게 답하며) 그렇군요. 그것으로 가 보죠. [또 다른 BLS 세트]

티나   (기침과 하품) 내 머릿속 그림에도 불구하고, 불안해지지 않았어요. 서늘함도 없었죠. 나는 내 삶에서 처음으로 벗어났어요. 이미지에 갇히지 않았어요. 뒤로 물러서 있었죠. 마치 영화를 보는 것처럼. 내가 그녀를 안고 있는 것을 볼 수 있었어요. 갇혀 있지 않고, 밖에서 보았죠.

데보라   그것으로 가 보죠. [또 다른 BLS 세트]

데보라   바로 지금 얼마나 불안한가요?

티나   (조용히 말하며) 10점 중 1점 같아요. 나는 지켜보고 있어요. 정말 끔찍한 사고였어요. 나는 이제 머릿속에 그릴 수 있어요. 정말 좋아요. (나를 똑바로 쳐다보며, 부드럽게 웃는다)

통찰과 깨달음

티나는 괴로움에서 안도감으로, 즉 외상을 재경험하는 것에서 외상을 외부에서 목격하는 것으로 빠르게 변화했으며, 이러한 과정과 결과는 탈동일시(탈중심화, 인지적 재구성, 탈융합; Vago & Silbersweig, 2012, p. 23; Shapiro, Carlson, Astin, & Freedman, 2006, pp. 77-78; Engle & Follette, 이 책 4장)라고 불린다. 그리고 완고하고 비개념적인 오해에서부터 정확한 통찰로 변화했다. 그녀의 외상은 단지 기억이 되었고, 원래의 고통으로 되풀이되는 분리되며, 이해되지 않는 경험이 아닌 모든 다른 기억과 통합되었다. 외상 기억과 접촉하는 동안 고통의 급격한 감소와 차분한 신체는 이것이 회피나 해리가 아닌, 긍정적이고 포괄적인 변화라는 것을 확인시켜 주었다.

이러한 깨달음과 폭넓은 변화는 EMDR의 중심에 놓인다(Lee et al., 2006). EMDR 치료자는 이러한 통찰을 정기적으로 보고하며, 문헌은 이러한 많은 것들, 예를 들어 아들러-타피아와 세틀(Adler-Tapia & Settle, 2008, pp. 176-191), 와치텔(Wachtel, 2002, pp. 131-133), 파넬(Parnell, 1998), 반 더 콜크(van der Kolk,

2002, pp. 73-77) 등에 대해 설명한다. 샤피로(Shapiro, 2001, pp. 13, 42, 70)는 "기능이상 정보가 처리됨에 따라 자기효능감의 증가, 부정적 정서의 탈감작, 통찰의 도출, 신체 긴장 변화, 인지적 재구성이 동시에 발생한다는"것에 주목한다. 내담자는 이러한 많은 깨달음을 작고, 크게 경험하며, 치유 과정을 진전시킨다(Lee, 2008). 티나의 경우처럼 항상 유일하게 극적인 돌파구가 존재하는 것은 아니지만, 주요 돌파구는 일반화되는 전환점을 나타내며, 추가적인 진전을 위한 플랫폼이 된다. EMDR에서 이러한 종류는 심리적 수준에서 불교에서의 깨달음과 일치하며, 크거나 작을 수 있다. 그리고 불교의 최종 성취인 깨달음은 존재의 변혁과 함께 고통으로부터 완전하고 지속적인 완화를 초래하는, 개인의 깊이 있는 결정적 깨달음이다(Gyatso, Hopkins, & Napper, 2006, p. 223; Jinpa, 2000, p. 14). 우리가 보았듯이, 티나의 돌파구는 실제로 그녀의 재경험과 직접적인 외상의 고통을 종식시켰다.

'물러서서', 적합한 맥락에 외상 기억을 놓음에 따라 외상 기억에게서 티나가 탈동일시된 것은 EMDR의 전형적인 경험이다(Parnell, 1998, p. 84; Parnell, 1996, pp. 139-141). 불교에서의 **탈동일시**는 더 이상 신체 및 마음을 영구적이고 독립적인 자아로 동일시하는 오해를 하지 않는다는 것(Tsering, 2005, p. 46), 즉 수행자가 윤회의 고통을 유지시키는 근본적인 오해로부터 해방된다는 것을 뜻한다(Aronson, 2006, pp. 78-79; McLeod, 2002, pp. 196-199; Bodhi, 1980). 대조적으로 EMDR에서는 내담자가 재경험을 하는 자아와 탈동일시하고, 자신의 이전 자아로 돌아간다. 이것은 더 이상 PTSD에 의한 고통으로 오염되지는 않지만, 여전히 영구적이고 독립적인 자아로 지각되며, 이에 따라 여전히 윤회의 측면에서 고통을 받는다는 것을 뜻한다.

EMDR과 심리적 마음챙김

마음챙김 기반 스트레스 감소(MBSR), 마음챙김 기반 인지 치료(MBCT), 변증법적 행동 치료(DBT), 수용 전념 치료(ACT) 같이 우리가 **심리적 마음챙김**(Psychological mindfulness: PM; Shapiro et al., 2006)이라고 부르는 심리치료와 행동 의학의 마음챙김 기반 체계를 EMDR과 어떻게 비교할 것인가? 홀젤과 동료들(Hölzel et al., 2011)은 PM의 경험적으로 뒷받침되는 요소를 검토하고, 이를 ① 주의 조절, ② 신체 알아차림, ③ 정서 조절, ④ 여러 저자에 의해 자아의 정적 상태로부터의 **탈동일시**(disidentification), **새롭게 자각하기**(reperceiving), **탈중심화**(decentering), **관찰자적 관점**(observer perspective)으로 설명된, 자아에 대한 관점의 변화와 통합시켰다. 그러나 PM은 오직 불교 관점의 초기 단계를 기초로 하기 때문에, "연구들은 고도로 숙련된 명상가들이 보고한 자기감의 극적인 변화에 대해 설명하지 못한다."(Hölzel et al., 2011, p. 548)

EMDR은 이러한 모든 요소를 다룬다. 그러나 형식적인 명상보다는, EMDR의 주의 조절은 오직 명상의 집중과 유사하다. 그럼에도 불구하고, EMDR의 통찰과 탈동일시 경험들은 상당히 그리고 종종 극적으로 PTSD를 가진 내담자의 삶의 질과 기능을 개선시킨다. 이는 유사 모델과 EMDR이 함축적으로 명상을 한다는 전제를 뒷받침한다.

통찰과 갑작스러운 습득

심리학은 '아하(aha)' 경험의 형태, 즉 문제를 해결하거나, 새로운 배움을 만들어 내는 갑작스러운 돌파구의 형태에서 통찰을 연구한다(Ash, Jee, & Wiley, 2012). 이는 특히 통찰의 자발적 특성의 관점에서, EMDR과 불교 수행에서의 깨달음과 유사하다. 연구들은 회기마다 PTSD 증상을 감소시켜 나가면서 갑작스러운 습득이 TF-CBT 치료의 50%에서 발생한다는 것을 보여 준다(Aderka, Appelbaum-Namdar, Shafran, & Gilboa-Schechtman, 2011). 공식적인 연구들은 존재하지 않지만, EMDR에서 갑작스러운 습득에 대한 삽화적인 증거는 이러한 깨달음이 최소한 공통적이라는 것을 함축한다. 이 모든 것은 덜 명백한 방식을 통하는 것일지라도, 통찰 과정이 EMDR 이외에 다른 외상 치료에서 작용할 수 있다는 것을 제시한다.

양측 자극과 이중 주의

BLS가 관련이 없는 것은 아닌지 의문이 제기되어 왔지만, 안구 운동의 중독적인 효과에 대한 초기의 메타 연구를 수정하고 개정한(Davidson & Parker, 2001) 최근의 메타 연구(Lee & Cuijpers, 2012)는 치료 실험에서 보통의 효과 크기와 비치료 연구에서 큰 효과 크기를 발견했다. 단지 치료에서 보통의 효과가 EMDR의 강력한 전체 효능과 모순되는 것은 아니지만, 이는 EMDR의 근본적 구조를 반영한다. BLS는 널리 오해된 것처럼, EMDR에서 유일한 혹은 중요한 치료 과정이 아니다(Hyer & Brandsma, 1997). 오히려 BLS는 실제 핵심 과정을 강화시키는 **촉매제**이자, 주로 조용한 자유연상을 통한 정보 처리다(Solomon & Shapiro, 2008, p. 321). 따라서 EMDR은 실제로 BLS 없이 작용할 수 있지만, BLS와 함께할 때 더 나은 효과, 그리고 종종 훨씬 더 나은 효과를 발휘할 수 있으며, 이는 위 메타 연구 결과에 부합한다.

여러 가상의 심리학적 · 신경학적 기제에 대한 연구가 제시되지만, 여전히 결론을 내리지 못하고 있다(Gunter & Bodner, 2009). 이러한 연구를 보완하기 위해 우리는 불교 수행, 특히 대승불교(Mahayana)의 밀교 요소인 금강승(Vajrayana)과의 유사성을 통해, BLS가 어떻게 작용하는지 추측한다. 금강승은 자체적으로 불교 수행의 촉매제 종류다. 이것은 대승불교와 동일한 목표를 추구하고, 집중과 통찰도 이용하지만, 그 기법은 더 강력하고 빠른 것으로 전해진다(Tsering, 2012, pp. 9-10; Yeshe, 2001, p. 17).

BLS의 리드미컬한 특성은 금강승 기법들인 만트라 암송과 시각화(Benson & Proctor, 2010, pp. 13-14, 24-25) 같은 수많은 명상 수행에 의해 유발되는 이완 반응을 불러일으킨다(Lee et al., 2006, pp. 104-105). 금강승 시각화의 반복적 집중은 정신 에너지를 해제하는 것으로 알려져 있으며(G. K. Gyatso, 2000, pp. 200-202), 이와 유사한 심리적 집중은 고정된 인지와 정서 패턴을 타파하고, 정신적 유연성을 증가시킬 수 있다. 따라서 BLS는 EMDR 내담자들이 연결된 기억들을 효율적으로 도출하고 처리하도록 도우며, 이는 EMDR에서 종종 주목되는 효과다(van der Kolk, 2002, pp. 72-78; Wachtel, 2002, pp. 131-133). 실제로 연구는 안구 운동이 회상과 의미적 유연성(Kuiken, Bears, Miall, & Smith, 2001) 및 삽화 기억(Propper & Christman, 2008)을 개선시킨다는 것을 보여 주었다. 또한 BLS는 이중 주의(dual attention)라고 불리는 효과로, 내담자가 동시에 외부와 내부 사건에 집중하도록 만들며, 이는 부적응의 내적 외상 경험과 객관적 현실을 나란히 두고 통합하도록 도울 수 있다. 내부와 외부 사이에 연결은 금강승의 중요한 주제다(G. K. Gyatso, 2000, p. 112; Yeshe, 2001, p. 3).

따라서 우리는 EMDR의 다른 측면들과 같이, BLS를 명상 방법의 개인 외상 치료와 유사한 것으로 볼 수 있다. BLS의 주의 패턴은 금강승 명상의 거의 무제한적 복잡함에 비해 매우 단순하며, 이는 유사성의 비대칭성을 반영한다. 치료자가 직접 명상과 같은 상태를 촉진하고 유지하도록 돕기 때문에, 내담자는 어떤 훈련도 필요 없으며, 오직 정상적이고 높지 않은 주의 통제만을 필요로 한다. 내담자의 주의를 외부로 돌리고, 이동의 속도와 지속시간을 제어하는 것은 각성을 조절하고, 순전히 내적 주의에서 오는 외상 반응의 의도치 않은 촉발을 최소화하도록 돕는다.

메타이론을 향해: EMDR과 불교 수행의 변화

EMDR은 외상 소재와 대조되는 소재를 병렬하고, 외상 오해를 통합하고 바로 잡음으로써 외상 소재를 해결한다(Solomon & Shapiro, 2008). BLS 세트에서, 내담자는 비교적 일반적인 주의를 이용하여 외상 소재에 몰두하며, 이러한 주의는 변화에 효과를 주기에 충분하다. 조화를 이루지 못한 교정 정보는 기억의 현재성,

고통의 영속성 혹은 부정적인 자기이미지 같은 특정 오해를 약화시킨다.

이러한 교정 정보는 무제한적으로 다양하게 존재한다. 과거, 현재, 미래로부터의 경험적·인지적·정서적·신체적·관계적 소재 및 추론되는 소재는 외상 표적에 대한 직접적 노출을 포함하는 파편일 뿐이다. 안전한 장소로 증강되는 현재의 안전, 티나 아버지의 죽음처럼 자기 자신의 처리로 변경되는 다른 기억들, 티나가 자신의 돌파구 삽화에서 내러티브와 의미에 대한 감각을 회복할 수 있도록 만들어 준 외상 기억 자체에서 회복되는 정보, 소크라테스 식 짜깁기를 기반으로 한 애착에 이르기까지, 사례 연구의 사례는 광범위한 범위를 암시한다. 특히 EMDR에서 핵심적인 것은 EMDR의 양극 측면인 긍정적인 유의성을 가진 교정 정보의 사용으로, 이는 단순히 중립적 소재보다 더 예리한 대조를 만들어 내며, 이에 따라 더 강력하고, 더 효과적인 깨달음을 가능하게 한다.

내담자는 효율적으로 연상과 잊었던 소재를 드러내는 EMDR의 능력을 사용하여, 대부분을 직접 연결하며(van der Kolk, 2002, pp. 72-78), 거의 어떤 이론적 기반의 인도 없이 이를 수행한다. 따라서 우리는 EMDR을 다양한 변화 과정을 수용하는 메타치료이자, 경로의 방향, 내용, 특성을 결정하는 내담자의 연상 과정에 따른 외상에서의 자연스러운 치유 과정을 촉진하고 지원하는 프레임워크로 볼 수 있다.

상반된 상태의 법칙(Law of opposing states; Goleman, 2008, pp. 75-76)은 교정 정보와의 병렬이라는 외상 치료의 원칙을 상기시키는 변화의 불교 메타이론이다. 이 법칙은 "정신 상태의 상반된 계통들이 지속적인 역동성으로 상호작용하며", 모순되는 마음 상태들은 "다른 상태를 약화시키지 않고는 공존할 수 없다"고 말한다. 예를 들어, "증오는 자애의 순간에 존재할 수 없다."(Gyatso, 2005, pp. 145-150) 이것은 거의 철학적 수준에서, 인지 부조화(cognitive dissonance), 상호 억제(reciprocal inhibition), 조건화(conditioning), 소거(extinction), 기억 재강화(memory reconsolidation), 탈감작(desensitization), 습관화(habituation)와 같은 현대 심리학의 다양한 반대-병렬(opposition-juxtaposition) 원칙의 일반화다. 이 원칙은 깨달음을 함양하고, 추론, 자기성찰적 탐구 및 기타 방법(J. Makransky, 개인적 대화, 2013. 1. 6.)에 의해 통찰을 자유롭게 만들고, 자비와 같은 자질을 발전시키는 데 있어(Dodson-Lavelle et al., 이 책 22장) 불교 수행의 바탕을 이룬다.

두 가지 다른 원칙은 불교 수행에서의 변화와 더불어 유사하게 EMDR에서의 변화를 뒷받침한다. 무상의 법칙(Law of impermanence)은 고통의 명백한 만성화에도 불구하고, 변화가 가능하다고 말한다. 불성의 원리는 성공을 달성할 수 있고, 변화는 깨달음과 계몽을 향하는 경향이 있으며, 혹은 심리적 수준에서 치유와 행복을 향해 편향된다는 것을 확신시킨다. 이러한 것들은 EMDR의 외상 처리에서도 수많은 방식으로 나타난다. 예를 들어, 자유 연상에서 표면화되는 외상 이미지의 요소들과 연결 주제는 '가장 강렬하며', 가장 처리를 필요로 하고, 이에 따라 강한 치유의 깨달음을 만들어 낼 가능성이 매우 높다. 티나는 사랑하는 사람의 죽음이라는 외상 주제를 공유하기 때문에 자유 연상에서 아버지의 죽음을 떠올렸다. 따라서 EMDR 맥락에서 촉발 효과는 외상 소재를 자체 해소를 위한 힘으로 변모시키며, 파괴적인 재경험보다 치유를 촉진한다. 이는 많은 불교의 통찰 방법들에서 오해를 해소시키고, 비개념적·해방적 깨달음을 만들어 내기 위해 사고를 대조시키는 모순의 사용과 맥락을 같이한다(Newland, 2009, p. 78; G. K. Gyatso, 1995, pp. 526-541). 또한 이것은 비교적 직접 노출을 적게 필요로 하는 EMDR의 효율적 작용을 가져올 수 있다.

계속되는 사례: PC

티나의 재경험과 괴로움의 증상은 이제 임상 수준 이하로 저하된다. 우리는 지금까지 배경이 되어 왔던 PC(긍정적 인지)를 강화시킴으로써, 나머지 정서적 문제들, 특히 그녀의 자기비하에 초점을 맞춘다.

데보라 친구가 죽은 순간의 이미지를 떠올릴 때, '나는 가치 있다.'는 생각은 여전히 스스로에 대해 원하는 것인가요?

티나   '나는 다정한 사람이다.'로 바꾸고 싶어요.

데보라   좋아요. 1에서 7의 척도로 볼 때, 이러한 생각은 얼마나 사실인가요?

티나   5점 정도인 것 같아요.

데보라   어떻게 하면 6이나 7로 갈 수 있을까요?

티나   그녀가 내 이야기를 들었는지, 내 키스를 느꼈는지 모르겠어요. 아마도 나는 너무 늦었던 것 같아요.

데보라   그것으로 가 보죠. [BLS 세트]

티나   (얼굴로 눈물이 흐르며) 아, 알겠어요. 이것은 그런 식으로 생각할 것이 아니에요. 이것은 사랑에 관한 것이죠. 나는 그녀에게 가장 필요로 하는 것을 주었어요. 그녀에게 사랑한다고 말해 주었죠. 나는 다정한 사람이에요.

데보라   (부드럽게) 맞아요. 그렇다면 1에서 7의 척도로 볼 때, 지금 생각은 얼마나 사실인가요?

티나   7점이요. 나는 그녀를 구할 수는 없었지만, 그녀를 사랑했어요. 정말 사랑해요.

PC와 미래의 이상적인 상태

여기에서 PC는 열망에서 명확히 이상적인 미래 상태로 변모했다. 따라서 이는 비대칭적 유사성을 통해, 명상가가 여전히 평범하고 깨닫지 않은 현실을 알아차리면서, 스스로를 이미 계몽된 것으로 시각화하는 금강승 방법과 일치한다(Tsering, 2012, p. 3). 이 수행들은 더 빠른 깨달음을 이끌며, 행복과 깊은 몰두의 상태를 유도한다(Yeshe, 2001, pp. 79-80). 이는 EMDR에서 내담자가 외상 소재와 접촉하며 머무르도록 돕는 긍정적 정서와 일치한다. 유사성에 의해, PC는 아마도 EMDR이 매우 적은 직접 노출로도 효과적일 수 있는 또 다른 이유일 것이다. 당연하게 최근의 연구는 긍정적 정서가 통찰과 문제 해결을 강화한다는 것을 보여 주었다(Subramaniam, Kounios, Parrish, & Jung-Beeman, 2009).

사례: 결론

내가 다음 회기에 티나를 만났을 때, 그녀는 PTSD에 대한 다른 정서적·신체적 표지들과 함께, 자신의 재경험 증상이 사라졌다고 보고했다. 6개월 후 우리는 전화로 상태를 체크했다. 티나는 여전히 증상이 없었으며, 그녀의 삶은 제자리를 찾았다. 그녀는 자신을 도와준 것에 대해 다시 한 번 내게 감사를 전했고, EMDR이 그녀의 목숨을 살렸다고 선언했다. 나는 그녀의 놀라운 치유를 보게 되어 영광이었다고 답했다.

결론

EMDR과 불교 수행과의 일치 모델은 우리가 명상 시각을 통해 PTSD 치료의 원칙을 볼 수 있도록 한다. 비대칭성은 불교 수행을 PTSD 치료로 바꾸는 것이 양쪽 측면과 차이점들에 대한 신중한 분석이 필요하다는 것을 뜻한다. 비대칭성의 장점은 우리가 보통 고려되는 것보다 훨씬 더 광범위한 불교 수행 및 원칙을 외상 치료에 적용할 수 있다는 것이다. 특히 PTSD의 완전한 해결이 확실히 불교의 계몽과 동일한 것은 아니지만, 심리적 영역에서는 유사하다. 따라서 우리는 EMDR과 PTSD 치료의 작용 기제를 전반적으로 설명할 수 있으며, 전 범위의 불교 수행을 참조함으로써 새로운 접근과 기법에 대한 길을 열 수 있다.

다음은 우리가 도출할 수 있는 몇 가지 관찰과 추측이다.

- 오해와 통찰은 외상에서 저평가되고 있으며, 많은 치료 모델을 이해하는 데 있어 유용할 수 있다.

- 긍정적 기법들은 특히 치료에 직접 끼워 넣을 때, PTSD 치료에서 중요한 역할을 할 수 있다.
- 안정적이고 명쾌한 주의는 PTSD 치료에 있어 유용하지만, 내담자는 필요한 외상 노출을 시행하기 위해, 오직 차분해지는 것과 현실에 기반을 두는 것에서 충분한 집중을 필요로 한다.
- 이동하는 주의와 고정된 주의는 치료에서 역할을 맡는다.
- 대승불교와 금강승 그리고 소승 불교를 기반으로 한 마음챙김 접근은 PTSD를 다루는 데 있어 귀중한 원칙과 기법을 제공한다.
- 핵심 치료 과정들과 지원 및 촉매 기법을 구별하는 것은 유용하지만, 후자는 효율성과 성공에 있어 중요할 수 있으므로 최소화하지 않아야 한다.

아마도 가장 중요한 것은 불교가 핵심 원칙들 내에서 다양한 인간성에 적합한 광범위한 이론과 수행을 망라하는 것과 마찬가지로, EMDR이 사람들이 통찰에 적합한 마음의 창의적인 능력을 이용하여 자연스럽게 고통을 처리하는 많은 방식을 수용하는 통합적 프레임워크이자, 메타 치료라는 점이다. 이 원칙은 또한 스트레스 면역과 인지 행동 방법들 그리고 이 책에서 다루는 마음챙김 기반 기법을 향한 추진력과 자기자비의 증가하는 역할을 포함하는 PE 치료의 진화에서 반영된다. 따라서 통합적 접근은 외상 치료에서 성공적인 길이 될 수 있을 것이다.

제8장

외상 치료에 대한
내적 가족 체계 치료 모델

대승불교 이론 및 수행과의 유사성

리처드 C. 슈왈츠(Richard C. Schwartz)
플린트 스파크스(Flint Sparks)

    심리치료의 내적 가족 체계(IFS) 모델은 복합 외상 치료의 복잡한 문제들에 대한 여러 가지 해결책을 제공하기 때문에 외상 치료자들이 수용해 왔다. 모델 자체와 외상에 대한 적용은 기타 문헌에서 더 광범위하게 설명되어 왔다(Schwartz, 1995; Goulding & Schwartz, 1995). IFS는 세 가지 패러다임의 합성이다. 이 중 하나는 **마음의 정상적 다중성**(normal multiplicity of the mind)이라 불리며, 우리 모두가 수많은 다른 하위 마음을 가지고 있다는 생각이다. 두 번째는 **체계 사고**(systems thinking)로 알려져 있으며, 가족 체계 이론과 방식을 포함한다. 세 번째는 다양한 치료법과 영적 전통에 의해 여러 가지로 불려 왔지만(예, 정신, 불성 혹은 영혼), 여기에서는 **자기리더십**(self leadership)이라고 지칭된다. 이 장에서 우리는 IFS의 기본 원칙들에 대해 간략하게 소개하고, 이 모델이 불교 철학 및 수행의 일부 측면, 특히 대승불교 전통의 일부 측면과 어떻게 관련되는지 논의하기 위해 외상에 대처하는 IFS의 일부 핵심 요소를 근거로 할 것이다.

    IFS는 미국, 유럽 6개국, 이스라엘에 걸쳐 훈련 프로그램을 갖춘 확립된 접근이다. 2000년 이후부터, 훈련들은 인증 기준을 수립하고, 연간 국제 전문 회의를 조직하는 자기리더십 센터(selfleadership.org)에 의해 조정되어 왔다.

마음의 다중성

IFS는 마음을 부분들이라고 불리는 많은 하위 마음으로 구성되는 역동적 체계로 본다. 프로이트(Freud, 1923/1961)는 이드, 자아, 초자아에 대한 기술로 다중성에 대한 탐구의 문을 열었다. 프로이트 이후 여러 이론가가 그의 삼원구조 모델을 넘어 진보했으며, 광범위한 내적 실체들에 대해 논의했다. 아마도 이들 중 가장 영향력 있는 것은 대상관계 이론일 것이다. 1940년대에 멜라니 클라인(Melanie Klein)은 우리의 내적 경험이 우리 삶에서 중요한 사람들에 대한 표상인 내재화된 '대상들'에 의해 형성된다고 주장했다(Klein, 1948; Gunthrip, 1971).

융(Jung, 1935/1968, 1963, 1968, 1969)은 원형과 콤플렉스에 대한 자신의 논의에서 한 단계 더 나아가 우리가 많은 마음을 가지고 있다는 관념을 가져왔다. 그는 이러한 마음들이 단순히 내재된 대상 이상이라고 고려했다. 1935년에 융(1935/1968)은 콤플렉스가 다음을 갖는 것으로 설명했다.

> 자체적으로 약간의 인격을 형성하는 경향을 갖는다. 이것은 일종의 몸을 가지며, 특정 양의 자체 생리를 갖는다. 이것은 위에 탈이 나게 할 수 있으며, 호흡을 곤란하게 만들고, 마음을 불안하게 만든다. 요컨대, 이것은 부분적 인격 같이 행동한다… 나는 우리 개인의 무의식이… 알려지지 않은 수의 콤플렉스나 부분 인격들로 인해 무한함으로 구성된다고 본다(pp. 80-81).

융보다 더 젊은 동시대의 로베르토 아사지올리(Roberto Assagioli, 1973, 1965/1975; Ferrucci, 1982) 또한 우리가 하위 인격들의 집합이라고 가정했다. 아사지올리 이후, 다수의 이론가가 자연스러운 다중성을 지적했다. 이 영역을 탐구하면서, 이들은 서로 놀랍게 유사한 관찰을 내놓았다. 로완(Rowan, 1990)과 카터(Carter, 2008)는 마음의 다중성에 관한 연구의 더 상세한 역사를 제공한다.

지향하는 것과 상관없이, 개인내적 과정을 탐구했던 대부분의 이론가는 마음에 대해 어느 정도의 다중성을 가진 것으로 설명했다. 현재 영향력 있는 심리치료들을 살펴보면, 우리는 대상관계가 내적 대상을 설명하고(Klein, 1948; Gunthrip, 1971; Fairbairn, 1952; Kernberg, 1976; Winnicott, 1958, 1971), 자기심리학은 과대 자기(grandiose selves) 대 이상적 자기(idealizing selves)에 대해 이야기하며(Kohut, 1971, 1977), 인지 행동 치료는 다수의 도식과 가능한 자기(possible selves)에 대해 설명한다는 것을 알게 된다(Markus & Nurius, 1987; Dryden & Golden, 1986; Young, Klosko, & Weishaar, 2003). 이러한 이론은 내적 실체들이 자율적이고, 정서 및 인지를 완전히 보완하는 것으로(상호 의존적·일차원적 특수화된 정신 단위와 반대로) 여기는 정도와 관련하여 차이를 보이지만, 이들 모두 마음은 단 하나가 아니라고 제시한다.

해리성 정체감 장애(DID)에 관한 문헌을 뒷받침하는 정신적 외상 이론은 이러한 마음들을 잠재적으로 단 하나인 인격의 파편으로 본다. DID에 대한 전문가는 내담자들의 다중성을 인정한다. 그러나 이들은 이러한 인격들을 개인이 많은 '변형' 인격들로 분리되도록 만드는 어린 시절의 외상과 학대에 따른 결과라고 본다(Kluft, 1985; Bliss, 1986; Putnam, 1989; Nijenhuis, Van der Hart, & Steele, 2002).

내적 실체들의 이론화된 원천(학습, 외상, 내사, 집단 무의식 혹은 마음의 자연 상태)과 상관없이, 일부 이론가는 내적 실체들을 완전한 인격으로 본다. 이들은 이러한 내적 실체들이 사고 및 감정의 군집 혹은 단순한 마음의 상태 이상이라는 신념을 공유한다. 대신 이러한 실체들은 각각 전 범위의 감정과 바람을 가진, 다양한 연령, 기질, 재능, 성별에 따른 개별 인격으로 여겨진다. DID 이론가는 고도로 외상을 입은 사람들에게로 국한시키기는 하지만, 이러한 관점을 보유한다. 융의 이후 글은 융에게서 파생된 이론가들이 육성 대화(voice dialogue)라고 부르는 것처럼(Stone & Winkelman, 1985), 완전한 인격 다중성에 접근하는 방식으로 원형과 콤플렉스에 대해 설명한다. 이 외에, 최면 치유사인 존과 헬렌 왓킨스(John and Helen Watkins)에 의해 개발된 자아 상태 치료법(Watkins, 1978; Watkins & Johnson, 1982; Watkins & Watkins, 1979)과 아사지올리의 정신 종합(psychosynthesis)은 완전한 인격 다중성에 동의한다.

많은 외상 치료는 하위 인격의 존재가 외상 경험에 의한 정신의 파편화에 따른 질병의 징후라고 제안한다. 대조적으로 정신 종합, 자아 상태 치료법, 육성 대화, IFS 모델은 융과 마찬가지로 모든 부분을 본질적으로 건강한 마음의 귀중한 요소라고 본다. 실제로 IFS에 따르면, 제대로 기능하기 위해 내적 체계의 완전한 기능은 각각 다른 접근, 재능, 자원을 가진 이러한 하위 마음을 필요로 한다. 외상은 이러한 부분을 만들어 내지는 않지만, 대신 이 대부분의 부분으로부터 자연스러운 귀중한 기능 및 건강한 상태를 빼앗아, 보호 및 극단적 역할로 만들어 버린다. 따라서 치료의 목적은 부분을 제거하는 것이 아니라, 자신들이 더 이상 그렇게 방어적일 필요가 없다는 것을 알게 되어 편안해지도록 돕는 것이다. 내담자는 자신이 더 이상 동일한 위협의 수준에 있지 않으며, 자신이 신뢰할 수 있는 자연스러운 내적 지도자가 존재한다는 것을 깨닫도록 인도 받는다. 이런 식으로, IFS는 가족 체계 사고를 이 내적 가족으로 가져오며, 문제 아동들에 대해 가족 치료자들이 하는 것과 마찬가지로 고통받는 부분을 이들의 맥락에서 이해하고, 부모와 자녀 사이에 확고한 애착의 생성과 유사한 방식으로 내적 리더십을 복원한다.

사례

우리는 이제 IFS 중심 개념과 방법을 보여 주는 임상 사례를 향할 것이다. 또한 대승불교 가르침에서 유사성을 끌어낼 것이다.

로이스(Lois)는 일곱 살 때 처음으로 그녀의 술 취한 아버지가 그녀를 침실로 끌고 가 추행하기 전까지 활발하고 모험심이 강한 아이였다. 그날 밤 전까지, 그녀는 호기심과 유쾌한 천진난만함으로 가득했다. 그녀의 자유로운 부분들은 모든 것이 재미있고 흥미롭다는 것을 발견했다. 이렇게 자연스럽게 나타나던 부분들은 아버지의 행동으로 충격을 받았으며, 그녀는 자신이 무언가 그를 자극할 만한 일을 저질렀을 것이라고 가정하며, 더러움과 수치심을 느끼게 되었다. 더 이상 호기심이나 흥분은 없었으며, 일부 부분들은 삽화의 신체적 · 정서적 고통을 가져오기 시작했고, 이 사건이 일어났던 시기 즈음이 되면 얼어붙어 버렸다.

학교에서의 공부를 즐거워했던 로이스의 다른 부분들은 이제 역할을 바꾸었으며, 비밀의 수호자이자, 아버지 기분을 살피는 역할을 하게 되었다. 이들은 내적 비판으로 변모했으며, 그녀의 실수에 대해 꾸짖고, 그녀가 나쁜 사람이라는 것을 상기시켰다. 그녀는 과민한 반응을 보이게 되었으며, 주위 사람들의 변화하는 기분과 행동에 극도로 민감했다. 이후 로이스의 어머니는 그 시절 그녀의 기질이 갑작스럽게 변화한 것을 알아차렸다고 고백했다. 딸의 활발함은 갑작스럽게 위축되고, 조심스러워졌으며, 완벽주의가 되었다.

모든 부분이 본질적으로 소중하지만, 파괴적이거나, 끔찍한 경험들(IFS에서 '부담들'로 부르는)에 따라 갖게 되는 극도의 감정과 신념들에 의해 왜곡될 수 있다는 기본적인 가정은 치료자가 외상 생존자들에게 내적 세계와 관계를 맺도록 장려하는 방식에서 큰 차이를 만든다. 이는 또한 개인의 마음속에서 발생하는 모든 것이 '계몽되는' 측면을 가지고 있으며, 고통에서 벗어나 해방의 길로 이끌 수 있다고 말하는 티베트 불교의 관점과 유사하다. 비이성적인 사고 및 감정에 맞서고, 무시하고, 소멸시키거나, 대체하고자 노력하는 대신, IFS 내담자들은 호기심과 자비를 가진 자신의 내적 부분들을 향하고, 이러한 부분들이 어떻게 도우려 하는지에 관해 고통스러운 이야기를 들어 보도록 권장받는다. 이러한 식으로 외상 생존자들은 자신의 보호 부분으로부터 왜 그리고 어떻게 보호 역할을 갖게 되었는지 직접 알게 된다. 또한 외상을 입은 부분들은 생존자들에게 현재 지고 있는 부담을 갖게 된 과거에 무슨 일이 일어났는지 보여 줄 수 있다. 내담자들이 자신들의 내적 부분으로부터 직접 듣고 느끼는 경우, 이는 자신들에게 무슨 일이 일어났는지 혹은 왜 그렇게 방어적이 되었는지에 관한 생각보다 더 강렬하고, 본능적이며, 신체적인 경험이 된다. 부분들은 자신들의 경험이 단순히 생각되는 것이 아니라, 내담자에 의해 완전히 목격되기를 원한다.

이러한 중요한 변화에 따라 내담자는 고통스러운 내적 세계와 부분 사이에 관계를 이해하기 시작한다. 내담자는 단순히 고통스러운 사건을 목격하는 것에서 벗어나, 자신의 부분들이 이제는 이해되고 보살핌을 받는다는 것을 알도록 하면서 이들과 친밀하게 관계를 맺을 수 있다. 내담자는 실제로 과거에 갇혀 있는 추방당한 부분들과 새로운 애정 관계를 형성하기 위해 오래전 상황으로 들어갈 수 있다. 이러한 부분들이 지니고 있는 상처 혹은 수치심에 대한 더 명확한 이해와 염려에 따라, 내담자는 이러한 소중한 부분들을 더 안전하고, 자양분이 있는 마음 속 새로운 장소로 가져올 수 있다. 이러한 자비로운 목격과 과거의 상처 및 보호 부분들의 회수가 결합되는 것은 지니고 있던 극단적 감정 및 신념을 해소하며, 부담을 덜 수 있도록 만들어 주고, 이는 결국 부분들 자체에서뿐 아니라, 전체 내적 체계에서도 즉각적인 변화를 만들어 낸다. 부분들은 다시 자신들의 가치 있는 본질로 변모하기 시작하며, 다시 한 번 많은 자유와 활기를 가지고 기능하게 된다.

치유 몰입

로이스는 어렸을 때 어느 날 밤 자신의 침실에서 아버지가 자신에게 성적인 일들을 했다는 것에 대해 모호하게 기억했지만, 마음속 구석진 곳에 그 기억을 가두었고, 결코 이 일에 대해 생각하지 않았다. 이렇게 함으로써 보호 부분들은 과거에는 믿음직스럽고 활기찼지만, 아버지의 행동으로 너무 충격받고 상처받은 그녀의 부분들을 가두어 버렸다(IFS에서 '추방'). 그녀는 이 끔직한 일이 그녀에게 다시 일어나지 않도록, 과민반응과 완벽주의 비판(IFS에서 '보호자들')에 사로잡히게 되었다.

IFS 치료자는 로이스에게 지속적으로 그녀가 나빴다고 말하는 머릿속 비판적 목소리에 초점을 맞추어 볼 것을 부드럽게 권유했다. 이러한 따뜻한 몰입과 내적 대화 과정에서, 그녀는 이 비판적 부분에게 계속해서 자신에게 하는 혹독하고 위협적인 말을 멈춘다면, 두려워하는 일이 일어나는 것은 아닌지 물어볼 수 있었다. 그녀는 즉시 대답을 들었다. "너는 다시 상처를 받게 될 거야." 로이스는 처음에 자신을 줄곧 안전하게 지켜 주고자 한 것에 대해 이 비판적 부분에 감사를 표했다. 그리고 그녀는 비판적 부분에게 중요한 질문을 했다. 만일 그녀가 과거에 원래 상처 받았던 곳에 가둬 둔 추방된 부분들에 안전하게 접근하고 치유할 수 있다면, 비판적 부분은 그녀를 그토록 공격할 수밖에 없다는 생각이 들 것인가? 비판적 부분은 그렇게 할 필요가 없을 것이며, 실제로 이 극단적인 역할에서 벗어난다면, 대신 그녀에게 누가 믿을 만한지 누가 그렇지 않은지에 대해 조언을 하게 될 수 있을 것이라고 답했다.

비판적 부분이 허락함에 따라, 로이스는 모호하지만 지속적으로 마음에서 느꼈던 감정적 고통에 초점을 맞추었으며, 곧 일곱 살 때의 자신에 대한 심상을 보게 되었다. 로이스는 일곱 살의 자신에게 사랑과 배려를 표현할 수 있었으며, 어린 소녀에게 과거에 무슨 일이 있었는지를 보여 줄 수 있는지 물었다. 자신의 아버지가 그날 밤 했던 것을 완전히 그리고 동정적으로 목격한 이후, 로이스는 해당 상황에 들어갔고, 그녀를 자신의 팔에 안고서 그녀에게 아버지를 자극할 만한 어떤 일도 하지 않았으며, 일어난 일은 그녀가 아닌 전적으로 아버지의 잘못이라고 말해 주었다. 그리고 그녀는 소녀를 해변가로 데려간 후, 그녀의 잘못에 대해 오랫동안 가져온 믿음들을 날려 버리고, 그녀 몸속에 갇혀 있던 오래된 충격의 감각들을 벗어 던지도록 도와주었다. 일곱 살 소녀는 즉시 더 밝은 기분을 느끼게 되었고, 자발적으로 놀고 싶어 했다. 일곱 살 소녀에게서 이러한 변화를 보게 됨에 따라, 비판적 부분 또한 보호에 대한 무거운 책임을 벗어던지기 시작했으며, 사회활동의 조언가라는 새롭고 더 막중한 책임을 기쁘게 받아들였다. 내담자는 마음챙김, 자애, 자비를 포함하는 지혜로운 치유 특징들에 접근함에 따라, 전적으로 압도되지 않은 채, 무슨 일이 일어났는지, 얼마나 상처받은 느낌이었는지에 대해 마침내 알게 될 수 있었다. 이러한 목격 과정은 IFS에서 주요 치유 기제 중 하나다.

자아와 마음챙김

치료자가 외상 내담자의 내적 보호자들을 진정으로 존중하고, 내담자가 자신의 추방된 부분을 치유하는 능력과 관련하여 깊은 확신을 갖는 경우, 로이스가 그랬던 것처럼 비교적 빠르게 핵심 외상 소재에 도달할 수 있다. 그러나 이렇게 하기 위해, 로이스는 이러한 부분들과 결합되기보다 이를 확실히 관찰할 수 있는 내적 상태에 접근해야 했다. 이처럼 그녀의 부분들과 별도로 내담자를 돕는 과정은 많은 불교 명상에서 수행되는 것처럼, 그녀의 사고 및 감정에 빠지기보다 유념하게 되도록 돕는 것과 유사하다. 부분들에 의해 촉발되거나 압도되지 않은 채, 그녀는 이러한 부분들에 호기심을 가지고, 이후에는 이들에 대해 자비심을 갖게 되는 여유와 끈기를 갖게 되었다. 임상 연구에서 주의를 집중시키고 자각을 확대하는 것의 잠재력과 효능으로 인해, 많은 학파의 현대 심리치료사들은 마음챙김을 유용한 도구로 수용하고 있다(Germer, Siegel, & Fulton, 2005; Siegel, 2010). 일부 치료자들은 자신들의 내담자들에게 마음챙김 기술을 가르치고, 알아차림을 목격하는 능력을 뒷받침하기 위해 마음챙김 명상의 수련을 권장하고 있다.

외상 생존자들의 힘든 과거와 이들의 내적 체계에 있는 외상 충격의 습관화되고 체화되는 특성으로 인해, 외상 생존자들은 IFS 중재의 맥락에서 로이스가 비교적 빠르게 보여 준, 극단적 감정으로부터의 분리를 달성하기 전에 마음챙김 기술의 상당한 수련이 필요할 것으로 여겨진다.

마음챙김, 자애와 자비 같은 자질들이 운동을 통해 근육을 발달시키는 것처럼, 수련을 통해 함양되거나 강화되어야 하는 정신 능력이라는 일반적으로 고수되는 믿음과 대조적으로, 우리는 외상 내담자들이 보통 상담 초기에 이러한 자질에 접근할 수 있다는 것을 발견한다. IFS는 각 사람들에게는 자발적으로 접근했을 때 마음챙김, 자애, 자비를 포함하는 리더십 자질을 나타내는 광범위한 본질의 내재적 존재가 있다고 가정한다. 이러한 본질은 또한 차분함, 확신, 명료함, 연결성, 창의성의 심오한 의식으로 특징지어진다. IFS는 이러한 본질을 자아라고 부른다. 이러한 자아는 발달되거나, 함양될 필요가 없으며, 특히 이 장과 관련하여 외상으로 손상을 입지 않는다. 대부분의 사람들, 특히 외상 내담자들은 자신들을 지배하는 보호 부분들에 의해 잘 보이지 않기 때문에, 일상생활 속에서 자아에 접근할 일이 별로 없다. 자신의 부분들이 자아를 드러내기에 안전하다고 신뢰할 경우, 내담자들은 특정 기술의 명상이나 수련 없이도 즉시 이러한 많은 자질을 보여 줄 것이다.

이러한 관점에서 마음챙김 명상은 이 본질적 자질을 함양시키기 때문이 아니라, 내담자들이 이러한 자질 혹은 자아에 접근하도록 돕고, 보호 부분들이 일생생활에서 움켜쥔 것을 풀고, 자아가 주도하도록 놔둘 때, 많은 것이 더 좋아짐을 상기하도록 한다는 점에서 매우 가치가 있다. 즉, IFS의 관점에서 명상은 부분들이 자아의 리더십에 익숙해지고, 이를 신뢰하도록 돕기 위한 수련 회기로 여겨질 수 있다.

일부 불교 전통과 마음챙김 기반 심리치료에서, 개인은 수용의 관점에서 자신의 사고 및 감정을 바라보도록 배우지만, 반드시 이러한 것들에 적극적으로 몰입하도록 배우는 것은 아니다(Schwartz, 2011; Sparks, 2011 참고). 다음은 이러한 종류의 교육에 대한 사례다.

> 발생하는 두려움을 인식하고, 몸속에서 이러한 감정을 관찰하고, 경각심을 가져야 한다고 설득하는 것을 지켜보고, 이것이 변화시키며 나아가는 것을 바라보고… 두려움을 포함한 알아차림이 자체적으로 결코 두렵지 않다는 것을 알아차린다. 계속해서 두려움과 분리되고, 두려움이 구름처럼 지나가는 광범위한 알아차림의 공간으로 들어간다.

우리의 경험은 내담자들이 자아에 접근할 때, 자신의 부분들과 동일시되는 것을 멈출 뿐 아니라, 자신의 부분들을 목격할 수 있으며, 이러한 부분들과의 내적 대화를 명료하게 깨닫게 된다는 것을 보여 준다. 이에 대해 알아 감에 따라, 이들은 자연스럽게 자신의 부분들에게, 심지어 삶의 대부분 동안 증오하거나 두려워했던 부분들에게까지 사랑과 감사를 전달하기 시작한다. IFS의 언어로 설명하자면, 이러한 식으로 자아는 두려워하고 상처받은 부분들에게 사랑스럽고 안전한 내적 애착의 대상이 되고, 외상 내담자의 내적 가족 체계의 적극적이고 조화로운 지도자가 된다.

수년간의 실험을 통해 슈와츠(Schwartz, 1995)는 내담자들, 특히 중증 외상 이력을 가진 내담자들이 자아에 빠르게 접근하고, 더 큰 관점 내에서 치유하기 시작하도록 돕기 위한 방법을 개발했다. 내담자들은 단지 보통 자신의 삶을 통제하는 보호 부분들에게 편안해지거나, 안에서 스스로와 분리될 것을 요청하도록 권유받는다. 일단 이러한 부분들이 분리되거나, 자아에 대한 공간을 허용하기 시작하면, 내담자들은 즉시 그리고 자발적으로 두려움, 분노 혹은 혐오의 상태에서 변모하게 될 것이며, 자연스럽게 더 호기심을 갖게 되고, 자비롭거나 혹은 차분해질 것이다. 예를 들어, 로이스가 처음 자신의 방어적인 자기비판 부분에 초점을 맞추었을 때, 치료자는 그녀에게 비판 부분에 대해 어떻게 느끼는지 물었다. 이는 내담자가 부분과 분리될 수 있도록 하고, 자신 혹은 자신의 자아에 접근하기 시작하게 만드는 IFS의 핵심 질문이다. 이후 치료자는 그녀의 분노 부분에게 기꺼이 편안해지거나, 더 내적인 공간을 허용하기 위해 물러설 수 있는지 물어보도록 지시했다. 그녀는 분노가 소멸되는 것을 느꼈다. 이후 로이스에게 자신의 비판 부분에 대해 어떻게 느끼는지 물었을 때, 그녀는 대답했다. "나는 단지 왜 그러한 이름들로 나를 부르는지 흥미로웠어요." 분노가 편안해진 순간, 로이스는 자발적으로 자아의 몇 가지 자질을 보여 주었다. 바로 호기심(그녀의 설명으로 제시된), 차분함(그녀의 목소리로 들리는), 확신(그녀의 전체적인 태도에서 보이는)이다.

이처럼 자아에 대한 더 안정적이고 재치 있는 관점에서, 내담자들은 자신의 부분과 매우 생산적인 내적 대화를 시작할 수 있다. 이러한 마음으로 몰두하게 되는 내적 대화는 보통 빠르게 자비, 명료함, 공감, 고마움과 같은 자아의 다른 자질이 나타나도록 이끈다. 이후 내담자들은 이러한 자질을 자신의 부분들로 확장시킬 수 있다. 내적 부분들이 내담자 자아의 이러한 수용과 사랑을 느끼는 경우, 이들은 자신의 취약성을 드러내기 시작할 것이며, 이는 결국 추가적인 치유와 변모를 이끌 것이다.

외상은 개인의 본질에 피해를 입히지 못하며, 고통에서 해방을 경험하기 위해 수년간 마음챙김 기술을 수련하거나 명상할 필요가 없다는 이러한 신념은 많은 외상 생존자에게 크게 역량을 부여한다. 보통 이러한 내담자들은 자신이 너무 망가져서 결코 치유되지 못할 것이며, 자신의 본질이 손상되었을 것이라는 믿음을 갖는다. 두 번째로 중요한 IFS의 신념은 부분들이 보이는 것과 다르며, 이 부분들을 없애거나 해체하려 하기보다 자비로운 호기심으로 이들을 대할 경우 이들이 가치 있는 자질로 변모하게 된다는 것으로, 이는 동일하게 역량을 강화시켜 주며, 종종 외상 생존자들에게 매우 놀라운 일이 된다. 부분들은 성숙한 리더십과 만나기를 원하며, 자신들의 극단적인 역할에서 해방되어, 내적 체계 안에서 자신들의 가치 있는 기능을 발산하게 되기를 갈망한다. 이는 고립된 외상 내담자들이 삶의 기술을 습득하지 않고도 갑자기 외부 세계에서 효과적으로 대처하는 법을 알게 된다고 말하는 것이 아니다. 우리는 내적 세계에서 자기조절과 자기자비의 능력은 타고난 것이며, 따라서 많은 외상 접근에 비해 더 빠르게 다루어질 수 있다고 제시한다. 흥미롭게도 이와 동일한 신념이 부처의 가르침의 중심에 있으며, 그가 가르치려는 수행의 발현이 바로 이와 동일한 치유 능력이다.

IFS와 부처의 지혜

불교가 고타마 싯다르타(Gautama Siddhartha)의 생애 이후 북부 인도에서 형태를 갖추기 시작하면서, 여러 추종자 집단은 자신들이 생각하는 것이 그의 가르침의 진정한 본질이라고 표명했다. 이러한 집단 중 하나는 세월이 흘러 현재 대승불교(Mahayana)라고 알려진 종파로 발전했다. 대승불교는 여러 중요한 측면에서 전통적으로 내려오는 불교와 차이를 보이며, 외상을 치료하는 측면에 있어 IFS의 신념과 놀랍게 닮아 있다. 대승불교 관점의 중심은 보살(bodhisattva)의 이상이다. 보살은 끊임없는 고통의 굴레에서 자신의 해방은 미룬 채 모든 다른 존재가 해방되도록 돕기 위해 전념한 사람이다. 이러한 이상을 존재론적으로 믿든 안 믿든, 대승불교의 뛰어난 재능은 타인들에 대한 자비와 이들의 해방을 위한 헌신을 주요 목표로 고수하는 방식이다.

초기 대승불교 지도자들은 진정한 자유는 수련을 통해 만들어 내는 것이 아니라, 이미 우리에게 있는 것이라고 믿었다. 이들은 이러한 진실을 '불성'이라고 불렀으며, 이러한 넓은 마음과 무한하게 따뜻한 마음을 우리의 '참된 본성'이라고 지적했다(Chodron, 2005; Leighton, 2012; Makransky, 2007; McDonald, 1984). 이러한 관점에 따르면 우리는 불성을 기르거나 발전시킬 필요가 없다. 왜냐하면 불성은 항상 그래 왔듯, 이미 우리 자체이기 때문이다. 비슷하게 이러한 가르침은 불성이 변화하는 조건들의 발생과 소멸에 따라 영향을 받지 않기 때문에, 우리는 우리의 불성을 파괴할 수 없다고 제시한다. 이것은 모든 조건이 발생하고, 소멸하며, 자유롭게 기능할 경우 네 가지의 주요 특징에 따라 특징지어지는 광범위한 공간이다. 네 가지의 주요 특징은 자애(무조건적 호의), 자비(거부하지 않고 고통을 마주하는 능력과 타인들의 고통을 경감시키려는 무조건적 동기 부여), 평정심(equanimity: 고통을 마주할 때에도 차분함과 안정 고수), 공감적 기쁨(다른 사람들의 행복으로 느끼는 기쁨)이다. 자기해방에 대한 초점에서 타인들의 해방에 대한 초점으로의 이 중요한 전환에서, 그리고 우리의 본성이 바로 부처의 본성(해방과 깨어 있음)이라는 확고한 신념에서, 우리는 외상 치료에 대해 IFS 모델이 갖는 신념 및 방법과의 유사성을 발견하게 된다.

　IFS에서 자아로 설명되는 것은 개인의 불성으로 볼 수 있다.[1] 외상 사건에 의해 영향을 받지 않고, 자비와 치유의 존재로서 즉시 이용할 수 있는 해방된 공간과 빛나는 자질이 모든 사람에게 존재한다면, IFS는 내담자들이 참된 본성에서 이어지고, 참된 본성으로 각성되도록 돕는 능숙한 수단이다(IFS를 이러한 능숙한 수단으로 보는 또 다른 설명에 대해 Engler & Fulton, 2012, pp. 182-188 참고). 그리고 개인의 '내적 부처 혹은 보살'은 도움을 갈망하는 모든 조건화된 혹은 손상된 부분에 대한 주요 치유 자원이 된다. 자아는 이러한 내적 체계에서 또 다른 부분으로 여겨지지 않는다. 또한 이것은 '손상된 혹은 나쁜 부분'과 반대되는 '자유로운 혹은 선한 부분'이 아니다. 자아는 모든 부분이 발생하고 기능하는 광범위한 마음이

---

1) '불성'은 '무자아'(무아, anatta) 및 대상과 존재를 포함하는 모든 현상의 '공허함'(본질적 존재의)에 대한 불교의 중심 개념들과 모순되지 않는(간혹 모순되는 것으로 해석되지만) 대승불교의 감지하기 어려운 생각이다. 엥글러와 풀턴(Engler & Fulton, 2012)이 주목한 바와 같이, 한 가지 측면에서 IFS의 자아 개념은 불교의 무자아(무아, anatta) 관념과 일치한다. 또 다른 측면에서, 이것은 태고의 초개아 영혼인 힌두교의 아트마('나', atma) (보통 영어에서 '자아'로 번역된다) 관념과 유사하다.

며, 또한 불필요한 고통으로부터 해방되는 원천이나 에너지다.

자아와 보살의 방식

IFS와 불교 수행의 이처럼 공유되는 현실을 표현한, 대승불교에서 유래된 서원(vow)이 존재한다. 보살의 서원은 개인의 불성과 타인들에 대한 헌신을 기반으로 삶의 기초적인 토대를 펼쳐 보인다. 다음은 전통적인 번역문 중 하나다.

> 존재는 수없이 많으며, 나는 이들을 해방시킬 것을 맹세한다.
> 망상은 무궁무진하며, 나는 이들을 종식시킬 것을 맹세한다.
> Dharma-gate(법문)[2]는 끝이 없으며, 나는 이곳에 들어갈 것을 맹세한다.
> 부처의 방식은 능가할 수 없는 최고이며, 나는 그렇게 될 것을 맹세한다.

이 어구는 고통받는 존재에 대한 무한한 보살핌의 표현이며, 마음에 내적 인격들이 거주하는 것으로 고려한다면, 외상 내담자의 내적 세계에 있는 고통받고 취약한 거주자들에게 유사한 수준의 자비와 보살핌을 제공하는 것에 대해 고려하는 것은 크게 벗어나는 것이 아니다. 그 충만함에 있어 서원은 불가능할 정도로 깊다. 그러나 더 실용적으로 볼 때, 서원은 삶의 특정 방식을 취하는 것에 대한 전념이 된다. 보살은 다른 사람들이 고통에서 해방되도록 돕는 실용적 길을 취한다. 보살은 모든 존재가 자신들의 조건화에 대해 인식하도록 할 뿐 아니라, 이들이 조건화의 제약들을 풀도록 돕는 것에 전념한다. 이들은 모든 상황을 자유를 향해 삶을 변모시키고, 부처의 가르침들을 완전히 구현하기 위한 방법을 찾는 기회로 이용한다. IFS의 관점에서 변환할 경우, 내담자의 자아 혹은 내적 보살은 개별적인 고통으로부터 모든 부분을 해방시키는 것에 전념한다.

---

2) 'Dharma-gate(법문)'는 삶의 경험에서 배우고 성장하는 기회가 되는 매일의 도전들이다.

이러한 관점은 정신적 외상 분야와 신경과학 분야에서 현재의 치유 개념과 일치한다. 즉, 치료자와의 연결 및 안전함이라는 맥락에서 외상 기억들과 조건화를 마주하는 것은 소거 학습 과정들과 기억 재통합을 육성하는 것이며, 이는 조건화된 두려움, 수치심, 중독 및 외상 촉발 요인들에 대한 기타 습관화된, 고통 유발 반응으로부터 내담자들을 해방시킨다는 것이다(예, Maren, 2011; Schiller et al., 2010). 그러나 IFS의 경우, 운영 방식(modus operandi)은 마음챙김, 자비, 차분함과 연결성을 유도하는 개인의 치유 능력에 접근하고, 외상 후 고통의 끊임없는 주기에 의해 붙잡혀 있었던 스스로의 부분을 탐구하고, 이해하고, **변모시키기** 위해 이러한 능력들을 이용하는 것이다. 엥글러와 풀턴(2012)에 의해 주목된 바와 같이, 이러한 IFS의 측면은 또한 "모든 마음 상태들은 유익한 자질들로 변모될 수 있는 귀중한 에너지들이라는"(2012, p. 184) 대승불교의 전통 내에서 밀교인 티베트 불교의 이해와 방식을 반영한다.

이러한 이해를 염두에 두고, 우리는 보살 서원을 IFS 용어에 따라 다음과 같이 번역할 수 있다.

부분들은 수없이 많다. 나는 이러한 부분들의 극단적인 역할로부터 이들을 해방시키는 수행을 취할 것이다.

부담(극단적인 믿음과 감정들)은 수없이 많으며, 왜곡과 망상들을 만들어 낸다. 나는 부담을 털어, 자아 리더십의 명료함으로 이끄는 수행을 취할 것이다.

나의 길에서 경험들은 치유를 필요로 하는 부분들을 끊임없이 촉발시킨다. 나는 이러한 모든 고통스러운 부분들을 확인하고 치유하기 위해 이들의 '출발점(trailheads)'을 이용하는 방식을 취할 것이다.

자아 리더십은 능가할 수 없는 최고의 것이다. 나는 자기에너지를 구현하는 방식을 취할 것이다.

치료자의 자아

물론 이러한 서원은 단지 내담자들을 위한 것이 아니다. 치료자가 불성 혹은 자아를 체화할 수 있을 때, 내담자들은 즉시 치료자 존재의 안전, 수용, 자비를 느낀다. 이들의 보호 부분들은 편안해지고, 자아를 드러내게 된다. 치료자가 절망, 자살충동 혹은 수치스러움을 느끼는 내담자의 부분들 앞에서 차분함, 보살핌, 확신을 유지할 경우, 내담자 역시 이러한 식으로 자신의 부분들과 관계를 맺기 시작할 것이다. 이렇게 함으로써 이러한 부분들이 행사해 왔던 역할들이 더 명백하게 보일 수 있고, 항상 표면적으로 보였던 것과 다른 무언가를 드러내게 되며, 이들이 단순히 사랑받고, 자신들의 선함을 표현할 수 있게 되기를 원한다는 것이 명확해진다.

이러한 특징은 외상 내담자들과 상담할 때 특히 중요하다. 이는 이들의 내적 체계가 보통 매우 불신하는 상태이며, 과민하고 반응적이기 때문이다. 필연적으로 치료자의 보호 부분이 촉발될 것이며, 이는 잠재적으로 치료자 자아에게서 미묘한 변화를 이끌어 낼 수 있다. 이는 결국 내담자 체계 내에서 해로운 극성을 초래할 수 있는 내담자의 보호자들을 위협할 것이다.

외상 치료에서 최적의 효과를 위해, IFS 치료자는 다음과 같은 몇 가지 핵심 수행들을 하는 것이 권장된다.

- 보호자들이 인수할 때 알아차림을 유지하도록, 회기에서 유념해야 한다.
- 자아 리더십으로의 복귀가 가능하도록, 촉발되는 순간에 보호자 부분들에게 분리를 요청한다.
- 자아 리더십이 즉시 회복되지 않는 경우, 부분이 인수했다는 것을 인정하고, 자아 리더십의 손실에 대해 사과함으로써 내담자를 치료한다.
- 회기들 사이에 개입된 혹은 촉발된 부분들과 상담한다.

정기적인 마음챙김 수행 및 자비 명상은 이러한 네 개의 모든 IFS 수행을 이용하는 치료자의 중재를 뒷받침할 것이다. 이렇게 함으로써 치료자는 자신의 부분들이 신체와 마음에서 나타내는 방식에 점차 민감해질 뿐 아니라, 치료 관계에서 자아 리더십을 상실했을 때 더 잘 알아차릴 수 있으며, 현실을 자비롭게 받아들이고, 자아 리더십으로 돌아갈 수 있다.

자아 대 자아 연결성

우리는 외상 내담자들을 치유하는 본질적 측면이 내담자의 자아와 치료자의 자아 사이에 발전하는 신성한 연결에 있다고 확신한다. 내담자가 자아에 의해 만났다는 것을 더 많이 느낄수록, 내담자는 자신이 혼자가 아님을 알기 때문에 끔찍한 내적 세계에 들어가는 것에 더 대담하게 느끼게 된다. 또한 내담자는 치료자와 함께 있지 않을 때에도 치료자와의 활성화된 연결을 신뢰하면서, 외부 세계에서 더 많은 위험을 감수하기 시작한다.

경력의 마무리를 향해 가면서, 칼 로저스는 다음과 같이 아름답게 썼다.

> 나는 나의 내적·직관적 자아와 가장 가까울 때, 내가 어떤 식으로든 내 안에 알려지지 않은 존재와 접촉할 때… 무엇을 하든 내가 치유에 완전히 몰두한다는 것을 발견했다. 그리고 단순히 나의 존재는 타인에게 전달되며, 도움이 된다. 이러한 경험을 강제하기 위해 내가 할 수 있는 것은 아무것도 없지만, 내가 편안하고, 나의 초월적 핵심에 가까워질 때… 나의 내적 영혼은 타인의 내적 영혼에 다가가고, 접촉하게 되었다… 우리의 관계는 자체를 초월해, 무언가 더 큰 존재의 부분이 된다. 심오한 성장과 에너지가 존재한다(Prendergast, Fenner, & Krystal, 2003, p. 93).

자아 대 자아, 불성 대 불성, 영혼 대 영혼, 내적 영혼 대 내적 영혼, 이러한 경험이 무엇으로 불리든, 이러한 경험을 한 사람들은 그 치유력을 알고 있으며, 이로부터 안식을 갈망한다. 이러한 심오한 연결이 열리고, 외상 내담자와 치료자 사이에서 안정화될 때, 내담자는 자신의 자아와 부분들 사이에서 유사한 연결을 형성하는 데 도움이 되는 활기찬 모델을 가지게 된다.

우리의 사례로 돌아가, 로이스가 자신의 치료자와 이러한 온화하고 안심이 되는 자아 대 자아의 연결을 느꼈을 때, 그녀는 자신의 내적 비판 부분에 대해 그리고 두려워하는 일곱 살 소녀에 대해서도 열린 마음을 가질 수 있었다. 이러한 부분들은 마침내 그녀의 자아로부터 목격되었고, 따뜻하게 만났다는 느낌을 받게 되었다. 더 이상 고립되지 않고, 양극화되지 않게 부분들은 자신들이 더 큰 무언가에 소속되고, 이러한 애정 어린 포용으로 편안해질 수 있다는 것을 깨달았다. 이러한 넓은 열림으로, 그녀는 그녀의 모든 부분에 대한 자비의 보살핌으로 확대될 수 있었던 자신의 보살 에너지를 각성시켰다. 이렇게 함으로써 그녀는 자신 내부에 모든 존재의 고통을 해소시켜 주는 서원을 집행했다. 이러한 부분들이 과거의 고통으로 벗어났을 뿐 아니라, 그녀의 자애 존재 또한 그녀가 각 마음의 중심에서 발견되는 자아에 완전히 접근하지 않도록 막아야 했던 이 부분들의 짐을 덜도록 도왔다. 이러한 깨달음과 해소는 각 부분이 불성에 따라 더 자유롭게 기능할 수 있도록 만들었다.

결론

IFS 방법에서 외상의 영향으로 고통받는 내담자들은 습관적으로 피하거나 증오하던 자신의 부분들을 향하도록 권유받으며, 이에 따라 이러한 부분들이 치유의 포용을 기꺼이 제공할 준비가 되어 있는 내담자의 자아와 만나게 되기를 갈망하고 있다는 것을 발견하게 된다. 내적 부분들의 꼬인 상태, 보호의 층, 추방된 부분들의 고통은 처음에는 벅찬 것으로 보일 수 있지만, 내담자들은 자신의 부분들을 인식하고 있는 충분한 훈련을 받은 IFS 치료자의 확신, 차분함, 연결성(자아의 자유로운 흐름)을 만나게 될 때, 보통 몰입하고, 유념하고, 사랑하는 수행의 힘과 효능에 놀라게 된다.

　대승불교의 명상 전통과 유사하게, IFS에서는 자아 리더십이라고 불리는 것에 접근함으로써 치료자들은 자신들의 내담자들에 대한 치료에서 보살의 서원을 체화하며, 내담자들은 자기 자신의 고통받는 내적 부분들에 대해 보살이 된다. 이러한 관점에서는 중증 외상 내담자들도 자신들의 불성과 분리되지 않으며, 이러한 불성은 보호 부분들의 표면 아래에 머무르다가 이러한 부분들이 편안해지고, 내부에 넓은 존재에 개방될 만큼 안전하다고 신뢰하게 될 때 온전하게, 완전히 발전한 모습으로 나타나게 될 것이다. 더 많은 보호자가 조건화의 자동적인 혼란 상태에서 분리될수록, 호기심, 확신, 용기, 자비, 창의성, 차분함, 명료성, 연결성 같은 더 많은 자질들이 내담자의 알아차림과 존재에서 나타나게 된다. 이러한 자질들은 자발적으로 자연스럽게 나타나며, 명상은 이러한 부분들에게 이들을 신뢰하며, 그대로 놔둘 것이라는 점을 상기시킬 수 있다.

　외상 내담자들에게서 이러한 자아의 출현은 우리가 수세기 전에 대승불교의 전통과 보살의 방식에 따라 설명된 바와 같이, 이러한 변모한 능력이 실제로 인간 본성을 기반으로 한다는 것을 알게 될 때까지 너무 기적적이어서 믿을 수 없을 것이다. IFS 방식은 대승불교를 반영하는 기본 가정으로 외상을 치료하는 접근이다.

제9장

복합 외상을 가진 여성을 위한
마음챙김 기반 스트레스 감소와
마음챙김 교육
외상 후 스트레스 장애 치료의 새로운 모델

트리시 매기어리(Trish Magyari)

어린 시절의 성적 학대는 미국 전역에 걸쳐 국가적으로 대표되는 표본에서 남성 중 16%, 그리고 성인 여성 중 3~27%에 이르는 사람들에게 영향을 끼친다 (Molnar et al., 2001). 어린 시절 성적 학대의 생존자들은 외상 스펙트럼에 걸친 증상으로 고통받을 수 있으며, 우울증과 외상 후 스트레스 장애(PTSD; Molnar et al., 2001)를 포함하여, 가장 주요한 정신 장애에 대한 1.5~10.2배의 위험에 놓이게 된다. 반복되는 외상이나 **복합 외상**의 축적은 불안, 약물 남용, 자기효능감, 불면, 신체적 증상을 포함하는 복합 외상으로 알려진 증상을 초래할 수 있다(Kimbrough et al., 2010; Briere & Spinazzola, 2009).

이 장은 우리 그룹의 몇 가지 관련된 연구 결과들, 마음챙김 기반 스트레스 감소(MBSR) 및 PTSD를 가진 사람들에 대한 마음챙김 중재의 작용 기제와 관련된 이론적 고려사항, 그리고 가장 중요한 '외상에 민감한' MBSR을 특별히 가르치고, 마음챙김 기술의 구성요소를 더 일반적으로 가르치기 위한 지침과 권장사항에 대해 검토한다. 우리의 경험은 이러한 인구집단과 상담하는 데 있어 알려진 문제에 대한 숙련된 주의를 통해, 역량을 강화하는 해결책을 예상하고 만들어 냄으로써, 숙달, 치유, 성공의 가장 큰 기회를 허용하는 마음챙김 활동에 대한 완전한 MBSR 교육과정을 가르칠 수 있도록 우리가 외상을 근거로 한 접근을 옹호하도록 이끌었다. 자기자비 훈련과 관련된 MBSR 교육과정의 요소들이 특히 복합 외상을 가진 사람들과 관련되고, 이들에게 귀중할 수 있다는 것에 주목해야 한다.

이러한 지침들은 MBSR과 마음챙김 지도자뿐 아니라, 내담자들에게 회기 중 이러한 수행을 소개하거나, 내담자들이 동시에 MBSR/마음챙김 기반 인지 치료(MBCT) 그룹에 참여하는 심리치료사에게도 유용한 것을 목표로 한다. 복합 외상을 가진 사람들에 대해 마음챙김 기반 중재를 이용하는 것에 다수의 문제점이 존재하며(차후에 설명됨), 이것이 잘 수용되고, 복합 외상을 다루기에 매우 효과적인 접근이라는 것을 보여 주는 우리의 연구 데이터와 임상 경험에 대해 민감한 다수의 쟁점이 존재한다. 다시 외상을 입고, 촉발되고 혹은 달리 자신을 해치기보다 치유하는 방식으로 자신의 경험들을 '받아들이는' 방법에 대한 매우 명확하고 구체적인 지침과 개인의 삶의 현재 순간에 존재하는 훈련의 결합은 일반적으로는 마음챙김 훈련의 가치이며, 특별하게는 MBSR의 가치다.

배경

MBSR은 변증법적 가르침, 경험적 수행, 학습의 통합을 위한 충분한 시간을 포함하는 반구조적이고 세속적인 마음챙김 교육과정이다. 이는 일반적으로 시리즈 후반 주들에 있는 휴식과 함께, 8주 그룹 포맷으로 제공된다. 회기들은 3시간이 걸리는 첫 번째와 최종 회기를 제외하고, 2시간 30분 동안 지속된다. 휴식은 4시간에서 6시간에 이른다. 교육과정은 세 개의 주요 활동 형태를 포함한다. 첫 번째 활동 형태는 정좌 명상(호흡, 소리, 신체, 감정, 사고에 대한 개인의 자각과 선택이 없는 알아차림 기반), 바디 스캔, 걷기 명상, 마음챙김 요가(두 개 과정), 자애 명상을 포함하는 **공식 명상**이다. 두 번째 활동 형태는 먹고, 말하고, 듣고, 걷는 동안 그리고 스트레스가 되는 사건 동안 일상생활 활동에 마음챙김 가져오기를 수반하는 **비공식 수행**이다. 세 번째 활동 형태는 발생하는 우리 자신의 주관적 경험들을 친근한 방식에서 주목하고, '함께 존재하는' 것을 훈련하는 **마음챙김 탐구**다. 이는 "바로 지금 무슨 일이 일어나고 있는가?"와 "나는 친근한 방식으로 경험과 함께할 수 있는가?"라고 묻는 것을 수반한다. 또한 회기들은 이전 회기 이후 집에서 하는 수행의 통합/처리를 위한 시간을 포함한다. 집에서 하는 수행에는 스트레스 주기, 스트레스 반응성, 스트레스 반응(그리고 PTSD와의 관계)에 관한 변증법적 정보 그리고 정서적으로 고통스럽거나 강한 부정적 감정을 만들어 내는 경험과 함께 존재하며 머무르는 방법을 포함하여, 일상생활 경험에 소재를 적용하는 특정 활동이 있다.

이론적 고려사항

DSM-5는 PTSD 증상을 네 개의 범주로 나눈다.

- 촉발 요인들, 순간적 회상(플래시백), 악몽을 포함하는 침투적 증상들
- 해리, 사람/장소/사물의 회피, 그리고 정서와 기억의 둔감화를 포함하는 회피
- 투쟁 혹은 도피 반응이 과다 작용하고, 진정의 어려움과 결합되는 각성/반응
- 부정적 사건들에 대한 반추와 같이 부정적 기분과 인지

DSM-IV에서 DSM-5로의 변화들은 전체 PTSD 증상 목록을 건드리지 않았다. 새로운 진단 기준은 PTSD 진단 비율을 상당히 변화시킬 것으로 예상되지 않는다(Calhoun, 2012).

MBSR은 구체적 · 체계적으로 이 모든 증상 영역을 다루는 중재다. 침투적 증상은 현재에 머물고, 다른 현상과 마찬가지로 침투적 기억 및 촉발 요인에 대처하는 기술을 가르침으로써, 즉 내담자들이 반사적인 내적 반응에 대응하지 않도록 가르침으로써 다루어진다. 내담자들은 스스로에게 친근한 자세로, 경험이 좋지 않더라도 경험하는 것에 가까워지고, 이에 따라 회피 증상을 줄이도록 자문 받는다. 각성/반응 증상은 마음챙김 수행이 신경계에 끼치는 진정 효과를 통해, 특히 부교감 반응을 활성화함으로써 감소된다. 이 외에 현재 환경에 대한 마음챙김은 안

전함을 주목하는 데 사용될 수 있다. 우리는 반응하지 않고, 사고들을 단순히 사고들로 확인하는 것을 배움으로써 우울한 반추의 하향 나선과 자기혐오를 저해시키는 것으로 부정적 기분과 인지에 대처한다. 또한 내담자들은 자기 자신과의 더 긍정적인 관계를 만들어 냄으로써, 자기비판적 사고에 친절한 방식으로 대응하는 방법을 배운다. 또한 MBSR은 부정적 기분 상태를 가진 사람들에게서 종종 간과되거나 거부되는 긍정적 경험을 동일시하고, 유지하는 훈련을 수반한다.

존 브리어(John Briere)가 제시한 이론적 근거에 따르면, 외상은 잠재적으로 동일시의 영역, 관계 문제, 정서 조절에 영향을 끼친다(Briere & Rickards, 2007; Briere & Spinazzola, 2010). 이러한 각각은 MBSR/마음챙김이 다음 쟁점을 어떻게 다루는지를 포함하여, 더 자세히 설명된다.

- 자신과 기타 지시되는 존재에 대한 감소된 접근을 포함하여, 동일시 문제들은 내적 지향 알아차림의 증가와 자기 지식 발전을 통해 다루어진다.
- 대인관계에서 과거와 현재를 분리시키는 어려움을 포함하는 관계 문제들은 현재 순간의 경험을 동일시하고, 함께 머무르는 능력을 증가시키고, 반사 반응을 감소시키고, 듣기와 말하기처럼 특정 마음챙김 의사소통 기술을 가르치는 것에 의해 다루어진다.
- 기분, 사고, 감정을 자기조절하는 능력의 감소를 포함하는 정서 조절은 자기진정, 자기자비 기술의 증가와 특히 내적 반응과 부정적 정서 및 인지 상태에 반작용하기보다 반응하는 법을 배움으로써 다루어진다.

연구 증거

이 장은 특히 정신 통찰 재단(Mental Insight Foundation)이 후원한 메릴랜드 대학 통합 의료에서 진행된 복합 외상 인구에 대한 MBSR 연구에 초점을 맞춘다. 2006년과 2010년 사이에, 우리는 어린 시절 성적 외상으로 인해 PTSD를 갖게 된 사람들에 대한 세 번의 연구에서 참여자에게 MBSR을 수행했다. 이 연구에는 첫째, 예비 연구 MICAS(아동 학대 생존자들에 대한 마음챙김 중재), 둘째, 무작위 임상 실험, 오직 여성들(7명 코호트)에 대한 AMWELL(건강을 위한 침술과 명상), 셋째, 우리 결과의 평가들, 추가적인 기술 데이터, 또한 원래 중재와 관련된 질적 정보에 대한 장기 데이터를 수집하기 위해 진행된 예비 연구 참여자들에 대한 후속 연구, MICAS II가 있다. MICAS 연구에서, 우리는 조울증, 해리성 정체감 장애(DID)나 정신병을 가진 사람들과 현재 중독이 있는 사람들 혹은 6개월 이내에 회복된 사람들을 제외했다. AMWELL 연구에서 우리는 조울증을 포함시켰으며, 이에 따라 이 진단을 받은 많은 참여자와 DID에 대한 모든 기준을 충족시킨 최소 한 명의 참여자가 포함되었다. MICAS 참여자들은 또한 진행되는 동시 심리치료를 받아야 했다. 예비 연구에서 부작용 보고가 없었기 때문에, 우리는 AMWELL 연구에 대해 동시 심리치료가 필요하지 않았다. 부작용 보고들은 첫 번째와 두 번째 회기들 사이에 일시적인 고통에 대한 일부 경우들로 국한되었다.

이전에 발표된 MICAS 연구의 결과들은 모든 주요 결과 변수와 PTSD 증상의 지속적인 감소를 보여 주었다(Kimbrough, 2010). 특히 기준선으로부터 4주, 8주, 24주에 측정된 불안, 우울증, PTSD 증상들에서 유의미한 감소가 있었다($p < .0001$). 동시에 마음챙김 주의 자각 척도(MAAS)로 측정된 마음챙김은 기준선에 비해 증가했으며, 4주, 8주, 24주 측정에 유의미하게 증가된 상태를 유지했다. PTSD 증상들이 증상 군집별로 분석되었을 때, 4주, 8주, 24주 측정에 세 개의 증상 군집의 감소는 모두 유의미했다. 감소는 '회피' 증상 군집에서 가장 컸다. 많은 임상의가 복합 외상을 가진 환자에게 회피 증상이 가장 유해하며, 치료에 가장 큰 문제들을 제공한다고 여기기 때문에, 이는 중요한 점이다.

4주째와 8주째에 중재 직후, 문서 질문지에 의해 질적 데이터가 또한 수집되었다. 다음의 의견들은 PTSD 증상을 다루고, 참여자들에게 개인적 의미를 갖는 MBSR의 능력을 보여 준다(의견들은 의미를 변경하지 않고, 연구 참여자들의 비밀을 보호하기 위해 각색되었다).

참여자 A의 말

- 4주. "마침내 나는 수치심과 분노를 놓을 수 있습니다. 이제 나는 두려워하거나 피하려 하지 않고, 이러한 생각들을 가지고 머무를 수 있습니다."
- 8주. "이 그룹에서 나는 내가 미친 생각을 하지 않으며, 두려워하고, 슬퍼하거나, 분노해도 괜찮다는 것을 배웠습니다. 이것이 내가 무너져도 된다는 것을 뜻하지는 않습니다. 가장 중요한 부분은 내 생각들을 묻지 않는 것을 배운 것입니다. 이것은 나 자신을 용서할 수 있는 것의 핵심에 있습니다."

참여자 B의 말

- 4주. "이 수업 전에, 나는 갇혀 있었습니다. 이 수업은 성장과 치유에 관한 것입니다. 나 자신에 대해 비난하지 않는 것을 배운 것은 정말로 유용합니다."
- 8주. "이 순간, 현재에 있으며, 과거에 머무르지 않기 위해 나는 스스로를 치유하는 힘을 갖고, 스스로에게 친구가 되어 주는 것을 배웠습니다. 마치 깨어난 것 같습니다. 나 자신을 다시 소개하는 것은 좋은 느낌입니다."

참여자 C의 말

- 4주. "이 수업은 내 삶을 더 잘 다루도록 돕는 수단을 내게 주었습니다. 나에게 가장 유용한 수단은 바디 스캔입니다."
- 8주. "이 그룹에서 나는 공식적으로 자신을 소개했습니다. 나는 오랫동안 잃어버렸던 나 자신을 찾은 느낌이고, 나의 삶의 이 기간 동안 내가 누구인지 더 확고한 느낌을 가지게 되었습니다. 나는 또한 모든 사람으로부터 고립되기보다 사람들에게 닿으려는 의지가 생겼습니다. 바디 스캔은 모든 정상적인 아픔과 고통 이외에, 모든 고통을 안고 있는 장소들에 접촉할 수 있도록 도와주었습니다. 나는 다시 나 자신을 찾았습니다."

참여자 C는 또한 MICAS II 연구의 일환인 MBSR 코스 이후 2년 9개월을 면담했다. 그녀가 MBSR 코스 이후 보고한 몇 가지 행동 변화들은 다음과 같다.

- 그녀가 과거 일을 할 때 얼마나 '스트레스를 받았는지' 인식하고, 지난 2년 6개월 동안 몸담아 온 곳보다 새롭고, 더 성취감을 주는 일자리를 찾았다.
- 이전의 많은 실패한 시도 이후 금연을 하게 되었다. 현재 2년 이상 동안 흡연을 하지 않았다.
- 긴 약혼 이후 결혼을 하였다. 결혼에서 행복을 느끼며 '마침내 충분한 안전을 느꼈다.'
- 달리기를 시작하였다. 그녀는 현재 정기적으로 5마일 레이스를 달리고 있다.

이러한 행동 변화들은 자기인식의 증가, 관계성 증가, 대처하기 위한 중독성 물질에 대한 의존성 감소, 건강 행동의 증가를 보여 준다. 이러한 변화들은 다른 참여자들의 후속 보고에서도 유사했다.

가장 중요한 점은, MBSR이 참여자들에 의해 인정되고, 수용되고, 높은 가치를 평가 받은 중재라는 것이다. 많은 참여자가 불안정한 생활 조건을 가졌음에도, 준수 정도는 매우 높았으며, 무작위 배정 이후 전혀 중재에 참여하지 않은 사람들을 포함하여 평균 참석률은 아홉 번의 회기 중 일곱 번이었다. 자기보고 저널과 그룹으로 보고되는 주관적 경험은 수행에 대한 높은 준수를 보여 주었으며, 연구 중 오직 경미한 부작용이 보고되었다. 주목할 만한 것은 조용하게 눈을 감은 마음챙김 명상 동안 혹은 누워 있는 요가 과정 동안 괴로움을 주는 상황이 없었다는 것으로, 두 활동은 보통 복합 외상을 가진 사람들에게 정서적으로 너무 힘든 것으로 고려되어 왔다. 우리는 회피의 정반대, 즉 수용이나 노출을 처방하는 치료 접근들이 복합 외상을 치료하는 데 있어 가장 성공적일 수 있으며, MBSR은 전통적인 심리치료에 대한 강한 효능의 부속 치료가 될 수 있다고 결론 내렸다. MBSR은 내담자들이 보통 외상 초점 치료에서 발생하는 강렬한 정서적 경험을 처리하도록 돕는 기술을 얻을 수 있는 데 광범위하게 이용 가능한 비용 효과적 방식이다. 따라서 MBSR은 또한 효과를 증대시키기 위해 개인 혹은 집단 심리치료와 시너지를 발휘할 수 있다.

MICAS 참여자들은 기준선에서 2~3년 그리고 24주 평가 이후 대략 1년 6개월

~2년 6개월 후에 다시 돌아왔다. 모든 문서 평가가 다시 제공되었으며, 외상 및 정신 건강 이력 그리고 과정 자체에 대한 피드백과 관련하여 새로운 데이터가 수집되었다. 과정에 대해 가장 일관된 피드백은 참여자들이 그룹에 '자신들의 외상 스토리를 말할' 필요가 없으며, MBSR 교육과정이 현재의 앞으로 나아가는 자신들의 삶에 초점을 맞추고 있다는 사실을 좋아했고, 높이 평가했다는 것이다. 결과 측정에 대한 분석은 우울증, 불안, PTSD 증상이 기준선으로부터 지속적으로 유의미하게 감소하고 있다는 것을 보여 준다(M. Chesney, 개인적 대화, 2012. 4. 9.).

임상 고려사항

다음 지침들은 첫째, MICAS와 AMWELL 연구 동안 MBSR 그룹을 이끈 나의 경험, 둘째, 다양한 만성 통증 및 만성 질병을 가진 인구들에 대해 50개 이상의 추가적인 MBSR 그룹을 촉진한 나의 임상 경험, 셋째, MICAS II 연구의 후속 면담들 동안 참여자들에게서 얻은 권장사항, 넷째, 나와 이 주제에 대해 매사추세츠 대학의 연간 MBSR 컨퍼런스에서 두 개의 워크숍을 공동 주관한 차 윌킨스(Char Wilkins), MSW(master of social work: 사회복지전문가)에게서 나온다.

복합 외상 생존자들에게 MBSR/마음챙김 중재를 제공하는 데서의 임상 문제들

마음챙김/MBSR을 가르치는 데 있어 임상 문제들은 주로 회피, 재경험, 반응의 PTSD 증상으로부터 발생한다. 이러한 문제들을 제한 요인으로 보기보다, 우리는 참여자의 정서 반응에 '반작용'하는 대신 '반응하는' 마음챙김 핵심 원리 중 하나를 특징으로 하며, 이러한 문제들을 다루는 방법을 개발했다. 이러한 문제들을 고려할 때 중요한 점은 복합 외상을 가진 사람들에게 너무나 익숙한 실패의 주기를 영속화하지 않도록 MBSR 소재에 대한 통제감(sense of mastery)을 환기시키는 방법이다. 복합 외상 생존자들이 경험하는 특정 문제들은 다음과 같다.

- 물리적 감각을 경험하거나, 함께 머무르는 능력의 감소. 이는 신체적 둔감화 및 해리를 초래한다.
- 정서를 경험하거나, 함께 머무르는 능력의 감소. 이는 정서적 둔감화 및 정서적 반응성을 초래한다.
- 현재의 순간에 머무르는 능력의 감소. 이는 해리를 초래한다.
- 부정적 스토리라인 및 기억에 대한 동일시와 애착 증가. 이는 순간적 회상(플래시백)과 반추를 초래한다.
- 자기비난과 무가치성의 증가. 자신들이 올바르거나, 충분히 좋은 일을 하지 않고 있으며 혹은 자신들이 나쁘다는 생각을 초래한다.
- 자신들의 경험에 몰입하게 될 경우, PTSD 증상(예, 걱정, 회피)이 촉발되지 않을지에 대한 두려움
- 무력감, 실패에 대한 느낌(예, 자기의혹, 무가치함)
- 집에서 안전하지 않다는 느낌. 이는 집에서 수행을 하지 못하는 무능력을 초래한다.
- 가장 쉬운 것부터가 아니라, 가장 어려운 수행으로 시작하려는 경향

여기에서 설명하는 MBSR과 마음챙김 기반 치료에 대한 접근은 MBSR 중재의 온전성을 유지하면서 이러한 임상 문제들에 반응한다.

MBSR/마음챙김 그룹에 적합한 후보들

우리 프로그램에서 내담자들의 경험은 MBSR/마음챙김이 복합 외상으로부터 치유 중인 많은 개인에게 있어 적합한 중재라는 믿음을 뒷받침한다. 그러나 MBSR로부터의 최대 치료 혜택을 보장하기 위해서는 시기에 대한 주의가 중요하다. 일부 내담자들, 특히 외상 치유의 즉각적인 위기 단계에 있는 사람들, 진행 중

인 물리적 안전 우려를 가진 사람들 그리고 동시 발생 상태에 대해 처방된 약물로 아직 안정되지 않고 있는 사람들의 경우, 그룹 상황에 들어가기 전 자신들의 외상 이력에 대한 개인 치료를 받음으로써, 초기에 최상의 치료를 받게 된다. 그룹 MBSR에 대한 금기는 자살충동이 활성화된 경우, 중독 과정에 놓인 경우 혹은 정신병을 앓고 있는 경우다. 이러한 예비 개인 치료는 내담자가 미래의 그룹 환경에서 다른 사람들이 이야기하는 동안 해리나 수면 상태에 빠지지 않고, 변증법적 소재에 초점을 맞출 수 있도록 현재에 머무르기 위한 기초적 수단을 준비하는 데 도움이 된다. 마지막으로, 마음챙김 접근의 효능을 '믿는 것'이 도움을 받기 위한 전제조건은 아니지만, 내담자는 개인적 시간과 노력(주간 수업 참석, 집에서 수행)을 필요로 하는 접근에 마음을 열어야 하며, 정기적인 주간 회기에 참석하기 위해 실용적으로 삶을 조직할 수 있어야 한다.

지도자/치료자 특성

MBSR을 PTSD를 가진 사람들의 그룹에게 가르치는 것은 고급 수준의 마음챙김 훈련, 수련, 체화 그리고 외상을 입은 마음 상태에 대한 깊은 이해를 필요로 한다. MBSR 지도자/치료자에게 있어 가장 중요한 특성은 내담자의 내적 혹은 외적 반응에 대해 외적 측면에서 대응하지 않도록, 스스로 마음챙김 수행에 대해 충분히 진전되어 있어야 한다는 것이다. 치료자는 내담자가 보고하는 인지적·신체적·정서적 경험을 편견 없이 명명함으로써 반응성에 대해 원하는 반응의 모형을 만든다. MBSR 참여자가 자신에게 겁을 줄 수 있는 새로운 경험에 습관화된 방식으로 대응하는 것은 자연스러운 일이다. 이러한 반응은 주로 감각 경험으로 활성화되는 부정적 인지 패턴에서 비롯된다. 마음챙김 접근에 대한 경험이 부족한 치료자는 내담자들이 MBSR 수업 초기 몇 주 내에 예측되는 문제들에 직면한 경우, '내담자는 이를 할 수 없다.'거나 혹은 '이것은 이들에게 맞지 않다.'고 성급하게 결론을 내릴 수 있다. 우리의 경험은 내담자들이 명확한 지시들과 부정적 자기비난에 대처하는 시각을 가지고, 마음챙김 수행에 의해 야기되는 일시적인 문제들을 헤쳐 나갈 수 있다는 것을 보여 주었다.

회피를 장려하는 대신, 마음챙김 치료자는 "당신의 몸에 지금 무슨 일이 일어나고 있나요?" "어떤 감정들이 느껴지나요?" "친근한 방식으로 이러한 경험과 함께 할 수 있나요?" 같은 질문들에 따른 구체적인 질의를 통해 내담자를 부드럽게 인도한다. 부정적 인지가 발생할 때, 이를 사고로 명명하고, 감각 경험들과 함께하는 것으로 돌아가는 것이 중요하다. 다른 유용한 특성은 하나의 양상으로서 마음챙김과 내담자의 회복 잠재력, 마음챙김 기술의 습득 능력으로 자신감을 발산하는 것 등을 포함한다. 외상 반응에 대한 유머 감각 또한 유용하다. 무엇보다 지도자는 마음챙김 수행자로서, 수업 중 수행을 체화한다.

알려진 그리고 신뢰받는 치료자와 소재가 통합될 수 있도록 그룹 MBSR 경험 동안 개인 치료를 지속시키는 것이 좋을 수 있다. 치료자가 참고할 만한 다음 지침들은 긍정적 임상 결과의 기회를 증대시킨다.

- 내담자에게 과정이 시작되기 전에, MBSR 지도자와의 개인 대면 만남을 장려한다. 이는 지도자가 내담자의 초기 접점을 알 수 있도록 하며, 더 중요한 것은 그룹이 시작되기 전에 신뢰를 구축할 수 있도록 한다.
- 내담자가 자신의 외상 스토리를 그룹과 공유하지 않는다는 것을 확신시킨다. 그러나 이러한 공유가 현재 순간의 경험들과 관계되는 경우, 이는 '금기'가 아니다. 우리 환자들 중 대다수는 과거를 검토하는 것보다 '앞으로 나아가는' MBSR 접근이 가장 좋았다고 이야기했다.
- 내담자들이 문제가 되는 경험을 가지고 현재에 머무름으로써 새로운 경험을 통합하도록 돕는다.
- 치료자와 MBSR 지도자가 필요한 경우 상담을 할 수 있도록 적합한 동의서에 서명한다.
- 내담자가 집에서 수행을 하는 동안 고통이 커지는 경우, MBSR 지도자에게 도움을 요청하도록 장려한다. 대부분의 문제들은 지침을 명확히 함으로써 해결된다.

- 증대되는 존재, 내담자 자신의 주관적 경험에 대한 알아차림, 경험의 명명, 인지 반응에 대응하지 않기, 자기비난 이후 자기위로, 고통 대 문제의 인식 그리고 이러한 상황에 대한 적합한 반응이라는 마음챙김 목표를 향한 움직임에 긍정적 피드백을 제공한다.

표준 MBSR과 기타 마음챙김 중재에 통합되는 외상에 대한 민감성

'외상에 민감한 MBSR'에 대한 많은 제안은 명확성, 안전, 신뢰, 경계에 특별한 관심 기울이기, 무엇보다 알려지고 예상되는 문제들을 다루는 방법에 대해 자각하기 등의 우수한 교육 수행을 고수하는 것에서 비롯된다. 이러한 각각의 민감성은 지도자가 개인 회기에 마음챙김 접근을 도입하는 데 있어 유용할 수 있다.

안전에 대한 우려

방은 그룹 회기 동안 공개되는 창문이 닫혀 있는 개인적인 공간이어야 한다. 지도자는 문을 지켜볼 수 있는 의자에 앉는다. 종종 그룹에 지각한 사람들이 시작 명상 동안 들어올 것이다. 지도자는 문으로 들어오는 사람에게 이야기한다. 예를 들면, "샐리는 이제 코트를 벗고 원에 합류하세요." 같은 말이다. 비밀 보장은 특히 중요하다. MBSR 지도자는 참여자들의 외상 이력에 대해 많은 것을 알 수 있지만, 공유 수준은 그룹 구성원들에게 달려 있다. 첫 번째 회기에서 비밀 보장 지침이 논의되고, 결정된다. MBSR 지도자는 "이 그룹에서 안전하다고 느끼기 위해 요청하고 싶은 것이 있나요?"와 같은 질문으로 그룹 구성원들의 안전에 대한 느낌을 보장한다.

참여자에게 선택/통제 제공

마음챙김 지침의 단어는 매우 중요하다. '권유들', 즉 허락 구하기, 선택 강조하기, 사람들에게 자신의 속도에 맞추어 가는 시간 제공하기 등을 포함하는 단어를 사용한다. 예를 들면, "준비가 되면, 나는 눈을 뜨고, 그룹에 다시 합류하는 것을 권할 것입니다."가 있다. 내담자들이 중재 과정에 대해 통제감을 유지하도록 돕는 것은 역량을 부여하고, 회복에 도움이 된다.

구체적인 방식/적정의 조용한 수행으로 마음챙김 도입

'마음챙김'은 보통 조용한 호흡 명상과 동일시된다. 복합 외상 이력 혹은 PTSD 를 가진 개인들은 시간 흐름에 따라 장기간의 조용한 호흡 명상으로 혜택을 얻을 수 있지만, 이들은 보통 처음 도입될 때 더 구체적으로 인도되는 마음챙김 수행에 서 도움을 얻는다. 우리는 내담자들에게 구체적인 지침 사이에 오직 단기간으로 (두 번에서 세 번의 침묵 호흡 주기) 이루어지는 현재 순간 경험(감각, 신체, 정서, 인지) 의 여러 영역에 대한 탐구를 통해 이들을 인도하는 '도달(arriving)' 방식을 이용하 여 마음챙김 명상을 소개한다. 많은 내담자는 고통을 환기시키지 않고, 자신들의 주관적 경험을 판단하고, 명명하는 능력에 놀라게 되며, 이에 따라 수행들에서 통 제감과 자신감 그리고 이러한 것들을 습득하는 능력을 구축하게 된다. 호흡 명상 과 바디 스캔은 경험에 대한 지속적인 내적 '알아차림'을 위해 구체적인 언어와 지침을 이용하여, 동일한 초기 MBSR 회기에서 차후에 도입된다.

내담자 반응에 대한 치료자의 치료

"나는 이것을 할 수 없어.""나는 올바로 수행하지 않아." 같은 자기비난들에 주 의 깊게 귀를 기울인다. 이는 보통 다량의 고통을 초래하는 초기 마음챙김 수행에 대한 자연스러운 반응이다. 이러한 인지들을 자기비난의 사례들로 재구성하는 것 이 중요하며, 이에 따라 이러한 자기비난은 적합하게 인식되고, 대응될 수 있으며, 즉 알아차리게 되고, 명명(즉, '판단')하게 되고, 신체적 수준에서 자기비난을 어떻 게 경험하는지 주목하고, 자기비난에 따라 이미 발생한 반응에 친절한 방식으로 대응할 수 있게 된다(이 장의 후반에서 설명).

PTSD 대처 전략의 정규화와 과거 피해자의 역할 존중

내담자에게 "우리는 어떤 것도 '없애고자' 하지 않는다"는 것을 말해 주는 것이 중요하다(Wilkins, 2004). MBSR의 이용은 내담자들이 회피되는 행동이나 순간적 회상 및 촉발 경험에 대해 통제 반응을 하지 못하는 무능력에 대해 느끼는 자기비난을 없앤다. 완벽주의 혹은 해리 같은 부적응 대처 전략을 추가적으로 비난할 필요는 없다. 그룹 회기의 초기에 "어린 소녀를 다치게 하는 것은 당시 그녀가 할 수 있는 최선이었다."고 분명히 이야기하고, 성인이 될 때까지 내담자가 생존한 것에 대해 존경받아야 하며, 삶의 더 완전한 방식을 허용하도록 과거 외상에 대응하기 위해 "이제 우리는 또 다른 방식을 배우려 한다."고 말하는 것이 유용하다(Wilkins, 2004).

수업 중 그리고 집에서 치료 영역 내에 머무르는 방법에 관해 내담자에게 분명하게 말하기

이는 명상 수련 이전에 수행되어야 한다. 불쾌한 경험을 가지고 현재에 머무르는 건설적 도전과 내담자가 마음챙김을 상실하고, 고통스러운 경험 내에서 혹은 '고통의 영역 안에서' 살아가는 경우의 비생산적인 '함께 머무르기' 사이를 구별하는 것처럼, 어떤 확대된 공식 수행을 하기 전에 다수의 명확한 지시와 지침을 제공하는 것이 무엇보다 중요하다. 치료자는 내담자가 특히 집에 있을 때, 각각의 경험을 어떻게 인식해야 하는지, 스스로가 고통의 영역 내에 있다는 것을 발견하게 되는 경우 무엇을 해야 할지에 대한 사례를 제공해야 한다. 즉, 활동을 멈추고, 눈을 뜨고, 서서 안전하다는 것을 주목하기 위해 감각을 이용하고, 자기위로를 위해 물에 들어가거나, 무언가를 수행한다. 그리고 경험을 '고통' '해리' '순간적 회상(플래시백)' 등으로 명명한다. 마음챙김 능력이 회복되면, 내담자는 명상을 다시 시작하도록 인도된다. 이후 회기에서 우리는 개인이 고통의 영역에 들어가는지 여부를 아는 법, 그곳에 가져온 인지를 보는 법, 일단 고통의 영역에 들어온 경우 몰입하지 않거나, 그곳에서 나오기 위해 현재 순간의 경험을 이용하는 법에 대해 논의한다. 우리는 내적 반응을 쫓아가고, 주목하도록 명확한 단어를 제시한다('비난' '추가' '스토리 말하기' '돌리기'). 참여자들은 시작부터 너무 많이 짊어짐으로써 스스로 압도되는 경향이 있기 때문에, 우리는 이들이 '50파운드의 중량이 아닌,

5파운드의 중량을 선택하도록' 인도한다. 실질적인 측면에서, 이는 일반적으로 처음 2주 혹은 3주 회기 이후, 건설적으로 명상 시간을 이용하는 기술들이 발전될 때까지, CD 혹은 지도자로부터의 안내 없이는 장시간의 조용한 명상 수행을 하지 않는 것을 뜻한다.

알아차림과 자비에 대한 균형 잡힌 가르침

알아차림은 일반적으로 초기에 더 강하며, 따라서 알아차림과 자비의 두 마음챙김 원리들의 균형을 맞추기 위해, 처음부터 자비를 가르친다. 우리는 알아차림을 유지하도록 자비가 준비되었을 때에만 고통을 받는 개인들에게서 자각을 증대시키는 것이 윤리적인 방식이라고 믿으며, 참여자들이 마음챙김 경험에 대한 자비 수용이 가능할 때까지, 치료자는 이 과정에서 내담자들을 지원해야 한다. 따라서 활성화된 자비(자신의 경험에 대한 친절과 호의)는 함축적 · 명시적 방식으로 MBSR 시리즈에 걸쳐 엮이게 된다. 가장 중요한 점은, 자기비난 인지 습관을 향해 친절해지는 방법을 아는 것은 MBSR의 성공에 있어 필수적이라는 것이다. 이 외에 형식적인 자애 명상은 스스로에게 선의의 메시지를 보내는 법에 대한 지침으로 시작되며, 시리즈 초기에 두 번째 회기의 끝에 도입된다.

자기혐오의 주기를 초월하는 법에 관한 지침 제공

인지적 자기비난에 반작용하는 대신 반응하는 것이 중요하다. 자기혐오와 자기비난의 인지 습관은 일반적으로 이 그룹에서 매우 강하기 때문에, 이러한 습관을 가지는 것에 대해 스스로에게 나쁜 감정을 갖는 것으로 생기는 하향 나선형을 타파하도록, 이를 다루는 명확한 지침을 제공하는 것이 중요하다. 마음챙김이 강하고, 이러한 자기비난을 '믿는' 것에서 비롯되는 어떤 내적 반작용도 없는 경우, 내담자는 '비난'에 주목하며 계속해 나갈 수 있다. 그러나 종종 자기비난에서 비롯되는 나쁜 혹은 잘못된 혹은 결함 있는 느낌에 대한 특정 감각인 내적 반작용이 존재한다. 이 경우, 내담자가 계속하기 전에 반작용에 반응하는 것이 도움이 된다. 이러한 식으로 반응하는 것은 새롭고 더 치유적인 습관을 수립한다. 반응은 내담자들이 자기비난에 대한 반작용을 느낄 때 자신의 손을 자신의 뺨 혹은 가슴에 대는 것처럼, 비언어적일 수 있다. 자기비난에 대한 반작용이 있을 때, 내담자는 스스로 에게 "좋아." "괜찮아." "다 잊어." "그대로 놔둬." "그게 나니까 괜찮아." 혹은 단순 히 "용서했어."라고 말할 수 있다. 치료자는 선택의 메뉴를 가르치고, 내담자들은 간혹 자신들에게 가장 효과가 있는 자기위로의 방법을 공유하도록 요청받는다.

'마음의 습관'을 명명하는 것에 대한 강조

첫 번째 회기에서, 지도자는 마음의 습관을 알아 가는 것의 치료 가치에 대 해 논의한다. 인지 신경과학은 이러한 점에서 도움이 된다. 내담자들은 '신경구 (neural groove)'의 개념에 대해 이해할 수 있으며, 습관이나 '신경구'가 현재의 순 간과 관련이 있거나, 없을 수 있다는 것에 따라 인지 습관에 주목하고, 명명하는 것의 가치를 이해할 수 있게 된다. 나는 참여자들에게 자신들의 가장 일반적인 습 관, 즉 계획하고, 걱정하고, 분석하고, 비난하고, 이야기를 짓고, 공상하거나, '멍해 지는' 것에 주목하고, 이를 인정하도록 제기한다.

표준 MBSR의 적용

앞서 언급된 바와 같이, 우리의 프로그램에서 우리는 매사추세츠 대학에서 개 발되고, 존 카밧진(Jon Kabat-Zinn, 2013)의 책 『Full Catastrophe Living』에서 설명된 전체 MBSR 교육과정을 이용한다. 그러나 수업 규모, 포맷 그리고 이러한 방식들을 치료 그룹에 소개하는 치료자에게 유용할 수 있는 구조에 대한 적용들 이 존재한다. 일반적으로 외상에 민감한 교육을 만드는 것은 '무엇'보다는 '어떻 게'에 놓여 있다.

더 작은 그룹 규모와 더 긴 회기

복합외상을 가진 내담자들을 위해 설계된 그룹의 경우, 단 한 명의 지도자가 있다면 6명에서 8명이 이상적인 그룹 규모다. 전용 PTSD 그룹을 위해 이상적인

MBSR 포맷은 2시간 회기들과 2시간에서 6시간의 휴식으로 구성된 10~12주이며, 뒤이어 얻은 것들을 강화하고 안정화시키기 위해 매월 2시간 회기로 구성된 3~6개월이 이어진다. 혼합 공동체 MBSR 그룹의 참여자들에게, 나는 한 개에서 두 개 개별 회기의 중간 코스와 그룹이 끝난 후 마음챙김 기술을 통합하고 안정화시키기 위한 월간 개별 회기로 예정보다 빠르게 축소할 것을 권장한다. 지역사회에서 진행 중인 마음챙김 수행 그룹의 일환이 되는 것 또한 매우 유용하다.

등록 면담의 사용

참여자들은 첫 번째 회기에 앞서 MBSR 지도자와의 대면 만남에서 크게 도움을 얻는다. 이것이 논리적으로 불가능한 경우, 처음 2주 내에 개별 만남이 이루어져야 한다. 이 만남 동안 초점은 전체 외상 '스토리'를 도출하는 것이 아니라, 현재 증상들, 촉발 요인들, 지금까지 도움이 되었던 것, 지원, 특별한 요청에 관해 묻는 것이다. 지도자는 특히 내담자에게 마음챙김 수행의 처음 몇 주 동안 더 많은 증상들을 경험하는 것이 정상적인 진행 과정이며, 이는 보통 일시적이라는 점을 이야기해야 한다. 참여자들은 고통과 마주하게 되는 경우 회기 사이에 지도자에게 연락하는 것이 권장된다.

예측 가능한 수업 구조

참여자들은 수업의 신뢰로운 구성으로부터 도움을 받으며, 이는 그룹 과정에서 의도적으로, 천천히 유연하게(필요한 경우) 이루어진다. 우리는 이전에 학습한 소재를 가지고 명상을 시작한다. '스토리'보다는 그대로의 경험을 명명하는 연습 검토하기, 자신의 경험에 대해 현재에 머물러 마음챙김으로 듣고 말하는 다이애드 형식 사용하기, 질문하고 답변하기, 새로운 소재 검토하기, 관련된 노트북 페이지 살펴보기, 집에서 할 수 있는 연습 배정하기, 대지, 집단 구성원 및 자신(신체/호흡)에 대한 연결을 강조하며 원으로 서 있는 동안 손을 잡으며 순차적으로 종료하기 등으로 구성된다.

증가되는 처리 시간

모든 명상 이후, 존재의 정도에 주의를 기울이며, '신체적 · 정서적 · 정신적인 현재 경험에 대한 하나 혹은 두 개의 단어'에 대해 우회하는 마음챙김 질의는 경험들을 처리할 수 있는 추가 기회를 제공한다. 지도자는 고통의 징후들을 살펴보고, 이러한 것들이 명명되도록 돕는다. 치료 범위 내에 머무르고, 회피를 다루기 위해 논의 시간이 증가되어야 한다.

다이애드 동안 자아와 접촉하며 머무르는 추가 수행

다이애드는 주마다 마음챙김 듣기와 마음챙김 말하기를 수행하고, 집에서 경험들을 처리하는 훌륭한 포맷이다. 마음챙김이 준비되어 있다 하더라도, 참여자들은 다른 사람들과 관계를 맺는 과정을 통해 스스로에게서 떠나갈 수 있다. 우리는 다이애드 질문 사이에 '세 번의 호흡 휴식'을 통해 스스로에게 돌아가는 것을 수행한다. 참여자들이 세 번의 호흡 주기에 대한 경험으로 머무르는 동안, 치료자는 외부에서 내부로, '수행하기'에서 '존재하기'로 이동하는 것을 강화시키고, 참여자들이 이에 대해 주목하도록 권유한다.

긍정적 심리 강화

수업 소재는 통제, 감사 익히기, 개인의 노력 인정하기, 긍정적 경험들 음미하기, 연결, 작용하는 것에 주목하기, 대처 효과 훈련 그리고 자신의 내적 지혜 존중에 대한 긍정적 심리 원칙들을 강조하도록 설계된 방식으로 교육된다.

사례로 보는 바디 스캔 민감성과 적용

우리는 바디 스캔을 성적 학대 과거를 지닌 사람들에게 소개하는 것에 관해 많은 질문과 마주했으며, 나는 여기에서 몇 가지 지침을 제공하고자 한다. 신체 감각들(혹은 감각들이 결여된)에 초점을 맞추며 구조화되지 않은 조용한 시간을 보내는 것은 처음에 일부 참여자들에게는 고통이 될 수 있다. 반대로, 신체적 경험들과 '함께하는' 개인의 능력을 증가시키는 것은 외상에서 치유되는 데 매우 도움이 된다. 따라서 우리의 전체적인 접근은 수행 전에 많은 선행 지침을 제공하는 것으로, 이에 따라 경험을 긍정할 수 있는 높은 기회가 존재하게 된다. 이는 물리적 감각을 마주할 때 신체적 둔감화 및 고통에 대한 일반적 경험의 정규화를 포함한다. 또한 이러한 부분들은 머리부터 발끝까지의 정상적인 스캔 동안 마주하게 되기 때문에, 지도자가 구체적인 신체 감각에 대한 단서를 주는 것과 같은 방식을 안내하는 것이 중요하다. 내담자들은 보통 처음에 침묵을 비생산적인 인지 습관들로 채우기 때문에, 지도자는 자기 자신의 경험에 호기심을 느끼도록 장려하며, 계속 진행되도록 해야 한다. 나는 어디에서 제일 서늘한가 아니면 제일 따뜻한가? 가장 편안한 경우는? 가장 긴장되는 경우는? 나의 들이마시는 호흡은 내뱉는 호흡보다 더 서늘한가 아니면 더 따뜻한가? 또한 내담자들은 명상에 '도달(arriving)'하는 동안 이미 자신의 신체 상태를 간략하게 탐구했을 것이며, 더 지속적이고 상세한 명상을 위해 자신의 신체 감각을 친근한 방식으로 확인하고 주목하는 것을 배우는 경험을 기반으로 할 수 있다.

바디 스캔 전에, 우리는 우리가 하고 있는 것에 대한 논의와 목적뿐 아니라, 치료 범위 내에서 머무르는 것과 관련된 선행 지침을 제공한다. 우리는 힘들지만 여전히 마음챙김인 경험과 내담자가 정서적·인지적으로 압도되고, 마음챙김을 완전히 잃어버리는 전면적으로 고통스러운 경험 사이의 차이를 규정한다. 우리의 관점에서, PTSD를 가진 완전 초보자가 고통 영역에 있을 때 얻을 수 있는 것은 아무것도 없다. 내담자들이 이를 주목하기 위해 자신들의 알아차림을 이용하고, 자기보살핌 그리고 마음챙김으로 고통을 벗어나는 방법을 발견하는 것과 관련하여 현명한 선택을 하는 것이 바람직하다. 바디 스캔을 시작하기 전에, 우리는 참여자들이 '안전한 장소' 혹은 '사랑하는 존재'를 자원으로써 환기시킬 것을 권유한다. 이는 준비의 일환인 시각화가 될 수 있으며 혹은 가까이에 둔 구체적인 사진이나 부적이 될 수도 있다. 두 번째 그룹 회기를 시작하면서, 우리는 참여자들에게 수행 시간 동안 동반하기 위해 자신들이 이미 내부에 마음챙김의 자질을 가지고 있다는 것을 환기하도록 권유한다. 첫 번째 회기에서 바디 스캔 숙제의 부분은 비교적 편안하게 자신의 자각을 유지할 수 있는 장소인 '본거지'를 신체 내에서 찾는 것이다. 이는 신체에서 가장 '편안한' 장소는 아닐 수 있지만, 주의깊은 알아차림에 따라 신뢰 있게 발견하고 유지할 수 있는 장소다. 이러한 것은 두 번째 회기에서 논의의 주제가 될 것이다.

바디 스캔 이후 자신들이 '어떤 것도 느낄 수 없다'고 말하는 참여자들을 질의로 이끈다. 우리는 이들이 바닥 위에 디디고 있는 자신의 발과 의자에 있는 자신의 몸을 바로 지금 느낄 수 있는지 여부를 묻는다. 일반적으로, 이들은 이러한 질문에 "네."라고 답할 것이다. 이는 실제로 자신의 몸을 전혀 느낄 수 없다는 것이 아니라, 자신은 할 수 없다고 말하는 사고 습관의 경우라는 것을 명확히 하도록 돕는다. 그리고 이러한 이해는 자기비난에 반응하여 자기자비를 수행하는 것에 대한 권유로 사용된다. 참여자들이 느낄 수 있다는 인정과 더 완전한 감각의 자각이 발생하기 위해서는 시간이 걸릴 수 있는 사실에 대해 인내하고, 자비를 가져야 한다는 것에 대해 강조하는 것이 중요하다.

결론

이 장에서 나는 일반적으로 마음챙김 수행, 특별하게는 MBSR이 복합 외상의 과거를 가진 개인들, 특히 어린 시절 성적 학대로부터 치유되어야 하는 여성들에게 유용한 치료 방식들이라는 이론과 연구 증거를 검토했다. 마음챙김 중재는 회피 증상들을 포함하여 PTSD 증상을 상당히 감소시키고, 부정적 기분과 인지를 발생시키는 사건에 덜 반응적으로 몰입하는 방식을 생성하기 위해 설계된다는 것을 보여 주었다. 이 인구집단에 대해 다수의 임상 문제들이 존재하지만, 복합 외상 PTSD를 가진 내담자들은 외상에 민감한 적정 지침, 사려 깊은 적용, 위탁 치료자와 마음챙김 제공자 사이에 유용한 협력을 포함하는 마음챙김 중재로부터 도움을 얻을 것이다.

이러한 요인에 주의를 기울이며, MBSR과 기타 마음챙김 중재는 개인들이 과거 외상 사건의 여파로부터 자유로워지고, 다시 새로워지는 정신 건강에 따라 앞으로 나아갈 수 있도록 할 수 있다.

제 *10* 장

포커싱 지향 심리치료

외상 치유에 대한 명상 접근

도랠리 그린들러 카토나(Doralee Grindler Katonah)

개인이 외상 사건의 영향으로 무너진다 하더라도, 개인의 **전인성**은 계속되며, 변혁적인 방식으로 외상을 통합할 잠재력을 지속적으로 보유한다. 외상의 치유는 삶이 더 의미 있고, 활기차고, 목적의식을 가지게 될 때 발현된다. 특성의 강화, 신념의 심화, 기반이 되는 개인의 본질적 선함 그리고 개인의 가장 깊은 바람을 발현시키는 역량 강화의 느낌은 유익한 결과들이다(Levine, 2010). 외상을 다루는 명상 접근은 이러한 **전인성**과의 연결 그리고 각 개인 내에서 이미 이용 가능한 자원의 발견을 목표로 한다.

나는 외상과 마주할 때조차 **체감**(felt sense)과의 상호작용을 통해 이러한 전인성에 직접 접근할 수 있으며, 이는 통합으로의 길을 열어 준다고 믿는다(Gendlin, 1997). 해결되지 않은 외상의 생존자들은 깊은 외로움을 경험하며, 이러한 전체적 수준의 경험과 공감할 수 있는 또 다른 개인의 자비로운 존재를 필요로 한다.

심리치료의 포커싱 지향 접근(Gendlin, 1996)은 생명의 존재가 구분되지 않는 전체이며, 발전을 위해 다음에 무엇이 필요한지 알고 있다고 가정하는 체화된 명상 수행이다. 이러한 '생명의 존재' 접근은 통일된 과정으로서 마음챙김, 신경생물학, 관계적 연결, 영적 잠재력을 기초로 한다. 이는 더 통합된 종류의 앎(knowing), 즉 전인의 행복과 성장을 진전시키는 앎의 신체적 원천인 **체감**에 대해

우리의 비판단 주의를 돌리는 것에 가치를 둔다(Gendlin, 1969). 이 장은 아동 성
폭력 외상을 치료하기 위한 포커싱 지향 접근을 보여 주는 일련의 임상 교류에 대
한 상세한 제시와 설명을 통해 이러한 명상 치료 방법을 소개한다. 나는 과거 외
상의 통합을 가능하게 하고, 현재 삶에서 가장 깊이 있는 목표에 대한 개인의 연
결성을 회복시켜 주는 포커싱 과정의 요소들을 정의하고, 입증할 수 있게 되기를
바란다. 개인적·영적 변모에 끼치는 영향을 강조하며, 특정 과정 중재가 묘사되
고, 설명될 것이다.

맥락

연구는 대화 치료만으로는 존재의 지혜에 접근하지 못한다는 것을 보여 준다
(Ogden, Minton, & Pain, 2006; van der Kolk, 2006). 신경과학 연구는 극도의 스트
레스와 외상 상황을 겪은 후, 사건들을 상기시키게 되는 경우 오직 뇌의 특정 부
위만이 활성화된다는 것을 밝혀냈다. 신체적 각성을 동반하는 강렬한 감정은 변
연계(limbic system)를 활성화시키는 반면, 감각 경험을 운동 반응과 통합하고, 생
리적 각성을 조절하고, 언어를 생성하고, 개인의 현재 상황에 대한 유연한 평가를
내리는 뇌의 부위는 비활성화된다(van der Kolk, 1996). 외상 관련 자극에 노출된
외상 후 스트레스 장애(PTSD) 환자들에 대한 자신의 양전자 단층 촬영(positron
emission tomography: PET) 스캔 연구의 결과에 대해 논의하며, 반 데어 콜크(van
der Kolk, 1996)는 다음과 같이 보고한다.

정서 상태 및 자율 각성에 연관된 우반구 부위들에서 관류(perfusion)의 증가가 존
재한다. 또한 내적 경험에 대한 단어들을 생성하는 책임을 지는 왼쪽 아래 전두엽 피
질의 부위인 브로카 영역(Broca's area)에서 산소 활용의 동시 저하가 존재한다. 이러
한 발견들은 외상이 '말문이 막히는 공포'를 초래할 수 있으며, 이에 따라 일부 개인
들의 경우 감정을 단어로 바꾸는 능력이 저해되고, 감정들이 신체의 이상기능에 의해

말없이 표현되도록 만든다는 관찰을 설명할 수 있다(p. 193).

피할 수 없는 상황에 대한 생물학적 적응은 과거 외상의 현실을 통합하고, 개인의 현재 삶에서 활력과 성장을 촉진시키는 경험의 의미를 만들어 내는 능력을 저해한다.

포커싱 지향 접근은 내담자를 상황에 대한 감정 자체와는 다른 **체감**으로 인도한다. 체감에 다가가는 것은 자동으로 신체적 이완을 증가시킨다. 이는 단어나 기호 없이, 직접적으로 느껴지는 전체 상황에 대한 더 미묘한 감각의 형성을 가능하게 한다. **체감**은 의미 있게 기호화될 수 없었던 경험의 차원을 가져온다. 내담자들이 단지 외상 측면을 다시 경험하는 것이 아닌, '체감과 함께' 할 수 있게 됨에 따라, 의미를 표현하는 단어, 이미지, 몸짓, 소리가 형성된다. 그리고 각각 새롭게 출현한 기호는 (단어, 이미지, 몸짓 등이) 정확히 이러한 신체적 앎과 공명할 때까지 **체감**에 따라 다시 점검된다. 따라서 포커싱 지향 접근은 외상에 대해 느껴지는 신체 감각의 끝에서 정확히 작용하며, **체감**과 새로운 기호 사이에서 전환 이동을 한다. 이처럼 전환 이동 과정은 현재에 통합되는 성장 가능성을 전체 유기체에 개방하며, 말로 설명되지 않던 신체 감각이 의미 있는 기호를 통해 알려지도록 할 수 있다.

현재 영성은 인간 의미의 중요한 차원으로 인식된다(Pargament, 2007). 영적·종교적 신념과 수행에 대한 측정은 정신적·신체적 건강과 정적 상관관계를 갖는다(Saunders, Miller, & Bright, 2010). 우리의 자연스러운 종교적 갈망은 우리 자신을 초월해 뻗어 나가, 치유의 더 큰 원천과 우리 삶의 의미에 대한 관점을 추구하는 것이다. 고통을 설명할 수 없거나 쉽게 경감시키지 못할 때, 사람들은 더욱 기도하고, 영적 조언자에게 이야기하고, 종교적 혹은 영적 공동체를 찾거나, 다시 돌아가는 경향을 보인다(Pargament, 1997). 동시에 외상 상황 아래에서, 사람들은 과거의 종교적 믿음과 자원에 의문을 제기하고, 신으로부터 버려졌거나 배반당했다고 느낄 수 있는 신념의 위기에 더 취약해진다. 영적으로 민감한 보살핌은 내담자 자신의 탐색, 문제제기 그리고 초월적 존재와의 관계에 대한 바람에 반응하는 것이다(Pargament, 2007).

윌리엄 제임스(William James)는 삶을 변화시키는 위기에 직면한 경우 영적 변모의 역학에 대한 이해를 제공한다(James, 1961). 그는 종교적 삶의 형태가 깊이 개인적으로 느껴지는 신성에 대한 직접적 경험에 반응하여 발전된다고 믿었다. 그는 한 번 태어나는(once-born) 유형과 두 번 태어나는(twice-born) 유형의 종교성 사이를 구분한다. 각 유형은 인간이 고통 그리고 이러한 영적 경험에서 자라나는 악과 어떻게 관계를 맺는지에 대한 패턴을 반영한다.

한 번 태어나는 유형은 가까이에 있는 신에 대한 경험을 기반으로 하며, 이러한 존재의 기쁨은 "영혼이 하늘색 색조로 이루어져 있고, 친밀함은 어두운 인간의 열정보다는 꽃과 새, 그리고 모든 고혹적인 순수와 함께하는 것으로" 모든 경험에 스며든다(James, 1961, p. 79). 한 번 태어난 유형으로 사는 경우, 고통과 부당함은 고통을 멀리하고 선함에 대해 마음을 집중시킴으로써 다루어진다(James, 1961, p. 86).

그러나 제임스에 따르면, 이 '하늘색' 영성은 불안정하다. 고통이 너무 커서 외면할 수 없다면 어떻게 되는 것인가? 제임스는 레프 톨스토이(Loe Tolstoy)의 사례를 발견했다. 약 50세 무렵쯤, 톨스토이는 갑작스러운 삶에 대한 활력과 목적의 상실에 부딪혔다(Tolstoy, 2010). 그는 '왜?'라는 질문에 시달려야만 했다. 톨스토이는 다음과 같이 썼다. "나는 내 삶이 항상 안식을 취했던 나의 내부에서 무언가가 부서졌으며, 의지할 만한 것이 아무것도 남지 않았고, 도덕적으로 나의 삶이 멈추었다는 느낌이 들었다."(James, 1961, p. 130) 제임스가 말했듯이, "삶이 어떤 식으로든 의미를 갖지 않는다는 느낌은 한동안 전체적으로 후퇴하는 것이다." (James, 1961, p. 131)

인간 고통의 문제에 직면하는 과정은 더 넓은 의미를 향한 현재의 믿음을 변모시킨다. 두 번 태어나는 유형은 고통과 죽음을 마주하며, 이러한 과정을 통해 고통과 죽음이 삶의 소중함을 분명히 밝히며 마음속에서 생기는 신념보다 우세하지 않다는 것을 발견한다. 이러한 영적 변모의 가능성은 **체감**을 통해 평가될 수 있다(Grindler Katonah, 2006).

이론

포커싱 지향 심리치료는 포커싱이 성공적인 인격 변화에 대한 예측인자라는 젠들린의 발견(Gendlin, Beebe, Cassens, Klein, & Oberlander, 1968)과 로저스의 심리치료(Rogers, 1961)에서 영감을 받았으며, 80개 이상의 연구에 대한 검토에서 보고된 포커싱 지향 심리치료 결과 연구(Hendricks, 2001)로 개선된, 떠오르는 심리치료 계통이다. 추가 연구들은 초점의 첫 번째 단계인 **공간 정리**(clearing a space)에 대해 연구하고 있다(Grindler Katonah, 2010, 2012).

포커싱 지향 심리치료의 뿌리는 젠들린의 함축의 철학(philosophy of the implicit, 1996, 1997)에 놓여 있다. 이것은 삶의 과정이 또 다른 발전의 방향에서 변화를 가져오는 새로운 무언가를 형성하는 것이 어떻게 가능하지를 반추한다. 이를 가능하게 하는 것은 바로 자체적으로 살아가고, 기능하는 것을 느끼고, 더 나아가 전체 유기체의 삶을 느끼는 신체다. "유기체는 지속적으로 재생되는 환경 상호작용이다. 이것은 과거를 따르는 것이 아니라, 과거를 고려한다. 우리는 재생이 일종의 정확성이라는 것을 보여 줄 수 있다. 우리는 이를 '함축적 정확성(implicit precision)'이라고 부른다."(Gendlin, 2012) 신체에 주의를 기울이는 경우, 이러한 함축적 정확성으로부터 **체감**이 형성되고, 알려지게 되며, 설명된다. 따라서 **체감**은 단지 지각, 감정, 감각, 인지가 아니라, 현재 삶을 발전시키는 데 필요한 것에 관해 우리가 일상적인 방식으로 이야기할 수 있는 것보다 더 많은 것을 알고 있는 체감된 복합성으로 모두 함께 결합되는 것이다. 느껴지는 것에서 직접적으로 이야기하는 것은 개인에게 고유한 새로운 방식의 언어와 개념을 기초로 하는 한편, 다음에 나타나야 하는 것에 대한 **체감**에 지속적으로 연결을 유지한다.

포커싱 지향 심리치료(Gendlin, 1996)는 개인의 상황에 반응하여 형성되며, 정상 수준의 의식 바로 아래 신체에서 느껴지는 **체감**을 이용한다. 체감이라는 용어는 개인의 상황에 대해 '신체적으로 느껴진 전체'를 뜻한다. 처음 접근할 때, 체감은 구체적으로 느껴지지만, 개념적으로는 모호하다. 신체 감각은 구분되지 않는 전체이며, 추가적인 발전이 구별되지 않는 전체 망으로 느껴지는 것처럼 미완성된 잠재적 의미를 포함한다.

치료자는 내담자에게 **잠시 멈추고**, 신체에 주의를 돌리도록 권유한다. 내담자는 비판단, 온화함, 호기심의 자질을 포함하는 주의의 방식을 구축하는 법을 배운다. 이러한 **잠시 멈춤**과 **주의 집중**은 문제 내부보다 느껴지는 것과 함께하는 능력을 만들어 내며, 개인이 문제로부터의 '올바른 거리'를 발전시키도록 돕는다. 이러한 느껴지는 수준에 대한 직접적 접근은 정확하게 외상 생존자가 적정 방식으로 자신의 경험을 기호화하는 능력을 다시 얻기 위해 필요한 것이다.

잠시 멈춤과 주의 집중 그리고 **체감**이 형성된 후, 정보는 이미지, 단어, 몸짓, 그림, 행동 등과 같은 다양한 표현 방식으로부터 새롭게 출현한다. 체감이 언어화될 수 없는 외상 기억에 연결된 경우, 느껴진 감각 및 소리와 몸짓의 특징에 대한 기술은 과정을 진전시키는 명확한 기호의 기능을 한다. 새로운 기호는 정확성에 대해 신체와 다시 점검되고, 신체적 공명을 통해 확인된다. 이러한 기호화 및 점검 과정은 전체 유기체가 추가 행동 및 의미 표현으로 나아가도록 만든다. 새로운 의미는 단지 알려지지 않았을 뿐, 생생하게 활기를 띠며, 따라서 개인의 현재 삶을 제한하는 고정된 행동 패턴으로부터 개인을 해방시킨다. 생리적 해소(깊은 호흡, 긴장의 완화)와 자신감 및 희망의 증가는 이러한 변화와 동반된다. 치료 접촉에서 과정은 체감과 기호화, 점검과 기다림 사이에서 전환 이동한다.

체감은 본질적으로 **관계적**이다. **체감**은 내담자와 치료자 내부에서 형성되며, 각 상담 회기에 활성화되는 이 둘의 관계를 통해 매개된다. 이러한 관계망은 치료자에 의해 전달되는 비판단 존재에 대한 내담자의 경험을 포함한다. 또한 치료 관계 내에서 발생하는 문제를 포함하며, 이는 내담자가 겪는 관계 문제의 의미를 표현할 수 있다. 그러나 각각의 **체감**은 문제를 넘어 새롭게 나타나고 싶어 하는 무언가에 대한 감각을 포함한다. 많은 치료 모델은 내담자와 치료자 간에 상호작용에서 재현되는 관계 문제를 강조한다. 포커싱 지향 치료 모델에서 치료자는 내담자 내에서 성장시키거나 발전시키고 싶은 것에 대해 자신의 **체감**에 주의를 기울인다. 종종 이러한 '성장 방향'은 내담자에 의해 '작고 고요한 소리'로 표현되지만, 문제가 되는 것은 더 큰 강도를 지닌다는 것이다. 치료자는 신체의 '작고 고요한 소리'에서 이러한 소통을 기록하고, 진전 방향에 대해 자신의 감각에서 이야기한다 (Gendlin, 2004). 치료자는 자신의 내부에서 새로운 기호에 **집중하고, 잠시 멈추고, 주목하는 것**을 배우고, 내담자에게 공명되는지 점검해 볼 것을 권유하며 이러한 출현을 전달한다. 정확하다면 이러한 치료자로부터의 전달은 내담자 내부에 변화의 함축적 단계와 공명하게 된다. 따라서 치료자의 **체감 반응**은 내담자에게서 성장 방향으로 넘어간다. 치료자가 이런 식으로 주의를 기울일 때, 전에는 인식하거나 생각한 적 없던 특별한 무언가가 나타나게 된다. 이러한 과정을 통해, 두 사람이 추가적인 발전을 향해 서로 끌어당긴다는 것을 함축하며, 이러한 신체의 수준에서 깊은 신뢰가 성장하게 된다. 치료자와 내담자는 더 추가적인 활기를 가져올 새로운 무언가를 발견한다. 이러한 치료 과정은 우리의 개별 지식을 초월하여 더 큰 상호작용의 과정에 의해 구성된다.

　　포커싱은 방향성을 가지고 있다. **체감**은 항상 삶의 다음 단계를 함축한다. **체감**에서 나타나는 **변화의 단계들**은 개인에게 고유한 것으로, 프로토콜이나 문화적으로 구성된 의미 또는 이론적 관점 자체에서 파생될 수 없다. 오히려 이러한 단계는 개인의 특별한 목적의식이 있는 생명력을 진전시키는 의미의 복잡함을 표현한다. 작은 **변화의 단계들**은 새로워진 의미와 목적에 따라 자신의 현재 삶에 완전히 몰입할 수 있는 더 큰 역량으로 개인을 현재에 다시 돌려놓는다.

사례

사례 소개

　　메리(가명)는 보험회사에게서 나를 소개 받았고, 초조한 말투로 전화를 걸어왔다. 그녀는 최근 두려움이 급습하는 것을 겪었으며, 의사의 처방을 받았다. 그녀는 자신의 증상을 1년 전 친척이 남편과 딸을 남겨 둔 채 차 사고로 죽은 후 겪은 것과 관련시켰다. 우리의 전화 대화를 통해, 그녀는 자신의 증상이 해결되지 않은 슬픔을 표현하는 것일 수 있다는 것을 알게 되었고, 약속을 잡았다.

우리의 첫 번째 상담 회기에서, 나는 슬픔과 두려움을 짊어진 것으로 보이는 보통 체격의 여성을 만났다. 그녀는 30세로 행복한 결혼생활을 하고 있었다. 그녀는 친구들 사이에서, 그리고 자신의 교회 지역구 내에서 신망을 얻고 있는 교사였다. 그녀는 자신의 슬픔 반응에 대해 다음과 같이 설명했다. "왜 내가 아니었을까요? 왜 신은 이 같은 일을 했을까요?"

나는 이러한 갑작스러운 상실감이 메리가 직면한 유일한 외상이 아니라는 것을 알게 되었다. 그녀의 친척이 죽은 이후, 그녀는 열한 살 때 당했던 강간의 순간적 기억이 돌아오기 시작했다. 그녀는 호숫가 리조트에 있는 친척을 방문했고, 새벽 녘 공원에서 집으로 걸어오던 도중에 전에 만난 적이 있는 소년이 자신을 뒤따르고 있다는 것을 알아차렸다. 그녀는 그가 자신에게 접촉했을 때 불편함을 느꼈지만, 이것이 폭력적인 강간으로 이어지리라는 것은 상상조차 하지 못했다. 현재 그녀는 밤에 출몰하는 강간에 대한 순간적 회상의 부활과 관련하여 수면 장애를 겪고 있었다.

세 번째 회기에서 그녀는 자신이 유산을 했다고 밝혔다. 그녀는 다시는 임신을 하지 못하고, 가족을 이루지 못할까 봐 두려워했다. 친척의 죽음 그리고 어린 시절 강간의 기억과 함께, 이처럼 어머니가 되고 싶은 평생의 꿈이 상실되는 것은 신념의 상실을 포함하는 복합 외상을 일으켰다.

그녀는 기독교 가정에서 자랐다. 그녀는 교회를 다니며, 항상 '신을 사랑한다는 것'을 떠올린다. 그녀는 신에게서 기쁨을 느꼈고, 신은 그녀가 모든 사람을 행복하게 만들기를 원했다. 그녀의 신념은 강했고, 지금까지 의문의 여지가 없었다. 그녀는 이제 신에게서 멀어지는 것을 두려워하고 있었다.

치료는 1년 넘게 계속되었다. 나는 나의 듣는 존재와 무조건적인 배려의 전달을 통해 안전한 공간을 만들고자 노력했다. 나의 인도에 따라 그리고 순간에 슬픔의 체감에 집중하는 것을 통해, 메리는 광범위한 감정을 열게 되었다. 서서히 그녀는 관심 있는 호기심, 비교적 차분함을 유지하며 약간의 거리를 두고 경험을 지탱하는 능력 그리고 판단보다는 자비에 따라 힘든 기억과 감정에 접근하는 능력을 기르는 것을 통해, 포커싱 지향의 방식으로 자신의 경험과 함께하는 역량을 발전시켰다. 또한 이 시기 동안, 나는 그녀에게 자신을 돌보기 위해 필요한 것에 대해 느끼도록 권유하는 것에 중점을 두었다. 특정 수행이나 행동을 처방하는 대신, 나는 그녀에게 필요한 것을 느끼고, 출현하고, 공명되는 기호에 주의를 기울여 경청할 것을 요청했다. 그녀는 어린 시절에 항상 개를 기르고 싶어 했지만, 부모님이 이 바람을 절대 들어주지 않았다는 것을 떠올렸다. 그녀는 실제로 한 강아지를 발견하게 되었고, 이 동물과 함께 생성되는 신체적 유대감은 그녀에게 전에는 경험해 본 적 없는 안전한 느낌을 제공했다. 그녀는 자신에게 무엇이 '적합한지' 혹은 '공명되는지'를 발견했기 때문에, 정기적으로 요가 수업에 참여하는 것은 어려운 일이 아니었다. 정기적인 신체 수행과 증가되는 내적 안전감은 그녀가 강렬한 정서와 반복적인 생각들로 빠지지 않고, 힘든 기억의 체감과 함께하는 역량을 발전시키도록 도왔다. 따라서 외상의 측면이 느껴졌고, 반추되었으며, 서서히 해소되었다. 그러나 그녀는 엄마가 되는 것에 대해 그리고 다시 삶을 신뢰하는 것에 대해 지속적으로 절망을 표현했다. 친척의 이른 죽음과 자신의 강간이 갖는 부당함은 신념의 위기를 초래했다. 그녀가 필요로 할 때 신은 어디에 있었던 것인가?

다음에 이어지는 치료 상호작용은 포커싱 지향 접근이 어떻게 통합적 과정으로 이끄는지 보여 준다. 각각의 짧은 글은 과정의 단계를 부각시키기 위한 설명으로 이어진다.

이 1년이 지난 후, 메리는 또 다른 공포를 겪었고, 그녀는 이번 회기에 초조한 모습으로 나타났다. 그녀는 창백하고 슬퍼 보였다. 그녀는 공포가 일어나기 직전, 자신의 가장 친한 친구와 함께 여가를 보내고 있었고, 친구는 조카가 강간을 당했다는 소식을 듣게 되었다.

나는 그녀가 목을 어루만지며 걸어오고 있었고, 이로 인해 목이 막히는 것 같은 목소리를 낸다는 것을 알아차렸다. 나는 그녀에게 신체에 주의를 기울이고, 무엇이 있는지 주목해 보라고 권유했다.

메리   나는 이 모든 긴장이 느껴져요. 내 목에 조르는 듯한 느낌이 있어요….

치료자   그렇다면, 당신의 목에 있는 모든 것을 주목할 공간을 만들어 보죠. 잠
        시 동안 그냥 그대로 두어 보세요.

메리   (깊은 호흡… 다리를 풀고… 의자에 편안히 앉는다.)

신체 감각들을 주목할 공간을 만들어, 나는 메리의 내부에 마음챙김 관계, 즉
비판단, 자비와 호기심의 태도를 가지고 몸에서 일어나는 것과 함께하는 그녀의
능력이 발전하도록 지원하고 있다. 이러한 능력은 너무 빠지거나, 너무 거리를 두
지 않고, 느껴지는 것에 연결할 수 있도록 한다. 이제 새로운 정보가 적정 방식으
로 나타날 수 있다.

치료자   당신은 당신의 말에 따라 신체가 어떻게 반응하지는 알고 싶어 해요….
        긴장/조임… 스스로에게 다시 이야기함에 따라… 당신의 몸에 공명하
        는 '딱 맞는' 느낌이 있나요?

포커싱 접근이 전환하는 방식으로 작용한다는 것을 떠올려 보자. 단어 혹은 이
미지와 같은 '내용'이 몸에서 나타날 때, 개인은 자동으로 이러한 기호를 몸이 알
고 있는 정확한 들어맞음으로 받아들이지 않는다. 오히려 치료자는 메리가 '잠시
멈추고', 몸이 공명하는지 알아보기 위해 다시 단어를 몸과 함께 검토하도록 권유
한다. '딱 들어맞는 것'이 존재하지 않는다면, 치료자는 메리에게 또 다른 단어, 몸
짓 혹은 이미지로 시도해 볼 것을 권유한다. 내용은 몸의 공명이 딱 들어맞지 않
고 메리가 계속해서 이야기할 때 신체 과정이 폐쇄되기 때문에, 과정에서 중요한
단계다.

메리   (침묵, 내적 점검) …글쎄요, 그렇지는 않은 것 같아요. '숨을 쉴 수 없
        다'에 더 가까운 것 같아요. (깊은 숨을 내쉬고, 고개를 약간 끄덕이며, '들
        어맞음'에 대한 신체의 반응에 주목한다.)

치료자 "나는 숨을 쉴 수 없다…." (신체와 공명하기 위해 내담자의 말을 반복한다.)

점검을 통해, 첫 번째 기호는 공명하지 않는다는 것을 알아차린다. 더 정확한 기호가 나타나면, 신체는 더 깊은 호흡, 자발적으로 끄덕여지는 고개 등의 반응들을 통해 적합한지를 확인한다. 메리 또한 추후 지속되는 신체과정에 대해 이러한 알아차림으로 공명에 주목한다.

메리 (잠시 조용히 있다가) 아, 나는 숨을 쉴 수 없다는 것이 느껴졌어요… 그의 손이 내 목을 잡고 있어요… 나는 비명을 지르고 싶지만, 그럴 수 없어요… 나는 죽을 것 같다는 생각이 들었어요….

치료자 당신의 몸이 그 모든 것을 느끼도록 잠시 동안 그대로 두어 보세요… 얼마나 많이 비명을 지르고 싶었지만… 그럴 수 없었는지. 당신은 죽을 것 같다는 생각이 들었죠.

새로운 의미 단위가 나타날 때, 무슨 일이 일어났는지 통합하도록 신체에 시간을 주는 것이 중요하다. 이것은 적정 형태다. 너무 빠르게 더 많은 언어로 이동할 경우, 보통 신체 과정에서 빠져나오게 된다.

메리 (또 다른 깊은 숨을 내쉬며) 나는 왜 그가 내가 접근하자마자 도망가지 않았는지 모르겠어요. 도망갔더라면 좋았을 텐데… 그냥 도망갈 수 없었던 것 같아요… 마치 착하게 굴어야 하는 것처럼… 하지만 나는 무슨 일이 일어날지 정말 몰랐어요….

치료자 지금도 얼마나 도망가고 싶었는지 느끼고 있군요… 뭔가 할 수 있었더라면… 아마도 이런 일은 일어나지 않았을 텐데. (잠시 멈춘다.) 나는 궁금해요… 바로 지금 당신의 몸이 전달하는 방식을 어떻게 이야기할 수 있을까요? 이를 표현하기 위해 몸을 움직이고 싶을 수도 있어요.

메리 (느리게 일어서며)… (그녀의 손을 뻗고)… (소리를 지른다.) 나는 당신과 함께 가지 않을 거야… (몸을 돌리고 울기 시작한다.)

치료자 어떤 것이 나타나는지 공간을 만들어 보죠. 당신은 지금 막 큰 걸음을 뗐어요… 행동할 수 있기를 얼마나 바랐는지 표현하면서… 이처럼 움직이는 게 어떤 느낌일지 느끼고 있어요…. (다시, 잠시 멈춤과 집중으로 통합을 지원한다.)

메리 나는 거의 눈물이 나지 않아요. 목도 별로 조이지 않고요, 이제 살아 있다는 느낌이 들어요. (편안히 앉으며, 깊은 호흡을 내쉰다.)

이 변화 단계는 언어 의사소통과 함께 신체의 움직임을 포함한다. 통합 처리의 중요한 측면은 상황이 허용하는 경우 어떻게 행동할지 '알고 있는' 몸에 접근하는 것이다. 행동으로 보이는 이러한 표현은 이제 그녀 자신을 위해 행동하는 능력을 회복시킨다.

현재에 자신을 위해 행동하기

다음 몇 번의 상담 회기 동안, 메리는 현재 삶에서 자신을 향해 성적으로 접근하는 동료에 관해 이야기했다. 이전 회기에서 그녀는 성폭력을 마주했을 때 자신을 위해 행동할 수 있었기를 바랐던 것에 대한 **체감**을 발견했다. 이제 현재 삶에서 유사한 문제가 표면화되었다. 처음에 그녀는 이 문제에 대해 불안해했다. 그녀는 이 만남에 대해 이야기했고, 이런 식으로 유혹을 받는 것을 자신이 원치 않는다는 점을 더 이상 무시할 수 없다는 것을 깨달았다.

치료자 이러한 상황이 다르게 흘러갔다면, 즉 당신에게 가장 좋은 방식으로 흘러갔다면 당신의 몸에서 어떤 느낌이 들지 느껴 보세요.

메리 (안에서 느끼며 잠시 멈춘다.) … 강하고, 크고… 안전해요… 스스로를 보호할 수 있을 것 같아요.

치료자 "강하고, 크고… 안전하고… 스스로를 보호할 수 있을 것 같다." (내담자와 동일한 속도와 음색으로 이야기한다.)

우리 존재의 전인성에서, 우리가 자신에게 가장 좋은 느낌으로 살 수 있다면 혹은 우리 존재의 충만함과 일치하게 살 수 있다면, 우리 몸에서 어떤 느낌이 들지 우리는 이미 알고 있다. 여기에서 메리는 이러한 존재의 새로운 방식에 대한 **체감**을 발견했다. 이후 그녀의 행동은 변화했으며, 그녀는 자신을 위해 주장하기 시작했다. 그녀는 동료와 선을 긋기 위해 단호하게 이야기할 수 있었다.

내적 관계의 명확한 기능

외상 기억에 대한 주의 깊은 처리를 통해, 메리는 강간을 당한 그녀 안의 '어린 소녀'와 자비의 내적 관계를 발전시킬 수 있었다. 그녀는 '당시 사라졌던' 마음속이 어린 소녀에 대해 이야기를 하기 시작했다. 그녀는 자신의 '근심 걱정이 없는 순수함'을 상실했을 뿐 아니라, '시간에 갇혀 버렸고', 성장할 수 없었다.

치료자　자비와 관심의 자질로 마음속에 주의를 기울여 보세요… 지금 어린 소녀가 어떻게 느껴지나요? 당신 안에 있는 그 소녀는 외상을 입었고, 그녀를 위로해 줄 사람은 아무도 없습니다… 지금 그녀를 주목하는 마음속은 어떤가요?

메리　나는 그녀가 얼마나 무서워하는지 느낄 수 있어요… 내가 그녀에게 말을 걸고 있는 것 같아요… 무서워해도 괜찮아… 음. 그녀에게 이처럼 말하니까… 기분이 좋아져요. 마치 다시 어려진 것 같아요… 여기에는 내가 어린 시절 활기찼던 것처럼… 약간의 에너지가 있어요.

치료자　그렇다면 다시 젊어지는 새로운 느낌이 존재하는군요… 아마도 이렇게 말하는 게 맞겠네요. "나는 약간 활기를 띠고 있다…." 안에서 확인해 보세요.

메리　음… 나는 약간 활기를 되찾고 있어요! (깊은 호흡, 부끄러운 미소)

정확히 딱 맞는 기호와 관련하여 신체 처리가 계속된다는 것에 유념해야 한다. 따라서 의도된 공감 반응이 개인의 기호화보다 약간이라도 더 앞서가지 않는 것이 중요하다. "나는 약간 활기를 되찾고 있어요…"라고 말하는 것은 단지 나타나고 있는 것에 대해 망설임을 가지고 머무르는 것일 뿐이다. 그녀의 다음 반응에서 그녀의 몸이 더 개방성을 가지고 나의 반응에 응답한다는 것을 볼 수 있다.

메리   네, 그녀가 나를 쳐다보며 웃고 있어요.

다음 주에 메리는 강간을 당했던 경험을 친구와 공유했다고 보고했다. 이것은 경험적 단계의 사례다. '약간 활기를 띠게 된' 신체적 경험으로부터, 그녀는 이러한 활기를 자신의 현재 삶으로 가져와야 할 필요가 있다는 것을 발견했다. 시간 속에 갇혀 있던 그녀 마음속 어린 소녀는 이 주에 친구와 순수한 연결을 이루었다. 그녀가 더 이상 어린 시절의 외상을 숨길 필요가 없기 때문에, 이제 이 외상은 그녀의 현재 삶과 더 통합되었다.

영적 변모

몇 번의 상담 회기 이후, 메리는 이제 아이 갖는 것을 원치 않는다고 다시 이야기를 꺼냈다. 그녀는 시험관 아기를 알아보았지만, "아마도 잘 안 될 거예요."라고 말했다. 나는 그녀 친척의 죽음이 어떠했는지, 삶과 죽음의 불확실성이 그녀를 어떻게 두렵게 만들었는지에 대해 들었다. 그녀는 또한 신을 향함으로써 자신의 신념이 다시 새로워지는 것과 신에 대한 그녀의 깊은 갈망을 가져오는 것을 두려워했다.

갑자기 나는 따뜻한 바람이 나를 강타하는 것처럼 이상한 느낌을 받았다. 내 안에서 일어나고 있는 이 새로운 **체감**에 집중함에 따라, 엘리자베스(Elizabeth)와 사가랴(Zechariah)의 성서 이야기가 떠올랐다. 이야기의 외양은 마치 다른 영역에서 온 것처럼, 탈중심적 특징을 가지고 있었다. 나는 보통 성서를 인용하지 않는다.

그러나 그녀에게 누가복음 I:8-14의 이야기를 해야만 한다고 느꼈다. 이것은 천사가 사가랴에게 와서, 그의 아내가 아이와 함께 있다고 말했고, 몇 년의 불임 후 그녀가 출산을 하게 되었다는 이야기다. 나는 그녀의 눈이 커지며, 골똘히 경청하고 있다는 것을 알아차렸다.

나는 그녀의 신념이 이제는 자원이 될 수 있을지 궁금했다.

이것은 치료자가 자신에게 출현하는 기호에 어떻게 집중하며, 어떻게 '더 큰 앎'에서 느낄 수 있는지에 대한 사례다. 내담자에게 함축된 성장 단계는 치료자의 **체감**과 상호작용을 한다. 즉, 치료자가 이런 식으로 경청하는 경우, 치료자 개인의 지식을 넘어서는 무언가가 그 순간에 기호로 나타날 수 있으며, 이를 공유할 때 내담자는 깊이 느껴지는 목표를 실행할 잠재력을 진척시킬 수 있다.

메리는 그다음 주에 나에게 일요일에 교회를 갔으며, 이와 동일한 성서 문구를 듣게 되었다고 보고했다. 나와 그녀의 성직자로부터 이 이야기를 듣게 된 것은 그녀에게 깊은 감명을 주었으며, 그녀는 자신의 괴로움이 해소되는 것을 느꼈다. 그녀는 아이를 가지고 싶다는 갈망, 그리고 희망의 느낌에 연결되는 것을 느꼈다고 보고했다. 나는 그녀에게 **체감**에 대해 마음속으로 확인해 볼 것을 권유했다. 그녀가 발견한 것은 성모 마리아에게 기도하고 싶은 바람이었다.

몇 주 후, 그녀는 자신과 남편이 시험관 아기를 추진해 보기로 결심했다고 알렸다. 그녀는 이제 자신이 다른 곳에 있다는 확신을 표현했다. 그녀는 성모 마리아에 대한 자신의 기도와 신념이 살아난 것에 대해 이야기했다.

난자 재생은 합병증 없이 이루어졌다. 그녀는 성모마리아 상 발끝에 아이와 어머니가 앉아 있고, 빛이 온 주위를 비추고 있는 꿈을 꾸었다고 보고했다. 다음날 생존 가능한 접합체가 이식되었다. 그녀의 임신은 합병증 없이 이루어졌으며, 그녀는 건강한 딸을 출산했다.

심도 깊은 통합 과정에서 성장한 놀라운 영적 사건이 발생했다. 그녀는 신체적으로 형성된 의미를 깊이 경청하는 것을 통해, 지금까지 삶의 경험의 중요한 측면들, 즉 친척의 죽음, 어린 시절에 당한 강간, 어머니가 되고 싶은 갈망 그리고 신념의 상실을 통합했다. 그녀의 '두 번 태어난' 신념은 외상을 마주하는 것을 통해 심화되었다. 그녀의 신체는 아이를 탄생시키기 위해 개방되었으며, 그녀의 결혼은 더 깊은 수준의 친밀감을 달성했다. 자신의 가장 깊은 바람들을 실현시킴에 따라 변모가 이루어진 것이다.

결론

외상을 직면했을 때조차도, 인간의 전인성은 계속된다. 포커싱 지향 심리치료는 신체에서 느껴지는 '무언가'에 대한 전체적 감각, 즉 **체감**에 대해 판단하지 않는, 흥미로운 주의를 구축함으로써, 이러한 전인성에 대한 연결을 촉진한다. 단어, 이미지, 몸짓 등은 경험을 기호화한다. 기호들은 **체감**과의 공명 여부에 대해 신체와 함께 다시 확인된다. 이러한 명상 접근을 통해, 개인은 신체에서 발생하는 것을 형성하고, 이에 따라 전인을 통합적인 성장으로 이끄는, 더 큰 지혜에 대한 접근을 얻게 된다. 외상이 통합됨에 따라, 내담자의 현재 삶에서 변화의 특정 단계들은 개인 내부에서 자연스럽게 생성되며, 진실한 목적을 가지고 현재를 충실하게 살아가는 역량을 회복시킨다. 치료자는 이러한 통합에 대해 안전함을 만들어내고, 추가적인 성장을 위한 능력을 육성하기 위해 외상 생존자와 공감의 공명을 소통한다. 신경생물학에서의 연구와 일치하는 방식에서 포커싱 지향 접근은 과거에 소리를 내지 못하던 외상 경험에 기호의 표현을 제공하고, 내담자를 더 완전하고 확실하게 삶으로 해방시킬 수 있도록, 마음챙김, 관계적 연결, 영적 잠재력을 통일된 과정으로 통합한다.

포커싱 지향 심리치료는 외상 치료를 위한 명상 접근으로 알려져 있다. 또한 아프가니스탄, 에콰도르의 바리오(Barrios), 남아프리카의 부시(Bush)에서 비정부 단체에 초점을 맞추는 교육을 포함하여, 아동 치료, 우울증과 불안, AIDS와 암을 가진 채 살아가기 위한 적응, 고통 관리, 단기 심리치료, 공동체 행복에 대한 다문화 모델 같은 임상 분야들에 적용된다. 훈련과 추가 자료들에 관한 정보는 www.focusing.org를 참고하라.

제 *11* 장

복합 외상을 위한 요가

데이비드 에머슨(David Emerson)
엘리자베스 K. 호퍼(Elizabeth K. Hopper)

현재 인도와 파키스탄으로 알려진 지역에서 창시되어, 수천 년 전부터 내려왔으며 우리가 총칭하여 요가라고 부르는 광범위한 수련을 많은 이가 이용해 왔다 (Feuerstein, 2001). 요가의 수많은 양식과 방대한 복잡성을 조사하는 것은 이 장의 범위를 벗어나는 것이므로, 일반적으로 하타(hatha) 요가라고 불리는 것에 초점을 맞추겠다. 이것은 호흡 명상 그리고 특히 우리의 목적에 있어 중요한 측면인 신체 자세 혹은 '아사나(asanas)'를 통해, 정신과 신체의 균형을 촉진하는 가벼운 요가 양식이다. 하타 요가는 20세기 후반부터 신체 운동과 이완의 형태로 서구 국가에서 인기를 얻게 되었다. 이 현대적인 반복 운동은 신체 자세를 강조한다. 스포츠 마케팅 조사 USA에 의해 『요가 저널(Yoga Journal)』에 시행된 2012년 연구에 따르면, 미국에는 특정 형태의 요가(대부분이 다양한 하타 요가)를 수행하는 약 2천만 명의 성인들이 있다. 지난 몇 년 동안에 걸쳐 현대인을 괴롭히는 많은 신체적·정신적 건강 질병과 관련하여 이 고대 수련의 잠재적 혜택을 입증하는 연구들이 출현했다(Salmon, Lush, Jablonski, & Sephton, 2009; van der Kolk, 2006). 예를 들어, 연구들은 불면증, 불안, 우울증의 증상으로 고통을 겪는 사람들에 대한 하타 요가의 혜택을 보여 주었다(Khalsa, 2004; Khalsa, Shorter, Cope, Wyshak, & Sklar, 2009; Pilkington, Kirkwood, Rampes, & Richardson, 2005).

매사추세츠 주 브룩클린에 위치한 법무부(Justice Resource Institute: JRI)의 외상 센터에서 우리는 복합 외상 후 스트레스 장애(PTSD)에 대한 보완 중재로, 외상에 **민감한 요가**(trauma-sensitive yoga)라고 부르는 우리만의 고유한 하타 요가 변형을 이용하여 조사와 임상 연구에 참여했다. 우리는 외상에 민감한 요가의 10주 과정이 복합적이고 치료 내성을 보이는 PTSD를 가진 외상 환자에게서 PTSD 증상이 상당히 감소되는 것과 연관된다는 것을 발견했다. 이 요가 기반 중재를 받은 여성들 또한 정서 조절장애의 상당한 감소와 긴장 완화 활동의 증가를 보고했다(van der Kolk et al., 2014). 또한 하타 요가가 PTSD와 연관된 신경전달물질 [neurotransmitter, 즉 감마 아미노뷰티르 산(gamma-aminobutyric acid) 혹은 GABA] 의 수치를 변화시킬 수 있다는 증거가 있다. 마음챙김이 지난 20년 동안 경험적 연구 분야에서 연구되어 왔고, 최근 임상의와 과학자로부터 상당한 관심을 받았지만, 우리는 조직적이고 의도적인 방식으로 움직이고 호흡하는 것, 즉 하타 요가의 중심에 있는 수련의 임상 혜택에 대해 더 심화된 이해의 정점에 도달할 수 있을 것이다.

우리는 몇 년에 걸쳐 주로 우리 수련생[1])으로부터 받은 피드백을 통해, 대부분의 환경들에서 가르치는 하타 요가가 외상 생존자들에게 용인 가능하고, 효과적이 되도록 변경되어야 한다는 것을 알게 되었다. 우리가 하타 요가에 가한 변경들은 앞서 언급한 바와 같이 **외상에 민감한 요가**(trauma-sensitive yoga)라는 새로운 용어를 만들도록 이끌었다. 외상에 민감한 요가는 주로 신체에 초점을 맞추며, 개인의 움직임과 호흡에 대해 주관적으로 느끼는 경험을 중점으로 한다. 우리의 상담 회기에서, 우리는 수련생에게 의도적으로 팔을 머리 위로 높이 들고, 몇 번의 긴 호흡을 하는 것이 어떤 느낌이 드는지, 스스로를 견고하게 지지하기 위해 다리와 몸 중심부의 큰 근육을 의도적으로 사용함에 따라, 즉 고정된 전사 자세를 취함에 따라 어떤 감각들이 인식되는지 그리고 어떻게 움직이고 호흡하는지와 관련

---

1) 우리는 일반적으로 요가 클래스에 있는 사람들을 '수련생'이라고 부르며, 더 구체적으로는 치료 진료실에서 '내담자들'로서 요가를 수행하는 사람들이다.

하여 일종의 통제와 주체성을 행사하는 것이 어떤 느낌이 드는지 주목해 볼 것을 권유한다. 즉, 우리는 수련생에게 우리의 변경된 하타 요가의 사용을 통해, 의도적이고 조직적인 방식으로 신체를 움직이고 호흡하는 것이 어떤 느낌을 가져오는지 탐구하도록 권유하고 있는 것이다. 이 장에서 우리는 외상 치료의 맥락에서 요가를 사용하는 몇 가지 이유들을 설명할 것이며, 우리의 외상에 민감한 변형 요가의 개요를 설명하고, 우리의 접근을 보여 주기 위해 사례를 이용할 것이다.

치료의 맥락에서 외상에 민감한 요가

외상 생존자들은 매일 자신들의 신체 내에서 외상을 다시 경험한다. 이러한 의미에서 신체는 적이 된다(van der Kolk, 1994; Ogden & Minton, 2000). JRI 외상 센터에 오는 내담자들은 보통 자신들의 신체가 과거에 자신들을 배반했으며, 현재에도 지속적으로 배반하고 있다고 느낀다. 과각성 혹은 해리와 같은 조건화된 신체 반응은 종종 외상 기억이나 증상을 유발하는 외부 자극 혹은 내부 정서 및 생리적 반응과 같은 촉발 요인에 의해 일어난다(Sexual Assault Centre, University of Alberta, 2008). 금속성 냄새를 맡는 것은 어린 시절 학대에 대한 생생한 기억의 '비디오테이프'로 안내할 수 있다. 목 주위의 근육 수축과 같은 신체 감각을 경험하는 것은 정서, 신체, 인지 반응의 폭포를 초래할 수 있다. 개인이 인지적으로 이러한 반응의 기원을 이해하고자 시도할 수는 있지만, 지적 과정은 보통 촉발 요인이 신체를 장악하는 것을 막지 못한다. 심장이 뛰고, 손은 꼭 쥐게 되고, 위는 쓰려 온다. 개인의 신체 감각 및 통제를 벗어나 몸 안에 갇혀 있는 경험(이러한 것들은 PTSD 및 외상과 연관된 많은 고통의 원천이다)에 의해 계속해서 반복적으로 압도되는 감각이 존재한다. 따라서 우리는 우리가 치료하는 대부분의 사람들이 신체와 관련하여 크게 고통을 겪는다는 가정으로 시작한다. 이러한 고통은 신체적 관점(예, "나는 복부에서 지속적인 통증이 느껴져요." 혹은 "나는 다리에 전혀 감각이 없어요."), 대인관계 관점(예, "나는 친구가 나를 만지는 것을 견딜 수 없어요. 이것은 외상을 너무 크게 상기시켜요."), 신경생물학적 관점(예, 자기공명 영상으로 감지될 수 있는 구조적 · 기능적 두뇌 변화들; van der Kolk, 2006; Lanius, Vermetten, & Pain, 2010)에서 이해될 수 있다. 어떤 경우이든 고통은 최상의 경우 신체에서 분리되는 느낌 혹은 최악의 경우 개인의 '실패한' '손상된' 혹은 '부서진' 유기체에 대한 깊은 본능적 증오를 수반하게 된다.

외상에 민감한 요가에 대한 우리의 첫 번째 단계는 사람들이 단순히 신체를 **견디도록** 도와주는 것이다(Emerson & Hopper, 2011). 우리는 이들에게 신체를 좋아하라고 요청하지 않으며, 단지 안전한 방식으로 체화되는 것을 실험한다. 우리가 이를 수행하는 방식은 단순한 운동 과정들에 주의를 돌리는 것이다. 예를 들어, "준비가 되면, 당신의 발을 바닥에 평평하게 놓으세요." 혹은 "괜찮다면, 당신의 손을 어깨 높이까지 올리는 것을 실험해 보죠."라고 말한다. 우리는 우리의 단서를 **명령**이 아닌 **권유**의 형태를 갖추도록 구성하며, 이를 우리의 하타 요가에 대한 외상에 민감한 변형 중 하나로 고려한다. 이러한 종류의 권유는 우리 수련생에게 의미를 만들 필요 없이, 자신의 신체들로 무언가 목적의식이 있는 일을 수행할 기회를 제공한다. 이 단계에서 우리는 사람들에게 자신들의 경험과 교류하도록 요청하거나, 경험으로부터 의미를 만들어 보도록 요청하지 않는다. 대신 우리는 자신들의 신체로 해롭지 않고, 비교적 중립적인 무언가를 단지 '수행하도록' 권유한다. 독자들은 다른 적합한 사례를 떠올릴 수 있을 것이다. 즉, "괜찮다면, 머리 맨 위까지 늘려 보세요." "준비가 되면, 머리를 왼쪽에서 오른쪽으로 돌리는 실험을 해 보세요." 혹은 치료 진료실에 앉아 있는 경우, "괜찮다면, 일어서는 것을 실험해 보죠."와 같은 것이 떠오를 것이다.

순전히 신체적인 유일한 변수는 내담자에게 권유하는 행동이 내담자에게 물리적으로 가능해야 한다는 것이다. 예를 들어, 다중 절단 환자로 휠체어를 타거나 침대 병상에 누워 있는 사람을 상담하는 경우, 그 사람에게 가능한 행동을 선택해야 한다. 어떤 종류의 운동이 내담자에게 가능할지 확신이 안 선다면, 우리는 실험으로 내담자와 협력하는 것을 권장한다. 이것은 내담자들에게 신체에 귀를 기울이고, 편안한 범위의 경험 내에서 노력하도록 권장을 시작하는 방식이 될 수 있다. 내담자들에게 의도적으로 신체를 움직이도록 권유하기 시작함에 따라, 이들이 '신체를 갖도록' 돕게 되며, 이러한 경험은 우리가 규정하는 외상에 민감한 요가에서 중요한 시작점이 된다. 우리는 사람들에게 신체에 관한 생각을 통해 신체를 경험하도록 요청하지 않으며, 또는 신체를 '느끼거나' 혹은 '감지하는 것'을 실험해 보도록 권유하지도 않는다. 우리는 단지 이들에게 무언가 신체적인 일을 수행하도록 권장한다. 실제로 '신체를 갖는 것'의 수행이 발을 평평하게 바닥에 놓기와 같은 단순 움직임을 수반하는 경우, 내담자 스스로 실험을 시작할 수 있기 때문에, 우리는 신체를 가지고 있다고 확신시키려는 시도를 할 필요가 없다.

현재까지 우리는 외상에 민감한 요가의 두 가지 모델을 개발했다. 바로 개인 치료의 통합되는 부분과 개인 혹은 소규모 집단을 위한 독립적 수행이다. 내담자가 양쪽을 어떻게 사용할 수 있는지 이해하기 위해, 다음 사례를 고려해 볼 것이다.

미쉘[2]은 신체 기반 치료를 받기 위해 JRI 외상 센터로 찾아왔다. 그녀는 과거에 전통적인 다수의 대화 치료를 시도했지만, 여전히 '갇혀 있는' 느낌이 든다는 것을 알아차렸다. 그녀는 동시에 실제로 중요한 무언가를 다루는 것에 대해 두려워하면서, '좋아지는 것'과 도움을 받기를 원하는 것 사이에서 갈등했다. 그녀는 자신이 합리적으로 설명하려 하고, 많은 치료자에게 돌려 말하는 경향이 있다는 것을 반추했다. 이러한 일이 생길 때, 간혹 치료자가 자신을 '분석'하지 못하도록 하는 능력을 뿌듯해 하기는 했지만, 또한 실제로 일어나는 일을 회피함으로써 시간을 낭비하고 있다고 느꼈다. 미쉘은 자신이 종종 바깥에서 보기에 '착한 환자'로 보이고, 그녀의 치료자가 그녀에게 만족하게 되기를 원했다고 말했다. 인지 행동 치료가 일부 외상 환자들에게 도움이 될 수 있지만, 미쉘의 경우는 아니었다. 그녀는 숙제를 충실하게 완수하고, 자신이 '인지 왜곡들'을 확인할 수 있으며, 사고를 전환할 수 있다는 것을 보여 주기 위한 언어를 사용함에도 불구하고, 마음속 깊이에서는 달라지는 것을 전혀 느끼지

---

2) 우리의 모든 사례는 신원을 보호하기 위해 합성된다.

못했다. 실제로 그녀는 점점 더 우울해졌으며, 치료자가 보지 못하거나, 이해하지 못하는 것에 관해 절망을 느꼈다고 보고했다.

미쉘은 자신의 새로운 치료자에게 어린 시절의 과거에 대해 잠시 설명했다. 그녀는 어머니 없이, 정서적으로 매우 변덕스럽고, 만성 정신병을 앓았던 아버지와 함께 사는 집에서 자랐다. 그녀의 아버지는 가끔 심각한 우울증을 앓았고, 이럴 때면 알코올과 처방 약물을 남용했으며, 완전히 무반응 상태로 소파에서 기절하곤 했다. 이 시기 동안, 그는 종종 며칠 동안 방문을 잠그고 틀어박혀 있었으며, 미쉘은 그녀의 아버지가 문 뒤에서 우는 소리를 들을 수 있었다. 그녀는 몇 번 응급차가 그녀의 집으로 왔고, 그녀의 아버지가 며칠 혹은 몇 주 동안 병원에 실려 갔던 때에 대해 설명했다. 다른 때에, 그녀의 아버지는 격분한 상태였으며, 미쉘과 그녀의 언니 자닌을 말로 공격하곤 했다. 또한 미쉘은 아버지가 자닌을 때리는 것을 목격했으며, 언니가 온몸에 멍이 든 것을 보았다. 미쉘이 열 살이 되었을 때, 그녀의 아버지는 자살을 시도했으며, 자닌이 부모의 책임을 떠안아야 했다. 미쉘은 자닌이 그녀를 보살펴야 한다는 것에 분개했으며, 분노하면서, 말로 학대하는 아버지의 행동 패턴을 반복했다고 설명했다.

미쉘은 자신의 어린 시절을 대부분 기억나지 않는 '악몽'이라고 설명했다. 그녀는 '멍한 상태'가 되어, 정서적으로 어린 시절과 단절하는 것으로 대처했다. 그녀는 어린 시절 동안 가까운 관계가 없었으며, 정서적으로 친밀한 관계를 가진 적이 없었다. 그녀는 대학 직후 4년 동안 한 남자와 사귀었지만, 그에게서 어떤 것도 느끼지 못했으며, 단지 그를 아끼는 척했다. 그녀는 그녀가 그와 계속해서 같이 잤으며, 아마도 그가 원하는 것이 바로 이것이었기 때문에 그가 전혀 알아차리지 못했을 것이라고 냉소적으로 이야기했다. 그녀는 수많은 섹스 파트너를 만났지만, 섹스를 즐기지는 못했다. 그녀는 왜 데이트하는 모든 남자와 섹스를 해야 한다고 느끼는지 이해를 하지 못했다. 미쉘은 자신의 몸을 느낄 수 없었다. 그녀는 간혹 극도의 공포와 패닉을 느꼈지만, 이러한 느낌 직후에는 항상 떠다니는 것 같은 감각과 '정서적으로 죽어 있는' 느낌이 이어졌다.

미쉘은 외상에 대한 신체 지향 중재에 관한 글을 읽었기 때문에 몇 번 요가 클래스를 가려고 노력했다. 그러나 그녀는 강사를 따라가도록 자신을 몰아붙였으며, 대개는 이후에 훨씬 더 멍해진 느낌을 받는 것으로 끝이 났다. 그녀는 참석한 마지막 수업에서 부상을 당했기 때문에 6개월 동안 요가 수업을 듣지 않았다. 미쉘은 외상 센터가 제공하는 '외상에 민감한' 요가 클래스를 시도하고자 했으며, 또한 요가를 이용한 신체 지향 중재를 시도하기를 원했다.

미쉘의 치료자는 처음에 그녀의 신체에 주목하는 것에 대해 미쉘과 상담을 했다. 이들의 목표는 미쉘이 그녀 몸의 감각들을 인정하고, 변화시키려 하지 않고 불편함에 대한 자극을 가져오는 것이었다. 이들은 거점이 되는 산처럼 앉는 자세(수행자가 자신의 안정된 토대에 대한 느낌과 또한 자신의 척추에 어느 정도의 길이를 만들어 내는 것에 초점을 맞추는 조직화된 좌식 방법)를 수립하는 것에 대해 상담을 했으며, 이후 미쉘의 중심에 초점을 맞추고, '몸의 중심부'에 주의를 기울인다. 미쉘이 자신의 몸통을 앞뒤, 좌우, 원으로 부드럽게 움직이도록 치료자가 인도하는 중심잡기 실험을 시도했다. 이런 식으로 자신의 몸에 주의를 기울이게 됨에 따라, 미쉘은 근육이 뭉쳐지면서 긴장의 감각을 확인할 수 있었으며, 뒤이어 공포의 감정이 이어졌다. 거의 즉시 그녀는 약간 어지럽고, 멍한 느낌을 설명했으며, 이후 '폐쇄되는' 감각과 몸 전체에 걸쳐 둔감해지는 것을 느꼈다. 미쉘이 자신의 몸에 주의를 기울임에 따라 촉발되었으며, 확립된 신체 지향 자원을 가지고 있지 않았기 때문에, 치료자는 미쉘이 자기 자신을 기반으로 하도록 돕기 위해 '하향식(top-down)' 심리교육학 접근을 사용했다. 이 과정의 일환으로, 치료자는 인내의 창문(window of tolerance)에 대해 설명했으며, 이에 대한 그림을 그렸고, 미쉘이 실험을 수행하고, 천천히 인내할 수 있는 것을 늘려 가면서 인내의 창 내에 머무르도록 돕기 위해 치료자와 미쉘이 어떻게 함께 협력하게 되는지 설명했다. 성공의 프레임은 '가장 강렬한 것'에서 '나에게 맞는 것 발견하기'로 바뀌었다. 호기심을 가지고 유념하는 자세에 따라, 치료 과정 초기에 실험과 규정이 주요 인자로 수립되었다. 공동 조정자로서 치료자의 역할 또한 이러한 초기 중재를 통해 수립되었다.

그녀의 몸의 중심부에 대한 주의는 특히 미쉘에게 촉발이 되는 것으로 나타났기 때문에, 신체 기반 상담은 사지에 대한 초기의 초점으로 바뀌었다. 그녀는 바닥에서 자신의 발을 느끼는 것처럼, 기반이 되는 운동을 연습할 수 있었다. 그녀는 또한 자신의 몸을 자원으로 사용하는 것에 초점을 맞추는 실험을 할 수 있었다. 예를 들어, 그녀는 다리를 지지하고, 들어 올린 상태를 유지하는 사두근과 복부 근육들의 긴장에 주목하면서, 앉아 있는 다리 들어 올리기 수행을 인내할 수 있었다. 그녀는 또한 산처럼 앉기에서 산처럼 서 있기로 옮길 때 느껴지는 힘과 같이, 특정 움직임과 연관된 근력 기반 정서에 주목할 수 있었다. 미쉘이 신체 감각들에 주목하는 인내를 구축함에 따라, 그녀의 상지와 가슴은 처음에 그녀에게 어려웠지만, 목 돌리기와 어깨 돌리기를 연습함에 따라, 그녀는 공포에 사로잡히거나, '멍해지지' 않고, 서서히 상체의 긴장에 주목할 수 있었다.

외상에 민감한 요가 클래스에서, 미쉘은 촉발되는 상태 및 해리 상태와 힘겹게 싸우고 있었다. 그녀는 허벅지 위에 큰 근육들이 높이 활성화되도록 앞다리는 약 90도 각도로 구부리고, 뒷다리는 뒤로 뻗어, 직선으로, 견고하게 두는 전사처럼 서 있기와 같이, 양발을 지면에 두는 강력한 형태의 근력 기반 자세를 즐겼다. 전사처럼 서 있기에서, 수련자들은 또한 자신의 팔을 앞과 뒤로 뻗을 수 있으며, 이는 상지에 있는 근육들을 이용함으로써 더 안정성을 만들어 내고, 수련자에게 공간을 차지하는 실험을 할 기회를 제공한다. 그러나 그녀는 클래스에서 자신이 더 취약하거나, 노출된다고 느끼는 자세에는 어려움을 겪었다. 특히 그녀는 머리 숙인 개 자세와 앞으로 굽히기 자세를 힘들어했다. 미쉘은 이러한 경험에 대해 이야기하고, 대처 반응들(자신이 어지러워진다는 것을 알아차릴 때 지면에 디디는 기술을 사용하는 것과 같은)을 연습하고, 클래스에서 대처 기술을 사용할 계획을 발전시키기 위해 치료를 이용했다. 그녀는 치료 진료실에서 몸을 접은 상태로 있는 시간을 제어하며, 앞으로 몸을 접어서 앉아 있는 자세를 수련했다. 이는 긍정적인 혼잣말을 수행하고, 이 자세로 있는 동안 만들어지는 고통을 인내하는 능력을 높이기 위한 것이었다. 그녀는 또한 클래스에서 아이 자세 혹은 산처럼 앉기와 같은 자세로 촉발되었다고 느끼는 경우 회복할 수 있는 '안전한' 자세를 확인했다.

호흡 또한 미쉘에게는 도전이었다. 그녀는 호흡을 천천히 하려고 시도하는 경우 해리를 경험했으며, 그녀의 입을 통해 얕게 호흡하는 경향을 보였다. 더 큰 신체 동작에 초점을 맞추며 몇 개월을 보낸 후, 미쉘은 자신의 호흡에 어느 정도 주의를 기울일 준비가 되었음을 느꼈다. 그녀는 처음에는 단지 일반적인 경우처럼 호흡이 흐르도록 놔두었으며, 변화시키고자 하지 않고 그저 주목했다. 얼마의 시간이 흐른 후, 일부 구조를 제공하고, 그녀가 호흡을 깊이 있게 하는 동안 주의를 유지하도록 돕기 위해, 그녀는 신체 지향 도구들(교호호흡, alternating nostril breathing)과 인지 도구들(들이마시는 호흡보다 내뱉는 호흡이 두 배 더 길도록 만드는 데 숫자 세기를 사용, 교감신경계 활성화와 관련하여 부교감신경계를 증가시키는 비율 호흡)을 사용했다. 그녀가 치료자에 대한 신뢰를 쌓아 감에 따라, 미쉘은 관계를 자신의 경험을 반영하고 인도하는 것으로 사용할 수 있었다. 그녀는 요가 기반 중재 동안 천천히 눈 맞춤을 늘리기 시작했다. 그녀와 치료자는 태양호흡(Sun Breaths)과 같은 신체 움직임에서 '지도자'가 되거나, '추종자가' 되는 것의 느낌 그리고 또 다른 사람과 함께 리듬에 맞추어 움직이는 것의 느낌을 시험하기 시작했다.

6개월 후, 미쉘은 여전히 치료 중 처음 접수 시 논의했던 것을 넘어, 어린 시절의 외상 기억에 초점을 맞추지는 못했다. 그녀는 치료자와 여태까지의 치료 과정이 얼마나 어려웠는지에 대해 공유했다. 다른 치료를 받을 때, 그녀는 자신의 과거에 대해 이야기하는 것에 대해 압도되는 느낌을 받았고, 중지해야만 했었다. 이러한 경험을 통해, 그녀는 천천히 더 긍정적인 방식으로 자신의 신체를 느끼는 경험을 할 수 있었으며, 중지하지 않고도 좀 더 불편한 감각들과 감정들을 인내하는 법을 배울 수 있었다. 그녀는 자신이 일상생활에서 해리 상태를 좀 덜 겪게 되었으며, 전에는 느낄 수 없었던 방식으로 다른 사람들에게 마음을 약간 열기 시작했다고 반추했다. 신체 기반 운동들이 낯설고, 종종 어려웠지만, 그녀는 자신의 인생에서 진짜 변화를 만들어 가고 있다고 느꼈다.

이 사례는 외상에 대한 요가 기반 중재의 많은 원칙을 보여 준다. 대부분의 외상 치료 유형에서와 마찬가지로, 자기 알아차림과 통제 기술을 구축하는 것이 강조된다. 미쉘이 자신의 신체를 주목하고, 감각을 인내하고, 정서를 조절하는 데 있어 더 편안해짐에 따라, 그녀는 자신의 주요 대처 전략인 해리에 크게 의존할 필요가 없어졌으며, '신체를 갖는 것'과 '현재에' 머무르는 것에 더 많은 시간을 보내기 시작했다. 이러한 변화들은 관계, 자신에 대한 지각, 삶에 더 충실하게 참여하는 능력을 포함하여, 나머지 삶에 긍정적인 파급 효과를 끼치기 시작했다.

임상적 문제로서 우리는 미쉘과 같은 많은 외상 생존자가 자신들의 신체를 고통, 두려움, 절망의 원천으로 경험한다는 것을 알고 있다. 이러한 감정들은 생존자들이 신체를 거부하거나, 부인하도록 초래하며, '자신들의 머리 안에서' 혹은 해리된 상태에서 삶을 살아가기 시작한다. 이러한 대처 기제들이 깊이 배어들게 되면, 서양의 전통적인 언어 지향 치료로는 충분치 않게 된다. 외상에 민감한 요가는 치료 환경에서 생존자들이 자신의 신체와의 관계를 직접 변경하고, 이에 따라 스스로를 변경시키는 신체 지향 중재로 사용할 수 있다. 요가는 단지 신체에 대해 사고하고 이야기하는 대신, 경험적 운동들이 사용되기 때문에, 현재의 신체적 경험에 초점을 가져오도록 치료를 인도하는 데 있어 유용하다. 임상 영역에서 마음챙김과 반추는 요가를 사용할 때 발생하는 신체 과정에 대한 알아차림을 일깨우는 데에도 사용될 수 있다. 표적으로 삼은 감각과 미세한 움직임에 대한 주의는 고통 인내와 자기 알아차림에 따라 성공적인 경험들을 구축하는 데 초점을 맞추는 조절 전략으로 사용될 수 있다.

외상에 민감한 요가 경험에 복합성 추가하기

우리가 상담하는 많은 사람은 다리에서 전혀 느낌을 받을 수 없는 사례처럼 신체의 특정 부분에 감각이 없는 것을 보고한다. 대화를 통해 이들에게 다리가 있다고 설득시키려 하기보다, 우리는 이들에게 일어서서 어떤 느낌이 드는지 주목하는 실험을 하도록 권유할 수 있다. 이는 외상에 민감한 요가와 연관된 치료 과정의 또 다른 단계로 이끈다. 일단 내담자가 의도적인 행동을 수행하기 시작하고, 자신의 신체 내에서 안전한 느낌을 받기 시작하면, 우리는 내담자에게 무슨 일이 일어나고 있는지 **주목하고**, 무엇을 하고 있는지 **느끼고**, 자신의 신체와 **교류하도록** 권유하는 것으로 나아간다. 우리는 이러한 신체를 주목하고, 교류하는 수행을 '신체와 친구 되기'라고 부른다. 우리는 개인이 자신의 신체가 무엇을 하고 있는지에 호기심을 갖고, 관심을 갖게 되기 시작하면 이 사람은 신체를 향한 개방성과 친근감을 발전시키기 시작할 것이며, 이는 외상 치유의 과정을 심화시킬 것이라고 믿는다.

호기심을 구축하고, 개인의 신체 내에서 촉발시키기보다 흥미로운 일이 일어나는 장소로 가는 것은 외상에 민감한 요가가 제공하는 치료 중재의 중요한 측면 중 하나다. 신체와 친구가 되는 수행을 소개할 때, 우리의 단서는 "준비가 되면, 발을 바닥에 평평하게 두고, **발이 바닥과 접촉하여 만드는 느낌을 느껴 보세요.**"와 같이 말하는 것이 될 수 있다. 이제 우리는 사람들에게 **느낄 것**을 요청하는 것이다. 이는 "발꿈치나 발가락을 두드리는 것과 같이, 당신이 바닥에 있는 발을 느끼도록 도울 수 있는 무언가가 있을 거예요."라는 말로 이어질 수 있다. 이에 따라 우리는 계속해서 내담자들에게 지면에 있는 발에 대해 본능적으로 느껴지는 감각을 탐구하도록 권유한다. 우리가 여전히 이들에게 느낌을 즐기라거나, 특정 종류의 의미를 만들어 내라고 요청하지 않는다는 것에 주목해야 한다. 많은 대중적 요가 클래스에서, 강사는 "지면에 닿는 당신의 발이 갖는 느낌이 얼마나 굉장한지 주목해 보세요."와 같은 말을 하기 때문에, 이 점은 중요하다. 우리는 지면에 닿는 발의 느낌이 '굉장하다'고 가정하지 않는다. 실제로 우리 내담자 중 한 명은 20년만에 처음으로 지면에 닿는 발을 느꼈을 때 큰 슬픔을 느꼈다. 이것은 괜찮다. 우리는 단지 물리적 느낌인 감각을 고수하는 것이며, 이러한 느낌이 압도적일 경우, 우리는 또 다른 느낌의 수련으로 넘어갈 수 있다. 그렇지 않을 경우 우리는 근육을 스트레칭하거나 강화할 경우 어떤 느낌이 드는지에 대해 초점을 변화시킬 수 있다. 핵심은 우리 내담자들이 신체 기반 경험을 인내하고 탐구하도록 돕는 것이며, 우리는 이들의 탐구를 지원하지만, 경험에 대한 해석은 내담자들에게 맡긴다.

외상에 민감한 요가에서 자기조절

마지막으로, 사람들이 의도적으로 움직이고, 호흡하며, 감각 알아차림에 대한 일종의 호기심을 경험하는 능력을 발전시키게 되면, 우리는 이들에게 요가 수련을 이용하여 느끼는 방식을 관리하는 것, 즉 자기조절을 실험해 볼 것을 권유한다. 우리는 이러한 수련을 '자원으로서의 신체(body as a resource)'라고 부른다. 어떤 자세들이 조절을 하는지는 완전히 주관적이다. 어떤 사람들에게는 효과적인 것이 다른 사람들에게는 효과적이지 않을 수 있다. 이것은 우리가 안전한 방식으로 요가를 이용할 수 있도록 만드는 자세들을 규정하지 않음에 따라 외상 생존자들 스스로가 실험하고 발견하게 되기 때문이다. 우리 수련생 중 일부의 경우, 견고한 형태로 서 있고, 의도적으로 큰 근육군을 사용하는 것이 크게 역량을 강화시켜 줄 수 있지만, 다른 수련생들의 경우 이는 촉발 요인이자, 불안정하게 만드는 요인이 된다. 일부의 경우, 근육을 스트레칭하고, 느낌이 얼마나 차분한지에 몰두할 수 있도록 하지만, 다른 사람들의 경우 너무 취약하거나 노출된다고 느끼게 만든다.

다음 두 개의 더 간략한 사례는 외상에 민감한 요가가 어떻게 신체를 자원으로 개발하고, 경험하도록 도울 수 있는지 보여 준다. 설명하는 두 사례는 수년 동안에 걸쳐 우리가 본 사람들을 합성한 것이다.

캐롤라인은 어느 날 혼자 집에 있던 중, 누군가 근처에 있으며, 그녀를 해하려 한다는 두려움과 무기력감에 압도되었다는 것을 발견했다. 그녀는 이러한 감각을 몸 안에서 느꼈다. 그녀의 가슴은 압박되는 것처럼 느껴졌다. 가슴이 절단되는 것 같았고, 손은 오므라들었다. 심장 박동은 요동쳤다. 외상 센터에서 몇 개월 동안 참여해 온 요가 수련을 통해, 그녀는 전사처럼 서 있기 자세가 다리의 큰 근육을 느끼게 하고, 사용하도록 도우며, 이에 따라 강해지는 느낌을 받는다는 것을 발견했다. 그녀는 다리 근육이 이용되는 것을 느낄 수 있었다. 그녀가 팔을 뻗었을 때, 정상보다 약간 더 깊게 호흡할 수 있었으며, 그녀는 이러한 형태로 호흡하는 느낌이 좋았다. 하루는 압도되는 느낌이 생기기 시작할 때, 그녀는 전사처럼 서 있기 자세를 시도해 보기로 결심했다. 이 시점까지 요가는 요가 교실에만 머물러 있었고, 그녀는 이를 세상에 가지고 나오지 않았었다. 어떤 이유로 인해, 이날은 요가가 단지 수련했던 것이 아니라, 그녀가 이용할 수 있는 것이라는 생각이 떠올랐다. 그녀가 발견한 것은 그녀의 몸이 두려움과 무기력감에 반응하는 것과 마찬가지로, 견고하게 이용되는 자신의 다리 근육에 대한 느낌에 초점을 맞추고, 그녀 주위의 공간으로 팔을 뻗고, 몇 번의 완전한 호흡을 함으로써, 두려움과 임박한 가해에 대한 느낌이 상당히 감소되었다는 것이었다. 변화는 확실했으며, 다음 만남 동안 진료실에서 그녀의 산처럼 서 있기 자세를 치료자에게 보여 줄 만큼 안도감을 주었다. 이들은 치료 시간 동안 함께 약간의 요가를 수련할 수 있었다.

다음은 요가가 자기조절 도구가 되는 또 다른 사례다. 이 사례에서 앤디라는 이름의 청년은 자신의 외상에 민감한 요가 강사와 함께 물구나무서기 자세를 수련한다.

열일곱 살의 앤디는 공립학교에서 선생님을 공격한 것으로 인해 치료 시설에 머물러 있었으며, 심각한 외상 과거를 가지고 있었다. 두 살 때 친아버지에게서 버림받은 앤디는 외상 과거와 만성 약물 중독에 시달렸던 어머니가 키웠다. 이에 따라, 앤디는 어머니에게서 만성적인 정서적·물리적 방치를 경험했으며, 집을 떠날 때까지 어머니의 남자친구로부터 반복적인 신체적 학대를 받았다. 그러나 열두 살, 열세 살 무렵이 되었을 때, 앤디는 체격이 크고, 힘이 센 아이가 되었기 때문에, 어머니의 남자친구 중 한 명과 맞서 싸웠으며, 결국 어머니의 남자친구가 뇌진탕과 팔 골절로 병원에 입원하는 것으로 끝이 나 버렸다. 앤디에게 어떤 일이 벌어지든, 그는 이런 식으로 자신의 몸을 쓰는 법을 배우고 있었다. 치료 시설의 프로그램에 따른 치료에서, 앤디는 부풀려진 가슴과 커진 척추를 가지고, 스스로를 보호하는 자신의 능력과 힘을 얼마나 자랑스러워하는지에 대해 이야기했다. 그러나 앤디는 자신의 신체에 대해 느끼는 통제력의 부족을 두려워했다. 치료자에게 더 편안함을 느끼게 되었을 때, 그는 어깨를 축 내리고, 등은 굽힌 채, 눈을 아래로 깔며, 자신의 몸에 대해 느끼는 힘이 두렵다고 이야기하기 시작했다. "내가 만약 자제력을 잃고, 어느 날 누군가를 죽이기라도 하면 어떡하나요?" 눈에 눈물이 차오른 채, 그는 "나는 사람들을 다치게 하고 싶지 않아요."라고 이야기했다. 앤디는 정기 치료와 함께 외상에 민감한 요가를 수행하기 시작했다. 초기부터 그와 요가 강사는 견고한 자세에 초점을 맞추고, 이를 통해 프로젝트를 만들기로 동의했다. 이들은 크레인(Crane)이라 불리는 자세(수련생이 양손을 바닥에 짚고, 무릎은 삼두박근에 두고, 다량의 상체 근력을 이용하여, 손의 균형을 실험하는 물구나무서기 자세)를 수행하는 데 한 학년 전체가 걸렸다. 형태를 잡기 위해서, 앤디의 요가 강사는 단순한 목과 어깨 돌리기, 목과 어깨 주변에 부드러운 셀프 마사지 그리고 태양 호흡의 몇 가지 준비운동을 제안했다. 앤디는 새로운 방식으로 자신의 몸을 이용하는 실험을 시작했다. 더 구체적으로, 그는 자신의 근력을 사용하는 새로운 방법을 발견하고 있었다. 실험은 앤디에게서 힘을 빼앗아 가려는 것이 아니라, 그가 아무도 다치게 하지 않고, 아무도 병원이나 교도소에 가지 않도록 하는 무언가 새로운 것을 위해 사용하도록 도우려는 것이었다.

이러한 사례에서, 캐롤라인과 앤디가 진료실에서 치료자와 함께 이야기하고 있는 것을 떠올릴 수 있을 것이다. 캐롤라인은 "오후 2시쯤 혼자 집에 있을 때, 나는 공포에 사로잡혀요. 거의 숨을 쉴 수가 없어요. 나는 누군가 나를 해치러 오고 있다고 확신해요."라고 말했다. 이것은 안전한 느낌에 관한 대화들과 안전해지는 방법들에 관한 **생각**으로 이끌 수 있을 것이다. 전사처럼 서 있기 자세를 통해, 캐롤라인은 안전함을 느끼는 방법을 찾았다. 이것은 이론적인 것이 아니었다. 그리고 이것은 자신의 몸에게 '무서워하는 것을 그만두라'고 설득하는 것이 아니었다(신체는 어떤 식으로든 '무서워하는 것'을 유지하기 때문에, 이는 더 많은 수치심과 고통을 초래할 수 있는 활동이다).

앤디는 치료자에게 "나는 근육들이 긴장되는 것을 느끼고, 누군가를 죽일지 모른다는 생각이 들어요."라고 말할 것이며, 이는 신체 통제와 그가 나이를 먹어 감에 따라 어떻게 충동에 대해 더 많은 자제력을 갖게 되는지에 관한 대화로 이어질 수 있다. 크레인 자세를 통해, 앤디는 누구도 다치게 하지 않은 채, 자신의 근육들과 힘을 사용하는 수련을 할 수 있었다. 또 다른 사람이 이러한 점에 대해 앤디를 설득시키려 할 필요가 없다. 그는 스스로 터득할 수 있다. 그는 요가를 하러 가고, 근육을 사용하며, 요가 강사는 미소를 지으며, "다음 주에 만나자."라고 말할 것이다. 그리고 앤디는 다시 요가 클래스로 돌아올 것이다. 지적인 의미를 만들어 낼 필요가 없다.

이것은 캐롤라인과 앤디가 자신들의 생각과 감정을 말로 표현하고, 반응을 인지적으로 이해하고, 경험에 대해 의미를 부여할 수 있는 것에서 큰 혜택을 얻지 못했다고 말하려는 것이 아니다. 외상은 몸속에 내재되어 있기 때문에, 새롭고 긍정적인 신체 표현을 갖는 능력은 많은 외상 생존자에게 큰 자산이 된다. 이것은 없어져 버린 자아의 일부분을 다시 찾는 여정의 시작이다. 이로 인해, 우리는 임상의가 더 많은 신체 및 경험 지향 치료를 치유 과정으로 가져와야 한다고 믿는다. 외상에 민감한 요가가 바로 이러한 방법 중 하나다.

조언과 주의의 말

외상에 민감한 요가는 치료 진료실 환경 내부와 그 외부 양쪽에서 이루어질 수 있기 때문에, 우리는 사람들에게 전문적 역량 범위 내에서 수행할 것을 장려한다. 즉, 외상 치료의 맥락에서 일하는 요가 강사라면, 우리는 요가 수련에 지속적으로 초점을 맞추고, 외상 내용의 처리에는 몰입하지 않는 것을 권장한다. 요가 강사로서 훈련을 받지 않는 임상의라면, 우리는 편안하다고 느끼는 범위 내에서 약간의 요가를 추가할 수는 있지만, 너무 복잡한 범위의 동작들과 어려운 동역학은 넣지 않는 것을 권장한다(추가적 도움을 위해 Emerson, 2015 참고). 또한 치료자는 자세에 대한 자신들의 경험과 관련하여 내담자들에게 좀 더 많은 처리를 수행할 수 있으며, 이는 외상 내용으로 이동할 수 있다.

어떤 경우이든 요가 강사와 치료자에게 있어, 때때로 수련생이나 내담자들이 이러한 경험 중 외상이 촉발되는 경우가 생길 것이다. 우리는 요가 강사 및 치료자에게 당부하고 싶은 조언이 있다. 요가 강사의 경우, 과민 반응을 보이지 않는 것이 중요하다. 수련생들은 항상 촉발될 수 있으며, 이들이 생존했다는 것을 알아야 한다. 이는 수련생들에게 촉발 요인에 대응할 새로운 방식을 제공하는 것이다. 예를 들어, 해리 상태 같은 자동 반응으로 빠지는 대신, 이들은 의도적으로 다양한 요가 자세를 실험하고자 시도할 수 있다. 수련생이 하나의 자세에서 촉발되는 경험을 하는 경우, 해당 수련생에게 다른 것을 시도하도록 권할 수 있다. 치료자로서 내담자가 촉발된 경우, 치료자로서 받은 교육에 완전히 의지하면 된다. 예를 들어, 요가를 완전히 바꾸어 보기로 결심할 수 있으며, 대신 더 인지적 접근에 초점을 맞출 수 있다. 치료자이든 요가 강사이든, 사용을 위해 훈련받아 온 가장 편안한 기술을 사용하고, 내담자들이나 수련생들의 촉발된 반응에 압도되지 않으며, 이러한 반응과 교류하도록 돕는 실험에 참여해야 한다. 수련에 의해 습득하는 이러한 실험적 접근은 외상에 민감한 요가의 정신과 매우 일맥상통한다.

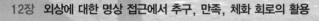

제3부

신경생물학/신체적 쟁점 및 접근들

Mindfulness-Oriented Interventions for Trauma

제12장

외상에 대한 명상 접근에서 추구, 만족, 체화 회로의 활용

제임스 W. 호퍼(James W. Hopper)

이 장은 외상, 고통과 치유 그리고 특히 마음챙김, 자애, 자비를 기르기 위해 잠재적으로 변혁적인 명상 수행과 관련된 일부 핵심적인 뇌와 심리적 과정에 대한 이해를 제공한다. 이러한 이해는 많은 과학, 임상, 명상 전통의 지식을 기초로 하며, 통합적 비전을 제시하기 위해 필연적으로 과학적 데이터를 초월하는 체제에 의해 구성된다. 이러한 체제는 추구(seeking), 만족(satisfaction), 체화(embodiment)의 두뇌 회로가 치유, 자유, 행복을 구축하기 위해 어떻게 활용될 수 있는지 부각시키고, 명확히 설명한다('회로'는 특정 과제를 수행하기 위해 협력하는 두뇌 부분의 집합이다). 두려움의 두뇌 회로와 같이, 신경과학 연구를 참조하여 이 장에서 설명되는 추구, 만족, 체화의 회로는 신경과학에서 가장 잘 확립된 두뇌 회로다. 이 외에 여기에서 제시하는 체제는 외상을 이해하고 치료하는 잘 확립된 방식, 그리고 이 책에서 다루는 새롭게 출현하고 있는 명상 접근에 부합한다.

체제는 ① 네 가지의 주요 두뇌 회로, ② 고통의 주기와 네 개 회로 사이에 특별한 관계를 수반하는 치유의 주기(여기에서 '주기'는 보통 스스로 영속화되는 방식에서 동일한 순서로 반복해서 전개되는 경험 및 행동의 집합을 뜻한다)의 관점에서 인간의 고통, 치유, 행복을 이해하는 방식이다. 이 장에서 체제는 네 개의 단계로 소개·설명된다. 첫째, 두려움, 추구, 만족, 체화의 두뇌 회로가 설명된다. 두뇌의 추구 회로는 두려움의 회로에 대한 관심이 우세한 정신적 외상 이론, 연구 및 치료에서 간과되어 왔으며, 이는 이 장의 중심 목표로, 이 체제를 이해하고 사용하기 위한 요건은 추구 회로에 더 많은 초점을 맞추는 것이다. 둘째, 체제 내에서 근본적인 '고통의 주기'로 언급되는 것으로, 이는 체제의 주요 두뇌 회로 사이의 관계를 포함하며, 외상을 입은 내담자들을 치료하는 임상의에게 친숙한 사례로 설명되고, 간략하게 묘사될 것이다. 셋째, 나는 이러한 주기에서 주요 회로의 체제와 역할로 명시되는 근본적인 '치유의 주기'를 설명하고, 묘사할 것이다. 마지막으로, 나는 외상 후 고통을 변모시키고, 진정한 행복을 가져오기 위해, 추구, 만족, 체화 회로가 명상 측면을 가진 중재와 명상 수행, 특히 마음챙김, 자애와 자비를 함양하는 수행에 의해 어떻게 활용될 수 있는지에 대한 체제의 설명을 제공할 것이다.

여기에서 제공되는 체제는 복합 외상과 연관된 중독과 정서 조절장애를 포함하는 외상 후 증상들과 고통을 이해하기 위해, 그리고 내담자들이 이해하도록 돕기 위해 사용될 수 있다. 또한 체제는 치료 중재와 명상 수행이 치유와 행복을 가져오기 위해 주요 두뇌 회로를 어떻게 활용할 수 있을지를 포함하여, 치유를 향한 잠재적 경로들을 이해하고, 설명하는 데 사용할 수 있다. 일단 체제에 친숙해지고 정통해지면(특히 이해가 순간마다의 경험에 유념하여 집중하는 것을 기반으로 할 때), 임상의와 내담자들은 두려움, 추구, 만족, 체화의 회로가 어떻게 사고, 감정, 행동의 주요 동인인지 쉽게 알 수 있다. 이는 증상의 현재 원인들, 즉 정서적·심리적 상태를 조절하고자 시도하는 습관적 방식들, 가치, 희망, 삶의 목표, 유쾌한 것과 불쾌한 것, 두려운 것과 원하는 것에 대한 순간마다의 반응, 그리고 만족과 성취에 대한 통찰을 포함한다. 요컨대, 체제는 경험과 행동을 탐구하고, 고통과 치유를 이해하고, 이 책에서 발견되는 외상 치료에 대한 임상 중재 및 명상 방법에서 최상의 것을 선택하고 얻기 위한 명확한 개념적 도구의 집합으로 제공된다.

두려움 회로

두뇌의 두려움 회로는 현재 매체와 대중문화에서 흔하게 언급되는 구조인 편도체(amygdala), 그리고 시상하부(hypothalamus)와 중뇌 수도관 주위 회백질(periaqueductal gray)을 포함한다. 이것은 두뇌에서 가장 잘 알려지고, 가장 많이 연구되는 회로 중 하나이며(LeDoux, 2000, 2012; Panksepp & Biven, 2012), 심리외상과 외상 후 스트레스 장애 혹은 PTSD에 관한 연구의 주요 초점이다. 치료자가 편도체를 내담자들의 증상과 고통의 원천으로 언급하는 것은 흔한 일이며, 이는 두려움 회로의 일부분인 편도체가 뛰는 심장, 얕아지는 호흡, 얼어붙는 것 그리고 '멍해지는 것'과 같은 일반적인 두려움 반응을 촉발하기 때문이다(LeDoux, 2012).

두 개의 중요한 초점이 있는데, 첫째는 두려움 회로가 우리를 두렵게 만드는 것과 관련된 것만이 아니라는 것이다. 이것은 우리가 불쾌하고, 피하고 싶어 하는 **모든** 것에 의해서 촉발된다. 실제로 조지프 르두(Joseph LeDoux, 2000, 2012)의 쥐를 대상으로 진행 중인 선구적인 연구는 두려움의 행동을 유발하기 위해 무서운 혹은 외상의 경험이 아닌, 비교적 강도는 약하지만 불쾌한 사지 충격을 사용하여, 포유류의 두려움 회로를 연구한다. 둘째는 두려움 회로를 촉발시킨 원치 않는 경험들을 피하거나 벗어나기 위한 가장 반사적인 노력들이 필연적으로 두뇌의 **추구** 회로를 동원한다는 것이다(다음에 설명됨). 우리의 두뇌는 지속적으로, 자동적으로(주로 우리의 알아차림 없이) 불쾌하고, 원치 않는 것들, 피하고, 벗어나고 싶은 것들에 '꼬리표'를 붙인다(예, Belova, Patton, Morrison, & Salzman, 2007; Lin & Nicolelis, 2008). 슬픔, 외로움, 수치심 같은 두렵고, 원치 않는 감정들이 촉발될 때(우리가 주목하든 안 하든), 우리의 두뇌는 중독성이 있는 경험으로부터 탈출하고자 할 수 있다(Khantzian, 1999, 2003). 그리고 중요한 관계에서 상처를 받은 사람들의 경우(특히 어린 시절에), 진정한 애착이 제공되는 것과 같이, 다른 사람들과의 '긍정적' 경험조차 원치 않게 될 수 있으며, 두려움을 초래하고, 벗어나고자 시도할 수 있다(Gilbert, McEwan, Matos, & Rivis, 2010).

추구 회로

뇌의 추구 회로는 '보상 회로'의 부분으로, 중독에서 중요한 역할을 한다 (Alcaro & Panksepp, 2011). 두려움 회로와 같이, 추구 회로는 미국 국립 약물 오 남용 연구소(National Institute on Drug Abuse)가 후원한 수십 년간의 연구 덕분 에, 인체를 포함하여 신경과학에서 가장 많이 연구되고 가장 잘 확립된 회로 중 하나다. 두뇌 연구자들은 두뇌 기능과 행동 및 정서에 대한 이 회로의 역할에 대 한 전체적으로 서로 다른 이해를 기반으로, 이 회로에 여러 이름을 부여했다. **추구** (seeking)라는 용어는 영향력 있는 신경과학자로 광범위하게 사용되는 정서 신경 과학에 대한 교재를 집필했으며(Jaak Panksepp, 1998), 인간과 동물의 두뇌가 이 회로에 의해 본질적으로 세상과 접촉하고, 적극적으로 참여하도록 만들어진다고 보는 자크 판크세프(Jaak Panksepp)가 만들었다. 편도체가 두려움 회로에서 중요 한 역할을 수행하듯이, 추구 회로에서는 측위 신경핵(nucleus accumbens)이 중 요한 역할을 한다. 그러나 추구 회로를 구성하는 두뇌 분야에 대한 상세한 지식은 외상과 치유에서 행사할 수 있는 역할을 인식하는 데에는 필요하지 않다.

연구자들은 추구 회로가 **어떤 것이든** 우리가 원하고 추구할 수 있도록 만든다는 것을 발견했다(예, Alcaro & Panksepp, 2011; Olsen, 2011). 이것은 개인이 추구하 는 새로운 드레스, 신발이나 시계, 신기술의 장난감이 될 수 있다. 그리고 여자 친 구나 남자 친구, 배우자 혹은 파트너로부터의 애정 어린 말, 동료나 상관으로부터 의 칭찬, 삶의 목표 달성이 될 수 있다. 또는 다음에 사용할 진통제, 다음에 마실 술, 다음에 나올 동영상이나 포르노 비디오가 될 수도 있을 것이다. 차후에 논의 되는 바와 같이, 우리가 우리의 가장 높은 도덕적 · 종교적 · 영적 가치 및 목표를 이루고자 노력할 때, 이 회로는 이러한 우리의 노력을 돕는다.

외상 관련 고통을 겪는 사람들의 경우, 이들의 추구는 과도하게 집중하는(심지 어 매달리게 되는) 빠른 해결책이 될 수 있을 것이다. 이러한 해결책은 술이나 약물 이 가져오는 취한 상태가 될 수도 있지만, 가장 중요한 것은 이러한 것들이 **고통**

에게서 벗어나고자 추구하는 경험이라는 것이다. 이는 내적 고통을 줄이기 위해 칼로 베거나 화상을 입히는 자해 행동 혹은 무기력한 느낌에서 벗어나기 위해 분노의 열변으로 누군가를 질책하는 것이 될 수 있다. 또한 반추하기, 주의 분산, 해리되는 멍해짐과 같은 습관적 '방어 기제들'을 포함하며, 불분명하게 우리를 현재의 경험에서 분리시킴으로써 피해를 입힌다(그리고 이에 따라 고통 및 기타 원치 않는 경험에 건강한 방식으로 대응하는 잠재력으로부터 분리시킨다). 우리 주위와 우리 내부에서 실제로 일어나는 것을 무시하거나, 부인하는 많은 방식은 **추구 회로와 관련된 짧은 탈출 혹은 빠른 해결책**으로 이해될 수 있다. 이러한 탈출은 짧을 뿐 아니라, 중독성이 있으며, 어떤 지속적인 방식으로도 충족되지 않고, 결국 해결하는 것보다 더 많은 문제를 초래하게 되는 경향이 있다.

추구의 즐거움

추구 회로는 우리가 원하는 것을 추구하고 기대하는 즐거움과 양쪽에 대한 흥분과 관련된다(Panksepp, 1998; Alcaro & Panksepp, 2011). 그러나 추구의 '기대되는 즐거움'은 오직 한 종류의 쾌락이다. 이것은 우리가 추구한 것을 얻는 것에서 나오는 만족의 즐거움과는 다르며, 이는 동물행동학과 심리학에서 오랫동안 인식되어 온 차이다(예, Sherrington, 1906; Klein, 1987; Depue & Collins, 1999; Gilbert & Wilson, 2000; Kahneman & Snell, 1992). 핫 퍼지 선데(버터, 우유, 설탕, 초콜릿 따위로 만든 뜨거운 시럽을 얹은 아이스크림)를 먹게 될 것이라고 기대하는 즐거움과 실제로 먹는 즐거움 사이에 차이가 존재한다. 이는 중독성 약물이나 행동의 경우에도 마찬가지다(그러나 코카인과 메스암페타민 같은 일부 약물은 추구 자체의 즐거움을 증가시키기 때문에 정확히 중독성이 있을 수 있다).

가상의 보상 추구하기

우리가 특정 과제에 집중하지 않는 경우, 우리의 마음은 방황하는 경향이 있다. 이러한 방황은 우리 머릿속에 계획이나 시나리오를 거치고, 우리가 일어나기를 원하거나, 원치 않는 것을 상상하는 일을 포함한다. 두뇌 연구자들은 현재 이것을 인간 두뇌의 '디폴트 모드(default mode)'라고 부른다. 이것은 우리가 '휴식을 취하거나' 혹은 단순히 다른 것에 완전히 몰두하지 않을 때마다, 그리고 두뇌의 '디폴트 모드 네트워크(혹은 회로)'가 만들어지지 않을 때마다 우리의 두뇌가 하는 일이다(예, Gusnard & Raichle, 2001; Fransson, 2005; McKiernan, D'Angelo, Kaufman, & Binder, 2006). 마음이 방황하는 동안 소규모의 추구 회로 활동을 측정하기에는 기술적 장애가 존재하며, 디폴트 모드와 추구 회로는 동일하지 않다. 그러나 연구는 이들의 연관성을 보여 주었으며(Greicius, Krasnow, Reiss, & Menon, 2003), 우리가 뒤로 물러서서 우리 자신과 내담자들의 백일몽, 기억, 계획을 관찰하는 경우, 이것이 우리가 원하는 것들을 얻거나 지키는 것 혹은 두려움이 디폴트 모드를 움직일 때 우리가 원하지 않거나 일어나지 않았기를 바라는 것으로부터 탈출하는 것과 같이, 보통 기대하고 있던 추구와 가상의 보상을 중심으로 돌아간다는 것을 볼 수 있다. 디폴트 모드 활동은 두려움 그리고 부정적 정서와 우울증 상태에서 가상의 탈출에 의해 훨씬 더 많이 지배를 받는다(Farrin, Hull, Unwin, Wykes, & David, 2003; Smallwood, Fitzgerald, Miles, & Phillips, 2009; Smallwood, O'connor, Sudbery, & Obonsawin, 2007).

요컨대, 추구 회로는 촉발되는 두려움 회로에 대한 반응으로 계속해서 활성화된다. 이것은 끊임없이 움직이는 사고, 감정, 행동이다. 수천 년 동안 인간의 경험과 행동에서 추구의 중심 역할, 그리고 개인이 추구하는 것에 책임감을 갖고, 인간의 번성을 증진하는 것에 대해 개인적 추구의 초점을 맞추는 것의 중요성이 주요 철학적 · 종교적 전통들(예, 플라톤, 아리스토텔레스, 스토아, 유대교와 기독교의 신비주의, 이슬람 신비주의, 불교, 유교, 도교)의 사색에 의해 지적되어 왔다.

만족 회로

　여기에서 추구 회로만큼 중요한 것이 바로 내가 **만족 회로**라고 부르는 것이다. 오피오이드(opioid) 두뇌 화학물질과 수용체가 만족, 성취의 감정 및 타인과의 연결성과 관련된다는 사실은 잘 확립되어 있다(예, Akil et al., 1998; Depue & Morrone-Strupinsky, 2005; Machin & Dunbar, 2011; Nelson & Panksepp, 1998). 판크세프와 비벤(Panksepp & Biven, 2012)이 썼듯이, 활성화된 뮤 오피오이드(mu opioid) 수용체는 고통의 감정을 없앨 뿐 아니라, "두뇌에서 유쾌한 만족의 메시지들을 보낸다."(p. 25) 이러한 오피오이드 회로는 우리에게 행복과 사랑을 느끼도록 깊이 충족되는 즐거움을 제공할 수 있으며, 이 회로가 관련되는 한, 우리는 언제든 만족감을 느끼게 된다. 물론 이러한 경험들은 많은 외상 환자의 삶에서 최소한이거나, 상실되어 있다.

　마찬가지로, 개인이 만족과 관련된 모든 화학물질, 수용체 유형, 부위를 알아야 하는 것은 아니다(점차 증가하는 수의 상당한 연구가 존재하지만). 그러나 이 회로의 중심 역할이 오피오이드에 의해 행사된다는 것은 알고 있는 것이 유용하다. 이는 이것이 사실이기 때문이며, 또한 뇌에 의해 생산되는 오피오이드[즉, 내인성 아편제(endogenous opiates)]가 '러너스 하이(runner's high)'와 많은 지역사회에서 오피오이드 진통제 남용 및 의존성이 만연하는 것을 설명해 준다는 매체의 보도 덕분에, 대부분의 임상의와 많은 치료 내담자가 오피오이드 그리고 쾌락 및 만족감의 경험과 오피오이드의 연관성에 대해 들어 봤을 것이기 때문이다. 실제로 뇌의 내인성 아편제와 같이, 코로 흡입하거나, 주사로 주입하거나 진통제로 섭취한 신체 외부의 아편제는 만족 회로에 직접적으로 작용한다. 이것이 바로 아편류로 유도되는 취한 상태가 큰 만족감과 행복, 심지어 환희의 강렬한 감정들과 관련되는 이유다.

체화 회로

여기에서 제시되는 체제는 또 다른 잘 확립된 두뇌 회로에 대해 언급하며, 이것은 일반적으로 '내부감각(interoception)'을 포함하는 다른 이름으로 제시되지만 (예, Craig, 2002; Singer, Critchley, & Preuschoff, 2009), 내가 체화 회로라고 부르는 것이다. 체화 회로는 내부 감각의 구성체를 포함하지만(즉, 전신의 생리적 상태에 대한 감각), 이 회로는 우리가 신체 내에서 무엇이 느껴지는지 알 수 있도록 한다는 것도 의미한다. 체화 회로의 핵심 부분은 뇌 섬엽의 섬엽 피질(insula cortex)로, 이 것은 신체에서 나오는 모든 정보(예, 움직임, 촉감, 긴장, 압력, 통증, 쾌락 등의 감각들; Craig, 2002; Singer et al., 2009; Satpute, Shu, Weber, Roy, & Ochsner, 2013)를 함께 가져오는 피질 부위다. 특정 내담자들은 감정과 함께 느껴지는 감각을 포함하여, 신체 감각에 대해 다른 정도의 알아차림을 갖기 때문에, 임상의에게 있어 체화의 구성체는 중요하고 유용하다. 상당한 비율의 외상 환자들이 정서적 둔감이나 해리로 인해 고통을 겪고 있으며, 이는 비교적 체화되지 않은 것으로 이해될 수 있고, 또한 외상을 상기시키는 것에 반응하는 섬엽의 적은 활동과 일치한다(Hopper, Frewen, van der Kolk, & Lanius, 2007; Lanius et al., 2010).

신체 감각들이 촉발시키는 두려움과 추구(탈출하기 위한)

신체에서 나오는 정보는 고통, 두려움, 불안, 슬픔 혹은 중독 약물에 대한 금단과 같은 불쾌하고 원치 않는 감각을 포함한다. 또한 신체의 정보는 약물 중독 및 사람들이 중독을 발견하는 행동과 연관된 것들을 포함하여, 즐겁고, 원하는 감각을 포함한다. 체화 회로에 의해 처리되는 이러한 감각은 중독 약물, 음식 혹은 도박, 쇼핑, 섹스를 포함하는 행동에 대한 갈망의 강한 동인이 될 수 있다(Naqvi & Bechara, 2010). 예를 들어, 연구자는 담배에 중독된 사람들이 뇌 손상을 입게 될 때, 다른 뇌 부위보다 섬엽에 대한 손상을 가진 사람들은 갑자기, 완전히 그리고 **노력조차 필요 없**이, 담배를 끊게 될 가능성이 많다는 것을 발견했다. 그 이유를 물으면, 체화 회로의 이 주요 부위에 대한 손상을 입은 사람들은 "나의 신체가 담배에 대한 욕구를 잊었어요."와 같은 말을 한다(Naqvi, Rudrauf, Damasio, & Bechara, 2007). 나중에 논의되는 바와 같이 유쾌한 신체 감각들, 특히 만족스럽고, 사랑스러운 경험은 두려움과 벗어나고 싶은 갈망에 대한 강력한 해독제가 될 수 있다.

고통의 주기

외상을 입은 사람들은 보통 스스로 영속화하는 고통의 주기에 사로잡힌다. 이러한 주기는 두려움, 추구, 만족, 체화 회로 사이에 건강하지 않은 관계로 이해하는 것이 유용할 수 있다.[1]

무엇이 고통의 주기를 스스로 영속화하도록 만드는가? 추구는 실제로 개인의 고통과 문제를 다루지 않으며(순수하고, 지속적인 만족이나 행복을 가져오기는커녕), 대신 이러한 것을 계속 유지시키고, 더 악화시키는 방식으로 고통을 벗어나려는 것에 초점을 맞춘다. 고통의 주기는 오직 고통을 영속화시키는 탈출의 추구로 야기되고, 부분적으로 **구성된다**. 고통의 주기는 보통 중독의 주기로, 여기에서 중독은 집착과 계속 반추하기와 같은 습관적인 정신적 행동을 포함하여, 고통에서 탈출하기 위해 반복적으로 사용되는 모든 습관적 행동을 포함하는 것으로 넓게 정의된다. 이러한 모든 고통의 주기는 이들이 얼마나 중독성이 있든, 직접적이고 장기적인 결과들이 얼마나 부정적이든, 더 이상 만족이나 '보상'을 가져오지 않는 빠른 해결책, 즉 원치 않는 경험에서의 짧고, 부분적인 탈출의 추구를 포함한다.

여기에서 여러 고통의 주기는 두려움, 추구, 만족, 체화 회로 사이에 건강하지

---

1) 불교 심리학과 명상 수행은 '세 가지의 독' 혹은 세 개의 고통의 근본 원인으로 알려진 무지, 두려움/혐오, 추구/갈망에 대한 초점을 포함하여, 이러한 체제의 중요한 원천이다(또한 Grabovac, Lau, & Willets, 2011 참고).

못한 개별적 관계를 포함한다. 외상과 싸우는 사람들에 대해, 체제는 두 개의 일반적인 고통의 주기를 명시한다. 하나는 두려움과 불안을 중심으로 돌며, 다른 하나는 우울함, 패배감, 의기소침을 중심으로 돈다. 이러한 두 개의 일반적인 고통의 주기와 두려움, 추구, 만족 회로의 상응하는 활동이 [그림 12-1]에 묘사되어 있다.

두려움/불안 주기에서 추구는 개인이 두려워하고 불안해하는 것들을 피하거나 혹은 두려움과 불안 자체를 피하려는 것에 초점이 맞추어진다. 따라서 추구 회로는 실제로 만족스러운 혹은 성취하는 것에 대한 추구에 의해서가 아니라, 주로 두려움 회로에 의해 구동된다. 탈출이 끝나는 경우, 개인이 도피하고자 추구했던 고

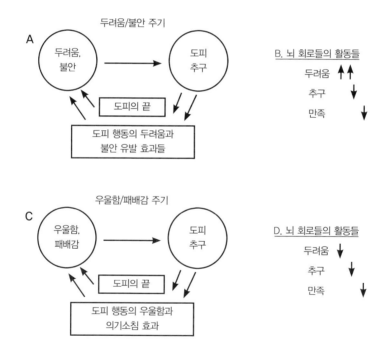

[그림 12–1] 고통의 주기들과 주요 뇌 회로들의 가설화된 활동들

두려움/불안 주기(A)에서, 두려운 것 그리고 두려움과 불안에서 도피를 추구하는 것은 더 많은 두려움과 불안을 초래한다. 그리고 (B) 높은 두려움 회로 활동은 만족 회로 활동이 거의 존재하지 않는 가운데 추구 회로를 구동한다. 우울함/패배감 주기는 (C) 우울함과 패배감으로부터의 더 산발적인 도피 추구와 (D) 두려움과 만족 회로 활동이 거의 존재하지 않는 가운데 억제된 추구 회로 활동을 수반한다. 양 주기들에서 체화 회로는 불쾌한 감각들로 신체 정보를 처리하는 정도에 얽매인다.

통이 다시 돌아오게 되며, 도피 자체를 추구하는 방식이 개인의 두려움과 불안을 초래하거나, 증가시키기 때문에(예, 두려움과 불안에서 도피하기 위해 술을 마시는 사람은 술에 취한 행동이 사랑하는 사람과 자신의 지각들에 끼치는 효과에 관해 두려워하고, 불안함을 느낀다) 다시 돌아오는 고통은 더 격렬해질 수 있다. 이러한 주기에서 체화 회로는 두려움과 불안의 감각 그리고 두려움, 불안, 갈망의 감각으로부터 도피하려는 갈망의 감각에 얽매이게 된다. 도피를 경험하는 동안 짧게 느끼는 것(예, 중독, 성적인 쾌락)을 제외하고, 주기에서 만족 회로의 활성화는 거의 존재하지 않는다.

이 체제의 **우울함/패배감 주기**에서 개인은 이미 일어난 불행한 무언가에 의해 압도되고, 갇혀 있다는 느낌을 받는다. 두려움 회로의 경우, 두려워했을 수 있는 무언가가 이미 지나갔기 때문에 비교적 비활성화된다. 체화 회로는 무거운, 느린, 피곤한, 낮은 에너지의, 스스로에 대해 비판적인, 동기가 부여되거나, 즐거워야 하는 일에 감동받지 않는 느낌이 수반하는 감각에 의해 지배된다. 추구 회로는 실제로 **억압되어** 있으며, 따라서 우리는 좋은 일이 일어나거나, 추구에 대한 동기 부여가 많을 것이라고 기대하지 않는다(Treadway & Zald, 2011). 소파에서 일어나 나와서 음료수를 마시는 것(혹은 쇼핑이나 섹스를 하는 것)과 같이 산발적으로 폭발하는 것 혹은 진행되는 낮은 수준에서, 담배를 피우거나 TV를 하루 종일 보는 것으로 동기 부여되는 것처럼 추구 회로가 활성화되어 있는 경우 이것은 나쁜 감정 및 우울함과 패배감의 감각을 도피하려는 것에 초점을 맞춘다(이것은 누군가 부정적, 비관적, 자기 폄하적인 생각들, 기억들, 환상들에 대한 반추에 의해 체화된 정서적 경험의 경험회피에 몰입할 때에도 마찬가지다). 두려움/불안함 주기와 마찬가지로, 도피 행동이 끝나는 경우, 우울함과 패배감의 고통은 다시 돌아오게 되며 간혹 전보다 더 나빠진다. 이는 도피 행동(혹은 도피하기 위해 사용되는 약물이나, 약물로 인해 취하는 효과)이 우울함과 패배감의 원인이기 때문이다. 그리고 물론 우울함의 상태는 거의 만족 회로를 수반하지 않는다. 마지막으로, 만족이 없는 가운데(개인의 행동이 있거나, 없는 가운데) 추구 회로의 억압과 잘못된 방향은 **의기소침**에 기여한다.

물론 때때로 사람들은 두려워하거나, 불안하고, 우울해질 수 있으며, 정서적 둔감이나 해리처럼 기타 원치 않는 경험에서도 도피하고 싶을 수 있다. 개인의 추구 회로가 억압되거나 혹은 실제로 만족스러운 것을 추구하기보다 거의 전적으로 고통과 괴로움을 도피하는 것에 초점이 맞추어지는 한, 개인은 고통의 주기에 사로잡히게 된다.

치유와 회복, 자유와 행복의 주기들

체제가 고통의 주기를 명시하는 것과 마찬가지로, 이는 치유의 과정을 설명한다. 그리고 두려움 회로가 정신적 외상 이론, 연구와 치료의 초점이 되어 왔던 만큼, 추구 회로는 간과되어 왔다. 여기에서 제시되는 체제의 주요 기여는 외상 관련 고통 그리고 이 절에서 다루는 것처럼 외상에서의 치유와 진정한 행복 및 삶의 성취를 발견하는 것에 있어 잠재적 역할을 포함하여 추구 회로에 초점을 맞추는 것이다.

여기에서 전개되는 관점에서 볼 때, 회복과 치유에 대한 두 가지 핵심은(그리고 영적 변모는) 첫째, 단지 고통에서의 짧은 도피가 아닌(치유와 혼동될 수 있는), 진정성 있게 치유하는 것, 둘째, 단순히 잠깐 동안의 즐거움이 아닌, 실제로 만족스럽고 성취감을 주는 것을 추구하는 것에 대한 개인의 추구 회로에 초점을 맞추는 것이다. 따라서 체제는 두 가지의 근본적인 치유 주기에 대해 명시한다. 바로 **고통에 몰입하고 변모시키는 것을 추구하는 것**과 **선(true goods)을 추구하는 것**이다. 이러한 주기는 잠재적으로 동시에 서로를 지원하는 것으로 나타나지만, 특히 각각 추구, 두려움, 만족, 체화 회로 사이에서 관계 변화를 어떻게 상정하는지와 관련하여, 이를 별도로 고려하는 것이 유용하다.

치유 주기: 고통에 몰입 및 변모의 추구

체제에 따르면, 이 두뇌 기반 치유 주기는 고통과 괴로움을 알고, 인내하고, 이해하고, 긍정적으로 이용하도록 상정한다([그림 12-2] 참고). 고통에 몰입하고 변모시킨다는 것이 무엇을 뜻하는지는 사람마다 다를 것이다. 어떤 사람들의 경우, 고통을 알고 이해하는 것을 추구한다는 것은 치료자 및 상담사와의 많은 상담을 뜻한다. 다른 사람들은 가족 및 친구들, 종교 및 영적 공동체의 구성원 혹은 유사한 고통의 형태를 겪고 있는 사람들을 위한 지원 단체의 구성원과의 공유를 통해 고통에 몰입하고 변모시키는 것을 추구한다. 또 다른 사람들의 경우, 고통의 경험에 관해 쓰거나, 이러한 경험을 예술적으로 표현하는 것을 뜻한다. 그리고 나중에 논의하는 바와 같이, 더 많은 사람에게 있어, 이것은 마음챙김과 자애로운 생각 및 행동을 육성하도록 마음챙김과 자애로움의 체화를 기르는 명상 및 기타 명상 수행에 참여하는 것을 뜻한다.

특정 개인에게 무엇이 효과 있든, **고통에 몰입하고 변모시키는 것을 추구하는 치유 주기**는 고통, 괴로움, 원치 않는 경험에 몰입하고, 외상을 저하시키고 **고통의 주기를 타파하는, 건강하고 치유가 되는 방식**으로 몰입을 수행하는 것에 대한 추구를 수반한다. 예를 들어, 내담자는 성폭력 경험과 연관된 수치심의 감정을 경험하고자 추구할 수 있다. 이는 이러한 감정의 기원을 더 잘 이해하고, 강도와 빈도를 줄이기 위한 것이지만, 내담자가 자신의 몸 안에서 안전의 감정과 스스로를 향한 자비에 먼저 접근한다면, 이러한 경험은 오직 치유가 될 것이다.

그러나 누군가가 어떤 길을 택하든, 고통에 대한 알아차림을 확인하고 허용하는 체화 회로를 이용함은 여기에서 중요한 것으로 이해되며, 간과될 수 없다. 많은 외상 환자의 경우, 고통의 신체 측면에 주의를 기울이는 것은 매우 어려울 수 있으며, '촉발시킬 가능성이 있다.' 모든 사람에게 있어 고통에 몰입하는 것은 매우 불쾌할 수 있으며, 따라서 우리는 일반적으로 이를 피하고자 하기 때문에, 이러한 치유 주기는 강한 동기 부여를 필요로 한다. 고통에 몰입하는 것을 추구하고, 이 속에서 성공을 찾는 것을 지속하기 위해 외상 내담자들은 보통 치료자, 카운슬러 및 영적 지도자의 **지원**을 필요로 한다. 실제로 [그림 12-2]에서 보이는 바와 같이, 이 치유 주기는 타인에게서의 치유 촉진 지원뿐 아니라 자기조절과 기타 기술, 전반적으로 그리고 고유한 개인으로서 외상 및 치유에 대한 지식과 통찰,

개인의 고통을 향한 자비와 친절을 포함하는 치유 태도, 오직 악화시키는 방식에서 고통에 반응하는 오래된 습관을 교체하기 위해 새로운 습관을 함양하는 것을 포함하여, 고통과 그 변모에 몰입할 수 있도록 만들어 주는 다양한 자원의 추구를 포함할 수 있다. [이러한 많은 역량들은 두뇌의 전전두피질(prefrontal cortex)에 달려 있으며, 이는 이 장의 범위를 벗어난다.]

실제로 이러한 치유 과정에 몰입하는 것은 어려운 일이며, 간혹 고통스러울 수 있다. 그러나 그 대가는 크다. 외상을 입은 사람들은 훨씬 감소된 두려움으로 살아갈 수 있게 된다. 이들은 자신들이 무엇을 겪든 간에, 스스로를 향한 더 많은 자비를 갖게 될 수 있다. 또한 이들은 결코 존재하리라고 깨닫지 못했던 용기와 힘을 자신의 내부에서 발견할 수 있다. 이 체제의 관점에서, 이들은 삶에서 훨씬 더 만족스럽고 성취감을 주는 것들을 추구하기 위해 자신들의 추구 회로를 해방시킬 수 있으며, 이는 상상해 본 적 없는 행복과 건강을 가져다줄 것이다.

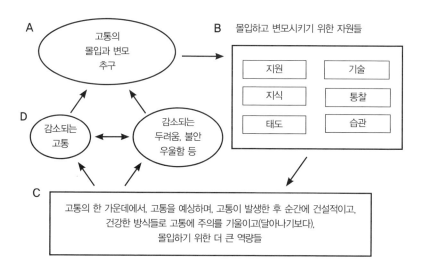

[그림 12-2] 치유 주기: 고통에 몰입하고 변모시키는 추구

이 주기에는 여전히 고통이 존재하지만, 고통에서 도피하고자 추구하기보다, 고통의 경험을 (D) 회복과 치유의 원동력으로 변모시키는 건설적이고 건강한 방식들에서, (C) 고통에 몰입할 수 있도록(특히 체화 회로에 의해 처리되는 신체적 경험들에 따라), (B) 만들어주는 자원들을, (A) 습득하는 추구에 초점이 맞추어진다. 추구 회로는 더 이상 고통에 대한 두려움으로 구동되지 않으며, 대신 개인의 고통을 알고, 이해하고, 치유하고, 변모시키려는 동기에 의해 구동된다.

치유 주기: 선의 추구

다행스럽게도 회복과 치유는 고통과 괴로움을 더 효과적으로 다루고자 추구하는 것만이 아니다. 모든 임상의가 내담자에게 초점을 맞춘다면, 치료와 치유 작업은 그리 호소력을 갖지 못할 것이며, 분명 내담자나 임상의에게 영감을 주지 못할 것이다.

체제의 두 번째 주요 치유 주기에서, 항상 활성화되어 있으며 우리의 사고와 행동에 대한 강력한 동인인 **선의 추구**는 두뇌의 추구 회로를 활용하는 것으로, 실제로 '삶에서 이로운 것들'을 추구하는 것이다. 선은 사랑, 평화, 재미와 기쁨을 포함한다. 이러한 치유 주기에서 개인은 좋은 친구, 좋은 배우자나 파트너, 좋은 부모나 성공적인 일꾼 혹은 공동체에 대한 기여자가 되는 것에서 나오는 행복과 만족을 추구하고 경험한다.[2]

모든 외상 환자는 스스로를 위해 무엇이 실제로 자신들을 행복하게 만드는지 가려내야 한다. 이들이 삶에서 가장 큰 이로움이라고 발견하게 되는 것은 이들이 가장 깊게 소중히 여기며, 경험하기에 가장 만족스러운 것으로 발견되는 것들이다. 이러한 탐구와 발견 과정은 특히 이들이 선과 순수한 행복에 대해 거의 경험이 없는 경우, 어느 정도의 시간이 걸릴 수 있다. 이들의 가치들을 판단하지 않고, 또는 자신의 것을 채택하라고 강요하지 않으며, 대신 스스로 가려내고, 각성하고, 이러한 추구를 위해 자신들의 추구 회로를 활용하도록 이들에게 공간과 지원, 영감을 제공하는 다른 사람들의 뒷받침이 필요하다. 많은 사람이 유용하다고 여기는 치료 모델은 수용 전념 치료 혹은 ACT다(Engle & Follette, 이 책 4장; Follette &

---

2) 불교 심리학과 명상은 선과 만족이 무엇인지 추구하는 것에 대한 체제 초점의 원천들이다. 특히 대승불교에서 보리심(bodhicitta) 혹은 '깨달음의 마음'이라는 표현으로 이야기되는 가장 큰 동기는 모든 존재를 위한 깨달음을 추구하는 사랑과 자비의 동기이며, 이에 따라 개인은 타인들이 고통으로부터의 해방과 진정한 행복을 달성하도록 도울 수 있다. 금강승(Vajrayana) 혹은 탄트라 불교(달라이라마의 전통)에 따르면, 『전통적인 탄트라 입문: 갈망의 변화(Introduction to Tantra: The Transformation of Desire)』(Yeshe, 2001)에서 설명되는 바와 같이, "갈망하는 에너지(생물학적 용어로, 추구 회로)의 능숙한 사용을 통해, 참된 즐거움(생물학적으로 만족 회로에 기반을 둔)이라고 부를 수 있는 것을 경험하는 습관을 구축함에 따라, 우리는 끊임없는 행복과 완전한 깨달음의 기쁨을 이루도록 바랄 수 있다."(p. 10)

Pistorello, 2007; Harris, 2009). ACT는 내담자들이 자신들의 가치와 목표를 통해 가려내도록 돕는 것에 주로 초점을 맞추며, 이후 이들이 가장 중요하다고 믿는 것을 실현시키도록 추구하는 데 전념한다.

[그림 12-3]에서 보이는 바와 같이, 이 체제에 따르면 **선의 추구** 치유 주기는 추구 회로와 개인의 가장 깊은 욕구 및 갈망들의 재정렬을 포함한다. 이 치유 주기를 이용하는 개인은 순수하게 성취감을 주는 것과 만족스러운 것을 추구하고, 만족과 성취를 경험하는 데 점점 더 많은 시간을 보낸다. 또한 더 많은 사람이 이러한 종류의 성공적인 추구에 따라 두뇌의 만족 회로를 활성화시키고, 체화 회로를 이러한 만족감의 감각으로 채우며, 두려움과 추구 회로의 힘은 더 약해진다. 이것이 바로 만족하게 된다는 것이 무엇인지 보여 주는 것이다. 이러한 만족의 상태는 더 많은 것을 원하거나 추구하지 않고, 두려움 없이 현재 순간을 받아들이고, 포용하는 것이며, 다음에 올 수 있는 것이 무엇이든 두려움 없이 받아들이게 된다.

연구가 보여 주는 바와 같이 개인이 두뇌의 오피오이드 만족 회로를 활성화시키는 경우, 두려움과 갈망에 대한 과거의 '촉발 요인들'에 반응하는 것을 포함하여, 두려움과 추구 회로들의 활성화가 실제로 줄어들게 된다(예, Colasanti,

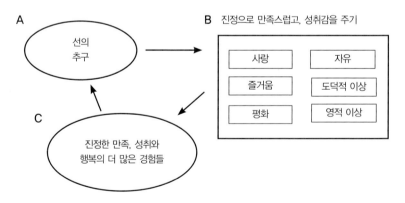

[그림 12-3] 치유 주기: 선의 추구

이 주기에서 (A) 추구하는 회로는, (B) 진정으로 만족스럽고, 성취감을 주는 것을 원하고, 추구하는 것에 초점을 맞춘다. 이는 (C) 체화 회로에 의해 확인되는 경험들의 신체적 측면들을 포함하여 진정한 만족, 성취, 행복의 더 많은 경험으로 이끈다. 이것은 결국 더 많은 선을 추구하고 누리려는 동기를 증가시키며(빠른 해결책과 고통을 영속화시키는 기타 '가짜의 이로움'이 아닌), 전반적으로 두려움 회로의 활성화(본문 참고)와 고통을 감소시킨다.

Rabiner, Lingford-Hughes, & Nutt, 2011; Love, Stohler, & Zubieta, 2009; Ribeiro, Kennedy, Smith, Stohler, & Zubieta, 2005; Schreckenberger et al., 2008). 이러한 일이 발생하는 경우, 개인은 더 이상 두려움과 추구 또는 고통과 중독 주기에 사로잡히지 않게 된다. 대신 [그림 12-3]에서 보이는 바와 같이, 조절된 추구 회로는 자기영속적으로 추구하는 선의 주기에 이용될 수 있다. 선을 더 많이 성공적으로 추구할수록 가져오게 되는 진정한 만족, 성취, 행복을 더 많이 누리게 되며, 추구 회로는 치유와 행복을 가져다주는 선의 추구에 더 많이 초점을 맞추게 된다.

고통에 몰입하고 변모시키는 것을 추구하는 명상 수련

명상 수련은 고통과 괴로움을 포함하여 인간들이 갖게 될 수 있는 특정 경험을 주의 깊게 주목하고, 조사하고, 이를 위한 역량들을 기르는 데 사용할 수 있다. 이러한 식으로 주의 집중과 조사를 하는 데 개인의 역량을 이용하는 것은 이 체제의 **고통에 몰입하고 변모시키는 추구**에 있어 중심이 되며, 개인의 고통과 괴로움을 알고, 인내하고, 이해하고, 긍정적으로 이용하도록 추구하는 것을 포함한다.

준비

고통과 괴로움을 직접적으로 마주하기 전에, 사람들은 외상 기억과 중독성 있는 갈망을 포함하여, 고통스럽고 원치 않는 감정과 신체 감각을 제어하는 기술이 필요하다. 중독을 가진 사람들을 포함하여 외상을 입은 사람들을 치료하는 능력이 있는 치료자는 회복의 **첫 번째 단계**가 자기보살핌과 자기조절 기술을 배우고 강화하는 데 초점을 맞추는 것이라는 점을 이해한다(Herman, 1992; Courtois & Ford, 2009; Fiorillo & Fruzzetti, 이 책 5장; Najavits, 2002). 중증 외상의 효과와 싸우는 사람들의 경우, 고통과 괴로움을 안전하게 마주하기 위한 또 다른 전제조건이 존재한다. 바로 회복 단계를 통해 이들을 인도하는 능력을 갖추고 있을 뿐 아니라, 진정으로 이들을 이해하고 보살피는 사람, 보통 치료자와의 관계다(Briere, 이 책 1장).

마음챙김

마음챙김의 일반적 정의는 "현재의 순간에, 순간마다 전개되는 경험에 대해 판단을 하지 않은 채, 의도적으로 주의를 기울이는 것을 통해 또렷해지는 알아차림"이다(Kabat-Zinn, 2003). 누군가 '기억과 애도(remembrance and mourning)'로도 알려진 외상 회복의 두 번째 단계에 착수하기로 자유롭게 선택하는 경우(Herman, 1992), 마음챙김은 외상 관련 기억, 감정, 신체 경험, 사고 과정, 타인들과의 관계 방식을 탐구하기 위한 최상의 도구다. 과거 집중하기에는 견딜 수 없다고 느꼈던 경험이 탐구되고 조사될 수 있으며, 도피하려는 추구에 의존하지 않은 채, 특정 조건 아래에서 발생하는 지나가는 감각이자 사고로 여겨질 수 있다. 습관적 반응이 발생하거나, 고통 주기가 전개되기 시작할 경우, 개인은 휩쓸리지 않고, 이를 유념하여 관찰하고, 경험적으로 이해할 수 있다.[3]

열쇠로서 신체적 알아차림

신체 감각들의 주의깊은 알아차림, 즉 순간마다 **체화의 경험**은 개인의 감정, 사고, 행동, 관계 패턴에 주의를 기울이고, 탐구하기 위한 토대다(예, Chiesa, Serretti,

---

3) 명상 지도자가 가르치는 경우, 집중 명상에서 발생하는 집중은 마음챙김의 전제조건이다. 집중의 토대 없이, 마음챙김은 불가능하다. 이는 주의 집중이 원하는 것과 두려워하는 것을 중심으로 삼는 사고, 감정, 이미지에 의해 휩쓸려 버리기 때문이다. 또한 효과적인 명상 집중은 '차분하게 머무르는'이라는 뜻을 가진 사마타(shamatha)라는 집중 수행에 대한 티베트 용어가 보여 주는 것처럼, ① 두려움 회로를 차분하게 만들고, ② 명상 초점을 유지하는 데 필요한 최적의 정도까지 추구 회로의 활동을 조정하는 것을 필요로 한다(Wallace, 1998). 유사하게, 불교의 전통에서 마음챙김 그 자체는 현재 초점을 맞춘 알아차림, 스트레스 감소 및 현재 촉진된 기타 혜택보다 더 변혁적인 것의 전제조건이다. 즉, 마음챙김은 자유로운 통찰 혹은 비파사나(vipassana)에 대한 토대가 될 수 있으며, 이는 얼마나 혐오스러운지에 대한 관찰, 추구 그리고 자신과 타인들에게 고통을 초래하는 습관적 관계를 직접 포함한다.

& Jakobsen, 2013; Kerr, Sacchet, Lazar, Moore, & Jones, 2013). 오직 비영구적인 신체 감각들의 체화된 알아차림을 기반으로 하는 경우에만, 감정 및 사고에 효과적으로 주의깊은 알아차림을 가져올 수 있다. 그렇지 않을 경우, 개인은 현재 경험에서의 단절과 고통을 영속화시키는 짧은 도피와 빠른 해결책을 추구하는 습관적 주기에 반복적으로 휩쓸리게 된다. 연구자들은 신체에서 나오는 모든 정보를 함께 가져오는(앞선 논의 참고) 체화 회로의 주요 요소인 섬엽(insula)이 장기적으로 마음챙김 명상을 해 온 사람들에게서 더 크고, 더 높은 밀도의 '회백질'을 갖는다는 것을 발견했다(Lazar et al., 2005; Hölzel et al., 2008). 또한 연구자들은 마음챙김 명상가의 경우 섬엽 활동이 슬픔(Farb et al., 2010)과 고통 감각(예, Gard et al., 2012; Grant, Courtemanche, & Rainville, 2011)의 처리보다 우세한 두뇌 기능을 보여 준다는 것을 발견했다. 외상과 싸우는 사람들에게 있어, 이는 마음챙김이 고통과 괴로움의 신체 감각들과 직접적이고 안전한 관계를 맺을 수 있다는 것을 뜻하며, 몇몇 마음챙김 연구자가 지적했듯이(예, Farb et al., 2010; Gard et al., 2012), "조절 반응을 필요로 하는 자아에 대한 정서 부담의 위협보다는 비교적 무해한 감각 정보"로서(Farb et al., 2010, p. 31) 이러한 감각을 경험하고 이해할 수 있도록 한다. 치유를 가져오지 않으며, 고통을 영속화하는 경향이 있는 이러한 감각의 통제 혹은 감각으로부터의 도피를 추구하기보다, 마음챙김은 이에 대한 인내와 자비로운 이해 그리고 이들에 대한 기타 건설적인 치유 반응을 가능하게 한다. 요컨대, 이 책의 다른 장에 있는 임상 사례로 묘사되는 바와 같이(예, Brach, 2장; Ogden, 14장 참고), 마음챙김은 고통 경험을 치유 기회들, 더 나아가 영적 각성으로 변모시킬 수 있다.

마음챙김 및 고통에 몰입하고 변모시키는 성공적 추구의 사례들

어린 시절 성폭력을 당한 여성 치료 내담자는 혐오와 수치심의 감정에서 즉시 길을 잃는 일 없이, 마음에서 억제된 감정과 학대의 시각적 이미지를 유념하여 관찰하는 법을 배웠다. 그녀는 마찬가지로 도피를 추구하거나, 길을 잃지 않고, 일시적인 신체 감각을 포함하여, 혐오감과 수치심을 유념하며 관찰하는 법도 배웠다. 이러한 기억, 감정, 감각이 그녀에 대한 통제력을 상실하게 됨에 따라, 그녀는 결코 가능하리라는 것을 알지 못했던 평화, 힘, 자유를 발견했다. 또 다른 내담자인 남성 군인은 상관으로부터 성폭행을 당했으며, 자신을 비난하거나, 공포 및 수치심으로 소모되지 않고, 폭행 중 느꼈던 압도적인 무력감과 배신의 기억을 유념하여 관찰하는 법을 배웠다. 자기자비를 기르는 수행을 이용조차 하지 않고도(이후에 논의됨), 일어난 일에 대한, 그리고 이러한 일에 대한 자신의 반응에 대해 새로운 자비의 이해가 자발적으로 일어났으며, 이는 수년 동안 씨름해 왔던 죄책감과 자기혐오를 대체했다.

해리와 중독에 대한 특별한 도움

해리와 싸우는 내담자들은 마음챙김을 안전하고, 효과적으로 배우고, 적용하기 위해 특별한 도움이 필요로 할 가능성이 높다. 중독과 싸우는 내담자들은 명상이 가져올 수 있는 유쾌한 신체적 · 정신적 상태에 중독되는 것을 피하기 위해 특별한 도움이 필요할 수 있다. 우리는 모두 갈망과 애착을 추구하는 것에 취약하지만(즉, 빠른 해결책의 도피와 관계를 맺음으로써 선을 망치거나 상실하게 되는 것), 더 강한 중독 경향을 가진 내담자들은 이러한 것들을 회피하는 특별한 도움이 필요할 수 있다. 그리고 해리성 · 중독성 경향은 '공평성의 깨달음'을 위한 분리 상태를 애착으로 오해하도록 초래할 수 있기 때문에, 이런 식으로 빠지지 않도록 주의 깊은 모니터링과 특별한 방법이 필요할 수 있다(Waelde, 이 책 19장).

중증 외상을 가진 사람들의 경우, 마음챙김 명상 중 의도치 않게 외상과 연관된 신체 감각들에 주의를 기울이는 것은 매우 촉발적일 수 있으며(예, 외상 기억 및 외상 기반 정서 반응들), 압도될 수 있다. 이러한 사람들의 경우, 마음챙김 치료자와의 관계의 맥락에서 처음 마음챙김을 경험하는 것이 가장 안전하고, 도움이 된다. 치료 관계 내에서 처음 마음챙김을 경험하는 것은 이 책의 여러 장들에 나온 몇 건의 사례가 보여 주는 것처럼, 특히 스스로 마음챙김 수행에 몰두할 준비가 되어 있지 않은 사람들에게 치유가 될 수 있다(Brach, 2장; Emerson & E. K. Hopper, 11장; Fiorillo & Fruzzetti, 5장; Grindler Katonah, 10장; Ogden, 14장; Parker, 20장 참고).

이러한 이유들로 인해 고통에 몰입하고 변모시키기 위한 마음챙김 및 기타 명상 방법은 빠른 해결책이나 만병통치약이 아니다. 자기보살핌과 자기조절 기술을 기른 이후에도 외상과 고통에 직접 몰입하는 것이 필요하며, 고통에 몰입하고 변모시키는 것은 긴 과정이 될 수 있다. 우리 모두는 습관의 동물이며 오래된 습관은 특히 이러한 습관이 우리의 신체적·정신적 생존을 보장한 경우라면, 타파하기가 어려울 수 있다. 그러나 자기조절 기술들의 토대, 정기적인 수행, 양쪽을 지원하는 관계들을 통해 개인의 고통에 유념하여 관여하는 것은 고통에 몰입하고 변모시키기 위해 추구하는 치유 과정을 촉진시킬 수 있다.

명상 수련과 선의 추구

마지막으로, 체제에 의해 명시되는 두 번째 치유 주기인 선의 추구는 **진정한 행복을 가져오는 선의 추구를 위해, 두뇌의 추구 회로를 이용하는**(잘못 지향될 경우, 더 많은 고통을 초래하는) 명상 수련의 사용을 포함한다.

우리의 추구 회로는 항상 활성화되어 있다. 다행스럽게도 두뇌 기능의 많은 다른 측면과 달리, 이것은 우리가 접근하기 쉬우며, 반추하고 명상할 수 있는 것이다. 그리고 우리는 다음을 선택할 수 있다. 나는 무엇을 추구해야 하는가? 나는 나의 가장 높은 우선순위로 무엇을 추구해야 하는가? 이 순간에 나는 무엇을 추구하기를 원하는가? 또한 우리는 다음과 같은 질문에 대한 우리의 해답을 고려하고, 선택할 수 있다. 정말로 나를 행복하게 만드는 것은 무엇인가? 이것을 하도록(생각거나, 말하거나, 쓰는 것) 만드는 나의 동기는 무엇인가? 이러한 질문과 선택은 명상 수련 그리고 이러한 것들을 어떻게 우리 삶의 수행으로 변모시킬 수 있을지에 중심에 놓인다.

우리는 무엇을 추구해야 하는가

종교적 · 영적 지도자는 오랫동안 사람들이 초월적인 '선', 즉 신의 법에 대한 복종, 신의 의지에 굴복, 신이나 예수와의 관계, 심지어 우리의 적을 포함하는 타인들에 대한 사랑, 고통에서 모든 존재를 해방시키기 위한 영원한 노력을 추구하도록 돕는 것을 추구해 왔다. 수익을 추구하는 기업, 정치인과 광고회사는 자신들이 추구하는 이익을 위해 우리의 추구 회로를 활용하도록 설계된 이미지, 소리와 말들을 우리에게 퍼붓는다.[4] 독립 선언문은 우리가 삶과 자유뿐 아니라, '행복의 추구'를 위해 우리의 창조자로부터 빼앗길 수 없는 권리들을 부여받았다는 '자명한' 사실에 대해 선언한다. 요컨대, 뇌의 추구 회로는 인간 삶의 중심이다.

달라이 라마는 종종 "우리 모두 자연스럽게 고통 받지 않고, 행복하기를 바란다."고 말한다(예, 1999, p. 49). 그는 주요 특징으로 '내적 평화'를 갖는 '진정한 행복'이 "타인들에 대한 염려에 근본을 두고 있으며, 높은 수준의 민감성과 감정을 포함한다."고 쓰며, "우리가 삶에서 어떤 어려움을 마주하든" 행복의 기본 의미가 약화될 수는 없다고 제시한다(1999, pp. 55-56). 그는 이러한 진정한 행복이 '행복'이라고 불림에도 불구하고 많은 사람에 의해 추구되지만, 이러한 특징들이 결여된 모든 마음의 상태와 구분한다. 그는 우리 삶의 중심에서 무엇이 진정한 행복을 가져오며, 우리가 추구해야 할 목표가 되어야 하는가에 대해, 우리 삶의 본질에 놓인 이러한 중심 질문을 가리킨다.

---

4) 이것은 이제 마음챙김이 개발된 윤리적 · 종교적 맥락들에서 분리된 '마음챙김 기반' 기법의 광고와 마케팅을 포함한다. 퍼서와 로이(Purser & Loy, 2013)는 다음과 같이 관찰한다. "일부 비판가들이 현재 'McMindfulness'라고 부르며 조소를 보내는 가장 기본적이고 세속화된 기법은 기업 세계에서 더 구미에 맞게 만들어질 수 있지만, 원래의 해방적 · 변혁적 목적, 사회적 윤리에서의 토대로부터 마음챙김을 탈맥락화하는 것은 파우스트적 거래(Faustian bargain)가 된다. 마음챙김은 탐욕, 그릇된 의지와 망상의 해로운 뿌리들로부터 개인들 및 조직들을 각성시키는 수단으로 적용하는 대신, 보통 이러한 뿌리를 실제로 강화시켜 줄 수 있는 평범한, 치료의, 자기보살핌 기법으로 개조된다."

알려지지 않고, 인정받지 않고, 오해되어 온 추구 회로

지금까지 중독 연구를 제외하고, 두뇌의 추구 회로는 심리학과 정신의학에서 주로 인정받지 못했고, 간과되어 왔다. 정신적 외상에 초점을 맞춘 연구 사이에서 초점은 거의 전적으로 두려움의 회로에 맞추어져 왔다(PTSD의 보상과 추구에 대한 Elman과 동료들의 연구를 제외하고; 예, Elman et al., 2009; Hopper et al., 2008). 유사하게 이 책에서 분석해 온 외상 치유를 위한 마음챙김 및 기타 명상 방법에 대한 초점은 추구 회로에 대한 고려를 거의 포함하지 않았다.[5]

마음챙김에 대한 논의는 보통 특정 결과를 추구하는 것의 위험, 이렇게 하는 것이 마음챙김과 양립하지 않을 것이라는 우려를 포함한다. 특히 추구 결과들은 마음챙김의 장애물이 될 수 있으며, 추구되지 않고, 예상되지 않은 통찰과 변모를 가져올 수 있다. 그러나 부처의 집성제[6]에서 서술된 바와 같이, 문제는 자체적으로 추구하지 않는, 무지에 의해 조건화된 갈망이다. 이것은 갈망을 포함해서는 안 되며, 정상적인 두뇌 기능, 건강한 삶, 체화된 삶에서 분리되어서는 안 된다. 또한 퍼서와 로이(2013)가 주목했듯이, "불교는 올바른 마음챙김(samma sati)과 잘못된 마음챙김(miccha sati)을 구분하며" 이러한 구분은 "알아차림의 특징이 타인들과 스스로에 대해 인간의 번성과 최고의 행복을 초래하는 전체 의도와 긍정적인 정신적 특징으로 특성화되는지 여부"를 다룬다. 요컨대, 올바른 마음챙김은 스스로와 타인들을 위한 선의 추구를 수반한다(추구하는지 여부에 따라 자동으로 환기되는 현재의 경험 및 신념에 대한 비판단적 알아차림을 넘어).

타라 브랙(Tara Brach)은 사랑에 대한 갈망의 감정을 붙잡고, 저항하고, 통제하고자 시도한 며칠 후, 추구하는 것이 삶 자체의 중심에 놓이는 현실을 깨달은 경험에 대해 감동적인 글을 썼다.

---

5) 두뇌 기능의 중요한 측면에 대한 지식의 결여, 건강과 행복을 증진시키기보다 질병을 치료하고 고통을 줄이려는 것에 관해 의학계와 공유되는 초점, 도덕성, 종교, 영성의 영역을 탐구해야 하는 두려움을 포함하여, 이에 대한 충분한 이유들이 존재한다.
6) 역자주: 불교 교리의 핵심인 네 가지 성스러운 진리, 즉 '사성제' 중 하나다(고성제, 집성제, 멸성제, 도성제).

저녁 늦게 나는 방에 홀로 앉아 명상을 하고 있었다. 가슴이 터질 것 같은 긴박함으로 내가 폭발할 수도 있겠다는 느낌이 들 때까지, 나의 주의는 점점 더 깊게 갈망으로 이동했다. 그러나 동시에 나는 이것이 바로 내가 원하던 것이라는 것을 알고 있었다. **나는 갈망, 교감, 사랑 자체로 죽을 때까지 뛰어들고 싶었다.** 그 순간에 나는 마침내 나의 갈망을 있는 그대로 둘 수 있었다. 나는 심지어 이를 권유했다….
(Brach, 2003, pp. 153-154)

최근 인터뷰에서 널리 존경받는 불교 지도자이자, 작가이며, 평화 운동가인 틱낫한(Thich Nhat Hanh)은 자신이 일곱 살, 여덟 살 때쯤 다음과 같이 형성되는 경험을 했다고 회고했다.

어느 날 나는 부처의 사진을 보고 있었다. 그는 풀밭에 앉아 있었고, 매우 평화롭게 미소를 짓고 있었다. 나는 그와 같은 사람이 되고 싶다는 바람이 들었다. 그리고 나는 열여섯 살이 될 때까지 희망을 키워 왔으며, 부모님으로부터 불교 승려가 되는 것을 허락 받았다… 우리는 이를 초심자의 마음이라고 부른다. 바로 **깊은 의도, 한 개인이 가질 수 있는 가장 깊은 바람**이다. 그리고 나는 그때부터 지금까지, 이러한 초심자의 마음이 아직도 내 안에 살아 있다고 말할 수 있다(Nhat Hanh, 2012).

유사하게 달라이 라마는 확실한 투지를 가지고 있으며, 포용력이 있는 사람이다. 많은 장애물에도 불구하고, 그는 계속해서 자비라는 동력을 추구하고 있으며, 티베트인으로서 영적 · 정치적 지도자로서의 역할을 하고 있고, 신경과학과 명상 수행 및 통찰의 통합을 육성하도록 도움으로써 인류에 봉사하고 있다. 추구는 갈망하고, 붙잡고, 매달리고, 진정한 행복을 가져올 수 없는 지나가는 것들에 대해 집착할 때 문제를 초래할 수 있다. 그러나 추구는 매달리지 않고 경험할 때, 선에 초점을 맞출 수 있으며, 진정한 행복을 가져오고, 갈망과 애착을 줄일 수 있다.

사랑, 친절, 자비의 추구

틱낫한에게 있어, 이것은 행복과 부처를 사랑하는 이미지였다. 많은 기독교인에게 있어, 이것은 예수의 이미지다. 모든 종교와 영적 전통은 우리의 추구 회로와 가장 깊은 갈망을 강력하게 활성화시킬 수 있는 지혜롭고 사랑스러우며 행복한 존재들의 이미지를 가지고 있다. 그러나 스스로의 내부에서 사랑을 기르는 데 있어(최소한 처음에는 외상과 싸우는 사람들에게 있어) 더 효과적인 것은 귀여운 아기, 강아지, 새끼 고양이와 같이 쉽게 떠올리거나 인터넷에서 발견되는 더 단순하고 더 일반적인 이미지다. 이런 식으로 성공적으로 이미지를 이용하는 것에 대한 핵심은 마음에 이미지를 가져옴으로써 동기를 부여하고, 사랑, 친절, 자비의 감정이 **자발적 · 효과적**으로 발생하도록 만드는 것이다.

이 책에서 몇몇 저자들(예, Tara Brach, Christopher Germer와 Kristin Neff, David J. Kearney)이 외상을 입은 환자들에게 가르치도록 권장하는 테라바딘 불교도(Theravadin Buddhist) 전통에 대한 **메타** 수행에서, 자발적으로 발생하는 동기와 감정의 이미지와 신체 감각에 주의를 기울이는 것은 내적으로 반복되는 다음과 같은 문구와 함께 결합된다.

> 당신은 행복해질 수 있다.
> 당신은 건강해질 수 있다.
> 당신은 평화로워질 수 있다.
> 당신은 고통으로부터 벗어날 수 있다.

체화되고, 만족스러운 사랑, 친절, 자비를 함양하기 위한 두뇌의 추구 회로 활용

여기에서 제시되는 체제에 따라 이러한 시각적 심상과 언어적 사고들의 수행 동안, 두뇌의 추구 회로를 사랑, 친절, 자비에 활용하는 데 사용될 수 있는 신체 감각에 대한 주의 집중과 함께, 일반적으로 기억, 계획, 가상의 보상에 대한 공상이 흡수된다. 수행을 하는 동안, 사랑, 친절, 자비의 감정을 우리의 신체에서 경험하게 되며, 이것으로 체화 회로를 채운다. 이러한 좋은 감정들이 충족, 평화, 만족의 감정을 수반하는 경우, 이러한 수행은 만족 회로와도 관련된다. 그리고 우리가 충족, 평화, 만족의 신체 감각을 경험하는 한, 체화와 만족 회로는 관계될 뿐 아니라 변모하게 된다.

이 체제에서 사랑, 친절, 자비의 함양에 추구, 만족, 체화의 회로를 활용하는 것은 선의 추구 치유 주기의 가장 기본적이고 강력한 형태다. 스스로와 타인들을 향한, 특히 지금까지 자신들의 삶에서 이러한 것을 거의 경험해 본 적 없는 외상 환자들을 향한, 사랑, 친절, 자비를 기르는 것의 혜택은 수없이 많다.[7] 그러나 마음챙김에 관한 한, 상황은 더 복잡해질 수 있다. 많은 외상 환자가 자신들의 삶에서 경험한 부주의, 상실, 학대, 배신을 고려할 때 사랑, 친절, 자비의 감정은 두려움을 촉발시킬 수 있다(Gilbert et al., 2010). 이것은 정상적이며 내담자들이 사랑, 친절, 자비를 받고, 기르고, 제공하는 데 있어 장애물을 극복하고, 부드럽고 안전하게 탐구하고 이해하는 많은 방식이 존재한다(Germer 2009; Germer & Neff, 이 책 3장; Gilbert, 2005, 2010).

기타 '선'

수천 년 동안 많은 사람이 만든 우수한 사례가 존재한다. 우리가 많은 방식으로 경험하고, 표현하는 **사랑**은 가장 큰 이로움이자, 진정한 인간 행복의 가장 큰 원천이다. 그러나 우리 대부분은 다른 '선' 그리고 가장 추구할 가치가 있으며, 진정한 행복을 가져다줄 가능성이 큰 다른 경험과 목표가 존재한다는 것에 동의한다. 우리의 인격, 문화적 · 종교적 배경 그리고 기타 요인들에 따라, 우리는 거짓에서 선

---

7) 거머와 네프(Germer & Neff, 이 책 3장)는 몇 가지 혜택에 대해 논의했다. 그러나 가장 큰 이익 중 하나는 (거의 언급되지 않지만 고려할 가치가 있는) 바로 개인의 사랑에 대한 추구에 초점을 맞춤으로써, 개인은 가장 큰 이로움과 가장 큰 행복을 추구하기 위해 두뇌의 추구 회로를 활용하는 것이다.

에 이르는 연속체를 따라 다양한 것들을 소중히 여기고, 추구할 수 있다(예, 권력, 돈, 기술 도구와 장난감, 오락, 성적 자극, 운동, 아름다움, 창의력, 지식, 용기, 관대함, 자연과의 연결, 즐거움, 성취, 상담을 통한 다른 사람들에 대한 기여).

전 세계의 종교적 · 영적 전통은 '사물을 있는 그대로 보라.'(두려워하거나, 원하지 않고)는 불교의 중심 개념을 사용하여 무지로부터의 해방을 포함하는 지혜를 매우 가치 있게 여긴다. 이러한 지혜는 고대의 델포이 격언에 따라 정확하게 지각하고, 스스로에 대해 아는 것을 수반한다. 마음챙김을 자기성찰 그리고 자신을 알아 가는 용기를 포함하는 분석적 명상과 결합하는 것은 행동하고, 말하려는 우리의 진정한 동기에 대한 통찰을 만들어 낼 수 있다(Wallace, 2001). 이렇게 함으로써, 우리는 내담자들과 우리 자신에게 있어, 선을 추구하려는 노력들이 간혹 주로 실패에 대한 두려움, 판단 혹은 거부에 의해, 타인들의 관심이나 감탄과 같은 더 적은 이로움에 대한 갈망에 의해, 경쟁 우위 및 복수 같은 가짜의 이로움에 의해 동기부여된다는 것을 발견하게 된다. 이 장을 집필하는 과정에서 나는 무언가 유용한 것을 공유하려는 진심 어린 바람에 의해 동기가 부여되었지만, 그리 좋지 않을지 모르며 독자들은 무가치하다고 여길 것이고, 나는 제시간에 완성하지 못할 것이라는 두려움과 독자들의 찬사를 받고 싶은 갈망에 의해 동기부여되었다. 자각에 의한 선의 추구는 진정한 행복과 선에 대한 추구에 초점을 두며, 이를 통해 자유로움을 얻고자 하는 인간의 보편적인 약점에 대해 마음챙김과 자비로움으로 이해할 수 있도록 돕는다.

요컨대, 수많은 명상 수행이 존재하며, 특히 사랑, 친절, 자비를 함양하기 위한 수행뿐 아니라, **선과 진정한 행복의 두뇌의 추구 회로를 활용함으로써** 외상에 훨씬 더 많은 치유를 가져올 수 있는 수행도 존재한다.

결론

이 장은 외상, 고통, 치유, 특히 마음챙김, 자애와 자비를 구축하기 위해 명상 수행들에 의해 증진되는 치유와 관련된 주요 두뇌와 심리적 과정들에 대한 이해를 위한 체제를 제공한다. 체제는 통합 비전을 제시하기 위해 과학적 · 임상적 · 명상적 지식을 기초로 한다. 어떠한 측면은 단순화되는 반면에, 체제는 외상과 치유의 복잡성을 지니기도 한다.

또한 이 장에서는 신경과학 검토자가 현재의 지식과 모순되는 측면을 밝히지 못하고 있어 뇌의 추구, 만족, 체화 회로 간의 상호작용에 대한 연구가 중요함에도 불구하고 제한점을 지닌다. 확실히 보다 많은 연구가 필요하다. 반면에, 외상을 경험한 사람들의 치유와 행복을 돕기 위한 노력은 마음챙김, 사랑 그리고 행복한 인간 존재로의 삶을 개발하고, 괴로움을 감소시키는데 필요한 뇌의 추구, 만족, 체화 회로를 개발하는데 있어 명상수행(주의깊고 적절한)의 힘을 연구하고 이해하도록 이끈다.

제 *13* 장

발달상 외상에 대한 대인관계
신경생물학 접근

치료에서 주의깊은 알아차림의 잠재적 역할

다니엘 J. 시겔(Daniel J. Siegel)
모리야 고트만(Moriah Gottman)

발달상 외상과 그 치료에 대한 대인관계 신경생물학 관점

이 장에서 우리는 대인관계 신경생물학(interpersonal neurobiology: IPNB) 분야에 대한 간략한 개요와 이러한 다학제 접근이 외상의 발달 측면들과 주의깊은 알아차림 수행의 치료 적용 가능성에 어떻게 실마리를 던질 수 있을지에 대한 이슈를 제공한다. IPNB는 광범위한 과학 분야에 걸쳐 경험적 기반의 발견이 인간 발달과 건강에 대한 통일적 관점과 연결되는 통섭(consilient) 과정을 이용한다(Wilson, 1998). 인류학과 사회학에서부터 심리학과 신경과학에 이르는 학문 분야는 정신과 건강에 대한 포괄적 정의를 제공하기 위해 통합된다(Siegel, 2012a, 2012b 참고). 자연스럽게 이것은 정신과 인간 발달에 관한 많은 관점 중 단 하나일 뿐이며, 이 관점이 삶에서 외상을 경험한 개인들의 고통을 경감시키는 데 도움이 되는 과학적 기반의 유용한 원칙을 제공할 수 있게 되기를 바란다.

IPNB에서 외상은 개인, 가족, 사회가 효율적 적응 능력이 무력화되는 것을 겪는 단일 혹은 다수 경험으로 여겨진다. 개인에게 있어 어린 시절의 외상은 성장하는 두뇌의 기초 체계에 변화를 유발할 수 있으며, 이는 발달하는 정신과 시냅스 연결, 광범위한 신경 회로에서 유전자 발현의 후성 조절에 지속적인 영향을 끼칠 수 있다. 외상에 의해 영향을 받는 이러한 부위 중 일부는 스트레스 반응의 조절 (Meaney et al., 2007), 그리고 정서, 주의, 기억, 행동의 조절(Choi et al., 2009)과 관련된다. 폭력과 방임은 두뇌 기능과 성장에 부정적인 영향을 만들어 내는 것으로 입증되어 왔다(De Bellis et al., 2002). 발달상 외상은 어린 시절 발생한 압도적 경험의 형태로, 초기의 학대 혹은 방임의 특징을 반복적으로 재현할 수 있다(van der Kolk, 2006; Sroufe & Siegel, 2011 참고).

이러한 부정적 결과를 중재하는 한 가지 잠재적 기제는 스트레스 호르몬 코르티솔(cortisol)의 과도하고 지속적인 양의 분비로, 이는 뉴런에 독성 효과를 끼칠 수 있으며, 이들의 생존과 성장, 다른 뉴런들과의 연결 능력에 부정적인 영향을 끼칠 수 있다. 초이 등(Choi et al., 2009)은 두뇌의 부분이 서로 광범위하게 떨어진 부위에 연결하는 코르티솔 손상에 특히 취약하다는 것을 제시한다(예, 전전두 부위, 해마, 뇌량). 통합이라고 부를 수 있는 계통 내 다른 부위의 이러한 연결은 전체적으로 신경 계통과 신체 전체에 걸쳐 분포된 신경 기능의 조화와 균형을 가능하게 한다. 전 대상 피질(anterior cingulate cortex)과 함께 내측, 안와 전두, 복외측 전전두 부위를 포함하는(이마의 바로 뒤에 수직적·수평적 '중앙' 부위들) 전전두 피질의 중앙 측면과 같이, 두뇌에서 통합회로는 사회적 기능이 이루어지는 것을 가능하게 하며, 전체 신경 계통의 조화와 균형에서 중요한 역할을 한다(Siegel, 2007a, 2010a, 2010b).

아동의 두뇌 발달에 영향을 끼치는 중요한 애착 관계 내에서(Schore, 2003a, 2012; Cozolino, 2011), 대인관계 내의 통합은 확고한 관계의 기저를 이루는 본질적인 사회적 의사소통의 과정으로 여겨질 수 있다(Siegel, 2012a). 보호자가 아동을 '돌볼 때', 아동은 '느껴지는 것을 느끼며', 이는 아동에게 자신의 내적 세계가 보호자에 의해 진정으로, 확실하게 경험되고 있다는 느낌을 제공한다. 돌봐지고, 안전함을 느끼고, 진정되고, 확고한 느낌을 갖게 되는 것은 아이가 긍정적으로 발달할 수 있도록 만든다. 이러한 형태의 대인관계 상호작용은 부모와 자녀 사이에 차이를 존중하는 것을 수반하며, 자비롭고, 조율되는 연결성의 함양을 수반한다. 이런 식으로 대인관계 통합은 확고한 애착의 기반으로 볼 수 있다. IPNB에서 건강한 관계들은 통합적이며, 차이를 존중하고, 연결을 촉진시킨다. 이러한 통합적 형태의 상호작용은 두뇌에서 통합적 기능의 성장(광범위하게 다른 분야를 서로 연결시켜 주는 두뇌의 통합 섬유의 자극과 성장)을 촉진시키는 것으로 여겨진다. 즉, 대인관계 통합은 신경 통합을 육성한다.

다음은 IPNB의 근본적 체제다. 관계는 둘 이상 사람들 사이에 에너지와 정보 공유이며, 두뇌는 에너지와 정보 흐름의 체화된 메커니즘이다. '정신'의 주요 측면은 새롭게 출현하는 체화되고 관계적인 자기조직 과정으로 여겨지며, 우리의 신체와 관계 내에서 에너지와 정보의 흐름을 조절한다. 이런 식으로 '정신'의 한 가지 측면은 주관적 경험과 의식을 벗어나, 자기조직 조절로 체화되고 관계를 맺는 과정이다(Siegel, 2012a, 2012b). 에너지는 물리적 관점에서 '무언가를 수행하는 능력'이다. 정보는 자체보다는 다른 것을 대표하는 에너지 흐름의 패턴으로 의미를 갖는다.

다양한 정도의 정신적 외상은 영아가 방임되거나(연결 없이 과도한 차별화), 학대받는 것처럼(차별화 없이 과도한 연결) 경험들이 비통합적일 때 발생하는 것으로 여겨질 수 있다. 비통합적인 압도적 경험들의 결과는 학대와 방임의 경우 뇌량, 전전두, 해마의 통합 부위의 성장과 발달의 결핍으로 밝혀지듯이, 두뇌의 통합 성장의 저해다(Choi et al., 2009). 뇌량의 경우, 뇌의 양 반구들이 연결된다. 해마의 경우, 기억과 관련되어 광범위하게 분포된 신경 부위들이 결합된다. 그리고 전전두 피질의 경우, 피질, 대뇌변연계, 뇌줄기, 에너지와 정보의 신체적·사회적 흐름이 복합적인 정신 과정을 형성하기 위해 결합된다(Siegel, 2012a).

IPNB의 관점에서 통합은 건강의 핵심 기제다. 시스템이 통합될 때, 이는 조화롭게 기능한다. 시스템의 요소들이 조화를 이루고 통합에 따라 연결될 때, 시스템의 움직임은 가장 유연하고, 적응성을 보이며, 일관되고, 활성화되며, 안정적이 된다. 그러나 연결 및 분화가 저해되는 경우, 시스템의 이러한 비통합 상태는 혼돈, 경직 혹은 생리적·정신적·관계적 경험들의 다양한 측면 내에서 둘의 결합을 초래한다. 외상의 발달상 결과는 이러한 혼돈과 경직의 스펙트럼에 의해 특성화되는 것으로 나타날 수 있다(Bluhm et al., 2009; Bremner, Elzinga, Schmahl, &

Vermetten, 2008; Choi et al., 2009; De Bellis et al., 2002). 단일 사건으로 인한 외상의 경우에도, 외상 후 스트레스 장애가 혼돈과 경직 증상으로 구성되어 나타날 수 있다. 외상 후 스트레스 장애(PTSD)는 정신 질환의 진단 및 통계 편람(Diagnostic and Statistical Manual of Mental Disorders 5: DSM-5; American Psychiatric Association, 2013)에서 침투적 증상, 각성의 변화, 외상 관련 자극의 회피, 인지에서의 변화, 외상과 관련된 우울한 기분으로 특성화되는 불안 장애로 정의되어 왔다(고통스러운 기억과 외상에 관련된 반복적인 악몽을 포함하여). 외상 기억의 재경험과 각성에서의 변화는 통합 기능과 거리가 먼, 스펙트럼 혼돈의 사례다. 회피와 불안한 기분은 경직을 나타낸다. 이는 외상으로 초래되는 사회적·개인적 기능장애는 IPNB의 시각을 통해 볼 때, 통합으로의 차단에 따른 결과로 볼 수 있다.

이러한 관점에서 치료는 통합적 경험을 육성하는 치료자와 내담자 사이에 관계를 수반한다(Siegel, 201a). 치료 과정 중, 관계 내에서 안전하고, 진정되고, 안심한 것으로 보이는 개인의 애착 측면과 특정 치료 중재의 제공은 자기조절을 담당하는 두뇌의 통합 섬유들의 자극과 성장을 촉진한다.

외상으로 저해된 통합 개념에 대한 경험적 뒷받침

라니우스(Lanius), 블룸(Bluhm)과 동료들에 의한 연구(Bluhm et al., 2009; Lanius, Bluhm, & Frewen, 2011)는 PTSD 사례에 걸쳐 잠재적인 신경생물학적 뿌리를 설명하도록 돕는다. 이들의 연구(Bluhm et al., 2009)는 두뇌의 정서적 핵심으로 고려되는 대뇌변연계를 제어와 갈등 처리를 위해 필요한 통합 부위인 전전두피질(PFC)에 연결하는 두뇌의 디폴트 네트워크가 PTSD를 가진 개인들 내에서 해마와 편도체에 대해 더 적은 연결을 나타낸다는 것을 발견했다. 이러한 중심선 피질 회로들은 자아와의 신경 상관관계로 볼 수 있다(Northoff et al., 2006). 이러한 중심선 구조가 자신들의 기능을 나누고 연결하는 방식은 자아의 행복 및 경험과 상관관계를 갖는다(Gusnard, Akbudak, Shulman, & Raichle, 2001; Uddin, Kelly,

Biswal, Castellanos, & Milham, 2009). 마음챙김 훈련은 두뇌에서 이러한 동일한 디폴트 네트워크의 통합(기능적 연결)을 증가시키는 것으로 나타났다(Brewer et al., 2011). 이러한 발견은 주의깊은 알아차림이 어떻게 외상 후 종종 분열되는 자기감의 일관성과 두뇌의 통합 성장을 촉진할 수 있는지에 관한 단서를 제공할 수 있다. 앞서 언급한 바와 같이, 초이와 동료들에 의한 연구는 뇌량, 전전두 피질, 해마의 주요 세 가지 통합 회로들이 발달상 외상과 어린 시절의 강렬하고 종종 만성적인 학대와 방임의 경험에 의해 부정적으로 영향을 받는다는 것을 추가적으로 제시한다(Choi et al., 2009). 외상의 시기에 따라 자기조절의 확립과 정보의 신경 처리를 조화시키고, 균형을 이루는 이러한 중요 부위들은 이러한 부정적 경험에 의해 차등적으로 영향을 받을 수 있다. 아일린 뤼더스(Eileen Luders)와 동료들에 의한 연구들 또한 마음챙김 훈련이 이러한 해당 부위들의 통합 증가를 초래한다는 것을 보여 주었다(Luders, Clark, Narr, & Toga, 2011).

손상된 통합과 조절에 따른 혼란 애착과 해리

해리는 혼란 애착의 결과로 나타났으며(Beebee, Jaffe, Markese, Buck, Chen et al., 2010; Dutra, Ilaria, Siegel, & Lyons-Ruth, 2009), 이러한 혼란 애착은 영아와 보호자 사이에 대인관계 조율이 영아가 주요 보호자에게서 공포를 유발하고, 혼란스러운 반응들을 경험함에 따라 손상되는 것을 뜻한다. 이러한 상황에서 아동 내부에 두 개의 두뇌 회로가 생물학적 역설을 만들어 내는 방식에 따라 자발적으로 활성화된다. 애착 회로(약 2억 년 전)는 영아가 겁에 질릴 때 애착 인물에게서 편안함을 추구하도록 움직인다. 뇌 줄기에 포함되는 생존 회로(약 3억 년 전)는 투쟁-도피-정지 반응에 관여하며, 아동이 공포의 원천에서 피하도록 만든다. 애착 인물이 공포의 원천인 경우, 이 두 회로는 영아가 동일한 인물을 향하고(편안함), 이러한 인물에서 **멀어지도록** 만든다. 이는 메리 메인과 에릭 헤세(Mary Main & Erik Hesse, 1990)가 '해결책이 없는 두려움'이라고 불렀던 것을 만들어 낸다. 아동은 이러한 경험들에 대해 조직적인 적응 전략에 연결할 수 없다. 이것은 효과적으로 대처하는 능력을 벗어나는 어린 시절의 경험으로 정의되는 발달상 외상의 주요 사례다.

IPNB 관점은 혼란 애착의 발달상 외상이 아이의 신경 통합에 상당한 손상을 끼치며, 이는 자기조절장애와 지속적인 해리의 경향을 보이며 청소년기와 성인기까지 지속된다고 제시한다. 결국 이러한 의식의 단편화는 개인이 스트레스를 조절하고, 지원적 관계에 참여하고, 감정들의 균형을 이루고, 압박을 받는 중 명확한 사고를 유지하는 것에 더 어려움을 겪도록 만들 수 있다. 이러한 행동 특징은 각각 개인이 차후에 압도적인 경험에 노출되는 경우, PTSD가 발병할 수 있는 취약성에 기여한다. 압도적인 사건을 통해, 외상 사건 이전에 존재했던 손상된 신경 통합은 개인이 외상으로부터 회복될 수 없도록 만들고 임상적 · 형식적으로 PTSD가 발병할 가능성이 높아진다. 아동이 PTSD의 공식적인 진단 기준을 충족시키지 않더라도, 어린 시절 외상 경험의 영향이 아동의 발달에 상당히 부정적인 효과를 끼친다는 것을 유념하는 것이 중요하다(van der Kolk, 2006).

다수의 가설들은 학대 및 방임의 형태에서 아동의 외상이 어떻게 정서, 주의, 행동 조절에 부정적인 영향을 끼칠 뿐 아니라, 미래에 스트레스에 노출될 경우 PTSD의 소인을 초래할 수 있는지에 대해 설명한다. 앞서 논의한 통합 섬유 성장에 대한 부정적 효과 이외에, 또 다른 가능성은 학대가 뇌척수액(cerebrospinal fluid: CSF)을 만들어 내는 두뇌의 능력을 변화시킬 수 있다는 것이며, 알츠하이머 질환을 가진 내담자들에게서 발생하는 것과 유사하게 심실 공간의 확장을 초래할 수 있다(De Bellis et al., 2002). 더 심각한 학대에 따라 두뇌 용량이 저하되며, 남성의 두뇌가 여성의 두뇌보다 더 많은 영향을 받음을 볼 때 성에 연관된 것으로 나타난다. 또한 드 벨리스(De Bellis) 연구의 아동들은 성인 PTSD 연구의 결과와 유사하게, PTSD가 발병했을 때 연령이 일치하는 통제군에 비해 백질의 수준이 더 낮았다.

발달상 외상과 별개로, 압도적인 단일 외상 사건을 경험한 성인들 중 단 15% 가 PTSD의 공식적인 장애가 발전하는 것으로 나타난다(Yehuda, 2003). 일부가 PTSD에 취약하고 다른 사람들은 그렇지 않은 정확한 이유는 현재 확실치 않다. 하나의 가능성은 해리에 대해 유전적으로 관련된, 혹은 경험적으로 파생된 경향이 개인의 외상 사건 이후 PTSD가 발병할 소인을 갖게 할 수 있다는 것이다. 2001년 9월 11일, 뉴욕 테러 당시 1차 응답자에 대한 한 연구는 사건 직후 혹은 사건 동안 해리를 겪은 개인들이 PTSD 발병에 가장 취약한 사람들이라는 것을 보여 주었다(Marmar et al., 2006). 해리는 이인증, 비현실감, 침투적 이미지와 정서들, 기타 의식의 변형 상태의 측면 같은 증상을 포함한다(Neria, DiGrande, & Adams, 2011; Simeon, Greenberg, Nelson, Schmeidler, & Hollander, 2005). 이러한 외상의 발달과 급성 영향을 이해하기 위해서는 배워야 할 것이 많지만, 이러한 발견들이 함축하는 한 가지는 학대와 방임의 방지가 사실상 중요하다는 것이다. 성인 두뇌의 신경 가소성으로 인해 진행 중인 경험들은 적합한 임상 중재를 통해 자기조절의 발달 문제를 극복하는 데 도움이 될 수 있는 통합적 신경 성장을 가져올 수 있다(Doidge, 2007; Schore, 2003a, 2003b, 2012 참고).

잔코비치와 레슬러(Jovanovic & Ressler, 2010)에 의한 검토는 PTSD가 내담자들이 두려움을 억제하지 못하는 것에서 비롯된다고 결론 내렸다. 이들의 관점에서 편도체 관련 문제는 부분적으로 유전자와 관련되며, 또한 어린 시절 동안 겪은 외상과 밀접하게 연관된 경험적 소인과 관련될 수 있다. 이 이론은 혼란 애착이 PTSD가 발병할 경향에 기저를 이룬다는 생각과 일치한다. 손상된 통합은 신경 계통 조절의 어려움과 사회적 상호작용에 대한 적응력에 문제를 초래한다. 신경 전달물질 대사에 영향을 끼치는 특정 유전적 변이에 대한 연구들은(Bakermans-Kranenburg & van IJzendoorn, 2007; Bakermans-Kranenburg, van IJzendoorn, Pijlman, Mesman, & Juffer, 2008) 문제가 되는 어린 시절의 경험에 대한 반응이 특정 유전적 대립형질에 따라 더 강렬해질 수 있다는 것을 제시한다. 따라서 유전적 혹은 경험적으로 파행된 신경 통합에 대한 문제들은 개인이 자기조절 손상 그리고 이후에 PTSD가 발병할 소인을 갖게 할 수 있다. 이 외에 앞서 검토한 바와 같이, 유전자 발현의 조절 역시 어린 시절의 경험에서 부정적으로 영향을 받을 수 있다. 이러한 식으로 후성적 · 유전적 · 경험적 요인은 각각 발달하는 정신에 대한 외상의 영향에 기여할 수 있다.

개인이 다양한 외상 후 발달 영향에 취약해지도록 만들 수 있는 이러한 경험적·유전적·후성적 요소에 직면하여, 마음챙김은 통합과 치유를 향한 개인의 움직임에 어떤 영향을 끼칠 수 있는가?

마음챙김은 통합과 어떻게 관련될 수 있는가

모든 연구자 및 임상의에 의해 공유되는 마음챙김에 대한 공식 정의는 아직 이용할 수 없다(Bishop et al., 2004). 이 장의 목적을 위해 우리는 존 카밧진(2012)의 마음챙김에 대한 기술, "특정 방식으로, 의도적으로, 현재의 순간에 판단을 하지 않고 주의를 기울이기"를 사용할 것이다(p. 3). 마음챙김의 임상적 혜택은 강화된 고통 감내, 증가된 유연성, 자기존중, 이완, 두려움과 각성 억제, 정서적 명료함을 포함한다(Bishop, Shapiro, Carlson, Anderson, Carmody et al., 2004; Masicampo & Baumeister, 2007; Fulton, 2005; Young, 1997; Walsh & Shapiro, 2006; Wallace, 2001). 이 장에서 우리는 주의깊은 알아차림을 기르는 정신 수련이 광범위하게 분리된 두뇌 분야들을 서로 연결시키는 신경 구조의 성장과 활동을 증가시키는 매우 통합적 중재라는 것을 제시하고자 한다(Luders et al., 2011; Kilpatrick et al., 2011 참고).

주의깊은 알아차림 내에서 분화되고, 이후 연결될 수 있는 것은 무엇인가? 여기에 한 가지 가능성이 존재한다. 주의깊은 알아차림은 에너지와 정보 흐름에 대한 관찰을 개방하고, 이러한 흐름의 경험에 수용적이 되는 능력을 포함한다(Siegel, 2007a). 파브(Farb)와 동료들은 두 개의 신경 회로, 즉 편측(lateralized) '경험' 회로와 내측 '관찰' 혹은 목격 회로를 확인했으며, 이 두 회로는 마음챙김 기반 스트레스 감소(MBSR) 훈련에 따라 분화되는 것으로 나타났다(Farb, Segal, Mayberg, Bean, McKeon et al., 2007). 이러한 발견은 주의깊은 알아차림 훈련이 분화를 촉진시키고, 이후 신경 통합을 구축하는 데 있어 이러한 근본 과정을 연결한다는 제안과 일치하는 것으로 해석할 수 있다(Siegel, 2007b).

주의깊은 알아차림의 또 다른 측면은 의식을 통합하는 능력을 수반한다는 것이다. 알아차림은 두 개의 개별 요소를 수반하는 것으로 나타날 수 있다. 바로 의식의 '앎(knowing)'에 대한 관점과 사고, 감정, 신체 감각 혹은 외부 세계에 대한 지각 등의 관찰 대상과 같은 '알게 된 것(that which is known)'에 대한 관점이다. 주의깊은 알아차림 내에서, 앎(인식)과 알게 된 것(지각) 사이에 구분이 이루어지며, 호기심, 개방성, 수용, 긍정적 존중을 가지고 감정, 사고, 기억을 안정적으로 지각하는 능력을 강화하는 것과 같이 '지각'의 여러 형태가 구별된다.

주의는 두뇌 내에서, 우리의 관계 내에서 그리고 우리의 주관적 알아차림의 정신 경험 내에서 에너지와 정보의 흐름을 향하는 과정이다. 외상 경험이 발생할 때, 특히 어린 시절에 발생하는 경우, 주의를 조절하는 능력이 변화될 뿐 아니라, 외상 과거의 다양한 측면에 대해 반복적으로 주의를 상기하게 될 수 있다. 즉, 발달상 외상은 마음속에서 정보가 처리되는 방식과 알아차림 내에서 경험되는 것의 내용에 영향을 끼칠 수 있다.

알아차림은 주의와 동일하지 않다. 전에 서술된 바와 같이, 알아차림은 앎(인식)의 관점으로 정의될 수 있으며, 또한 알게 된 어떤 것, 즉 신체 감각, 기억에서의 이미지, 혹은 감정 및 사고를 수반할 수 있다. 주의깊은 알아차림은 자극과 주의의 대상을 느끼고, 이후 길을 조정할 수 있도록, 즉 기억, 감정 혹은 사고가 아닌 초점을 선택하도록 마음에 역량을 강화하는 것으로 넓은 관점에서 개념적으로 이해될 수 있다.

많은 면에서 함축적 표상[지각, 정서, 신체 감각, 행동 자극, 점화(priming), 정신 모델들]에서부터 사실과 자서전적 기억의 명시적인 형태에 이르는 경로에 의해 뇌에서 부호화되는 경험의 층들은 외상과 통합되지 않은 것으로 볼 수 있다. 이러한 함축적 기억에서 명시적 형태, 그리고 개인이 과거, 현재, 미래에 연결함으로써 '자신의 삶을 이해하도록' 돕는 일관된 내러티브로의 통합이 차단된 것은 외상이 어떻게 개인에게 지속적으로 부정적 영향을 끼치는지를 보여 주는 주요 특징이 될 수 있다. 개인의 전개되는 이야기에 대한 활동적 저자가 되기보다, 발달상 외상 그리고 넓은 의미에서 외상 경험은 개인을 수동적으로 받는 사람, 단순히 전개되는 사건들의 기록자로 만든다. 무기력, 절망, 수치심, 체념, 정신적 마비의 경험은 이러한 손상된 기억과 내러티브적 통합에 직면하여 나타난다. 애착 연구 분야에서 성인 애착 면담(Hesse, 2008 참고)을 통해 우리는 해결되지 않은 외상과 비통합, 일관성 없는 내러티브적 결과의 형태로 이러한 결과들을 보게 된다. 부모의 결단력 부족은 아동의 혼란 애착 및 해리와 연관되며, 손상된 통합의 세대 간 대물림이 영속화된다. 에이미 디노블(Amy DiNoble)에 의한 최근 연구는 성인의 확고한 애착 상태가 성인의 마음챙김 특성과 연관된다는 예비 발견을 보여 준다 (DiNoble, 2009).

마음챙김 훈련에 대한 연구는 스트레스 인자와 직면하여 목적의식, 의미, 연결, 평정심으로 특징지어지는 목적 지향적 행복 상태에 대한 생각을 뒷받침하는 '왼쪽 이동(left shift)', 회복탄력성의 신경 특징(neuro-signature)으로 고려될 수 있는 것을 보여 준다(Urry et al., 2006). 이처럼 문제로부터 멀어지는 것이 아닌, 문제를 향하는 움직임은 마음챙김이 PTSD를 가진 개인들을 돕는다는 것을 경험적으로 보여 줄 수 있는 근본적 방식이 될 수 있다. 왼쪽 이동은 좌반구의 접근 상태를 수반하며, 이는 개인이 문제로부터 후퇴하기보다(스트레스 인자로부터의 후퇴를 지배하는 오른쪽 전두 활성, 혹은 '오른쪽 이동') 문제를 향해 움직일 수 있도록 하는 두뇌의 방식으로 나타날 수 있다. 데이비드슨(Davidson), 카밧진과 동료들의 연구 또한 왼쪽 이동과 독감 백신 이후 면역 반응 정도 사이에 상관관계를 밝혀냈다 (Davidson et al., 2003).

아미시 자(Amishi Jha)와 동료들(Jha, Krompinger, & Baime, 2007, 2009; Baijal, Jha, Kiyonaga, Singh, & Srinivasan, 2011)은 마음챙김이 어떻게 외상 치료에도 도움이 될 수 있는 근본적 정신 과정의 개선을 뒷받침하는지 밝혀냈다. 마음챙김 훈련은 작업 기억의 선택적 주의를 개선시키고, 마음의 방황을 줄이고, 지속적인 반추를 감소시키고, 내적 경험과의 탈동일시를 만들어 내고, 자기 관련 집착을 줄이는 것으로 나타났다(Jha et al., 2007; Lutz, Slagter, Dunne, & Davidson, 2008; Lutz et al., 2009; Brefczynski-Lewis, Lutz, Schaefer, Levinson, & Davidson, 2008; Ives-

Deliperi, Solms, & Meintjes, 2011). 부정적 마음의 방황은 불행과 상관관계를 보였으며(Killinsworth & Gilbert, 2010), 마음챙김이 삶의 긍정적 상태를 만들어 내는 한 가지 방식은 현재 삶에 머무르는 능력을 함양하는 것이다(Parker, Nelson, Epel, & Siegel, 출판 준비 중). 많은 면에서 마음챙김 훈련은 개인이 경험과 함께하고, 한 번에 한 가지씩, 무슨 일이 전개되고 있는지 인지하고, 현재에 머무름으로써 삶의 문제들에 접근할 수 있도록 한다.

마음챙김, 외상 치료, 통합

마음챙김 훈련은 호기심, 개방성, 수용과 배려를 가지고 마음챙김의 방식으로 일어나고 있는 것에 있는 그대로 주의를 기울이는 것을 포함한다. 수련을 통해 의도적으로 만들어진 상태 동안 이용되는 신경 점화는 신경 점화, 그 분화와 연결, 신경 부위들의 통합 결과를 강화하는 방식으로 유전자 발현과 단백질 생성을 활성화시킬 것이다. 이상적으로 정기적인 수련을 통해, 이러한 의도적으로 만들어지는 상태들은 자동적인 긍정적 특성이 될 것이다. 자(Jha, 2012, 개인적 대화)는 아직 발표되지 않은 그녀의 통제 연구에서, 수련에 대해 하루에 약 12분의 한계 수준을 밝혀냈다.

에너지와 정보의 흐름을 조절하는 체화되고 관계적인 과정이라는 IPNB의 마음 정의는(Siegel, 2012a, 2012b) 외상을 입은 개인들이 치유를 위해 마음챙김을 향하도록 도울 수 있다. 이러한 마음의 조절 측면은 우리의 신체와 우리의 관계 내에 '거주하고' 있음을 제시한다. 조절은 조절되어야 하는 것에 대한 모니터링과 변경을 수반한다. 어떤 것이 감지되고 형성되는가? 바로 에너지와 정보 흐름이다. IPNB의 관점에서, 마음챙김은 우리의 내부와 우리 사이에서 일어나는 이러한 흐름을 감지하는 능력을 안정시킨다. 궁극적으로 마음챙김은 개인이 정신, 관계, 생리적 삶을 강화시키는 방식으로(Parker et al., 출판 준비 중) 삶에 존재하도록 돕는 방식으로 에너지와 정보 흐름을 조절(모니터와 변경)할 수 있도록 한다. 이처럼 무엇이 일어나든 함께 머무르는 경험에 내포된 것은 모호함에 직면했을 때에도 살아남을 수 있도록 불확실성을 포용하는 방식이다.

발달상 외상의 경우, 불확실성은 보통 분리, 공포, 부정적 대인관계 및 내적 결과들과 결합되어 왔다. 외상에서 이러한 발달 토대는 개인이 다양한 정도로 정서, 주의, 관계, 사고의 조절장애에 취약하도록 만들 수 있지만, 마음챙김은 이러한 형태의 손상된 조절과 두뇌 통합을 직접 다루는 중요한 정신 훈련을 제공할 수 있다. 상당한 변화를 구축할 만큼 충분히 강력한 중재는 아마도 필요에 의해, 개인이 과거의 문제를 극복할 수 있도록 채택한 외상에 대한 발달상의 적용을 저해하는 잠재력을 갖는다. 이런 식으로, 마음챙김은 개인을 휩쓸리게 만들고, 각성의 손상된 정서 상태를 만들어 내는 외상에 대해 자각을 환기시킬 수 있다. 자기 진정과 이완 같은 자기조절 도구를 가르치는 것은 주의깊은 알아차림 훈련에 대한 초기의 방해로 나타날 수 있는 기능 손상으로 인한 무력화를 피하기 위한 치료의 필수적인 측면이 될 수 있다. 이러한 중재를 사용하는 데 있어 주의사항은 자연스럽게 권장된다. 이상적으로 이러한 강력한 형태의 마음의 통합적 기능 발전은 발달 문제를 극복할 수 있는 중요한 단계를 제공할 수 있다.

마음챙김은 효과적인 자기조절, 효과적인 수면, 심장 박동과 호흡에 대한 민감성을 증가시키고, 혈청 코르티솔(serum cortisol) 수치, 해리와 반추, 자해 행동들의 습득 가능성을 줄여 주는 것으로 나타났다(Lee, Zaharlick, & Akers, 2011). 어떤 관점은 마음챙김을 가르치고 난 후 PTSD의 중심에 있는 역기능적인 스트레스 반응과 정서적 반응에 대한 환기가 일어나고, 이는 개인의 삶을 향한 변화의 역할을 한다고 제시한다(Taylor et al., 2011).

자기경험을 향해 수용적이고 자비로운 입장을 만들어 내고, 판단을 버리고, 나타나는 것에 주목하는 방법을 배움으로써, IPNB는 주의깊은 알아차림이 개인의 내적 주관적 현실에 대한 '내적 조율'의 형태를 가능하게 할 수 있다고 제시한다(Siegel, 2007a). 확고한 애착의 대인관계 조율처럼(Siegel, 2012a), 마음챙김 훈련의 결과들 또한 두뇌 자체의 통합 회로로부터 출현하는 많은 자기조절 능력의 함양을 수반한다. 이러한 확고한 애착의 회로들(Schore, 2012)은 장기적인 마음챙김 명상 수행자에게서 증가하는 것으로 나타났다(Luders et al., 2011; Lazar, Kerr, Wasserman, Gray, Greve et al., 2005). IPNB는 마음챙김을 마음속, 두뇌 그리고 개인의 대인관계에 대한 통합을 함양하는 효과적인 수단으로 본다. 이러한 관점은 마음챙김이 발달상 외상을 경험한 개인들의 치료에서 도움이 될 수 있다는 것을 뜻하는 한 가지 가능성을 보여 준다.

마음챙김 훈련과 관련된 다양한 발견이 이러한 개념을 뒷받침한다. 루더스 (Luders) 등(2011)은 일일 명상의 긍정적 혜택에 대해 설명했다. 마음챙김 명상가는 첫째, 더 두꺼워진 대뇌피질, 둘째, 표면적의 증가로 인해 전체적으로 더 많은 양의 두뇌 조직, 셋째, 더 낮아진 연령에 연관된 결합 저하, 넷째, MBSR에서 8주 훈련 후 증가된 회백질 밀도를 보여 주었다. 킬패트릭(Kilpatrick)의 연구도 명상이 두뇌 연결성에 긍정적인 효과를 끼치며, 이는 8주에 걸친 MBSR 워크숍에서 새로운 명상가에게로 일반화될 수 있다는 것을 보여 주었다(Kilpatrick et al., 2011; Hölzel et al., 2011).

이러한 중재들의 긍정적인 결과는 마음챙김이 정서, 주의의 자기조절과 자극 제어를 강화하는 기본 방식에 원인이 있을 수 있다. 이러한 개념은 마음챙김 훈련에서 대뇌변연계 및 피질 연결 증가와 회백질 및 용량 증가를 제시한 연구에서 뒷받침되었다(Ivanovski & Malhi, 2007). 개인의 신체와 정서 상태의 자각 및 수용에 대한 마음챙김 수련의 초점, 그리고 생리적 각성 조절에 대한 초점은 마음챙김을 외상에 대해 개념적으로 전도유망한 치료로 만든다. 외상 경험의 결과가 해리, 회피, 둔감, 순간적 회상을 포함하기 때문에, 효과적인 치료는 각성을 차분하게 만들고, 개인들이 정서적 두려움, 대인관계 배신, 발달상 외상에 내재된 내적 혼돈의 문제에 안전하게 접근하도록 도움으로써 작용할 수 있다. 마음챙김이 훈련 가능한 신경 성향을 가진 문제를 향해 왼쪽 이동을 함에 따라 신경 계통과 대인관계 내에서 통합을 육성하고, 발달상 외상을 가진 개인들에게 마음챙김 훈련을 주의 깊게 제공하는 것은 건강을 구축하기 위한 이 중요한 접근의 자연스러운 적용이라 할 수 있다.

제14장

내포된 관계적 마음챙김

외상 치료에 대한 감각운동 심리치료 관점

팻 오그던(Pat Ogden)

외상, 특히 어린 시절의 애착 외상은 치료 시간에 명백히 나타나는 내용에 바탕이 되는 무의식적 과정에 강하게 영향을 끼친다. 하향식 집행 통제로 이들을 조절하기 위한 시도에도 외상 관련 내재적 과정들, 즉 몸짓, 자세, 운율, 얼굴 표정, 눈 응시, 정서의 비언어 행동에서 시각적으로 반영되는 과정이 지속되고 있다. 내담자들은 보통 조절되지 않는 정서, 괴로운 신체 감각들, 침투적 이미지, 통증, 냄새, 수축, 둔감의 압도적 증가에 휩쓸리는 기분을 느낀다. 이는 결국 "나는 망가졌어요." "나는 나쁜 사람이에요." "나는 스스로를 보호할 수 없어요."와 같은 인지 왜곡에 영향을 끼친다.

이러한 외상 관련 무의식 과정은 구어적 · 언어적인 '외현적 자기(explicit self)'에 비해, 쇼어(Schore, 2009)가 비구어적, 정서적, 신체 기반의 '내재적 자기(implicit self)'라고 부른 것을 주로 뜻한다. 외상 증상을 해결하고, 내재적 처리 역학을 다루기 위해 치료자가 전적으로 '대화 치료'에 의존하는 것은 과거 외상에 대한 일관된 구어 내러티브를 형성하는 것이 보통 문제가 되기 때문에, 임상 효능을 제한할 수 있다. 대신 과거는 "일련의 **무의식적 예상**들로 기억되며"(Cortina & Liotti, 2007, p. 205), 이는 형성된 사건에 대한 기억을 반추와 수정에 이용할 수 없기 때문에 훨씬 더 효력이 있다. 기억들은 의식적 자각에서 분리되며, 해리될 수 있으며, 많은 외상 생존자는 외상 경험의 오직 고립된 정서적, 감각적 혹은 운동적 측면만을 '기억한다.' 외상 중, 명확한 사고와 의사결정을 책임지는 전전두 피질 혹은 '집행 기능', 그리고 정서적·언어적 기억의 통합과 관련된 해마의 기능이 선별적으로 손상되며, 개념적 과정과 그 부호화는 감소시키는 반면, 정서적 과정과 그 부호화는 증가시키는 방식으로 강화된다(Arnsten, 2009; Schwabe, Joels, Roozendaal, Wolf, & Oitzl, 2012). 내재적 '기억'을 촉발시키는 과정을 설명하고자 시도하는 것은 오직 실패와 좌절 혹은 더 나쁘게는 제거하는 것으로 이어진다.

치료 변화의 주요 원재료는 명확하게 이야기되는 것이 아니라, 일반적으로 보통의 언어로는 기호화되지 않으며 지속적으로 변화하는 경험적 맥락에 놓여 있다(Bromberg, 2010). 패러다임의 변화는 대화 혹은 '이야기'를 이용한 결합 내러티브를 형성하면서 내재적 패턴을 가진 순간마다의 경험에 대한 주의깊은 알아차림을 유지하도록 하는데 있다(Kurtz, 1990; Ogden & Minton, 2000; Ogden, Minton, & Pain, 2006). 이 장에서는 치료자와 내담자 사이에 일어나는 것 내에 내포된 마음챙김을 이용하기 위한 임상 지도의 실용적 개요를 제공하고(Ogden et al., 2006), 내재적 과정의 순간 경험을 직접 다루는 감각운동 심리치료의 중재에 대해 기술한다.

마음챙김은 무엇인가

마음챙김에 대한 정의는 변화한다. 윌리엄스와 동료들(Williams, Teasdale, Segal, & Kabat-Zinn, 2007)은 이를 "현재의 순간에, 의도적으로, 비판단적인 주의를 기울이는 것을 통해 나타나는 알아차림"이라고 설명한다. 이 관점은 내적 경험과 "우리가 대부분 당연하게 여기거나, 간과하는 삶의 측면들"(p. 47)을 고려한다. 대부분의 기술에 포함되어 있는 것은 무엇이 발생하든 "선호 없이, 선택 없이, 주목하는 주의의 특성"으로서 개방성과 수용성의 자세다(Goldstein & Kornfield, 1987, p. 19). 다수의 마음챙김 수행은 무제한적 수용성을 장려하는 반면, '집중 수행'이

라고 설명되는 다른 수행은 내적 경험[호흡, 신체 감각 혹은 만트라(mantra)와 같은]
이나 외적 환경(촛불 같은)의 특정 요소에 주의를 기울이도록 장려한다. 구조화된
운동, 수행, 기술을 통해 마음챙김을 가르치는 여러 심리치료 방법들이 개발되었
다. 예를 들어, 리네한(Linehan, 1993)의 모델에서 내담자들은 관찰, 기술, 참여의
'무엇을(What)' 기술과 효과적으로 한 번에 하나씩 초점을 맞추는 '어떻게(How)'
기술로 마음챙김을 배운다.

쿠르츠(Kurtz, 2004)는 불교의 관점을 기초로 하여, 마음챙김의 본질을 다음과
같이 설명한다.

> 우리의 사고, 이미지, 기억, 호흡, 신체 감각, 소리, 냄새, 맛, 분위기, 감정 그리고
> 전체 경험의 특징과 여러 부분 중 무엇이 되던, 우리의 [내적] 경험에 완전히 몰두한
> 다. 마음챙김은 우리의 경험에 관한 개념이 아니라, 개념에 주목하는 것이다(p. 39).

쿠르츠에 의해 영향을 받은 감각운동 심리치료는 외상 효과에 대해 직접적인
순간마다의 내적 경험을 탐구하기 위한 목적으로, 특정 임상 '지도'와 치료 기술
을 이용한다. 마음챙김은 구조화된 활동이나 수행을 통해 가르치는 것이 아니라,
치료자와 내담자 사이에 순간마다 발생하는 것과 통합되고, 발생하는 것 내부에
내포된다.

임상 수행에서 마음챙김 사용을 위한 지도

감각운동 심리치료에서 임상의는 이중 초점을 유지한다. 하나는 내담자의 내러
티브 혹은 '이야기'를 따라가는 것이다. 다른 하나는 더 중요한 초점으로, 현재 순
간에 내적 경험의 다섯 가지 '구성요소들', 즉 치료 시간에 자발적으로 나타나고,
마음챙김 탐구와 변모의 초점이 되는 정서, 사고, 오감 지각, 운동, 신체 감각을 추
적하는 것이다(Ogden et al., 2006과 비교). 이러한 구성요소는 [그림 14-1]에 묘

사되어 있다. 내재적 과정들을 반영하기 위해, 이 다섯 가지 요소는 모두 각성되어 있는 순간인 현재 순간의 내적 경험(종종 알아차림 밖에서 일어나기 때문에, 최소한 잠재적 내적 경험)을 구성한다. 이들은 정서에 영향을 끼치는 내적 사고에 따라 스스로에 반응하여 변화하며, 결국 내적 지각 등과 연합되어 환기된다. 이들은 또한 외적 자극에 반응하여 변화한다. 구성요소들은 경험 중인 현재로 갑자기 과거를 가져오는 내적과 외적 외상 상기 요인에 의해 크게 영향을 받는다. 이러한 상기 요인에 의해 촉발되는 경우, 내담자들은 고통스러운 신체 감각, 움직임, 침투적 이미지, 냄새나 소리, 두려움, 수치심, 공포 혹은 분노, 생각들을 보고하며, 인지적으로 이러한 반응들이 현재의 현실과 맞지 않는다는 것을 알면서도 이 모든 반응은 통제를 벗어난다. 한 내담자는 다음과 같이 말했다. "나는 내가 안전하다는 것을 알고 있지만, 몸은 미친 듯이 날뛰고 있어요. 몸이 떨리고, 당황스러워요. 아지의 얼굴이 보이고, 마치 죽을 것만 같아요."

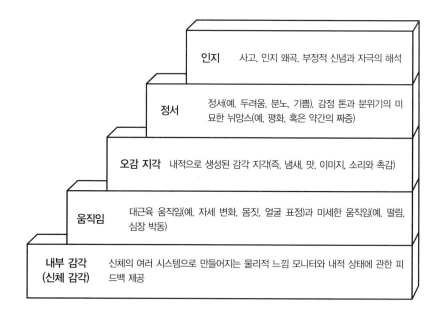

[그림 14-1] 현존하는 순간의 내적 경험에 대한 다섯 가지 '구성요소'
(Anne Westcoot 그림)

치료의 초점은 대화보다는, 이러한 **다섯 가지 요소의 자발적 변동**에 맞추어진다. 치료자는 해결되지 않은 외상을 반영하는 내재적 과정과 자기조절 자원, 긍정적 정서, 능력과 숙달을 반영하는 과정들을 가리키는 특정 구성요소를 세심히 지켜본다. 이와 함께 치료자와 내담자는 이 구성요소에 유념함으로써 이들의 자동성을 제한한다. 이런 식으로, 내담자는 과거 외상의 효과와 동일시하기보다 이들을 확인하고, 관찰하며, 적응이 되는 행동을 발견한다(Ogden et al., 2006과 비교).

　마음챙김은 "호기심에 의해 동기 부여되며"(Kurtz, 1990, p. 111), 단순히 존재하는 힘든 생각들과 감정들(그리고 이미지, 신체 감각과 움직임)을 '허용하고', '해결을 위해 필요한' 자세가 아니라 '환영하는' 자세로 취한다(Segal, Teasdale, & Williams, 2002, p. 55). 치료자는 사례와 격려를 통해 내담자가 내적 경험을 향해 호기심, 중립성, 수용성의 태도를 구축하도록 돕는다. 그러나 모든 다섯 가지 구성요소에 대한 무제한적인 마음챙김은 외상 후 스트레스 장애(PTSD)가 있는 사람들에게는 고통스럽고 압도되는 느낌을 줄 수 있으며, 따라서 보통 실망, 판단, 자기비난, 추가적인 조절장애와 마주하게 된다. 이를 방지하기 위해, 감각운동 심리치료 접근은 '직접적인 마음챙김(directed mindfulness)'이라고 불리는 매우 특별한 방식으로 마음챙김을 이용한다. 이는 다섯 가지 구성요소 중 치료 목표에 있어 중요하다고 고려되는 하나 이상을 향해 내담자가 직접적으로 신중하게 마음챙김하여 주의를 기울이는 것을 말한다(Ogden, 2007, 2009). 예를 들어, 과거 외상의 내적 이미지 혹은 사이렌 소리 같은 외적 외상을 상기시키는 요인이 과각성을 초래하는 경우, 치료자는 내적으로 생성되는 이미지 대신, 직접적인 마음챙김을 촉진하기 위해 내담자가 자신의 다리에서 느껴지는 감각에 주의를 돌리도록 할 수 있다. 이는 직접적인 마음챙김이 안정성을 지원하기 때문이다.

치료 관계에서 안전, 위험, 마음챙김

　비판적으로 볼 때, 감각운동 심리치료에서 마음챙김은 독립적 활동은 아니지만, 치료 다이애드(dyad) 내에서 일어나는 것에 확고하게 내포된다. 관계의 안전에 대한 내담자들의 경험을 증대시키고, 치료자와 연결되고, 관계를 맺는 이들의 능력을 증진하는 방식으로 마음챙김이 이용되는 것이 중요하다. 그러나 순간마다 치료 협력을 유지하는 것은 불안정하다. 이는 외상의 외적 기억 요인들과 반복되는 내적 이미지, 사고, 감정, 감각들이 내재적으로 촉발되고, 이는 원시적 방어와 조절이 되지 않는 각성을 유발시키기 때문이다. 위험이 감지되는 경우(내재적 · 명시적으로), 이는 방어적 투쟁 혹은 도피 행동에 대비한 과각성과 근육 긴장을 수반하는 동원 행동(투쟁 – 도피), 혹은 과각성, 차단, '죽은 척하기', 근긴장의 상실을 수반하는 부동(immobilization) 행동을 만들어 낸다. 사회적 행동은 오직 내담자들이 어느 정도의 관계적 안전을 경험할 수 있도록 이러한 방어들이 충분히 억제될 수 있는 경우에만 지속될 수 있다.

포제스(Porges, 2004, 2011)는 안전하고, 위험하고, 생명이 위협 받는 환경의 특징들에 대한 두뇌의 자동 감지를 강조하기 위해, **지각과 구별하도록 신경지각**(neuroception)이라는 용어를 도입했다. 이러한 감지는 보통 내재적이며, 사회적 · 능동적 방어, 혹은 차단 행동을 만들어 내며 생리적 상태에 강한 영향을 끼친다. 안전히 신경 지각될 때, 자동 각성의 수준은 '인내의 범위' 내에서 변동하며 (Siegel, 1999), 타인들과 관계를 맺는 전형적인 행동이 일어날 수 있다. 치료에서 내담자들은 치료자와의 관계 유지를 위해 자동으로 어느 정도의 안전을 감지 혹은 신경 지각한다. 그렇지 않을 경우, 치료는 일어날 수 없다. 그러나 서술된 바와 같이, 외상을 가진 내담자들은 보통 과거의 조건화를 기반으로, 환경이 안전한지 혹은 다른 사람이 믿을 만한지 여부를 정확하게 감지할 수 없다. 이러한 어려움은 과거를 해결하기 위해 필요한 과정으로, 외상 소재가 의도적으로 자극될 때 더욱 악화된다. 치료자는 내담자들의 과거 경험을 치료 시간으로 가져오고자 하지만, 이는 내담자가 내재적으로 위험을 신경 지각하도록 만들 수 있으며, 두뇌의 두려움 회로를 활성화시키고, 동정적 신경 계통을 자극하며, 투쟁 – 도피 – 정지 방어를 동원하게 만든다.

내담자의 안전한 혹은 위험한 환경에 대한 신경 지각이 내재적으로 일어나며,

보통 의식적 알아차림 없이 방어적 · 사회적 행동을 촉발시킨다는 것에 유의하는 것이 중요하다. 포제스(2011, p. 11)는 다음과 같이 말했다. "우리가 인지 수준에서 위험을 인지할 수 없다 하더라도, 신경생리학적 수준에서 우리의 신체는 이미 투쟁, 도피 혹은 [정지]와 같은 적응적 방어 행동을 촉진하게 될 신경 과정들의 배열을 시작했다." 내담자와 치료자는 똑같이 내담자의 사회적 · 방어적 행동으로 이루어지는 예상치 못한 변화로 인해 당황하게 된다. 변화를 유발한 자극은 일반적으로 양 당사자에 의해 의식되지 않는다.

치료자들은 조절되는 각성에서 조절되지 않는 각성과 방어적 반응(내담자의 위험과 생명 위협에 대한 신경 지각)에 이르는 상태 변화를 보여 주는 비언어 신호에 세심한 주의를 기울여야 하며, 사회적 관여가 지속되거나 회복될 수 있도록 내담자들이 방어 체계를 억제하게 돕는 조치를 취해야 한다. 내담자의 외상 경험과 조절되지 않는 각성을 활성화시키고, 이들의 **사회적 관여가 온전하게 보장되도록** 조율된 다이애드(dyad) 내에서 이루어지는 마음챙김이 사용되어야 한다. 즉, 내담자는 안전과 위험을 동시에 감지해야 한다. 오직 안전만 감지할 경우 과거 외상을 다루는 것이 불가능해질 것이며, 오직 위험만 감지할 경우 외상을 놓치게 될 것이다. 내재적 외상 관련 조절장애 과정과 안전한 사회적 관여의 동시 환기는 대화만으로 보장되는 것을 초월하여, 깊이 있는 보편적 주관성과 연결성을 가져올 수 있다. 그러나 이것이 이루어지기 위해서는 특정 관계적 마음챙김 중재가 보통의 대화, 논의 혹은 '이야기'보다, 그리고 마음챙김 단독 활동이나 수행보다 우선되어야 한다(Kurtz, 1990; Ogden et al., 2006).

지시되는 마음챙김 치료 기술과 내포된 관계적 마음챙김

감각운동 심리치료에서 치료자들은 긴밀하게, 간섭하지 않고, 과거 외상이나 현재의 어려움에 대한 기술 같이, 특정 자극에 반응하는 신체 감각, 움직임, 오감 지각, 정서, 사고에 대해 내담자의 전개되는 경험을 '추적한다.' 치료자는 감각의 변화(얼굴을 붉히거나, 핼쑥해진 모습), 움직임의 변화(자세 및 몸짓), 내적으로 생성되는 지각(이미지, 냄새, 맛, 소리에 대한 보고), 새로 출현하는 정서(촉촉한 눈, 얼굴 표정, 혹은 운율), 혹은 신념과 내담자의 내러티브에서 나타나는 인지 왜곡에 세심하게 주의를 기울여야 한다. 이 외에 구성요소 사이에서의 연결도 주목해야 한다. 예를 들어, 내담자가 위안을 구하기 위해 갔을 때 어머니의 냉담한 얼굴 이미지를 보고하며 표현하는 '내 잘못이에요.'라는 생각, 축 처지는 자세의 모습, 핼쑥해진 얼굴, 슬픔을 반영하는 표정 등을 들 수 있다.

이렇게 추적되는 현재 순간의 경험적 요소는 일반적으로 치료자가 주목된 것을 설명하는 '접촉 진술(contact statement)'을 통해 이러한 요소를 꺼내기 전까지 내담자는 알아차리지 못한다. 예를 들어, "당신이 어머니의 얼굴을 떠올릴 때, 당신의 자세는 축 처졌어요." 혹은 "지금 절망을 느끼고 있군요."와 같은 말들이다. 모든 설득에 대해 치료자들은 내러티브에 대한 자신들의 이해를 전달하는 반영적 진술(reflective statement)에 능숙해야 한다("당신한테는 정말 고통스러웠겠군요.""바로 그 경험 때문에 당신이 무너졌군요."). 치료자가 내러티브의 세부사항을 따라가고 있다는 것을 내담자가 알게 하는 것도 중요하지만, 마음챙김을 촉진하기 위해 현재 순간의 경험에 접촉하는 것이 필수적이다. 치료자들이 단순히 내러티브에 대한 자신들의 이해만 이야기한다면, 내담자들은 현재 순간의 경험보다 내러티브가 가장 중요하다고 여길 것이며, 이는 이들이 대화를 지속하도록 영향을 끼칠 것이다. 현재 경험에 반복적으로 접촉하는 것은 내담자의 주의를 "대화의 흐름 밖에서 진행되는 여러 일과 경험들"(Kurtz, 2004, p. 40)로 전환시키며, 이처럼 벌어지는 일이나 경험은 이후에 주의깊은 알아차림을 통해 추가적으로 탐구될 수 있다.

접촉 진술들은 내담자의 현재 경험에 대한 공감적 이해를 전달해야 한다(Kurtz, 1990; Ogden et al., 2006). 따라서 치료자가 말하는 단어들뿐 아니라, 비언어적인 신체 언어, 정서, 운율은 내담자의 두려움 회로를 조율하고, 안전함과 사회적 관여 경험의 바탕을 이루는 시스템을 촉진한다. 이러한 접촉 진술들은 "치료자가 환자의 각성 조절장애의 내적 상태와 공명하고, 이를 조절하고, 더 조절된 형태로 운율에 맞게 다시 전달하고, 이후 경험하는 상태를 언어적으로 명명하는"(Schore,

2003, p. 30) 임상의 자신의 내재적 과정에서 나타난다. 이러한 공명은 내담자가 현재의 경험에 접촉하고, 이 경험에 대한 마음챙김 탐구를 위한 길을 조성할 수 있도록 하는 '명명하기'로 이어진다.

치료자와 내담자는 마음챙김 주의를 통해 탐구할 것을 결정하기 위해 협력한다. 이러한 결정은 전반적으로 회기 동안 특정 방향에 대한 전념을 구성한다. 즉, 침투적 이미지, 인지 왜곡 혹은 신체적 수축 대신에 이완, 즐거움, '긍정적' 인지, 평화적 이미지 등의 자원을 가리키는 무언가와 같이, 외상의 현재 순간에 대한 효과 탐구로 시작할지 여부를 구성한다. 치료자는 내담자가 기억에 관해 이야기하는 경험에서 변화를 추적하고, 접촉했을 수 있으며("그 기억에 대해 이야기할 때, 당신의 어깨와 팔이 조여지기 시작하는 것이 보이네요."), "그 기억에 관해 생각할 때 떠오르는 조여 오는 느낌에 대해 더 자세히 알아보죠."라고 제시할 수 있다. 내담자가 동의하면, 긴장은 마음챙김 연구를 위한 자극이 된다.

현재 경험의 요소를 탐구하기 위한 추적, 접촉, 결정 이후에만 치료자는 현재 순간의 경험에 대한 알아차림을 필요로 하는 마음챙김 질문을 묻게 된다. 어깨와 팔의 긴장이 선택되는 경우, 마음챙김의 도입은 다음과 같을 수 있다. "당신이 그 긴장을 느낌에 따라, 무엇을 알 수 있나요? 얼마나 당기나요? 어깨와 팔에 느낌이 똑같나요?" "나는 내가 괜찮다는 것을 알고 있어요."라는 생각이 선택되면, 마음챙김의 도입은 다음과 같은 질문이 될 수 있다. "'나는 내가 괜찮다는 것을 알고 있어요.'라는 그 생각을 유지해 보세요. 당신의 마음속에서 말들을 반복하고, 무슨 일이 일어나는지 주목해 보세요. 어떤 이미지, 신체 감각 혹은 정서들이 저절로 생기나요?" 내담자들이 특정 자극(긴장이나 생각)에 반응하여 구성요소의 자발적 출현을 인식하도록 마음챙김이 지시되어야 한다는 것에 유의해야 한다.

사례

감각운동 심리치료는 재닛(Janet, 1898)이 3단계로 확인한 단계 지향 치료 접근

내에서 수행한다. 3단계는 증상 감소 및 안정화, 외상 기억의 치료, 인격 통합과 재활 등이다. 내담자인 수지의 치료 발췌본은 임상 지도와 마음챙김 치료 기술이 어떻게 각 치료 단계에서 이용되는지 보여 줄 것이다. 수지는 어린 시절 성폭력을 당했으며 현재 27세다. 그녀는 심박수의 빈번한 증가, 임박한 위험에 대한 지속적인 느낌과 함께 두려움 속에 살아가고 있다고 치료 보고를 시작했다.

치료 초기 수지가 자신의 과거를 논의할 때, 나는 그녀의 얕은 호흡, 커진 눈 속의 두려움, 아버지의 일그러진 얼굴에 대한 생생한 이미지, 그녀가 선택한 단어와 운율에서 들리는 인지 왜곡의 실마리("나는 태어나지 말았어야 해요."라고 자기비난의 절망스러운 방식으로 이야기했다)를 추적했다. 특히 자신의 다리에서 무감각이 느껴진다는 수지의 보고 이후, 그녀의 현재 경험의 특정 요소를 명명하는 것이 이어졌다("호흡을 완전히 하고 있지 않군요."). 그녀 스스로에 '기반'하여, 인내의 한계 내에 각성을 가져오기를 바라며, 무감각에 초점을 맞추기로 결정하는 데 있어 나는 그녀와 협력했다. 따라서 무감각은 지시된 마음챙김 탐구를 위한 자극이 되었다. "무감각을 느낄 때, 무슨 일이 일어나나요? 무감각의 느낌을 설명할 수 있나요? 양쪽 다리에서 똑같이 느껴지나요?" 이 질문들과 "지금 무엇에 주목하고 있나요?"같은 비지시적인 일반적 마음챙김 질문 사이의 차이에 유의해야 한다. 감각운동 심리치료에서 마음챙김은 언어를 이용한 내담자의 내적 경험에 대한 명명을 포함하며, 이는 전전두 피질과 관련된다(Siegel, 2007).

수지가 무감각에 대해 설명함에 따라 그녀는 통증의 압박, 즉 나의 권유대로 자신의 발을 바닥에 누름에 따라[이는 지면이 지지하는 느낌(grounding)을 촉진하려는 의도의 행동] '활성화되는 것'으로 변한 느낌을 알아차렸다(Ogden et al., 2006). 이러한 행동은 마음챙김 연구를 위한 두 번째 자극이 되었으며, 나는 수지에게 그렇게 함으로써 무슨 일이 일어나는지 주목할 것을 요청했다. 그녀는 깊은 호흡을 한후, 자신이 '여기에 있을 수' 있어서 두려움이 덜 느껴졌다고 말했다. 그녀의 각성은 외상 치료의 1단계 목표인 '안정화'에 따라, 인내의 범위 내로 돌아왔다. 치료 외에 그녀가 각성을 조절하도록 돕기 위해, 수지는 계속해서 바닥에 발을 누르는 연습을 했다.

　　치료의 2단계에서 수지는 잊혀지고 휴면 중인 자신을 보호하기 위한 방어 충동을 발견했다. 그녀가 어떻게 얼어붙게 되었는지 아버지의 성적 행동에 저항하지 않았는지 기억함에 따라, 내가 접촉한 구성요소는 팔의 긴장이었다. "아버지 이야기를 할 때 당신의 팔이 긴장하는 것처럼 보이네요." 나는 긴장이 밀쳐놓기 위한 준비 운동이라는 가설을 세웠기 때문에 긴장을 선택했으며, 외상 당시에 적극적인 저항은 아버지를 화나게만 할 뿐이었기 때문에, 이러한 긴장은 당시 무의식적으로 그녀가 삼가야 했던 본능적 방어 반응이었다. 수지는 내가 명명할 때까지 긴장에 대해 인식하지 못했다. 우리는 함께 이것이 마음챙김을 위한 자극이 될 것이라고 결정했다. 자극에 대한 마음챙김 사용을 설명하기 위해, 쿠르츠(2004)는 연못에 자갈을 던지고 물결이 이는 것을 지켜보는 비유를 사용했다. 연못이 조용할수록, 보이는 물결은 더 많아진다. 나는 수지에게 긴장을 인식하게 될 때까지 시간을 가져볼 것을 부드럽게 요청했으며, 다음과 같이 물었다. "당신이 이 긴장을 느낄 때 무슨 일이 일어나나요? 긴장은 양팔이 똑같나요? 당기면 어떤가요?" 초점이 그녀의 성폭력에 관한 대화에서 이 주제에 관해 이야기하는 동안 그녀 몸이 현재 보이는 반응, 즉 긴장에 대한 마음챙김 연구로 전환되었기 때문에, 이것은 상담 회기에서 전환점이었다. [그림 14-2]에서 보이는 바와 같이, 이러한 '말하기'는 내재적 처리를 도출하며, 다섯 가지 구성요소의 내적 경험에서 현재 순간의

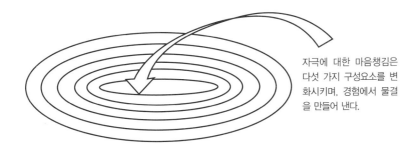

자극에 대한 마음챙김은 다섯 가지 구성요소를 변화시키며, 경험에서 물결을 만들어 낸다.

환자가 유념하여 연구함에 따라 내재적 처리가 명확하게 만들어지며, 자극에 반응하여 구성요소가 어떻게 변화하는지에 대해 보고한다.

[그림 14-2] 지시되는 마음챙김: 내재적 처리의 도출과 발견(저작권 2012 by Pat Ogden)

변화를 반영했다.

수지가 주의를 기울이게 됨에 따라 그녀는 처음으로 '얼어붙은' 느낌을 보고 했지만, 그녀의 손가락들은 약간 들려졌으며 나는 이를 추적하고 명명했다. 수지는 자신의 손가락이 들린다는 것을 듣고 놀랐으며, 호기심을 가졌다. 나는 물었다. "손가락이 들리는 것을 느낄 때, 당신의 몸은 무엇을 원하나요?" 수지에게 자극에 대한 '생각'이 아니라, 신체 자체의 자극을 느끼기 위해 시간을 갖도록 지시했다. 그녀는 다음과 같이 보고했다. "나의 팔은 밀치는 것을 원하지만, 나는 그렇게 하기가 두려워요. 계속 아버지의 얼굴을 보고 있어요." 나는 단호하게 그녀에게 전적으로 그녀의 몸에 유념하여 주의를 기울이도록 지시했다. "단지 당신의 몸을 느껴 보세요. 이제 두려움과 당신 아버지의 이미지는 치워 버리세요. 그냥 당신의 몸이 하기를 원하는 대로 따라가 보세요." 이처럼 신체 감각과 자극에 대한 전적인 초점은 수지가 내가 들고 있던 베개를 밀어 버림으로써 '극복(triumph)의 행동'을 수행할 수 있도록 만들었다(Janet, 1925). 이러한 역량을 강화시키는 방어적 반응의 실행은 만족과 즐거움의 감정을 유발했으며, 수지는 다음과 같이 보고했다. "나는 강해진 느낌이 들어요! 이것은 새로운 느낌이에요. 그리고 정말 좋은 느낌이에요!" 그녀 아버지 얼굴의 이미지가 아닌 그녀의 신체에 대해 지시되는 마음챙김 주의를 통해, 밀쳐 버리려는 본능적 충동은 행동으로 발전했으며(폭행 당시에는 행동할 수 없었던), 그녀가 상실했던 스스로를 방어하는 능력의 발견으로 이끌었다. 오랫동안 잠재되어 왔던 역량 강화 행동이 자발적으로 나타나고, 실행되고, 그녀에 의해 깊이 경험되고, 나에 의해 수용됨에 따라 우리 두 사람 사이에 연결은 깊어졌다.

많은 회기에 걸쳐, 1단계 치료에서 안정화 기술을 얻고 2단계에서 외상 기억을 거친 후, 수지는 친밀감에 대한 자신의 능력을 증가시키고, '내재적 관계 지식'에 도전하는 3단계 치료 목표를 다룰 준비가 되었다(Lyons-Ruth, 1998). 수지는 친구를 필사적으로 갈망했지만, 내재적 처리에 대한 그녀의 습관들은 얼어붙는 긴장과 두려움으로 반영되었으며, 이는 친밀한 관계를 추구하지 못하도록 만들었다. 이러한 습관들이 3단계 치료에서 우리의 초점이 되었다.

근접 추구 행동은 애착 인물로부터 원하는 결과를 만들어 내는 데 있어 지속적으로 효과가 없었을 때, 버려지거나 왜곡되었다. 이러한 것들은 3단계 치료에서 마음챙김 탐구의 표적이 될 수 있었다. 나는 수지에게 나를 향해 팔을 뻗는 경우 무슨 일이 일어나는지 주목하는 데 관심이 있는지 물었다. 그녀는 동의했고, 이러한 도달 움직임, 근접 추구 행동은 탐구할 자극이 되었다. 수지가 손을 뻗음에 따라 그녀의 부분은 앞으로 나가는 행동을 억제했으며, 수지는 두려움을 느꼈다고 보고했다. 습관적 행동 경향의 대안인 탐구 행동들은 "비호의적이고, 심지어 적대적이며, '진실'의 섬으로 서로 격리되고, 각각 현실의 격리된 버전으로 기능하는" 내담자들의 부분을 제기할 수 있다(Bromberg, 2010, p. 21). 수지는 팔을 뻗음에 따라 더 두려워하게 되었고, "생각이 떠올랐어요. '나는 다치게 될 거예요.'" 그녀는 눈 맞춤을 피했고, 아버지의 무릎에 올라갔던 것이 어떻게 학대로 이어졌는지 기억했다. 결국 수지는 새로운 행동을 발견했다. 한 팔을 올리고, 보호하는 동작으로 손바닥은 그녀의 몸 앞에서 밖을 향하면서 다른 팔로 내게 손을 뻗었다. 그녀는 이러한 이중 행동이 차분하고 강하다고 보고했다. 그녀의 척추는 똑바로 펴졌으며, 나와 눈을 맞출 수 있었다. 나는 이러한 몸짓이 단어로 전환될 수 있을지 궁금했고, 수지는 답했다. "나는 방어하면서, 연결할 수 있어요." 수지가 안전하다고 느끼게 만들어 준 단어들과 행동을 유념하며, 그녀가 이전에 회피했던 새로운 사회적 상황으로 탐구를 시작했다.

결론

마음챙김은 "내적 세계를 바라보는 기술을 발전시키고, 통합 기능을 향해 형태를 갖춘다."(Siegel, 2010, p. 223) 이것은 오래된 내재적 처리를 저해하고, 새로운 경험을 만들어 내는 데 주의를 기울인다. "두뇌는 경험에 대한 반응에 따라 물리적으로 변화하며, 초점화된 알아차림과 집중에 따른 의도적 노력으로 새로운 정신 기술을 얻을 수 있다."(Siegel, 2010, p. 84) 감각운동 심리치료에서 마음챙김,

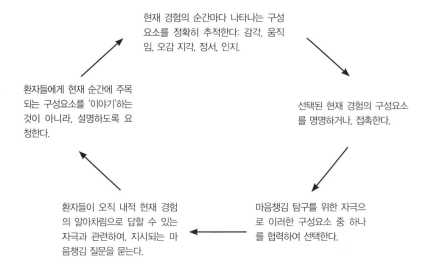

현재 경험의 순간마다 나타나는 구성 요소를 정확히 추적한다: 감각, 움직임, 오감 지각, 정서, 인지.

환자들에게 현재 순간에 주목되는 구성요소를 '이야기'하는 것이 아니라, 설명하도록 요청한다.

선택된 현재 경험의 구성요소를 명명하거나, 접촉한다.

환자들이 오직 내적 현재 경험의 알아차림으로 답할 수 있는 자극과 관련하여, 지시되는 마음챙김 질문을 묻는다.

마음챙김 탐구를 위한 자극으로 이러한 구성요소 중 하나를 협력하여 선택한다.

[그림 14-3] 심리치료 수행에서 지시되는 마음챙김에 대한 임상 지도

특히 치료자와 내담자 사이에 순간마다의 상호작용에 내포된 마음챙김은 대화보다 우선된다. 치료자는 [그림 14-3]에 묘사된 바와 같이, 임상 시간 전체에 걸쳐 지시되는 마음챙김 기술을 반복한다.

임상 수행에서 없어서는 안 될 것이지만, 언어 내러티브는 내담자의 내재적 처리에 관해 마음챙김이 순간에 보여 주는 것과 동일한 것을 제공할 수 없으며, 관계 내에서 새로운 신체 행동들을 촉진시킬 수도 없다. 내재적 처리가 보여 주는 내용이 불분명하게 혹은 기억되지 않은 채로 남아 있을 때조차, 과거 외상이 현재의 순간에 끼치는 효과를 향한 마음챙김 주의는 치료의 기회를 가져올 수 있다. 감각운동 심리치료(Ogden et al., 2006)는 내포된 관계적 마음챙김과 지시되는 마음챙김 기법에 따라, 이러한 식으로 외상을 치유하기 위한 지도와 도구를 제공한다.

제4부

특별한 적용과 대상 집단

Mindfulness-Oriented Interventions for Trauma

제 *15* 장

치료가 부족한 외상 인구집단에 대한 마음챙김 기반 스트레스 감소

메리 앤 더튼(Mary Ann Dutton)

　물리적·성적 학대를 포함하는 외상 노출은 미국에서 매우 흔한 일이며, 보통 해로운 건강과 정신 건강 결과들을 초래할 수 있다. 국가 친밀관계 폭력 및 성폭력 조사연구(National Intimate Partner and Sexual Violence Survey)에 따르면, 거의 5명 중 1명의 여성과 71명 중 1명의 남성이 강간을 당한 적이 있었다. 거의 절반의 여성이 18세 이전에 첫 번째 강간을 경험했으며, 남성 강간 희생자 중 28%가 10세 이하였을 때 처음 강간을 경험했다. 여성 4명 중 1명과 남성 7명 중 1명은 친밀한 배우자 폭력의 희생자였다(Black et al., 2011). 이렇게 널리 만연되어 있는 외상 노출을 고려할 때, 후유증에 대한 주의가 필요하다.

　외상 스트레스 인자에 노출되는 것은 우울증, 외상 후 스트레스 장애(PTSD), 기타 불안 관련 문제, 수면 장애, 신체 증상 그리고 증가되는 약물 남용 위험을 포함하여, 광범위한 정서 반응과 심리적 문제를 초래할 수 있다(Dutton et al., 2006; Mellman & Hipolito, 2006; Schnurr & Green, 2004; Zayfert, Dums, Ferguson, & Hegel, 2002). 누적되는 외상 노출은 부정적 결과의 위험을 추가적으로 증가시킨다(Anda et al., 2006). 또한 만성 외상 노출은 보통 PTSD를 넘어 광범위한 손상을 초래할 수 있다. '복합 외상'이라는 개념은 이러한 반응들을 망라하며, 더 광범위한 기능을 수반한다. 복합 외상은 세 가지 기능 영역에 영향을 끼치는 것으로 설명되어 왔다. 즉, 정서(예, 정신적 둔감, 정서 표현의 손상), 자기(예, 자기비난 및 손상에 대한 지각), 대인관계(예, 배신의 예상, 경계 확산; Courtois & Ford, 2013) 등의 조절장애를 초래한다.

외상 노출 효과에서의 '회복'은 이러한 증상들을 줄이는 것보다 더 많은 것을 필요로 할 수 있지만, 많은 증거 기반 외상 치료가 PTSD 혹은 우울증과 같은 특정 결과에 초점을 맞춘다(Lang et al., 2012). PTSD와 우울증 같은 대표적인 외상 증상의 감소가 신체 증상들, 자기역량 저해(스스로와의 관계), 대인관계 손상과 같이 종종 경험되는 광범위한 다른 외상 관련 결과들에 상당한 치료 영향을 전달할 수 있을지 여부는 아직 불확실하다. PTSD의 대표적 증상의 감소가 만성 외상 생존자의 삶의 질을 크게 증대시킬 수 있지만, 내적 좌절감, 자기위로 불능, 만족스러운 관계 유지의 어려움을 가진 환자들의 경우 개선의 여지가 많이 남아 있다.

외상 노출은 고위험 집단에 더 큰 부담을 안긴다. 주로 저소득의 민족 및 인종 소수집단에 영향을 끼치는 위험 요인의 결합은 높이 만연해 있는 외상 노출, 부족한 법적 대응, 낮은 접근성, 기준 이하의 의료 질(Woods-Giscombe & Black, 2010), 그리고 사회적 불평등, 편견, 차별로 시작된다(Gary, 2005; Walters & Simoni, 2002). 오직 소수의 외상 생존자만이 정신 건강 치료를 받으며, 이는 특히 정신 건강 치료에 대한 낙인과 건강 보험, 교통에 대한 제한된 접근, 문화적으로 민감한 치료와 같은 거대한 장벽에 직면하는 사람들에게 더욱 그러하다(U.S. Department of Health and Human Services, 2001). 특히 치료를 제대로 받지 못하는 인구집단에 대해 만성 외상 노출이 가하는 고통의 높은 부담을 적절히 다루기 위해, 이러한 장벽을 효과적으로 극복하는 접근이 필요하다.

치료가 부족한 외상 인구집단을 위한 마음챙김 기반 스트레스 감소의 근거

수십 년간의 연구는 PTSD와 우울증의 대표적인 외상 증상을 감소시키는 데 효과가 있는 다수의 증거 기반 정신 건강 치료를 만들어 냈다. 그러나 증거 기반의 정신 건강 치료가 모든 사람에게 효과가 있는 것은 아니다(Schottenbauer, Glass, Arnkoff, Tendick, & Gray, 2008). PTSD에 대한 두 개의 증거 기반 치료들인 지속적 노출(PE)과 인지 처리 치료(CPT)는 효과적이기는 하지만, 제한적이다(Orsillo & Batten, 2005). 첫째, PE와 CPT 같은 인지 행동 치료들(CBTs)은 주로 두려움과 순간적 회상 같은 부정적 경험들에 초점을 맞추고, 종종 외상에 수반되는 다른 정서 반응(예, 분노, 슬픔, 수치심, 죄책감)은 간과된다. 또한 보통 PTSD에 수반되는 '삶의 문제들'(예, 기능, 삶의 질, 집중)은 PTSD에 대해 가장 전통적인 치료법인 CBT에 의해 다루어지지 않는 문제들이다. 중요한 것은, 상당한 수의 CBT 내담자가 치료 이후 PTSD의 임상적 개선을 보이지 않는다는 점이다(Belleville, Guay, & Marchand, 2011). 이러한 현재의 증거 기반 유명 치료들이 PTSD와 우울증 증상을 감소시키는 데 효과를 보이기는 하지만, 훨씬 더 큰 혜택을 가져올 수 있는 추가적인 대안이나 보완 선택의 개발이 필요하다.

마음챙김 수행들은 전 세계 많은 지역에서 일상생활에 정착되어 있으며, 마음챙김 기반 교육은 점차 미국에서 접근 가능해지고 있다(http://nccam.njh.gov/health/meditation/overview.htm). 정서와 신체 건강을 개선시키기 위한 MBSR과 같은 마음챙김 수행들을 조사하는 연구가 현재 시작되고 있다(Dakwar & Levin, 2009; Ludwig & Kabat-Zinn, 2008; Toneatto & Nguyen, 2007). 마음챙김 명상의 알아차림에 대한 초점과 비판단적 수용 특성, 그리고 정서 조절, 자기 및 타인과의 관계, 수면 장애와 같은 외상 노출의 광범위한 영향 사이에 확실한 이론적 '적합성'이 존재한다. 마음챙김 수행은 외상 스트레스 인자에 노출되어 왔으며, 고통스럽고 만족스러운 삶을 저해하는 광범위한 신체적·정서적 반응을 경험하고 있는 치료가 부족한 인구집단 내 개인들이 채택하기에 매우 적합하다. 다음은 이러한 특정 요인에 대한 논의다.

MBSR이 무엇인가

마음챙김 기술들을 교육하기에 잘 받아들여지고, 쉽게 이용 가능한 접근이 바로 1970년대 존 카밧진이 개발한 MBSR이다(Biegel, Brown, Shapiro, & Schubert, 2009; Carlson & Garland, 2005; Goldin & Gross, 2010; Grossman, Tiefenthaler-Gilmer, Raysz, & Kesper, 2007; Lengacher et al., 2009; Reibel, Greeson, Brainard, & Rosenzweig, 2001). MBSR 전문가 교육과 훈련은 몇 군데의 MBSR 훈련 센터들[1]을 통해 가능하며, MBSR 교육과정은 많은 지역 공동체에서 이용 가능하다. 전인적 접근을 이용하는 MBSR은 과거나 미래에 집중하기보다, 현재 순간에 일어나고 있는 것에 대해 어떻게 비판단적 혹은 수용적 방식으로 초점을 맞추는지 가르침으로써, 개인들에게 삶의 경험에 대한 새로운 지향을 발전시키도록 권장한다(Bishop et al., 2004). 참여자들은 끊임없이 변화하고, 전개되는 순간마다의 인지, 정서, 운동감각, 감각 경험을 습득하며, 실시간으로 발생하는 사건 및 경험에 대해 알아차림과 주의를 함양시킨다(Biegel et al., 2009). 이 외에 참여자들은 부정적 혹은 침투적 사고에 의해 소모되거나, 제약을 받기보다(Biegel et al., 2009; Brown & Ryan, 2003), 이러한 사고들이 빠르게 지나갈 수 있도록 하는 방법을 배운다. 마음챙김 탐구(현재 순간의 경험에 대한 호기심)와 개인의 경험에 대한 비판단적 수용이 MBSR의 중심 견해다(Carmody & Baer, 2008; Kabat-Zinn, 1990).

표준 MBSR 훈련 교육과정(Kabat-Zinn, 1990)은 8주간 2시간 30분의 그룹 회기와 종일 '침묵 수행'을 포함한다. 공식 MBSR 수행은 앉아 있고, 걷고, 누워 있는 자세들과 일반적인 스트레칭 동안의 명상을 포함한다. MBSR의 주요 특징은 '바디 스캔'으로, 이는 개인의 비판단과 수용에 따른 알아차림을 순서대로 신체의 각 부분에 체계적으로 가져오는 수행이다. MBSR은 또한 '마음챙김 듣기'(또 다른

---

1) 매사추세츠 의과대에 있는 마음챙김 센터인 오아시스 연구소(http://www.umassmed.edu/cfm/oasis/index.aspx); 캘리포니아 샌디에이고 대학교의 마음챙김 센터(http://www.health.ucsd.edu/specialties/mindfulness/Pages/default.aspx).

사람이 이야기하는 동안 완전한 주의를 기울이기), '마음챙김 먹기'(매 순간 먹는 경험에 완전한 주의 기울이기), '3분 호흡하기'(집중하여, 이어지는 3분간 지속적으로 주의기울이기)와 같은 공식적 기법을 가르친다. 이 기법들은 참여자에게 먹기, 대화, 설거지, 샤워하기와 같은 매일의 활동의 일상적 가치를 더 완전하게 인식하도록 장려한다. MBSR은 사람들에게 공식·비공식 수행을 포함하여 매일 마음챙김을 수련하도록 권장한다(Shapiro, Carlson, Astin, & Freedman, 2006).

정신 건강 치료와 연관된 낙인이 없는 MBSR

정신 건강 치료를 추구하는 것은 특히 저소득과 소수집단 개인들 사이에서 보통 상당한 낙인과 연관된다(U.S. Department of Health and Human Services, 2001). 그리고 이는 사람들이 이용 가능할 때에도 도움을 얻지 못하도록 만든다. 보통 전통적인 정신 건강 시설에서 이루어지는 것처럼, 정신병 진단을 받는 것은 전문적 상호작용과 보험 지급에 유용함에도 불구하고, 추가적인 낙인과 수치심을 초래할 수 있다. 이것은 전통적인 정신 건강 진료를 추구하는 모든 사람에 대한 우려이긴 하지만, 역사적으로 과도한 진단, 과도한 약물 그리고 문화적으로 둔감하거나 부적합한 치료와 연관되는 저소득층 소수집단 개인들에 대한 특별한 우려가 존재한다. 정신병 진단은, 예를 들어 자녀들에 대한 양육권 유지를 위해 싸우며 법률과 사회 복지 체계 내에서 휘말리는 것처럼, 개인들에게 명백한 해로운 결과를 남길 수 있다. 그럼에도 불구하고, 이러한 효과를 겪는 개인들을 위해 만성 외상의 부정적 효과를 개선해야 할 필요성이 존재한다. 마음챙김 수행은 전통적인 정신 건강 치료의 대안 혹은 보완 치료법으로서 정신 건강 치료와 연관된 이러한 많은 위협을 피할 수 있다.

개인의 내적 경험과 관련하여 비판단적 입장을 가정하는 MBSR

MBSR은 개인의 경험에 대해 비판단적 입장을 가정한다(Kabat-Zinn, 2003). 우리의 내적 경험은 우리의 '잘못'이 아니다. 이것은 단지 순간에 대한 우리의 경험일 뿐이다. 비판단은 보통 '용납' 혹은 '승인'과 혼동되지만, 전혀 동일하지 않다. 마음챙김 수행자는 현재 순간의 현실, 즉 고통스럽거나 어려운 경험을 포함하여 감각이나 사고 혹은 감정을 판단하지 않고, '이 순간에 있는 그대로' 포용하도록 배운다. 다음 순간의 경험은 막 지나간 순간을 '붙잡지 않고', 동일하게 포용되고, 진행된다. 이러한 순간마다의 경험에 대한 알아차림은 스스로에 대해 '진실한' 것처럼 개인이 다양한 경험들의 내적·외적 변화를 발견할 수 있도록 한다. 예를 들어, 만성적으로 고통을 당해 온 사람조차도, 기쁨, 행복, 경쾌함, 호기심의 순간을 발견하기에 충분하도록 개인의 경험에 대한 알아차림의 섬세한 조율이 가능하다. 감각, 사고, 감정에 대한 비판단적 알아차림은 외상 생존자들 사이에 일반적인 부정적 경험(예, 부정적 자기개념, 낮은 자존심, 수치심)에 대응하는 기능을 할 수 있다.

역량을 강화하는 MBSR

역량은 자기수용, 자기통제 혹은 자기효능감에서 비롯된다. 마음챙김 수행은 수련생들에게 올바른 것 혹은 잘못된 것으로 명명하는 대신 자신들의 경험을 검증하도록 가르친다. 마음챙김 수행은 경험을 변화시키려 하지 않으며, 존중하고자 한다. 다시 한 번 강조하자면, 개인의 경험을 수용하는 것은 승인이나 거부와 동일하지 않다. 개인의 경험을 보유하는 것은 아무도 그것이 무엇인지 규정할 수 없기 때문에 역량을 부여한다. 수용의 위치에서, 개인은 보통 자기보살핌을 향해 더 쉽게 행동을 취할 수 있다. 실제로 증가되는 마음챙김 기술은 건강에 관련된 더 높은 자기관리와 연관되어 왔다(Gregg, Callaghan, Hayes, & Glenn-Lawson, 2007). 한 사례에서, 여성은 다음과 같이 설명했다. "나는 마침내 그(폭력 배우자)와 헤어질 수 있다." 그리고 또다시 다음과 같이 말했다. "나는 어떤 것이든 내 마음을 기울일 수 있다."

공동체 의식을 촉진하는 MBSR

단체로 교육되는 마음챙김 수행은 오랫동안 광범위한 건강 및 정신 건강 결과와 연관되어 온 소속감과 사회적 지지를 만들어 낼 수 있다(Goodman, Bennett, & Dutton, 1999; Kocot & Goodman, 2003). 마음챙김을 집단의 맥락에서 배우는 것은 한동안 매주 함께 만나는 집단 구성원의 즉각적인 공동체를 만든다. 지역사회 내에서 이 명상 공동체는 개인의 명상 수행을 지원할 수 있다. 중요한 점은, 명상가들의 전 세계 공동체에 대한 소속감을 제공할 수 있는 많은 온라인 명상 공동체와 포럼을 이용할 수 있다는 것이다. 또한 온라인 명상 회기와 관련 자료에 대한 접근은(보통 무료로) 무궁무진하다.

전체 자아를 포용하는 MBSR

외상 노출은 자기의 모든 측면, 즉 정서, 사고, 감각, 의미에 문제를 제기한다. 마음챙김 수행은 다른 자기에 비해 하나의 자기에 특혜를 주는 것이 아니라, 모든 수준에서 주관적 경험에 가치를 부여하고 탐구함으로써, 의도적으로 전체 자기를 포용한다. 이런 식으로 마음챙김 수행은 외상을 가진 개인의 모든 측면을 구분하기보다 존중하며, 완전성이나 전체성을 강화시킨다. 정신 건강 치료들은 보통 전체 자기와의 통합 없이, 특히 실존적 혹은 영적 측면에서 사고 및 감정에 더 좁은 초점을 유지한다.

마음챙김 기술을 증가시키는 MBSR: PTSD 증상을 감소시키는 길

마음챙김 수행은 PTSD와 연관된 많은 증상을 다루는 데 있어 특히 적합하다. PTSD는 회피(정서적 둔감, 행동 회피), 과각성(예, 수면 장애, 집중의 어려움, 분노, 짜증), 침투적(예, 침투적 상기 요인들, 순간적 회상) 증상의 원형 패턴들로 특징지어지며, 보통 다른 연관된 문제(예, 자기 및 타인들과 관련된 인지 조절장애, 정서 조절장애, 대인관계 문제; American Psychiatric Association, 2000)를 수반한다. 개인의 현재 순간 알아차림 경험은 PTSD의 주요 증상인 회피나 둔감을 경험하는 것과 대조된다. 순간에 발생하는 개인의 사고와 감정을 허용하는 법을 배우는 것은 정서 조절을 촉진시키고, 정서 반응을 감소시킨다(Goldin, Ziv, Jazaieri, Hahn, & Gross, 2013). 마음챙김 수행은 생리적 스트레스와 수면 장애, PTSD와 연관된 만연한 문제의 표지를 감소시키는 것으로 나타났다(Brand, Holsboer-Trachsler, Naranjo, & Schmidt, 2012; Carlson, Speca, Faris, & Patel, 2007). 마음챙김 수행은 마음챙김 기술과 PTSD와 연관된 증상 및 우울증을 포함하는 외상 관련 정신 건강 결과를 증가시키는 것으로 나타났다(Baer, Carmody, & Hunsinger, 2012; Kearney, McDermott, Malte, Martinez, & Simpson, 2012b; Kimbrough, Magyari, Langenberg, Chesney, & Berman, 2010). 또한 더 높은 마음챙김 기술의 특성을 지닌 사람들은 더 나은 정신건강 기저선과 마음챙김 수행에 따른 더 큰 개선과 연관되었다(Shapiro, Brown, Thoresen, & Plante, 2011). 이는 마음챙김 기술의 증가가 정신 건강 결과의 개선에 선행하며, 중재한다는 것을 제시한다(Baer et al., 2012).

내러티브 외상의 처리를 필요로 하지 않는 MBSR

대부분의 경험적 기반 외상 치료의 전형적인 특징은 개인의 외상 기억 및 내러티브에 대한 명확한 정서 처리 혹은 외상 사건의 의미 변화를 포함한다(Resick et al., 2008). 이러한 처리의 특성은 특정 치료마다 달라진다. 예를 들어, PE(Foa & Rauch, 2004)는 연관된 두려움 반응을 없애려는 생각을 가지고, 개인을 점점 더 큰 강도의 외상 관련 자극에 서서히 노출시킨다. 유사하게, 특정한 내러티브 외상에 대한 노출은 CPT에서의 글쓰기를 통해(Resick, Nishith, Weaver, Astin, & Feuer, 2002; Resick & Schnicke, 1992), 그리고 페니베이커(Pennebaker)의 표현 쓰기 중재(Hughes, Uhlmann, & Pennebaker, 1994; Pennebaker & Susman, 1988)에서 이루어진다. 대조적으로 마음챙김 수행은 개인이 외상 내러티브에 의해 재검토되는 것을 필요로 하지 않는다. 오히려 마음챙김 수행은 어떤 경험이 발생하든 직접 마주하는 것을 포함하며, 외상 생존자들에게 있어 이는 정신과 신체에 대한 외상 노출의 효과를 포함할 가능성이 높다. 따라서 개인은 외상으로 초래되는 직접적 경험에 대한 노출 기제를 포함하여, 마음챙김 수행을 이해할 수 있다.

외상에 MBSR 적용

MBSR은 외상 후 스트레스 증상을 감소시키는 것과 연관된 마음챙김 기술을 가르치지만(Chopko & Schwartz, 2013; Kearney, McDermott, Malte, Martinez, & Simpson, 2012a; Owens, Walter, Chard, & Davis, 2012; Smith et al., 2011; Tyler Boden et al., 2012), 외상 생존자들에 대한 마음챙김 수행을 더 안전하게, 더 접근이 용이하게 만들기 위해 제안되는 전달 과정에 대한 다수의 적용이 존재한다. 우리는 보건복지부(National Institute of Mental Health)가 후원하고, 주로 만성 외상 노출을 가진 저소득층의 미국 흑인 여성들을 대상으로 한 MBSR의 최근 연구를 바탕으로 이를 확인했다(Bermudez et al., 2013; Dutton, Bermudez, Mátas, & Meyers, 2011) (연구 결과들은 PTSD와 우울증에 대해 준비된 효능을 보여 준다.). 포커스 그룹, 사례 관리자 및 쉼터 책임자와의 면담, MBSR 참여자들의 피드백을 기반으로 다음 적용들이 이루어졌다.

MBSR 교육자와의 안전한 애착 촉진

개별 지향 회기들은 부분적으로 관련 정보의 수집을 통해, 참여 이유를 포함하여 교육자와 MBSR 그룹 자체에 대한 긍정적 애착을 촉진하도록 설계된다. 임상 접수 회기와 마찬가지로 집에서 수행을 포함하여 MBSR 그룹 과정에서의 적극적 참여를 활성화하기 위해, 개별 지향 회기들 또한 개인 참여자와 관련될 수 있는 특정 문제를 구별하는 것이 유용하다. 개인적 목표와 현재 문제들, 기타 정보와 같은 유용한 정보 이외에 외상 노출의 특성, 최신성과 정도, 잠재적 정서 고통을 다루기 위한 참여자들의 적응 대처 기술, 높은 위험의 대처 전략의 이력(예, 약물 남용, 자해)을 포함할 수 있다.

위협에 대한 지각에 주의 기울이기

매기어리(Magyari; Kimbrough et al., 2010)가 수행한 바와 같이, 안전감을 강화하기 위한 공간을 준비하고 확보하는 것이 중요하다. 외상 생존자들은 지각되는 위협과 관련하여 이완, 눈 감기 혹은 바닥에 눕기 등에 어려움을 겪을 수 있다.

과정 초기에 작용 기제에 대한 근거 제공하기

표준 MBSR 교육과정은 신체 스트레스 반응 그리고 스트레스가 신체와 정신에 어떤 영향을 끼치는지와 관련된 모듈을 포함한다. 이러한 모듈을 첫 번째 혹은 두 번째 회기로 이동시키는 것은, 특히 마음챙김이나 명상에 별로 익숙하지 않은 개인들을 위해 참여의 확고한 근거를 제공한다.

자기효능감 증가

통제감을 증가시키기 위해, 우리는 여러 구조적 적용이 유용하다는 것을 알게 되었다. 예를 들어, 음악과 함께 각 MBSR 회기로의 표준 이행을 제공하는 것은 참여자들이 바쁜 날에도 이행할 수 있도록 돕는다. 이 외에 우리는 참여자들이 회기 동안 더 잘 인내할 수 있도록 참여 가능성을 증가시키기 위해 상담 회기의 길이를 줄였다(예, 2시간 30분에서 1시간 30분으로). 마지막으로, 집에서 수행하는 것에 대해 '실패 없음(no fail)'의 관점을 만들어 내는 것이 중요하다. 예를 들어, 비공식 수행이나 '실생활' 적용을 강조함으로써 공식 수행 동안 기대치를 줄이는 것은 새로운 마음챙김 기술 수행에 따라 성공과 효능감을 구축하는 데 있어 매우 중요할 수 있다.

자기조절을 위한 도구 제공

마음챙김 수행을 시작할 때, 사람들은 처음에 전에는 둔감했거나 회피했던 고통스러운 감정들을 더 많이 인식하게 됨에 따라 정서적 고통이 증가할 수 있다. 우리는 참여자들에게 주의깊은 알아차림이나 수용의 추가 혜택을 더 서서히 얻음에 따라 단순히 동요 혹은 증가하는 각성을 대처하는 데 도움이 되도록 구체적이고 간편한 도구를 제공하기 위해, 마음챙김 기반 인지 치료(MBCT; Segal, Teasdale, & Williams, 2004)에서 '3분 호흡 여유'를 포함했다.

MBSR 경험의 질적 역량 증진

부정적 외상 관련 정서와 인지들(예, 수치심, 죄책감, 낮은 자존감)에 직접 대응하도록 돕기 위해 MBSR 회기에 자애 명상(Salzberg, 1995)을 포함시켰다. 자애 (Loving-kindness)는 우리가 어떤 문제도 없는 것처럼 굴지 않으면서, "우리 안의 선함"(Salzberg, 2011)에 관심을 갖고, 완전한 주의를 기울이는 방식의 명상 수행이다.

자기역량 강화 장려

명상 참여자들은 자신의 명상 수행, 즉 자신의 삶을 책임지는 결정을 내리도록 권장된다. 지도와 상관없이, 참여자들은 항상 '스스로를 돌보도록' 격려 받는다. 이는 눈을 뜨고, 바닥보다는 의자에 앉아서 혹은 수행을 지속하기보다 스스로 지면에 발을 디디기 위해 방을 떠나기로 선택하는 것을 뜻할 수 있다. 참여자들이 부정적 감정이나 불편함을 회피하도록 권장되지는 않지만, 이들은 자신의 페이스에 맞추어 경험을 조절하는 것이 허가된다. 특정 명상 수련 내에서 이는 항상 내재적인 경우이지만, 여기에서 우리는 이 메시지를 명시적으로 만들었다.

감정적 홍수의 위험 줄이기

공식 수행 시간을 한 번에 5분 혹은 10분에서 40분 이상까지 서서히 증가시킴으로써, 우리는 참여자들이 자신들의 경험을 인내하는 법을 '배우도록' 도왔다. 이러한 접근은 참여자들이 감정적 홍수의 가능성은 최소화하면서, 스스로를 새로운 알아차림의 홍수에 몰입시키는 경험으로 실험할 수 있도록 한다.

결론

만성 외상 노출을 가진 저소득의 소수집단 여성들과 상담한 우리의 경험을 바탕으로, 우리는 마음챙김 수행이 종종 삶의 방식이 되기도 하면서 외상 관련 고통을 완화하는 접근으로서 실행 가능하고, 수용 가능하다는 것을 믿는다. 중요한 것은 우리 연구에 참여한 여성들이 연구에 참여하기 전에 외상 노출에 관련된 고통에 대해 정신 건강 치료를 받은 적이 없었다는 것이다. 우리는 많은 외상 생존자가 정신 건강 치료가 더 편안한 혹은 고통 없는 삶을 증진할 것이라는 기대를 갖지 않는다는 것을 알게 되었다. 대신 이들은 외상 노출과의 연관성을 반드시 이해하려 하지 않고, 부정적 자기비난과 때때로 외상 효과들에 대처하는 부적응 방식을 가지고, 자신들의 외상 증상과 '함께 살아간다.' MBSR을 이용하는 마음챙김 훈련을 통해, 우리 연구의 여성들은 증상의 감소를 보고했지만(연구 결과들이 곧 나올 예정임), 희망을 구상하고, 자기자비를 증가시키고, 대인관계를 개선시킨 것을 포함하여 증상 감소 이상의 것을 얻을 수 있었다(Bermudez et al., 2013; Dutton, Bermudez, Mátas, Majid, & Myers, 2013). 마음챙김 수행이 가장 유익한 방식으로 치유를 증진하는 측면에서 외상 생존자들에게 제대로 제공될 수 있는 방식을 고려하기 위해 훨씬 더 많은 연구가 필요할 것이다.

외상 관련 만성 통증 치료에서의
마음챙김

로널드 D. 시겔(Ronald D. Siegel)

우리가 신체 통증을 경험할 때, 자연스럽게 부상, 질병 혹은 구조적 이상 때문일 것이라고 가정한다. 그리고 대부분의 급성 통증이 실제로 이러한 상태에 대한 징후는 아니지만, 수많은 내담자는 조직 손상이 거의 없거나 전혀 관계없는 만성 통증으로 고통을 받는다. 이러한 통증의 기원은 정신적 외상에 있다.

꾸준히 증가하고 있는 연구들은 정신적 외상이 만성 신체 통증 발달의 위험 요인이라는 것을 입증하고 있다. 연구들은 만성 국부 통증과 전신 통증(Ablin et al., 2010; Kendall-Tackett, Marshall, & Ness, 2003), 만성 요통(Schofferman, Anderson, Hines, Smith, & Keane, 1993), 만성 골반 통증(Roelofs & Spinhoven, 2007), 자기 보고되는 관절염(Kopec & Sayre, 2004), 만성 구강안면 통증(Burris, Cyders, De Leeuw, Smith, & Carlson, 2009), 섬유근육통(Naring, van Lankveld, & Geenen, 2007; Amital et al., 2006), 만성 두통(Tietjen et al., 2009a, 2009b, 2009c; Peterlin et al., 2009)을 포함하여 놀라울 정도로 광범위한 증상에 대해 이러한 연관성을 보여 준다.

정신적 외상은 어떻게 신체 통증을 초래하는가

언뜻 보기에, 정신적 외상이 누군가에게 만성 신체 통증의 소인이 된다는 기제는 미스터리한 것으로 보인다. 실제로 많은 의사와 대부분의 환자는 정신적 외상을 가능한 원인으로 고려하기를 꺼린다. 그 이유는 우리 모두가 신체 통증은 조직 손상과 연관된다는 것을 배웠기 때문이다. 결국 우리가 손가락을 베었을 때, 혈액을 보는 것과 통증을 느끼는 것 사이의 관계는 오해의 여지없이 확실한 것이다. 또 다른 부분적인 원인은 구조적 이상을 보여 주는 영상 기법의 발달로 놀라운 의학의 진보가 이루어졌으며, 의사들은 자연스럽게 환자 고통의 원인을 추정하게 되었기 때문이다. 그러나 만성 통증에 대한 정신적 외상의 역할을 이해하지 않으면, 많은 사람의 성공적인 치료 가능성이 크게 줄어들게 된다.

정신적 외상이 환자들에게 만성 통증을 발병시키는 소인이 되는 여러 방식이 존재하며 이에 따라 결국 통증은 생리적 외상으로, 더 나아가 장애를 영속화시킨다. 다행스럽게도 마음챙김 수행들은 이러한 과정을 저해하는 데 크게 유용할 수 있다.

자율 반응

외상 이력을 가진 사람들은 보통 위험하다고 보기에 모호한 자극을 경험하며, 따라서 자율 각성에 취약한 경향이 있다(Tucker et al., 2010; Pole et al., 2007). 밤에 위험한 이웃동네를 걷다가, 숲에서 바스락거리는 소리를 듣게 되면, 우리는 두려움으로 반응할 가능성이 크다. 안전한 이웃동네에서 들리는, 동일하게 바스락거리는 소리는 우리의 주의를 전혀 끌지 못할 것이다. 정신적 외상을 경험한 사람들은 안전한 이웃동네에 있다는 느낌을 거의 받지 못한다.

이러한 위험의 가정은 만성 통증의 위험 요인이 된다. 모든 포유류는 원시의 정교한 응급 반응인 '투쟁-정지-도피' 체계를 공유한다. 포유류가 위협을 받을 때, 교감신경계와 시상하부-뇌하수체-부신(hypothalamic-pituitary-adrenal: HPA) 축이 활성화되며, 혈류에서 에피네프린(아드레날린) 증가와 많은 기타 생리적 변화를 초래한다(Sapolsky, 2004). 호흡, 심박 수, 체온, 근긴장이 모두 상승하며, 적과 싸우거나, 위험으로부터 도망치기에 좋은 상태가 된다.

예를 들어, 들판에서 풀을 뜯고 있는 토끼가 여우의 존재를 알아차렸다고 상상해 보자. 토끼는 얼어붙을 것이며, 들키지 않도록 뛰면서 더 경계하게 되고, 도망갈 준비를 하며 생리적으로 각성될 것이다(토끼는 싸움꾼이 아니다). 이러한 과각성 상태와 행동 준비 상태에서, 교감과 부교감 자율신경계는 높이 활성화되고, 더 빠르게 작용하는 부교감 미주 신경은 교감 신경 활성화의 모든 힘을 보유하고 있다가 배출시키기 위해 급속도로 정지될 수 있는 '브레이크'를 적용한다. 여우가 돌아다니기 시작하면 곧 토끼의 교감 신경계 활동이 저하될 것이며, 반면 부교감 신경계는 생리가 기준선으로 돌아올 때까지 동물이 진정하도록 돕는다. 이러한 계통은 토끼에게 놀랍게 잘 작동하며, 이들의 생존에 확실하게 기여했다.

그러나 토끼가 언어와 복잡한 상징, 예측 사고를 가능하게 하는 고도로 진화된 대뇌피질을 보유하고 있다면 어떻게 될 것인가? 일단 여우가 떠나면, 토끼는 생각할 것이다. '그가 다시 돌아올 것인가?' '내 가족을 찾으러 간 것일까?'(은퇴를 위해 충분한 당근을 절약할지 여부는 말할 것도 없다) 이러한 사고들은 투쟁 혹은 도피 시스템을 계속해서 활성화시킬 것이며, 여기에 사로잡힌 상태를 유지할 것이고, 결국 **적응 부하**(allostatic load)라고 불리는 것, 즉 다수의 신체 질병으로 이어질 수 있는 내장 기관에 대한 스트레스 유발 긴장을 초래하게 될 것이다(McEwan, 2000).

또한 실제로 여우에게 붙잡혔다가 아슬아슬하게 탈출했던 것처럼 외상을 경험한 적이 있는 토끼에게 일어날 수 있는 것을 고려해 보자. 토끼는 숲에 여우가 있을 것이라고 계속 상상할 것이며, 따라서 사실상 애매모호한 상황은 토끼의 신체를 과각성 상태로 던질 것이다. 물론 이것은 많은 인간 외상 생존자에게 일어나는 일이다. 이들은 타인이 보기에 전혀 위협적이지 않은 평범한 생활 사건에 의해 반복적으로 '촉발된다.'

질병 불안: 뭔가 심각한 질병인 것 같아요

투쟁 – 정지 – 도피 반응을 촉발시킬 수 있는 모든 자극 중, 만성 통증에 대해 가장 문제가 되는 것은 보통 통증 그 자체다. 우리는 마음챙김 수행에서 신체가 끊임없는 감각들(아픔, 가려움, 따끔거림, 무감각의 흐름)을 만들어 내는 것을 보게 된다. 우리가 젊고, 비교적 안전한 삶을 살았으며, 신체 감각에 과도하게 주의를 기울이지 않는 민족이라면 우리는 이러한 감각을 '아마도 아무것도 아닌 것'으로 해석하는 경향이 있을 것이다. 그러나 우리가 좀 더 나이를 먹었고, 심각한 질병에 직면한 적이 있고, 혹은 다른 이유들로 인해 세상을 위협적인 것으로 본다면 우리는 동일한 반응을 부상이나 질병의 징후로 보는 경향이 있을 것이다. 만성 통증 증후군이 발병하는 주요 요인은 신체가 손상을 입었다는 믿음이다. 이는 오직 통증이 실제로 질병이나 구조적 손상 때문이 아니며, 이에 따라 더 이상 두려워할 필요가 없다는 것을 깨달음으로써 환자들은 정상 활동을 다시 시작할 수 있고, 이렇게 함으로써 통증 신드롬도 해결할 수 있을 것이다. 나의 임상 연구에서, 많은 외상 생존자가 자신들의 통증이 무해할 수 있으며, 부상이나 질병의 징후들에 대해 신체를 스캔하고, 알아차리는 감각에 두려움으로 반응하는 과민성 경향이 있다는 것을 믿기 어려워한다.

보통 통증이 심각한 문제를 보여 주는 것이라고 믿는 것은 운동 공포증 (kinesiophobia, 움직임에 대한 공포)으로 이어지며, 이에 따라 신체는 근력, 유연성, 지구력을 상실하고 부상에 취약해진다. 그리고 통증 자체는 위험한 것으로 해석되는 경우, 자율 각성의 또 다른 촉발 요인이 된다.

그러나 자신들의 신체와 분리되고, 각성 저하되거나 혹은 우울해지는 다른 종류의 외상 환자도 존재하며, 이들은 정반대의 문제에 직면할 수 있다. 이들은 주의를 필요로 하는 통증 신호를 알아차리지 못할 수 있다. 이러한 개인들은 과각성의 어려움을 갖지 않을 수 있지만, 보통 정서 반응을 인지하지 못하며, 짧게 논의되는 바와 같이 이러한 상태 또한 만성 통증의 소인이 될 수 있다.

두려움에서 통증까지

두려움이 신체 통증을 만들어 내거나 혹은 악화시킬 수 있는 두 개의 주요 방식이 존재한다. 첫 번째는 근긴장을 포함한다. 잠시 동안 운동하는 것이 무섭다고 가정해 보면, 아마 골격근이 수축되는 것을 알아차리게 될 것이다. 스트레스가 많은 날을 보낸 후 우리 목과 어깨에 조이는 것 같은 통증이나 혹은 종아리 근육에 쥐가 날 때 근육통(charley horse)의 강렬한 통증처럼, 조이는 근육들은 고통스러울 수 있다. 우리가 통증을 두려워하게 되면, 우리의 근육들은 더 조여지며, 악순환을 만들게 된다. 광범위한 만성 목, 허리, 턱, 발, 골반, 가슴 통증이 이런 식으로 초래된다.

두려움은 또한 통증의 주관적 경험을 증폭시킨다. 우리는 수십 년 동안 통증의 경험이 단순히 조직 장애의 정도에 비례하지 않는다는 것을 알고 있었다(Melzack & Wall, 1965). 사람들은 안전하다고 느끼는 경우보다 두려워하는 경우 주어진 자극보다 훨씬 더 큰 고통을 경험한다(Beecher, 1946; Burgmer et al., 2011). 고전적 실험에서 참여자들은 손을 얼음물에 넣었다. 이들에게 실험이 단 1분 동안 지속될 것이라고 한 경우, 30초가 되었을 때 이들의 고통 등급은 비교적 낮았다. 그러나 10분 동안 얼음물에 손을 담그고 있어야 한다고 말한 경우(더 두려운 전망), 30초가 되었을 때 고통 등급은 훨씬 더 높았다.

자기 진정의 어려움

정서적 고통이 지나가는지 지속되는지 여부에서 중요한 변수는 우리의 자기 진정 능력과 관련된다. 우리는 모두 자주 혼란스러워지지만, 우리 중 일부는 다른 사람들에 비해 훨씬 더 자기 진정에 능숙하다. 어린 시절 외상 생존자들은 보통 자기 진정에 어려움을 겪는다. 이는 이들 중 대다수가 자기조절 기술을 습득하도록 지원받지 못했거나, 보살핌의 존재를 통해 각성을 조절해 줄 수 있는 보호자가 없었기 때문이다. 불안함을 통제하는 효과적인 전략이나, 안락한 피난처가 되어 주는 "괜찮아, 아가야."라는 말의 기억 없이 어린 시절 외상 이력을 가진 사람들은 종종 통증으로 인해 괴로움을 겪게 되며, 결국 이러한 통증은 지속된다.

원치 않는 정신적 소재에 대한 두려움

모든 동물은 고통에 대한 본능적 혐오감을 가지고 있다. 인간은 특히 이를 피하고자 하는 정교한 방식을 가지고 있으며, 통증이 정서적이거나 심리적인 경우에 더욱 그러하다. 우리는 고통스러운 사고, 감정, 이미지, 본능적 충동, 기억에서 주의를 돌리거나, 적극적으로 의식에서 몰아내기 위해 광범위한 전략을 이용한다. 그러나 이러한 노력들은 보통 오직 부분적으로만 효과가 있다. **감정을 묻을 때, 우리는 이를 산 채로 묻는다.** 부인된 정신적 소재는 쉽게 다시 각성되며, 이들이 우리의 알아차림에 근접하게 될 때, 우리는 두려움을 느끼게 된다. 프로이트(1926/1959)는 이러한 두려움을 '신호 불안(signal anxiety)'이라고 불렀다. 우리는 외부 세계에 있는 호랑이에 대해 설계된 시스템으로 우리 내부에 있는 호랑이에 대응한다.

여기에는 당연하게도, 몇 가지 근거가 있다. 첫 번째, 정서를 인식하는 데 어려움을 겪는 사람들은 스트레스 관련 장애로부터 불균형적으로 고통을 겪는다(Schwartz, 1990). 두 번째, 감정을 인지하지 못하는 것은 만성 통증 증후군에서의 성공적인 회복을 저해한다(Burns et al., 2012). 세 번째, 감정을 확인하고, 안전하게 표현하는 것을 습득하는 경우 증상의 빈도를 줄일 수 있다(Pennebaker, Keicolt-Glaser, & Glaser, 1988).

원치 않는 정신적 소재가 각성될 때 불안을 느끼는 우리의 성향은 우리가 분리시켰거나 부인한 경험의 양과 비례한다. 외상 생존자들은 자신들의 마음이 의식에서 밀어낸 많은 기억, 생각, 감정을 갖는다. 이는 두려움에 취약하게 만든다. 따라서 이러한 두려움에 의해 초래되거나, 유지되거나 혹은 악화되는 만성 통증 증후군에 취약하게 만든다.

앞서 언급된 바와 같이, 일부 외상 생존자들은 명시적인 두려움을 많이 경험하지 않는다. 대신 이들은 무감각, 멍함, 각성 저하를 경험한다. 그러나 이러한 많은 환자 역시 만성 통증을 겪는다. 여기에서 작용 기제는 덜 명확해진다. 극심한 정서적 고통이 수반될 것이라고 예상할 수 있는 것처럼, 외상의 기억은 대신 신체적 증상으로 나타난다. 한 가지 설명은 외상에서 신체가 얼어붙는 반응에 갇히게 됨에 따라 폐쇄가 초래되고, 이는 시간이 흐름에 따라 만성 통증 혹은 기타 기관계의 기능장애를 초래한다는 것이다. 신체 체험(somatic experiencing; Levine, 2008; Scaer, 2007)과 같은 치료들은 사람들이 부인했던 기억 및 연관된 느낌과 다시 연결되도록 도움으로써 얼어붙는 반응을 해소하고자 시도하며, 이는 상당한 일화적인(anecdotal) 지지를 받았다.

마음챙김 수행

특정 내담자의 경우, 단지 설명된 하나 이상의 기제들이 그 사람의 통증 상태에 대해 매우 두드러질 수 있다. 마음챙김 수행은 다른 중재와 함께, 다음 네 가지를 포함하는 포괄적 접근의 맥락에서 모두를 다루는 데 사용될 수 있다. 첫 번째, 치료 가능한 부상 및 질병을 배제하고, 내담자에게 자유롭게 움직여도 된다는 의사의 허가를 제공하기 위한 **의료 평가**다. 두 번째, 해당 상태에서 긴장, 두려움, 행동 회피의 역할을 이해하려는 **인지적 재구성**이다. 세 번째, 운동 공포증을 치료하고, 근력, 지구력, 유연성을 다시 얻기 위한 **정상 활동 재개**다. 네 번째, 외상과 연관된 사고, 감정, 기억을 포함하는 심리적 요인의 장애에서 역할을 이해하고, 해결하기 위한 **부정적 정서들의 치료**다. 이러한 접근을 이용하는 한 프로그램은 **백 센스**(Back Sense)라고 불리는 것으로, 만성 요통과 경부통을 다루기 위해, 인지, 정신역학, 행동, 전신 중재를 마음챙김 수행의 명확한 가르침과 통합한다(Siegel, Urdang, & Johnson, 2001). 내담자들은 자기치료 가이드[1]에 따라 혹은 정신 건강 및 재활 전

---

1) 백 센스(Back Sense): 『만성 요통 주기를 멈추기 위한 혁명적 접근(A Revolutionary Approach to Halting the Cycle of Chronic Back Pain)』(Siegel et al., 2001)

문가와의 협력에 따라 프로그램에 참여할 수 있다.

자율 반응에 대한 마음챙김

여러 통제 연구와 수많은 삽화 보고서는 마음챙김 수행들이 인지되는 위협에 생리적으로 덜 반응하도록 도울 수 있다고 제시한다(예, Brewer et al., 2009; Goldin & Gross, 2010). 이는 어떻게 작용하는가? 첫째, 불쾌한 사고, 감정이 발생하는 경우 이들이 들어오고 나가는 것을 허용하며 함께하는 수행함으로써, 우리는 강한 혐오 반응을 만들어 내는 경향이 덜해지고, 이에 따라 불안함에서 도피하려는 필사적인 갈망에 의해 각성이 되는 경우도 적어진다. 둘째, 유쾌하고 불쾌한 모든 현상을 개인적이지 않은 변화하는 사건으로 바라보는 것을 서서히 습득함으로써, 우리는 저항 없이 사건의 자연스러운 과정을 허용한다. 마지막으로, 스스로를 더 큰 세계의 일부분으로 보고, 개별 자아에 대한 우리의 의식이 순간마다 어떻게 구성되는지 주목함에 따라, 우리는 자기보존에 덜 집착하게 되고, 더 적은 방어적 각성 반응을 한다.

질병 불안에 대한 마음챙김

내담자가 자신의 만성 통증이 불안과 근긴장 혹은 지속적인 정지와 폐쇄 반응 때문이 아니라, 심각한 질병이나 부상 때문이라고 믿는 한, 내담자는 외상 관련 만성 통증 증후군에서 해방될 가능성이 적어진다. 이러한 믿음은 두려움의 증가, 근육 긴장에 의한 정상적인 신체 기능의 손상, 다른 기관체계의 손상, 증폭되는 주관적 고통의 신호 및 건강에 필요한 정상적인 삶의 활동에 대한 회피를 촉진한다.

이상적으로, 만성 통증에서 심리적 요인의 역할을 이해하는 의사에 의한 능숙한 의료 평가가 필요하다. 나는 보통 내담자들에게 의사가 '정상 생활 활동에 참여할 경우, 나의 몸에 돌이킬 수 없을 정도의 손상을 입게 된다는 증거'를 가지고 있는지 물어볼 것을 권장한다. 현재 특히 요추와 경추의 경우에, 상당한 데이터가 존재하기 때문에, 만성 통증이 존재해도 격렬하게 운동하는 것이 안전하며(예, Chou et al., 2007; Rainville, Sobel, Hartigan, Monlux, & Bean, 1997), 대부분의 의사들은 이 질문에 정상적으로 움직이라는 허가로 답할 것이다.

일단 이러한 허가가 부여되면, 과각성 내담자들의 경우, 스트레스-반응 체계와 근긴장, 정상 신체 기능의 저하, 고통 감각의 증폭에 대한 두려움의 역할에 관한 심리교육이 보통 필요하다. 마음챙김 수행들은 얼마나 자주 통증 관련 생각이 떠오르는지(보통 몇 초마다), 그리고 신체에 얼마나 많은 긴장이 유지되는지(보통 많이)를 설명함으로써 큰 지원을 제공할 수 있다. 마음챙김 수행은 통증, 두려움, 행동 사이에 상호관계를 관찰하는 능력을 증진 및 지원할 수 있으며, 이에 따라 통증에 대한 사고와 감정의 역할을 반추할 수 있게 된다.

효과는 점진적이지만, 마음챙김 수행은 인지 유연성 또한 증가시킬 수 있다. 떠오르고 지나가는 생각들을 인지 유연성을 가지고 관찰하거나 판단함으로써, 내담자들은 자신들의 소재와 덜 동일시된다. 이들은 어떤 생각이 사회적으로 영향을 받는지, 즉 자신들의 마음이 의사, 친구 및 타인으로부터 받은 생각들로 얼마나 채워져 있는지 보게 된다. 이러한 메타 인지 알아차림을 발전시키는 것은 만성 통증 내담자들이 구조적 손상 및 질병에 관한 자신들의 추정이 현실에 대한 객관적 결론이 아니라, 변화무쌍한 구성체라는 것을 고려하도록 돕는다.

통증 경험에 대한 마음챙김

두 개의 화살과 두 개의 다트에 대한 이야기라고 불리는 잘 알려진 경전이 존재한다. 이 이야기에서 부처는 통증에 대한 우리의 전형적 반응에 대해 설명한다.

통증의 느낌과 접촉하는 경우, 무지한 보통 사람은 슬퍼하고, 비통해하고, 한탄하고, 자신의 가슴을 두드리며, 심란해한다. 따라서 그는 두 가지의 통증, 즉 신체적 통증과 정신적 통증을 느낀다. 마치 남자를 화살로 맞춘 것처럼, 그리고 바로 직후 또 다른 화살로 다시 그를 맞춘 것처럼 그는 두 개의 화살이 주는 통증을 느낄 것이다 (Thanissaro, 2012, p. 1).

이러한 고대의 깨달음(통증의 감각이 혐오감과 고통의 반응 직후 이어진다는 것)은 마음챙김 수행에서 쉽게 관찰된다. 내가 이러한 생각을 매사추세츠 공대(MIT)에서 일하는 내담자에게 소개했을 때, 그는 (MIT에서 온 사람들이 보통 그러하듯) "그것에 대한 수학 공식이 있어요."라며 '통증 × 저항 = 고통'이라는 공식을 제시했다. 따라서 통증이 매우 강렬할 때(말 그대로 화살을 맞은 것처럼), 그 사람이 수용에 대해 매우 숙련된 능력을 가지고 있지 않은 한, 고통은 정말 클 것이다. 그러나 통증이 그렇게 심하지 않다면, 우리의 저항을 낮춤으로써 고통을 경감시킬 수 있다. 이유는 두려움과 저항이 고통스러운 근긴장을 초래하며, 통증에 대한 주관적 경험을 증폭시키기 때문이다. 마음챙김 수행은 불안함을 수용하고, 함께 있는 마음을 수련함으로써, 긴장과 두려움에 의한 통증 감각의 증폭을 줄인다.

자기진정에 대한 마음챙김

마음챙김 수행의 세 가지 핵심 측면인 집중(혹은 초점을 맞춘 주의), 마음챙김(혹은 열린 관찰), 수용(Siegel, 2010; Germer, 2013; Pollak, Pedulla, & Siegel, 2014) 중에서 만성 통증에 직면했을 때 자기진정에 가장 유용한 측면은 마지막 측면이다. 자애 혹은 **메타**(metta)(Pollak, Pedulla, & Siegel, 2014; Siegel, 2010)와 자기자비(Germer, 2009)의 수행들은 신체적 불안함의 한가운데에서 안전감을 발전시킬 수 있도록 돕는다. 우리가 경험에 대해 열린 마음을 가지려는 의도에 걸맞는 신체 자세와 앉아 있는 자세를 채택하는 명상의 구조는 유명한 위니컷(D. W. Winnicott, 1960)의 표현대로 정서적 '안아 주기(holding)'의 형태를 제공할 수 있다.

원치 않는 정신적 소재에 대한 마음챙김

많은 내담자의 경우, 자신들의 고통이 심각한 질병이나 조직 손상 때문이 아니라는 것을 깨닫고, 스스로의 문제에서 스스로를 두려움과 회피 행동의 역할로 바라보며, 완전한 정상 생활 활동을 재개하는 것은 고통에서의 충분한 해방이 된다. 다른 사람들, 특히 외상 이력이 있는 사람들의 경우 정상 기능으로의 회귀로는 충분치 않다. 여기에서 통증에 대한 우려를 넘어서는 정서적 문제들은 보통 지속적인 두려움과 과각성에 기여하며, 결국 장애를 영속화시킨다. 따라서 환영받지 못하는 정서에 대한 탐구가 필요하며, 마음챙김 수행은 이에 대한 지원을 제공할 수 있다.

충분히 긴 시간 동안 심리 분석가의 소파에 누워서 떠오르는 것은 무엇이든 말하고 있다면, 곧 생각하고, 느끼거나, 기억하고 싶지 않았던 모든 것을 알아차리게 될 것이다. 유사하게, 호흡이나 기타 알아차림의 대상을 따라 유념하며 충분한 시간을 보내는 경우, 곧 부인했던 생각, 감정, 기억이 표면화될 것이다.

마음챙김 수행은 과거에 알아차리지 못했던 혹은 거부했던 정신적 소재를 의식으로 가져올 뿐 아니라, 내담자들이 이러한 소재를 인내하도록 돕는다. 우리가 여러 소재를 가지고 앉아서, 떠오르는 것을 바라보고, 경험하고, 결국 이러한 것들이 지나가게 됨에 따라 용인하는 것은 더 쉬워진다. 우리가 점차 마음의 소재들에 편안함을 느끼게 됨에 따라 떠오르는 것에 관한 불안은 줄어들게 된다.

해 끼치지 않기

습관적으로 고통스러운 기억이나 감정을 차단하는 외상 생존자들에게 있어, 분리된 소재를 재통합하는 마음챙김 수행의 힘은 심각한 위험을 제기할 수도 있다. 1976년 나는 매사추세츠 주 바(Barre)의 통찰 명상 소사이어티(Insight Meditation Society) 근처에 있던 정신 치료 시설에서 일했다. 우리는 침묵 명상 피정(retreat) 동안 정신증 발작을 겪었거나 심하게 불안정해진 여러 명의 내담자들을 보았다.

피정 환경 밖에서도, 일부 사람들은 호흡을 따라 한지 단 몇 분 만에 압도되기도 한다. 이런 사람들의 경우, 수행의 '유지' 효과와 부인했던 경험의 알아차림을 일으키는 힘의 비율이 원치 않는 내용에 대한 접근쪽으로 지나치게 치우쳐져 있기 때문이다.

마음챙김 명상에 의해 불안정해질 위험이 가장 높은 내담자들은 해결되지 않은 외상 이력, 융통성 없는 성격 조직, 분열이나 자기감 상실에 대한 두려움을 가진 사람들 혹은 정신증을 앓는 사람들이다. 이러한 모든 인구집단에 대해, 임상의는 언제 수행을 소개할지 여부에 관해 특히 조심스러워야 한다.

좋은 경험 법칙은 분리된 소재를 재통합하는 수행을 이용하기 전에 안전을 확실하게 수립하는 것이다(Herman, 1997; Cloitre, Cohen, & Koenen, 2006). 지원적인 치료 협력 수립, 안정되고 안전한 생활환경 창출, 사회적 지원 네트워크 구축, 정서 조절과 합리적인 사고를 육성하는 인지 행동 치료 기법 교육을 수립하는 것을 포함하는 광범위한 접근은 모두 이러한 안전에 기여할 수 있다.

외상으로 인한 만성 통증 내담자들이 압도되지 않고, 안전을 수립하도록 돕는 또 다른 방식은 내부 세계보다 외부 세계를 향해 주의를 돌리는 마음챙김 활동을 소개하는 것이다. 비교적 안전한 선택은 걷기 명상, 자연 명상(풍경과 나무, 숲, 새가 내는 소리에 주의를 기울이는 것), 식사 및 듣기 명상과 마음챙김 요가를 포함한다. 이러한 수행들은 다음의 임상 만남에서 묘사되는 바와 같이, 내담자를 불안정하게 만들 가능성이 없을 뿐 아니라, 어려운 상황에서도 안정성을 제공하며 사용될 수 있다. 앤디는 끔직한 외상 이력을 가진 장기 치료 내담자로, 특히 괴로운 표정으로 나의 진료실에 왔다. 우리의 초기 상담은 그의 만성 요통과 방광통에 초점을 맞추었으며, 이 통증들이 심리생리학적 장애라는 것을 이해하고, 정상 활동을 재개하고, 통증 감각들과 싸우는 것이 아닌 수용하는 것을 배우고, 그가 인정하는 데 어려움을 겪을 수 있는 다른 사고와 감정에 그의 주의를 향하게 함에 따라 성공적으로 해결되었다.

앤디는 매우 폭력적인 가정에서 성장했으며, 사람들이 그에게 거칠게 말할 때면 쉽게 압도되었다. 그는 최근에 그를 협박하는 누군가와 마주쳤으며 이에 따라 불안으로 소진되었고, 지속적이고 침투적인 이미지들과 씨름하며 지내게 되었으며, 새로운 요통과 위장 장애에 대해 우려하게 되었다. 그를 이 상태로 만든 것에 대해 논의한 후, 나는 그에게 창가에 나와 함께 서서 나무를 쳐다보며, 위에서부터 시작하여 잎, 나뭇가지, 색깔, 질감에 이르기까지 그가 본 모든 것을 상세히 설명해 줄 것을 요청했다. 이후 우리는 또 다른 나무로 옮겨 갔으며, 결국 우리가 볼 수 있는 모든 것을 보게 되었다. 나는 그에게 우리가 그의 불안을 없애기 위해 노력하고 있는 것이 아니며, 그의 신체적 증상들을 제거하고자 하는 것도 아니라고 말했다. 대신 우리는 그가 비교적 안전하고, 안정적인 현재의 현실을 보여 주는 배경에 대해 떠오르는 자신의 생각, 감정, 감각을 알아차릴 수 있도록, 그의 주의를 바로 지금 외부 세계의 현실로 가져오고자 노력하고 있었다. 이런 식으로 한동안 자연에 초점을 맞춘 후, 그는 더 자신감이 생기는 것을 느끼기 시작했다. 우리의 상담 회기가 끝나가고 있었기 때문에, 나는 그에게 이웃동네를 걸으며, 창문에서 우리가 했던 것처럼 나무와 식물에 주의를 기울이고, 지속적으로 주목하면서 시간을 보낼 것을 제안했다. 그는 제안대로 이렇게 했고, 내담자들 사이에 나의 다음 휴식시간에 그를 보았을 때, 그는 집으로 운전을 해서 돌아갈 수 있을 것이며, 나머지 하루 동안 계속 그럴 수 있을 것 같다고 느꼈다. 수행은 그가 안전감을 수립하도록 도왔다.

만성 통증에 대한 마음챙김 기반 프로그램

명확하게 마음챙김을 내담자들에게 가르친 첫 번째 의학 치료 프로그램 중 하나는 마음챙김 기반 스트레스 감소(MBSR)였으며, 이는 만성 통증 관리를 위해 설계되었다(Kabat-Zinn, 1982). 이후로 광범위한 통증 증후군을 치료하기 위해 마음챙김 기반 프로그램이 사용되어 왔다. 초기에는 결과들을 장려하는 것이 빈번하게 보고되었지만, 연구는 보통 통제군이나 무작위 설계가 결여되어 있었다(검토를 위해 Baer, 2003; Grossman, Niemann, Schmidt, & Walach, 2004 참고). 더 최근의 연구는 더 잘 통제되고 있다(검토를 위해 Veehof, Oskam, Schreurs, & Bohlmeijer, 2011; Siegel, 2013 참고). 전체적으로 이러한 연구들은 마음챙김 수행이 통증 강도를 줄이는 데 있어 약간의 혜택과 기타 삶의 질 척도를 개선시키는 데 있어 더 의미 있는 혜택을 만들어 낸다는 것을 입증하고 있다. 통증 강도를 줄이는 데 있어 마음챙김 명상의 제한적 혜택은 대부분의 연구들이 통증에 관한 내담자의 믿음, 움직임에 대한 두려움, 부인했던 사고, 감정, 기억과 관련된 불안의 효과를 다루는 더 포괄적인 재활 프로그램으로 마음챙김을 통합시키는 대신, 오직 마음챙김만을 가르치고 있다는 사실 때문이다. 삽화 증거는 이러한 더 포괄적인 접근이 매우 효과적일 수 있다는 것을 보여 준다(Siegel et al., 2001).

MBSR 같은 프로그램은 보통 집단에서 수행되며, 호흡의 감각과 같이 알아차림의 내적 대상을 포함하는 상당한 명상 수행을 포함한다. 따라서 이러한 프로그램은 외상을 입은 개인들에게 원치 않는 사고, 감정, 이미지가 넘쳐나게 할 수 있다. 마음챙김 수행의 유형이 내담자의 변화하는 안전 욕구에 맞추어 조정될 수 있는 개인 치료들은 외상 인구집단에게 더 나은 대안이 될 것이다.

심리학적 및 신경생물학적 작용 기제

마음챙김 수행들이 점차 만성 통증에 대해 사용되고 있으며, 이들의 효능에 대한 증거가 증가함에 따라, 연구자들은 작용 기제에 대해 조사하기 시작했다. 연구의 한 세트는 내담자들의 신체적 · 사회적 · 인지적 · 정서적 기능과 마음챙김이 어떻게 관련되는지 살펴보고, 만성 통증을 가진 내담자들의 마음챙김 수준을 측정한다. 데이터는 마음챙김의 더 높은 수준이 주로 통증 관련 불안과 회피 및 장애의 패턴을 줄임으로써 더 나은 기능에 부합한다는 것을 보여 준다(Cho, Heiby, McCracken, Lee, & Moon, 2010; Schutze, Rees, Preece, & Schutze, 2010).

조사의 또 다른 분야는 숙련된 명상가들이 실험적으로 유도되는 통증에 어떻게 반응하는지 살펴보는 것이었다. 그 증거로 다음 몇 가지를 제안했다. 첫째, 숙련된 명상가들은 고통스러운 자극을 미숙하게 제어하려 하기보다 덜 불쾌한 것으로 지각한다(Brown & Jones, 2010). 둘째, 숙련된 명상가들은 비반응적으로 통증 감각을 관찰하는 더 강한 경향을 보고한다(Grant & Rainville, 2009). 셋째, 열린 모니터링(마음챙김 그 자체)이 숙련된 명상가 사이에서 통증 불쾌함의 상당한 감소를 초래하지만, 초보자의 경우에는 그렇지 않다(Perlman, Salomons, Davidson, & Lutz, 2010). 넷째, 제어에도 미숙하지 않은 숙련된 명상가들은 마음챙김 상태에 있을 때 예상되는 통증 불안의 상당한 감소를 가져온다(Gard et al., 2011). 흥미롭게도, 한 연구는 집중이 미숙한 제어에 대해 통증 강도를 증가시킨 반면, 더 숙련된 명상가들의 경우에는 그렇지 않았으며, 이는 후자의 집단이 강한 혐오감 반응을 갖지 않고 고통스러운 자극과 함께할 수 있다는 것을 제시한다(Grant & Rainville, 2009).

이 모든 연구에 의해 제시된 중심 기제는 두 개 화살에 대한 부처의 이야기와 유사하다. 싸우고, 두려워하거나, 회피하려 하는 대신, 통증 감각을 수용함으로써 통증이 의학적 상태에 의해 초래되었든 실험실에서 유도되었든, 우리는 별 고통 없이 더 많은 통증을 인내할 수 있다(Thompson & McCracken, 2011).

또 다른 흥미로운 연구 노선은 참여자들이 실험적으로 유도된 통증을 향해 여러 명상 태도를 채택할 때, 활성화되는 두뇌 부위를 조사한다. 이러한 태도 중에는 첫째, 우리가 반복적으로 단일 대상에 대한 주의로 돌아가는 집중 혹은 초점주의, 둘째, 우리가 자각에서 무엇이 떠오르든 주의를 기울이는 마음챙김 그 자체 혹은 열린 모니터링이 있다(Lutz, Slagter, Dunne, & Davidson, 2008). 연구자들은 열린 모니터링을 수행하면서, 고통스러운 자극에 노출된 숙련된 명상가들은 집행 제어와 인지 평가에 연관된 부위인 편측 전전두 피질(IPFC)에서 활성화를 저하시켰다는 것을 발견했다(Grant, Courtemanche, & Rainville, 2011; Gard et al., 2011). 명상가들은 동시에 내부 감각과 감각 처리에 관련된 것으로 이해되는(Craig, 2009) 후부 섬엽(posterior insula)에서의 증가된 활성화를 보여 주었다(Grant et al., 2011; Gard et al., 2011). 이러한 발견들은 마음챙김 수행이 통증 감각 자체의 증가된 처리를 통해, 저항을 내려 놓는 것과 결합하여, 통증의 경험과 통증 관련 불안을 감소시킨다는 것을 제시한다. 연구자들은 신경생물학적 수준에서 숙련된 명상가들이 수용 없이 통증 감각들에 열림으로써 어떻게 더 적은 고통을 경험하는지 관찰한다.

만성 통증에 대한 마음챙김 수행

다음 수행들은 앞서 언급한 바와 같이, 만성 통증에 대한 포괄적 치료의 맥락 내에서 내담자들에게 제공될 수 있다. 첫 번째 활동은 분리 · 부인했던 사고, 감정, 기억이 중재의 사용에 대한 추가적인 습관적 두려움과 기타 혐오 반응을 놓아주면서 통증의 경험에 개방되도록 설계된다. 이것은 내향 초점을 포함하기 때문에, 분리 · 부인했던 사고, 감정, 기억(이러한 명상의 사용에 대한 추가 제안에 대해, Siegel, 2010)과 싸우는 외상 생존자들에게 사용되어야 한다.

두 개의 화살 분리[2]

명상 자리를 준비하고, 호흡을 찾는 것으로 시작한다. 먼저 단순히 호흡에 주의를 기울인다. 어디에서든 이는 신체에서 가장 명확하게 느껴진다. 마음이 호흡 감각에서 나와 방황할 때마다 부드럽게 다시 돌려놓는다. 가능한 한 정확하게 호흡을 관찰하고자 한다. 각 호흡의 질감에 주목하고, 그 복잡함과 다양한 특징을 살펴본다. 이러한 모든 감각을 향해 관심이나 호기심의 태도를 발전시킬 수 있는지 알아본다(10~15분 동안 지속).

이제 마음이 다소 안정되었다면, 약하든 혹은 강하든 당신이 불편하다고 느끼는 것이 무엇이든지 초점을 두고 이동한다. 호흡이 배경에 자리 잡도록 허용하고, 고통스러운 혹은 불편한 감각에 주의를 기울인다. 통증의 전반적 부위에 주의를

---

2) Siegel(2010)의 허가를 받고 적용하였다. www.mindfulness.solution.com의 오디오에서 무료로 이용할 수 있다.

기울이는 것을 시작한다. 편안하게 신체 감각에 자리 잡는다. 타오르는, 조이는, 찌르는, 둔한, 날카로운 등과 같이 이들의 특성을 주의 깊게 관찰한다.

다음으로, 가장 아픈 신체의 특정 지점에서 섬세하게 주의를 좁힌다. 정확성, 관심, 호기심, 수용의 동일한 태도를 호흡으로 가져온 불편함에 가져간다. 이것은 변화시키려 하는 것이 아니라, 단지 명확하게 경험하려는 것이다. 감각들이 순간마다 어떻게 미묘하게 달라지는지 주목한다. 아마도 욱신거리고, 그다음에는 타는 것 같거나, 아플 것이다. '통증'이 연속성의 환상을 만들어 내며, 실제로 영화 속 프레임처럼 함께 연결된 연속적 순간의 감각이라는 것을 관찰할 수 있는지 알아본다.

통증이 매우 강렬하다면, 마음은 통증 감각에서 떠날 것이고, 통증의 정확한 원천으로 주의를 돌리기 전에 다시 통증의 전반적 부위로 혹은 잠시 동안 다시 호흡으로 주의를 기울여 본다. 이런 식으로 초점을 전환하는 것은 더 오래 경험과 머무르도록 도울 것이다. 통증 감각과 함께 머무름에 따라, 마음속에 떠오르는 생각에 주목한다. 예를 들어, 두려움, 증오, 걱정과 같이 이러한 생각들을 명명함으로써 실험을 할 수도 있다. 생각은 통증 감각과 별개로 왔다가 가는 생각들에 주목하는 것이다. (다음 10분 동안 지속한다.)

통증에 대한 욕구 서핑[3]

이 수련은 내담자들이 운동 공포증을 극복하고, 정상 신체 활동에 참여하도록 돕기 위해 설계된다. 통증이 활동을 저해하는 대부분의 상황에서 적용될 수 있지만, 여기에서는 앉아 있을 때 생기는 통증을 다루도록 돕는 것이 제시된다.

눈을 감고, 우선 몇 분 동안 자신의 호흡으로 주의를 기울인다. 다음으로 스스로가 통증 감각과 함께하도록 놔두고, 이전 활동에서 그랬듯이 호기심과 관심을 가지고 이러한 감각에 주의를 기울인다. 그리고 순간마다 어떻게 달라지는지 본다.

---

3) Siegel(2010)의 허가를 받고 적용하였다. www.mindfulness.solution.com의 오디오에서 무료로 이용할 수 있다.

일어서고 싶거나 발생하는 활동을 중단하고 싶다면, 정확히 신체가 욕구를 느끼는 지점에 주목한다. 여기에 완전한 주의를 가져오고, 강도와 질감에 주목한다. 통증 감각과 별개로 욕구가 어떻게 일어나거나 멈추는지 본다.

이제 관심을 부분적으로 호흡으로 돌린다. 호흡을 이용해서, 서핑 보드로 처음에 작은 파도에서 정점에 있는 지점까지 각각의 긴박한 파도를 탄다. 각 파도가 가능한 한 높이 올라갈 수 있도록 두고, 크레센도에 도달하고, 다시 진정된다.

결론

많은 통증의 경우 실제로는 질병이나 구조적 이상의 영향 때문이 아니라, 심리적 과정에 의해 초래되거나 유지된다. 계속해서 고통스러운 생각, 감정, 기억과 싸우는 혹은 일반적으로 세상을 위협적인 것으로 경험하는, 해결되지 않은 중증 외상을 가진 개인들의 경우, 심리적 통증 증후군에 갇히게 될 가능성이 증가한다. 다행스럽게도, 숙련된 임상의에 의해 도입된 마음챙김 수행들은 포괄적인 재활 프로그램의 맥락에서 많은 사람이 이러한 장애를 타파하도록 도울 수 있다.

제17장

외상을 가진 재향군인에 대한
마음챙김 기반 스트레스 감소와 자애 명상

데이비드 J. 키어니(David J. Kearney)

　재향군인들은 상당한 문제와 어려움에 직면하여 의미 있고, 생산적인 삶을 살아가도록 도와줄 프로그램을 필요로 한다. 전쟁에서 돌아온 재향군인 중 상당수가 최소한 하나의 정신 건강 조건의 기준을 충족시킨다. 예를 들어, 재향군인 관리국(VA)의 의료 시설에서 치료에 접근한 Operations Enduring Freedom and Iraqi Freedom(OEF/OIF)의 대략 10만 4,000명의 재향군인에 대한 연구는 25%가 즉시 정신병 진단을 받았으며, 정신병 진단을 받은 사람 중 절반 이상이 두 개 이상의 개별 정신병 조건을 가진 것으로 진단 받았다는 사실을 발견했다(Seal, Bertenthal, Miner, Sen, & Marmar, 2007). 가장 일반적인 정신병 진단명은 외상 후 스트레스 장애(PTSD)로 이는 VA 의료에 접근한 OEF/OIF 재향군인 중 13%에 영향을 끼쳤다. 다른 연구들은 제1차 걸프전에 참전했던 재향군인 중 10%(Kang, Mahan, Lee, Magee, & Murphy, 2000)와 베트남 재향군인 중 여성의 경우 8.5%, 남성의 경우 15.2%(Schlenger et al., 1992)의 PTSD 유병률을 발견했다(보수적으로 접근해서, 전투로부터 수년 후). 도움이 없다면, 외상과 외상 후 스트레스 장애(PTSD)를 가진 재향군인들의 경우, 재향군인과 그 가족의 생애주기 전반에 대한 수치는 크게 증가할 것이다. PTSD를 가진 개인은 생애주기 전반에 걸쳐 최소 20년 동안 활성 증상을 경험할 것으로 추정된다(Kessler, 2000). PTSD는 보통 대인관계를 저해하고, 일하는 능력을 감소시키며, 삶의 질을 손상시키고, 정서 장애(Davidson, 2001; Kessler, Sonnega, Bromet, Hughes, & Nelson, 1995), 알코올/약물 남용 장애(Kessler et al., 1995)와 자살(Kessler, Borges, & Walters, 1999)의 위험을 증가시킨다. 재향군인 사이에 PTSD의 상당한 비율은 전투와 관련된 것이 아니라는 점이 중요하다. 군에 복무한 많은 사람이 놀라운 비율로 발생하는 성 외상을 포함한 다른 형태의 외상을 경험했다(Murdoch, Polusny, Hodges, & O'Brien, 2004; Williams & Berstein, 2011). 대형 도시 VA 병원에 PTSD를 가진 재향군인에 대한 최근 연구에서, 자신들의 삶의 과정에 걸쳐 재향군인들이 보고한 **외상의 여러 범주의 평균 수는 10개였다**(Kearney, McDermott, Malte, Martinez, & Simpson, 2012a).

만성 신체 통증 조건은 일반적으로 PTSD와 함께 발생하며, 기능성과 건강을 다시 찾고 싶어 하는 외상 이력을 가진 개인에게 추가적인 문제를 제기할 수 있다. 예를 들어, 우리 시설에서 마음챙김 프로그램에 참여한 PTSD의 높은 유병률을 가진 92명의 재향군인에 대한 분석에서, 67%가 만성 통증 상태를 가졌고, 45%는 만성 통증과 연관된 **2개 이상의 조건**을 가지고 있었다(Kearney, McDermott, Malte, Martinez, & Simpson, 2012b). 또 다른 연구는 다른 위험 요인을 조정한 후, PTSD를 가진 사람들이 고혈압, 심혈관 질환, 천식, 섬유근육통, 소화 질환과 전체 사망률을 포함하여(Boscarino, 2004), 질병의 증가되는 위험에 놓인다는 것을 보여 주었다. 다수의 신체적·정신적 질병 조건과 PTSD와 함께 발병하는 것은 보통 전반적으로 낮은 수준의 건강을 초래한다(Hoge, Terhakopian, Castro, Messer, & Engel, 2007). 따라서 다수의 건강 영역에 걸쳐 기능성과 삶의 질을 강화하도록 설계된 프로그램들이 다수 필요하다. 이러한 점에서 전도유망하게 나타나는 한 가지 프로그램이 바로 마음챙김을 가르치는 것이다.

PTSD를 가진 재향군인을 위한 마음챙김 프로그램

우리 시설에서, 우리는 PTSD를 포함한 광범위한 문제를 가진 재향군인의 치료에 대한 보조 치료로 마음챙김 교육을 제공하기 시작했다. 우리가 마음챙김을 가르치기 위해 사용한 포맷은 표준화된 8주 클래스로, 광범위하게 이용되는 마음챙김 기반 스트레스 감소(MBSR; Kabat-Zinn, 1990)다. MBSR 프로그램의 목표는 참여자들이 프로그램을 그만둔 후에도 이러한 자기보살핌 수행을 계속할 수 있도록, 마음챙김 수행에 대한 충분한 이해와 익숙함을 가져오는 포맷을 제공하는 것이다. 이러한 환경에서, 마음챙김 프로그램의 참여는 PTSD를 위한 주요 치료 패키지로 고려되지 않는다. 그러나 구조화된 마음챙김 프로그램에 참여하는 것은 자기자비를 강화하고, 치유를 증지하고, 건강을 강화하고, 삶의 질을 개선하기 위해 지속적인 고통과 통증을 다루는 방법이다. 다수의 연구가 PTSD를 가진 사람들에 대한 삶의 질과 관련된 건강 문제의 큰 감소를 보여 주지만(Olatunji, Cisler, & Tolin, 2007) 1차 목표로 삶의 질을 개선하는 중재들(반드시 증상 감소는 아닌)은 별로 관심을 받지 못했다(Mogotsi, Kaminer, & Stein, 2000). 타당하게 PTSD 증상의 감소를 초래할 수 있는 마음챙김 수행에 의해 영향을 받은 심리학적 과정이 존재하지만, 또 다른 가능성은 자비의 발전이 지속적인 증상들에 직면했을 때에도 강화된 자유와 기능성을 가져올 수 있다는 것이다.

우리의 환경에서 우리는 명상을 가르치는 것을 기반으로 한 프로그램을 재향군인이 받아들일 수 있다는 것을 발견했다. 이러한 발견은 높은 비율로 보완 대체 의학(CAM) 중재를 사용하는 재향군인들에 의해 보완 대체 의학에 대한 더 방대한 문헌과 일치한다(Baldwin, Long, Kroesen, Brooks, & Bell, 2002; Micek et al., 2007). 높은 일상 스트레스, 만성 질병 그리고 정신 및 신체 건강에 대한 지각되는 군 복무의 부정적 영향은 재향군인 사이에서 사용되는 CAM의 예측인자이다(Baldwin et al., 2002). 재향군인 사이의 질적 연구는 처방 약물 의존성에 대한 불만족과 CAM 사용의 동기 요인으로 기능하는 건강의 사회적·영적 측면에 대한 부주의를 보여 주었다(Krosen, Baldwin, Brooks, & Bell, 2002).

PTSD 치료에서 마음챙김 프로그램에 대한 이론적 근거

현재 과학적 데이터가 제한적이기는 하지만, 마음챙김 수행에 의해 영향을 받은 심리 과정들은 PTSD를 가진 사람들의 삶에 긍정적인 영향을 끼치는 것으로 가설화될 수 있다. 다음의 설명은 추측으로 유지되며, 미래 연구를 위한 가능성 있는 길로 제안된다.

마음챙김은 운영상 "현재 순간에, 의도적으로, 매순간의 경험에 비판단적으로 주의를 기울이는 방식에 의해 나타나는 알아차림"으로 정의되어 왔다(Kabat-Zinn, 2002). 이러한 마음챙김에 대한 정의가 불교의 역사적 기록에서 제시되는 정의와 정확하게 일치하는지 여부에 관한 일부 논쟁이 존재하기는 하지만 (Gethin, 2011), 나는 이 정의가 마음챙김 수행을 가르치고 이해하는 데 있어 유용하다는 것을 발견했다. 강화된 마음챙김은 수용, 건설적인 인지 변화, 건설적 행동 변화를 육성하고, 노출 치료의 형태를 대표하는 것으로 가설이 세워져 왔다(Baer, 2003). 마음챙김 수행을 통해 조율되는, 반응적인 내적 환경의 창조는 또한 조율되고, 주의를 기울인 현재의 '안아 주는 환경(holding environment)'을 모방한 것으로 설명되어 왔다(Epstein, 2013). 마음챙김 수행들은 괴로운 사고, 감정, 신체적 감각에 대한 회피가 아닌, 이것들을 향한 접근 지향 사고방식을 장려한다. 따라서 마음챙김 수행에 일관되게 참여하는 것은 시간 흐름에 따라 PTSD를 가진 사람들의 회피 행동 감소를 가져올 수 있다(Kimbrough, Maguari, Langenberg, Cheney, & Berman, 2010; Vujanovic, Niles, Pietrefesa, Schmertz, & Potter, 2011). MBSR에서 가르치는 태도의 특징들은 PTSD의 대표적 특징이라고 할 수 있는 잠재적으로 괴로움을 주는 상황을 피하거나, 수치심과 죄책감의 만연하는 감정을 억제하려는 깊이 새겨진 경향에 반하여 실행된다. MBSR에서 명상 수행 중 수치심, 죄책감, 자기비난 혹은 판단의 습관적 패턴이 일어날 때, 참여자들은 친절과 자기자비의 태도로 이러한 패턴에 주목하고, 판단을 벗어 버리며, 이러한 현상을 더 넓은 알아차림의 분야로 존중하도록 권장된다.

마음챙김 수행이 PTSD 증상에 긍정적으로 영향을 끼칠 수 있는 추가 기제는 침투성 사고에 대한 반응의 감소다. 마음챙김 명상 수행에서 생각들은 동일시되거나, 회피되거나, 억제되어야 하는 현상이 아니라, 지나가는 사건들이자, 일시적인 주의의 대상으로 간주된다. PTSD를 가진 사람들의 경우, 사고를 억제하는 것은 역설적으로 재경험을 증가시킨다(Shipherd & Beck, 2005). 그리고 강화된 마음챙김은 감소된 사고 억제와 연관된다(Bowen, Witkiewitz, Dillworth, & Marlatt, 2007). 마음챙김 프로그램에 참여하는 우울증을 가진 사람들의 경우, 강화된 자기자비가 기능을 하지 못하는 생각들과의 관계를 변화시킴으로써 개선된 결과에서 중요한 역할을 하는 것으로 나타났다. 기능장애 태도, 신념, 규칙의 지속적인 존재에도 불구하고 우울증 증상들의 개선이 이루어진다(Kuyken et al., 2010). 강화된 자기자비는 PTSD에서 유사한 역할을 하는 것으로 가설화될 수 있다.

또한 강화된 마음챙김은 반추의 감소를 가져오며(Williams, 2008), 반추의 감소는 마음챙김 중재가 PTSD 증상을 감소시킬 수 있는 또 다른 잠재적 기제다. 과거 연구는 반추가 PTSD 증상을 악화시키는 역할을 한다는 것을 보여 준다(Bennett & Wells, 2010). 사람들은 외상과 관련하여 평가하고, 반추하는 입장을 채택하려는 경향이 있으며, 마음챙김 교육과정은 사람들에게 이러한 반추 패턴을 더 명확하게 보고, 이러한 패턴을 '내려놓고', 이러한 패턴으로부터 벗어나는 기술을 습득하도록 가르친다(Grabovac, Lau, & Willett, 2011). 또한 수업 논의에서 일반적으로 공유되는 것은 과거 외상에 의해 크게 영향을 받은 자기 자신, 타인 그리고 크게는 세상에 관한 신념들이다. 예를 들어, 다른 사람들은 관대하지 않거나 보살피지 않으며, 개인적 성장 혹은 친밀감은 더 이상 가능하지 않고, 혹은 단순히 호흡을 따라가며, 30분 동안 앉아 있을 수가 없다는 것들이다. 이 유형의 사고와 신념이 공유될 때, 참여자들은 현실을 반영할 수 없는 이것들을 사고와 신념으로 명확히 바라보도록 권장된다. 이러한 생각들은 교사에 의해 호기심, 개방성, 친절에 따라 환영받는다.

PTSD에 대한 MBSR의 예비 연구

이 장에서는 외상 환자들에 대한 마음챙김 프로그램에 참여하는 것과 연관된 결과의 예비 연구를 검토한다. 또한 대규모 무작위 통제 실험들은 현재 준비 중이다.

마음챙김을 가르치는 일반적인 임상 방법은 MBSR의 표준화된 수업 시리즈로, 앞서 세부적으로 설명되었다(Kabat-Zinn, 1990). 두 개의 이전과 이후 연구들은 PTSD에 대한 MBSR의 효능을 평가했다(Kearney et al., 2012b; Kimbrough et al., 2010). 이 연구 중 첫 번째 연구는 27명(15명은 PTSD 기준을 충족시켰다)의 참여자들에게서 8주간의 MBSR 프로그램의 효능을 평가했다(아동 성폭력을 당한 성인 생존자에 대해 약간 변경됨). 여기서 우울증과 PTSD 증상의 감소, 그리고 4개월 후속 평가 때 큰 효과 크기를 가진 마음챙김의 상당한 증가를 발견했다(Kimbrough et al., 2010). 두 번째 결과 연구는 일반적 치료의 보조 치료로 8주 MBSR 프로그램에 참여한 92명의 재향군인들에 대해 MBSR 직후와 4개월 후에 기준선에서 평가되었다(Kearney et al., 2012b). MBSR은 20~30명의 재향군인들로 이루어진 이질적 집단에 제공되었으며, 이 중 4분의 3이 PTSD의 증상 기준을 충족시켰다. MBSR 과정들은 원래 매사추세츠 의과대학에서 개발된(Kabat-Zinn, 1982) 포맷을 긴밀히 따랐다. 그리고 킴브로 등(Kimbrough et al., 2010)과 유사하게, 우리는 명상 수행 동안 지속적으로 이어 나갈지 혹은 그만둘지 여부와 관련하여 참여자들에게 자신들의 내적 지혜를 신뢰하도록 권장하는 지침을 포함했다. 우리는 정신 건강 측정(PTSD, 우울증, 경험회피, 행동 활성화를 포함하여)과 4개월에 걸친 후속 연구에서(중간에서 대규모의 표준화된 효과 크기) 정신 및 신체 건강과 관련된 삶의 질에서 상당한 개선을 발견했다. MBSR 직후와 4개월의 후속 연구 시점에, 각각 31%와 34%의 사람들이 PTSD에 대해 기준선에서 더 이상 기준을 충족시키지 않게 되었다. 마음챙김 기술들은 상당히 증가했으며, 명상 모델에서 마음챙김 기술들은 MBSR 참여와 주요 임상 결과의 개선 사이에 관계를 매개했다(Kearney et al.,

2012b).

후속 예비 연구에서, PTSD를 가진 47명의 재향군인들은 MBSR과 일반 치료의 결합 혹은 일반 치료만 받는 것으로 무작위 통제되었으며, MBSR 직후와 4개월 후에 평가되었다. 일반 치료 이외에 MBSR에 무작위로 배정된 사람들은 마음챙김 기술에서 상당한 개선과 개선된 기능 상태를 보였지만, 이 소규모 연구에서 PTSD 증상의 경우에는 개선되지 않았다(Kearney, 2012a). 사후 분석에서 기능 상태와 PTSD 증상에서 신뢰 있는 변화는 치료 '성공'으로 정의되었고, MBSR로 무작위 배정된 재향군인 중 27%가 치료에 대한 이 기준을 충족시켰으며, 이는 일반 치료로 무작위 배정된 사람 중 0%와 대조되었다. 이는 상당히 유의미한 것이었다. '완전한' 분석에서, 최소한 4번의 MBSR 수업(84%)에 참석한, MBSR로 무작위 배정된 재향군인들은 일반 치료로 무작위 배정된 재향군인들과 비교되었으며, MBSR로 배정된 군인들은 우울증 증상에서 개선과 강화된 행동 활성화를 보여 주었다. 전체적으로 결과들은 PTSD를 가진 재향군인들이 마음챙김 기술을 배울 수 있으며, MBSR은 기능적으로 강화시키고, 우울증 증상을 감소시켜 주는 전망을 보유한 것으로 나타났다.

다수의 재향군인에게 MBSR을 가르치는 우리의 전체적 경험을 바탕으로, MBSR은 PTSD를 가진 재향군인들에게 안전한 것으로 나타난다. 재향군인들은 MBSR 수업 가운데 배운 명상 수행 중 순간적 회상을 보고한 적이 없었다. 전체적인 안전은 부분적으로 내담자의 자기선택과 내담자 설정(대부분의 참여자들이 추가 정신 건강 치료에 적극적으로 참여한다) 때문일 수 있다. 주목해야 할 것은, PTSD에 대한 MBSR의 발표된 연구에서 명상 지도들 또한 지혜로운 노력과 안전 사이에 균형을 보여 준다는 것이다. 참여자들은 자신들의 내적 지혜를 신뢰하도록 권장되며, 간혹 잠시 멈춤으로써 명상 수행을 중단하거나 판단을 하지 않은 채 이렇게 하는 것이 현명하다고 느껴지는 경우 노력을 철회할 수 있다(Kearney et al., 2012a, 2012b; Kimbrough et al., 2010). 외상 환경에서 이러한 수행들의 명백한 안전은 수행들의 본질적으로 온화하고 점진적인 특성 때문일 수 있다.

MBSR 임상 참여의 배제 기준

우리의 환경에서 우리는 병원 전반의 과정으로 MBSR을 제공한다. 재향군인들은 자기의뢰하거나, 제공자에게 의뢰될 수 있다. 우리는 오리엔테이션 회기에 참석한 이후 MBSR에 참여하려는 바람을 가진 모든 재향군인을 받아들이는데, 참여자는 의료 기록에 언급된 배제 기준 중 하나를 갖지 않아야 한다. 그 배제 기준에 속하는 증상은 정신 질환, 조증을 가진 낮게 통제되는 양극성 장애, 경계성 혹은 반사회적 성격 장애, 안전 우려를 제기하는 약물 남용이나 알코올 사용, 약속을 지키지 못하는 무능력, 자살 시도 및 의도나 계획을 가진 자살 관념화, 지난 한 달 내 자해 등이다. 이러한 배제 기준은 집단 과정을 저해할 수 있으며 혹은 큰 집단 환경에서 가능한 것보다 더 긴밀한 모니터링을 필요로 할 수 있는 일부 조건들에 대한 우려로 채택하였다.

미래 방향들

PTSD에 대한 MBSR과 관련하여 발표된 문헌은 광범위하게 이용 가능한 형태에서, 즉 PTSD에 대한 과정의 내용이나 구조의 상당한 변경 없이 MBSR 참여와 연관된 결과를 보고했다. 그러나 프로그램이 주의깊은 알아차림을 가져오고, 정서적 무감각과 일상생활에서의 회피 패턴과 같이 PTSD의 미묘한 임상 발현에 대한 이해를 가져오려는 목표에서 PTSD에 특화된 교육을 포함시킨다면 PTSD를 가진 사람들이 더 큰 혜택을 경험할 수 있을 것이다. 따라서 미래 임상 적용의 한 가지 방향은 변경된 MBSR 과정이 PTSD의 주요 증상에 영향을 끼치는 데 있어 더 효과적일지 여부를 평가하는 것이 될 수 있다. 소규모의 무작위 통제 실험은 원격 의료 마음챙김 중재(MBSR을 기반으로)가 재향군인들을 위한 PDSD 치료의 실행 가능한 모델이 될 수 있다는 것을 제시한다(Niels et al., 2012). 마음챙김 중재를 특정 이상 인구집단에 맞추는 다른 선례들은 우울증에 대한 마음챙김 기반 인지 치료(MBCT)와 10대 청소년 사이의 현저한 문제를 다루는 MBSR의 수정된 버전을 포함한다(Biegel, Brown, Shapiro, & Schubert, 2009).

추가적인 문제는 MBSR이 이라크와 아프가니스탄 전쟁에서 돌아오는 더 젊은 세대의 재향군인들[OIF/OEF/Operation New Dawn(OND) 재향군인들]에게 수용 가능하고 효과적일지 여부를 평가하고, 수용 가능성과 효능을 강화하기 위해 어떻게 수정될 수 있을지 평가하는 것이다. 참여하고 혜택을 입은 OIF/OEF 재향군인들이 존재하기는 하지만, 우리 프로그램에 포함된 재향군인들의 평균 연령은 50대다. MBSR의 현재 형태가 귀향하는 OIF/OEF/OND 재향군인들에게 최적의 포맷일지 여부는 아직 답이 없는 중요한 문제다.

마음챙김 훈련의 또 다른 잠재적 미래 역할은 PTSD, 지속적 노출(PE) 치료 혹은 인지 처리 치료에 대한 외상 초점 치료에 참여하기 전에 사람들이 마음챙김 프로그램에 참여해 보도록 제공하는 것이다. 어려운 경험에 '함께 머무르는' 능력은 자기자비의 태도로 마음챙김 수행에서 발전되고, PE에서의 중도 탈락 비율을 감소시키는 잠재력을 가질 수 있다(여성 재향군인들의 무작위 통제 실험에서 38%로 나타남; Schnurr et al., 2007). 그리고 이에 따라 중재의 효과를 개선시킬 수 있다. 인지 처리 치료의 경우, 마음챙김 기술을 배우는 것은 외상 이후 발전할 수 있는 고정되고 제한적인 혜택에 주의를 기울이는 능력을 활성화하기 위해 가설화될 수 있다. 이런 식으로 마음챙김 훈련은 기존의 경험주의로 뒷받침되는 PTSD 치료와 함께 시너지를 발휘할 수 있다.

추가적인 미래 방향은 외상 이력을 가진 사람들에게 자신과 타인들에 대한 자비를 강화하도록 특별히 의도된 명상 수행을 탐구하는 것이다. 자기자비가 건강한 심리적 기능과 긍정적으로 연관되며(Neff, Rude, & Kirkpatrick, 2007), 흔히 PTSD의 환경에서 발생하는 자기비난, 반추, 사고 억제, 불안, 우울과 부정적으로 연관된다는 증거가 점차 증가하고 있다(Bennett & Wells, 2010). 한 연구에서는 10명의 자기자비 측정 결과 마음챙김 측정보다 자기자비가 우울, 불안, 걱정 및 삶의 질에서 보다 유리한 변량이 됨을 보고하였다(Van Dam, Sheppard, Forsyth, & Earleywine, 2011). 또 다른 연구는 청소년들의 요가 기반 중재에 대한 것으로 마음챙김과 자기자비는 삶의 질에 대해 그룹 효과를 중재했지만, 오직 자기자비만이 지각되는 스트레스에 대한 효과를 중재했다(Gard et al., 2012). 자애 명상(LKM)은 자신과 타인을 위해 친절과 자비를 함양하는 명상 수행이다. 자기자비와 자기 진정 능력을 육성하는 수행들은 PTSD를 가진 많은 사람이 오랫동안의 외상 경험 이력을 가지며, 거의 안전하거나 안심되는 느낌을 받지 못한다는 것을 고려할 때, 특히 외상 이력을 가진 사람들에게 도움이 되는 잠재력을 보유할 수 있다. MBSR에서 LKM은 일반적으로 8주 과정 중 6주와 7주 사이에 하루 동안의 마음챙김 피정(retreat) 동안에 도입된다. 우리는 고무적인 예비 결과에 따라(Kearney et al., 2013), PTSD를 가진 재향군인들에게 12주 LKM 과정을 제안하기 시작했다. LKM에서 참여자들은 조용히 긍정적인 의도를 담은 어구들을 반복한다. "나는 고통에서 해방될 수 있다. 나는 행복할 수 있다. 나는 안전할 수 있다." 참여자는 우선 참여자가 긍정적 존중을 보유한 누군가에게 긍정적 의도의 어구들을 향하도록 하고, 뒤이어 스스로에게 중립적인 사람에게 어려움을 겪었던 사람에게, 마지막으로 모든 존재에게 향하도록 요청 받는다(Salzberg, 1995). 극심한 외상 이력을 가진 많은 사람은 이러한 형태의 수행이 매우 유용하다는 것을 발견한다. LKM을 통한 긍정적 정서의 함양은 만성 PTSD의 만성적 소외, 정서적 무감각, 생기 없음의 감정들로 제시되는 수축성 증상의 특징에 도움이 된다는 가설을 세울 수 있다. 추가적인 연구가 필요할 것이다.

결론

PTSD는 외상의 일반적 결과이며 전 세계적인 문제다. 약물과 심리치료의 이용 가능성에도 불구하고, PTSD를 가진 많은 사람이 지속적인 증상을 경험하며, 삶의 질이 저하된다. PTSD를 가진 다수의 사람을 고려할 때, 모든 사람이 기존 치료에서 충분히 혜택을 얻거나, 참여를 선택하기 힘들다. 따라서 광범위한 실행에 적합한 추가 치료들이 필요하다. 최근 강화된 마음챙김, 친절, 자기자비의 발전을 활성화하는 중재가 실행 가능한 대안 혹은 PTSD에 대한 실행 가능한 대안 및 PTSD를 위한 표준 외상 초점 중재에 대한 보완 치료로 제안되어 왔다. 우리의 임상 경험과 연구는 다른 연구들과 함께 이러한 중재가 외상을 입은 재향군인들에 대해 유망하다고 제시한다.

제 18장

마음챙김으로의 아동 외상 치료

랜다이 J. 셈플(Randye J. Semple)
라일라 A. 매드니(Laila A. Madni)

어린 시절은 간혹 책과 영화에 나오던 목가적이고, 근심 걱정 없는 시간으로 특징지어지곤 했다. 그러나 연구에 따르면 모든 아동 중 3분의 2 이상이 최소한 한 번 성인이 되기 전에 잠재적 외상 사건에 노출된다(Copeland, Keeler, Angold, & Costello, 2007). 많은 아동이 가장 의존하는 사람들, 즉 부모, 보호자 혹은 기타 신뢰받는 위치에 있는 성인에 의해 학대를 당하거나 방임된다(예, Finkelhor et al., 2009). 어떤 아동들은 또래 친구들이나 좀 더 큰 아이들로부터 신체적·성적으로 폭력을 당하거나 따돌림을 당한다(예, Singer, Anglin, Song, & Lunghofer, 1995). 또는 화재, 사고, 자연재해, 생명을 위협하는 의학적 상태 등에 노출되기도 한다(예, Saltzman, Babayan, Lester, Beardslee, Pynoos et al., 2008; Vogel & Vernberg, 1993).

대다수의 경우 아동 외상은 부모의 실업, 이혼, 이웃의 범죄와 같은 부정적인 사회적 요인으로 인해 악화된다(Twenge, 2000). 미국에서는 1,550만 명의 아동이 연방 빈곤선 아래 소득으로 가족들과 살아가고 있다(Addy & Wight, 2012). 이러한 많은 아동은 부패하는 범죄 및 약물에 감염된 이웃과 함께 살아가며, 정기적으로 폭력 및 조직 폭력에 노출되고 있다(Schwab-Stone et al., 1995).

아동 외상의 결과

　외상 노출은 청소년기와 성인기 전체에 걸쳐 광범위한 정신적 · 의학적 · 사회적 · 학문적 · 직업적 · 범죄적 문제를 초래할 수 있다(Copeland, Miller-Johnson, Keeler, Angold, & Costello, 2007; Dube et al., 2006; Kubak & Salekin, 2009; Ramiro, Madrid, & Brown, 2010 참고). 학대당한 아이들은 보통 자신과 타인들에 대해 부정적 표상을 발전시키게 되며, 이는 아이가 사건을 어떻게 해석하고, 타인들과 어떻게 교류하는지에 영향을 끼친다. 이러한 아동들은 관계 문제 해결에 어려움을 겪을 수 있으며, 가족과 친구들에게 사회적으로 미성숙한 것으로 여겨질 수 있고, 타인들을 신뢰하지 못하며, 물리적으로 공격적이고, 정서적으로 과민 반응을 보이며, 전반적으로 학대를 당하지 않은 아동들보다 까다로울 수 있다(Hildyard & Wolfe, 2002).

　아동기에 가장 일반적인 외상 영향 중 하나는 외상 후 스트레스 장애(PTSD)의 증상을 포함한다(American Psychiatric Association, 2013). 아동들은 보통 인지, 정서, 생리, 행동 증상에 따라 외상 후 스트레스를 경험한다. 여기에는 외상 특이 두려움, 반복에 대한 두려움, 침투적 외상 관련 생각 및 이미지, 악몽과 기타 수면 장애, 불안, 우울증, 과민성 혹은 분노, 자신과 타인, 미래에 대한 비관적 태도들(Jon A. Shaw, 2000)이 있다. 행동적으로 아동들은 울기, 분노 발작, 분리 불안, 등교 거부 같은 연령 퇴행 행동을 보일 수 있다. 외상 후 놀이 재연, 신체적 증상, 외상을 상기시키는 요인에 대한 회피, 사회적 · 학문적 문제 또한 흔한 증상들이다(Vogel & Vernberg, 1993). 탈인격화나 정서 및 신체 감각에서의 분리 또한 외상 아동들에게서 일반적으로 나타난다(Michal et al., 2007). 회피행동은 주요 문제가 될 수 있다. 더 어린 아동일수록 일일활동을 회피하기 위해 더 많은 신체적 증상을 보일 수는 있지만, 이러한 회피행동은 사실상 청소년기의 모든 연령에서 나타난다. 한편, 청소년들은 스스로를 고립시키거나, 알코올 및 기타 약물 관련 문제로 발전할 가능성이 크다(Dube et al., 2006).

확실히 부모, 교사, 정신 건강 전문가가 직면하는 가장 중요한 문제 중 하나는 아동과 청소년이 만성적인 일상적 스트레스 요인, 희생 당함(victimization) 및 기타 잠재적 외상 경험들을 겪은 이후 생리적 · 행동적 문제를 회피하거나 극복하도록 돕는 것이다. 또한 이 책의 다른 장에서 성인의 경우에 그러했듯이, 이러한 아동의 치료에 도움이 될 수 있는 다수의 중재가 존재한다. 우리는 '마음챙김' 훈련이 특히 유용할 수 있다고 제시한다.

순간과 이후의 마음챙김

　마음챙김에 대해 종종 인용되는 정의 중 하나는 "현재의 순간에 판단하지 않고, 의도적으로 특정한 방식에서 주의를 기울이기"다(Kabat Zinn, 1994, p. 4). 성인의 다양한 기분과 불안 문제를 다루는 데 있어 구조화된 마음챙김 기반 중재들의 효과는 현재 잘 확립되어 있다(Hofmann, Sawyer, Witt, & Oh, 2010; Piet & Hougaard, 2011에 의한 최근 메타 분석 참고). 불행히도 이러한 접근이 아동들에게 끼치는 효과에 대한 연구는 제한적이며, 어떤 것도 아동들의 외상 후 스트레스 증상에 대해 특별히 다루지 않는다. 그러나 우리의 임상 경험에서 볼 때, 그리고 기존의 이론적 관점을 기반으로 할 때, 주의깊은 알아차림 수행은 외상 아동들을 치료하는 데 효과적이라고 알려진 많은 요소와 유사하다. 이러한 요소로는 부적응 외상 관련 인지, 정서 조절 기술, 생각에서의 탈중심화, 외상 기억에 대한 치료 노출이 있다(Briere & Lanktree, 2012).

　불안은 예상되는 위협이나 위험의 예상에 반응하여 겪는 감정이다. 외상 사건이나 상황은 아동의 기존 대처 능력을 압도할 만큼 충분히 강력하다. 심리적 · 인지적 · 정서적으로, 아동의 대처는 넘쳐나게 된다. 외상 사건 도중과 그 이후, 인지 파국화는 이미 매우 불쾌한 경험이었던 것의 영향을 추가로 상승시킨다. 아이의 불안은 문제 해결과 의사결정 능력을 저해한다(Bondolfi, 2005). 주의깊은 알아차림은 개인이 문제가 되는 상황의 가장 시급하고, 중요한 혹은 타당한 측면에 초점을 맞추어 머무르는 능력을 강화시키는 것으로 나타난다. 개인의 인지적 · 정서적 경험을 조절하고, 행동 반응을 더 잘 관리할 수 있게 되는 것은 외상 후 창의적 문제 해결을 향해 적용될 수 있는 상황 · 인지 · 정서 정보에 더 잘 접근할 수 있게 한다(Mennin, Heimberg, Turk, & Fresco, 2005). 주의깊은 알아차림은 순간에 일어나는 것을 더 명료하게 볼 수 있도록 한다. 즉, 능숙한 의사결정을 저해하고, 적절히 반응하거나, 최상의 행동 반응의 선택을 더 어렵게 만드는 파국적 사고 및 강렬한 정서 반응에 대해 인식한다. 이런 식으로 파국적 인지에서 분리될 수 있는 경우, 정서적 자기조절을 개선시킬 수 있으며, 선택들로 나타날 수 있는 것이 무엇이든 볼 수 있는 아동의 능력을 증가시킨다.

외상 후 불안은 종종 외상 사건을 촉발시키는 것 이상의 역할을 하며 지속된다. 외상 이후 심리적 디브리핑(debriefing, 경험 보고)과 마찬가지로 자연스러운 회복 과정을 실제로 지연시킬 수 있으며(Mayou, Ehlers, & Hobbs, 2000), 외상 상황이 해결된 후, 강한 감정에 의해 적응하지 못하거나, 왜곡된 경험에 관한 반복적인 인지적 반추는 외상 후 스트레스 장애의 가능성을 증가시킨다(Speckens, Ehlers, Hackmann, Ruths, & Clark, 2007). 따라서 사건 이후, 마음챙김 수행으로 발전하는 현재에 초점을 맞추는 사고의 명료성과 정서적 평정심은 보호 회복탄력성을 제공하고, 외상 후 스트레스 증상이 발병할 가능성을 줄여 줄 수 있다. 우리가 논의한 바와 같이, 외상 후 스트레스가 발병할 때에도 마음챙김은 인지적 재구성에서 정신 내적 노출 치료 형태에 이르기까지, 외상 아동에 대해 여러 가지 기능을 할 수 있다.

아동에게 마음챙김 적용하기

주의깊은 알아차림 수행은 클리닉, 학교, 지역사회, 명상 수련 환경에서 아동과 청소년들에게 빈번하게 교육되고 있다. 그러나 이러한 발달 적합성이나 유효성을 위한 기법의 평가는 매우 초기 단계에 놓여 있으며, 매뉴얼에 따른 치료는 거의 이용할 수 없다. 잘 통제된 유효성 연구들은 전망에 비해 여전히 제한적이다. 이 장에서 우리는 아동들을 위한 마음챙김 기반 치료가 외상 후 스트레스 증상을 겪고 있는 아동들에게 어떻게 도움이 될 수 있을지 분석할 것이다.

아동들에 대한 마음챙김 기반 인지 치료(MBCT-C; Semple & Lee, 2011)는 8세에서 12세 사이의 불안한 아동들에 대한 아동 친화적 심리치료다. 이는 두 개의 잘 알려져 있는 성인 프로그램에서 채택되었다. 바로 마음챙김 기반 스트레스 감소(MBSR; Kabat-Zinn, 1990)와 마음챙김 기반 인지 치료(MBCT; Segal, Williams, & Teasdale, 2002, 2013)다. 성인 치료법을 아동들에게 사용하기 위해 전환하는 것은 항상 중요한 실용적 조정을 필요로 하지만, MBCT-C의 이론적 모델과 광범위한 목표는 성인들의 MBSR 및 MBCT 프로그램과 일치한다.

MBCT-C는 마음챙김 훈련의 구조화된 12주 그룹 프로그램이다. 매주 상담 회기는 90분이 걸린다. 그룹은 일반적으로 6명에서 8명의 아이들과 1명에서 2명의 치료자들로 구성된다. 아동들의 프로그램을 시작하기 전에, 부모들은 오리엔테이션 회기에 참석한다. 이 회기 동안 몇몇 아동들의 마음챙김 활동들이 소개되고, 집에서도 아동들과 수행을 하도록 장려된다. 부모의 참여를 촉진하기 위해, 모든 아동은 각 회기에 그 주에 집에서 수행할 활동이 설명된 요약 문서를 받는다.

마음챙김은 주로 주의깊은 알아차림 활동을 수행함으로써 함양되며, MBCT-C는 성인 프로그램보다 훨씬 더 다양한 활동을 포함한다. 상위인지(metacognitive) 알아차림과 통찰력이 소크라테스식 질의의 과정에서 나오며, 각 마음챙김 활동 이후 치료자에 의해 대화가 활성화된다(Briere & Lanktreem, 2012). 이것은 성인의 MBSR과 MBCT 프로그램에서 수행되는 질의와 유사하지만, 일반적으로 별로 추상적이지 않은 설명과 더 명확한 수행 지도를 포함한다.

소개 회기 이후, 각 회기는 짧은 명상과 지난주에 집에서 한 수행 활동의 검토로 시작한다. 초기 회기에서 한 가지 치료 목표는 아동들이 마음챙김 수행을 원하는 자신만의 동기를 발견하도록 돕는 것이다. 이러한 동기는 보통 아동이 자신의 일상생활에서 마주할 수 있는 어려움과 관련된다. 일반적인 사례들은 소진성(debilitating) 테스트 혹은 사회적 불안을 다루고 싶어 하거나, 더 나은 분노 조절 기술을 발전시키고 싶어 하는 것을 포함한다.

어린아이를 45분 동안 그대로 앉아 있도록 해 본 사람이라면 왜 성인의 마음챙김 훈련 활동에서 중요한 조정이 필요한지 즉시 이해할 것이다. MBCT-C는 다양한 발달 필요성, 즉 인지, 정서, 신체, 주의, 관계 등을 초등학교 연령의 아동들에게 맞추려는 것을 의도로 한다. MBSR 및 MBCT와 유사하게, 아동들은 앉은 자세로 하는 호흡 명상, 단순한 요가 자세들, 그리고 신체 내부 감각을 탐구하는 인도된 활동으로 지향된 주의를 이용하는 바디 스캔으로 알려진 기법(Kabat-Zinn, 1990)을 수행하며 마음챙김을 함양해야 한다. 그러나 MBCT-C에서, 이러한 각 활동은 3~5분만 지속되어야 한다. 이러한 기초 기법들은 창의적인 반복과 다양성의 균형을 맞춤으로써 프로그램 전체에 걸쳐 여러 번 수행된다. 반복은 학습을 강화하고, 짧은 활동들은 아동들의 관심을 유지하기에 더 용이하다. 이러한 관례적인 성인의 마음챙김 활동 이외에, 아동들은 개인의 감각 양식(예, 맛, 촉감, 시각, 소리, 냄새, 신체 운동) 내에서 주의깊은 알아차림을 발전시키는 데 초점을 맞춘 광범위한 활동에 참여한다. 활동은 아이가 활동 시 순간마다 떠오르는 생각, 감정, 신체 감각에 주의를 기울이는 수행을 할 수 있도록 구조화된다. 마음챙김 먹기는 단순한 건포도를 먹는 것에 주의를 기울이는 것을 포함할 수 있으며, 마음챙김 접촉은 등 뒤에서 들고 있는 작은 대상(흥미롭거나, 특별한 촉감 재질을 가진 것으로 선택)을 탐구하는 것으로 길러진다. 마음챙김 듣기는 수용적(음악 듣기)이거나, 표현적(음악 만들기)일 수 있으며, 들으면서 아동이 곧 발견하는 내적 인지 소리에 귀를 기울인다. 보통 이러한 내적 소리는 경험에 대한 관찰이나 기술보다는 경험에 관해 빠르게 형성된 판단으로 구성된다. 아동들은 또한 서로의 무작위적(종종 우스운) 몸짓을 비추어 보고, 유념하면서 매우 천천히 걷거나, 꽃이 되어 보는(유념하면서 스트레칭을 하고, 성장하고, 햇빛을 보며 피는 동작들) 등의 마음챙김 운동 활동을 수행한다. 아동들의 참여를 지속시키고, 이들의 이해를 심화시키도록 돕기 위해 각 회기에 관련된 시와 이야기들이 포함된다.

『불안한 아동들을 위한 마음챙김 기반 인지 치료(Mindfulness-Based Cognitive Therapy for Anxious Children)』(Semple & Lee, 2011)라는 책이 이론적 모델에 대

한 전체 배경, 아동들에게 마음챙김을 가르칠 때 필요한 수정에 대한 기술, 각 중재 수행에 대한 회기별 가이드, 프로그램에서 사용되는 모든 자료를 제공하기 때문에, 이 장에서 우리는 MBCT-C에 대한 간략한 설명만을 제공할 것이다. 대신 우리는 MBCT-C의 핵심 개념에 대해 논의하고, 임상의들이 외상 아동에 대해 마음챙김 기반 중재를 사용할 때 고려해야 하는 몇 가지 쟁점을 분석할 것이다. 마음챙김이 광범위한 기반의 회복탄력성 접근이기 때문에, MBCT-C는 아동들이 스트레스와 불안을 조절할 수 있도록 개발되었다. 외상이 있거나, 학대를 당한 아동들은 치료 양식과 상관없이 고려되어야 하는 특별한 필요성을 가지고 있다.

마음챙김의 기초

아동들과 상담하는 특권을 가진 사람이라면 효과적인 아동 심리치료가 보통 유연하고 창의적인 접근과 건전한 인내를 필요로 한다는 것을 알고 있을 것이다. 자비수용과 온화한 유머 감각 또한 보통 유용하다. MBCT-C 모델은 치료자들에게 마음챙김에 대한 자기 자신의 경험을 통해 마음챙김을 가르치도록 권장한다. 이렇게 수행하는 것은 치료자가 자신의 개인생활에서 마음챙김을 함양하고, 경험을 기반으로 한 이해를 발전시키는 것을 필요로 한다. 이 모델에 따라 상담하는 것은 간혹 치료자가 아동에게 요청하는 것만큼 치료자에게도 요구할 수 있다. 아마도 외상이 있거나, 학대를 당한 아동들과 상담할 때 더욱 그러할 것이다. 때때로 아동들의 정서적 고통과 치료자 자신의 공감적 조율은 매우 강하게 느껴질 수 있다.

통증과 괴로움

외상의 경험들은 통증과 괴로움을 발생시킨다. 통증은 '실제 및 잠재적 조직 손상과 연관되거나 이러한 손상의 관점에서 설명되는 불쾌한 감각 및 정서적 경험'으로 정의되어 왔다(Merskey & Bogduk, 1994). 괴로움은 통증에 대한 정서적 반응이다. 우리는 외상 경험에 대한 생각과 감정이 경험을 직접 지각하는 것과 다르지 않을 때, 괴로움이 심화된다고 제시한다. 일부 외상 아동들의 경우, 경험에 관한 생각과 감정이 외상 사건에 대한 이들의 반응을 크게 증가시킨다. 그러나 우리가 먼저 아동들에게 주의깊은 알아차림 수행의 교육을 시작한다면, 우리는 일부 아동들이 자기 자신의 생각 및 감정과 관련하여 다른 길을 찾는다는 것을 알게 될 것이다. 이들은 자신들이 추론한 것이 반드시 사실은 아니며, 자신들이 두려워하는 것도 반드시 실제가 아니고, 생각들 또한 '단지' 생각에 불과하다는 것을 발견하게 된다. 이러한 생각들로부터의 '탈중심화(decentering)'는 아동의 자기자비와 정서적 평정심을 강화시킨다. 괴로움은 자기자비를 통해 외상 기억의 강도와 생생함을 인내하는 아동의 능력을 강화시킴으로써 감소될 수 있다.

판단과 수용

불교 심리학에 따르면 경험을 판단하는 것은, 특히 판단이 아동의 현실과 맞지 않는 강한 정서적 기억을 기반으로 할 때, 괴로움을 증가시키는 역할을 한다(Bhikkhu Bodhi, 1993). 아동이 우리 모두 절대 일어나서는 안 된다고 열렬히 기원하는 끔찍한 학대를 경험한 경우, 수용(비판단)을 가르치는 것은 특히 어려울 수 있다. MBCT-C 모델에서 수용은 단지 수동적 물러남의 태도가 아니다. 경험에 대한 수용이 타인에 대한 자비를 불러일으키고, 스스로에 대한 자비를 기르게 할 수 있지만, 그렇다고 반드시 타인을 용서하는 것과 관련되는 것도 아니다. 오히려 괴롭지만 외상 경험이 실제로 일어났다는 것을 온 마음으로 인정하는 것을 뜻한다. 이것은 꿈이나 환상이 아니다. 실제로 일어났던 일이다. 이것이 바로 수용이다. 그럼에도 불구하고, 이것은 현재가 아닌 과거에 일어났던 일이다. 판단을 안하지 않고, 외상 경험의 존재를 인정하고 수용하며, "좋아, 그렇다면 우리는 이제 무엇을 할 수 있는가?"라고 말하는 것이다.

스스로와 세상에 대해 '현재 해야 하는 것(Should-ing)'

삶의 대부분은 만족스럽지 않다. 이는 외상 사건이 우리의 통제를 벗어나 발생할 때 특히 그러하다. 외상 사건이 '일어나지 않았더라면(Shouldn't)'이라고 바라는 것은 정상적인 인간의 반응이다. 개인이 외상 경험 도중 혹은 외상 경험 이후에 '했어야 했던(Should)' 것에 초점을 맞추는 것 또한 개인의 통제를 벗어난 상황에서 무력감을 느끼는 공통된 반응이다. 다른 모든 것을 제외하고, 했어야 했던(혹은 일어나지 않았더라면) 것에 갇혀 있는 것은 현재 일어나고 있는 현실 그리고 외상 경험 동안 실제로 일어났던 일을 거부하는 것이다. 일어났던 현실을 정서적으로 밀어 버리는 것은 정서적 치유 그리고 경험을 넘어 전진하는 법을 배우지 못하도록 저해하는 부분일 수 있다. 우리는 불쾌한 현실을 치워 버리기 위해 이러한 자연스러운 반응을 어떻게 회피하는가? 그리고 이제 이에 대해 무엇을 할 수 있는가?

주의깊은 알아차림을 수행하는 것은 우리가 현재 순간을 더 명확하게 볼 수 있도록 한다. 현재 순간에 외상 사건은 일어나고 있지 않다. 현재 순간에는 선택들이 가능하다. 이러한 선택들을 보기 위해, 외상 기억으로부터 현재 순간으로 주의를 돌려야 한다. 주의를 돌리는 것은 수행을 필요로 한다. 예를 들어, 매 호흡에 주의를 기울이는 것은, 순간마다 매 호흡을 내려 놓는 수행과 같다. 이는 계속해서 되풀이된다. 이러한 호흡으로 현재에 머무르기 위해, 아이는 호흡을 할 때마다, 우선 과거의 호흡을 인지하고, 이후 놓아 버려야 한다. 순간마다 힘든 기억을 인지하고, 놓아 버리고, 다시 현재로 돌아와야 한다.

생각은 사실이 아니다

몇 가지 마음챙김 수행은 단순히 오고 가는 생각들을 관찰하는 것에 초점을 맞추며, 생각들이 사실이 아니라는 것을 반복된 관찰에서 배운다. 생각들은 마음속에서 일어나는 사건이며 혹은 카밧진(1994)이 제시했듯이 '단시 생각들'일 뿐이다. 다르지만 더 유용한 방식으로 자신의 생각들과 관계 맺는 법을 배우는 것은 탈중심화로 알려져 있다. 외상 사건 이후, 아동은 자신의 생각들이 외상 사건을 다시 일어나게 만들지 모른다는 느낌을 받을 수 있으며, 이는 아이의 불안을 증가 시킬 것이다. 반복적으로 이러한 불안이나 우울한 반추는 '자동적 사고'로 습관화 된다. 자신의 생각들과 관계를 맺는 새로운 방식을 배움으로써, 아동들은 생각들 을 자기동일성에 포함시키는 경향이 감소될 수 있다. 스스로를 반복적으로 부정 적이거나 자기비난적인 사고의 관점에서 규정하는 것은 현재 상황에서 어떤 선택 을 사용할 수 있는지 보는 능력을 제한시킴으로써, 이미 취약한 아동들에게 추가 적으로 피해를 입힐 수 있다(Frewen, Evans, Maraj, Dozois, & Partridge, 2008). 아 동들은 자기파괴적인 마음 상태에 갇히게 될 수 있으며, 이는 치유 과정을 차단할 것이다. 이것은 마음챙김 명상 수행이 원치 않는 생각을 제거할 것이라고 말하는 것이 아니다. 그러나 이러한 생각들과 관련하여 다른 방식을 알게 되는 것은 이러 한 생각들이 나타날 때 없애려 하는 것보다 더 쉬울 수 있다. 주의깊은 알아차림 은 아동들에게 자신의 생각들과 분리되는 느낌을 줄 수 있다. 그리고 아동들은 자 신들이 생각하는 모든 것을 믿을 필요는 없다는 것을 알게 된다. 이렇듯 생각과 현실을 혼동하지 않음으로써, 탈중심화는 확실하고 의식적인 선택들을 할 수 있 는 아동의 기회를 증가시킨다.

감정 또한 사실이 아니다

아동들은 보통 외상 사건 이후, 특히 외상이 보호자의 만성적 방임이나 학대에 관련된 경우, 강한 '정서적 기억들'을 발전시킨다(Gilbert & Tirch, 2009). 아동들은 이러한 경험들을 내재화할 수 있으며, 자기 자신을 무가치하고, 사랑할 줄 모르 며, 패배적이라고 느끼며 성장하게 된다. 외상 기억들은 강하며, 소거에 저항하는 경향이 있다. 이는 생존 특성에서 진화한 것일 수 있지만, 외상 처리 작업을 더 어 렵게 만든다. 외상의 정서적 기억은 제어할 수 없을 정도로 압도적이며, 빈번하게 방어적 해리 삽화를 촉발시킬 수 있다. 해리의 습관은 현재 순간에 일어나고 있는 것에 대해 알아차림을 유지하는 데 있어 장애가 된다. 지속적인 부정적 혼잣말(자기대화)은 부정적 자기도식(스키마)으로 발전한다. 기억들은 아동이 자신의 모든 경험을 어떻게 해석하는지에 영향을 끼친다. 부정적인 정서적 기억들은 어두운 필터 같이 되어 버려서, 현재 경험에 대한 아동의 해석을 왜곡시킨다. 부정적인 정서적 왜곡은 부정적 자기 도식을 유지시키고, 아동이 현재에 적합한 혹은 건전한 결정을 내릴 가능성을 감소시킨다. 외상의 정서적 기억들은 현실보다 더 실제가 되어 버린다. 마음챙김 수행은 아동이 해리되지 않고, 이러한 강렬한 감정들을 유지하고, 강한 감정들을 통해 호흡의 회복탄력성을 발전시키고, 감정들은 사실이 아니라는 것을 배우도록 도울 수 있다.

선택 포인트

아동과 청소년은 매일 다수의 선택을 한다. 일부 선택들은 어떤 색의 양말을 신을지 혹은 어떤 길로 학교를 갈지와 같은 사소한 것이다. 또 다른 일부 선택들은 하나의 또래 집단 혹은 또 다른 집단과 함께 어울려 갈지 선택하는 것처럼, 더 비중이 있게 느껴질 수 있다. 다른 선택들은 어떤 대학을 다닐 것인지와 같은 삶을 변화시키는 것으로 느껴질 수 있다. 그러나 매일의 선택들은 이러한 선택이 얼마나 큰지 작은지와 상관없이, 삶의 경로에 무언가 기여를 하게 된다. 계획은 개인의 목표에 도달하는 필수적 단계이지만, 선택을 하는 기회는 현재 순간에만 발생한다. 어떤 자동차를 구매할지 조사하는 경우처럼, 선택을 저울질하며 많은 시간을 보낸 적이 있는가? 그리고 그 순간이 왔을 때, 그렇게 많은 시간을 고려하며 보낸 선택과 전혀 다른 선택을 충동적으로 한 적이 있는가? 실제 선택은 항상 그 순간에만 이루어진다.

선택들은 오직 현재 순간에만 일어나기 때문에, 현재 무슨 일이 일어나고 있는지 더 밀접하게 들여다봄으로써, 우리는 더 많은 선택을 보게 될 수 있다고 가정하는 것이 타당할 것이다. 특히 더 가까이 들여다봄으로써, 아동들은 자신들이 보통 외부 사건과 별개인 내적 경험(생각, 감정, 신체 감각들)을 가지고 있다는 것을 발견하게 된다. 수련을 통해 아동들은 간혹 생각과 감정이 현재 순간의 외부 상황과 일치한다는 것을 알아차릴 수 있다. 그러나 대부분의 경우, 그러지 못한다.

아동들은 보통 자신들에게 일어나는 일을 선택할 수 없다. 이들의 많은 일상생활은 부모, 교사 혹은 더 나이 많은 아동에 의해 지시된다. 그러나 이들은 일어나는 일에 반응하는 방법을 선택할 수 있다. 어떤 반응 선택들이 있을 수 있는지 더 자세히 들여다보기 위해, 선택이 이루어질 수 있는 오직 그 순간에 주의를 기울여야 한다. 마음챙김은 마음과 몸을 동시에, 동일한 장소에 두는 수행으로 정의될 수 있다. 변하지 않는 과거에 대해 반추하거나, 알려지지 않은 미래에 대해 염려하는 것은 현재 순간에 일어나고 있는 일에서, 그리고 선택들이 이루어질 수 있는 장소에서 멀리 주의를 돌려 버린다. 주의는 제한적인 자원이다. '생각 속에서 길을 잃게 된' 아이는 현재에 주의를 잘 기울이지 못한다. 변하지 않는 과거에 초점을 맞추거나 알 수 없는 미래에 머무르는 주의에 따라, 아이는 현재 순간에 어떤 선택 포인트가 가능한지에 대한 주의를 쉽게 상실할 수 있다(Semple, Lee, Rosa, & Miller, 2010).

자기자비

자기자비는 보통 어린 시절 학대에 따른 정서 조절장애를 완충시킬 수 있다(Vettese, Dyer, Li, & Wekerle, 2011). 낮은 자기자비를 가진 아동들은 불안, 우울함의 반추와 해리 같은 부적응 대처 전략을 발전시킬 위험이 높은 상태에 놓이게 된다. 또한 자기자비의 높은 정도는 해리와 직접 관련된 것으로 나타난다(Neff & McGehee, 2010). 마음챙김은 일반적으로 다른 정서적 보호 인자들(자기친절, 보편적 인간성에 대한 감정)과 함께, 자기자비의 한 구성요소로 고려된다(Vettese et al., 2011). 성인의 경우, 마음챙김 수행은 자기자비와 타인들에 대한 자비로운 공감을 증가시키는 것으로 나타난다(Orzech, Shapiro, Brown, & McKay, 2009; Robins, Keng, Ekblad, & Brantley, 2012). 단순히 호흡이나 신체 감각에 초점을 맞춤으로써 되돌려진 주의는 자기비난적 반추의 빈도, 강도, 지속시간을 줄일 수 있다. 어

떤 인지적 재구성의 필요성 없이, 탈중심화는 부정적 혼잣말을 줄이고, 아동의 자
존감을 증가시킬 수 있으며, 자기역량에 대한 의식을 만들어 낼 수 있다(Semple
& Lee, 2011). 역설적으로, 습관화된 부정적 혼잣말에 대해 증가하는 알아차림과
이러한 혼잣말이 우울함이나, 불안 양상에 어떤 영향을 끼치는지 이해하는 것은
자기자비를 증가시킬 수 있다.

외상 아동에 대한 마음챙김 중재

심리교육

마음챙김 기반 심리교육은 일반적으로 심리적 증상에 관한 일부 심리교육을 포
함한다. 성인들의 외상 초점 치료와 유사하게 아동들이 공통된 증상과 외상에 대
한 반응을 알게 되는 것은 유용할 수 있다. 외상 스트레스 반응에 관해 아동들을
교육시킴으로써, 치료자는 외상 사건에 대한 잠재적 인지, 정서, 심리, 행동 반응
에 대한 이해와 수용을 전달하게 된다. 이는 외상 후 스트레스 반응을 정규화하
고, 아동이 경험을 죄책감이나 무가치함에 대한 증거로 내재화시키는 가능성을
줄이는 데 도움이 될 수 있다(Phoenix, 2007). 본질적으로 심리교육은 아동들이 자
기 자신의 피해에 대해 스스로를 비난하지 못하도록 하는 데 도움이 될 수 있다.
또한 심리교육은 정서의 확인, 공감의 함양, 더 높은 자기효능감, 개선된 문제 해
결 능력과 같이 회복탄력성 요인의 발전을 지원한다(Briere & Lanktree, 2012).

해리 대 탈중심화

해리와 주의깊은 알아차림은 연속체의 반대되는 양 끝과 반대되는 마음 상태에
있는 것으로 개념화될 수 있다(Corrigan, 2002). 어떤 의미에서 해리는 힘든 생각
및 감정에서 멀리 떨어져 보는 것이다. 이는 외상 사건 중이나 그 이후에, 경험의

강한 감정이 떠오를 때 일어날 수 있다. 해리의 삽화는 현재 순간에 일어나고 있는 것에 대한 접촉을 일시적으로 잃어버리는 짧은 순간에서부터 아동이 전혀 기억하지 못하는 긴 시간에 이를 수 있다. 해리는 PTSD를 발병시키는 위험 요인으로 알려졌지만 보편적이며, 심지어 간혹 외상 후유증에 도움이 될 수 있다. 외상 아동들은 압도적인 생각 및 감정을 다르게 느낄 수 있는 것을 포함하는 대응 전략으로 현재 순간에서 해리될 수 있다. 이는 외상 중 혹은 그 이후에 일어날 수 있다. 해리될 때, 아동은 자기 자신, 환경 그리고 주위 사람들과 분리된다.

마음챙김의 한 가지 목표는 매 순간마다 발생하는 내적, 외적 사건에 대해 명확하게 알아차리는 것이다. 지속적인 마음챙김 수행으로 나타날 수 있는 주요 치료 변화는 생각, 감정, 기억을 마음속에서 떠오르는 사건으로 경험하는 능력이 될 수 있다(Segal, Teasdale, & Williams, 2004). 탈중심화는 이러한 현상을 '단지 생각들' 혹은 '단지 기억들'로 명확하게 보는 상위인지 과정이다. 탈중심화는 아동이 자신의 내적 경험과 관계를 맺는 방식에서 변화를 장려함으로써, 초점을 좁게 맞추거나, 반추하는 사고를 변화시킬 수 있다. 생각이나 감정은 의심할 바 없는 현실에 대한 증거가 아니라, 마음속에서 순간적으로 일어나는 사건으로 경험되기 시작한다. 탈중심화는 적은 정서 반응으로 힘든 생각 및 감정을 바라보는 능력을 강화시키는 것으로 나타난다(Taylor et al., 2011). 우리가 우리 자신의 생각에 어떻게 반응할지 선택권을 갖는다는 단순한 알아차림은 탈중심화와 연관된 자기역량 강화 느낌의 바탕이 될 수 있다.

삶, 우주 그리고 모든 것에 대한 정신 내적 노출

회피하는 행동들은 외상 불안을 유지시키거나 악화시킬 수 있다(Mowrer, 1960). 성인들의 경우, 마음챙김과 수용은 외상에 대한 노출 이후 더 높은 심리적 조정과 연관된다(Smith et al., 2011). 반면, 대응 전략으로서 지속적인 해리, 경험회피, 정서적 이탈은 더 높은 PTSD 강도와 연관된다(Thompson, Arnkoff, & Glass, 2011). 주의깊은 알아차림 수행은 현재 순간에 일어나는 외적 사건을 정신 내적 사건과 구별하는 아동의 능력을 강화하는 것으로, 이러한 정신 내적 사건은 과거 외상 사건에 대한 다른 생각 혹은 정서가 담긴 기억을 포함한다. 이를 위해 아동은 해리와 같은 회피 전략을 사용하기보다, 힘든 생각과 감정을 직접 살펴보아야 한다. 본질적으로 주의깊은 알아차림 수행은 브리어와 랭크트리(Briere & Lanktree, 2012)가 대부분 설명한 것처럼 무조건적 정신 내적 노출의 형태로 고려할 수 있다. 이러한 힘든 정신 내적 사건을 바라보는 수행은 자신의 생각, 감정, 신체 감각에 대한 아동의 반응을 규정하는 정신적 표상으로 변화한다(Teasdale, 1999).

과각성, 탈감각, 신체 알아차림

신체적 이완이 마음챙김 수행의 목표는 아니지만, 수행 후 더 이완되는 느낌은 공통적인 '부작용'이다. 심리적 과각성, 동요, 근긴장, 신체 감각에 대한 과도한 주의는 외상의 일반적인 반응이다. 신체 감각은 보통 강렬한 외상 관련 감정과 연관된다. 명백한 사례들은 물리적 혹은 성적 학대를 포함하지만, 의료 응급상황이나 자연재해 같은 경험 또한 과민한 외상 관련 신체 감각을 만들어 낼 수 있다. 아동들은 감정과 신체 알아차림 양쪽을 차단함으로써(본질적으로 몸속에 있는 것보다 머릿속에 사는 것을 선택하는), 이러한 외상 사건과 연관된 감정의 강도를 제어하고자 할 수 있다. 이것이 처음에는 보호하는 것으로 나타나지만, 신체에 주의를 기울이지 않는 것은 힘든 경험의 정서적 처리가 불완전하다는 것을 뜻한다. 결과적으로, 진행되는 노력들은 이러한 감정 관련 신체 감각이 알아차림에 진입하지 못하도록 억제하는 것을 필요로 한다. 일부 아동들의 경우, 신체 감각에 대한 알아차림을 의도적으로 구축하는 것을 매우 어려워 할 수 있으며, 강렬하고, 표면상 압도되는 감정을 불러일으킬 수 있다. 치료자들은 신체에 초점을 맞추는 마음챙김 활동 동안 이러한 징후에 주의를 기울이는 것이 중요하다. 치료자는 각 아동이 신체 감각의 알아차림을 전적으로 차단하는 것과 정서 - 감각 경험의 강도에 따라 압도되는 느낌을 받는 것 사이에 유익한 균형을 발견하도록 도울 수 있다. 호흡 명상은 아동이 현재 순간에 신체 감각을 부드럽게 알아차릴 수 있도록 하는 차분한 토대를 제공할 수 있다. 일부 아동들은 유념하여 걷기 혹은 요가 수행과 같은 운동 활동이 바디 스캔 같은 활동보다 더 쉽다는 것을 발견할 수 있을 것이다. 마음챙김은 아동들이 자기 자신의 신체 감각으로 다시 연결되면서, 정서적으로 더 안정된 상태에 있도록 하는 방법을 제공할 수 있다.

과거, 현재와 미래 구별하기

마음챙김 수행은 현재의 순간을 명확하게 보는 수행이다. 일부 외상 후 스트레스 증상은 과거에 초점이 맞추어져 있다. 즉, 아동의 주의가 과거 외상 경험을 기억하는 것에 맞추어져 있으며, 이는 반복적·침투적 생각을 만들어 내는 데 기여할 수 있다. 다른 증상들은 미래에 초점을 맞추는 경향이 있다. 예를 들어, 예기 불안(anticipatory anxiety), 그리고 외상과 연관된 장소 및 사람들에 대한 행동적 회피는 아동이 특정 장소 혹은 특정 사람에게 가까이 갈 경우 외상이 재발될 수 있다고 믿을 때 발전하거나 악화될 수 있다. 그러나 주의는 한정된 자원이다. 우리 중 누구도 모든 생각, 감정, 지각, 감각 혹은 각 순간에 발생하는 사건에 완전한 주의를 기울일 수 없다. 이러한 제약을 고려할 때, 현재에 초점을 맞춘 알아차림을 함양시키는 것은 필연적으로 우리가 과거나 미래 사건에 관한 생각 및 감정에 주어야 하는 주의를 줄일 수 있다. 현재 순간에 더 몰입하여 살아가는 것은 외상 아동이 과거 경험을 놓아 보내고, 미래에 대한 두려움을 줄일 수 있도록 돕는다.

집에서의 수행과 생활

12주간의 MBCT-C 프로그램 동안, 아동들은 매일 집에서 마음챙김 수행에 몰두하도록 장려 받는다. 목표는 이러한 수행을 아동의 일상생활로 통합하는 것이다. 보통의 상황에서 집에서의 수행 활동은 그 자체로 마음챙김의 일일 수행 발전을 저해할 수 있는 장애물에 대한 알아차림을 고취시킨다. 대부분의 경우, 아동들은 단순히 이러한 경험에 주목하고, 다음 그룹 논의 때 논의할 것을 권장 받는다.

개인의 집에서의 수행에서 발생하는 문제에 주의를 기울이는 것은 마음챙김의 추가적 함양을 지원하는 활동이 된다.

불행히도 아동 외상의 일반적 근원은 바로 가족의 방임이나 학대다(Jennifer A. Shaw, 2010). 만성적으로 지원받지 못하거나, 학대받는 환경에서 살아가는 것은 아동의 정서적 건강에 부정적 영향을 끼치고, 임상 치료가 필요하게 될 가능성을 증가시킨다(Dube, Felitti, Dong, Giles, & Anda, 2003). 클리닉(혹은 학교 기반) 프로그램에서 주의깊은 알아차림 수행을 배운 이후, 아동은 외상의 근원인 방임하는 혹은 학대하는 가정으로 돌아가게 될 수 있다. 일부 아동들의 경우, 마음챙김 수행을 발전시키는 지원을 부모 혹은 보호자에게서 얻는 것이 어렵거나, 불가능할 수 있다. 아동이 높은 스트레스 상황에 놓인 경우, 마음챙김 기반 치료 프로그램을 시작하는 결정은 세심한 고려를 필요로 한다. 여전히 건전하지 않은 환경에 빠져 있으면서, 고조된 부정적 생각과 감정에 대한 접근을 증가시키는 것은 일부 외상 아동들을 정서적으로 압도할 수 있다(Briere & Lanktree, 2012). 또한 아동들은 보통 인내할 수 없는 환경을 제어하기 위한 대처 전략으로 해리를 이용한다. 이는 주의깊은 알아차림 수행을 배우고, 적용하는 것을 모두 저해할 가능성이 있다. 가장 큰 문제는 가정환경이 문제의 가장 큰 부분일 때, 아동의 가정 수행을 지원하는 방법에 대해 알아내는 것이다. 우리는 외상 청소년에 대해 마음챙김 훈련을 시작하는 경우 여러 잠재적 금기사항에 관해 확인해야 한다.

결론

마음챙김 기반 중재는 아동의 인지적 · 정서적 · 생리적 · 행동적 외상 후 스트레스 증상을 치료하는 데 있어 상당한 전망을 보여 준다. 마음챙김을 수행함으로써, 아동들은 외상 기억과 다른 정신 내적 사건을 자신의 현실과 구분하는 데 더 능숙해질 수 있다. 단순히 우리의 한정된 주의 용량으로 인해, 현재에 대한 주의깊은 알아차림 수행은 과거 지향 외상 기억과 미래 지향 예기 두려움을 줄일 수 있다. 성인들을 위한 마음챙김 기반 치료는 점차 특정 임상 문제에 초점을 맞추고 있다. 이러한 접근은 불안과 우울증 증상을 감소시키면서, 주의와 정서 자기조절을 강화하는 데 효과적인 것으로 나타난다. 따라서 성인과 아동의 외상 후 스트레스 증상을 치료하는 데 있어 마음챙김의 역할에 많은 관심이 집중되고 있다. 스트레스 관리를 위한 아동 친화적 마음챙김 프로그램이 학교와 지역사회 센터에서 사용되고 있으며, 임상 환경에 대해 개발되고 있다. 성인의 기분과 불안 장애를 치료하는 데 있어 마음챙김 기반 중재의 효능을 뒷받침하는 최근의 폭발적인 연구를 고려할 때, 외상 아동들의 특정 임상 주제에 초점이 맞추어진 마음챙김 기반 중재의 추가적 개발은 전망 있는 결과를 낳을 것으로 예상된다.

제 19 장

외상 관련 해리에 대한 마음챙김과 명상

린 C. 왈드(Lynn C. Waelde)

해리는 외상 사건에 대한 일반적인 반응이다. 많은 형태의 외상 관련 해리 (TRD)가 존재하지만, 모두 현재 순간의 주의에 대한 단절과 인지 및 다른 기능의 제어 상실을 포함한다. TRD의 삽화는 보통 외상 사건의 상기 요인에 의해 촉발된 다. 이러한 상기 요인이 유발하는 외상 촉발과 해리 삽화는 보통 내담자와 치료자 가 확인하기 어렵기 때문에 주의 깊은 평가가 중요하다. 만성 TRD는 회피의 형 태로서, 외상 반응이 해결되는 것을 막고, 심리치료에 대한 참여를 저해할 수 있 기 때문에, 외상 치료에서 해리를 다루는 것이 중요하다(Cloitre, Petkova, Wang, & Lu, 2012). 마음챙김과 명상(MM) 수행은 외상 환자들이 외상 촉발에 직면할 때에 도 현재 순간에 대한 주의의 연속성을 유지하도록 돕는 데 사용될 수 있다. 이 장 에서 검토하는 바와 같이, 이러한 강력하고 오랜 사용으로 효과가 입증된 수행은 마음챙김, 탈중심화, 정신적 각성 조절의 역량들 그리고 발생한 외상 반응에 의해 압도되기보다, 이러한 반응을 내려놓는 능력을 구축함으로써 현재 순간에 대한 주의를 장려한다. 이 장은 TRD를 극복하기 위해 MM 수행을 사용하는 방법에 대 한 몇 가지 실용적인 제안사항을 제공한다.

TRD의 유형들

TRD는 불완전한 현재 순간의 자각과 제어를 수반하는 보편적 특성을 가진 광범위한 경험을 포함한다. 고전적 정의에 따라, 해리는 "의식과 기억의 흐름으로 사고, 감정, 경험의 정상 통합"이 결여된 것과 관련된다(Bernstein & Putnam, 1986, p. 727). 최근의 검토는 현재 순간에 대한 알아차림의 연속성 상실이 TRD의 여러 형태에서 공통적이라는 것을 보여 준다(Carlson, Dalenberg, & McDade-Montez, 2012). 알아차림에서 해리로 인한 공백은 침투적 재경험 증상에 따라 동반될 수 있다. TRD 증상들은 외상 관련 생각, 감정, 이미지, 감각 지각, 행동, 순간적 회상(플래시백)의 원치 않는, 비자발적 침투를 포함하는 재경험과 관련되며, 이러한 침투들은 일상적 경험으로부터의 분리 혹은 거리감을 수반하기 때문에 TRD를 구성한다(Holmes et al., 2005). Carlson과 동료들(2012)은 감각 자극들이 외상 사건과 관련된 것으로 잘못 인식될 때 일어나는 망상이 TRD의 형태라고 지적했다. 또한 TRD는 개인의 경험, 기억, 자아와 환경에 대한 지각과의 분리 혹은 왜곡으로 나타난다. 개인의 경험과 분리되었음을 일반적으로 보여 주는 것은 개인의 현재 순간 경험을 '지워 버리는 것(blanking out)' 혹은 놓치는 것(침투적 재경험의 결여)과 해리성 기억상실을 포함한다. 비현실감은 개인의 경험이나 주위 환경이 영화를 보거나, 꿈을 꾸는 것처럼 '비현실적'이라는 느낌을 갖는 것과 같이 사건이나 환경의 왜곡을 뜻한다. 이인증(depersonalization)은 하나의 신체 부분이 과도하게 크다고 느끼거나, 신체에서 분리되었다고 느끼는 것처럼, 자기 자신이나 자신의 신체에 대한 왜곡된 지각을 포함한다. 칼슨(Carlson)과 동료들은 또한 TRD에서 정체성 변화들이 일어나지만, 해리성 장애에서보다는 덜 심각한 경향을 보인다고 지적했다. 사례는 외상 촉발에 반응하여 '살인자 자아'로 나타나는, 외상 후 스트레스 장애(PTSD)를 가진 재향군인의 정체성 변화를 보여 주었다(Waelde, 2004).

TRD는 극도의 스트레스에 대한 반응으로 발생한다. 외상 사건 동안 혹은 외상 사건 직후에 일어나는 해리는 주변 외상성 해리(peritraumatic dissociation)라고 불린다(Briere, Scott, & Weathers, 2005). 주변 외상성 해리는 두려움과 기타 압도적인 감정에 대한 반응으로, 자동적인 행동, 무통증, 이인증 그리고 외상의 전체 충격에서의 고립을 포함하기 때문에 생존 가치를 가지고 있는 것으로 보인다(Dalenberg et al., 2012; Lanius, Brand, Vermetten, Frewen, & Spiegel, 2012). 해리가 짧은 시간 안에 알려질 수 있다는 믿음에도 불구하고, 만성 해리는 PTSD 같은 외상 노출 결과에 따른 회복을 저해하는 것으로 여겨진다. 이는 해리가 회피의 개인을 외상 상기 요인에 의해 촉발된 고통으로부터 거리를 두게 만들고, 해결과 통합을 막으며, 회피의 한 형태로 기능하기 때문이다(검토를 위해 Waelde, Silvern, Carlson, Fairbank, & Kletter, 2009).

마음챙김으로 해리 극복: 사례

내담자들은 일상생활에서 TRD 촉발 요인들에 대처하기 위해, 치료자와 회기에서 MM을 먼저 수행함으로써, MM 사용을 배울 수 있다. 예를 들어, 전투 중 사고로 인해 외상을 가지게 된 한 재향군인은 세 번째 차 사고를 일으킨 후, 심각한 해리로 인해 치료를 받게 되었다. 이 사고들 동안 무슨 일이 일어났는지 탐구함으로써, 그는 자신의 해리를 무엇이 촉발시키는지에 대해서는 잘 알지 못했지만, 사고 당시 자신이 해리되었고, 앞에서 차가 멈추는 것을 알아차리지 못했다는 것을 깨달았다. 그는 현재 순간에 대한 주의의 연속성을 유지하도록 돕는 방식으로 명상을 하려는 열의를 가지고 있었다. 치료에서 명상 수행 중, 그는 앉아 있고 호흡하면서 신체 감각에 대한 주의와 방 안의 소리에 대해 주의를 기울이며, 현재 순간에 대한 주의를 유지하기 위해 노력했다. 그는 침투적인 외상 관련 기억에 대한 반응으로 그의 주의가 '차단'되기 전에, 몇 분간 그의 주변과 자기 자신에 대해 주의를 기울일 수 있도록 주목하였다. '내려놓기' 수행은 그가 이러한 침투들과 연관된 괴로움을 인내하도록 도왔다. 괴로워지게 됨에 따라 그는 괴로움을 느꼈던 곳으로 바로 호흡을 내쉬고, 풍선이 부풀며, 그 안에 있는 괴로움과 긴장의 감각이 해소되는 것을 상상했다. 호흡을 내뱉을 때, 그는 자신의 호흡과 함께 괴로움이 나가는 것을 상상했다. 두 번의 치료 회기 이후, 자신감을 얻게 된 그는 피하거나 반추하려 하지 않고, 괴로움의 재경험을 제어할 수 있었으며, 매일 짧은 명상 수행을 할 준비가 되어 있었다. 그는 자신의 주의가 가변적이지만, 의자의 팔걸이에 있는 자신의 팔에 대한 감각에 주목하면서, 현재 순간에 대한 주의를 유지할 수 있다는 것을 알아차리기 시작했다. 일상생활에서 그가 의자에 앉았을 때, 그는 호흡과 그의 손바닥에 접촉하고 있는 왼쪽 손의 손가락의 감각에 주의를 고정했다. 또한 호흡의 흐름을 주목하는 것이 자신이 현재 순간에 고정되도록 도왔으며, 자신의 괴로움 수준에 관한 단서를 제공한다는 것을 발견했다. 그의 호흡은 그가 침투적 사고와 감정들을 갖게 될 때, 그리고 더 괴로워질 때 가속화되거나 불규칙해지고, 얕아졌다. 현재에 머무르는 그의 역량 증가는 자신의 TRD에 대한 특정 촉발 요인을 확인할 수 있도록 도왔다. 예를 들어, 그는 자신의 앞에서 차가 갑자기 서는 경우, 전투에서 사고에 선행했던 것을 상기시키며, 자신을 촉발시킨다는 것을 알아차렸다. 그가 주목하는 것에 능숙해짐에 따라, 주의의 흐름이 촉발 요인에 의해 다른 곳으로 돌려질 때, 호흡의 흐름과 손바닥에 접촉하고 있는 왼쪽 손가락의 감각에 초점을 맞춤으로써 현재에 대한 주의를 유지할 수 있었다. 시간이 흐름에 따라 그는 해리되거나, 과도하게 고통 받지 않은 채, 외상 촉발 요인을 과거 사건에 대한 상기 요인으로 인내하는 법을 배웠다.

TRD와 외상 촉발 요인들

사례에서 보여 주듯이, 외상 사건의 상기 요인은 TRD의 삽화를 촉발시킬 수 있다. 외상 촉발 요인은 고통의 재경험이나 해리와 같은 외상 후 증상을 유발한 외상 사건 동안 나타난 것과 유사한 자극이다. 이러한 것들은 신체 위치나 통증 같은 내적 자극 혹은 소리, 보이는 모습, 냄새와 같은 외적 자극일 수 있다. 외상 촉발 요인은 외상 사건 초에 존재하거나 사건이 갑자기 악화되었을 때 존재한 감각 자극이다(Ehlers & Clark, 2000). 외상 기억은 보통 파편화되어 있고, 쉽게 언어로 접근할 수 없으며, 외상 촉발 요인은 시간이 흐름에 따라 일반화될 수 있다. 따라서 치료자와 내담자가 TRD와 과거 외상을 촉발시키는 상황들 사이에 연결을 이해하기 어려울 수 있다. 내담자들은 해리를 촉발시키는 감정과 상황을 인지할 수 없기 때문에, 이들은 무엇이 이러한 상태를 유발했는지 모르는 채로 빈번하게 극도의 고통을 받거나 해리될 수 있다. 이러한 문제를 가진 외상 생존자는 자신들이 '미친 것'인지 혹은 공황 장애와 정신 이상을 가진 것인지 우려하게 될 수 있다(Waelde, 2012). TRD를 이러한 다른 상태들과 구분하기 위해, 그리고 외상 상기 요인을 마주했을 때에도 내담자가 현재 순간의 알아차림과 기능을 유지하는 능력을 발전시키도록 돕기 위해 주의 깊은 평가가 필요하다.

TRD의 평가

TRD는 보통 내담자가 자기보고를 하기가 어려우며, 해리의 발현은 각 치료 회기마다 다를 수 있다(Briere & Armstrong, 2007). TRD의 경험들은 현재 순간 알아차림의 정상적인 흐름과 분리되며, 보통 내담자들이 이러한 경험을 설명할 말을 찾기 어렵게 만든다. 또한 TRD는 임상 상호작용에서 관찰하기 어려울 수 있다. TRD를 정상적인 잠깐 사이의 부주의 혹은 두뇌 손상이나 모욕으로 비롯될 수 있는 심각한 주의 문제와 구별하는 것이 어려울 수 있다. TRD를 주의 문제와 구별하는 것은 주의의 불연속이 외상 촉발 요인에 대한 반응인지 혹은 괴로운 감정에 대한 더 장기적인 적응을 나타내는 것인지 여부에 달려 있다. 정서 조절 문제를 가진 만성 외상 환자가 습관적으로 힘든 감정에 대한 반응으로 해리될 수 있지만, TRD는 일반적으로 외상과 관련된 압도적 감정이나 기억에 대한 자동 반응이다(Cloitre, Cohen, & Koenen, 2006). TRD는 본질적으로 현재에 완전히 주의를 기울이고, 과거와 미래의 경험에 대한 의식과 통합되는 방식으로 자신의 행동, 감정, 사고를 관찰 및 반영하는 능력의 상실과 관련된다(van der Hart, Nijenhuis, & Steele, 2006). TRD를 감지하는 방법인 자기보고와 임상 관찰의 어려움으로 인해, 브리어와 암스트롱(Briere & Armstrong, 2007)은 내담자와 치료자가 전체 범위의 TRD 증상과 촉발 요인을 탐구할 수 있도록, TRD에 대한 구조화된 평가를 권장했다. 이들은 증상이 발생할 때 이러한 증상이 어떻게 경험되는지, 어떤 상황 및 감정이 TRD를 촉발시키는지 주목함으로써 치료자와 내담자가 TRD 증상을 상세하게 탐구해야 한다고 지적했다. 구조화된 평가를 이용하는 것은 치료자와 내담자가 TRD의 유형 및 촉발 요인을 확인하도록 도울 것이며, 치료 회기 동안 나타나는 TRD의 식별을 지원할 것이다. TRD가 내담자에게 어떻게 나타나는지에 관한 정보는 치료자가 회기 중 MM 수행의 효과를 평가하도록 도울 것이다. 다음에서 설명되는 바와 같이, 주의 깊은 모니터링은 내담자가 수련 기간 중 해리되기보다 MM을 효과적으로 사용하도록 보장할 것이다.

TRD와 마음챙김 명상

TRD에 대해 마음챙김 및 관련된 명상 수행을 사용하는 것은 반직관적일 수 있다. 많은 내담자는 명상이 몰입, 초월과 유사하거나, 단절된 상태 혹은 공상으로의 탈출을 수반한다고 믿을 수 있다. 내담자들은 또한 명상이 인지 회피 및 현재 순간 자각의 연속성 상실을 포함하는지 여부와 이에 따라 외상 내담자들에게 부적합하거나, 심지어 위험한 것은 아닌지 궁금해 할 수 있다. MM과 해리는 둘 다 현재 순간에 대한 주의와 알아차림의 특성에 영향을 끼치지만, 상태는 완전히 다르다(Lau et al., 2006; Waelde, 2004). 마음챙김은 최소한 두 가지 구성요소를 포함한다. 사고, 감정, 감각 경험에 대한 알아차림을 포함하여, 현재 순간 경험의 연속성을 유지하기 위한 주의의 자기조절 그리고 현재 순간 경험에 대한 수용, 호기심, 열린 마음의 지향이다(Bishop et al., 2004). 경험에 대한 마음챙김 지향은 일시적 마음 상태인 사고와 감정에 관해 과도하게 이들과 동일시되거나, 현실로 받아들이는 대신, 더 광범위한 알아차림의 분야에서 자기성찰적이 되는 능력인 탈중심화를 장려한다(Teasdale et al., 2002). MM 수행자들은 발생하는 정신적 소재를 경험하지만, 이러한 소재들을 상술하고, 분석하고, 반응하고, 반추하는 대신 놓아 보낸다. 명상 수행에 수반되는 호흡 초점 또한 생리적 각성을 조절하도록 도울 수 있으며(Ospina et al., 2007; Waelde, 2008), TRD 및 다른 외상 증상을 가진 사람들에게 확실히 유익할 수 있는 정서 조절을 장려한다(Arch & Craske, 2006).

이러한 MM 수행의 구성요소는 TRD를 극복하는 데 필요한 역량을 발전시키기에 매우 적합하다. 반 데르 하트와 동료들(van der Hart et al., 2006)에 의해 논의된 바와 같이, TRD의 기술은 현재 순간에 유념하는 역량, 감정과 충동을 조절하고, 인내하는 역량, 과각성을 조절하는 역량을 포함하여 정확하게 지각하는 현실을 수반한다. 앞선 검토는 이러한 모든 영역이 MM 수행에 의해 직접적으로 개선될 수 있다는 것을 보여 준다. MM 수행은 또한 반 데르 하트와 동료들(2006)에 의해 언급된 다른 기술 영역들의 발전도 지원할 수 있다. 예를 들어, MM은 경험을 말로 기호화하는 능력을 강화시킬 수 있다. 이는 경험에 주의를 기울이고, 수용하는 것이 언어 표현의 토대가 되기 때문이다. 또한 시간 관리, 조직, 문제 해결 역량이 MM에 의해 지원될 수 있으며, 이는 이러한 더 복잡한 기능이 주의 조절 역량에 의해 제대로 역할을 할 수 있기 때문이다. 다음에서 논의하는 바와 같이, 현재 순간 경험에 주의를 기울이는 능력 또한 PTSD에 대한 인지와 노출 치료의 핵심 구성요소다.

외상 치료에서 MM 사용을 위한 고려사항들

MM은 내담자들이 외상 촉발 요인을 확인하고, 촉발 요인에 노출될 때 현재 순간에 대한 주의를 유지하도록 돕는 것을 목표로 하는 외상 초점 치료로 통합할 수 있다. 인지 치료의 관점에서, 외상 상기 요인에 대한 노출은 생존자가 외상 사건을 과거에 있었던 일로 받아들이고, 취약성과 위험에 대해 진행되는 느낌을 줄여 주기 때문에 외상을 해결하는 데 도움이 된다(Ehlers & Clark, 2000). MM 수행은 외상 상기 요인에 대한 노출을 인내하는 능력을 지원한다. 최근의 경험적 연구는 경험들에 대한 비판단적 마음챙김이 외상 대학생들에 대한 연구에서 낮은 수준의 PTSD 회피 증상과 연관된다는 것을 발견했다(Thompson & Waltz, 2010). 노출치료에서 마음챙김 훈련은 알아차림을 유지하고, 조건화된 자극을 인내함에 따라 소거를 촉진하는 능력을 증진할 수 있다(Treanor, 2011). 일상생활에서 현재 순간에 대한 주의를 유지하는 것은 외상 상기 요인에 대한 자연스러운 노출 기회를 육성할 수 있다. 치료에서의 노출 절차와 같이, 자연스러운 노출은 현재의 취약성과 위험에 관한 인지를 재구성하도록 돕는다(Nemeroff et al., 2006). 주의 조절의 혜택 이외에, 호흡 알아차림은 정서 조절을 개선시키고, 이완을 증가시킬 수 있는데(Arch & Craske, 2006; Nemeroff et al., 2006), 이는 결국 외상 상기 요인에 대한 자연스러운 노출의 인내를 촉진할 수 있다. 요컨대, 마음챙김 훈련은 괴로운 생각과 감정의 수용을 촉진함으로써 회피를 저해하기 때문에 TRD 치료를 지원할 수 있다(Follette, Palm, & Pearson, 2006).

어떤 유형의 MM 수행이 도움이 되는가? 많은 저자는 마음챙김과 집중 명상 수행 사이에 구분을 크게 강조했으며, 최근 연구는 마음챙김 명상이 호흡에 대한 초점과 같이, 초점적 주의(focusd attention: FA)의 기간으로 시작하여, 경험의 흐름에 대한 비반응적 · 비선택적 주의를 포함하는 개방적 관찰(open monitoring: OM)로 진전된다는 것을 보여 준다(예, Lutz, Slagter, Dunne, & Davidson, 2008). 또한 최근의 연구는 보통 집중으로 여겨지는 명상의 형태들이 마음챙김을 증가시킬 수 있으며(Tanner et al., 2009), 따라서 마음챙김(혹은 관련된 구성)은 다양한 명상 형태에 일반적일 수 있다고 한다. FA에서 OM 상태로의 전이는 많은 명상 형태에 있어 일반적일 가능성이 크다. 예를 들어, 호흡 초점의 만트라 반복 수행(즉, 호흡과 동기화되는 방식으로 단어와 음절의 침묵 암송)은 호흡에 대한 단순한 주의깊은 알아차림으로 제공되는 것을 넘어, 추가 인지 구성을 필요로 하는 내담자들에게 호흡 초점적 주의를 유지하기 위해 더 구체적이고 구조화된 방식을 제공하도록 설계된다. 주의가 만트라 반복으로 안정된 후, 수행자들은 열린 알아차림의 수행으로 넘어갈 수 있다(예, Waelde, 2005). 다음에서 설명하는 바와 같이, 더 심각한 증상을 가진 사람들의 경우, 호흡에 대한 초점이 증상을 촉발시킬 수 있음에 따라 초기 단계들에 손이나 팔과 같이 신체 주변의 감각에 대한 주의깊은 알아차림이 더 선호된다(Germer, 2005).

그러나 TRD를 가진 많은 내담자는 회피를 극복하는 것으로는 동기 부여되지 않는다. TRD는 압도적인 괴로움의 전체적 영향이 현재 순간의 알아차림을 하지 못하도록 기능한다. 치료에서 외상 상기 요인에 대한 노출은 생존자들에게 있어 강하게 고통스러울 수 있으며, TRD를 유발할 수 있다. TRD 치료에서 MM을 사용하는 것의 근거는 내담자가 해리 없이 외상 소재를 인내하는 능력을 발전시키도록 돕는 것이다. MM 수행은 있는 그대로 외상 촉발 요인의 경험, 즉 취약성과 위험을 보여 주는 것이 아니라, 과거 경험에 대한 상기 요인을 현재에 경험하는 것으로 촉진할 수 있다. 예를 들어, 외상 생존자들은 보통 자신들의 신체 감각에 무감각하며, 이는 외상 관련 재경험과 해리에 대한 촉발 요인으로 작용할 수 있다. MM은 신체 감각이 외상 촉발 요인이 아닌, 현재 순간에 일어나는 것으로 경험될 수 있도록, 신체 상태에 대한 알아차림을 촉진한다. 신체 감각에 대한 주의깊은 알아차림은 내담자에게 자신의 신체가 땅을 기반으로 서 있으며, 안전하다는 느낌을 제공하고, 이는 결국 괴로운 생각 및 감정에 대한 인내를 촉진할 수 있다. 인지 수준에서 MM은 탈중심화를 권장하며, 이는 내담자가 외상 사건에 관해 현재의 위협을 나타내는 것이 아닌, 과거에 일어난 사건이라는 관점을 받아들이도록 지원한다. 또한 탈중심화는 내담자가 생각은 사실이 아니라 단지 생각일 뿐이라는 것을 알게 됨에 따라, 도움이 되지 않는 외상 관련 인지를 수정하도록 도움을 줄 수 있다. 호흡에 초점을 둔 알아차림의 수행이 생리적 각성의 조절과 부정적 정서를 조절하는 한, 내담자는 TRD 혹은 압도적인 괴로움 없이 외상 촉발 요인을 더 잘 인내할 수 있게 된다.

TRD를 겪는 내담자들은 평상시의 회피 패턴을 중단하게 될 경우, 재경험하는 괴로움에 의해 압도될 것이라는 두려움 때문에 MM 수행 시도를 보통 꺼린다. 실제로 MM 수행에 준비가 되지 않은 내담자들이 고통스러운 침투적 사고, 신체 감각 혹은 TRD를 겪게 될 어느 정도의 위험이 존재한다. TRD 치료에서는 MM을 사용하기 위한 세 가지의 필수 절차가 존재한다. 치료자는 치료에서 MM에 대한 근거를 제공해야 하며, MM 수행에 적합한 구조를 제공해야 하고, MM에 대한 반응을 모니터하고, 필요한 경우 수행을 조정한다.

치료자는 치료에서 MM 사용에 대한 확실한 근거를 가지고 시작해야 한다. 외상 치료의 다른 형태들에 관한 한, 내담자는 외상 증상이 일시적으로 악화될 위험이 존재하지만, 괴로움과 불편함이 수행에 따라 약화된다는 것을 이해해야 한다. 외상 생존자들은 외상 관련 생각과 감정에 노출되는 것을 두려워할 수 있다(van der Hart, Nijenhuis, & Steele, 2005). 따라서 외상 관련 소재에 대한 노출을 조절하는 문제는 많은 생존자에게 있어 중요하다. 치료자와 내담자는 MM 기법 수행이 외상 소재와 관계를 맺는 새로운 방식을 수반하며, 회피와 괴로움을 경험에 대한 알아차림과 열린 마음으로 교체하기 때문에, MM 수행과 관련된 조절 문제에 대해 논의해야 한다. 외상 생존자들은 심리치료 초기에 괴로운 외상 관련 생각 및 감정에 의해 쉽게 압도될 수 있기 때문에, 치료가 '마음챙김 적정(titration)'을 포함한다는 것, 즉 내담자가 현재 순간에 대한 자각을 페이스에 맞추어 인내가 가능하도록 서서히 증가시키는 방식으로 인도된다는 것을 설명하는 것이 중요하다. 근거는 치료자가 교육할 특정 수행과 이러한 것들이 어떻게 내담자의 현재 문제를 경감시킬 것으로 예상되는지에 대한 명확한 서술을 포함해야 한다. 예를 들어, 자신을 과거에 학대한 사람을 닮은 동료 직원과 교류하는 것에 대한 반응으로 자주 해리를 겪는 내담자는 직장에서 TRD를 촉발시키는 과각성과 괴로움을 줄이기 위해 호흡의 흐름을 따라가는 것을 배움으로써, 자신이 현재 순간에 대한 알아차림을 유지할 수 있다는 것을 아는 것이 유용하다는 것을 발견할 수 있다.

TRD를 겪는 많은 내담자의 경우, 단순히 앉아서 호흡의 흐름을 지켜보는 것만으로 추상적인 운동처럼 느껴질 수 있다. 이렇게 함으로써 자신의 느껴지는 신체적 경험에서 벗어나기 때문이다. 혹은 더 나쁜 것은 이러한 것이 재경험하는 괴로움과 이에 따른 TRD에 대처할 충분한 구조를 제공하지 않는다는 것이다. 치료자는 내담자가 현재에 초점을 맞춘 알아차림을 유지하고, 회피를 저해하는 능력의 발판을 마련하도록 명상 회기에 적합한 구조를 제공하는 것이 중요하다. 치료자는 첫째, 명상 수행에 대한 언어 지도, 둘째, MM 수행의 고도로 구조화된 형태 등을 제공함으로써 추가 구조를 제공할 수 있다. 초기 회기에 치료자는 내담자가 지시를 완성할 시간을 허용하며 지시 사이에 그저 짧게 멈추면서, 매우 자주 명상에 대한 언어 지도를 제공할 수 있다. 이러한 내담자들은 또한 회기 간 수행을 적합하게 구성할 수 있도록, 인도된 명상 수행의 오디오 기록을 갖는 것에서 혜택을 얻을 수 있다. 수행에 따라 내담자들은 항상 어느 정도의 반응은 가질 수 있지만, 자신들이 외상 관련 단서를 인내할 수 있다는 것을 알게 된다. 괴로움을 인내하는 이들의 능력이 증가함에 따라, 치료자는 내담자가 또 다른 원천에서 얻는 언어 지도 없이 명상할 수 있을 때까지 지시 사이에 더 긴 멈춤을 제공함으로써 회기에서 명상 수행에 대한 구조를 서서히 적게 제공하게 된다. 더 구조화된 형태의 수행을 제공하는 것은 TRD를 겪는 내담자들에게 유용하다. 치료 초기에 많은 내담자는 호흡에 초점을 둔 알아차림을 인내할 수 없으며, 손에서 감각에 주목하는 것처럼, 신체 주변에 대한 초점적 주의로 도움을 받을 수 있다(Germer, 2005). 신체 감각을 인내하는 내담자의 능력이 증가함에 따라, 각 호흡 주기마다 'Hum Sah'를 반복하는 것처럼, 호흡 초점 만트라 반복 수행은 수행자의 주의를 반추하는 사고에서 호흡 및 현재 순간으로 돌림으로써 마음챙김 수행에 대한 인지구조를 제공할 수 있다(Waelde, 2005). 폐가 두 개의 풍선 같이 공기로 가득 차는 모습을 그리는 것처럼, 호흡 초점 심상 또한 MM의 초점 주의 형태에 구조를 추가한다.[1] 매뉴얼로 만들어진 명상 프로토콜 **스트레스에 대한 내적 자원**(Inner Resources for Stress)은 '내려놓는'이라 불리는 능동적 기법을 가지고 있으며, 수행자에게 발생하는 고통이나 긴장에 주목하고, 소재에 관여하거나, 피하려는 시도 없이, 이것이 지나가는 것을 지켜보며 초점적 심상을 사용하도록 권장한다. 호흡의 흐름을 지켜보는 것, 만트라 반복, 호흡에 초점을 둔 심상과 같이 이러한 MM 수행의 다양한 유형

---

1) 호흡 초점 심상은 해변에 있는 자신을 그리는 것 같은 도피 심상(escape imagery)과 구별된다는 것에 유의해야 한다. 도피 심상은 수행자의 주의를 현재 순간에서 딴 곳으로 돌리며, 회피를 촉진하는 위험이 존재한다.

은 치료자가 수행 권장을 내담자의 필요성과 능력에 일치시킬 수 있도록 한다. 예를 들어, 내담자들은 시각적 상상 기법을 사용하는 것이나, 호흡 감각을 경험하는 것에서 차이를 보인다. 수행 권장들은 내담자가 스스로 특정 기법에 맞추려 하기보다 내담자에 맞추어 조정될 수 있다. 어떻게, 언제 수행 권장을 적용할 것인지 알게 되는 것은 여러 수행에 대한 내담자의 반응을 주의 깊게 모니터하는 것에 달려 있다.

치료자는 내담자가 수행 중 무엇을 경험하는지에 관해 물음으로써 MM에 대한 반응을 모니터해야 한다. 치료자는 수행이 TRD를 촉진시키지 않는다는 것을 확인하기 위해, 해리에 대한 내담자의 전형적인 징후들(평가 중 발견되는)을 고려할 수 있다. "어떻게 되었나요?"와 "무엇을 경험했나요?" 같은 단순한 질문은 내담자가 수행을 어떻게 이용하는지에 대한 이해를 도울 것이다. 특히 내담자가 어려움이나 불편함을 보고할 때 내담자의 경험을 이해하는 것이 중요하다. 종종 치료자의 첫 번째 자극은 내담자가 초보자로서, '제대로 하지 않는다'는 가정을 기반으로, 지시를 명확하게 설명하는 것이다. 내담자에게 일어난 것을 명확히 설명하는 것은 보통 훨씬 더 유용하며, 따라서 내담자가 예상되는 혹은 예상치 못했던 수행 경험을 갖는지 여부를 확실히 해야 할 것이다. 예를 들어, 많은 내담자는 자신들이 간편하고 행복한 현재 순간에 대한 알아차림을 즐길 수 있도록 MM이 생각들의 멈춤을 수반할 것이라고 믿을 수 있으며, 이들은 자신들의 생각들이 지속되고 있거나, 심지어 명상 중 증가된다는 것을 깨닫는 경우 유감을 표명할 수 있다. 이러한 경우, 치료자는 경험을 정규화하고, 경험의 흐름에 주목하는 내담자의 능력을 기록할 수 있다. 다른 경우에, 내담자는 실제로 수행 중 해리될 수 있다. 일부 내담자들은 명상 경험과 일부 유사성을 지닐 수 있는 의도적 방식으로 해리를 이용하는 능력을 발전시킨다(Waelde, 2004). 해리되는 내담자들은 자신들이 '멋진 경험'을 했다고 말하거나, '구름 위에 떠 있는' 혹은 '우주에서 길을 잃은' 느낌을 받았다고 말할 수 있으며, 명상 기간에 대한 기억이 없다고 말할 수도 있을 것이다. 도피와 회피의 형태로, 해리는 내담자에게 보상처럼 느껴질 수 있으며, 따라서 수행에 몰입하는 유용한 형태와 유용하지 않은 형태를 구별하는 것이 중요하다. 해리되는 내담자들은 눈꺼풀이 이완되고, 응시가 아래를 향하므로, MM 수행 중 눈을 뜨고 있도록 하는 것도 도움이 될 수 있다. MM 기간들은 또한 내담자가 더 긴 시간 동안 현재에 대한 초점을 유지할 수 있을 때까지 매우 짧게 지속되어야 한다.

외상 치료에서 MM 실행

넓은 의미로 이야기하자면 마음챙김 수행은 안정적이고, 비반응적이며, 비판단적으로 현재 순간에 대한 알아차림을 발전시키도록 설계된 기법들을 포함하며 (Kabat-Zinn, 2005), 명상 수행은 정신 과정을 자발적 통제 아래에 두기 위해 주의와 알아차림을 조절하도록 설계된다(Walsh & Shapiro, 2006). 마음챙김 수행은 정좌 명상 수행과 동의어가 아니다. 예를 들어, 변증법적 행동 치료는 자기관찰을 촉진하도록 설계된 마음챙김 수행을 포함하지만, 정좌 명상은 포함하지 않는다(Linehan, 1993). MM이 외상 치료에 적용될 수 있는 몇 가지 방식이 존재한다. 이는 표준 외상 치료로 통합되거나, 보조 치료로 이용될 수 있으며 혹은 외상 치료의 완료 이후 2차 치료로 사용될 수도 있다. 외상 치료자에 대한 최근의 연구는 대부분의 치료자들이 보조적인 형태로 MM 지침을 제공하기보다, MM을 표준 치료에 통합시킨다는 것을 보여 주었다(Waelde, Thompson, Robinson, & Iwanicki, 2014). 그러나 MM을 그룹 기반의 기술 구축 포맷으로 제시하기보다 개별 치료로 통합하는 것이 회기 사이에 수행을 없애도 된다는 것을 뜻하지는 않는다. 연구들에 걸쳐, 회기 사이 명상 수행에 보내는 시간은 더 좋은 치료 결과들과 연관되었으며(Carmody & Baer, 2008; Kukreja et al., 2007), 따라서 명상의 정기적인 수행은 TRD에 대처하기 위해 일상생활에서 마음챙김을 이용하도록 지원할 수 있다.

외상 치료의 과정에서 MM 수행의 짧은 시간들은 외상 소재에 대한 노출로의 전이를 용이하게 하는 데 사용될 수 있다. 치료자와 내담자는 각 치료 회기의 처음 5분에서 10분을 호흡 알아차림 및 신체 초점 알아차림을 수행하는 데 보낼 수 있다. TRD를 겪는 사람들은 종종 자신들의 신체와 신체 감각의 무감각에 대해 알게 되며, 이렇듯 짧게 인도되는 명상 시간들은 신체 상태에 대한 활성화된 알아차림을 장려할 수 있다. 치료의 초기 단계에서 TRD를 겪는 내담자들은 외상 촉발 요인들이 TRD의 삽화를 유발할 때, 현재 순간으로 주의를 돌리기 위해 손바닥에 접촉하는 손가락 끝의 감각처럼, '기초적인(grounding)' 수행을 이용할 수 있다. 내담자가 코를 통해 목을 지나 들숨으로 횡격막을 확장시키는 호흡의 각 부분에 주목하고, 횡격막에서 목을 지나 코를 통하는 날숨의 각 부분을 지켜보는 단순한 수행인 호흡의 주의깊은 알아차림을 인내할 수 있게 되는 것은 매우 유익할 수 있다. 치료자는 내담자가 들숨과 날숨의 움직임, 체온, 호흡의 소리를 포함하여, 호흡의 모든 신체 감각을 인지하도록 장려할 수 있다. 짧은 명상 시간들을 유지하는 것은 내담자가 주의깊은 알아차림을 인내하기에 매우 제한적인 능력을 가질 수 있는 치료 초기 단계 동안 중요하다. 이러한 간편 마음챙김은 회기 동안 고통에 대한 자기평가를 필요로 하는 치료의 맥락에서 특히 유용하다.

성공적인 회기 내 수행은 회기 외 수행에 필요한 토대를 제공할 수 있다. 대다수 치료자는 회기 사이에 수행을 권장하며, 정기적인 일일 수행을 강화하기 위해 인도되는 수행의 오디오 녹음 같은 자료를 제공한다. 회기 사이의 수행은 나타나는 문제에 대처하기 위해 MM 기법 사용에 대한 권장을 포함해야 한다.

결론

MM 기법들은 해리를 겪는 내담자들이 고통스러운 외상 상기 요인을 마주할 때에도 현재 순간에 대한 주의를 유지하도록 도울 수 있는 큰 잠재력을 가지고 있다. 앞선 검토가 보여 주듯이 TRD의 효과를 명확하게 보여 주는 미래 임상 실험들이 기다리고 있지는 않지만, MM은 주의 훈련, 탈중심화 같은 인지 기제를 통해 외상 증상을 다룰 수 있으며, 과각성과 정서 조절에 대해 유익한 효과를 끼칠 수 있다.

제20장

청소년 성범죄자에 대한 포커싱 지향 치료

로버트 A. 파커(Robert A. Parker)

나는 이 장에서 복합 외상(Centre for Focusing Oriented Therapy, 2012; Turcotte, 2012)을 위해 변경된 포커싱 지향 치료(Gendlin, 1996)가 어떻게 청소년 성범죄자를 위한 치료 프로그램의 유용한 부분이 될 수 있는지 제시하고자 한다. 포커싱 지향이 무엇이며, 어떻게 작용하는지, 포커싱 지향이 복합 외상을 치료하는 데 어떻게 적용되어 왔는지, 청소년 성범죄자들이 복합 외상을 겪고 있든 아니든 이들을 돕는 데 어떻게 사용될 수 있는지에 대해 간략하게 설명할 것이다. 이 접근에는 세 가지 특성이 있는데, 첫째, 과정과 결과 모두에서의 정확성, 둘째, 성장이 발생할 수 있는 속도, 셋째, 결과적으로 초래되는 변화의 보급 가능성과 지속성에 대해 논의함으로써 결론을 내릴 것이다.

포커싱

포커싱은 상황에 대한 신체의 내재적 앎(knowing)에 주의를 기울이는 방식이다(Gendlin, 1991). 이것은 철학자 유진 젠들린(Eugene Gendlin)(Gendlin, 1997b; Gendlin, Beebe, Cassens, Klein, & Oberlander, 1968)에 의해 내재적 앎(implicit knowing)과 명시적 앎(explicit knowing) 사이의 관계에 대한 조사 중 일부분에서 발전되었다.

색다르게 들릴지 모르지만 내재적 앎은 사실 일상적인 삶의 현실이다. 예를 들어, 당신은 이 글을 읽으며 당신의 경험을 깨닫게 될지 모른다. 당신은 아마도 각 단어의 의미에 대해서는 생각하지 않을 것이다. 대신 문장들의 명시적인 의미에 주의를 기울이고 있는 동안, 단어들의 의미에 대한 내재적 의식을 갖게 될 것이다. 물론 **문장**(sentence)과 같은 한 개의 단어를 명확하게 정의할 수도 있을 것이다. 하지만 무슨 일이 일어나는지 주목해 보자. 당신은 '문장'의 명시적 정의를 만들어 내기 전까지, 의미에 대한 내재적 의식으로 시작해서, 점차 의미에 어울리는 단어와 개념을 발견하게 될 것이다. 그리고 당신의 정의는 내재적 의미를 가진 단어들로 형성될 것이다. 이것은 바로 내재적 앎과 명시적 앎의 기본적인 관계를 보여 주는 것이다. 즉, 명시적 앎은 결코 혼자 있을 수 없으며, 항상 내재적 앎의 배경과 맥락에 존재하게 된다(Gendlin, 2012).

정의에 따르면 내재적 앎은 의식의 바깥에 있는 것이지만, 문제나 상황이 어떻게 '느껴지는지'에 주의를 기울임으로써 알아차릴 수 있다. 윌리엄 제임스(Williams James)는 그의 저서 『심리학의 원칙(Principles of Psychology)』에서 이러한 '느낌'을 다음과 같이 설명했다.

> 잊어버린 이름을 기억하려 한다고 가정해 보자. 우리의 의식 상태는 특별하다. 그 안에는 틈이 존재하지만 이는 단순한 틈이 아니다. 이것은 강하게 활성화된 틈이다. 이 안에 일종의 그 이름의 유령이 있으며, 우리에게 손짓을 한다… 우리가 잘못된 이름을 대면, 이 단 한 개의 명확한 틈은 부인하기 위해 즉시 행동할 것이다… 그리고 한 단어의 틈은 또 다른 단어의 틈처럼 느껴지지 않는다. 틈이라고 설명될 때 반드시 그래야 하는 것처럼 내용은 모두 비어 있다. 내가 헛되이 Spalding이라는 이름을 떠올려 보았을 때, 나의 의식은 내가 헛되이 Bowles라는 이름을 떠올렸을 때의 나의 의식과 전혀 다르다…. (1890/2009, p. 251)

주의에 초점을 맞출 때, 내재적 앎은 **체감**이라고 불린다. 젠들린의 철학(요약을 보려면 Gendlin, 2003 참고; 더 자세한 내용은 Gendlin, 1997a와 1997b 참고)에 대한 상세한 논의로 들어가지 않더라도, 우리는 체감에 관해 즉각적으로 명백하게 나타나지 않는 두 가지에 주목할 수 있다.

첫째, 내재적 앎(그리고 따라서 체감은)은 필요한 것에 대한 의식이다. 우리의 신체는 호흡하는 법을 내재적으로 알고 있다. 그러나 만일 우리가 60초 동안 숨을 참으려고 하다면, 우리는 몸 안에서 호흡의 '필요' 혹은 '갈망' 같은 것을 느끼게 된다. 따라서 우리는 내재적 앎이 '필요' 혹은 '갈망' 같은 무언가를 포함하고 있다는 것을 알게 된다. 젠들린은 이것을 '암시(implying)'라고 부른다. 즉, 우리의 신체는 호흡을 암시한다. 또 다른 사례는 누군가 너무 가까이 서 있을 때 불편하게 느끼는 경우다. 대부분의 사람들은 누군가 너무 가까이에 설 때까지 서로의 사이에 올바른 거리에 대해 알지 못한다. 우리 몸은 이를 알고 있으며 올바른 거리를 암시한다.

이는 어떻게 가능한 것인가? 우리의 살아 있는 몸은 사회적 환경을 포함한 우리의 환경과 진행 중인 상호작용을 하고 있다. 따라서 우리의 몸이 우리의 상황과 필요로 하는 것을 느끼고, 내재적으로 알고 있다는 것은 놀라운 일이 아니다. 혹은 제임스(James)가 주목했듯이 우리가 체감이라고 부르는 것은 "강하게 활성화되어 있으며… 우리에게 손짓을 한다… [잘못된 제안]을 거부하기 위해 즉시 [행동한다]."

체감에 관해 또 다른 중요한 점은, 만일 우리가 특정 방식으로 주의를 기울일 경우 신체의 내재적 앎은 명확하게 단어들로 형성될 수 있다는 것이다. 따라서 제임스는 잊어버린 이름을 떠올리기 위해 자신의 체감을 사용할 수 있었다. 체감은 처음에 좌절할 정도로 모호하고, 수명이 짧으며, 설명하기가 불가능하기 때문에, 흥미로운 일이다. 또한 개인이 '갇혀 있다고' 느끼는 상황에서(즉, 현재 이용할 수 있는 명시적 이해가 적합하지 않은 경우) 체감은 보통 미래를 포함하는 문제에 대해 더 심도 깊은 이해로 이끌기 때문에, 매우 유용할 수 있다.

체감을 듣는 열쇠는 조심스럽고 지지하는 태도로 주의를 기울이고, 그 느낌을 설명할 수 있는 다른 단어들을 조심스럽고 잠정적으로 쓰면서, 이미 만들어진 개념으로부터 체감을 보호하는 것이다. 우리는 딱 맞는 말을 찾았을 때 바로 알 수 있는데 이는 그 말이 옳다고 느껴지는 공명의 느낌이 있기 때문이며, 내재한 것보다 더 많은 것을 이끌어 내면서 체감이 반응하기 때문이다. 그러면 우리는 그것을 묘사하는 새로운 말을 찾아내면서 새로운 체감에 집중할 수 있다. 다시 체감은 더 많은 것을 이끌어 내고, 우리는 거기에 집중하고 새로운 말을 찾아내는데, 이는 계속 반복된다. 만일 우리가 그 과정을 계속하면서 체감이 자신의 말을 고르도록 항상 조심스럽게 허락하면, 이는 종종(항상은 아니지만) 가까이에 문제에 대한 해결책이 있지만 원래의 문제를 훨씬 넘어서는 의미를 갖는 **체감의 변화**(felt shift)를 초래하게 될 것이다. 체감의 변화를 포함하여 체감과의 이런 식의 상호작용을 **포커싱**이라고 부른다(Gendlin, 1982).

포커싱은 심리치료는 아니지만 치료에 유용하게 쓰인다. 예를 들어, 상당한 연구가 체험 척도(Klein, Mathieu, Gendlin, & Kiesler, 1970)에 이용되었다. 이는 심리치료에서 내담자의 포커싱에 대한 척도로 심리치료 과정을 연구하기 위한 것이다. 40년 이상 지속되며, 초래된 연구는 치료 동안 체감과 상호작용하는 내담자들이 인지 행동 치료, 과정 체험적 심리치료, 내담자 중심 심리치료를 포함한 많은 치료법에서 훨씬 더 나은 결과를 갖는다는 것을 제시한다(예: Watson & Bedard, 2006; 이 연구에 대한 요약은 Elliott, Greenberg, & Lietaer, 2004; Elliott, Watson, Greenberg, Timulak, & Freire, 2013; Greenberg, Elliott, & Lietaer, 1994; Parker, 2014 참고).

정지 구조들

체감은 알아차림의 한 종류지만, 비유적으로 개인이 정서 및 생각과 거리를 두고, 상호작용하는(예, 설명) 것과 마찬가지로, 개인이 '거리를 두거나' '상호작용하는' 대상으로 경험될 수 있다. 이러한 거리 두기는 체감과 별도로 분명한 자기감을 필요로 한다. 그러나 간혹 내담자의 자기감은 내재적 앎과 결합되기 때문에 거리를 두거나 상호작용할 수 없다. 그리고 모든 세부적인 면에서 현재의 순간을 생생하게 경험하는 대신, 내담자는 주로 특정 과거 시점에 관련된 것에 주목한다. 그리고 압도적으로 나타나는 현재 상황의 측면을 발견하고, 이에 따라 과거의 경험을 내재적으로 **해소한다**. 내재적 앎과 외재적 개념적인 앎과의 상호적용 없이도 변화는 일어난다. 우리는 이를 '정지 구조'라고 한다(Turcotte, 2012). 정신적 외상은 정지 구조의 사례이지만, 일상생활의 '작은' 외상 또한 정지 구조, 해소 그리고 퇴행을 만들어 낼 수 있다.

정지 구조의 신호는 미묘할 수 있지만 수련을 통해 쉽게 인지될 수 있다. 예를 들면, 내담자가 반복적인 행동이나 몸짓을 보이거나 혹은 실제로 없는 것을 방 안에서 본 것처럼 시선을 공간으로 짧게 돌릴 수 있다. 이 신호는 바로 내담자가 무언가를 해소할 수 있다는 신호들이다. 이러한 해소는 너무 생생해서, 외상을 다시 입게 되거나, 정지 구조를 강화할 수 있기 때문에 이 신호를 인식하는 것이 중요하다.

셜리 터코트(Shirley Turcotte)(Centre for Focusing Oreinted Theraphy, 2012; Turcotte, 2012)는 복합 외상(FOT-CT)에 대한 포커싱 지향 치료를 발전시킴으로써 이러한 문제를 다루었다. 포커싱과 마찬가지로, FOT-CT도 **내담자 중심**이지만(이것은 내담자의 내재적 앎에 근거를 두고 있다), 이것은 **치료자에 의해 주도된다**(치료자는 적극적으로 퇴행의 신호를 찾고, 따라야 한다). 정지 구조는 명시적 개념 지식과 상호작용하지 않기 때문에, 내담자는 이를 말로 표현할 수 없다. 따라서 치료자는 적극적으로 내담자의 신체 언어를 찾아야 하며, 이를 다시 내담자에게 반영해야 한다. 치료자는 이 과정을 주의 깊게 조절하며, 내담자가 변화할 수 있는(즉, 체감하게 되는) 정지 구조를 관찰하고 상호작용하기에 충분히 강한 자기감을 항상 가지고 있도록 보장해야 한다. 만일 내담자가 다룰 수 있는 것을 넘어설 경우, 내담자는 자기감을 잃게 되고, 정지 구조를 해제하기 시작할 것이다. 치료의 포커싱 단계를 시작하기 전에 내담자가 자기감을 강화하도록 돕고, 각 치료 회기 동안 자기감을 유지하도록 도움으로써 이를 피할 특별한 방법이 존재한다.

성범죄자와의 상담

성적 불쾌감은 그 특성상 피해자가 고통을 표현하는 것처럼, 현재 순간의 세부 사항에 대해 무감각한 것을 경험하는 경직된 측면을 수반한다. 따라서 얼어붙는 구조에 대한 알아차림, 포커싱, FOT-CT는 보통 청소년 성범죄자를 치료하는 데 유용하다.

FOT-CT가 모든 상황에 적합한 것은 아니지만, 그 요건들은 비교적 간단하다. 물론 치료자는 이러한 인구집단과 상담한 경험이 있어야 한다. 내담자들은 최소한 내성적으로라도 그들의 내적 경험을 기꺼이 탐구하고자 해야 하며, 탐구할 수 있어야 한다. 이들은 자신의 내적 경험을 치료자와 반드시 공유할 필요가 있다. 치료자는 첫 번째 치료 시기에 내담자와 신뢰를 쌓으며 내담자의 신체 언어에 반응해야 하기 때문이다. 그렇지만 자신의 문제를 내재화하고 자신의 내적 경험을 비교적 인식하지 못하는 내담자는 그러한 문제에 초점을 맞춘 예비 상담이 필요할 수 있다. 일반적으로, 개인 치료에서 혜택을 얻을 수 있는 내담자는 FOT-CT를 통해 혜택을 얻을 수 있다.

사례

존은 여섯 살에 입양되었으며, 현재 열 네 살이다. 그는 새로운 가정에 쉽게 적응했다. 모두들 그를 좋아했고, 그는 시도하는 모든 것에 뛰어난 것처럼 보였다. 그를 만나기 약 일 년 전쯤에 양어머니는 그의 누이의 네 살 난 딸을 주중에 하루 몇 시간 동안 돌봐 주기 시작했다. 4개월 후 어느 날 그녀는 존의 침실에 들어갔고 그 여자 아이가 존에게 펠라치오(구강성교)를 하는 것을 발견했다. 조사 결과, 성적인 행동은 그 여자 아이가 이사 온 직후 몸싸움과 난투극을 벌이면서 시작되었고, 수 주에 걸쳐 거의 매일 성적인 접촉의 보답으로 캔디나 관심을 주어 온 것으로 밝혀졌다.

존은 판결을 받았고, 구금 대신 청소년 성범죄자를 위한 주거 치료 프로그램을 선고 받았다. 그는 치료 프로그램을 열심히 수행했고, 스태프와 동료들은 그를 좋아했다. 그는 자신의 행동이 왜 잘못 됐는지 빨리 이해했으며, 진심으로 후회하는 듯 보였다. 그러나 그가 네 살짜리를 추행한 이유는 여전히 밝혀지지 않았다. 그는 아동에게 성적인 매력을 느끼는 것으로 보이지 않았으며, 학교에서도 인기가 많았고, 또래 여자 친구들도 많았다. 따라서 그런 일을 저지를 만한 명백한 이유가 없어 보였다.

다만, 실마리가 될 만한 것들은 있었다. 존은 시도하는 거의 모든 일에서 뛰어났다. 그는 이런 면에 공손하게 잘 대처했지만, 그가 압박감에 시달렸다는 것을 보여 주는 신호가 있었던 것이다. 예를 들어, 그는 잘 못할 것 같은 활동은 회피했으며, 경기에서 지거나 학교에서 성적이 나쁘면 스스로에게 심하게 비난을 가했다. 실패에 대한 두려움과 항상 통제하에 있어야 하고, 성공해야 한다는 욕구가 그의 폭행 요인이었을 수 있었다. 아마도 그는 또래 여자아이들과의 관계를 위험에 빠뜨릴 수는 없었지만, 네 살짜리 아이와는 그럴 수 있었던 것일지도 모른다.

다음 회기는 4개월 동안의 개인과 그룹 치료 그리고 환경 치료 후에 이루어졌다.

치료자 오늘은 무슨 이야기를 하고 싶나요?

존   나의 분노요.

치료자 좋아요. 화가 났을 때를 이야기해 봐요.

[분노는 우리가 특정 감정적 경험에 붙이는 명칭이다. 이는 체감은 아니지만, 만일 존이 명칭의 범주를 벗어나서 실제 경험에 자신을 노출하면, 어떤 면에서는 체감이 될 수도 있다. 존은 농구장에서 누군가 그를 방해했으며 그로 인해 싸움이 시작되었고 결과적으로 슛을 실패한 경험을 이야기했다. 그의 설명은 다른 아이의 잘못이 있다는 등의 자기정당화로 가득했다. 그러나 우리는 싸움의 시작이 좋은 것인지 나쁜 것인지에 관해 논의하려고 여기 있는 것이 아니다. 우리는 명칭과 선입견을 뛰어넘어 실제 경험으로 나아가야 한다.]

치료자 그래서 그 감정을 기억할 수 있나요? 지금 바로 자신 안에서 느낄 수
        있어요?

존   (잠시 멈추고) 네.

치료자 몸 안에 어디서 느끼나요?

존   (잠시 멈추고) 가슴에서요.

치료자 가슴에서… 어떤 느낌이 드나요?… 얼마나 무거운가요? 무슨 색깔인가
        요?

[그의 감정을 마치 대상인 것처럼 설명해 달라고 요구한 것은 그가 일반적으로 알고
있는 개념과 명칭 없이 감정을 새롭게 마주하게 만드는 방법이다. 놀랍게도 대부분의
사람들은 이러한 넌센스 질문에 오직 몇 번만의 성찰 뒤에 정확하고 확신 있게 대답
할 것이다.]

존   무거워요… 빨갛고요… 테두리가 뾰족뾰족하고… 그리고 터져 버려요.

치료자 무겁고 빨간 색이군요. 테두리는 뾰족뾰족하고… 그리고 터지는군요.

[우리는 문화적으로 정의된 분노의 개념을 넘어설 것이다. 존이 말했던 것을 다시 천
천히 말하는 것은 그가 자신의 실제 경험과 자신의 말을 비교하도록 돕는 것이다. 일
반적으로 이것은 새롭고 더욱 차별화된 기술을 이끌어 낸다. (성찰-수정 과정은 앞에
서 설명했다.)]

존   그게… 어떨 때는 회색이다가… 내가 분노를 느끼면 빨간색이 돼요.

치료자 때로는 회색이다. 그리고 분노를 느끼면 빨갛게 변하구요….

존   맞아요.

[나는 반추를 더 시도해 보지만 별다르게 나온 것은 없었다. 이것은 정지 구조일 수
있다. 그리고 그는 그것을 찾는 데 도움이 필요할지도 모른다. 내 상상일지는 모르지
만, 그가 앉아 있는 모습은 실제 나이보다 그를 더 어리게 만든다. 그리고 분노에 대
해 이야기하면서도 그의 눈은 슬퍼 보였다.]

치료자 그 부분을 뭐라고 부르겠어요? 이름을 붙일 수 있나요?

존   (몇 번 이름 붙이기를 시도한 후에) 나쁜 소식이요.

치료자 좋아요. '나쁜 소식'은 어떻게 느끼나요? 뭐라고 하나요?

[경험을 의인화하는 것은 '분노' 같은 명칭을 달고 다니는 개념적 · 문화적 짐 없이, 새롭게 마주하는 또 하나의 방법이다.]

존   그는 화가 났어요.

[그는 예전 명칭으로 되돌아간다. 나는 그가 명칭으로부터 벗어나서 실제로 경험하고 있는 것으로 돌아오도록 돕고 싶었다.]

치료자 무엇이 그를 괴롭히나요? 무엇이 그를 화나게 만듭니까?

존   나를 못살게 구는 사람들이요.

[슬픈 모습은 여전하다. 잠시 동안 그의 눈은 마치 내가 볼 수 없는 어떤 것을 본 것처럼 그의 앞 몇 피트 지점에 초점을 맞추고 있다. 이것이 퇴행의 신호다. 존은 무언가를 해소하려는 참이지만, 여전히 방 안에 확실하게 존재한다. 따라서 그는 지금까지는 괜찮다. 우리는 퇴행을 쫓아 그것이 어디로 이어지는지 볼 수 있을 것이다.]

치료자 그럼, 당신의 부분은 그것에 관해 분노를 느끼고 있군요. 또한 슬플 수도 있어요, 맞나요?

존   약간 슬퍼요. 그런데 화가 더 납니다… 그들이 이유 없이 나를 비난하고 있는 것 같아요.

치료자 비난받는 것은 어떤가요?

존   난 이미 잘 못하고 있어요. 슛도 놓치고, 기분도 안 좋아요. 그런데 그들이 내 기분을 더 나쁘게 만들려고 해요….

[나로 인한 일련의 성찰과 존의 수정들 이후, 존은 그들이 자신을 비난한다는 느낌은 그리 크지 않다는 것을 깨닫지만, 자신이 실패했다는 느낌을 더 크게 받는다. 그는 이렇게 이야기하면서, 슬픔을 머금은 눈으로 다시 그의 앞에 무언가를 쳐다본다. 그리고 그는 여전히 분명하게 방 안에 있으며 나와 관계를 맺고 있다. 따라서 우리는 계속해서 퇴행을 따라갈 수 있고, 그러기 위해서 우리는 그가 어떻게 실패를 경험했는지 좀 더 알아낼 필요가 있다.]

치료자 실패할 때 안에서 어떤 느낌이 드나요?

존   실패자 같아요. 슬프고, 우울하고, 좌절감도 느끼고….

[존은 그의 분노를 '나쁜 소식'이라는 이름으로 의인화하면서 계속 스스로와 자신의

분노를 '분리'하고 있다. 대조적으로 "나는 실패자 같아요."라는 말은 그가 어떤 것과 자신을 동일시하기 시작했다는 것을 보여 준다. 다음 성찰은 자신의 실패 경험과 동일시하는 대신 그것을 관찰할 수 있도록 거리를 두게 도와주는 것이다.]

치료자　그러니까 당신 내면에는 실패에 관해 슬픔을 느끼고… 우울하고… 좌절감을 느끼는 공간이 있군요. 그건 어때요?

존　　　모르겠어요.

[우리는 몇 번을 왔다 갔다 하지만 실패감에 관해 아무것도 더 이상 이야기할 수 없다. 존은 아이처럼 의자에 앉아 나를 보다가, 때로 슬픈 눈으로 그 앞에 공간을 응시한다. 그는 무언가를 해소하려는 것으로 보이지만 그것에 대해 말하지는 않는다. 이것은 아마도 정지 구조이며, 다른 종류의 성찰을 요구할 것이다. 우리는 그가 정지 구조와 분리하여 관찰하는 자기를 유지하는지 확인하는 것부터 시작한다.]

치료자　당신 안에서 실패자가 된 감정을 느낍니까?

존　　　네.

치료자　좋아요. 몸 안 어디서 느끼죠?

존　　　가슴 안에서요.

치료자　그곳이 얼마나 오래되었다고 느껴집니까?

[질문은 두 가지 레벨에서 작용한다. 첫 번째, 나는 그가 몇 살인지 그리고 무엇을 보고 있는지에 관해 알고 싶다. 그러나 동시에, 이는 과정 개입이다. 정지 구조는 벽지와 같아서 우리가 당연시 여기는 문맥이다. 만일 이것이 정지 구조라면, 나이를 상상하는 것은 존이 분리된 자신만의 정체성을 유지하게 하며, 동시에 그것을 자기 생의 특정 기간과 연결시켜 준다. 그가 새롭고 더욱 구체적으로 경험을 하도록 도우면서, 그는 변화하기 시작할 수 있다.]

존　　　내가 어렸을 때부터 느껴졌어요….

치료자　그 나이에 당신 삶에서 무슨 일이 일어나고 있었던 건가요?

[우리는 이제 정지 구조의 느낌과 연결될 수 있는 무언가를 그의 과거에서 찾으려 하고 있다. 존이 그의 가족에 대해 설명한다. 그의 어머니는 언어적으로, 육체적으로 폭력적이었다. 나는 그의 어머니를 기쁘게 해 드리지 못한 것에 대해 실패의 느낌을 찾

아보려 했지만 아무것도 나오지 않았다. 그녀의 학대는 폭풍우를 만나는 것과 같았다. 그와는 아무런 상관이 없었다. 이것은 그의 아버지도 마찬가지였다. 더 소원한 사이였던 아버지는 한번은 며칠 동안 사라지기도 했으며, 기본적으로 그와 아무런 관련이 없었다. 역시 존은 이에 대해 어떤 실패의 느낌도 없다.]

치료자   누구에게 허락을 기대했죠? 누구를 기쁘게 해 주려고 했나요?

존   형제자매들이죠… 그리고 아마도 학교에 선생님이 한 분 계셨어요.

[이 각각의 개인에 대해 어떤 유의미한 실패의 느낌은 보이지 않는다. 하지만 그가 이야기할 때, 그의 신체 언어는 네다섯 살쯤 된 아이를 연상시킨다. 그는 매우 슬퍼 보이며 비록 여전히 분명하게 방 안에 존재하지만, 잠시 동안 그의 앞에 몇 피트 떨어진 곳에 있는 무언가를 응시하는 것처럼 보인다. 이러한 해제의 신호는 미묘하지만 확실하다. 그는 무언가를 하려는 참이다. 그것이 무엇인가?]

치료자   좋아요. 엄마 아빠와 함께 사는 아이가 다시 되었다고 상상해 보세요. 그리고 실패감을 찾아보세요. 그 당시로 돌아가 집에 있었을 때 언제 그 감정을 경험했습니까?

존   (오랜 멈춤 끝에) 엄마가 죽었을 때였어요.

[즉각적인 체감 확실성은 존이 체감으로부터 이야기하고 있다는 것을 보여 준다. 정지 구조는 그의 삶을 그 사건과 관련된 느낌으로 채우며 내재적이고 만연한 기분으로 변하고 있다. 정지 구조가 녹기 시작한 것이다.

그러나 우리는 여전히 많이 알지 못한다. 존이 다섯 살 때 그의 어머니의 질병과 사망에 관한 파편화된 기억들 이전의 회기에서 이미 설명했었다. 우리는 이것이 존에게 외상을 초래했다고 추측할 수 있다. 그러나 이러한 추측이 무관할 수도 있다. 존의 퇴행은 실패에 관한 어떤 것을 해소시키고 있다는 것을 우리에게 보여 준다. 우리는 퇴행을 따를 필요가 있다.]

치료자   그래서 엄마가 돌아가셨을 때, 마치 그것이 어떤 식으로든 자신의 잘못인 것처럼 실패감을 느낀 거죠?

존   아니오, 그건 제 잘못이 아니었어요. 그냥 실패감을 느낀 것뿐이에요.

[이것은 흥미롭다. 만일 그의 잘못이 아니라면, 왜 실패에 대한 느낌이 있는 것인가?

그러나 추가적인 탐색은 아무 성과를 보지 못했다.]

치료자   실험을 해 봅시다, 괜찮죠? (존이 동의한다.) 내가 당신에게 "너의 어머
         니가 죽은 것은 네 탓이다."라고 말했다고 가정해 보세요. 그런 말들이
         내면에서 어떻게 느껴집니까?

[우리는 다른 맥락들 이전에, 이러한 연습을 실시한다. 그리고 존은 이러한 말들이 내
가 믿는 것과 아무 관련이 없다는 것을 이해한다. 이것은 그의 내면에 이러한 말들에
반응하는 것이 있는지 알아보기 위한 실험이자 치료자 주도의 성찰이다.]

존   내 안에서 아무것도 느껴지지 않아요, 사실이 아니니까요. 엄마가 죽은
         것은 제 잘못이 아니에요. (긴 멈춤) 단지 엄마가 돌아가셨을 때, 그녀
         를 구하기 위해서 무엇이든 했었어야 했다고 느낀 것뿐이에요. 그녀가
         삶의 방식을 바꾸도록 해야 했으며, 아마도 그녀에게 말하거나 자신을
         더 잘 돌보라고 했었어야 했어요… 뭐든 했어야 됐어요.

[물론! 다섯 살의 존은 엄마를 구하고 싶어 했다.]

치료자   그러니까 당신의 실패감은 그녀가 죽는 것을 막기 위해 무엇인가 하지
         못했다는 것이군요. 당신은 엄마를 돕는 데 실패한 거군요.

존   맞아요.

[역시 체감 확실성과 새로운 관점은 이것이 그의 체감 말하기라는 것을 보여 준다.]

치료자   그리고 그 이후로 줄곧 그 느낌을 갖고 있었던 거죠?

존   네.

치료자   그러면 엄마를 구하는 데 실패한 그 감정이 1부터 10까지 중에 얼마나
         강한가요?

존   10이요.

[우리는 정지 구조를 발견했다. 이제 우리는 현재까지 이를 연결해야 한다. 정지 구조
가 그의 삶의 다른 부분들에서 기능하고 있다는 것을 그가 인식하게 됨에 따라, 이제
이것은 체감으로 느껴질 것이다.]

치료자   당신이 요즘도 가끔씩 느끼는 실패감과 이 감정은 얼마나 유사합니까?

존   전혀 비슷하지 않아요. 그들은 서로 다른 감정입니다. 내가 득점 올리

는 것에 실패하는 것은 엄마의 죽음과 아무 관련이 없어요.

[사람들은 종종 체감의 규모와 질적인 측면을 혼동한다. 따라서 이것은 다시 시작해볼 만한 가치가 있다. 체감은 매우 정확하다. 우리가 올바른 길을 가고 있으면 체감들도 정확히 동일할 것이다. 그들이 서로 유사하기만 하다면, 우리는 무언가를 놓치고 있는 것이며 처음부터 다시 시작해야 할지 모른다.]

치료자 알겠습니다. 두 개의 감정을 가져와 보죠… 그들을 지금 느낄 수 있습니까?

존 네.

치료자 좋아요, 그들은 어떻게 다르죠?

존 엄마가 돌아가신 것에 대한 감정이 득점하지 못했을 때 느꼈던 감정보다 더 커요.

치료자 그러니까 하나의 감정이 다른 감정보다 훨씬 더 크군요. 하지만 그 감정을 제외하고, 그들은 어떻게 다른가요?

존 (잠시 멈춤) 그 감정을 제외하지만, 그것들은 다르지 않아요. 그들은 같습니다.

치료자 알았어요… 당신 말은 그들이 정확히 일치한다는 것인가요, 아니면 매우 비슷하다는 말인가요?

존 그들은 정확히 일치해요. 한쪽이 다른 것보다 더 크다는 것 빼고요.

치료자 자, 이제 그러면 그들은 서로 어떻게 연관되어 있나요?

존 두 개의 감정은 연관이 있지 않아요. 엄마의 죽음과 득점을 올리지 않는 것과는 아무 상관이 없어요.

[나는 이것을 더 탐구하고자 하지만, 존은 불확실한 대답과 옆길로 새는 경향을 보인다. 나는 무엇을 말하려는지 모르겠으며, 그는 초점을 잃어 가고 있고, 나는 그가 체감과 연결을 잃게 될까 두렵다.]

치료자 알았습니다. 이제 당신에게 무언가를 말하려 합니다. 나는 당신이 그것을 내면에서 확인하길 바랍니다. 무슨 말인지 알겠죠? 머릿속이 아니라 당신 신체의 내부를 말합니다. 이 말들이 어떻게 느껴지는지 보세요.

존   알겠습니다.

치료자 당신이 정확하게 말하진 않았지만, 내가 듣기로는 당신이 엄마를 구하지 못함에 대해 자신을 탓하는, 이러한 큰 부담을 옮기는 것이 필요합니다. 이 부담이라는 짐은 줄곧 당신을 짓누르고 있습니다. 당신 안에서는 어떤 감정이 일어나나요?

존   맞아요. (얼굴에 나타나도록 긴장을 풀고)

치료자 따라서 무언가 잘못 될 때마다, 농구 경기에서 볼을 못 넣거나, 학교에서 성적이 안 좋거나 혹은 무엇이든 당신은 실패를 느끼게 되고, 이러한 실패의 감정은 당신의 어머니로 인한 큰 실패감으로 이어지죠. 그러므로 작은 일이 얽혀 들 때마다 동시에 큰 일이 같이 얽히는 거예요. 당신이 느끼는 것에 얼마나 가까운가요?

[이것은 해석이 아니라, 일종의 성찰이다. 나는 동의를 구하지 않고, 말들이 안에서 어떻게 느껴지는지 묻고 있다. 그리고 나는 경험을 통해, 맞다고 느끼지 않으면 존이 내게 말하리란 걸 알고 있다. 존의 신체 언어와 그의 어린 시절 상황에 대한 기술은 내게 그의 정지 구조에 대한 느낌을 제공한다. 하지만 내 느낌이 맞는 것인지 존도, 나도 알지 못한다. 오직 그의 몸만이 우리에게 이야기한다. 내가 그의 이야기를 들으며, 정지 구조에 대해 성찰함에 따라, 존에게도 동일한 것을 가르치고 있다. 이러한 활동을 함으로써, 정지 구조의 밖에 서서, 들여다보는 것을 배우게 될 것이다. 따라서 그가 상호작용하고, 배울 수 있는 원천은 체감이 된다.]

존   그거예요, 바로 그렇게 된 거예요(얼굴과 몸자세에서 긴장감이 해소 되며).

[우리는 이것을 몇 번 다시 하고 존에게 맞는 느낌인지 확인했다.]

치료자 엄마를 구하는 데 실패했다는 감정이 있고, 그것은 당신 인생에 아주 중요한 감정입니다. 다섯 살의 나이에 엄마를 구하기 위해 어떤 것도 할 수 없었다는 것을 우리 둘 다 알고 있다고 생각합니다. 그러나 내면의 장소가 듣고 받아들일 수 있을까요?

[이것은 진짜 질문이다. 이전에 명시했듯이, 체감은 적극적 주체로 경험된다. 무시할

수 있는 '여전히 작은 소리'이지만, 통제할 수 없다. 존의 체감이 우리에게 동의할 것이라는 어떤 보장도 없다. 그의 체감이 "아니요."라고 말할 수 있으며, 이 경우 우리가 무언가를 놓치고 있으며 더 들어야 한다는 것을 뜻한다.]

존   네. (편안함과 명백히 안정됨을 보이면서)

[신체 전환("네."라는 말이 아닌)은 존이 정확한 성찰을 받았음을 보여 준다. 깊은 단계에서 스스로에 대한 성찰로 인식할 수 있음을 뜻한다. 그리고 그가 받아들임에 따라 내재적·외재적으로 그는 스스로와 세상에 대해 새로운 방식으로 알아 가기 시작할 것이다.]

치료자   우리가 (요약) 중단할 때가 된 것 같군요. 그만두기에 괜찮은 지점인가요?

존   예.

치료자   그 실패 장소는 지금 어떻게 느껴지나요?

존   감사함을 느낍니다. (나에 대한 고마움인 것처럼 촉촉한 눈으로 나를 바라보며)

치료자   누구에게 고마운가요?

존   우리 모두에게 고마워요. 내가 그걸 인식한 것이 고맙고, 당신이 그걸 인식하도록 도와준 것이 고마워요.

존이 상호작용을 할 수 있었기 때문에, 정지 구조는 '녹아' 버렸고, 체감되었으며, 경험에 따라 변할 수 있다. 한편으로는 어머니를 죽게 놔둔 것에 대해 자신을 용서했다.

우리는 존의 성범죄 동기가 또래 소녀들과 관계를 맺지 못하게 만드는 실패에 대한 두려움과 연관되었을 것이라는 가설에 따라 이번 회기를 진행했다. 회기의 막바지에, 우리는 실패에 대한 두려움을 명확하게 확인했다. 안도감은 즉각적이었지만, 그의 자아 개념과 사회적 관계에 깊은 변화들이 존재했다. 이러한 변화는 점진적으로 나타났으며, 실패에 대한 두려움이 실제로 그의 삶을 형성했고, 아동을 성추행할 동기를 부여했다.

치료에서 존은 4세 여자 아이와 자신의 관계가 거부감이나 실패에 대한 느낌으로부터 그를 보호함으로써 안전함을 제공했다는 사실을 깨달았다. 애초부터 실패를 그렇게 두려워 할 필요가 없었음에도, 그는 아동과의 안전함을 추구했다는 터무니없는 사실에 충격을 받았다.

더욱 중요한 것은, 그 이후 몇 주 동안에 걸쳐 존은 새로운 태도와 신체 언어 및 행동을 발전시켰다는 것이다. 스포츠와 학업에 대한 그의 태도도 변화했다. 새로운 활동들을 자신의 능력을 시험하는 것으로 다루지 않는 대신, 사람들과 함께 있는 것을 즐기기 때문에 자신을 위해 즐기기 시작했다. 그는 또래 여자 아이에게 관심을 보이기 시작했고, 특별 과외 활동에 심취했으며, 일반적으로 편안하고 놀기 좋아하는 정상적인 10대와 같아졌다. 마지막 치료에서 그는 곧 국외로 투어를 떠나게 될 학교 성가대 활동에 대해 흥분하며 이야기했고, 여자 친구를 만나기 위해 치료 회기를 좀 일찍 끝내도 되는지 물었다.

2년간의 후속 치료 기간 동안 부적절한 성적 행동이나 어린아이에 대한 부적절한 관심의 증거는 보이지 않았다.

논의

이 임상 삽화는 서문에서 언급한 FOT-CT의 세 가지 특징을 보여 준다. 첫째는 과정이나 결과 모두에 있어서의 정확성, 둘째는 성장이 발생할 수 있는 속도, 셋째는 결과적으로 초래되는 변화의 보급 가능성과 지속성이다.

우리는 이제 왜 이런 일이 가능한지 알게 되었다. FOT-CT는 코치 혹은 조력자로서의 치료자와 함께 청소년 범죄자들을 자신의 내재적 앎에 직접 관여하도록 만든다. 그러나 이는 치료자와 내담자 모두에게 문제가 될 수 있는 특별한 종류의 경청을 요구한다.

경청하기

범죄의 근원을 이해하기 위해서 성범죄자와 치료자 모두 범죄자의 경험에 열려 있어야 한다. 이는 그에게 진실성을 갖는 방식으로 그가 자신의 중심에서부터 성장할 수 있도록 그가 누구인지 들어 주고, 받아들여야 한다는 것을 뜻한다. 그에게 규칙을 따르도록 가르치는 것이 간혹 우리가 할 수 있는 최선이지만, 이것은 그가 내면에서부터 성장하도록 돕는 것과 같은 것은 아니다.

성범죄자 말을 들어 주는 것은 다수의 이유로 인해 치료자나 범죄자에게 어려운 일이 될 수 있다. 범죄 자체는 받아들이기 어려운 것이다. 치료자는 아마도 범죄자가 했던 것에 대해 감정을 가질 수도 있고 아마 범죄가 멈추기를 바랄 것이다. 반면에, 범죄자는 자신이 완치되었다는 것을 모두에게 확인시키고 집에 돌아가야 한다. 둘 다 범죄가 없어지기를 바라지만, 이 의제는 둘 다 성범죄자를 받아들이고 들어 주는 것을 어렵게 한다. 관련된 문제는 누군가의 말을 들어 주는 것이 그 사람에 대한 개방과 호기심 그리고 친절함의 태도를 요구한다는 것이다. 이것은 정서적으로 학대받은 아이에게는 어렵고 두려운 일일 수 있으며, 가족이나 사회로부터 낙인찍혔다고 생각하는 범죄자들에게는 특히 어려울 수 있다(Gilbert, McEwan, Gibbons, Chotai, Duarte, & Matos, 2012). 성범죄자들은 종종 그들이 찾을지 모르는 것에 대한 두려움 때문에, 자신의 내부를 들여다보기 두려워한다.

경청하기는 선입견을 버리고 이전엔 고려한 적 없으며, 말한 적도 없는, 새로운 무언가에 대한 가능성을 열어 두는 것이다. 선례에서 존은 처음에 자신의 실패감에 대해 말을 찾지 못하고 있었다. 그것은 마치 벽지처럼 침투된 배경 감정이었다. 그의 의식 배합은 결코 실패에 관한 것이 아니었다. 그것은 그를 괴롭히는 사람들에 관한 것이었다. 치료자가 할 일은 그를 도와 그의 내재적 앎인 시작 단계의 흐린 배경 감정을 깨닫게 하고 그것의 다양한 양상을 말로 표현하게 하는 것이다. 존은 이를 깨닫고 다양한 양상에 이름을 붙임에 따라, 흐리고 알 수 없었던 것에서 점점 더 특징적인 것이 되어 갔다. 그래서 "무겁고 빨갛고 때로는 회색인" 것은 "나는 실패자인 것 같아요, 슬프고, 우울하고 좌절감을 느껴요."로 변화하였다. 이것은 급진적인 경청하기다. 치료자는 존에게 자신의 이야기에 귀 기울이라고 가르치고 있으며, 그것이 어디로 이르게 될지는 둘 다 모른다. 여기에는 많은 신뢰가 필요하다.

그러나 급진적인 경청하기는 어떤 면에서 정상적인 경청하기보다 더 쉽다. 그것은 숨겨진 의제들을 우회하는 경향이 있다. 내담자나 치료자 중 아무도 어떤 것을 서로에게 설득할 필요가 없다. 내담자는 치료 과정이 설명 위주이고 그가 말하는 것에 대해 존중 받고 감사함을 느끼므로 평가를 받는다고 덜 느낄지도 모른다. 그래서 비록 경청하기가 어려움이 있지만, FOT-CT는 성장이 내면으로부터 일어나도록 허락하면서 이러한 어려움을 뚫고 나간다.

치료의 속도와 정확성

치료자와 내담자 모두 이런 식으로 경청하기를 할 수 있을 때 FOT-CT는 상당한 속도와 정확성을 갖고 진행될 수 있다. 치료자가 퇴행의 비언어적 신호를 찾고 성찰을 하면서 내담자의 신체는 즉각 그러한 성찰이 얼마나 정확한지 보여 준다. 그래서 그다음 성찰은 더욱더 정확할 수 있다. 각각의 성찰에 따라 내재되었던 것들이 점점 더 나타나게 되고, 왔다 갔다 하는 과정은 퇴행을 쫓으며, 직접 정지 구조로 이끈다. 내담자는 치료자에 의해서가 아닌 자신의 내부에서부터 깨닫게 된다. 수년 동안 내재적으로 해소되었던, 정지 구조였던 상황들은 명확해지고, 재평가를 받을 수 있게 된다.

예를 들면, 존의 사례에서 다섯 살의 남자 아이는 엄마를 **암시했다**(필요하고, 원했다…). 그래서 엄마의 병은 그가 그녀를 구해야 한다는 사실을 **암시했다**. 그녀가 죽었을 때, 암시는 더 이상 진전되지 못하고 해결되지도 못한 채 그는 정지 구조로 계속 살아가야 했다. 마침내 그가 암시를 명시적으로 경험하게 되었을 때 그는 더 나아가 이를 해결했으며, 다섯 살짜리 아이가 그런 일들을 변화시킬 수는 없으며, 당시 그의 실패가 현재에 그의 실패를 만드는 것은 아니라는 것을 깨닫게 되었다.

어떤 훌륭한 임상적 통찰과 내담자 내성법도 이런 성과를 내기는 힘들다. 그리고 존과 치료자 모두 그런 사실에 똑같이 놀라워했다. 치료자는 문제를 명확히 하기 위해, 주의 깊게 퇴행을 따르고, 몇 번의 성찰을 수행했다. 그러나 실질적인 변화는 존의 내재적 앎, 결과적으로 체감에서 나온 것이었다.

변화의 침투성과 지속성

치료를 하는 방법은 많지만 '안에서 밖으로' 치료를 하는 것이 '밖에서 안으로' 치료하는 것보다 더 유리한 점이 많다. 우리는 성범죄자들이 범죄 주기와 재발 방지 프로그램을 외우도록 장려할 수 있다. 그러나 프로그램 중 어느 것도 그들이 범죄가 종종 일어나는 세상을 경험하는 방식을 변화시키지는 못할 것이다. 만일 범죄가 정지 구조와 관련이 있다면 진정한 변화는 내면에서부터 나올 것이며, 그 때 정지 구조가 바로 체감이 되고 범죄자들은 더 나은 삶의 방식을 발견했기 때문에 변화하고 싶어 할 것이다. 이 경우 우리가 존을 지켜본 대로, 변화는 만연되며 지속적이다.

결론

FOT-CT는 인도된 마음챙김 훈련으로 여겨진다. 정상적으로 우리가 정지 구조를 경험할 때 방향을 잃는 경우가 있다. 즉, 우리는 자신의 존재를 잊어버리고 이전의 정형화된 시간에서 유래한 정지되고 차단된 암시들과 내재적으로 동일시하는 경향이 있다. FOT-CT에서 치료자가 내담자의 경험을 지속적이고 정확하게 성찰하게 함으로써 내담자는 방향성을 유지할 수 있으며, 그들이 혼란스러운 통로를 지날 때 자신이 누구인지 기억할 수 있게 된다.

청소년들은 많은 이유로 성범죄를 저지른다. 그러므로 단 하나의 접근법으로는 모든 사람을 도와줄 수 없다. FOT-CT는 존과 같이 필요한 지원만 있다면 기꺼이 주의를 집중하고 체감 경험을 설명할 수 있는 사람에게 가장 도움이 될 수 있다. 이렇듯 우리는 존과 같은 청소년이 자신의 존재를 기억하도록 도우면서 그들이 건강한 인간관계를 형성하고 긍정적 계발 통로를 찾거나 되돌아갈 수 있도록 할 수 있다.

제21장

외상을 가진 죄수에 대한 집중적인 비파사나 명상 수련

제니 필립스(Jenny Phillips)
제임스 W. 호퍼(James W. Hopper)

　미국은 세계에서 가장 높은 수감 비율을 가지고 있다. 법무부(Bureau of Justice Statistics, 2012) 통계에 따르면, 2010년 말 226만 6,800명의 성인들이 미국 연방과 주 교도소, 카운티 구치소에 수감되었으며, 이는 거주 성인 인구의 약 0.7%다. 아동의 외상은 성인기에 범죄 개입 가능성을 증가시킨다(Wolf & Shi, 2010). 높은 비율의 죄수들이 수감 전에 아동 학대 및 기타 외상의 피해자였으며(Wallace, Connor, & Dass-Brailsford, 2011), 교도소는 수감자들에게 악명 높은 폭력과 외상의 집합소였다. 중서부 교도소에 있는 수감자들에 대한 조사에서, 남성 중 54%와 여성 중 28%가 현재 시설에서 강간을 당했다고 보고했다(Struckman-Johnson & Struckman-Johnson, 2000). 즉, 교도소는 외상을 가진 성인들의 진정한 집합소인 셈이다.

　소수의 교도소만이 정신 건강 치료 프로그램을 가지고 있으며, 이 소수의 프로그램(특성상 교육에서 인지와 행동에 이르는)은 만성 외상과 외상 후 스트레스 장애(PTSD)를 치료할 능력을 가지고 있지 못했다. 공격적이면서 보통 폭력적이며, 취약성이나 약한 모습을 보일 경우 생명을 위협받을 수 있는 교도소의 일일 환경은 이러한 프로그램들이 특히 기억의 처리와 통합에 있어, 안전하고 효과적인 외상 치료의 요건을 충족시킬 수 없다는 것을 뜻한다(Herman, 1992). 이와 유사하게 마음챙김과 명상 프로그램은 수감자들의 스트레스와 불안을 줄일 수 있으며, 자기조절 능력을 증가시킬 수 있다는 것을 보여 주는 증거에도 불구하고, 교도소에서 안전하고 효과적인 외상 치료를 제공할 수 없다(Casarjian, Phillips, & Wolman, 2005; Samuelson, Carmody, Kabat-Zinn, & Bratt, 2007).

여기에서 우리는 교도소 기반의 외상 중재가 새로운 것이지만, 2000년 이상된 접근을 제시하고자 한다. 이는 집중적인 10일간의 비파사나 명상 과정으로 2002년부터 최대 보안 교도소 내에서 수행되어 왔다. 우리는 집중적이고, 전통적이며, 공동의 비파사나 수행이 타당한 접근이며, 안정성, 기술 발달 그리고 외상 기억을 치료하는 안전하고 효과적인 기회를 제공할 수 있는 단기 교도소 기반 외상 치료로서의 큰 잠재력을 보유하고 있다는 것을 간략하게 입증할 것이다.

교도소의 문화: 과잉 남성성과 폭력

수감된 남성들은 박탈, 복종, 위험이 가득 찬 환경에서 살아간다. 이들은 외부의 모든 세속적인 지위와 권력의 보따리를 빼앗긴 채, 매일 수치심을 심하게 손상시키는 비하와 모욕의 현실에 직면한다. 다수의 사람이 자신의 남성성 빼고는 잃을 것이 아무것도 남아 있지 않다고 느낀다. 남성으로서 위축된 역할과 끊임없이 존재하는 위험에 대한 의식은 정서적 '단련'과 폭력 행위를 포함하는 남성성의 과도한 과시에 기여한다. 이들의 남성성과 '존중' 사이에서 벌어지는 강렬하고 끊임없는 싸움에는 작지만 의미 있는 전리품이 존재한다. 빌려 왔지만 교체 되지 않은 밥그릇은 서로 겨루는 '함께 어울려 다니는 친구들'과 긴밀한 동료들의 집단을 싸움터로 이끌 수 있다. 이들은 자신들이 무엇을 위해 싸우는지 정확히 알지 못하지만, 투쟁은 존중, 명예, 남성성의 보존에 관한 것이라는 점은 정확하게 이해된다(Phillips, 2001).

회복과 치료의 단계

『외상과 회복(Trauma and Recovery)』이라는 저서에서, 쥬디스 허먼(Judith Herman, 1992)은 외상으로부터 회복의 3단계 모델에 대해 설명한다. 첫 번째 단계의 핵심 과제는 안전의 수립으로, 이는 신체의 안전과 과각성 및 침투적 증상의 감소로 시작해야 한다. 안전 다음으로는 개인의 환경에 대한 일종의 통제를 얻는 것이 언급되며, 이는 안전한 피난처 제공과 관계의 육성을 포함한다. 허먼은 "회복은 오직 관계의 맥락 내에서만 발생할 수 있다. 이는 고립되어서는 이루어질 수 없다."고 말했다(1992, p. 133).

만일 계속되는 경우 2단계는 외상의 회복으로, 보통 공식 노출 치료 혹은 외상 정보에 입각한 '대화 치료'를 통해 외상 소재를 직접적으로 다루는 것을 포함한다. 허먼은 이 치료가 "실제로 외상의 기억을 변모시켜서, 생존자의 삶의 이야기에 통합될 수 있다."고 언급했다(1992, p. 175). 실제로, "외상 심상과 신체 감각들을 포함하지 않는 내러티브는 척박하고 불완전한 것이다."(Herman, 1992, p. 177) 마지막으로, 3단계는 미래로 전진하고, '세상을 다시 찾는' 과정으로 설명된다.

두 번째 단계인 회복과 관련하여 반 데르 콜크와 동료들(van der Kolk, McFarlane, & van der Hart, 1996)은 내담자들을 돕는 것을 포함하는 목표에 대해 다음과 같이 썼다. "과거에 사로잡힌 것에서 벗어나, 차후에 감정적으로 각성되는 자극을 외상의 귀환으로 해석하고, 현재에 완전히 몰두하며, 현재의 시급한 일들에 대응할 수 있게 된다… 강렬한 감정적 경험의 기억을 인내할 수 있도록 배우는 것은 회복의 중요한 부분이다."(1996, p. 419) 외상 치료의 단계 모델은 이 장에서 제기되는 핵심 질문에 대한 열쇠다. 즉, 죄수들에게 직접적으로 외상 기억에 몰입하는 것을 포함하는 중재를 제공하는 것이 유익한 것인가(가능하기는 한 것인가)?

외상 정보에 입각한 교정 치료

교도소와 같은 기관의 초점은 일반적으로 질서와 통제의 유지다. 부족한 재원에 따라, 정신 질환과 외상 치료에 대한 관심은 거의 존재하지 않는다(Kupers, 1999). 최근까지 교도소 치료에 대한 문헌은 외상 치료에 대해 거의 논의조차 하지 않았다(Wallace et al., 2011). 확실히 교도소와 구치소는 극심한 외상과 PTSD를 치료하기에 문제가 있는 환경이다. 그러나 접근성 있고, 효과적인 정신 건강 치료에 대한 큰 필요성이 존재한다. 치료가 없을 경우, 수감된 PTSD를 가진 남성과 여성들은 범죄 행위의 실질적 이용과 복귀로 다시 빠져들 가능성이 크다(Kubiak, 2004).

이러한 현실에 반응하여 월러스와 동료들(Wallace et al., 2011)은 교정 의료에서 외상 치료에 대한 통합 접근, 즉 중다 양식의 공존 접근(예, 약물 남용, 외상, 기타 심리적 증상을 동시에 다루는 접근)을 요청했다. 이러한 접근은 인지 행동 치료, 동기 강화 상담, 재발 방지, 12단계 프로그램을 포함하는 증거 기반 치료의 목록에서 가져오며(Wallace et al., 2011), 약물 중독 치료에 대한 National Institute on Drug Abuse(1999) 지침과 일치한다.

체벌과 폭력의 통제와 규범의 시스템에 의해 지배되는 기관인 대부분의 교도소의 문화를 고려할 때, 우리는 아무리 최상의 경험적으로 검증되고 통합된 접근일지라도 단순히 외상 초점 치료를 넣는 것만으로는 항상 부적합할 것이라고 주장한다. 외상 치료에서의 안전에 대한 요구를 고려하여, '외상 정보에 입각한 교정 치료'는 안전, 회복, 재활을 촉진하는 것으로 교도소의 문화를 변화시키기 위한 인력과 행정 개입 모델로 제시되었다. 외상 정보에 입각한 교정 치료는 비교적 최근의 개념으로 해리스와 팰롯(Harris & Fallot, 2001)이 설명한 바와 같이, 다음의 주요 목표를 가지고 있다. "외상 및 관련 증상의 정확한 확인, 외상의 영향을 인지하도록 모든 인력 훈련하기, 재외상의 최소화 그리고 어떻게 기관들이 무심코 외상의 역학을 재연하는지에 민감한 근본적인 '피해 입히지 않기' 접근"이 바로 그것이다(2001, p. 1).

인지 행동 중재는 광범위하고 통합된 외상 정보에 입각한 치료의 중심 구성 요소로 여겨져 왔다(Miller & Najavits, 2012). 메타 분석은 이러한 중재들이 약물 남용, 정신 건강 증상, 상습적 범행을 감소시킨다는 것을 보여 주었다(Andrews, Bonta, & Hoge, 1990; Landenberger & Lipsey, 2005). 그러나 밀러와 나자비츠 (Miller & Najavits, 2012)는 "간혹 교도소 환경과 이용 가능한 제한된 임상 자원들을 고려할 때, '뜻밖의 문제가 발생할 수 있는' 외상을 공개하는 것에 큰 거부감이 존재한다."고 언급했다(p. 6). 이것은 특히 외상 기억의 노출과 처리를 포함하는 2 단계 치료와 관련하여 더욱 그러하다. 실제로 신중한 임상의와 연구자는 오늘날 교도소의 전망에 대해 의심스러워했다.

> 노출 치료(Foa, Hembree, & Rothbaum, 2007)와 같은 과거 초점 모델들은 PTSD 에 대한 증거 기반 모델일 수 있지만, 정서적으로 불안정하며 이미 취약한 수감자의 경우에는 실제 위험이 존재한다. 이러한 불안정에 대한 안전한 대응으로 진행 중인 재 외상의 주기를 설정할 수 있다. 현재 분위기에서 교도소 환경은 더 많은 정신 건강 훈련에 대한 충족되지 않는 필요성, 인력의 제약, 노출 치료와 같은 과거 초점 PTSD 치료들을 위해 공식적으로 훈련을 받은 추가 감독 인력에 필요한 재원의 부족을 고려할 때, 현재에 초점을 맞춘 접근이 가장 적합할 것이다(Miller & Najavits, 2012, p. 6).

이 장에서 설명하는 바와 같이, 우리의 경험과 실증적 예비 데이터는 특히 교도소 내에서 적합하게 설계된 10주 그룹 비파사나 명상 수행이 안전하고, 잠재적으로 효과적인 1단계와 2단계 외상 치료가 될 수 있을 것이라고 제시한다. 그러나 우리의 경험과 발견을 다루기 전에, 비파사나 명상과 교정 환경에서 외상 특이성 중재로서의 그 잠재력에 관해 이론적 · 실용적 지식을 제공하는 것이 필요하다.

외상 치료로서의 명상 수행: 죄수에 대한 영향

영문 mindfulness(마음챙김)는 팔리어(Pali)인 사태(sati)와 산스크리트어인 사마티(smrti)에서 유래된다. 이 용어들은 보통 정신 감각, 즉 생각을 포함하여 지나가는 감각에 대한 긍정적, 부정적 혹은 중립적 느낌을 두뇌가 자동 할당한 이후 발생하는 정신 현상의 확산에 의해 주의를 사로잡히지 않은 채, 의도적으로 바람직한 대상에 기울이는 개인의 주의 유지를 뜻한다(Grabovac, Lau, & Willett, 2011). 이 개념과 명상 수련에서의 적용은 2,500년 전 불교 심리학의 중심에 있으며, 카밧진(Kabat-Zinn, 2003, p. 145)에 의한 마음챙김의 현대적 정의의 바탕이 된다. 그 정의는 "매순간 전개되는 경험에 대해 판단하지 않고, 의도적으로 주의를 기울이는 것을 통해 나타나는 알아차림"이다.

순간마다 고통, 해방, 지속적인 행복의 이유에 변혁적인 '통찰'을 만들어 내는 구축과 적용에 대해, 마음챙김과 전통적 불교 수행에 대한 상세하고 기술적인 논의는 이 장의 범위를 벗어난다. 간략하게 외상 치료에 대한 마음챙김 접근은 외상 내러티브의 이야기나 처리보다는 외상 후 현상에 대한 직접 경험을 가치 있게 여긴다. 고통스러운 기억과 감정(특히 지나가는 개인내적 감각들)은 알아차림을 관찰하거나 목격하며, 매우 상세하게 직접 경험된다. 현재의 경험과 기억(알아차림 안과 밖에서 계속 발생하는)에 대한 결합된 초점은 여러 치유 과정이 전개될 수 있도록 한다. 이러한 것들은 과거에 주의를 기울이지 않았던 신체 감각과 정서 과정(예, 두려움과 중독성 조건화의 사슬들에 대한 극히 짧지만 강력한 연결)에 대한 알아차림과 인정을 포함한다. 또 다른 치유 과정은 과거에 의식적으로 이용할 수 없었거나 분리된 기억을 포함하여, 기억 표상을 함께 연상적으로 연결하고 접근하는 것을 포함한다. 이는 변혁적 통찰과 지혜, 개인적 치유 내러티브들의 자발적 출현을 육성할 수 있다.

이러한 관점과 일치하게, 심슨과 동료들(Simpson et al., 2007)은 집중적인 마음챙김 기반 명상 수행이 '경험회피'를 줄여 줄 수 있다고 주장한다. 이것은 특히

PTSD와 약물 의존으로 고통받는 사람들에게 적합하며, 이는 경험회피가 이러한 사람들이 약물을 사용하는 동인이기 때문이다(Orsillo & Roemer, 2005; Walser & Westrup, 2007). 즉, 마음챙김 중재는 "매순간의 경험에 대한 비판단적 수용을 증진함으로써, 내적 경험과 외적 경험을 회피하려는 노력을 제한할 것을 추구한다" (Simpson et al., 2007, p. 240). 마음챙김 훈련은 불쾌하고 고통스러운 감정을 인내하기 위한 기술을 제공함으로써 약물 남용의 재발을 줄일 수 있는 잠재력을 가지고 있다. 실제로, 최소한의 보안 교도소에서 이루어진 10일간의 비파사나 명상 프로그램에 대한 이들의 예비 연구에서, 심슨과 동료들(2007)은 PTSD가 있는 사람들과 없는 사람들의 불법 약물 남용 결과에서 비교 가능한 개선을 발견했다. 연구자는 PTSD가 있는 사람들이 "외상과 관련된 것을 포함하여, 고통스러운 정서와 사고를 다루는 새로운 방식"을 갖게 됨으로써 혜택을 얻게 되었다고 결론 내렸다 (Simpson et al., 2007, p. 246). 이러한 예비 발견은 집중적인 비파사나 명상이 죄수들 사이에 외상과 약물 남용에 대한 효과적인 치료법이 될 수 있다는 것을 제시한다.

불교 심리학과 비파사나 명상

그라보박과 동료들(Grobovac et al., 2011, p. 220)은 전통적으로 '삼상(three characteristics)'이라고 불리는 '불교 심리학의 세 가지 본질적인 교리들'에 초점을 맞춘다.

- "감각 인상과 정신적 사건은 일시적이다(이들은 발생하고, 소멸된다)."
- "감각 인상이나 정신적 사건의 감정[즉, 긍정적, 부정적 혹은 중립적인 쾌락적 기본 특성들]에 대한 습관적 반응(즉, 애착과 혐오)과 고통을 초래하는 과정에 대한 알아차림의 결여"
- "감각 인상과 정신적 사건은 자아라고 부를 수 있는 지속적인 별개의 존재를

포함하거나, 구성하지 않는다."

불교 심리학의 핵심 통찰은 고통과 증상이 훈련된 수련을 통해 감소될 수 있으며, 심지어 제거될 수 있다는 것이다. 조작이나 통제를 시도하지 않은 채, 전개되는 감각의 흐름(정신적 사건을 포함하여)을 공정하게 관찰하는 것은 접근의 중심이다. 결국 이는 지나가는 감각의 특징에 대한 두뇌의 자동적 속성에 따르는(긍정적, 부정적 혹은 중립적 특징의 이러한 속성은 과거의 외상과 중독 경험을 포함하여, 주로 과거의 조건화를 기반으로 한다) 정신 현상(부적응 평가, 사고, 감정을 포함하여)의 일반적 확산을 크게 줄이거나 제거할 수 있다. 이는 결국 탐구되지 않은, 거부된 그리고 억제된 경험과 감정을 표면에 떠오르도록 할 수 있으며, 마음챙김 주의의 치료 과정의 일부가 될 수 있다. 본질적으로 개인의 고통의 실재에 대한 평정심은 고통으로부터의 자유를 얻는 길이며, 그리고 무엇을 원하고 무엇을 원치 않는지에 대해 붙들리지 않는 실제로 만족스러운 행복이다.

초기 불교 글에 대한 고대 언어 중 하나인 팔리어에서, 비파사나는 '실제로 존재하는 그대로 보는 것'을 뜻한다. 버마의 비파사나 전통은 부처의 원래의 훈련 기법에서 파생되며, 이 장에서 설명되는 교도소 교육과정은 고엔카(S. N. Goenka)가 만든 버전을 따른다.[1] 호흡에 대한 알아차림을 뜻하는 팔리어 문구인 Anapana sati(안반수의경)는 고엔카의 비파사나 과정에서 처음 3일 동안 가르치고, 수행하는 중요한 기술이다. 총 30시간 동안 수련생은 앉아서 콧구멍 아래 윗입술에 초점을 맞추고, 들어오고, 나가는 호흡의 감각에 주목한다. 이것은 자연스러운 호흡에 대한 순간마다의 '순수주의(bare attention)'로 알려져 있다. 과정 내내 정좌 명상 이후 15분 동안, 수련생들은 메타(metta, 혹은 자애) 명상을 배우고, 수행하며, 이를 통해 이들은 시각적 이미지, 신체 감각, 원하는 행복과 연관된 생

---

1) 지난 10년에 걸쳐, 고엔카 10일짜리 비파사나 프로그램은 인도, 이스라엘, 몽골, 뉴질랜드, 대만, 태국, 영국, 미국의 교도소에서 제공되어 왔다. 잭 콘필드(Jack Kornfield), 조셉 골드슈타인(Joseph Goldstein), 샤론 살츠버그(Sharon Salzberg), 타니사로 비쿠(Thanisarro Bhikkhu) 등에 의해 서구로 가져온 다른 비파사나 전통 및 수행 또한 교도소 환경에서 동일하게 적합할 수 있다.

각들, 건강 그리고 스스로와 타인들의 고통으로부터의 해방에 집중한다(Salzberg, 1995). 수련생들은 이러한 수행이 그 자체로 심오하고, 치유력이 있으며, 변혁적인 사랑, 자비, 행복에 대한 경험을 제공하면서, 다른 수행들에 효과적으로 몰입하도록 마음을 차분하게 만들어 주는 데 도움이 되었다고 보고했다.

시간 흐름에 따라 앉아 있으면서 마음은 생각, 감정, 기억 및 기타 주의를 산만하게 하는 것들로 들뜨게 될 수 있다. 수련생들은 호흡이 신체와 마음 사이에 중요한 다리라는 것을 배운다. 아나파타 사티(Anapata sati)는 마음, 두뇌, 신체가 차분하고, 고요하면서, 섬세하게 초점을 맞추도록 훈련시킨다. 주의 자원이 호흡 감각에 초점이 맞추어지고, 자동적으로 발생하는 정신적 사건의 확산과 방황하는 마음의 '디폴트 활동'으로부터 멀리 떨어지는 한, 습관적 반응과 혐오와 갈망의 패턴은 점진적으로 정신 과정에 대한 강도와 지배를 잃게 된다. 아나파타 사티는 또한 과정의 후반부에 나타나게 될 더 깊은 정서적 폭풍을 직면함에 따라 도움을 받을 수 있는 정착 기술을 수련생들이 서서히 발전시킬 수 있도록 한다.

4일째 그리고 6일 이후에, 고엔카 비파사나의 핵심 기술이 수행된다. 아나파타 사티에 의해 개선되는 개인의 알아차림을 체계적으로 향하고, 신체 전체에 걸쳐 머리 위부터 발끝까지 그리고 그 반대로, 스스로 나타나는 신체 감각을 관찰한다. 아나파타 사티의 3일 후, 관찰하는 신체 감각이 스스로 나타난다. 아나파타 사티의 5일 후, 이러한 전신에 대한 변화가 해방될 수 있지만, 강한 감정과 외상 기억 그리고 표면으로 떠오르는 경험을 밝히고 해소할 수 있다. 결국 수행이 잘 진행되는 경우, 생생한 외상 기억 및 강렬한 슬픔, 수치심, 죄책감의 경험을 포함하여 무엇이 발생하든 개인의 혐오감 및 갈망과 연관된 일반적인 정서적·인지적·행동적 반응의 확산 없이, 발생하고 소멸되는 사건으로서 공정하게 관찰될 수 있다.

비파사나 명상은 1단계와 2단계 외상 치료의 요소를 제공하는 것으로 이해될 수 있다. 교도소의 맥락에서 이상하게 보일 수는 있지만, 나머지 교도소와 별도로 과정 지도자의 인도와 지속적 지원에 따른 지원적 환경에 의해 안전한 피난처가 만들어진다. 마음과 신체의 안정과 조절은 아나파타 사티의 수행을 통해 달성된다. 이러한 안정이 자리를 잡음에 따라 비파사나의 수행은 자발적이고, 단순하지만, 깊은 외상 소재의 처리를 촉진하게 된다. 본질적으로 오랫동안 회피해 왔으며, 과거에 이용할 수 없었던 기억, 감정 및 기타 외상 후 경험이 주시되며 안정적인 현재 초점의 상태에서 표면으로 나타나게 되며, 변혁적이고 치유적인 이해와 통합을 이용할 수 있게 된다.

명상 세계의 지도자인 브루스 스튜어트(Bruce Stewart)는 죄수들에 대해 10일간의 프로그램을 주도했다.

> 이러한 기억들, 신체 감각, 정서를 푸는 것은 우리가 반응의 '폭풍' 혹은 물결로 부르는 것을 만들어 낸다. 우리는 이러한 폭풍이 얼마나 깊고, 끔찍하고, 고통스러운지와 상관없이 수련생들이 이러한 폭풍을 통해, 정신적 · 신체적 · 정서적으로 끊임없이 변화하고, 발생하고, 소멸하는 모든 것을 경험적으로 발견할 수 있도록 인도한다.

비파사나의 적용: 앨라배마의 최대 보안 교도소의 사례

윌리엄 E. 도날드슨(William E. Donaldson)은 교정 시설은 '고통의 집'으로 알려져 있는 앨라배마의 최대 보안 교도소이며, 대략 1,500명의 수감자들이 거주한다. 이들 대부분은 흉악 범죄자와 장기 복역수들이다. 2002년 앨라배마 교정국은 도날드슨에서 10일간의 고엔카 비파사나 명상 과정을 수행하기 시작했다. 이는 미국 내에서 주 교도소로 들어온 첫 번째 비파사나 프로그램이었다.[2] 비파사나 프로그램이 어떻게 도날드슨에 도입되었는지에 대한 상세한 설명은 상을 수상한 다큐멘터리 영화 〈The Dhamma Brothers: East Meets West in the Deep South〉와 필립스(Phillips, 2008)에서 볼 수 있다(Phillips, Stein, & Kukura, 2008).

도날드슨 교정 인력과 북미 비파사나 수감자 신뢰과정을 위해 열린 1년 이상의

---

2) 북미 교정 시설에서의 첫 번째 비파사나 과정은 1997년 워싱턴, 시애틀에 있는 최소 경계구역 성인 구치소인 북비 재활시설에서 수행되었다(Meijer, 1999). 세계에서 첫 번째는 1997년 영화 〈Doing Time, Doing Vipassana〉에서 기록된 것으로, 1970년대 인도에서 이루어졌다(Ariel & Manahemi, 1997).

회의와 프로그램 참여에 서명한 죄수들과의 오리엔테이션 모임 이후, 도날드슨의 교도소장과 행정 책임자는 매우 특별한 단계를 취할 준비가 되어 있었다. 이들은 세 명의 숙련되고 경험이 많은 비파사나 지도자가 교도소에 들어와 10일간의 비파사나 프로그램 동안 수감자들과 비좁은 공간에서 함께 지내는 것에 합의했다. 지도자의 지속적인 존재와 인도는 모든 비파사나 과정의 정상 요건이며, 교도소 프로그램의 본질적인 측면이었다. 지도자는 수감자들 사이에서 명상하고, 조용히 이들의 일상생활(세탁 분류, 지도자의 채식주의 음식 제공, 장려와 지침 제공)을 감독하는 변함없고 차분한 존재였다. 이처럼 교도소 내의 매우 특별하고 육성하는 분위기는 안전, 안정 그리고 외상 소재를 마주하는 작업이 이루어질 수 있는 확고하고 지원적인 피난처를 만드는 데 도움이 되었다.

교도소 기반 과정에 대한 북미 비파사나 수감자 신뢰 과정의 또 다른 요구는 일부 교도소 인력들이 스스로 10일간의 비파사나 과정을 우선 받는 것이었다. 여섯 명의 도날드슨 치료 및 보안 인력이 이를 수행했으며, 이는 이들이 개인적으로 깊이 있게 비파사나의 경험과 교도소 환경에서의 잠재적 혜택에 대해 이해할 수 있도록 만들었다.

2002년 1월, 세 명의 비파사나 지도자와 20명의 죄수가 도날드슨의 체육관으로 옮겨졌으며, 함께 10일 동안 이곳에 머무르며 100시간 이상 동안 명상을 수행했다. 여기에는 많은 불안이 존재했다. 지도자와 수감자들은 서로를 두려워했다. 일부 수감자는 라이벌 갱단에서 왔으며, 교정 책임자들은 이들이 하루도 못 버틸 것이라고 장담했다. 20명의 수감자는 "20명이 함께 들어오고, 함께 나가며, 함께 강하게 버틴다."라는 약속을 만들었다. 지도자는 수감자들에 대한 두려움을 빠르게 극복했으며, 고요한 평온과 안전한 분위기 내에서 공유되는 목표와 상호 존중의 깊은 의식이 발전했다.

교사들은 수감자들을 높은 수준의 전념, 불굴의 의지, 명상과 내적 악마를 마주하는 것에 헌신을 기울인 뛰어난 비파사나 수련생으로 인정했다. 이들은 수감자들의 평정심과 지혜를 기르려는 전체적인 바람을 목격했다. 대부분의 수감자들은 공식적인 명상에 대한 경험이 없었지만, 지도자는 이들이 교도소 외부에 있는 어떤 수련생보다 더 열심히 했다는 것을 알고 있었다. 때때로 수감자들에게 물러나서 휴식을 취하도록 권장해야만 했다. 지도자인 브루스 스튜어트는 다음과 같이 설명했다.

> 이 사람들은 고통에 대해 매우 깊게, 노골적으로 알고 있었다. 이들은 자신들이 행복하다는 망상에 놓여 있지도 않았다. 이들은 처음부터 자신들이 비참하다는 것을 알고 있었지만, 왜 자신들이 비참한지에 대해서는 아직 모르고 있었다. 이제 이들은 명상을 통해… 현재에 머무르고, 감각들의 수준에서 현재의 순간을 직면하며, 순간을 수용하는 법을 배웠다. 비파사나는 이들에게 깊은 수준에서 내부의 모든 비참함과 직면할 수 있는 도구를 제공했다(Phillip, 2008, p. 29에서 인용됨).

예비 연구 결과와 두 수감자의 성찰

2006년 이후 10일간의 비파사나 과정은 도날드슨에서 1년에 네 번 제공되었으며, 3일간의 과정은 1년에 두 번 제공되었다. 2012년 가을까지 열아홉 번의 과정이 열렸으며, 550명의 수감자들이 10일간의 프로그램을 완수했다. 특히 장시간에 걸쳐 교도소 환경에서 데이터를 수집하는 것은 많은 도전을 제기하며, 이는 수감자들이 다른 시설로 이감될 수 있기 때문이다. 오직 제한된 연구만이 수행되었으며, 지금까지 발표되었다. 제한적인 예비 결과들은 동료 검토 출판물에 보고되었다(Perelman et al., 2012). 저자들은 프로그램 직전(111명의 참가자: 비파사나 중재 50명, 비교그룹 61명), 완수 직후(전체 74명 중, 비파사나 중재 45명), 1년 후(전체 56명 중, 비파사나 중재 35명)에 수집된 데이터에 대해 보고한다. 비교 조건은 건전한 스트레스 관리, 짧은 명상과 대처 전략 그리고 스스로와 타인 용서하기를 통해 스스로 책임을 지도록 인도를 제공하는 마음챙김과 정서적 각성의 원칙을 기반으로 한 10주간의 소그룹 프로그램 홈 힐링(Houses of Healing: HOH; Casarjian, 1995)이었다.

연구 참여자 중 약 80%가 폭력 범죄로 수감되었으며, 3분의 1은 종신형을 선고받았다. 90% 이상이 서구 종교에 소속되어 있음을 보고했으며, 비파사나 명상과 비교 그룹은 비파사나 명상 참여자들이 자신들의 인종을 '기타'라고 더 많이 표시한 것을 제외하고, 인구 통계상으로 다르지 않았다. 또한 비파사나 명상 그룹은 더 많은 시간을 수행했으며(12.4년 대 8.6년), 두 그룹 모두 더는 교도소 위반을 저지르지 않았다(제공된 시간 동안 통제됨). 양 그룹은 주와 연방 수감자(각각 53%와 45%; Mumola & Karberg, 2007) 사이에 발견된 것보다 훨씬 더 낮은 비율의 약물 남용 진단을 받았다(12.6%). 외상 이력, 현재와 과거의 PTSD 및 기타 정신병 진단은 평가되지 않았다.

연구의 첫 번째 단계에서 주요 종속 변수들은 자기보고된 마음챙김[인지 정서 마음챙김 척도(CAMS-R); Feldman, Hayes, Kumar, Greeson, & Laurenceau, 2007], 분노[Novaco Anger Inventory-Short Form(NAI-25); Mills, Kroner, & Forth, 1998], 전체 기분 장애[Profile of Mood States-Short Form(POMS-SF); Salovey, Mayer, Goldman, Turvey, & Palfai, 1995], 그리고 기록된 위반을 포함했다. 소모 및 기타 요인으로 인해 상실된 데이터를 고려하여, 분석들은 혼합 선형 모형(linear mixed modeling)과 이어서 대응 비교(pairwise comparison)를 이용했다.

자기보고된 마음챙김의 경우, 비파사나 명상 참여자들은 전체적으로 더 높은 점수를 받았지만(일부 비파사나 명상 참여자가 이전에 집중적인 비파사나 명상 프로그램을 완수했기 때문에), 보수적인 통계 분석(분산 분석)을 이용할 경우, 중재의 함수를 포함하여 시간 흐름에 따른 변화는 없었다. 더 진보적인 통계 방법(짝 비교)은 비파사나 명상 그룹에서 더 높은 중재 이후 마음챙김을 보여 주었지만, HOH 참여자들의 경우에는 그렇지 않았다. 감성 지능의 경우, 보수적인 분석은 양 그룹에서 시간 흐름에 따른 개선을 발견했지만, 그룹들 사이 혹은 중재의 효과에는 별 차이가 없었다. 더 진보적인 분석은 추적처치 기간에서 비파사나 명상 그룹에서의 증가를 보여 주었다. 전체 기분 장애의 경우 그룹 간 차이가 존재했으며, 비파사나 명상 그룹은 전체적으로 더 낮은 장애를 가졌지만, 덜 보수적인 통계로 평가했을 때에도 중재에는 어떤 효과도 없었다. 마지막으로 기록된 제도적 위반들과 관련하여, 그룹이나 중재의 어떤 효과도 발견되지 않았다. 이러한 발견들은 양 그룹의 참여자 중 54%가 중재 후의 어느 해에도 어떤 위반도 없었기 때문에, 데이터의 범위 제약으로 인한 것일 수 있다.

이 예비 연구들은 비파사나 명상 참여자들이 최소한 자기보고에서 몇 가지를 발견했다는 것을 시사한다. 첫째, 이전의 10일 프로그램을 포함한 명상 경험으로 인해, 일반적으로 비교 참여자들에 비해 더 높은 마음챙김을 발견했다. 둘째, 마음챙김에서 명상 후 직접적인 개선을 발견했다. 셋째, 피정 1년 후 정서적 알아차림의 더 높은 수준을 발견했다. 그러나 이러한 예비 연구는 소규모 표본 크기, 그룹에 대한 무작위 할당의 결여, 상당한 실종 데이터, 제한된 수로 측정된 평가를 포함하여, 몇 가지 제약들을 가지고 있으며, 이 중 어떤 것도 외상 후 증상을 다루지 않았다.

미래 연구는 이러한 PTSD, 우울증, 기타 외상 후 증상 및 문제들(예, 정서 조절의 어려움), 교도소 수행 및 재범과 연관된 행동 지표에 대해 집중적인 교도소 내 비파사나 프로그램의 효과를 평가해야 한다. 다른 설계 및 분석적 개선 이외에, 미래 연구는 10일 프로그램 전후에 과거의 명상 경험과 정기적인 비파사나 명상 수행을 평가하고 통제해야 한다.

현재까지 양적 발견이 매우 제한적인 반면, 질적 데이터는 매우 풍부하고 설득력이 있다. 앞서 주목한 바와 같이, 하나의 특정 10일 프로그램과 몇 명의 참여자들이 높은 평가를 받고 있는 다큐멘터리 〈The Dhamma Brothers: East Meets West in the Deep South〉(Phillips et al., 2008)와 동반된 서적 『Letters from the Dhamma Brothers: Meditation behind Bars』(Phillips, 2008)에서 주 대상이었다. 마음을 집중하고 차분하게 만드는 법을 배우고, 순수한 주의로 자신들의 내적 경험을 관찰하고, 세부적으로 정교하게 과거 외상을 처리하고 통합하며 자기성찰, 통찰, 이해를 위한 새로운 변혁적 능력을 발전시킨 도날드슨 수감자들에 대한 많은 이야기가 존재한다. 이 중 많은 수감자가 자신들의 범죄와 다른 사람들에게 끼친 피해에 대해 자신들의 목숨으로 책임을 질 것이라고 이야기한다.

결론과 시사점

올바른 조건을 고려할 때, 교도소는 전통적인 명상을 성공적으로 실행하기 위한 장소가 될 수 있는 것으로 나타난다. 이는 짧고, 집중적이며, 잠재적으로 변혁적인 정신 건강 중재를 구성한다. 10일간의 비파사나 명상 프로그램은 일부 수감자들에게 적합한 것이었으며, 인도와 미국의 여러 구치소 및 교도소에서 사용되어 왔고, 잠재적 혜택에 대한 경험적 증거를 만들어 내기 시작했다.

교도소는 외상 수감자(그리고 직원)에게 있어 거칠고, 과잉 남성성이 넘치며, 종종 폭력적인 장소가 될 수 있지만, 매일 수감자들이 스스로의 내부에서 직면하는 극심하고 부인할 수 없는 고통 덕분에 내적 해방에 대한 심오한 갈망과 자기변화에 대한 강한 전념이 일어날 수 있는 장소이기도 하다. 최대 보안 교도소인 도날드슨 교정 시설에서 제공된 비파사나 프로그램은 외상 수감자들에게 차분함, 명료성, 통찰, 치유를 가져올 수 있는 수련에 대해 이러한 갈망과 전념을 이용할 수 있는 잠재력을 가지고 있다. 현재 양적인 증거는 제한적이지만 증가하고 있는 반면, 수감자들의 개인적 스토리와 교도소 직원들의 증언은 영화, 책 및 기타 출판물에서 설득력 있게 기록되어 왔다(예, Phillips et al., 2008; Phillips, 2008). 도날드슨은 2006년 이후 매년 네 번씩 10일간의 비파사나 명상 프로그램을 제공했다는 것 또한 중요한 증거이자 증언이다.

확실히 모든 수감자가 이러한 집중적인 명상 치료에 참여할 준비가 되어 있거나, 의사가 있는 것은 아니며, 전통적인 명상 수행을 보완하기 위해 다른 중재와 기술이 필요하다. 그러나 가능한 수감자들의 경우, 비파사나 명상은 일반적으로 현재의 교도소 환경에서 시도하기에는 불가능하거나 너무 위험한 것으로 간주되었던 기억들의 처리와 통합을 포함하여, 외상 회복의 1단계와 2단계를 촉진시킬 수 있는 것으로 나타난다. 집중적인 수련에 대해 수감자들을 어떻게 선택하고, 준비시킬지 그리고 이들이 혜택을 유지하고 통합하도록 어떻게 도울 것인지에 대하여 더 많은 연구가 필요하다.

점차 교도소 정신 건강 인력과 행정관은 수감자들의 외상 후 고통과 이들의 공감, 양심, 자기보고, 자기통제의 결핍(이것은 수감자들, 교도소의 인력, 가족과 많은 수감자가 돌아갈 지역사회에 있어 너무 파괴적일 수 있다)을 다룰 수 있는 중재를 추구하고 있다. 2,500년 전의 집중적인 비파사나 명상 수행은 현재 언젠가 풀려날 수감자들과 결코 풀려나지 못할 수감자들 양쪽에 대해 이용 가능하며, 전도유망한 선택이 되고 있다.

제22장
청소년을 위한 인지 기반 자비 훈련

브룩 닷슨 라벨(Brooke Dodson-Lavelle)
브랜단 오자와 드 실바(Brendan Ozawa-de Silva)
게셰 롭상 텐진 네기(Geshe Lobsang Tenzin Negi)
찰스 L. 레이즌(Charles L. Raison)

    인지 기반 자비 훈련(CBCT)은 정서 지능, 사회적 연결성, 공감, 자비를 강화하기 위한 체계적이고 대중적인 프로그램이다. 프로그램은 원래 자비 명상 기반 프로그램이 대학생들 사이에서 증가하는 우울증 비율을 다루는 데 도움이 될 수 있는지 조사하기 위해 에모리 대학교의 게셰 롭상 텐진 네기(Geshe Lobsang Tenzin Negi)가 2005년 개발하였다. 이후 프로그램은 건강한 성인, 초등학교 아동, 위탁 보호를 받는 청소년 그리고 외상 생존자에게 친사회적 기술, 회복탄력성, 건강과 행복을 증진하는 수단으로 사용되기 위해 채택되었다. 이 프로그램이 마음챙김 수행의 특정 요소를 포함하고 있기는 하지만, 실질적으로는 티베트 불교 로종(lojong, 티베트어로 blo sbyong) 혹은 '마음 훈련' 전통(Negi, 2009)에서 가져온 분석적 명상 수행에 크게 의존한다는 점에서 마음챙김 기반 프로그램과는 실질적으로 차이를 보인다. 로종(lojong) 전통은 스스로와 타인들의 고통의 원인으로 이해되는 부적응적인 자기초점 생각 및 행동을 극복하면서 수행자들이 점진적으로 타인 중심의 이타주의 사고와 행동을 기르도록 돕는 체계적인 방법을 제공한다. 우리는 이 장에서 위탁보호를 받는 청소년들에게 CBCT를 적용하는 데 있어, 우리 경험의 맥락에서 외상 치료에 대한 잠재적 적용에 대해 논의할 것이다.

인지 기반 자비 훈련

자비와 사회적 연결성의 감정을 포함하여, 긍정적 정서가 심리적 · 생리적 건강과 행복에 끼치는 입증 가능한 효과를 가진다는 증거가 점차 증가하고 있다(Cacioppo & Hawkley, 2009; Pace et al., 2009, 2010). 또한 연구는 외견상 자비에 대해 타고난 능력은 훈련될 수 있다는 것을 제시한다(Lutz, Slagter, Duune, & Davidson, 2008; Pace et al., 2009, 2010). 자비를 함양하는 많은 방법이 존재하지만, 주로 자비의 체계적 함양에 초점을 맞추는 과학적 연구를 위해 선택된 프로그램은 현재 소수에 불과하다.

CBCT 모델에서 자비는 타인들이 고통에서 벗어나고, 이들을 대신하여 기꺼이 행동하려는 진심 어린 바람으로 이해된다. 이것은 타인들에 대한 깊은 애정에서 비롯되며, 타인들의 고통이 경감될 수 있다는 인식과 결합된다. 이러한 민감성은 타인들에 대한 친밀함이나 연결성 그리고 이들의 고통 원인에 대한 인식에서 생겨난다.

일반적으로 개인은 자신의 가족이나 사회집단 구성원에게 쉽게 공감을 느낄 수 있지만, 일반적으로 낯선 사람이나 다른 사회집단 구성원들, 특히 어떤 식으로든 자신에게 해를 끼쳤거나 해를 끼칠 위협이 있는 사람들에게 공감하는 것은 더 어렵다는 것을 발견하게 된다. 따라서 타인들에 대한 친밀함을 생성하고, 자신의 공감 능력을 확대하기 위해 개인은 내집단 범주와 외집단 범주를 해체하려는 목표를 가진 일련의 분석적 명상을 통해 노력한다. 애정과 감사를 만들어 내기 위해, 개인은 타인들의 친절과 자신이 수없이 많은 생존 방식에 따라 타인들에게 의존했던 측면에 대해 성찰한다. 또한 개인은 모든 사람이 행복을 경험하고, 고통을 회피하려는 자신의 바람에서 모든 사람이 똑같다는 측면에서 성찰한다. 프로그램 성공의 중심이 되는 이러한 최종적 핵심을 이해하기 위해 개인은 행복에 대한 자신의 바람에 따라 성찰하고, 행복으로 이끄는 마음의 습관과 추가적인 고통으로 이끄는 마음의 습관을 주의 깊게 분석한다.

이것은 CBCT 프로그램의 기본적인 개념적 체제다. 이 구성요소는 여덟 가지 순서화된 단계에 따라 일반적으로 8주 과정에 걸쳐 체계적으로 가르쳐진다. 1단계는 주의와 마음의 안정성 발전시키기, 2단계는 정신적 경험의 특성에 대한 통찰 기르기, 3단계는 자기자비 함양하기, 4단계는 공정성 발전시키기, 5단계는 인정과 감사의 마음 발전시키기, 6단계는 정서와 공감 발전시키기, 7단계는 열망하는 자비 실현하기, 8단계는 능동적인 자비 실현하기다. 이러한 단계는 논리적인 방식에서 서로 순차적으로 구축된다. 따라서 우리는 이론적 · 교육적 핵심 초점에 대한 간략한 기술과 각 단계 내에 포함되는 외상 치료의 잠재적 역할을 제공하면서, 프로토콜의 각 단계를 통해 체계적으로 움직이면 된다.

주의와 마음의 안정성 발전시키기

자비 수행에 대한 토대는 기본적인 정도의 개선된 주의와 정신적 안정성의 함양이다. 이 단계에서 수행자들은 순간마다 자신의 호흡에 주의를 기울이도록 지시 받는다. 주의가 산만한 경우 단순히 이러한 것들에 주목하고, 이후 다시 호흡에 주의를 기울이도록 지시 받는다. 수행자들이 사고, 감정, 정서에 대한 알아차림을 얻기 위해서는 기본적인 주의 훈련이 필요하다. 이러한 알아차림을 얻지 않고는 습관적이고, 잘못 적응된 반응을 저해하고, 변모시킬 수 없다. 뒤따르는 분석적 명상에서 초래되는 이해를 안정시키고, 포함시키도록 배우기 위해 포커싱 명상 또한 필요하다. 연구는 주의 교육이 일반적으로 습관적 반응 패턴이 감소되는 것과 연관되며, 주의 분산에서 벗어나는 능력의 한 가지 효과가 될 수 있는 정서적으로 반응적인 행동 감소와도 연관된다(Lutz et al., 2008). 따라서 이러한 초기의 훈련 단계는 추가적인 단계를 지원하는 데 기능할 뿐 아니라, 추가적으로 유익한 효과를 갖는다.

정신적 경험의 특성에 대한 통찰 기르기

어느 정도의 안정적인 주의를 함양한 후, 수행자는 자신의 정신적 경험에 대한 통찰을 얻기 위해, 스스로의 주의를 사고, 감정, 정서, 반응의 내적 과정으로 돌리는 것을 배운다. 이 단계에서 수행자는 단순히 개인의 알아차림 내에서 무엇이 발생하든 판단 없이 생각에 사로잡히거나 휩쓸리지 않고, 주의를 기울이도록 지시받는다. 이러한 수행 양식은 대상에 초점을 맞춘 것이 아니라, 대신 특정 사고나 감정을 거부하거나 억제하지 않고 경험의 소재를 모니터하도록 장려한다. 따라서 수행자는 판단 없이 자신의 경험에 주의를 기울이도록 배우며, 이에 따라 모든 경험에 대한 열린 마음이나 인내를 구축하게 된다.

연구에서는 의식적 주의두기와 정서 명명하기는 자율 정서 반응을 억제할 수 있으며, 이에 따라 지속시간을 줄일 수 있다고 한다(Lutz et al., 2008). 이러한 수행 양식은 수행자가 정서적으로 혐오하는 혹은 반추하는 것을 포함하여, 여러 개념적 도식이나 시뮬레이션에 갇히게 되는 것을 피하도록 도울 수 있다. 또한 이는 특히 외상 치료와 관련된 초점화된 주의 훈련의 잠재적인 부정적 결과에 대해 완충 역할을 할 수 있다. 부정확하게 연습하는 경우, 초점화된 주의 훈련은 실제로 개인이 주의 분산을 싫어하게 되도록, 특히 부정적 자극이 되도록 조건화할 수 있다. 따라서 모든 경험에 대한 개방을 증진하는 목적이 없는 수행 양식은 특히 이러한 맥락에서 유용하다.

자기자비 함양하기

이 단계에서 수행자는 행복과 건강에 대한 자신의 타고난 바람을 탐구하며, 행복에 기여하는 그리고 고통에 기여하는 정신 상태와 습관에 대해 조사한다. 이러한 통찰에 따라 수행자는 부정적이고 해로운 정신적·정서적 상태를 극복하고, 행복과 건강을 증진시키며 증가하는 상태를 함양하기로 결심하게 된다. 종합하자면 개인의 고통의 근원에 대한 인식과 함께, 개인이 정신적 습관을 변화시킬 수 있다는 것에 대한 이해와 이렇게 하기 위한 전념은 자기자비로 이해된다.

우리가 자신을 향한 친절과 이해로 자기자비의 더 공통된 개념을 포함하지만, 이 모델은 고통의 원인들에 대한 통찰 없이 개인이 이러한 고통을 극복하는 데 필요한 급진적인 변화에 효과를 끼칠 수 없다고 가정한다. 우리는 이러한 추가적인 단계가 고통을 극복하기 위한 확고한 신념을 발전시키도록 도울 수 있는 수행과 결합되어, 정서 균형과 지능, 내부의 힘, 결단력, 회복탄력성을 추가적으로 불러일으킨다. 이것은 프로토콜에서 가장 어려운 그리고 가장 중요한 단계다.

공정성 발전시키기

이 프로토콜에서 공정성은 수행자가 편향을 극복하고, 타인들을 향한 평정심을 발전시키도록 돕는 것을 목표로 하는 특정 분석적 훈련을 뜻한다. 보통 개인은 친구, 낯선 사람 그리고 적수들과 같은 범주에 매달리는 경향이 있으며, 이러한 범주를 바탕으로 과도한 애착, 무관심 그리고 싫어하는 감정으로 사람들에게 차별적으로 대응하는 경향이 있다. 이 단계에서 수행자는 친구, 낯선 사람 그리고 관계를 맺기 어려운 사람을 마음속에 그려 보고, 이러한 세 명의 개인에게 긍정적 혹은 부정적 경험을 겪는다는 것을 상상함에 따라, 서로 다르고 차별적인 감정이 발생한다는 것에 주목한다. 이후 수행자는 이 반응을 조사하고, 친구, 낯선 사람 그리고 적수의 범주가 고정되어 있고 굳건한지 혹은 피상적인지 여부를 분석한다. 예를 들어, 개인은 적수가 친구가 되는 경우와 그 반대의 경우에 대해 성찰할 수 있다. 이러한 범주가 유연성이 있고, 본질적인 차이를 바탕으로 하지 않는다는 것을 인식함에 따라, 개인은 사람들과 동등한 관점에서 관계를 맺으려는 의도를 만들고, 모든 사람이 행복해지기를 원하고, 고통을 피한다는 점에서 똑같다고 인정하고자 노력한다.

이 단계는 수행자가 보통 자신의 내집단 부분으로 고려되지 않는 타인들에 대해 열린 마음을 활성화하도록 돕는다. 수행자는 또한 편향된 사고에 내재된 사회적 위험을 인식하는 법을 배우고, 이러한 불균형을 바로잡기 위해 노력한다. 이러한 집단 사이에 존재하는 강한 경계를 줄임으로써, 개인은 천천히 자신의 사회적 원을 확대시키는 법을 배우고, 타인들에게 더 연결된 느낌을 갖게 된다. 연구는 사회적 연결성이 스트레스, 우울증, 외상 후 스트레스 장애(PTSD; Cacioppo & Hawkley, 2009)를 포함하는 광범위한 요인에 대해 보호 효과를 갖는다는 것을 보여 주었다. 우울증이나 지각되는 사회적 고립감을 포함한 심리적 스트레스는 또한 염증을 유발하는 사이토카인의 생성을 촉발할 수 있으며, 이는 다수의 만성 장애에 연관되어 왔다(Raison, Capuron, & Miller, 2006).

타인들에 대한 인정과 감사의 마음 발전시키기

이 단계에서 개인은 자신의 생존이 수많은 타인의 지원과 친절에 의존하는 모든 방식에 대해 성찰한다. 예를 들어, 수행자는 자신의 인생에서 친절하거나 관대했던 누군가를 떠올리고, 이 사람이 자신을 도와줬던 여러 가지 측면에 대해 성찰하도록 지시 받는다. 이후 이러한 친절을 되갚을 수 있는 여러 가지 방식에 대해 고려한다. 수행자는 이후 의식주와 같은 기본적인 필요성에 대해 사람들이 의존하는 개인 간 상호의존적 망에 대해 성찰하도록 권장된다. 이러한 근본적인 상호의존성에 대한 깊은 인식은 타인들을 향한 인정과 감사의 의식을 촉진시킬 수 있다. 연구자는 단순히 타인들의 친절한 행동에 대해 경청하거나 회상함으로써 개인의 주관적 행복을 증가시킬 수 있다는 것을 발견했다(Otake, Shimai, Tanaka-Matsumi, & Otsui, 2006). 또한 연구에 의하면 감사하는 일에 대해 성찰함에 따라 개인은 보호적인 건강 혜택을 갖게 된다(Emmons & McCullough, 2003).

정서와 공감 발전시키기

이 단계는 수많은 타인에게서 혜택을 얻는 측면에 대해 더 깊은 사색과 통찰을 수반한다. 앞서 언급한 바와 같이, 이러한 성찰을 통해 타인들의 친절에 보답하고 싶은 자연스러운 의향이나 바람을 도입하게 된다. 다시 차이점보다 사람들 사이에 유사성에 초점을 맞춤으로써, 개인은 또한 연결성과 애착을 증가시키기 위해 노력한다. 심오한 애착과 애정으로 타인들과 관계를 맺음으로써, 개인은 더 깊이 있게 타인들에게 공감할 수 있으며, 이들이 고통받는 것을 참을 수 없게 된다.

연구에 따르면 우리가 공감에 대해 '연결되어' 있으며, 소위 타인들에게 공감하는 우리의 능력은 타인들을 향한 우리의 친밀성과 애착의 정도에 달려 있다(Singer & Lamm, 2009). 예를 들어, 연구자들은 혐오스러운 얼굴 사진을 관찰하는 것과 혐오스러운 자신을 경험하는 것이 전섬엽(anterior insula: AI; 그리고 더 적은 정도로 전대상피질에서)에서 동일한 신경 반응을 활성화시킨다는 것을 발견했다(Wicker et al., 2003). 또한 싱어와 동료들(Singer et al., 2004)은 참여자들이 고통스러운 자극을 받을 때, 그리고 이들이 사랑하는 사람이 동일한 자극을 받는 것을 관찰하거나 예상할 때 이 부위가 활성화된다는 것을 발견했지만, 낯선 사람들이 동일한 자극을 받는 것을 지켜보았을 때 이러한 반응은 약화되었다. 또 다른 연구에서, 싱어와 동료들(2006)은 공감 반응이 타인들을 좋아하거나, 싫어하는 참여자들에 의해 조절된다는 것을 발견했으며, 또한 일부 남성들은 보상 관련 부위에서 증가된 활성을 보여 주었다. 이러한 보상 관련 부위는 복수에 대한 바람과 상관관계가 있으며, 사람들은 자신이 싫어하는 이들을 관찰할 때 동일한 자극을 받는다. 연구자는 공감 반응이 타인의 사회적 행동에 대한 평가로 형성된다고 결론을 내렸다. 즉, 우리의 공감 반응은 타인들에 대한 우리의 친밀감에 의해 조절되는 것으로 보이지만, 이들의 지각된 사회적 행동에 따라(혹은 또 다른 식으로 말하자면, 이들이 공감을 '받을 만한지' 여부에 따라) 조절되기도 한다.

우리의 공감 반응의 조절은 상당한 사회적 영향력을 가질 수 있다. 공감은 우리가 타인들에게 해를 끼치지 못하도록 하고, 그들을 도울 수 있도록 한다. 우리는 스스로가 보고자 하는 방식에서 세상을 인식하지만, 이처럼 우리에게 유리한 방식으로 적합하거나 가장 중요하다고 여겨지는 사람에게만 주의를 기울인다면, 우리는 진정으로 타인의 관점을 이해할 수 없게 된다. 이러한 수행은 타인들을 향한 평정심을 발전시키도록 돕는 역할을 하며, 지속적으로 모든 존재가 행복을 원한다는 점에서 유사하다는 것을 기억하게 만든다. 이는 우리의 공감 반응이 유사성이나 친밀함에 대한 지각보다는 필요에 대한 평가를 기반으로 한다는 것을 제시한 뱃슨, 에클룬트, 셰르목, 호이트 그리고 오티즈(Batson, Eklund, Chermok, Hoyt, & Ortiz, 2007)의 연구에서 추가적으로 강조된다. 예를 들어, 뱃슨과 동료들(2007)은 통제 연구에서 대학생들이 매우 아픈 대학생을 향하는 것보다 외견상 무기력해 보이는 존재들(어린아이 혹은 부상당한 동물)을 향해 더 많은 공감을 느낀다는 것을 발견했다. 이것이 필연적으로 유사성이나 '내집단' 지각이 우리의 공감 반응에서 수행하는 중요성을 무시하는 것은 아니지만, 유사성에 상관없이 타인들의 고통에 대한 인정 또한 중요하다는 것이다. 따라서 이 수행의 또 다른 중요한 열쇠는 스스로 그러하는 것과 동일한 방식으로 타인들이 지속적으로 고통을 당하고 있다는 지속적인 성찰이다.

바라고 열망하는 자비 실현하기

이 단계는 타인들에 대해 강화된 공감을 장려하며, 이들의 고통과 그 원인에 대한 친밀한 알아차림과 결합되어 자연스럽게 자비가 생기도록 만든다. 개인이 공감을 추가적으로 발전시킴에 따라, 개인은 자연스럽게 타인들의 고통에 대해 더 알아차리게 된다. 이 단계에서 수행자는 세 명의 사람, 즉 사랑하는 사람, 낯선 사람 그리고 적의 고통을 떠올리고 성찰하도록 지시받는다. 이후 또 다른 사람의 고통을 지켜보는 것이 얼마나 힘든지 인식하고, 개인의 마음이 이 사람이 고통에서 벗어나기를 바라는 마음과 공명할 수 있도록 장려된다.

타인들에 대한 능동적인 자비 실현하기

마지막 단계에서 참여자는 단순히 타인들이 불행에서 벗어나기를 바라는 것에서 나아가, 이들이 고통에서부터 행복과 자유를 추구하는 것을 지원하는 데 전념하도록 설계된 명상으로 인도된다. 또한 이 마지막 회기에서 수행자는 타인들의 고통이 극복될 수 있다는 것을 인정하고, 이들에게 도움이 되도록 관여하고 지원할 수 있는 방법에 관해 건설적으로 사고함으로써 타인들의 고통을 고려하는 것에서 자신이 느낄 수 있는 잠재적 고통을 극복하고자 노력한다. 타인들의 고통이 변모될 수 있다는 인정 없이는, 수행자는 무기력감이나 압도되는 느낌을 받기 쉬우며, 결국에는 소진이나 '자비피로'를 경험할 수 있다. 따라서 이러한 인정은 프로그램에서 중요한 단계다.

자비와 마음챙김 함양: 중요한 구분

CBCT는 마음챙김 기반 스트레스 감소(MBSR)와 같은 많은 대중적인 마음챙김 기반 프로그램의 기반을 형성하는 초점 주의와 알아차림처럼, 중요한 수행을 포함하지만 CBCT와 마음챙김 프로그램은 접근에서 차이를 보인다. 일반적으로 마음챙김 기반 프로그램은 수행자가 개방적이고 판단하지 않는 자극을 통해 매 순간에 주의를 기울임으로써 스트레스가 되는 상황과 사고 패턴을 다시 인지하는 방법을 배우도록 돕는다(Shapiro, Carlson, Astin, & Freedman, 2006; Kabat-Zinn, 1994). 따라서 마음챙김 기반 수행의 주요 측면은 사고 자체의 내용을 변경하는 것보다 개인과 사고와의 관계를 변화시키는 것을 수반한다. 증가하는 증거는 마음챙김 수행이 반복적으로 고통을 주는 생각의 부정적 영향을 줄임으로써 스트레스가 되는 상황에 반응하기보다 대처하는 개인의 자동적인 습관적 경향을 타파하는 것을 통해, 스트레스를 줄이는 데 있어 상당한 잠재력을 가지고 있다는 생각을 뒷받침한다. 즉, 마음챙김 수행은 과거나 미래 사건의 자동 시뮬레이션을 저해하고, 현재 완전히 몰입할 것을 장려함으로써 작용할 수 있다(Williams, 2010).

다른 한편으로, CBCT는 수행자에게 자신의 생각, 느낌, 감정에 대한 통찰을 얻고, 자기 자신 및 타인들과 관계를 맺는 대안적 방식을 적극적으로 모의하도록 장려하는 체계적인 분석적 명상에 의존한다. 마음챙김 프로그램은 인지 모의들의 감소를 장려하는 반면, CBCT 프로그램은 스스로를 더 건강하고, 더 건설적인 존재의 방식으로 다시 향하게 하거나, 다시 길들이는 인지와 정서적 모의들의 구성 및 생산을 적극적으로 장려한다. 단순히 개인의 생각과의 관계를 변화시키는 법을 배우기보다 CBCT 훈련은 수행자가 타인들을 향한 적대감과 무관심을 해제하고, 타인들에 대한 애착과 감사의 깊은 감정을 발전시키며, 타인들과의 긍정적 연결을 발전시키도록 정서와 인지 평가에 따라 적극적으로 노력할 것을 요구한다. 이는 두 모델 사이에 중요한 구분을 보여 준다. '해결 중심적 모델(antidote model)'로 설명될 수 있는 CBCT 모델에서 수행자는 비이성적인 분노가 고통을 초래하고, 행복을 가져다주지 않는다는 사실 등과 관련된 일련의 분석적 명상을 통해 수련한다. 분석적 명상이 단순히 순수하게 지적인 혹은 거리를 두는 방식으로 무언가에 관해 생각하는 것을 뜻하지 않는다는 점에 주목해야 한다. 이 성찰의 초점은 통찰을 얻거나 개인이 '아하(a-ha) 순간'이라고 부를 수 있는 것에 도달하는 것으로, 이는 이후 일단 도달한 후 반복된 분석과 이러한 통찰을 명상하는 것을 통해 심화된다. 이후 개인은 비이성적 분노에 대한 해결책을 구성한다. 이 경우에는 사랑과 자비가 그 해결책이 될 것이며, 이후 명상을 통해 생생해지고, 체감될 때까지 이러한 느낌에 스스로 익숙해진다. 반복된 수행을 통해 사랑이나 자비에 대한 개인의 감정은 더 강해지고, 더 개선되며, 무엇보다 중요한 것은 개인의 존재 방식으로 통합된다.

　CBCT 수행은 마음챙김과 같이 덜 분석적으로 지향되는 수행에 반대하지 않으며, 앞서 설명한 것처럼 마음챙김 훈련의 요소를 포함하고, 차후 분석적 수행을 위해 그 중요성을 인정한다. 또한 일부 마음챙김 기반 프로그램이 자애 명상을 포함하지만, CBCT와 자애 명상 사이에 중요한 차이가 존재한다는 것에 유의해야 한다. 일반적으로 가르치는 자애 명상은 정서 상태(사랑과 애착)의 발생을 수반하며, 이후 더 광범위한 개인을 포함하기 위해 외부로 확장된다. 많은 자애 명상 수행 지침은 적대감이나 판단 및 편향의 경우에 바탕이 되는 인지 기제를 조사하거나 변모시키기 위한 지침을 명확하게 제공하지는 않는다. 마지막으로, 관련된 티베트 불교의 **통렌**(tonglen, 보내기와 받기) 수행은 타인들의 고통을 가져오고, 이들에게 행복을 부여하는 상상을 하는 수행으로 매우 유익할 수 있다. **통렌**의 수행이 우리의 프로토콜에 내포되어 있기는 하지만, 우리는 수행자에게 타인들의 고통을 경감시키려는 자비로운 바람이 마음속에 떠오를 수 있도록 하고, 타인들에게 하얀색 빛의 형태로 행복과 건강의 근원을 보내는 상상을 하도록 장려함으로써, 이 수행의 '받기' 측면을 강조하고자 한다. 우리는 수행자에게 타인의 고통을 가져오는 것에 대해 상상하도록 명확하게 장려하지는 않는다. 초보자가 이를 의미 있는 방식에서 수행하기에는 너무 어려울 수 있으며, 학대나 외상을 경험한 사람들에게는 너무 압도적일 수 있기 때문이다.

CBCT 연구 프로그램과 외상 치료에 대한 잠재적 영향

CBCT 프로그램은 주마다 한 번씩 2시간 동안 만나는 8주 그룹 중재다. 클래스에는 교육적 자료의 제시, 논의, 인도되는 명상이 포함된다. 참여자들은 프로그램 과정 내내 매일 명상을 하도록 요청 받는다. CBCT를 이용한 첫 번째 연구의 결과는 CBCT를 배우고 수련한 대학생들이 심리적 고통에 반응하여 정서적 괴로움의 감소를 보여 주었으며, 우울증, 심장 질환, 비만, 당뇨, 치매를 포함하는 다수의 만성 스트레스 관련 질병의 발병에 영향을 끼치는 자율과 면역 경로의 활성화를 나타냈다는 것을 입증했다(Pace et al., 2009; Pace et al., 2010). 이 프로젝트의 유망한 결과는 우리에게 다양한 인구에 대해 CBCT를 적용하고 전달하는 수단을 탐구하도록 장려했다. 우리는 현재 국립 보건기구가 후원한 후속 연구를 수행 중에 있으며, 건강한 성인들에 대한 주의 훈련 중재 및 건강 교육 그룹과 비교하여 CBCT의 효능을 평가할 것이다.

CBCT를 스트레스 감소와 면역 기능 강화를 위한 수단으로 이용하는 것 외에, 우리는 CBCT가 친사회성과 정신적 발전을 증진할 수 있는 방법을 구상하기 시작했다. 우리 팀의 구성원은 CBCT 프로그램을 초등학교 아동(5~9세 연령)에게 사용하기 위해 적용했다. 마음챙김 통제와 관련하여, CBCT를 교육 받은 아동들은 또래 우정의 증가로 특징지어지는 더 포용적인 사회 네트워크를 발전시켰다. 이들은 또한 사회적 갈등을 가장 잘 해결하는 방법에 대해 물었을 때, 더 높은 친사회성 추론을 보여 주었다(예를 들어, 더 큰 자비, 타인들의 신념과 바람에 대한 더 많은 고려사항). 이 연구의 데이터는 곧 이용할 수 있을 것이며, 이러한 아동들에 대한 예비 파일럿 연구는 오자와 드 실바와 닷슨 라벨(Ozawa-de Silva & Dodson-Lavelle, 2011)의 연구에서 설명된다.

2008년에 우리는 위탁 보호를 받는 10대 소녀(13~16세)에 대한 CBCT 프로그램을 시험했다. 이 특별한 적용은 소녀들이 내적 회복탄력성을 발전시키고, 더 강하고, 더 건강한 관계들을 구축하도록 돕기 위해 설계되었다. 오자와 드 실바와 닷슨 라벨(2011)의 연구에서 설명된 이 예비 프로그램의 성공은 이 인구집단에 대한 자비 훈련의 효과를 조사하는 진행 중인 연구로 이끌었다. 2010년에 애틀랜타의 조지아 보건복지부는 72명의 위탁 아동들에 대한 CBCT의 무작위, 대기 목록 통제 실험을 후원했다. 우리가 차후에 더 자세히 설명할 이 연구는 정신 및 의학적 질병의 발병과 연관된 면역과 신경내분비 생체 지표의 영향 그리고 정서적 반응, 심리적 스트레스, 행동 문제를 줄이는 것에 대한 효과를 조사했다.

CBCT는 특별히 외상을 치료하기 위해 설계되지는 않았지만, 우리는 이 훈련이 수행자에게 외상의 효과로부터 보호하거나, 효과를 감소시킬 수 있는 전략과 기술을 제공한다고 믿는다. 마음챙김 기반 중재와 유사하게, CBCT는 참여자들이 현재 순간의 생각과 느낌에 주의를 기울이는 역량을 증가시키도록 돕고, 이에 따라 심리적 유연성을 얻으며, 침투적 사고 및 감정에 대한 억제나 회피를 줄이도록 도움으로써, 지속적 노출 치료와 같이 경험적으로 뒷받침되는 치료에 대한 보조 치료로서의 전망을 가질 수 있다(Foa, Hembree, & Rothbaum, 2007; Follette, Palm, & Pearson, 2006). 이 분야에서 더 많은 연구가 수행되어야 하기는 하지만, 최근의 연구는 마음챙김 기반 중재가 PTSD와 우울증의 증상을 감소시키는 데에도 도움이 될 수 있다는 것을 제시한다(Kearney et al., 2012).

CBCT는 이 프로그램 내에 포함된 자비 수행이 확고한 애착을 기르고, 긍정적인 정서를 증가시키고, 사회적 연결을 강화하는 것을 목표로 한다는 점만으로도 마음챙김 기반 중재가 제공하는 것보다 더 많은 치료 혜택을 제공할 수 있다. PTSD는 대인관계에 부정적인 영향을 끼칠 수 있으며, 잠재적으로 회피 혹은 양면적인 애착 방식을 촉발시키거나 악화시킬 수 있다. CBCT는 멘토를 포함하여, 그리고 앞서 설명된 자기자비의 수행을 통해 타인들에 대한 친절을 성찰함으로써 확고한 애착을 기르는 것을 목표로 한다. 또한 연구는 자기자비가 우울증과 불안을 가진 환자 사이에서 증상 강도 감소에 대한 예측인자라는 것을 제시한다(Van Dam, Sheppard, Forsyth, & Earleywine, 2011). 이에 더하여 CBCT는 부정적 정서의 해로운 효과에 반작용할 수 있으며, 대처와 회복탄력성을 강화시킬 수 있도록 사랑과 자비를 포함하는 긍정적 정서의 발전을 육성한다(Frederickson, 2001; Frederickson, Tugade, Waugh, & Larkin, 2003). 또한 CBCT는 평정심과 공감의 수행을 통해 사회적 연결을 강화하는 것을 목표로 한다. 언급한 바와 같이 사회적 연결은 스트레스, 우울증, PTSD에 대해 보호 효과를 갖는다(Cacioppo & Hawkley, 2009). 연구에 따르면 사회적 고립의 지각이 자살충동 생각과 행동에 대한 가장 강력한 예측인자가 될 수 있다고도 한다(Van Orden et al., 2010).

이러한 고려사항은 다른 어떤 것도 아닌, 외상 및 관련 증상의 치료에 대한 CBCT의 잠재적 효능에 관한 연구 가설을 반영하는 것으로 받아들여져야 한다. 우리 연구 팀의 구성원과 미국 질병 통제 예방 센터의 동료들은 전쟁 관련 외상을 치료할 수 있는 잠재력을 조사하기 위해 코소보(Kosovo)에서 CBCT를 현장 실험했으며, 에모리 대학교의 우리 팀의 다른 구성원도 애틀랜타의 지역 병원에서 자살 시도자 사이에 CBCT의 효능을 조사하고 있다. 애틀랜타 위탁 청소년들에 대한 우리의 연구는 많은 외상 생존자에 대해 진행 중인 연구를 수반하지만, 현재까지 우리는 외상에 대한 CBCT의 효능을 명확하게 평가하지 않았다. 이것은 중요한 차후 단계다.

위탁 보호를 받는 청소년에 대한 CBCT

위탁 보호를 받는 청소년은 일반적으로 스트레스가 되는 생활 사건을 다루는 개인의 능력에 부정적 영향을 끼치는 것으로 알려진 외상에 대한 노출로 고통을

408

겪는다. 가장 중요한 것은, 위탁 보호를 받는 청소년이 보통 평생 적응하지 못하는 생리적 · 심리적 변화를 만들어 내는 것으로 나타난 학대나 방임으로 고통을 받는다는 것이다(Committee on Early Childhood, Adoption, and Dependent Card, 2002). 학대나 방임을 하는 부모의 상황에서도, 부모와 분리되는 것 자체는 좋지 못한 성인의 정서적 · 신체적 건강 결과에 대한 위험 요인이 된다(Pesonen et al., 2007).

또한 어린 시절의 외상은 저하되는 학업 성과를 예상할 수 있으며, 학교의 중퇴 가능성을 증가시키는 것으로 나타났다. 위탁 보호를 받는 청소년은 일반 인구 집단의 또래에 비해 자살 시도로 병원에 입원할 확률이 4배에서 5배 더 많으며, 10대와 청년기에 중증 정신 질환으로 입원할 확률이 훨씬 더 높다(Vinnerljung, 2006).

종합해 보면, 이러한 데이터는 정서적 회복탄력성을 강화시키고, 위탁 청소년들에게 도움이 될 수 있는 친사회적 행동을 증진시키도록 설계된 중재가 위탁 보호를 받는 청소년에게 유익할 수 있다는 것을 제시한다. 우리 팀은 CBCT가 위탁 청소년이 더 깊이 있게 타인들과 연결되는 법을 배우고, 생물학적 부모와의 관계에서는 없었던 인도와 지원을 제공할 수 있는 성인과의 양육 관계를 발전시키는 데 도움이 될 수 있다는 가설을 세웠다. 위탁 보호를 받는 아동들은 조심스러운 경향이 있으며, 미래의 고통, 거부 혹은 외상의 위협을 피하기 위해 '폐쇄적'인 경향이 있다. 그러나 이 접근은 외로움과 사회적 고립의 느낌을 악화시킨다. 자비 훈련은 거부와 외상에 대한 두려움에 직면하는 의지와 개방성, 힘을 구축한다. 또한 참여자들이 사랑받고 싶어 하고, 연결되고 싶어 하는 자연스러운 경향에 다시 연결되도록 돕는다. CBCT는 더 나아가 청소년에게 더 건설적인 방식으로 정서 조절, 스트레스 감소, 삶의 경험 재구성을 위한 전략을 제공한다. 이는 참여자들이 세상과 관계를 맺고, 더 나아가 고통에 기여하는 습관적인 방식에 직면하고, 이들을 극복하려는 열망을 갖도록 돕는다. 또한 프로그램은 자신감과 자부심을 구축하고, 낙관주의, 감사하는 마음, 연결성을 증진하는 것을 목표로 한다.

앞서 언급한 바와 같이 CBCT 프로그램이 특히 외상을 치료하기 위해 설계된 것은 아니지만, 우리는 이러한 문제를 가진 위탁 청소년을 염두에 두고 이 프로그램을 적용했다. 프로그램은 스트레스를 줄이고, 상황에 반응하기보다 대처하도록 만드는 촉발 요인에 주목하는 수단으로 형성된 마음챙김 훈련으로 시작한다. 그러나 우리는 이러한 청소년들이 자신들의 신체에 적응하고 편안함을 느끼는 데 큰 어려움을 겪는다는 사실을 재빠르게 깨달았다. 따라서 우리는 우리 클래스에 요가 수행을 포함하기 시작했으며, 나무 자세(tree pose), 의자 자세(chair pose), 어린이 자세(child's pose)를 포함하여 차분함과 안정성을 증진하면서 힘과 균형을 강화시키는 자세와 순서를 선택했다. 청소년들은 처음에 불안함을 느끼지 않으면서 한 번에 몇 분 이상 동안 정좌 명상을 수행하는 데 어려움을 겪었다. 요가 수행은 이들이 안정성, 차분함, 편안함에 접근하는 대안적 수단을 허용하며, 이들이 프로그램 동안 명상 수행에 '정착'하도록 돕는다. 이러한 신체 지향 활동은 추가적으로 참여자들에게 자신들의 정서 경험에 대한 알아차림을 활용하고, 지속시킬 대안적 방법을 제공한다. 또한 신체 운동과 신체 지향 주의 수행은 현재 순간에 주의를 기울이는 더 직접적이거나 유형적인 방식으로 나타난다.

일부 청소년들은 처음에 자기자비 수행으로 고군분투했다. 이들은 자신의 지각, 판단, 반응 패턴이 스트레스와 고통에 기여하거나 혹은 악화시키는 방식을 더 쉽게 인식하고 인정할 수 있었지만, 일부는 행복을 발견할 수 있다거나 자신들이 행복하고 사랑받아야 마땅하다는 것을 믿기 어려워했다. 한 소녀는 자신이 무가치하고 손상되었다고 느낌에 따라, 인생에서 가장 큰 두려움이 자신을 사랑해 줄 누군가를 발견하지 못하는 것이라고 말했다. 이러한 불안 중 일부는 수업을 통해 다루어졌으며, 많은 청소년이 이러한 두려움을 공유하며 혼자가 아니라는 인식에서 편안함을 발견했지만, 이러한 두려움이 어디에서 나왔는지 이해할 수 있었다. 우리는 청소년들이 자신들의 마음을 책임지고 변모시킬 수 있다는 것과, 이들이 다른 모든 존재처럼 사랑과 보살핌을 받을 가치가 있다는 것을 인식할 수 있도록 역량을 강화시키고자 노력했다. 이는 과정에서 중요한 단계였다.

한편, 이러한 사랑과 자비를 타인들에게로 확대하는 것은 여러 가지 이유로 인해 어렵다는 것이 증명되었다. 많은 청소년이 상당한 집단 내 편향을 보였으며,

처음에 공정성에 대한 개념을 이해하는 것에 큰 어려움이 있음을 발견했다. 또한 많은 청소년이 타인에 대한 연결성을 느끼는 것을 어려워한다는 사실을 발견했다. 일련의 성찰과 분석적 명상을 통해 노력한 것은 타인들의 고통을 받아들이고, 기꺼이 열린 마음을 갖고, 민감해지는 관점을 기르는 데 도움이 되었다. 이 회기 동안, 참여자에게는 다소 어려운 상황에 있는 또 다른 사람에 대해 설명하는 시나리오를 읽는 공간 게임이 권유되었다. 참여자들은 상황에서 설명된 개인에 대해 얼마나 강하게 관계를 맺고, 보살피고 싶은지에 달려 있는 '공감 척도'를 따라 서 있도록 요청받았다. 우리의 공감 능력이 어떻게 주로 우리의 집단 내 편향과 판단 그리고 우리 자신의 삶의 경험으로 형성되는지를 보여 주기 위해 각 시나리오의 개인들은 성별, 인종, 사회 계층에 따라, 그리고 '친구' '낯선 사람' '적' 같은 범주에 따라 변화했다. 하나의 강력한 회기에서 최근 뉴스에서 가져온 이야기가 클래스의 초점이 되었으며, 학생들은 학교 밖에서 폭행을 당한 소녀의 상황에 대해 의견을 표명했다. 이 사건은 많은 사람이 끔찍한 사건이 일어난 곳 근처에 서서 목격했지만, 아무도 경찰이나 학교 당국에 알리려 하거나 공격을 멈추려 하지 않았기 때문에 상당한 관심을 끈 뉴스였다. 시나리오를 처음 읽어 주었을 때, 많은 학생이 '관심 없어'라고 적힌 척도의 끝인 공감하지 않는 곳에 섰다. 이들에게 반응에 대해 묻자, 몇몇은 소녀나 사건이 촉발된 상황에 대해 전혀 알지 못하기 때문에 거의 공감이 느껴지지 않는다고 설명했다(아마도 그녀가 당할 만 했을 것이라고 제시하는 듯했다). 학생들은 이후 시나리오에 있는 소녀가 가장 친한 친구이거나 여동생이라고 상상해 볼 것을 요청받았다. 그러자 즉시 이들은 척도의 정반대 끝으로 이동했다. 바꾼 것에 대한 변명을 묻자, 많은 아이의 공감 반응은 명백한 것이며, 당연히 누군가의 여동생이라면 공감해야 한다고 말했다. 그리고 한 소년은 약간의 성찰 후에 말했다. "하지만 뉴스에서 본 소녀도 누군가의 누이였을 거예요. 모든 사람이 누군가의 누이이거나 친구이지요…." 이러한 통찰은 방에 있던 많은 사람에게 깊이 느껴지는 듯했으며, 타인들에게 공감하고 연결되려는 의지뿐 아니라, 이 관심에서 학생들의 생각이 전환되었음을 보여 주었다.

또한 이러한 변화는 학생들이 자신들의 삶에서 어려운 사람을 향한 자비를 생성하려는 노력을 시작하도록 만들었다. 학생들은 자신들에게 해를 끼치지는 않았지만, 다소 불친절하게 대했던 사람을 선택하도록 지시를 받았다. 그럼에도 불구하고, 우리는 이러한 분석적 조사를 통한 노력 때문에 학생들이 자신들의 삶에서 외상 관련 상황과의 유사성을 도출할 수 있을 것이며, 자신들의 1차 치료자의 도움으로 이러한 더 어려운 외상 경험을 헤쳐 나갈 준비가 될 것이라고 믿었다. 많은 아이는 또한 애착 기능부전의 양상을 겪고 있어서 확고한 애착을 기르는 것이 중요했기 때문에 우리는 또한 아이들에게 친절, 자비, 멘토의 지원을 상기시키고, 이를 기반으로 타인들에 대한 자비로 확대시켜 나가는 노력을 시작하도록 요청하였다. 프로그램 과정에 걸쳐 학생들은 관점을 받아들이는 데 더 능숙해졌으며, 타인들에 대한 더 많은 관심을 보여 주었다. 대체로 학생들은 더 많은 이해를 가지게 되었고, 사람들이 무지하기 때문에 고의적으로 혹은 의도치 않게 피해를 끼친다는 생각을 분명하게 설명할 수 있게 되었다. 이러한 통찰은 치유 과정에서 중요한 것으로 나타났다.

이 연구의 결과는 6주간의 CBCT 프로그램에 참여하는 것이 희망의 증가와 불안 감소 추세와 연관된다는 것을 보여 주었다(Reddy et al., 2012). CBCT 이전과 이후에 혹은 대기 목록 통제 조건에 따라 타액에서 수집된 측정을 바탕으로 할 때, CBCT는 정신 질환과 의학적 질환의 발병과 연관된 스트레스와 면역 체계 과각성에 대한 표지 또한 감소시켰다(Pace et al., 2012). 질적 결과는 청소년들이 CBCT가 삶의 스트레스 요인을 다루는 데 있어 유용하다는 것을 발견했으며, 거의 모든 참여자가 이 훈련을 친구에게 소개하고 싶다고 보고했다는 것을 보여 주었다. 훈련 막바지에 참여자들은 스스로에게서 배운 한 가지 긍정적인 것과 노력해 보고 싶은 것 한 가지에 대해 명명하도록 요청받았다. 한 소녀가 말했다. "나는 내가 좋은 친구라는 것을 알았어요. 나는 충실하고, 믿을 만해요." 그리고 그녀는 말했다. "그리고 나는 사람들을 더 신뢰하는 법에 대해 배우고 싶어요. 왜냐하면 그게 얼마나 기분 좋은지 알고 있으니까요." 우리는 타인들과 관계를 맺고, 타인들을 신뢰하려는 열린 마음과 의지 또한 치유 과정에서 중요하다고 믿는다.

또한 이 해결책은 2008년에 수행된 초기 예비 프로그램에서의 우리의 경험과 일치한다. 이 프로그램의 완료 이후, 프로그램에 참여했던 그룹홈에 함께 사는 여섯 명의 소녀 중 한 명이 훈련이 자신과 소원해진 양모와의 관계를 변화시켰다고 말했다. 그녀는 과거 경험으로 인해 자신의 감정을 억제하고, 타인과 거리를 두었다. 프로그램을 통해 그녀는 이러한 행동이 오직 자신에게 피해를 주며, 그녀가 타인들과 의미 있는 관계를 맺지 못하도록 한다는 것을 깨달았다. 또한 그녀는 프로그램의 종료 이후 그녀가 매일 자비 명상을 수행한다는 것을 공유했다.

미래 방향

이 연구 프로그램의 성공적인 점은 진행 중인 연구가 위탁 보호를 받는 인구집단의 자비 훈련 효과에 대해 조사를 하도록 이끌었다는 것이다. 아이들이 스스로 발전할 수 있는 심오한 잠재력 이외에 우리는 위탁 부모, 보호자와 다른 제공자에게 훈련과 지원을 제공하는 것의 중요성을 인식하고 있다. 이러한 훈련은 대인관계 역학에 더 큰 영향을 끼칠 수 있을 것이며, 제도적 변화에도 효과를 미치기 시작할 수 있다. 이를 위해 우리는 위탁 제공자에 대한 훈련 프로그램을 개발하기 시작했으며, 최대 효과를 위해 이 훈련을 위탁 보호 가정에 전달할 방법을 찾고 있다. 작년에 우리는 학생들을 위한 또래 훈련 프로그램을 설계하고 시험했는데, 이 학생들은 최소한 한 라운드의 CBCT 프로그램을 완수했으며, 우리 지도자와 함께 CBCT 과정을 함께 활성화시키겠다는 약속을 했다. 이 프로그램은 잘 훈련받은 또래 지도자의 그룹을 발전시키도록 도울 뿐 아니라, 이 청소년들이 자신들의 힘과 리더십 잠재력을 인식하고 이용할 수 있도록 역량을 강화한다. CBCT 그리고 자비와 마음챙김 기반 프로그램에는 외상과 고통을 다룰 수 있는 큰 잠재력이 존재한다. 이를 고려하여 우리는 이 분야에서의 연구를 지속할 것이다.

🐦 결론

존 브리어(John Briere)
빅토리아 M. 폴렛(Victoria M. Follette)
데보라 로젤(Deborah Rozelle)
제임스 W. 호퍼(James W. Hopper)
데이비드 I. 롬(David I. Rome)

이 책의 여러 장들이 입증하듯이, 심리치료 분야에서 흥미로운 발전 중 하나는 외상 효과에 대한 특정 치료에서 점차 증가하는 마음챙김과 관련 수행의 적용이다. 이러한 새로운 알아차림은 자비, 수용, 외상 후 성장에 대한 더 초기의 심리학적 개념을 강화·확장시켰다. 과학이 외상 생존자들의 고통과 관련된 명상 관점과 절차를 찾고 있다는 사실은 놀랍지 않다. 부분적으로 박탈, 억압, 손실 혹은 상처를 주는 사건으로 인해 초래된 고통을 벗어나려는 길을 따라, 초기의 영적인 전통이 많이 개발되었다. 이러한 관점과 방법론이 효과적인 서양 치료법과 결합될 때, 이에 따른 결과는 역경과 고통스러운 생활 사건에 영향을 받아 온 사람들을 지원하는 데 풍부한 새로운 기회가 될 수 있다.

이 책의 장들은 명상 접근에 외상 관련 고통을 개선시킬 수 있는 최소한 두 개의 넓은 경로가 존재할 수 있다고 제시한다. 어떤 저자는 심리치료에 대한 이론적 혹은 철학적 적용에 대해 설명했으며, 여기서 내담자는 임상의의 목소리와 함축된 명상 관점 및 반응에 의해 의도적으로 영향을 받는다. 외상 정보에 입각한 마음챙김 기반 스트레스 감소(MBSR), 혹은 요가에 대해 설명한 다른 저자의 경우, 보통 임상의나 조력자의 지식과 이해를 전달하거나 촉진하는 능력보다 체화와 자애의 확장을 증가시키는 명상, 마음챙김, 움직임(예, asanas)과 같은 실제 기술의 가르침에 더 직접적으로 초점을 맞추었다. 이러한 두 가지의 일반적 접근은 물론 서로 교차하고 중복된다. 심리치료 중 알아차림과 자기수용을 육성하는 중재는 보통 마음챙김과 연관된 인지 기술을 가르친다. 예를 들어, 마음챙김 훈련은 종종 부정적 경험의 맥락에서 형성되었던 자기와 타인들에 대해 엄격하게 고수했던 과 거의 가정에 대한 재평가로 이끈다.

흥미롭게도, 특정 주제는 이 책에서 제시된 여러 관점과 중재에 걸쳐 반복되는 경향을 보였다. 기술에 초점을 맞추었든 혹은 통찰에 맞추었든, 각 장의 저자들은 외상 생존자가 다음을 발전시킬 기회에 대해 보편적으로 설명했다.

- 과거 경험에 관한 더 넓어진 관점. 이에 따라 내담자는 자신에게 일어난 일 과 개인적으로 '동일시되는' 일이 적어지며, 잠재적으로 자기비난, 분노, 절 망의 감소로 이끈다.
- 상위인지적 알아차림. 따라서 출현하는 외상 관련 인지, 기억 그리고 촉발되 는 감정은 현재의 실제 데이터와 상반되는 단지 과거의 잔여물로 여겨진다.
- 더 높은 자기수용, 자기인식 그리고 원했으며 즐거운 혹은 원하지 않았으며 고통스러운 내적 경험에 대한 인정
- 정서 조절 기술들. 따라서 활성화된 기억과 현재의 스트레스 요인은 덜 압도 적이며, 극도의 반응이나 '충동적' 행위도 감소된다.
- 과거에 대해 과도하게 반응하거나 미래에 대해 염려하는 대신, 더 현재의 순 간에서 살아가는 능력
- 행복과 성취의 더 커진 가능성

이 책에서 설명한 마음챙김과 명상의 목표와 활동은 어느 정도 현재에 지배 적인 심리치료 관점의 흐름에 반하기 때문에, 이러한 '새로운' 생각을 뒷받침 할 충분한 데이터가 있는지 여부를 묻는 것이 중요하다. 다행히도, 여기에서 여 러 저자들이 보고한 바와 같이 그리고 다수의 메타 분석에서 보고한 바와 같이 (예, Grossman, Neimann, Schmidt, & Walach, 2004; Hoffman, Sawyer, Witt, & Oh,

2010), 지금까지의 연구는 충분하다. 이러한 많은 중재가 통제된 연구에서 외상과 관련된 것들을 포함하여, 광범위한 심리적 증상들, 문제들, 장애들을 감소시키는 데 효과적인 것으로 발견되었다. 그러나 예측할 수 있는 바와 같이, 이러한 연구들에서 분석된 결과 변수들은 불안, 우울증, 낮은 자존감 혹은 외상 후 스트레스와 같이 즉각적으로 관찰 가능하거나, 보고 가능한 현상이라는 경향을 보인다. 일부 연구에도 많은 실존적·영적 문제가 존재한다. 예를 들어, 일부 장에서 삽화적으로 다음 분야에 대해 긍정적인 결과를 언급했지만, 의기소침(demoralization), 소외, 무의미함, 죽음에 대한 두려움, 자신과 타인들을 향한 자애와 자비를 경험하는 능력의 결여와 관련된 문제가 존재한다. 우리는 이처럼 측정하기 쉽지 않은 현상에 대한 경험적 연구를 강하게 지지한다. 이는 많은 명상 접근이 이러한 결과를 명확하게 다루며, 실제로 다른 현재 치료들과 관련된 분야에서 유용할 수 있기 때문이다.

현재까지의 연구가 고무적이기는 하지만, 명상/마음챙김 중재가 더 광범위하게 수용되고, 분야가 성숙해짐에 따라 우리는 추가적인 문제에 대한 실증적 조사를 권장한다.

- 마음챙김 기술 발전(예, MBSR 그룹들)은 중증 외상의 '더 깊은' 혹은 더 복잡한 후유증을 다룰 수 있는가? 혹은 외상 정보에 입각한 심리치료의 맥락에서 치료 관계 또한 현 수준에서 해결을 필요로 하는가? 그리고 이러한 것들이 필요하다면, 구체적으로 마음챙김과 외상 정보에 입각한 관계 심리치료 같은 명상 방법이 어떻게 공존하고, 차례로 이어질 수 있는가?
- 마음챙김, 약물 및 기타 명상 활동을 가르치기 위해 치료 표준은 무엇이 되어야 하는가? 내적으로 지향되는 알아차림은 잠재적으로 고통스럽거나 압도적인 기억, 생각, 감정을 포함하여 내적 상태와 과정에 대한 더 큰 노출을 뜻하기 때문에, 우리는 외상이 가장 심한 사람들에게 어떻게 안전을 보장할 수 있는가? 확실히 이 책에서 나타나듯이 자살충동, 중증 우울증, 조증, 정신증, 만성 정서 조절장애 그리고 극도의 스트레스에 대한 검사가 첫 번째 단계다.

그러나 이처럼 배제된 내담자 그룹에 대해 유용하고 안전할 수 있도록 마음챙김 훈련이나 명상 정보에 입각한 치료를 변경할 방법이 존재하는가?

- 치료자는 마음챙김, 자기자비 혹은 관련된 기술을 내담자에게 가르치는 것 외에 치료자가 어느 정도까지 유념하고, 자비롭고, 지혜로운 것이 중요한가? 관련된 맥락에서 치료자가 윤리적으로 마음챙김 기반 치료를 제공하기에 충분한 훈련 혹은 경험은 무엇인가? 그리고 임상의가 자신만의 진행 중인 명상 수행을 갖는 것이 중요한가? 만일 그렇다면 필요하고 충분한 진행 중인 수행은 무엇으로 구성되는가?

이러한 각 영역에 대한 글쓰기가 수행된다 하더라도, 연구 데이터는 부족하며 치료 표준에 관련된 합의는 아직 여러 문제로 인해 도달하지 못했다. 그러나 이 분야에서 현재의 발전 속도를 고려할 때, 우리는 우리의 지식 기반이 가까운 미래에 이러한 문헌에서의 공백을 다룰 만큼 확장될 것이라고 예상한다.

이 책의 각 장에 있는 광범위하고 풍부한 내용은 이 분야에서 수행되고 있는 연구의 방대한 범위와 활기에 대해 편집자들에게 지속적으로 상기시키는 역할을 할 것이다. 다음 10년은 훨씬 더 많은 혁신, 연구, 심리치료, 기술 발전, 외상 관련 고통에 적용되는 명상 접근의 교차에 대한 글쓰기를 목격하게 될 가능성이 크다. 우리는 이러한 멋진 해설을 독자 여러분께 제공할 기회를 가졌음에 감사하게 생각하며, 우리에게 그랬던 것처럼 외상 치료의 미래와 외상 생존자들의 행복에 대한 흥분과 낙관주의가 여러분에게도 부여되기를 바란다.

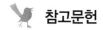 참고문헌

편저자 서문

American Psychiatric Association. (2013). *Diagnostic and statistical manual of mental disorders* (5th ed.). Arlington, VA: Author.

Briere, J., & Scott, C. (2014). *Principles of trauma therapy: A guide to symptoms, evaluation, and treatment* (2nd ed., DSM-5 update). Thousand Oaks, CA: Sage.

Gendlin, E. T. (1998). *Focusing-oriented psychotherapy: A manual of the experiential method.* New York: Guilford Press.

Hayes, S. C., Wilson, K. W., Gifford, E. V., Follette, V. M., & Strosahl, K. (1996). Experiential avoidance and behavioral disorders: A functional dimensional approach to diagnosis and treatment. *Journal of Consulting and Clinical Psychology, 64*(6), 1152-1168.

Kabat-Zinn, J. (1982). An outpatient program in behavioral medicine for chronic pain patients based on the practice of mindfulness meditation: Theoretical considerations and preliminary results. *General Hospital Psychiatry, 4,* 33-47.

Kabat-Zinn, J. (1994). *Wherever you go there you are: Mindfulness meditation for everyday life.* New York: Hyperion.

Kabat-Zinn, J., Davidson, R. J., & Houshmand, Z. (Eds.). (2012). *The mind's own physician: A scientific dialogue with the Dalai Lama on the healing power of meditation.* Oakland, CA: New Harbinger.

Kearney, D. J., Malte, C. A., McManus, C., Martinez, M., Felleman, B., & Simpson, T. L. (2013). Loving-kindness meditation for posttraumatic stress disorder: A pilot study. *Journal of Traumatic Stress, 26*(4), 426-434.

Linehan, M. M. (1993). *Cognitive-behavioral treatment of borderline personality disorder.* New York: Guilford Press.

Nader, K. (2006). Childhood trauma: The deeper wound. In J. P. Wilson (Ed.), *The posttraumatic self: Restoring meaning and wholeness to personality* (pp. 117-156). London: Routledge.

Schwartz, R. C. (1994). *Internal family systems therapy.* New York: Guilford Press.

Segal, Z. V., Williams, J. M. G., & Teasdale, J. D. (2013). *Mindfulness-based cognitive therapy for depression* (2nd ed.). New York: Guilford Press.

Shapiro, F. (2001). *Eye movement desensitization and reprocessing (EMDR): Basic principles, protocols, and procedures* (2nd ed.). New York: Guilford Press.

Shay, J. (1995). *Achilles in Vietnam: Combat trauma and the undoing of character.* New York: Touchstone.

Thompson, N., & Walsh, M. (2010). The existential basis of trauma. *Journal of Social Work Practice: Psychotherapeutic Approaches to Health, Welfare and the Community, 24,* 377-389.

1장

American Psychiatric Association. (2013). *Diagnostic and statistical manual of mental disorders* (5th ed.). Arlington, VA: Author.

Anderson, C. A., & Huesmann, L. R. (2003). Human aggression: A social-cognitive view. In M. A. Hogg & J. Cooper (Eds.), *The handbook of social psychology* (rev. ed., pp. 296-323). London: Sage.

Baer, J., Kaufman, J. C., & Baumeister, R. F. (2008). *Are we free?: Psychology and free will.* New York: Oxford University Press.

Baer, R. A. (2003). Mindfulness training as a clinical intervention: A conceptual and empirical review. *Clinical Psychology: Science and Practice, 10,* 125-143.

Belleville, G., Guay, S., & Marchand, A. (2011). Persistence of sleep disturbances following cognitive-behavior therapy for posttraumatic stress disorder. *Journal of Psychosomatic Research, 70,* 318-327.

Bhikkhu, A. (2010). *The earliest recorded discourses of the Buddha (from Lalitavistara, Mahāvastu).* Kuala Lumpur, Malaysia: Sukhi Hotu.

Bishop, S. R., Lau, M., Shapiro, S., Carlson, L., Anderson, N. D., Carmody, J., et al. (2004). Mindfulness: A proposed operational definition. *Clinical Psychology: Science and Practice, 11,* 230-241.

Bobrow, J. (2010). *Zen and psychotherapy: Partners in liberation.* New York: Norton.

Bodhi, B. (2005). *In the Buddha's words: An anthology of discourses from the Pāli Canon.* Somerville, MA: Wisdom.

Bowen, S., Chawla, N., & Marlatt, G. A. (2011). *Mindfulness-based relapse prevention for addictive behaviors: A clinician's guide.* New York: Guilford Press.

Brach, T. (2004). *Radical acceptance: Embracing your life with the heart of a Buddha.* New York: Bantam.

Brach, T. (2013). *True refuge: Finding peace and freedom in your own awakened heart*. New York: Randon House.

Bradley, R., Green, J., Russ, E., Dutra, L., & Westen, D. (2005). A multidimensional meta-analysis of psychotherapy for PTSD. *American Journal of Psychiatry, 162*, 214-227.

Briere, J. (2004). *Psychological assessment of adult posttraumatic states: Phenomenology, diagnosis, and measurement* (2nd ed.). Washington, DC: American Psychological Association.

Briere, J. (2012a). Working with trauma: Mindfulness and compassion. In C. K. Germer & R. D. Siegel (Eds.), *Compassion and wisdom in psychotherapy* (pp. 265-279). New York: Guilford Press.

Briere, J. (2012b). When people do bad things: Evil, suffering, and dependent origination. In A. Bohart, E. Mendelowitz, B. Held, & K. Schneider (Eds.), *Humanity's dark side: Explorations in psychotherapy and beyond* (pp. 141-156). Washington, DC: American Psychological Association.

Briere, J. (2013). Mindfulness, insight, and trauma therapy. In C. K. Germer, R. D. Siegel, & P. R. Fulton (Eds.), *Mindfulness and psychotherapy* (2nd ed., pp. 208-224). New York: Guilford Press.

Briere, J., Hodges, M., & Godbout, N. (2010). Traumatic stress, affect dysregulation, and dysfunctional avoidance: A structural equation model. *Journal of Traumatic Stress, 23*, 767-774.

Briere, J., & Lanktree, C. B. (2012). *Treating complex trauma in adolescents and young adults*. Thousand Oaks, CA: Sage.

Briere, J., & Scott, C. (2014). *Principles of trauma therapy: A guide to symptoms, evaluation, and treatment* (2nd ed., DMS-5 update). Thousand Oaks, CA: Sage.

Briere, J., Scott, C., & Weathers, F. W. (2005). Peritraumatic and persistent dissociation in the presumed etiology of PTSD. *American Journal of Psychiatry, 162*, 2295-2301.

Bruce, N., Shapiro, S. L., Constantino, M. J., & Manber, R. (2010). Psychotherapist mindfulness and the psychotherapy process. *Psychotherapy: Theory, Research, Practice, Training, 47*, 83-97.

Cahill, S. P., Rothbaum, B. O., Resick, P. A., & Follette, V. M. (2009). Cognitive-behavioral therapy for adults. In E. B. Foa, T. M. Keane, M. J. Friedman, & J. A. Cohen (Eds.), *Effective treatments for PTSD: Practice guidelines from the International Society for Traumatic Stress Studies* (pp. 139-222). New York: Guilford Press.

Chödrön, P. (2002). *The places that scare you: A guide to fearlessness in difficult times.* Boston: Shambhala.

Cioffi, D., & Holloway, J. (1993). Delayed costs of suppressed pain. *Journal of Personality and Social Psychology, 64,* 274-282.

Cloitre, M., Stovall-McClough, K. C., Miranda, R., & Chemtob, C. M. (2004). Therapeutic alliance, negative mood regulation, and treatment outcome in child-abuse-related posttraumatic stress disorder. *Journal of Consulting and Clinical Psychology, 72,* 411-416.

Coelho, H. F., Canter, P. H., & Ernst, E. (2007). Mindfulness-based cognitive therapy: Evaluating current evidence and informing future research. *Journal of Consulting and Clinical Psychology, 75,* 1000-1005.

Courtois, C. A., & Ford, J. D. (2012). *Treatment of complex trauma: A sequenced, relationship-based approach.* New York: Guilford Press.

Dalai Lama & Goleman, D. (2003). *Destructive emotions: How can we overcome them? A scientific dialogue with the Dalai Lama.* New York: Bantam Books.

Dutton, M. A., Bermudez, D., Matas, A., Majid, H., & Myers, N. L. (2013). Mindfulness-based stress reduction for low-income, predominantly African American women with PTSD and a history of intimate partner violence. *Cognitive and Behavioral Practice, 20,* 23-32.

Epstein, M. (2008). *Psychotherapy without the self: A Buddhist perspective.* New Haven, CT: Yale University Press.

Foa, E. B., Huppert, J. D., & Cahill, S. P. (2006). Emotional processing theory: An update. In B. O. Rothbaum (Ed.), *Pathological anxiety: Emotional processing in etiology and treatment* (pp. 3-24). New York: Guilford Press.

Follette, V. M., & Vijay, A. (2009). Mindfulness for trauma and posttraumatic stress disorder. In F. Didonna (Ed.), *Clinical handbook of mindfulness* (pp. 299-317). New York: Springer.

Fulton, P. R. (2005). Mindfulness as clinical training. In C. K. Germer, R. D. Siegel, & P. R. Fulton (Eds.), *Mindfulness and psychotherapy* (2nd ed., pp. 55-72). New York: Guilford Press.

Germer, C. K., & Siegel, R. D. (Eds.). (2012). *Wisdom and compassion in psychotherapy.* New York: Guilford Press.

Gier, N. F., & Kjellberg, P. (2004). Buddhism and the freedom of the will: Pali and Mahayanist responses. In J. K. Campbell, J. Keim, M. O'Rourke, & D. Shier (Eds.), *Freedom and determinism* (pp. 277-304). Boston: MIT Press.

Gilbert, P. (2009). Introducing compassion-focused therapy. *Advances in Psychiatric*

Treatment, 15, 199-208.

Gold, D. B., & Wegner, D. M. (1995). Origins of ruminative thought: Trauma, incompleteness, nondisclosure, and suppression. *Journal of Applied Social Psychology, 25,* 1245-1261.

Grossman, P., Niemann, L., Schmidt, S., & Walach, H. (2004). Mindfulness-based stress reduction and health benefits: A meta-analysis. *Journal of Psychosomatic Research, 57,* 35-43.

Hanh, T. N. (1987). *Interbeing: Fourteen guidelines for engaged Buddhism* (3rd ed.). Berkeley, CA: Parallax Press.

Harvard Health Publication. (2009). Yoga for anxiety and depression. Retrieved December 13, 2012, from www.health.harvard.edu/newsletters/Harvard_Mental_Health_Letter/2009/April/Yoga-for-anxiety-and-depression.

Hayes, S. C., Follette, V. M., & Linehan, M. M. (Eds.). (2004). *Mindfulness and acceptance: Expanding the cognitive-behavioral tradition.* New York: Guilford Press.

Hayes, S. C., Strosahl, K. D., & Wilson, K. G. (2011). *Acceptance and commitment therapy: The process and practice of mindful change* (2nd ed.). New York: Guilford Press.

Hembree, E. A., & Foa, E. B. (2003). Interventions for trauma-related emotional disturbances in adult victims of crime. *Journal of Traumatic Stress, 16,* 187-199.

Hofmann, S. G., Sawyer, A. T., Witt, A. A., & Oh, D. (2010). The effect of mindfulness-based therapy on anxiety and depression: A meta-analytic review. *Journal of Consulting and Clinical Psychology, 78,* 169-183.

Horowitz, M. J. (1986). *Stress-response syndromes* (2nd ed.). New York: Jason Aronson.

Kabat-Zinn, J. (1982). An outpatient program in behavioral medicine for chronic pain patients based on the practice of mindfulness meditation: Theoretical considerations and preliminary results. *General Hospital Psychiatry, 4,* 33-47.

Kabat-Zinn, J. (2003). Mindfulness-based interventions in context: Past, present, and future. *Clinical Psychology: Science and Practice, 10,* 144-156.

Kar, N. (2011). Cognitive-behavioral therapy for the treatment of post-traumatic stress disorder: A review. *Neuropsychiatric Disease and Treatment, 7,* 167-181.

Kearney, D. J., McDermott, K., Malte, C. A., Martinez, M., & Simpson, T. L. (2012). Association of participation in a mindfulness program with measures of PTSD, depression and quality of life in a veteran sample. *Journal of Clinical Psychology, 68,* 101-116.

Kimbrough, E., Magyari, T., Langenberg, P., Chesney, M. A., & Berman, B. (2010). Mindfulness intervention for child abuse survivors. *Journal of Clinical Psychology, 66*, 17-33.

Lambert, M. J., & Barley, D. E. (2001). Research summary on the therapeutic relationship and psychotherapy outcome. *Psychotherapy, 38*, 357-361.

Lambert, M. J., & Okishi, J. C. (1997). The effects of the individual psychotherapist and implications for future research. *Clinical Psychology: Science and Practice, 4*, 66-75.

Linehan, M. M. (1993). *Cognitive-behavioral treatment of borderline personality disorder.* New York: Guilford Press.

Lynch, T. R., Trost, W. T., Salsman, N., & Linehan, M. M. (2007). Dialectical behavior therapy for borderline personality disorder. *Annual Review of Clinical Psychology, 3*, 181-205.

Marlatt, G. A., & Gordon, J. R. (1985). *Relapse prevention: Maintenance strategy in the treatment of addictive behaviors.* New York: Guilford Press.

Martin, D. J., Garske, J. P., & Davis, M. K. (2000). Relation of the therapeutic alliance with outcome and other variables: A meta-analytic review. *Journal of Consulting and Clinical Psychology, 68*, 438-450.

Morgan, W. D., Morgan, S. T., & Germer, C. K. (2005). Cultivating attention and empathy. In C. K. Germer, R. D. Siegel, & P. R. Fulton (Eds.), *Mindfulness and psychotherapy* (2nd ed., pp. 73-90). New York: Guilford Press.

Morina, N. (2007). The role of experiential avoidance in psychological functioning after war-related stress in Kosovar civilians. *Journal of Nervous and Mental Disease, 195*, 697-700.

Nader, K. (2006). Childhood trauma: The deeper wound. In J. P. Wilson (Ed.), *The posttraumatic self: Restoring meaning and wholeness to personality* (pp. 117-156). London: Routledge.

Ogden, P., Minton, K., & Pain, C. (2006). *Trauma and the body: A sensorimotor approach to psychotherapy.* New York: Norton.

Pietrzak, R. H., Harpaz-Rotem, I., & Southwick, S. M. (2011). Cognitive-behavioral coping strategies associated with combat-related PTSD in treatment-seeking OEF-OIF Veterans. *Psychiatry Research, 189*, 251-258.

Queen, Q. S. (1995). *Engaged Buddhism in the West.* Somerville, MA: Wisdom.

Rosenthal, J. Z., Grosswald, S., Ross, R., & Rosenthal, N. (2011). Effects of transcendental meditation in veterans of Operation Enduring Freedom and Operation Iraqi Freedom with posttraumatic stress disorder: A pilot study.

Military Medicine, 176, 626-630.

Rothbaum, B. O., & Davis, M. (2003). Applying learning principles to the treatment of post-trauma reactions. *Annals of the New York Academy of Sciences, 1008*, 112-121.

Salzberg, S. (1995). *Lovingkindness: The revolutionary art of happiness*. Boston: Shambhala.

Schneider, K. S., Bugental, J. F. T., & Pierson, J. F. (2002). *The handbook of humanistic psychology: Leading edges in theory, research, and practice*. Thousand Oaks, CA: Sage.

Schore, A. N. (1994). *Affect regulation and the origin of the self: The neurobiology of emotional development*. Hillsdale, NJ: Erlbaum.

Schottenbauer, M. A., Glass, C. R., Arnkoff, D. B., Tendick, V., & Gray, S. H. (2008). Nonresponse and dropout rates in outcome studies on PTSD: Review and methodological considerations. *Psychiatry, 71*, 134-168.

Scott, C., Jones, J., & Briere, J. (2014). Psychobiology and psychopharmacology of trauma. In J. Briere & C. Scott (Eds.), *Principles of trauma therapy: A guide to symptoms, evaluation, and treatment* (2nd ed., DMS-5 update). Thousand Oaks, CA: Sage.

Segal, Z. V., Williams, J. M. G., & Teasdale, J. D. (2002). *Mindfulness-based cognitive therapy for depression: A new approach to preventing relapse*. New York: Guilford Press.

Semple, R. J., & Lee, J. (2011). *Mindfulness-based cognitive therapy for anxious children: A manual for treating childhood anxiety*. Oakland, CA: New Harbinger.

Shapiro, D. H. (1992). Adverse effects of meditation: A preliminary investigation of long-term meditators. *International Journal of Psychosomatics, 39*, 62-66.

Shapiro, S. L., & Carlson, L. E. (2009). *The art and science of mindfulness: Integrating mindfulness into psychology and the helping professions*. Washington, DC: American Psychological Association.

Shay, J. (2005). *Achilles in Vietnam: Combat trauma and the undoing of character*. New York: Simon & Schuster.

Siegel, D. J. (2007). *The mindful brain: Reflection and attunement in the cultivation of well-being*. New York: Norton.

Steil, R., Dyer, A., Priebe, K., Kleindienst, N., & Bohus, M. (2011). Dialectical behavior therapy for posttraumatic stress disorder related to childhood sexual abuse: A pilot study of an intensive residential treatment program. *Journal of Traumatic*

Stress, 24, 102-106.

Thanissaro, B. (Trans.). (1997). Sallatha Sutta: The arrow. Retrieved December 27, 2011, from www.accesstoinsight.org/tipitaka/sn/sn36/sn36.006.than.html.

Thompson, N., & Walsh, M. (2010). The existential basis of trauma. *Journal of Social Work Practice: Psychotherapeutic Approaches in Health, Welfare and the Community, 24,* 377-389.

Thompson, B. L., & Waltz, J. (2007). Everyday mindfulness and mindfulness meditation: Overlapping constructs or not? *Personality and Individual Differences, 43,* 1875-1885.

Treanor, M. (2011). The potential impact of mindfulness on exposure and extinction learning in anxiety disorders. *Clinical Psychology Review, 31,* 617-625.

van der Kolk, B. A., Pelcovitz, D., Roth, S., Mandel, F. S., McFarlane, A., & Herman, J. L. (1996). Dissociation, somatization, and affect dysregulation: The complexity of adaptation of trauma. *American Journal of Psychiatry, 153*(Suppl.), 83-93.

van der Kolk, B. A., Roth, S. H., Pelcovitz, D., Sunday, S., & Spinazzola, J. (2005). Disorders of extreme stress. *Journal of Traumatic Stress, 18,* 389-399.

Wagner, A. W., & Linehan, M. M. (1998). Dissociative behavior. In V. M. Follette, J. I. Ruzek, & F. R. Abueg (Eds.), *Cognitive-behavioral therapies for trauma* (pp. 191-225). New York: Guilford Press.

Williams, J. M. G., & Swales, M. (2004). The use of mindfulness-based approaches for suicidal patients. *Archives of Suicide Research, 8,* 315-329.

Yehuda, R. (Ed.). (1998). *Psychological trauma.* Washington, DC: American Psychiatric Association.

추천 도서

Portions of this chapter were adapted from Briere (2013). Copyright 2013 by The Guilford Press. Adapted by permission.

2장

Grewen, K. M., Girdler, S. S., Amico, J., & Light, K. C. (2005). Effects of partner support on resting oxytocin, cortisol, norepinephrine, and blood pressure before and after warm partner contact. *Psychosomatic Medicine, 67*(4), 531-538.

추천 도서

This chapter is adapted from Radical Acceptance (New York: Bantam Books, 2003), copyright 2003 by Tara Brach, and True Refuge (New York: Bantam Books, 2013), copyright 2013 by Tara Brach, by permission of Bantam Books, an imprint of Random House, a division of Random House LLC.

3장

Baer, R. (2010). Self-compassion as a mechanism of change in mindfulness and acceptance-based treatments. In R. Baer (Ed.), *Assessing mindfulness and acceptance processes in clients: Illuminating the theory and practice of change* (pp. 135-153). Oakland, CA: Context Press/New Harbinger.

Briere, J. (2012). Working with trauma: Mindfulness and compassion. In C. K. Germer & R. D. Siegel (Eds.), *Wisdom and compassion in psychotherapy: Deepening mindfulness in clinical practice* (pp. 265-279). New York: Guilford Press.

Brown, K. W., & Ryan, R. M. (2003). The benefits of being present: Mindfulness and its role in psychological well-being. *Journal of Personality and Social Psychology, 84*, 822-848.

Cozolino, L. (2010). *The neuroscience of psychotherapy: Healing the social brain.* New York: Norton.

Dalai Lama. (1995). *The power of compassion.* New Delhi, India: HarperCollins.

Dalai Lama. (2003). *Lighting the path: The Dalai Lama teaches on wisdom and compassion.* South Melbourne, Australia: Thomas C. Lothian.

Dalai Lama. (2012). *Training the mind: Verse 7.* Retrieved March 3, 2012, from www.dalailama.com/teachings/training-the-mind/verse-7.

Emerson, D., & Hopper, E. (2011). *Overcoming trauma through yoga: Reclaiming your body.* Berkeley, CA: North Atlantic Books.

Germer, C. K. (2005). Mindfulness: What is it? What does it matter? In C. K. Germer, R. D. Siegel, & P. F. Fulton (Eds.), *Mindfulness and psychotherapy* (pp. 3-27). New York: Guilford Press.

Germer, C. K. (2009). *The mindful path to self-compassion.* New York: Guilford Press.

Germer, C. K., & Neff, K. D. (2012). Self-compassion in clinical practice. *Journal of Clinical Psychology, 69*(8), 856-867.

Gilbert, P. (2009a). Introducing compassion-focused therapy. *Advances in Psychiatric Treatment, 15*, 199-208.

Gilbert, P. (2009b). *The compassionate mind: A new approach to life's challenges.* Oakland, CA: New Harbinger Press.

Gilbert, P. (2010). *Compassion focused therapy.* London: Routledge.

Gilbert, P., & Irons, C. (2005). Focused therapies and compassionate mind training for shame and self-attacking. In P. Gilbert (Ed.), *Compassion: Conceptualisations, research and use in psychotherapy* (pp. 263-325). London: Routledge.

Gilbert, P., McEwan, K., Matos, M., & Rivis, A. (2011). Fears of compassion: Development of three self-report measures. *Psychology and Psychotherapy: Theory, Research, and Practice, 84,* 239-255.

Gilbert, P., & Proctor, S. (2006). Compassionate mind training for people with high shame and self-criticism: Overview and pilot study of a group therapy approach. *Clinical Psychology and Psychotherapy, 13,* 353-379.

Herman, J. (1997). *Trauma and recovery: The aftermath of violence—from domestic abuse to political terror.* New York: Basic Books.

Hollis-Walker, L., & Colosimo, K. (2011). Mindfulness, self-compassion, and happiness in non-meditators: A theoretical and empirical examination. *Personality and Individual Differences, 50*(2), 222-227.

Iacoboni, M., Molnar-Sazkacs, I., Gallese, V., Buccino, G., Mazziotta, J., & Rizzolatti, G. (2005). Grasping the intentions of others with one's own mirror neuron system. *PloS Biology, 3*(3), e79.

Kabat-Zinn, J. (1991). *Full catastrophe living: Using the wisdom of your body and mind to face stress, pain, and illness.* New York: Dell.

Klimecki, O., & Singer, T. (2011). Empathic distress fatigue rather than compassion fatigue?: Integrating findings from empathy research in psychology and social neuroscience. In B. Oaklely, A. Knafo, G. Madhavan, & D. S. Wilson (Eds.), *Pathological altruism* (pp. 368-384). New York: Oxford University Press.

Kornfield, J. (2011). Set the compass of your heart. *Tricycle.* Retrieved March 14, 2012, from www.tricycle.com/brief-teachings/set-compass-your-heart.

Kuyken, W., Watkins, E., Holden, E., White, K., Taylor, R., et al. (2010). How does mindfulness-based cognitive therapy work? *Behaviour Research and Therapy, 48,* 1105-1112.

Lykins, E., & Baer, R. (2009). Psychological functioning in a sample of long-term practitioners of mindfulness meditation. *Journal of Cognitive Psychotherapy: An International Quarterly, 23,* 226-241.

McEwan, K., Gilbert, P., & Duarte, J. (2012). An exploration of competitiveness and caring in relation to psychopathology. *British Journal of Clinical Psychology,*

51(1), 19-36.

Nairn, R. (2009, September). *Foundation training in compassion, Kagyu*. Lecture presented as part of Foundation Training in Compassion, Kagyu Samye Ling Monastery, Dumfriesshire, Scotland.

Neff, K. (2003). Development and validation of a scale to measure self-compassion. *Self and Identity, 2*, 223-250.

Neff, K. (2011). *Self-compassion: Stop beating yourself up and leave insecurity behind*. New York: Morrow.

Neff, K. D., & Germer, C. K. (2013). A pilot study and randomized controlled trial of the mindful self-compassion program. *Journal of Clinical Psychology, 69*(1), 28-44

Neff, K. D., Hseih, Y., & Dejitthirat, K. (2005). Self-compassion, achievement goals, and coping with academic failure. *Self and Identity, 4*, 263-287.

Neff, K. D., & McGeehee, P. (2010). Self-compassion and psychological resilience among adolescents and young adults. *Self and Identity, 9*, 225-240.

Neff, K. D., & Vonk, R. (2009). Self-compassion versus global self-esteem: Two different ways of relating to oneself. *Journal of Personality, 77*, 23-503

Olendzki, A. (Trans.). (2008). *Metta Sutta, Sutta Nipata* 145-151. Barre, MA: Barre Center for Buddhist Studies.

Orzech, K., Shapiro, S., Brown, K., & McKay, M. (2009). Intensive mindfulness training-related changes in cognitive and emotional experience. *Journal of Positive Psychology, 4*, 212-222.

Powers, T. A., Koestner, R., & Zuroff, D. C. (2007). Self-criticism, goal motivation, and goal progress. *Journal of Social and Clinical Psychology, 26*, 826-840.

Ricard, M. (2010). *The difference between empathy and compassion*. Retrieved October 15, 2010, from www.huffingtonpost.com/matthieu-ricard/could-compassion-meditati_b_751566.html.

Rogers, C. (1961). *On becoming a person*. New York: Houghton Mifflin.

Rosenberg, E. (2011, July 21). *Compassion Cultivation Training Program (CCT)*. Paper presented at the conference on "How to Train Compassion," Max-Planck Institute for Human and Cognitive Brain Sciences, Berlin, Germany.

Rosenberg, M. (2003). *Nonviolent communication: A language of life*. Encinitas, CA: Puddle Dancer Press.

Rothschild, B. (2010). *8 keys to safe trauma recovery: Take-charge strategies to empower your life*. New York: Norton.

Schanche, E., Stiles, T., McCollough, L., Swartberg, M., & Nielsen, G. (2011). The relationship between activating affects, inhibitory affects, and self-compassion in patients with cluster C personality disorders. *Psychotherapy: Theory, Research, Practice, Training, 48*(3), 293-303.

Segal, Z., Williams, J., & Teasdale, J. (2002). *Mindfulness-based cognitive therapy for depression: A new approach to preventing relapse.* New York: Guilford Press.

Shapiro, S. L., Astin, J. A., Bishop, S. R., & Cordova, M. (2005). Mindfulness-based stress reduction for health care professionals: Results from a randomized trial. *International Journal of Stress Management, 12*, 164-176.

Shapiro, S. L., Brown, K. W., & Biegel, G. M. (2007). Teaching self-care to care-givers: Effects of mindfulness-based stress reduction on the mental health of therapists in training. *Training and Education in Professional Psychology, 1*(2), 105-115.

Siegel, D. (2010). *The mindful therapist: A clinician's guide to mindsight and neural integration.* New York: Norton.

Siegel, D. J. (2007). *The mindful brain: Reflection and attunement in the cultivation of well-being.* New York: Norton.

Siegel, R. D. (2010). *The mindfulness solution: Everyday practices for everyday problems.* New York: Guilford Press.

Tanaka, M., Wekerle, C., Schmuck, M., Paglia-Boak, A., & the MAP Research Team. (2011). The linkages among childhood maltreatment, adolescent mental health, and self-compassion in child welfare adolescents. *Child Abuse and Neglect, 35*, 887-898.

Thompson, B. L., & Waltz, J. (2008). Self-compassion and PTSD symptom severity. *Journal of Traumatic Stress, 21*, 556-558.

Van Dam, T., Sheppard, S., Forsyth, J., & Earleywine, M. (2011). Self-compassion is a better predictor than mindfulness of symptom severity and quality of life in mixed anxiety and depression. *Journal of Anxiety Disorders, 25*, 123-130.

Vettese, L., Dyer, C., Li, W., & Wekerle, C. (2011). Does self-compassion mitigate the association between childhood maltreatment and later regulation difficulties? A preliminary investigation. *International Journal of Mental Health and Addiction, 9*(5), 480-491.

Wei, M., Liao, K., Ku, T., & Shaffer, P. A. (2011). Attachment, self-compassion, empathy, and subjective well-being among college students and community adults. *Journal of Personality, 79*, 191-221.

4장

Baer, R. A. (2003). Mindfulness training as a clinical intervention: A conceptual and empirical review. *Clinical Psychology: Science and Practice, 10*, 125-143.

Batten, S. V., & Hayes, S. C. (2005). Acceptance and commitment therapy in the treatment of substance abuse and post-traumatic stress disorder: A case study. *Clinical Case Studies, 4*, 246-262.

Blackledge, J. T., & Ciarrochi, J. (2006, May). *Personal Values Questionnaire*. Paper presented at the annual conference of the Association for Behavior Analysis, Atlanta, Georgia.

Bradley, R., Green, J., Russ, E., Dutra, L., & Westen, D. (2005). A multidimensional meta-analysis of psychotherapy for PTSD. *American Journal of Psychiatry, 162*, 214-227.

Cahill, S. P., Foa, E. B., Hembree, E. A., Marshall, R. D., & Nacash, N. (2006). Dissemination of exposure therapy in the treatment of posttraumatic stress disorder. *Journal of Traumatic Stress, 19*, 597-610.

Cahill, S. P., Rothbaum, B. O., Resick, P. A., & Follette, V. M. (2008). Cognitive-behavioral therapy for adults. In E. B. Foa, T. M. Keane, & M. J. Friedman (Eds.), *Effective treatments for PTSD* (2nd ed., pp. 139-222). New York: Guilford Press.

Dahl, J., Wilson, K. G., Luciano, C., & Hayes, S. C. (2005). *ACT for chronic pain*. Reno, NV: Context Press.

Engle, J. L., & Follette, V. (2012). Acceptance and commitment therapy for trauma. In R. A. McMackin, T. M. Keane, E. Newman, & J. Fogler (Eds.), *Trauma therapy in context: The science and craft of evidence-based practice* (pp. 353-372). Washington, DC: American Psychological Association.

Follette, V., Palm, K., & Pearson, A. (2006). Mindfulness and trauma: Implications for treatment. *Journal of Rational-Emotive and Cognitive-Behavior Therapy, 24*, 45-61.

Hayes, S. C. (2002). Buddhism and acceptance and commitment therapy. *Cognitive and Behavioral Practice, 9*, 58-66.

Hayes, S. C., Luoma, J. B., Bond, F. W., Masuda, A., & Lillis, J. (2006). Acceptance and commitment therapy: Model, processes, and outcome. *Behaviour Research and Therapy, 44*, 1-25.

Hayes, S. C., Strosahl, K. D., & Wilson, K. G. (2012). *Acceptance and commitment therapy: The process and practice of mindful change*. New York: Guilford Press.

Hayes, S. C., Wilson, K. W., Gifford, E. V., Follette, V. M., & Strosahl, K. (1996). Experiential avoidance and behavioral disorders: A functional dimensional approach to diagnosis and treatment. *Journal of Consulting and Clinical Psychology, 64*(6), 1152-1168.

Kashdan, T. B., & Kane, J. Q. (2008). Post-traumatic distress and presence of post-traumatic growth and meaning in life: Experiential avoidance as a moderator. *Personality and Individual Differences, 50*, 84-89.

Kashdan, T. B., Morina, N., & Priebe, S. (2008). Post-traumatic stress disorder, social anxiety disorder and depression in survivors of the Kosovo war: Experiential avoidance as a contributor to distress and quality of life. *Journal of Anxiety Disorders, 23*, 185-196.

Luoma, J. B., Hayes, S. C., & Walser, R. D. (2007). *Learning ACT: An acceptance and commitment therapy skills training manual for therapists*. Oakland, CA: New Harbinger.

Mace, C. (2007). Mindfulness in psychotherapy: An introduction. *Advances in Psychiatric Treatment, 13*, 147-154.

Mowrer, O. H. (1960). *Learning theory and behavior*. New York: Wiley.

Mulick, P. S., Landes, S. J., & Kanter, J. W. (2011). Contextual behavioral therapies in the treatment of PTSD: A review. *International Journal of Behavioral Consultation and Therapy, 7*, 23-32.

Nhat Hanh, T. (1998). *The heart of the Buddha's teaching: Transforming suffering into peace, joy, and liberation*. Berkeley, CA: Parallax Press.

Orsillo, S. M., & Batten, S. V. (2005). Acceptance and commitment therapy in the treatment of posttraumatic stress disorder. *Journal of Behavior Modification, 29*, 95-129.

Palm, K. M., & Follette, V. F. (2011). The roles of cognitive flexibility and experiential avoidance in explaining psychological distress in survivors of interpersonal victimization. *Journal of Psychopathology and Behavioral Assessment, 33*(1), 79-86.

Polusny, M. A., & Follette, V. M. (1995). Long-term correlates of child sexual abuse: Theory and review of the empirical literature. *Applied and Preventive Psychology, 4*, 143-166.

Salkovskis, P. M., & Campbell, P. (1994). Thought suppression induces intrusions in naturally occurring negative intrusive thoughts. *Behaviour Research and Therapy, 32*, 1-8.

Schottenbauer, M. A., Glass, C. R., Arnkoff, D. B., Tendick, V., & Gray, S. H. (2008).

Nonresponse and dropout rates in outcome studies on PTSD: Review and methodological considerations. *Psychiatry, 71,* 134-168.

Smout, M. F., Hayes, L., Atkins, P. W. B., Clausen, J., & Duguid, J. D. (2012). The empirically supported status of acceptance and commitment therapy: An update. *Clinical Psychologist, 16,* 97-109.

Thompson, R. W., Arnkoff, D. B., & Glass, C. R. (2011). Conceptualizing mindfulness and acceptance as components of psychological resilience to trauma. *Trauma, Violence, and Abuse, 12,* 220-235.

Twohig, M. P. (2009). Acceptance and commitment therapy for treatment-resistant posttraumatic stress disorder: A case study. *Cognitive and Behavioral Practice, 16,* 243-252.

Walser, R. D., & Hayes, S. C. (2006). Acceptance and commitment therapy in the treatment of posttraumatic stress disorder: Theoretical and applied issues. In V. M. Follette & J. I. Ruzek (Eds.), *Cognitive-behavioral therapies for trauma* (2nd ed., pp. 146-172). New York: Guilford Press.

Wegner, D. M., Schneider, D. J., Carter, S. R., & White T. L. (1987). Paradoxical effects of thought suppression. *Journal of Personality and Social Psychology, 53,* 5-13.

Wilson, K. G., Sandoz, E. K., Flynn, M. K., Slater, R., & DuFrene, T. (2010). Understanding, assessing, and treating values processes in mindfulness and acceptance-based therapies. In R. Baer (Ed.), *Assessing mindfulness and acceptance: Illuminating the processes of change* (pp. 77-106). Oakland, CA: New Harbinger.

Wilson, K. G., Sandoz, E. K., Kitchens, J., & Roberts, M. (2010). The Valued Living Questionnaire: Defining and measuring valued action within a behavioral framework. *Psychological Record,* 60, 249-272.

5장

Binswanger, L. (1963). *Being-in-the-world: Selected papers of Ludwig Binswanger* (J. Needleman, Trans.). New York: Basic Books.

Bishop, S. R., Lau, M., Shapiro, S., Carlson, L., Anderson, N. D., Nicole, D., et al. (2004). Mindfulness: A proposed operational definition. *Clinical Psychology: Science and Practice, 11*(3), 230-241.

Feigenbaum, J. (2007). Dialectical behaviour therapy: An increasing evidence base. *Journal of Mental Health, 16*(1), 51-68.

Foa, E. B., & Rothbaum, B. O. (1998). *Treating the trauma of rape: Cognitive behavioral therapy for PTSD*. New York: Guilford Press.

Fruzzetti, A. E., & Lee, J. E. (2011). Multiple experiences of domestic violence. In M. P. Duckworth & V. M. Follette (Eds.), *Retraumatization: Assessment, treatment, and prevention* (pp. 345-376). New York: Routledge Press.

Fruzzetti, A. E., Shenk, C., & Hoffman, P. D. (2005). Family interaction and the development of borderline personality disorder: A transactional model. *Development and Psychopathology, 17*, 1007-1030.

Fruzzetti, A. E., & Worrall, J. M. (2010). Accurate expression and validation: A transactional model for understanding individual and relationship distress. In K. Sullivan & J. Davila (Eds.), *Support processes in intimate relationships* (pp. 121-150). New York: Oxford University Press.

Hanh, T. N. (1976). *The miracle of mindfulness: A manual on meditation*. Boston: Beacon.

Harned, M. S., Korslund, K. E., Foa, E. B., & Linehan, M. M. (2012). Treating PTSD in suicidal and self-injuring women with borderline personality disorder: Development and preliminary evaluation of a dialectical behavior therapy prolonged exposure protocol. *Behavior Research and Therapy, 50*, 381-386.

Harned, M. S., & Linehan, M. M. (2008). Integrating dialectical behavior therapy and prolonged exposure to treat co-occurring borderline personality disorder and PTSD: Two case studies. *Cognitive and Behavioral Practice, 15*(3), 263-276.

Kabat-Zinn, J. (1994). *Wherever you go, there you are: Mindfulness meditation in everyday life*. New York: Hyperion.

Linehan, M. M. (1993). *Cognitive-behavioral treatment of borderline personality disorder*. New York: Guilford Press.

Rizvi, S. L., & Linehan, M. M. (2005). The treatment of maladaptive shame in borderline personality disorder: A pilot study of "Opposite Action." *Cognitive and Behavioral Practice, 12*, 437-447.

Robbins, C. J., & Chapman, A. L. (2004). Dialectical behavior therapy: Current status, recent developments, and future directions. *Journal of Personality Disorders, 18*, 73-89.

Shenk, C., & Fruzzetti, A. E. (2011). The impact of validating and invalidating responses on emotional reactivity. *Journal of Social and Clinical Psychology, 30*, 163-183.

Swartz, M. S., Blazer, D., George, L., & Winfield, I. (1990). Estimating the prevalence of borderline personality disorder in the community. *Journal of Personality*

Disorders, 4, 257-272.

Wagner, A. W., & Linehan, M. M. (1994). Relationship between childhood sexual abuse and topography of parasuicide among women with borderline personality disorder. *Journal of Personality Disorders, 8*, 1-9.

Zanarini, M. C., Frankenburg, F. R., Hennen, J., & Silk, K. R. (2004). Mental health service utilization by borderline personality disorder patients and Axis II comparison subjects followed prospectively for 6 years. *Journal of Clinical Psychiatry, 65*(1), 28-36.

6장

Anderson, R. J., Goddard, L., & Powell, J. H. (2010). Reduced specificity of autobiographical memory as a moderator of the relationship between daily hassles and depression. *Cognition and Emotion, 24*, 702-709.

Barnhofer, T., Crane, C., Hargus, E., Amarasinghe, M., Winder, R., & Williams, J. M. G. (2009). Mindfulness-based cognitive therapy as a treatment for chronic depression: A preliminary study. *Behaviour Research and Therapy, 47*, 366-373.

Boland, R. J., & Keller, M. B. (2009). Course and outcome of depression. In I. H. Gotlib & C. L. Hammen (Eds.), *Handbook of depression* (2nd ed., pp. 23-43). New York: Guilford Press.

Brennen, T., Hasanovic, M., Zotovic, M., Blix, I., Solheim-Skar, A. M., Prelic, N. K., et al. (2010). Trauma exposure in childhood impairs the ability to recall specific autobiographical memories in late adolescence. *Journal of Traumatic Stress, 23*, 240-247.

Brittlebank, A. D., Scott, J., Williams, J. M. G., & Ferrier, I. N. (1993). Autobiographical memory in depression: State or trait marker? *British Journal of Psychiatry, 162*, 118-121.

Bryant, R. A., Sutherland, K., & Guthrie, R. M. (2007). Impaired specific autobiographical memory as a risk factor for posttraumatic stress after trauma. *Journal of Abnormal Psychology, 116*, 837-841.

Crane, C., Shah, D., Barnhofer, T., & Holmes, E. A. (2012). Suicidal imagery in a previously depressed community sample. *Clinical Psychology and Psychotherapy, 19*, 57-69.

Cuijpers, P., van Straten, A., Schuurmans, J., van Oppen, P., Hollon, S. D., & Andersson, G. (2010). Psychotherapy for chronic major depression and dysthymia: A meta-analysis. *Clinical Psychology Review, 30*, 51-62.

Dalgleish, T., Spinks, H., Yiend, J., & Kuyken, W. (2001). Autobiographical memory style in seasonal affective disorder and its relationship to future symptoms remission. *Journal of Abnormal Psychology, 110*, 335-340.

Dalgleish, T., Williams, J. M. G., Golden, A. M., Perkins, N., Feldman Barrett, L., Barnard, P., et al. (2007). Reduced specificity of autobiographical memory and depression: The role of executive control. *Journal of Experimental Psychology, 136*, 23-42.

Dimidjian, S., & Davis, K. J. (2009). Newer variations of cognitive-behavioral therapy: Behavioral activation and mindfulness-based cognitive therapy. *Current Psychiatry Reports, 11*, 453-458.

Eisendraht, S. J., Delucchi, K., Bitner, R., Fenimore, P., Smit, M., & McLane, M. (2008). Mindfulness-based cognitive therapy for treatment-resistant depression: A pilot study. *Psychotherapy and Psychosomatics, 77*, 319-320.

Geddes, J. R., Carney, S. M., Davies, C., Furukawa, T. A., Kupfer, D. J., Frank, E., et al. (2003). Relapse prevention with antidepressant drug treatment in depressive disorders: A systematic review. *Lancet, 361*, 653-661.

Gibbs, B. R., & Rude, S. S. (2004). Overgeneral autobiographical memory as depression vulnerability. *Cognitive Therapy and Research, 28*, 511-526.

Harvey, A. G., Bryant, R. A., & Dang, S. T. (1998). Autobiographical memory in acute stress disorder. *Journal of Consulting and Clinical Psychology, 66*, 500-506.

Heeren, A., Van Broeck, N., & Philipport, P. (2009). The effects of mindfulness on executive processes and autobiographical memory specificity. *Behaviour Research and Therapy, 47*, 403-409.

Hermans, D., Vandromme, H., Debeer, E., Raes, F., Demyttenaere, K., Brunfaut, E., et al. (2008). Overgeneral autobiographical memory predicts diagnostic status in depression. *Behaviour Research and Therapy, 46*, 668-677.

Holmes, E. A., Crane, C., Fennell, M. J. V., & Williams, J. M. G. (2007). Imagery about suicide in depression: "Flash-forwards"? *Journal of Behavior Therapy and Experimental Psychiatry, 38*, 423-434.

Horowitz, M., Wilner, N., & Alvarez, W. (1979). Impact of Event Scale: A measure of subjective stress. *Psychosomatic Medicine, 41*, 209-218.

Judd, L. L., Schettler, P. J., Solomon, D. A., Maser, J. D., Coryell, W., Endicott, J., et al. (2008). Psychosocial disability and work role function compared across the long-term course of bipolar I, bipolar II, and unipolar major depressive disorders. *Journal of Affective Disorders, 108*, 49-58.

Keller, M. B., McCullough, J. P., Klein, D. N., Arnow, B., Dunner, D., Gelenber, A. J., et al. (2000). A comparison of nefazodon, the cognitive-behavioral-analysis system of psychotherapy, and their combination for the treatment of chronic depression. *New England Journal of Medicine, 342*, 1462-1470.

Kennedy, N., Abbott, R., & Paykel, E. S. (2004). Longitudinal syndromal and subsyndromal symptoms after severe depression: 10-year follow-up study. *British Journal of Psychiatry, 184*, 330-336.

Kleim, B., & Ehlers, A. (2008). Reduced autobiographical memory specificity predicts depression and posttraumatic stress disorder after recent trauma. *Journal of Consulting and Clinical Psychology, 76*, 231-242.

Klein, D. N. (2010). Chronic depression: Diagnosis and classification. *Current Directions in Psychological Science, 19*, 96-100.

Lizardi, H., Klein, D. N., Ouimette, P. C., Riso, L. P., Anderson, R., & Donaldson, S. K. (1995). Reports of the childhood home-environment in early-onset dysthymia and episodic major depression. *Journal of Abnormal Psychology, 104*, 132-139.

Mathers, C., Boerma, T., & Ma Fat, D. (2008). *The global burden of disease: 2004 update*. Geneva, Switzerland: World Health Organization.

McNally, R. J., Lasko, N. B., Macklin, M. L., & Pitman, R. K. (1995). Autobiographical memory disturbance in combat-related posttraumatic stress disorder. *Behaviour Research and Therapy, 33*, 619-630.

Moore, S. A., & Zoellner, L. A. (2007). Overgeneral autobiographical memory and traumatic events: An evaluative review. *Psychological Bulletin, 133*, 419-437.

Orbach, I., Mikulincer, M., Gilboa-Schechtman, E., & Sirota, P. (2003). Mental pain and its relationship to suicidality and life meaning. *Suicide and Life-Threatening Behavior, 33*, 231-241.

Peeters, F., Wessel, I., Merckelbach, H., & Boon-Vermeeren, M. (2002). Autobiographical memory specificity and the course of major depressive disorder. *Comprehensive Psychiatry, 43*, 344-350.

Piet, J., & Hougaard, E. (2011). The effect of mindfulness-based cognitive therapy for prevention of relapse in recurrent major depressive disorder: A review and meta-analysis. *Clinical Psychology Review, 31*, 1032-1040.

Raes, F., Hermans, D., de Decker, A., Eelen, P., & Williams, J. M. G. (2003). Autobiographical memory specificity and affect regulation: An experimental approach. *Emotion, 3*, 201-206.

Sumner, J. A., Griffith, J. W., Mineka, S., Rekart, K. N., Zinbarg, R. E., & Craske, M.

G. (2011). Overgeneral autobiographical memory and chronic interpersonal stress as predictors of the course of depression in adolescents. *Cognition and Emotion, 25*, 183-192.

Tennant, C. (2002). Life events, stress and depression: A review of recent findings. *Australian and New Zealand Journal of Psychiatry, 36*, 173-182.

Williams, J. M. G., Barnhofer, T., Crane, C., Herman, D., Raes, F., Watkins, E., et al. (2007). Autobiographical memory specificity and emotional disorder. *Psychological Bulletin, 133*, 122-148.

Williams, J. M. G., & Broadbent, K. (1986). Autobiographical memory in suicide attempters. *Journal of Abnormal Psychology, 95*, 144-149.

Williams, J. M. G., & Scott, J. (1988). Autobiographical memory in depression. *Psychological Medicine, 18*, 689-695.

Williams, J. M. G., Teasdale, J. D., Segal, Z. V., & Soulsby, J. (2000). Mindfulness-based cognitive therapy reduces overgeneral autobiographical memory in formerly depressed patients. *Journal of Abnormal Psychology, 109*, 150-155.

7장

Aderka, I. M., Appelbaum-Namdar, E., Shafran, N., & Gilboa-Schechtman, E. (2011). Sudden gains in prolonged exposure for children and adolescents with posttraumatic stress disorder. *Journal of Consulting and Clinical Psychology, 79*(4), 441-446.

Adler-Tapia, R., & Settle, C. (2008). *EMDR and the art of psychotherapy with children*. New York: Springer.

Aronson, H. (2006). Buddhist practice in relation to self-representation: A cross-cultural dialogue. In M. Unno (Ed.), *Buddhism and psychotherapy across cultures: Essays on theories and practices* (pp. 61-86). Somerville, MA: Wisdom.

Ash, I. K., Jee, B. D., & Wiley, J. (2012). Investigating insight as sudden learning. *Journal of Problem Solving, 4*(2), 1-27.

Benson, H., & Proctor, W. (2010). *Relaxation revolution: The science and genetics of mind-body healing*. New York: Simon & Schuster.

Bisson, J. I., Ehlers, A., Matthews, R., Pilling, S., Richards, D., & Turner, S. (2007). Psychological treatments for chronic post-traumatic stress disorder: Systematic review and meta-analysis. *British Journal of Psychiatry, 190*(2), 97-104.

Bodhi, B. (1980). *Transcendental dependent arising: A translation and exposition of the Upanisa Sutta*. Retrieved October 23, 2012, from www.accesstoinsight.org/

lib/authors/bodhi/wheel277.html.

Bodhi, B. (2013). The Noble Eightfold Path: The way to end suffering. *Access to Insight*. Retrieved January 5, 2013, from www.accesstoinsight.org/lib/authors/bodhi/waytoend.html.

Brewin, C. R., Lanius, R. A., Novac, A., Schnyder, U., & Galea, S. (2009). Reformulating PTSD for DSM-V: Life after Criterion A. *Journal of Traumatic Stress, 22*(5), 366-373.

Davidson, P. R., & Parker, K. C. (2001). Eye movement desensitization and reprocessing (EMDR): A meta-analysis. *Journal of Consulting and Clinical Psychology, 69*(2), 305-316.

Ehlers, A. (2010). Understanding and treating unwanted trauma memories in post-traumatic stress disorder. *Journal of Psychology, 218*(2), 141-145.

Foa, E. B., Keane, T. M., Friedman, M. J., & Cohen, J. A. (Eds.). (2009). *Effective treatments for PTSD: Practice guidelines from the International Society for Traumatic Stress Studies*. New York: Guilford Press.

Freud, S. (1895). The psychotherapy of hysteria. In J. Breuer & S. Freud (Eds.), *Studies on hysteria* (pp. 253-306). New York: Basic Books.

Goleman, D. (2008). *Destructive emotions: A scientific dialogue with the Dalai Lama*. New York: Random House.

Greenwald, R. (2007). *EMDR within a phase model of trauma-informed treatment*. New York: Haworth Press.

Gunaratana, H. (2011). *Mindfulness in plain English: 20th anniversary edition*. Somerville, MA: Wisdom.

Gunter, R. W., & Bodner, G. E. (2009). EMDR works... but how?: Recent progress in the search for treatment mechanisms. *Journal of EMDR Practice and Research, 3*(3), 161-168.

Gyatso, G. K. (1995). *Joyful path of good fortune: The complete Buddhist path to enlightenment* (2nd ed.). Glen Spey, NY: Tharpa.

Gyatso, G. K. (2000). *Essence of Vajrayana: The highest yoga tantra practice of Heruka body mandala*. Glen Spey, NY: Tharpa.

Gyatso, T. (2005). *The universe in a single atom*. New York: Random House.

Gyatso, T., Hopkins, J. D., & Napper, E. (2006). *Kindness, clarity, and insight*. Ithaca, NY: Snow Lion.

Hanh, T. N. (2012). *Awakening of the heart: Essential Buddhist sutras and commentaries*. Berkeley, CA: Parallax Press.

Harvey, P. (2000). *An introduction to Buddhist ethics: Foundations, values and issues*. Cambridge, UK: Cambridge University Press.

Herbert, J. D., Lilienfeld, S. O., Lohr, J. M., Montgomery, R. W., O'Donohue, W. T., Rosen, G. M., et al. (2000). Science and pseudoscience in the development of eye movement desensitization and reprocessing: Implications for clinical psychology. *Clinical Psychology Review, 20*(8), 945-971.

Ho, M. S. K., & Lee, C. W. (2012). Cognitive behaviour therapy versus eye movement desensitization and reprocessing for post-traumatic disorder: Is it all in the homework then? *Revue Européenne de Psychologie Appliquée/European Review of Applied Psychology, 62*(4), 253-260.

Hölzel, B. K., Lazar, S. W., Gard, T., Schuman-Olivier, Z., Vago, D. R., & Ott, U. (2011). How does mindfulness meditation work?: Proposing mechanisms of action from a conceptual and neural perspective. *Perspectives on Psychological Science, 6*(6), 537-559.

Hyer, L., & Brandsma, J. M. (1997). EMDR minus eye movements equals good psychotherapy. *Journal of Traumatic Stress, 10*(3), 515-522.

Jinpa, G. T. (2000). The foundations of a Buddhist psychology. In G. Watson, S. Batchelor, & G. Claxton (Eds.), *The psychology of awakening: Buddhism, science, and our day-to-day lives* (pp. 10-22). York Beach, ME: Weiser.

Korn, D. L., & Leeds, A. M. (2002). Preliminary evidence of efficacy for EMDR resource development and installation in the stabilization phase of treatment of complex posttraumatic stress disorder. *Journal of Clinical Psychology, 58*(12), 1465-1487.

Kuiken, D., Bears, M., Miall, D., & Smith, L. (2001). Eye movement desensitization and reprocessing facilitates attentional orienting. *Imagination, Cognition, and Personality, 21*(1), 3-20.

Lee, C. W. (2008, May 4). Crucial processes in EMDR: More than imaginal exposure. *Journal of EMDR Practice and Research*. Retrieved from http://researchrepository.murdoch.edu.au/1618.

Lee, C. W., & Cuijpers, P. (2012). A meta-analysis of the contribution of eye movements in processing emotional memories. *Journal of Behavior Therapy and Experimental Psychiatry, 44*(2), 231-239.

Lee, C. W., Taylor, G., & Drummond, P. D. (2006). The active ingredient in EMDR: Is it traditional exposure or dual focus of attention? *Clinical Psychology and Psychotherapy, 107*, 97-107.

Leeds, A. M. (2009). *A guide to the standard EMDR protocols for clinicians, supervisors, and consultants*. New York: Springer.

Lipke, H. (2000). *EMDR and psychotherapy integration: Theoretical and clinical suggestions with focus on traumatic stress*. Boca Raton, FL: CRC Press.

Lutz, A., Slagter, H. A., Dunne, J. D., & Davidson, R. J. (2009). Attention regulation and monitoring in meditation. *Trends in Cognitive Science, 12*(4), 163-169.

Makransky, J. (2007). *Awakening through love: Unveiling your deepest goodness*. Somerville, MA: Wisdom.

McLeod, K. (2002). *Wake up to your life: Discovering the Buddhist path of attention*. New York: HarperCollins.

Michael, T., Ehlers, A., Halligan, S. L., & Clark, D. M. (2005). Unwanted memories of assault: What intrusion characteristics are associated with PTSD? *Behaviour Research and Therapy, 43*(5), 613-628.

Minton, K., Ogden, P., & Pain, C. (2006). *Trauma and the body: A sensorimotor approach to psychotherapy*. New York: Norton.

Newland, G. (2009). *Introduction to emptiness: As taught in Tsong-kha-pa's Great Treatise on the Stages of the Path*. Ithaca, NY: Snow Lion.

Pabongka, R. (1991). *Liberation in the palm of your hand: A concise discourse on the path to enlightenment*. Somerville, MA: Wisdom.

Parnell, L. (1996). Eye movement desensitization and reprocessing (EMDR) and spiritual unfolding. *Journal of Transpersonal Psychology, 28*(2), 129-153.

Parnell, L. (1998). *Transforming trauma: EMDR: The revolutionary new therapy for freeing the mind, clearing the body, and opening the heart*. New York: Norton.

Propper, R. E., & Christman, S. D. (2008). Interhemispheric interaction and saccadic horizontal eye movements: Implications for episodic memory, EMDR, and PTSD. *Journal of EMDR Practice and Research, 2*(4), 269-281.

Rauch, S., & Foa, E. B. (2006). Emotional processing theory (EPT) and exposure therapy for PTSD. *Journal of Contemporary Psychotherapy, 36*(2), 61-65.

Rimpoche, G. (2005). *Gom: A course in meditation*. Ann Arbor, MI: Jewel Heart.

Schubert, S. J., & Lee, C. W. (2009). Adult PTSD and its treatment with EMDR: A review of controversies, evidence, and theoretical knowledge. *Journal of EMDR Practice and Research, 3*(3), 117-132.

Shapiro, F. (2001). Eye movement desensitization and reprocessing (EMDR): *Basic principles, protocols, and procedures* (2nd ed.). New York: Guilford Press.

Shapiro, F. (Ed.). (2002). *EMDR as an integrative psychotherapy approach: Experts of diverse orientations explore the paradigm prism*. Washington, DC: American Psychological Association.

Shapiro, F., & Maxfield, L. (2003). EMDR and information processing in psychotherapy

treatment: Personal development and global implications. In M. F. Solomon & D. J. Siegel (Eds.), *Healing trauma: Attachment, mind, body, and brain* (pp. 196-220). New York: Norton.

Shapiro, S. L., Carlson, L. E., Astin, J. A., & Freedman, B. (2006). *Mechanisms of Mindfulness, 62*(3), 373-386.

Smyth, N. J., & Poole, D. (2002). EMDR and cognitive-behavior therapy: Exploring convergence and divergence. In F. Shapiro (Ed.), *EMDR as an integrative psychotherapy approach: Experts of diverse orientations explore the paradigm prism* (pp. 151-180). Washington, DC: American Psychological Association.

Solomon, R. M., & Shapiro, F. (2008). EMDR and the adaptive information processing model: Potential mechanisms of change. *Journal of EMDR Practice and Research, 2*(4), 315-325.

Spates, C. R., Koch, E., Cusack, K., Pagoto, S., & Waller, S. (2009). Eye movement desensitization and reprocessing. In E. B. Foa, T. M. Keane, M. J. Friedman, & J. A. Cohen (Eds.), *Effective treatments for PTSD: Practice guidelines from the International Society for Traumatic Stress Studies* (2nd ed., pp. 279-305). New York: Guilford Press.

Stickgold, R. (2008). Sleep-dependent memory processing and EMDR action. *Journal of EMDR Practice and Research, 2*(4), 289-299.

Subramaniam, K., Kounios, J., Parrish, T. B., & Jung-Beeman, M. (2009). A brain mechanism for facilitation of insight by positive affect. *Journal of Cognitive Neuroscience, 21*(3), 415-32.

Thompson, B. L., & Waltz, J. (2010). Mindfulness and experiential avoidance as predictors of posttraumatic stress disorder avoidance symptom severity. *Journal of Anxiety Disorders, 24*(4), 409-415.

Tsering, G. T. (2005). The *Four Noble Truths*. Somerville, MA: Wisdom.

Tsering, G. T. (2012). *Tantra: The foundation of Buddhist thought*. Somerville, MA: Wisdom.

Vago, D. R., & Silbersweig, D. A. (2012). Self-awareness, self-regulation, and self-transcendence (S-ART): A framework for understanding the neurobiological mechanisms of mindfulness. *Frontiers in Human Neuroscience, 6*, 296.

van der Kolk, B. A. (1994). The body keeps the score: Memory and the evolving psychobiology of posttraumatic stress. *Harvard Review of Psychiatry, 1*(5), 253-265.

van der Kolk, B. A. (2002). Beyond the talking cure: Somatic experience and subcortical imprints in the treatment of trauma. In F. Shapiro (Ed.), *EMDR as an integrative psychotherapy approach: Experts of diverse orientations explore the paradigm prism* (pp. 10-20). Washington, DC: American Psychological Association.

van der Kolk, B. A., & McFarlane, A. C. (1996). The black hole of trauma. In B. A. van der Kolk, A. C. McFarlane, & L. Weisath (Eds.), *Traumatic stress: The effects of overwhelming experience on mind, body, and society* (pp. 3-23). New York: Guilford Press.

van der Kolk, B. A., McFarlane, A. C., & van der Hart, O. (1996). A general approach to treatment of posttraumatic stress disorder. In B. A. van der Kolk, A. C. McFarlane, & L. Waisaeth (Eds.), *Traumatic stress: The effects of overwhelming experience on mind, body, and society* (pp. 417-440). New York: Guilford Press.

Wachtel, P. L. (2002). EMDR and psychoanalysis. In F. Shapiro (Ed.), *EMDR as an integrative psychotherapy approach: Experts of diverse orientations explore the paradigm prism* (pp. 123-150). Washington, DC: American Psychological Association.

Wallace, B. A. (2006). *The attention revolution: Unlocking the power of the focused mind.* Somerville, MA: Wisdom.

Yeshe, T. (2001). *Introduction to tantra: The transformation of desire* (3rd ed.). Somerville, MA: Wisdom.

8장

Assagioli, R. (1973). *The act of will.* New York: Penguin Books.

Assagioli, R. (1975). *Psychosynthesis: A manual of principles and techniques.* London: Turnstone Press. (Original work published 1965)

Bliss, E. L. (1986). *Multiple personality, allied disorders, and hypnosis.* New York: Oxford University Press.

Carter, R. (2008). *Multiplicity: The new science of personality, identity, and the self.* Boston: Little, Brown.

Chodron, P. (2005). *No time to lose: A timeless guide to the way of the Bodhisattva.* Boston: Shambhala.

Dryden, W., & Golden, W. (Eds.). (1986). *Cognitive-behavioral approaches to psychotherapy.* London: Harper & Row.

Engler, J., & Fulton, P. R. (2012). Self and no-self in psychotherapy. In C. K. Germer & R. D. Siegal (Eds.), *Wisdom and compassion in psychotherapy: Deepening*

    mindfulness in clinical practice (pp. 176-188). New York: Guilford Press.

Fairbairn, W. R. (1952). *An object relations theory of the personality*. London: Tavistock.

Ferrucci, P. (1982). *What we may be*. Los Angeles: Tarcher.

Freud, S. (1961). The ego and the id. In J. Strachey (Ed. & Trans.), *The standard edition of the complete psychological works of Sigmund Freud* (Vol. 19, pp. 3-66). London: Hogarth Press. (Original work published 1923)

Germer, C., Siegel, R., & Fulton, P. (2005). *Mindfulness and psychotherapy*. New York: Guilford Press.

Goulding, R., & Schwartz, R. C. (1995). *Mosaic mind: Empowering the tormented selves of child abuse survivors*. New York: Norton.

Gunthrip, H. (1971). *Psychoanalytic theory, therapy and the self*. New York: Basic Books.

Hanson, R. (2009). *Buddha's brain*. Oakland, CA: New Harbinger.

Jung, C. G. (1956). *Two essays on analytical psychology*. New York: Meridian.

Jung, C. G. (1963). *Memories, dreams, reflections* (A. Jaffe, Ed.; R. Winston & C. Winston, Trans.). New York: Pantheon Books.

Jung, C. G. (1968). *Analytical psychology: Its theory and practice: The Tavistock lectures*. London: Routledge & Kegan Paul. (Original work published 1935)

Jung, C. G. (1968). *The collected works of C. G. Jung: Vol. 9, Part I. The archetypes and the collective unconscious* (2nd ed.; H. Read, M. Fordham, & G. Adler, Eds.; R. F. C. Hull, Trans.). Princeton, NJ: Princeton University Press.

Jung, C. G. (1969). *The collected works of C. G. Jung: Vol. 8. The structure and dynamics of the psyche* (2nd ed.; H. Read, M. Fordham, & G. Adler, Eds.; R. F. C. Hull, Trans.). Princeton, NJ: Princeton University Press.

Kernberg, O. (1976). *Object relations theory and clinical psychoanalysis*. New York: Aronson.

Klein, M. (1948). *Contributions to psychoanalysis*. London: Hogarth Press.

Kluft, R. P. (Ed.). (1985). *Childhood antecedents of multiple personality disorder*. Washington, DC: American Psychiatric Press.

Kohut, H. (1971). *The analysis of the self*. New York: International Universities Press.

Kohut, H. (1977). *The restoration of the self*. New York: International Universities Press.

Leighton, D. (2012). *Faces of compassion: Classic Bodhisattva archetypes and their modern expression: An introduction to Mahayana Buddhism*. Somerville, MA: Wisdom.

Makransky, J. (2007). *Awakening through love: Unveiling your deepest goodness.* Somerville, MA: Wisdom.

Maren, S. (2011). Seeking a spotless mind: Extinction, deconsolidation, and erasure of fear memory. *Neuron, 70*, 830-845.

Markus, H., & Nurius, P. (1987). Possible selves: The interface between motivation and the self-concept. In K. Yardley & T. Honess (Eds.), *Self and identity: Psychosocial perspectives.* Chichester, UK: Wiley.

McDonald, K. (1984). *How to meditate: A practical guide.* Somerville, MA: Wisdom.

Nijenhuis, E. R. S., Van der Hart, O., & Steele, K. (2002). The emerging psychobiology of trauma-related dissociation and dissociative disorders. In H. D'Haenen, J. A. Den Boer, H. Westenberg, & P. Willner (Eds.), *Textbook of biological psychiatry* (pp. 1079-1098). London: Wiley.

Prendergast, J., Fenner, P., & Krystal, S. (2003). *Sacred mirror: Nondual wisdom and psychotherapy.* St. Paul, MN: Paragon House.

Putnam, F. W. (1989). *Diagnosis and treatment of multiple personality disorder.* New York: Guilford Press.

Rowan, J. (1990). *Subpersonalities: The people inside us.* London: Routledge.

Schiller, D., Monfils, M.-H., Raio, C. M., Johnson, D. C., LeDoux, J. E., & Phelps, E. A. (2010). Preventing the return of fear memories in humans using reconsolidation update mechanisms. *Nature, 463*, 49-53.

Schwartz, R. (2011, September/October). When meditation isn't enough. *Psychotherapy Networker*, p. 35.

Schwartz, R. C. (1995). *Internal family systems therapy.* New York: Guilford Press.

Siegel, D. (2010). *The mindful therapist: A clinician's guide to mindsight and neural integration.* New York: Norton.

Sparks, F. (2011, September/October). The shadow side of meditation: Getting stuck in the present moment. *Psychotherapy Networker*, p. 39.

Stone, H., & Winkelman, S. (1985). *Embracing ourselves.* Marina del Rey, CA: Devross.

Watkins, J. (1978). *The therapeutic self.* New York: Human Sciences Press.

Watkins, J., & Johnson, R. J. (1982). *We, the divided self.* New York: Irvington.

Watkins, J., & Watkins, H. (1979). Ego states and hidden observers. *Journal of Altered States of Consciousness, 5*, 3-18.

Winnicott, D. W. (1958). *Collected papers.* New York: Basic Books.

Winnicott, D. W. (1965). *The maturational processes and the facilitating environment.* New York: International Universities Press.

Winnicott, D. W. (1971). *Playing and reality.* London: Routledge.

Young, J. E., Klosko, J. S., & Weishaar, M. (2003). *Schema therapy: A practitioner's guide*. New York: Guilford Press.

9장

Briere, J., & Rickards, S. (2007). Self-awareness, affect regulation, and relatedness: Differential sequels of childhood versus adult victimization experiences. *Journal of Nervous and Mental Disease, 195*(6), 497-503.

Briere, J., & Spinazzola, J. (2009). Assessment of the sequelae of complex trauma: Evidence-based measures. In C. A. Courtois & J. D. Ford (Eds.), *Treating complex traumatic stress disorders: Scientific foundations and therapeutic models* (pp. 104-123). New York: Guilford Press.

Calhoun, P. S., Hertzberg, J. S., Kirby, A. C., Dennis, M. F., Hair, L. P., Dedert, E. A., et al. (2012). The effect of draft DSM-V criteria on posttraumatic stress disorder prevalence. *Depression and Anxiety, 29*(12), 1032-1042.

Kabat-Zinn, J. (2013). *Full catastrophe living, revised edition*. New York: Bantam Books.

Kimbrough, E., Magyari, T., Langenberg, C., Chesney, M., & Berman, B. (2010). Mindfulness intervention for child abuse survivors. *Journal of Clinical Psychology, 66*(1), 17-33.

Molnar, B. E., Buka, S. L., & Kessler, R. C. (2001). Child sexual abuse and subsequent psychopathology: Results from the National Comorbidity Survey. *American Journal of Public Health, 91*(5), 753-760.

Wilkins, C. (2014). Mindfulness, women and child abuse—Turning toward what's difficult. *Social Work Today, 14*(2), 10.

추천 도서

The following people have contributed ideas to the development of this approach: Char Wilkins, Tara Brach, Jack Kornfield, John Makransky, Sharon Salzberg, Larry Rosenberg, Jon Kabat-Zinn, Margaret Chesney, John Briere, Marsha Linehan, and Bill O'Hanlon. Many thanks to Michele Calder Carras for expert help in editing an early draft of the manuscript and a special acknowledgment to Lisa Kimbrough Pradham for her research dedication to this population.

With deep gratitude to all of the men and women who have entrusted their suffering to our care and whose lives are blossoming—moment by moment.

May they be well. May they be safe. May they be happy and free.

10장

Gendlin, E. T. (1969). Focusing. *Psychotherapy: Theory, Research, and Practice, 6*, 4-15.

Gendlin, E. T. (1996). *Focusing-oriented psychotherapy: A manual of the experiential method*. New York: Guilford Press.

Gendlin, E. T. (1997). *A process model*. Retrieved from www.focusing.org/process. html.

Gendlin, E. T. (2004). The new phenomenology of carrying forward. *Continental Philosophy Review, 37*(1), 127-151.

Gendlin, E. T. (2012). Implicit precision. In Z. Radman (Ed.), *Knowing without thinking: The theory of the background in philosophy of mind* (pp. 141-166). Basingstoke, UK: Palgrave Macmillan.

Gendlin, E. T., Beebe, J., III, Cassens, M. J., Klein, M., & Oberlander, M. (1968). Focusing ability in psychotherapy, personality, and creativity. In J. M. Shlien (Ed.), *Research in psychotherapy* (Vol. 3, pp. 217-241). Washington, DC: American Psychological Association.

Grindler Katonah, D. (2006). The felt sense as avenue of human experiencing for integrative growth. In L. T. Hoshmand (Ed.), *Culture, psychotherapy, and counseling: Critical and integrative perspectives* (pp. 65-91). Thousand Oaks, CA: Sage.

Grindler Katonah, D. (2012). Direct engagement with the cleared space in psychotherapy. *Person-Centered and Experiential Psychotherapies, 9*(2), 157-168.

Grindler Katonah, D. (2012). Research on clearing a space. *Folio: A Journal for Focusing and Experiential Therapy, 23*(1), 138-154.

Hendricks, M. (2001). Focusing-oriented/experiential psychotherapy. In D. Cain & J. Seeman (Eds.), *Humanistic psychotherapy: Handbook of research and practice* (pp. 221-251). Washington, DC: American Psychological Association.

James, W. (1961). *The varieties of religious experience*. New York: Collier Books.

Levine, P. (2010). *In an unspoken voice: How the body releases trauma and restores goodness*. Berkeley, CA: North Atlantic Books.

Ogden, P., Minton, K., & Pain, C. (2006). *Trauma and the body: A sensorimotor approach to psychotherapy*. New York: Norton.

Pargament, K. I. (1997). *The psychology of religion and coping: Theory, research, practice.* New York: Guilford Press.

Pargament, K. I. (2007). *Spiritually integrated psychotherapy: Understanding and addressing the sacred.* New York: Guilford Press.

Rogers, C. (1961). *On becoming a person.* Boston: Houghton Mifflin.

Saunders, S. M., Miller, M. L., & Bright, M. M. (2010, September 6). Spiritually conscious psychological care. *Professional Psychology: Research and Practice, 41*(5), 355-362.

Tolstoy, L. (2010). *A confession.* Whitefish, MT: Kessinger.

van der Kolk, B. (1996). The complexity of adaptation to trauma: Self-regulation, stimulus discrimination, and characterological development. In B. A. van der Kolk, A. C. McFarlane, & L. Weisaeth (Eds.), *Traumatic stress: The effects of overwhelming experience on mind, body, and society* (pp. 182-213). New York: Guilford Press.

van der Kolk, B. (2006). Clinical implications of neuroscience research in PTSD. *Annals of the New York Academy of Sciences, 1071*, 277-293.

11장

Emerson, D. (2015). *Trauma-sensitive yoga in therapy: Bringing the body into treatment.* New York: W. W. Norton.

Emerson, D., & Hopper, E. (2011). *Overcoming trauma through yoga.* Berkeley, CA: North Atlantic Books.

Feuerstein, G. (2001). *The yoga tradition.* Prescott, AZ: Hohm Press.

Khalsa, S. B. (2004). Treatment of chronic insomnia with yoga: A preliminary study with sleep-wake diaries. *Applied Psychophysiology and Biofeedback, 29*, 269-278.

Khalsa, S. B., Shorter, S. M., Cope, S., Wyshak, G., & Sklar, E. (2009). Yoga ameliorates performance anxiety and mood disturbance in young professional musicians. *Applied Psychophysiology and Biofeedback, 34*, 279-289.

Lanius, R., Vermetten, E., & Pain, C. (2010). *The impact of early life trauma on health and disease: The hidden epidemic.* Cambridge, UK: Cambridge University Press.

Ogden, P., & Minton, K. (2000). Sensorimotor psychotherapy: One method for processing traumatic memory. *Traumatology, 6*(3), 149-173.

Pilkington, K., Kirkwood, G., Rampes, H., & Richardson, J. (2005). Yoga for depression:

The research evidence. *Journal of Affective Disorders, 89*, 13-24.

Salmon, P., Lush, E., Jablonski, M., & Sephton, S. E. (2009). Yoga and mindfulness: Clinical aspects of an ancient mind/body practice. *Cognitive and Behavioral Practice, 16*, 59-72.

Sexual Assault Centre, University of Albrta. (2008). *What is a trigger?* Retrieved November 9, 2012, from http://psychcentral.com/lib/2008/what-is-a-trigger.

Streeter, C. C., Jensen, J. E., Perlmutter, R. M., Cabral, H. J., Tian, H., Terhune, D. B., et al. (2007). Yoga asana sessions increase brain GABA levels: A pilot study. *Journal of Alternative and Complimentary Medicine, 13*(4), 419-426.

van der Kolk, B. A. (1994). The body keeps the score: Memory and the emerging psychobiology of post traumatic stress. *Harvard Review of Psychiatry, 1*, 253-265.

van der Kolk, B. A. (2006). Clinical implications of neuroscience research in PTSD. *Annals of the New York Academy of Sciences, 1071*, 277-293.

van der Kolk, B. A., Stone, L., West, J., Rhodes, A., Emerson, D., Suvak, M., et al. (2014). Yoga as an adjunctive treatment for posttraumatic stress disorder: A randomized controlled trial. *Journal of Clinical Psychiatry, 75*(6), 559-565.

12장

Alcaro, A., & Panksepp, J. (2011). The SEEKING mind: Primal neuro-affective substrates for appetitive incentive states and their pathological dynamics in addictions and depression. *Neuroscience and Biobehavioral Reviews, 35*, 1805-1820.

Akil, H., Owens, C., Gutstein, H., Taylor, L., Curran, E., & Watson, S. (1998). Endogenous opioids: Overview and current issues. *Drug and Alcohol Dependence, 51*, 127-140.

Belova, M. A., Patton, J. J., Morrison, S. E., & Salzman, C. D. (2007). Expectation modulates neural responses to pleasant and aversive stimuli in primate amygdala. *Neuron, 55*, 970-984.

Brach, T. (2003). *Radical acceptance: Embracing your life with the heart of a buddha.* New York: Bantam Books.

Chiesa, A., Serretti, A., & Jakobsen, J. C. (2013). Mindfulness: Top-down or bottom-up emotion regulation strategy? *Clinical Psychology Review, 33*, 82-96.

Colasanti, A., Rabiner, E. A., Lingford-Hughes, A., & Nutt, D. J. (2011). Opioids and anxiety. *Journal of Psychopharmacology, 25*, 1415-1433.

Courtois, C. A., & Ford, J. D. (Eds.). (2009). *Treating complex traumatic stress disorders: Scientific foundations and therapeutic models*. New York: Guilford Press.

Craig, A. D. (2002). How do you feel? Interoception: The sense of the physiological condition of the body. *Nature Reviews Neuroscience, 3*, 655-666.

Dalai Lama. (1999). *Ethics for the new millennium*. New York: Riverside Books.

Depue, R. A., & Collins, P. F. (1999). Neurobiology of the structure of personality: Dopamine, facilitation of incentive motivation, and extraversion. *Behavioral and Brain Sciences, 22*, 491-569.

Depue, R. A., & Morrone-Strupinsky, J. V. (2005). A neurobehavioral model of affiliative bonding: Implications for conceptualizing a human trait of affiliation. *Behavioral and Brain Sciences, 28*, 313-395.

Elman, I., Lowen, S., Frederick, B. B., Chi, W., Becerra, L., & Pitman, R. K. (2009). Functional neuroimaging of reward circuitry responsivity to monetary gains and losses in posttraumatic stress disorder. *Biological Psychiatry, 66*, 1083-1090.

Farb, N. A., Anderson, A. K., Mayberg, H., Bean, J., McKeon, D., & Segal, Z. V. (2010). Minding one's emotions: Mindfulness training alters the neural expression of sadness. *Emotion, 10*, 25-33.

Farrin, L., Hull, L., Unwin, C., Wykes, T., & David, A. (2003). Effects of depressed mood on objective and subjective measures of attention. *Journal of Neuropsychiatry and Clinical Neurosciences, 15*, 98-104.

Follette, V. M., & Pistorello, J. (2007). *Finding life beyond trauma: Using acceptance and commitment therapy to heal from post-traumatic stress and trauma-related problems*. Oakland, CA: New Harbinger.

Fransson, P. (2005). Spontaneous low-frequency BOLD signal fluctuations: An fMRI investigation of the resting-state default mode of brain function hypothesis. *Human Brain Mapping, 26*, 15-29.

Gard, T., Hölzel, B. K., Sack, A. T., Hempel, H., Lazar, S. W., Vaitl, D., et al. (2012). Pain attenuation through mindfulness is associated with decreased cognitive control and increased sensory processing in the brain. *Cerebral Cortex, 22*, 2692-2702.

Germer, C. K. (2009). *The mindful path to self-compassion*. New York: Guilford Press.

Gilbert, D. T., & Wilson, T. D. (2000). Miswanting: Some problems in the forecasting of future affective states. In E. Joseph & P. Forgas (Eds.), *Feeling and thinking: The role of affect in social cognition* (pp. 178-197). New York: Cambridge University Press.

Gilbert, P. (Ed.). (2005). *Compassion: Conceptualizations, research and use in psychotherapy*. London: Routledge.

Gilbert, P. (2010). *Compassion-focused therapy*. London: Routledge.

Gilbert, P., McEwan, K., Matos, M., & Rivis, R. (2010). Fears of compassion: Development of three self-report measures. *Psychology and Psychotherapy: Theory, Research and Practice, 84*, 239-255.

Grabovac, A. D., Lau, M. A., & Willets, B. R. (2011). Mechanisms of mindfulness: A Buddhist psychological model. *Mindfulness, 2*, 154-166.

Grant, J. A., Courtemanche, J., & Rainville, P. (2011). A non-elaborative mental stance and decoupling of executive and pain-related cortices predicts low pain sensitivity in Zen meditators. *Pain, 152*, 150-156.

Greicius, M. D., Krasnow, B., Reiss, A. L., & Menon, V. (2003). Functional connectivity in the resting brain: A network analysis of the default mode hypothesis. *Proceedings of the National Academy of Sciences of the USA, 100*, 253-258.

Gusnard, D. A., & Raichle, M. E. (2001). Searching for a baseline: Functional imaging and the resting human brain. *Nature Reviews Neuroscience, 2*, 685-694.

Harris, R. (2009). *ACT made simple: An easy-to-read primer on acceptance and commitment therapy*. Oakland, CA: New Harbinger.

Herman, J. L. (1992). *Trauma and recovery: The aftermath of violence—from domestic abuse to political terror*. New York: Basic Books.

Hölzel, B. K., Ott, U., Gard, T., Hempel, H., Weygandt, M., Morgen, K., et al. (2008). Investigation of mindfulness meditation practitioners with voxel-based morphometry. *Social Cognitive and Affective Neuroscience, 3*, 55-61.

Hopper, J. W., Frewen, P. A., van der Kolk, B. A., & Lanius, R. A. (2007). Neural correlates of reexperiencing, avoidance, and dissociation in PTSD: Symptom dimensions and emotion dysregulation in responses to script-driven trauma imagery. *Journal of Traumatic Stress, 20*, 713-725.

Hopper, J. W., Pitman, R. K., Su, Z., Heyman, G. M., Lasko, N. B., Macklin, M. L., et al. (2008). Probing reward function in posttraumatic stress disorder: Expectancy and satisfaction with monetary gains and losses. *Journal of Psychiatric Research, 42*, 807-802.

Kabat-Zinn, J. (2003). Mindfulness-based interventions in context: Past, present, and future. *Clinical Psychology: Science and Practice, 10*, 144-156.

Kahneman, D., & Snell, J. (1992). Predicting a changing taste: Do people know what they will like? *Journal of Behavioral Decision Making, 5*, 187-200.

Kerr, C. E., Sacchet, M. D., Lazar, S. W., Moore, C. I., & Jones, S. R. (2013). Mindfulness starts with the body: Somatosensory attention and top-down modulation of cortical alpha rhythms in mindfulness meditation. *Frontiers in Human Neuroscience*. Available at http://journal.frontiersin.org/Journal/10.3389/fnhum.2013.00012/full.

Khantzian, E. J. (1999). *Treating addiction as a human process*. Lanham, MD: Aronson.

Khantzian, E. J. (2003). Understanding addictive vulnerability: An evolving psychodynamic perspective. *Neuro-Psychoanalysis, 5*, 5-21.

Klein, D. (1987). Depression and anhedonia. In D. C. Clark & J. Fawcett (Eds.), *Anhedonia and affect deficit states* (pp. 1-14). New York: PMA.

Lanius, R. A., Vermetten, E., Loewenstein, R. J., Brand, B., Schmahl, C., Bremner, J. D., et al. (2010). Emotion modulation in PTSD: Clinical and neurobiological evidence for a dissociative subtype. *American Journal of Psychiatry, 167*, 640-647.

Lazar, S. W., Kerr, C. E., Wasserman, R. H., Gray, J. R., Greve, D. N., Treadway, M. T., et al. (2005). Meditation experience is associated with increased cortical thickness. *Neuroreport, 16*, 1983-1987.

LeDoux, J. E. (2000). Emotion circuits in the brain. *Annual Review of Neuroscience, 23*, 155-184.

LeDoux, J. E. (2012). Evolution of human emotion: A view through fear. *Progress in Brain Research, 195*, 431-442.

Lin, S.-C., & Nicolelis, M. A. (2008). Neuronal ensemble bursting in the basal forebrain encodes salience irrespective of valence. *Neuron, 59*, 138-149.

Love, T. M., Stohler, C. S., & Zubieta, J. K. (2009). Positron emission tomography measures of endogenous opioid neurotransmission and impulsiveness traits in humans. *Archives of General Psychiatry, 66*, 1124-1134.

Machin, A. J., & Dunbar, R. I. M. (2011). The brain opioid theory of social attachment: A review of the evidence. *Behaviour, 148*, 985-1025.

McKiernan, K. A., D'Angelo, B. R., Kaufman, J. N., & Binder, J. R. (2006). Interrupting the "stream of consciousness": An fMRI investigation. *NeuroImage, 29*, 1185-1191.

Najavits, L. M. (2002). *Seeking safety: A treatment manual for PTSD and substance abuse*. New York: Guilford Press.

Naqvi, N. H., & Bechara, A. (2010). The insula and drug addiction: An interoceptive view of pleasure, urges, and decision-making. *Brain Structure and Function, 214*, 435-450.

Naqvi, N. H., Rudrauf, D., Damasio, H., & Bechara, A. (2007). Damage to the insula disrupts addiction to cigarette smoking. *Science, 315,* 531-534.

Nelson, E. E., & Panksepp, J. (1998). Brain substrates of infant-mother attachment: Contributions of opioids, oxytocin, and norepinephrine. *Neuroscience and Biobehavioral Reviews, 22,* 437-452.

Nhat Hanh, T. (2012). *On becoming a monk.* Interview by Oprah Winfrey. Retrieved March 10, 2013, from www.youtube.com/watch?v=w6CI-jnSo80.

Olsen, C. M. (2011). Natural rewards, neuroplasticity, and non-drug addictions. *Neuropharmacology, 61,* 1109-1122.

Panksepp, J. (1998). *Affective neuroscience: The foundations of human and animal emotions.* New York: Oxford University Press.

Panksepp, J., & Biven, L. (2012). *The archeology of mind: Neuroevolutionary origins of human emotions.* New York: Norton.

Purser, R., & Loy, D. (2013, July 1). *Beyond McMindfulness.* Retrieved from www. huffingtonpost.com/ron-purser/beyond-mcmindfulness_b_3519289.html.

Ribeiro, S. C., Kennedy, S. E., Smith, Y. R., Stohler, C. S., & Zubieta, J. K. (2005). Interface of physical and emotional stress regulation through the endogenous opioid system and mu-opioid receptors. *Progress in Neuropsychopharmacology and Biological Psychiatry, 29,* 1264-1280.

Satpute, A. B., Shu, J., Weber, J., Roy, M., & Ochsner, K. N. (2013). The functional neural architecture of self-reports of affective experience. *Biological Psychiatry, 73,* 631-638.

Schreckenberger, M., Klega, A., Gründer, G., Buchholz, H. G., Scheurich, A., Schirrmacher, R., et al. (2008). Opioid receptor PET reveals the psychobiologic correlates of reward processing. *Journal of Nuclear Medicine, 49,* 1257-1261.

Sherrington, C. S. (1906). *The integrative action of the nervous system.* New York: Scribner.

Shin, L. M., & Handwerger, K. (2009). Is posttraumatic stress disorder a stress-induced fear circuitry disorder? *Journal of Traumatic Stress, 22,* 409-415.

Singer, T., Critchley, H. D., & Preuschoff, K. (2009). A common role of the insula in feelings, empathy and uncertainty. Tre*nds in Cognitive Sciences, 13,* 335-340.

Smallwood, J., Fitzgerald, A., Miles, L. K., & Phillips, L. H. (2009). Shifting moods, wandering minds: Negative moods lead the mind to wander. *Emotion, 9,* 271-276.

Smallwood, J., O'Connor, R. C., Sudbery, M., V., & Obonsawin, M. C. (2007). Mind wandering and dysphoria. *Cognition and Emotion, 21,* 816-842.

Treadway, M. T., & Zald, D. H. (2011). Reconsidering anhedonia in depression:

Lessons from translational neuroscience. *Neuroscience and Biobehavioral Reviews, 35,* 537-555.

Wallace, B. A. (1998). *The bridge of quiescence.* Chicago: Open Court.

Wallace, B. A. (2001). *Buddhism with an attitude.* Ithaca, NY: Snow Lion.

Yeshe, L. T. (2001). *Introduction to tantra: The transformation of desire* (rev. ed.). Boston: Wisdom.

13장

American Psychiatric Association. (2013). *Diagnostic and statistical manual of mental disorders* (5th ed.). Arlington, VA: Author.

Baijal, S., Jha, A. P., Kiyonaga, A., Singh, R., & Srinivasan, N. (2011). The influence of concentrative meditation training on the development of attention networks during early adolescence. *Frontiers of Psychology, 2,* 153.

Bakermans-Kranenburg, M. J., & van IJzendoorn, M. H. (2007). Genetic vulnerability or differential susceptibility in child development: The case of attachment. *Journal of Child Psychology and Psychiatry, 48*(12), 1160-1173.

Bakermans-Kranenburg, M. J., van IJzendoorn, M. H., Pijlman, F. T. A., Mesman, J., & Juffer, F. (2008). Experimental evidence for differential susceptibility: Dopamine D4 receptor polymorphism (DRD4 VNTR) moderates intervention effects on toddlers' externalizing behavior in a randomized controlled trial. *Developmental Psychology, 44*(1), 293-300.

Beebee, B., Jaffe, J., Markese, S., Buck, K., Chen, H., Cohen, P., et al. (2010). The origins of 12-month attachment: A microanalysis of 4-month mother-infant interaction. *Attachment and Human Development, 12,* 3-141.

Bishop, S. R., Shapiro, S., Carlson, L., Anderson, N. D., Carmody, J., Segal, Z. V., et al. (2004). Mindfulness: A proposed operational definition. *Clinical Psychology, 11,* 230-241.

Bluhm, R. L., Williamson, P. C., Osuch, E. A., Frewen, P. A., Stevens, T. K., Boksman, K., et al. (2009). Alterations in default network connectivity in posttraumatic stress disorder related to early-life trauma. *Journal of Psychiatry and Neuroscience, 34*(3), 187-194.

Brefczynski-Lewis, J. A., Lutz, A., Schaefer, H. S., Levinson, D. B., & Davidson, R. J. (2007). Neural correlates of attentional expertise in long-term meditation practitioners. *Proceedings of the National Academy of Sciences of the USA, 104,* 11483-11488.

Bremner, J. D., Elzinga, B., Schmahl, C., & Vermetten, E. (2008). Structural and functional plasticity of the human brain in posttraumatic stress disorder. *Progressive Brain Research, 167*(1), 171-186.

Brewer, J. A., Worhunsky, P. D., Gray, J. R., Tang, Y.-Y., Weber, J., & Kober, H. (2011). Meditation experience is associated with differences in default mode network activity and connectivity. *Proceedings of the National Academy of Sciences of the USA, 108*(20), 20254-20259.

Choi, J., Joeng, B., Rohan, M. L., Polcari, A. M., & Teicher, M. H. (2009). Preliminary evidence for white matter tract abnormalities in young adults exposed to parental verbal abuse. *Biological Psychiatry, 65*(3), 227-234.

Cozolino, L. (2011). *The neuroscience of relationships.* New York: Norton.

Davidson, R. J., Kabat-Zinn, J., Schumacher, J., Rosenkranz, M., Muller, D., & Santorelli, S. F. (2003). Alterations in brain and immune function produced by mindfulness meditation, *Psychosomatic Medicine, 65*(4), 564-570.

Davis, D. M., & Hayes, J. A. (2011). What are the benefits of mindfulness?: A practice review of psychotherapy-related research. *Psychotherapy, 48*(2), 198-208.

De Bellis, M. D., Keshevan, M. S., Shifflett, H., Iyengar, S., Beers, S. R., Hall, J., et al. (2002). Brain structures in pediatric maltreatment-related posttraumatic stress disorder: A sociodemographically matched study. *Biological Psychiatry, 52*(11), 1066-1078.

DiNoble, A. (2009). *Examining the relationship between adult attachment style and mindfulness traits.* Unpublished doctoral dissertation, California Graduate Institute of the Chicago School of Professional Psychology, Chicago.

Doidge, N. (2007). *The brain that changes itself* (2nd ed.). Denver, CO: Penguin.

Dutra, L., Ilaria, B., Siegel, D. J., & Lyons-Ruth, K. (2009). The relational context of dissociative phenomena. In P. F. Dell & J. A. O'Neil (Eds.), *Dissociation and the dissociative disorders, DSM-V and beyond* (pp. 83-92). New York: Routledge.

Epel, E. S., Lin, J., Dhabhar, F. S., Wolkowitz, O. M., Puterman, E., Karan, L., et al. (2010). Dynamics of telomerase activity in response to acute psychological stress. *Brain, Behavior, and Immunity, 24*(4), 531-539.

Farb, N. A. S., Segal, Z. V., Mayberg, H., Bean, J., McKeon, D., Fatima, Z., et al. (2007). Attending to the present: Mindfulness meditation reveals distinct neural modes of self-reference. *Social, Cognitive, and Affective Neuroscience, 2*(4), 313-322.

Fulton, P. R. (2005). Mindfulness as clinical training. In C. K. Germer, R. D. Siegel, & P. R. Fulton (Eds.), *Mindfulness and psychotherapy* (pp. 55-72). New York: Guilford Press.

Galea, S., Resnick, H., Ahern, J., Gold, J., Kilpatrick, D., Stuber, J., et al. (2002). Posttraumatic stress disorder in Manhattan, New York City, after the September 11th terrorist attacks. *Journal of Urban Health, 79*(3), 340-353.

Gusnard, D. A., Akbudak, E., Shulman, G. L., & Raichle, M. E. (2001). Medial prefrontal cortex and self-referential mental activity: Relation to a default mode of brain function. *Proceedings of the National Academy of Sciences of the USA, 98*, 4259-4264.

Hesse, E. (2008). The Adult Attachment Interview: Protocol, method of analysis, and empirical studies. In J. Cassidy & P. R. Shaver (Eds.), *Handbook of attachment: Theory, research, and clinical applications* (2nd ed., pp. 552-598). New York: Guilford Press.

Hölzel, B. K., Carmody, J., Vangel, M., Congleton, C., Yerramsetti, S. M., Gard, T., et al. (2011). Mindfulness practice leads to increases in regional brain gray matter density. *Psychiatry Research: Neuroimaging, 191*(1), 36-43.

Ivanovski, B., & Malhi, G. S. (2007). The psychological and neurophysiological concomitants of mindfulness forms of meditation. *Acta Neurokpsychiatrica, 19*(2), 76-91.

Ives-Deliperi, V. L., Solms, M., & Meintjes, E. M. (2011). The neural substrates of mindfulness: An fMRI investigation. *Social Neuroscience, 6*(3), 231-242.

Jha, A. P., Krompinger, J., & Baime, M. J. (2007). Mindfulness training modifies subsystems of attention. *Cognitive, Affective, and Behavioral Neuroscience, 7*(2), 109-119.

Jovanovic, T., & Ressler, K. J. (2010). How the neurocircuitry and genetics of fear inhibition may inform our understanding of PTSD. *American Journal of Psychiatry, 167*(6), 648-662.

Kabat-Zinn, K. (2012). *Mindfulness for beginners: Reclaiming the present moment— and your life.* Boulder, CO: Sounds True.

Killingsworth, M. A., & Gilbert, D. T. (2010). A wandering mind is an unhappy mind. *Science, 330,* 932.

Kilpatrick, L. A., Suyenobu, B. Y., Smith, S. R., Bueller, J. A., Goodman, T., Creswell, J. D., et al. (2011). Impact of mindfulness-based stress reduction training on intrinsic brain connectivity. *NeuroImage, 56*(1), 290-298.

Kohls, N., Sauer, S., Offenbächer, M., & Giordano, J. (2011). Spirituality: An overlooked predictor of placebo effects? *Philosophical Transactions of the Royal Society of Biological Sciences, 366*(1572), 1838-1848.

Kroes, M. C., Rugg, M. D., Whalley, M. G., & Brewin, C. R. (2011). Structural brain abnormalities common to posttraumatic stress disorder and depression. *Journal of Psychiatry and Neuroscience, 36*(4), 256-265.

Kroes, M. C., Whalley, M. G., Rugg, M. D., & Brewin, C. R. (2011). Association between flashbacks and structural brain abnormalities in posttraumatic stress disorder. *Journal of the Association of European Psychiatrists, 26*(8), 525-531.

Krystal, J. H., & Neumeister, A. (2009). Noradrenergic and serotonergic mechanisms in the neurobiology of posttraumatic stress disorder and resilience. *Brain Research, 1293*(1), 13-23.

Lanius, R. A., Bluhm, R. L., & Frewen, P. A. (2011). How understanding the neurobiology of complex post-traumatic stress disorder can inform clinical practice: A social cognitive and affective neuroscience approach. *Acta Psychiatrica Scandinavics, 124*(5), 331-348.

Lazar, S. W., Kerr, C. E., Wasserman, R. H., Gray, J. R., Greve, D. N., & Treadway, M. T. (2005). Meditation experience is associated with increased cortical thickness. *NeuroReport, 16*, 1893-1897.

Lee, M., Zaharlick, A., & Akers, D. (2011). Meditation and treatment of female trauma survivors of interpersonal abuses: Utilizing clients' strengths. *Families in Society, 92*(1), 41-49.

Liberzon, I., Taylor, S. F., Amdur, R., Jung, T. D., Chamberlain, K. R., Minoshima, S., et al. (1999). Brain activation in PTSD in response to trauma-related stimuli. *Biological Psychiatry, 45*(7), 817-826.

Luders, E., Clark, K., Narr, K. L., & Toga, A. W. (2011). Enhanced brain connectivity in long-term meditation practitioners. *NeuroImage, 57*(4), 1308-1316.

Luders, E., Toga, A. W., Lepore, N., & Gaser, C. (2009). The underlying anatomical correlates of long-term meditation: Larger hippocampal and frontal volumes of gray matter. *NeuroImage, 45*, 672-678.

Lutz, A., Slagter, H. A., Dunne, J. D., & Davidson, R. J. (2008). Attention regulation and monitoring in meditation. *Trends in Cognitive Sciences, 12*(4), 163-169.

Lutz, A., Slagter, H. A., Rawlings, N. B., Francis, A. D., Greischar, L. L., & Davidson, R. J. (2009). Mental training enhances attentional stability: Neural and behavioral evidence. *Journal of Neuroscience, 29*, 13418-13427.

Lyons-Ruth, K. (2004). *The relational context of trauma: Fear, dissociation, and the early caregiving environment.* Paper presented at the Conference on Attachment, University of California at Los Angeles.

Main, M., & Hesse, E. D. (1990). Parents' unresolved traumatic experiences are related to infant disorganized attachment status: Is frightened and/or frightening parental behavior the linking mechanism? In M. Greenberg, D. Cicchetti, & M. Cummings (Eds.), *Attachment in the preschool years* (pp. 161-184). Chicago: University of Chicago Press.

Marmar, C. R., McCaslin, S. E., Metzler, T. J., Best, S., Weiss, D. S., Fagan, F., et al. (2006). Predictors of posttraumatic stress in police and other first responders. *Annals of the New York Academy of Sciences, 1071*, 1-18.

Masicampo, E. J., & Baumeister, R. F. (2007). Relating mindfulness and self-regulatory processes. *Psychological Inquiry, 18*, 255-258.

McGowan, P. O., Sasaki, A., D'Alessio, A. C., Dymov, S., Labonté, B., Szyf, M., et al. (2009). Epigenetic regulation of hippocampal glucocorticoid receptor gene expression associates with childhood abuse in human suicide victims. *Nature Neuroscience, 12*(3), 342-348.

Meaney, M. J., Szyf, M., & Seckl, J. R. (2007). Epigenetic mechanisms of perinatal programming of hypothalamic-pituitary-adrenal function and health. *Trends in Molecular Medicine, 13*(7), 269-277.

Moore, A., & Malinowski, P. (2009). Meditation, mindfulness and cognitive flexibility. *Consciousness and Cognition, 18*(1), 176-186.

Neria, Y., DiGrande, L., & Adams, B. G. (2011). Posttraumatic stress disorder following the September 11, 2001, terrorist attacks: A review of the literature among highly exposed populations. *American Psychologist, 66*(6), 429-446.

Northoff, G., Heinzel, A., de Greck, M., Bermopohl, F., Dobrowolny, H., & Panksepp, J. (2006). Self-referential processing in our brain: A meta-analysis of imaging studies on the self. *NeuroImage, 31*, 440-457.

Osuch, E., & Engel, C. C., Jr. (2004). Research on the treatment of trauma spectrum responses: The role of the optimal healing environment and neurobiology. *Journal of Alternative and Complementary Medicine, 10*(Suppl. 1), S211-S221.

Parker, S. C., Nelson, B. W., Epel, E., & Siegel, D. J. (in press). The science of presence: A central mediator in the interpersonal benefits of mindfulness. In K. W. Brown, J. D. Creswell, & R. M. Ryan (Eds.), *Handbook of mindfulness: Theory and research*. New York: Springer.

Price, C. J., McBride, B., Hyerle, L., & Kivlahan, D. R. (2007). Mindful awareness in body-oriented therapy for female veterans with post-traumatic stress disorder taking prescription analgesics for chronic pain: A feasibility study. *Alternative Therapies in Health and Medicine, 13*(6), 32-40.

Ravindran, L. N., & Stein, M. B. (2009). Pharmacotherapy of PTSD: Premises, principles, and priorities. *Brain Research, 1293*(1), 24-39.

Schore, A. N. (2001). Effects of a secure attachment relationship on right brain development, affect regulation, and infant mental health. *Infant Mental Health Journal, 22*, 7-66.

Schore, A. N. (2003). *Affect regulation and the disruption of the self.* New York: Norton.

Schore, A. N. (2012). *The science of the art of psychotherapy.* New York: Norton.

Siegel, D. J. (2007a). *The mindful brain: Reflection and attunement in the cultivation of well-being.* New York: Norton.

Siegel, D. J. (2007b). Mindfulness training and neural integration: Differentiation of distinct streams of awareness and the cultivation of well-being. *Journal of Social, Cognitive, and Affective Neuroscience, 2*(4), 259-263.

Siegel, D. J. (2010a). *Mindsight: The new science of personal transformation.* New York: Bantam.

Siegel, D. J. (2010b). *The mindful therapist: A clinician's guide to mindsight and neural integration.* New York: Norton.

Siegel, D. J. (2012a). *The developing mind: How relationships and the brain interact to shape who we are* (2nd ed.). New York: Guilford Press.

Siegel, D. J. (2012b). *Pocket guide to interpersonal neurobiology: An integrative handbook of the mind.* New York: Norton.

Simeon, D., Greenberg, J., Nelson, D., Schmeidler, J., & Hollander, E. (2005). Dissociation and posttraumatic stress 1 year after the World Trade Center disaster: Follow-up of a longitudinal survey. *Journal of Clinical Psychiatry, 66*(2), 231-237.

Sobolewski, A., Holt, E,. Kublik, E., & Wróbel, A. (2011). Impact of meditation on emotional processing: A visual ERP study. *Neuroscience Research, 71*(1), 44-48.

Sroufe, L. A., Egeland, B., Carlson, E. A., & Collins, W. A. (2005). *The development of the person: The Minnesota Study of Risk and Adaptation from Birth to Adulthood.* New York: Guilford Press.

Sroufe, L. A., & Siegel, D. J. (2011, March-April). The verdict is in: The case for attachment theory. *Psychotherapy Networker.* Available at www. psychotherapynetworker.org/magazine/recentissues/1271-the-verdict-is-in.

Tang, Y.-Y., Lu, Q., Xiujuan, G., Stein, E. A., Yang, Y., & Posner, M. I. (2010). Short-term meditation induces white matter changes in the anterior cingulate. *Proceedings of the National Academy of Sciences of the USA, 107,* 15649-15652.

Taylor, V. A., Grant, J., Daneault, V., Scavone, G., Breton, E., Roffe-Vidal, S., et al. (2011). Impact of mindfulness on the neural responses to emotional pictures in experienced and beginner meditators. *NeuroImage, 57*(5), 1524-1533.

Tronick, E. (2004). Why is connection with others so critical?: Dyadic meaning making, messiness and complexity governed selective processes which cocreate and expand individuals' states of consciousness. In J. Nadel & D. Muir (Eds.), *Emotional development* (pp. 86-111). New York: Norton.

Uddin, L. Q., Kelly, A. M., Biswal, B. B., Castellanos, F. X., & Milham, M. P. (2009). Functional connectivity of default mode network components: Correlation, anticorrelation, and causality. *Human Brain Mapping, 30*, 625-637.

Urry, H. L., van Reekum, C. M., Johnstone, T. Kalin, N. H., Thurow, M. E., Schaefer, H. S., et al. (2006). Amygdala and ventromedial prefrontal cortex are inversely coupled during regulation of negative affect and predict the diurnal pattern of cortisol secretion among older adults. *Journal of Neuroscience, 26*(16), 4415-4425.

van den Hout, M. A., Engelhard, I. M., Beetsma, D., Slofstra, C., Hornsveld, H., Voutveen, J., et al. (2011). EMDR and mindfulness: Eye movements and attentional breathing tax working memory and reduce vividness and emotionality of aversive ideation. *Journal of Behavior Therapy and Experimental Psychiatry, 42*(4), 423-431.

van der Kolk, B. A. (2006). Clinical implications of neuroscience research in PTSD. *Annals of the New York Academy of Sciences, 1071*, 277-293.

Vasile, D., & Vasiliu, O. (2010). *Matching psychotropics to neurobiological mechanisms in the aftermath of a traumatic event: A literature review.* Proceedings of the World Medical Conference.

Vermetten, E., & Bremner, J. D. (2002). Circuits and systems in stress: II. Applications to neurobiology and treatment in posttraumatic stress disorder. *Depression and Anxiety, 16*(1), 14-38.

Vujanovic, A. A., Niles, B., Pietresfesa, A., Schmertz, S. K., & Potter, C. M. (2011). Mindfulness in the treatment of posttraumatic stress disorder among military veterans. *Professional Psychology: Research and Practice, 42*(1), 24-31.

Waelde, L. C., Uddo, M., Marquett, R., Ropelato, M., Freightman, S., Pardo, A., et al. (2009). A pilot study of meditation for mental health workers following Hurricane Katrina. *Journal of Traumatic Stress, 21*(5), 497-500.

Wang, F., Kalmar, J. H., Edmiston, E., Chepenick, L. G., Bhagwagar, Z., Spencer, L., et al. (2008). Abnormal corpus callosum integrity in bipolar disorder: A diffusion tensor imaging study. *Biological Psychiatry, 64*(8), 730-733.

Wilson, E. O. (1998). *Consilience: The unity of knowledge.* New York: Vintage Press.

Yehuda, R. (2003). Clinical relevance of biologic findings in PTSD. *Psychiatric Quarterly, 73*(2), 123-133.

Zylowska, L., Ackerman, D. L., Yang, M. H., Futrell, J. L., Horton, N. L., Hale, T. S., et al. (2008). Mindfulness meditation training in adults and adolescents with ADHD: A feasibility study. *Journal of Attention Disorders, 11*, 737-746.

14장

Arnsten, A. F. T. (2009). Stress signaling pathways that impair prefrontal cortex structure and function. *Nature Reviews Neuroscience, 10*, 410-422.

Bromberg, P. M. (2010). Minding the dissociative gap. *Contemporary Psychoanalysis, 46*(1), 19-31.

Cortina, M., & Liotti, G. (2007). New approaches to understanding unconscious processes: Implicit and explicit memory systems. *International Forum of Psychoanalysis, 16*, 204-212.

Goldstein, J., & Kornfield, J. (1987). *Seeking the heart of wisdom: The path of insight meditation.* Boston: Shambhala.

Janet, P. (1898). *Neuroses et idées fixe.* Paris: Felix Alcan.

Janet, P. (1925). *Principles of psychotherapy.* London: George Allen.

Kurtz, R. (1990). *Body-centered psychotherapy: The Hakomi method.* Mendocino, CA: LifeRhythm.

Kurtz, R. (2004). *Level 1 handbook for the refined Hakomi method.* Retrieved January 42, 2012, from http://hakomi.com.

Linehan, M. M. (1993). *Skills training manual for treating borderline personality disorder.* New York: Guilford Press.

Lyons-Ruth, K. (1998). Implicit relational knowing: Its role in development and psychoanalytic treatment. *Infant Mental Health Journal, 19*, 282-289.

Ogden, P. (2007, October). *Beyond words: A clinical map for using mindfulness of the body and the organization of experience in trauma treatment.* Paper presented at Mindfulness and Psychotherapy Conference, Los Angeles, CA.

Ogden, P. (2009). Emotion, mindfulness and movement: Expanding the regulatory boundaries of the window of tolerance. In D. Fosha, D. Siegel, & M. Solomon (Eds.), *The healing power of emotion: Perspectives from affective neuroscience and clinical practice* (pp. 204-231). New York: Norton.

Ogden, P., & Minton, K. (2000). Sensorimotor psychotherapy: One method for processing traumatic memory. *Traumatology, 6*, 1-20.

Ogden, P., Minton, K., & Pain, C. (2006). *Trauma and the body: A sensorimotor approach to psychotherapy*. New York: Norton.

Porges, S. W. (2004). Neuroception: A subconscious system for detecting threats and safety. *Zero to Three*. Retrieved August 8, 2005, from http://bbc.psych.uic.edu/pdf/Neuroception.pdf.

Porges, S. W. (2011). *The polyvagal theory: Neurophysiological foundations of emotions, attachment, communication, and self-regulation*. New York: Norton.

Schore, A. (2003). *Affect regulation and the repair of the self*. New York: Norton.

Schore, A. N. (2009). Right-brain affect regulation: An essential mechanism of development, trauma, dissociation, and psychotherapy. In D. Fosha, D. Siegel, & M. Solomon (Eds.), *The healing power of emotion: Affective neuroscience, development and clinical practice* (pp. 112-144). New York: Norton.

Schwabe, L., Joels, M., Roozendaal, B., Wolf, O. T., & Oitzl, M. S. (2012). Stress effects on memory: An update and integration. *Neuroscience and Biobehavioral Reviews, 36*, 1740-1749.

Segal, Z., Teasdale, J., & Williams, M. (2002). *Mindfulness-based cognitive therapy for depression*. New York: Guilford Press.

Siegel, D. (1999). *The developing mind*. New York: Guilford Press.

Siegel, D. (2007). *The mindful brain: Reflection and attunement in the cultivation of well-being*. New York: Norton.

Siegel, D. (2010). *The mindful therapist: A clinician's guide to mindsight and neural integration*. New York: Norton.

Williams, M., Teasdale, J., Segal, Z., & Kabat-Zinn, J. (2007). *The mindful way through depression: Freeing yourself from chronic unhappiness*. New York: Guilford Press.

추천 도서

I wish to thank Dr. Kekuni Minton for his contribution to this chapter.

15장

American Psychiatric Association. (2013). *Diagnostic and statistical manual of mental disorders* (5th ed.). Arlington, VA: Author.

Anda, R. F., Felitti, V. J., Bremner, J. D., Walker, J. D., Whitfield, C., Perry, B. D., et al. (2006). The enduring effects of abuse and related adverse experiences in childhood: A convergence of evidence from neurobiology and epidemiology. *European Archives of Psychiatry and Clinical Neuroscience, 256*(3), 174-186.

Baer, R. A., Carmody, J., & Hunsinger, M. (2012). Weekly change in mindfulness and perceived stress in a mindfulness-based stress reduction program. *Journal of Clinical Psychology, 68*(7), 755-765.

Belleville, G., Guay, S., & Marchand, A. (2011). Persistence of sleep disturbances following cognitive-behavior therapy for posttraumatic stress disorder. *Journal of Psychosomatic Research, 70*(4), 318-327.

Bermudez, D., Benjamin, M. T., Porter, S. E., Saunders, P., Myers, N. A. L., & Dutton, M. A. (2013). A qualitative analysis of beginning mindfulness experiences for women with post-traumatic stress disorder and a history of intimate partner violence. *Complementary Therapies in Clinical Practice, 19*(2). Retrieved from http://dx.doi.org/10.1016/j.ctcp.2013.02.004.

Biegel, G. M., Brown, K. W., Shapiro, S. L., & Schubert, C. M. (2009). Mindfulness-based stress reduction for the treatment of adolescent psychiatric outpatients: A randomized clinical trial. *Journal of Consulting and Clinical Psychology, 77*(5), 855-866.

Bishop, S. R., Lau, M., Shapiro, S., Carlson, L., Anderson, N. D., Carmody, J., et al., (2004). Mindfulness: A proposed operational definition. *Clinical Psychology: Science and Practice, 11*(3), 230-241.

Black, M. C., Basile, K. C., Breiding, M. J., Smith, S. G., Walters, M. L., Merrick, M. T., et al. (2011). *The National Intimate Partner and Sexual Violence Survey* (NISVS): 2010 summary report. Atlanta, GA: Centers for Disease Control and Prevention, National Center for Injury Prevention and Control.

Brand, S., Holsboer-Trachsler, E., Naranjo, J. R., & Schmidt, S. (2012). Influence of mindfulness practice on cortisol and sleep in long-term and short-term meditators. *Neuropsychobiology, 65*(3), 109-118.

Brown, K. W., & Ryan, R. M. (2003). The benefits of being present: Mindfulness and its role in psychological well-being. *Journal of Personality and Social Psychology, 84*(4), 822-848.

Carlson, L. E., & Garland, S. N. (2005). Impact of mindfulness-based stress reduction (MBSR) on sleep, mood, stress and fatigue symptoms in cancer outpatients. *International Journal of Behavioral Medicine, 12*(4), 278-285.

Carlson, L. E., Speca, M., Faris, P., & Patel, K. D. (2007). One year pre-post intervention follow-up of psychological, immune, endocrine and blood pressure outcomes of mindfulness-based stress reduction (MBSR) in breast and prostate cancer

outpatients. *Brain, Behavior, and Immunity, 21*(8), 1038-1049.

Carmody, J., & Baer, R. A. (2008). Relationship between mindfulness practice and levels of mindfulness, medical and psychological symptoms and well-being in a mindfulness-based stress reduction program. *Journal of Behavioral Medicine, 31*(1), 23-33.

Chopko, B. A., & Schwartz, R. C. (2013). The relation between mindfulness and posttraumatic stress symptoms among police officers. *Journal of Loss and Trauma, 18*(1), 1-9.

Courtois, C. A., & Ford, J. D. (2013). *Treatment of complex trauma: A sequenced, relationship-based approach.* New York: Guilford Press.

Dakwar, E., & Levin, F. R. (2009). The emerging role of meditation in addressing psychiatric illness, with a focus on substance use disorders. *Harvard Review of Psychiatry, 17*(4), 254-267.

Dutton, M. A,. Bermudez, D., Mátas, A., Majid, H., & Myers, N. (2013). Mindfulness-based stress reduction for PTSD with low-income women with a history of intimate partner violence. *Cognitive and Behavioral Practice, 20,* 23-32.

Dutton, M. A,. Bermudez, D., Mátas, A., & Meyers, N. L. (2011, October). *MBSR for PTSD among low-income women with chronic trauma.* Paper presented at the International Scientific Conference for Clinicians, Researchers and Educators: Investigating and Integrating Mindfulness in Medicine, Health Care, and Society, Norwood, MA.

Dutton, M. A., Green, B. L., Kaltman, S. I., Roesch, D. M., Zeffiro, T. A., & Krause, E. D. (2006). Intimate partner violence, PTSD, and adverse health outcomes. *Journal of Interpersonal Violence, 21*(7), 955-968.

Foa, E. B., & Rauch, S. A. M. (2004). Cognitive changes during prolonged exposure versus prolonged exposure plus cognitive restructuring in female assault survivors with posttraumatic stress disorder. *Journal of Consulting and Clinical Psychology, 72*(5), 879-884.

Gary, F. A. (2005). Stigma: Barrier to mental health care among ethnic minorities. *Issues in Mental Health Nursing, 26*(10), 979-999.

Goldin, P., Ziv, M., Jazaieri, H., Hahn, K., & Gross, J. J. (2013). MBSR vs. aerobic exercise in social anxiety: fMRI of emotion regulation of negative self-beliefs. *Social Cognitive and Affective Neuroscience, 8*(1), 65-72.

Goldin, P. R., & Gross, J. J. (2010). Effects of mindfulness-based stress reduction (MBSR) on emotion regulation in social anxiety disorder. *Emotion, 10*(1), 83-91.

Goodman, L., Bennett, L., & Dutton, M. A. (1999). Obstacles to victims' cooperation with the criminal prosecution of their abusers: The role of social support. *Violence and Victims, 14*(4), 427-444.

Gregg, J. A., Callaghan, G. M., Hayes, S. C., & Glenn-Lawson, J. L. (2007). Improving diabetes self-management through acceptance, mindfulness, and values: A randomized controlled trial. *Journal of Consulting and Clinical Psychology, 75*(2), 336-343.

Grossman, P., Tiefenthaler-Gilmer, U., Raysz, A., & Kesper, U. (2007). Mindfulness training as an intervention for fibromyalgia: Evidence of postintervention and 3-year follow-up benefits in well-being. *Psychotherapy and Psychosomatics, 76*(4), 226-233.

Hughes, C. F., Uhlmann, C., & Pennebaker, J. W. (1994). The body's response to processing emotional trauma: Linking verbal text with autonomic activity. *Journal of Personality, 62*(4), 565-585.

Kabat-Zinn, J. (1990). *Full catastrophe living: Using the wisdom of your body and mind to face stress, pain, and illness.* New York: Delacorte Press.

Kabat-Zinn, J. (2003). Mindfulness-based interventions in context: Past, present, and future. *Clinical Psychology: Science and Practice, 10*(2), 144-156.

Kearney, D. J., McDermott, K., Malte, C., Martinez, M., & Simpson, T. L. (2012a). Association of participation in a mindfulness program with measures of PTSD, depression and quality of life in a veteran sample. *Journal of Clinical Psychology, 68*(1), 101-116.

Kearney, D. J., McDermott, K., Malte, C., Martinez, M., & Simpson, T. L. (2012b). Effects of participation in a mindfulness program for veterans with posttraumatic stress disorder: A randomized controlled pilot study. *Journal of Clinical Psychology, 69*(1), 14-27.

Kimbrough, E., Magyari, T., Langenberg, P., Chesney, M., & Berman, B. (2010). Mindfulness intervention for child abuse survivors. *Journal of Clinical Psychology, 66*(1), 17-33.

Kocot, T., & Goodman, L. (2003). The roles of coping and social support in battered women's mental health. *Violence against Women, 9*, 323-346.

Lang, A. J., Schnurr, P. P., Jain, S., Raman, R., Walser, R., Bolton, E., et al. (2012). Evaluating transdiagnostic treatment for distress and impairment in veterans: A multi-site randomized controlled trial of acceptance and commitment therapy. *Contemporary Clinical Trials, 33*(1), 116-123.

Lengacher, C. A., Johnson-Mallard, V., Post-White, J., Moscoso, M. S., Jacobsen, P. B.,

Klein, T. W., et al. (2009). Randomized controlled trial of mindfulness-based stress reduction (MBSR) for survivors of breast cancer. *Psychooncology, 18*(12), 1261-1272.

Ludwig, D. S., & Kabat-Zinn, J. (2008). Mindfulness in medicine. *Journal of the American Medical Association, 300*(11), 1350-1352.

Mellman, T. A., & Hipolito, M. M. (2006). Sleep disturbances in the aftermath of trauma and posttraumatic stress disorder. *CNS Spectrums, 11*(8), 611-615.

Orsillo, S. M., & Batten, S. V. (2005). Acceptance and commitment therapy in the treatment of posttraumatic stress disorder. *Behavior Modification, 29*(1), 95-129.

Owens, G. P., Walter, K. H., Chard, K. M., & Davis, P. A. (2012). Changes in mindfulness skills and treatment response among veterans in residential PTSD treatment. *Psychological Trauma: Theory, Research, Practice, and Policy, 4*(2), 221-228.

Pennebaker, J. W., & Susman, J. R. (1988). Disclosure of traumas and psychosomatic processes. *Social Science and Medicine, 26*(3), 327-332.

Reibel, D. K., Greeson, J. M., Brainard, G. C., & Rosenzweig, S. (2001). Mindfulness-based stress reduction and health-related quality of life in a heterogeneous patient population. *General Hospital Psychiatry, 23*(4), 183-192.

Resick, P. A., Galovski, T. E., O'Brien Uhlmansiek, M., Scher, C. D., Clum, G. A., & Young-Xu, Y. (2008). A randomized clinical trial to dismantle components of cognitive processing therapy for posttraumatic stress disorder in female victims of interpersonal violence. *Journal of Consulting and Clinical Psychology, 76*(2), 243-258.

Resick, P. A., Nishith, P., Weaver, T. L., Astin, M. C., & Feuer, C. A. (2002). A comparison of cognitive-processing therapy with prolonged exposure and a waiting condition for the treatment of chronic posttraumatic stress disorder in female rape victims. *Journal of Consulting and Clinical Psychology, 70*(4), 867-879.

Resick, P. A., & Schnicke, M. K. (1992). Cognitive processing therapy for sexual assault victims. *Journal of Consulting and Clinical Psychology, 60*(5), 748-756.

Salzberg, S. (1995). *Lovingkindness: The revolutionary art of happiness*. Boston: Shambhala.

Salzberg, S. (2011). *Real happiness: The power of meditation: A 28-day program*. New York: Workman.

Schnurr, P. P., & Green, B. L. (2004). *Trauma and health: Physical health consequences of exposure to extreme stress*. Washington, DC: American Psychological Association.

Schottenbauer, M. A., Glass, C. R., Arnkoff, D. B., Tendick, V., & Gray, S. H. (2008). Nonresponse and dropout rates in outcome studies on PTSD: Review and methodological considerations. *Psychiatry, 71*(2), 134-168.

Segal, Z. V., Teasdale, J. D., & Williams, J. M. G. (2004). Mindfulness-based cognitive therapy: Theoretical rationale and empirical status. In S. C. Hayes, V. M. Follette, & M. M. Linehan (Eds.), *Mindfulness and acceptance: Expanding the cognitive-behavioral tradition* (pp. 45-65). New York: Guilford Press.

Shapiro, S. L., Brown, K. W., Thoresen, C., & Plante, T. G. (2011). The moderation of mindfulness-based stress reduction effects by trait mindfulness: Results from a randomized controlled trial. *Journal of Clinical Psychology, 67*(3), 267-277.

Shapiro, S. L., Carlson, L. E., Astin, J. A., & Freedman, B. (2006). Mechanisms of mindfulness. *Journal of Clinical Psychology, 62*(3), 373-386.

Smith, B. W., Ortiz, J. A., Steffen, L. E., Tooley, E. M., Wiggins, K. T., Yeater, E. A., et al. (2011). Mindfulness is associated with fewer PTSD symptoms, depressive symptoms, physical symptoms, and alcohol problems in urban fire-fighters. *Journal of Consulting and Clinical Psychology, 79*(5), 613-617.

Toneatto, T., & Nguyen, L. (2007). Does mindfulness meditation improve anxiety and mood symptoms?: A review of the controlled research. *Canadian Journal of Psychiatry, 52*(4), 260-266.

Tyler Boden, M., Bernstein, A., Walser, R. D., Bui, L., Alvarez, J., & Bonn-Miller, M. O. (2012). Changes in facets of mindfulness and posttraumatic stress disorder treatment outcome. *Psychiatry Research, 200*(2-3), 609-613.

U.S. Department of Health and Human Services. (2001). *Mental health, culture, race, and ethnicity—A supplement to mental health: A report of the Surgeon General.* Washington, DC: U.S. Department of Health and Human Services, Substance Abuse and Mental Health Services Administration, Center for Mental Health Services.

Walters, K. L., & Simoni, J. M. (2002). Reconceptualizing Native women's health: An "indigenist" stress-coping model. *American Journal of Public Health, 92*(4), 520-524.

Woods-Giscombe, C. L., & Black, A. R. (2010). Mind-body interventions to reduce risk for health disparities related to stress and strength among African American women: The potential of mindfulness-based stress reduction, loving-kindness, and the NTU therapeutic framework. *Complementary Health Practice Review, 15*(3), 115-131.

Zayfert, C., Dums, A. R., Ferguson, R. J., & Hegel, M. T. (2002). Health functioning impairments associated with posttraumatic stress disorder, anxiety disorders, and depression. *Journal of Nervous And Mental Disease, 190*(4), 233-240.

16장

Ablin, J. N., Cohen, H., Clauw, D. J., Shalev, R., Ablin, E., Neumann, L., et al. (2010). A tale of two cities: The effect of low intensity conflict on prevalence and characteristics of musculoskeletal pain and somatic symptoms associated with chronic stress. *Clinical and Experimental Rheumatology, 28*(6, Suppl. 63), S15-S21.

Amital, D., Fostick, L., Polliack, M. L., Segev, S., Zohar, J., Rubinow, A., et al. (2006). Posttraumatic stress disorder, tenderness, and fibromyalgia syndrome: Are they different entities? *Journal of Psychosomatic Research, 61*(5), 663-669.

Baer, R. (2003). Mindfulness training as a clinical intervention: A conceptual and empirical review. *Clinical Psychology: Science and Practice, 10*(2), 125-142.

Beecher, H. K. (1946). Pain in men wounded in battle. *Annals of Surgery, 123*(1), 96-105.

Brewer, J. A., Sinha, R., Chen, J. A., Michalsen, R. N., Babuscio, T. A., Nich, C., et al. (2009). Mindfulness training and stress reactivity in substance abuse: Results from a randomized, controlled stage I pilot study. *Substance Abuse, 30*(4), 306-317.

Brown, C. A., & Jones, A. K. (2010). Meditation experience predicts less negative appraisal of pain: Electrophysiological evidence for the involvement of anticipatory neural responses. *Pain, 150*(3), 428-438.

Burgmer, M., Petzke, F., Giesecke, T., Gaubitz, M., Heuft, G., & Pfleiderer, B. (2011). Cerebral activation and catastrophizing during pain anticipation in patients with fibromyalgia. *Psychosomatic Medicine, 73*(9), 751-759.

Burns, J. W., Quartanan, P. J., Gilliam, W., Matsuura, J., Nappi, C., & Wolfe, B. (2012). Suppression of anger and subsequent pain intensity and behavior among chronic low back pain patients: The role of symptom-specific physiological reactivity. *Journal of Behavioral Medicine, 35*(1), 103-114.

Burris, J. L., Cyders, M. A., de Leeuw, R., Smith, G. T., & Carlson, C. R. (2009). Posttraumatic stress disorder symptoms and chronic orofacial pain: An empirical examination of the mutual maintenance model. *Journal of Orofacial Pain, 23*(3), 243-252.

Cho, S., Heiby, E. M., McCracken, L. M., Lee, S. M., & Moon, D. E. (2010). Pain-related anxiety as a mediator of the effects of mindfulness on physical and psychosocial functioning in chronic pain patents in Korea. *Journal of Pain,* *11*(8), 789-797.

Chou, R., Qaseem, A., Snow, V., Casey, D., Cross, J. T., Shekelle, P., et al. (2007). Diagnosis and treatment of low back pain: A joint clinical practice guideline from the American College of Physicians and the American Pain Society. *Annals of Internal Medicine, 147*(7), 478-491.

Cloitre, M., Cohen, L. R., & Koenen, K. C. (2006). *Treating survivors of childhood abuse: Psychotherapy for the interrupted life.* New York: Guilford Press.

Craig, A. D. (2009). How do you feel—now?: The anterior insula and human awareness. *Nature Reviews Neuroscience, 10*(1), 59-70.

Freud, S. (1959). Inhibitions, symptoms and anxiety. In J. Strachey (Ed. & Trnas.), *The standard edition of the complete psychological works of Sigmund Freud* (Vol. 20, pp. 87-157). London: Hogarth Press. (Original work published 1926)

Gard, T., Holzel, B. K., Sack, A. T., Hempel, H., Lazar, S. W., Vaitl, D., et al. (2011). Pain attenuation through mindfulness is associated with decreased cognitive control and increased sensory processing in the brain. *Cerebral Cortex, 22*, 2692-2702. Available at http://cercor.oxfordjournals.org/content/early/2011/12/14/cercor. bhr352.abstract.

Germer, C. K. (2009). *The mindful path to self-compassion: Freeing yourself from destructive thoughts and emotions.* New York: Guilford Press.

Germer, C. K. (2013). Mindfulness: What is it? What does it matter? In C. K. Germer, R. D. Siegel, & P. R. Fulton (Eds.), *Mindfulness and psychotherapy* (2nd ed., pp. 3-35). New York: Guilford Press.

Goldin, P. R., & Gross, J. J. (2010). Effects of mindfulness-based stress reduction (MBSR) on emotion regulation in social anxiety disorder. *Emotion, 10*(1), 83-91.

Grant, J. A., Courtemanche, J., & Rainville, P. (2011). A non-elaborative mental stance and decoupling of executive and pain-related cortices predicts low pain sensitivity in Zen meditators. *Pain, 152*(1), 150-156.

Grant, J. A., & Rainville, P. (2009). Pain sensitivity and analgesic effects of mindful states in Zen meditators: A cross-sectional study. *Psychosomatic Medicine,* *71*(1), 106-114.

Grossman, P., Niemann, L., Schmidt, S., & Walach, H. (2004). Mindfulness-based stress reduction and health benefits: A meta-analysis. *Journal of Psychosomatic Research, 57*(1), 35-43.

Herman, J. (1997). *Trauma and recovery: The aftermath of violence—from domestic abuse to political terror.* New York: Basic Books.

Kabat-Zinn, J. (1982). An outpatient program in behavioral medicine for chronic pain patients based on the practice of mindfulness meditation: Theoretical considerations and preliminary results. *General Hospital Psychiatry, 4,* 33-47.

Kendall-Tackett, K. A., Marshall, R., & Ness, K. E. (2003). Chronic pain syndromes and violence against women. *Women and Therapy, 26,* 45-56.

Kopec, J. A., & Sayre, E. C. (2004). Work-related psychosocial factors and chronic pain: A prospective cohort study in Canadian workers. *Journal of Occupational and Environmental Medicine, 46*(12), 1263-1271.

Levine, P. A. (2008). *Healing trauma: A pioneering program for restoring the wisdom of your body.* Louisville, CO: Sounds True.

Lutz, A., Slagter, H. A., Dunne, J. D., & Davidson, R. J. (2008). Attention regulation and monitoring in meditation. *Trends in Cognitive Sciences, 12*(4), 163-169.

McEwen, B. S. (2000). Allostasis and allostatic load: Implications for neuropsychopharmacology. *Neuropsychopharmacology, 22*(2), 108-124.

Melzack, R., & Wall, P. D. (1965). Pain mechanisms: A new theory. *Science, 150*(699), 971-979.

Naring, G. W., van Lankveld, W., & Geenen, R. (2007). Somatoform dissociation and traumatic experiences in patients with rheumatoid arthritis and fibromyalgia. *Clinical and Experimental Rheumatology, 25*(6), 872-877.

Pennebaker, J. W., Keicolt-Glaser, J. K., & Glaser, R. (1988). Disclosure of traumas and immune function: Health implications for psychotherapy. *Journal of Consulting and Clinical Psychology, 56*(2), 239-245.

Perlman, D. M., Salomons, T. V., Davidson, R. J., & Lutz, A. (2010). Differential effects on pain intensity and unpleasantness of two meditation practices. *Emotion, 10*(1), 65-71.

Peterlin, B. L., Tietjen, G. E., Brandes, J. L., Rubin, S. M., Drexler, E., Lidicker, J. R., et al. (2009). Posttraumatic stress disorder in migraine. *Headache, 49*(4), 541-551.

Pole, N., Neylan, T. C., Otte, C., Metzler, T. J., Best, S. R., Henn-Haase, C., et al. (2007). Associations between childhood trauma and emotion-modulated psychophysiological responses to startling sounds: A study of police cadets. *Journal of Abnormal Psychology, 116*(2), 352-361.

Pollak, S. M., Pedulla, T., & Siegel, R. D. (2014). *Sitting together: Essential skills for mindfulness-based psychotherapy.* New York: Guilford Press.

Rainville, J., Sobel, J., Hartigan, C., Monlux, G., & Bean, J. (1997). Decreasing disability in chronic back pain through aggressive spine rehabilitation. *Journal of*

Rehabilitation Research and Development, 34(4), 383-393.

Roelofs, K., & Spinhoven, P. (2007). Trauma and medically unexplained symptoms: Towards an integration of cognitive and neuro-biological accounts. *Clinical Psychology Review, 27*(7), 798-820.

Sapolsky, R. M. (2004). *Why zebras don't get ulcers* (3rd ed.). New York: Holt.

Scaer, R. C. (2007). *The body bears the burden: Trauma, dissociation, and disease* (2nd ed.). New York: Routledge.

Schofferman, J., Anderson, D., Hines, R., Smith, G., & Keane, G. (1993). Child-hood psychological trauma and chronic refractory low-back pain. *Clinical Journal of Pain, 9*(4), 260-265.

Schutze, R., Rees, C., Preece, M., & Schutze, M. (2010). Low mindfulness predicts pain catastrophizing in a fear-avoidance model of chronic pain. *Pain, 148*(1), 120-127.

Schwartz, G. E. (1990). Psychobiology of repression and health: A systems approach. In J. L. Singer (Ed.), *Repression and dissociation: Defense mechanisms and personality styles: Current theory and research* (pp. 405-434). Chicago: University of Chicago Press.

Siegel, R. D. (2010). *The mindfulness solution: Everyday practices for everyday problems.* New York: Guilford Press.

Siegel, R. D. (2013). Psychophysiological disorders: Embracing pain. In C. K. Germer, R. D. Siegel, & P. R. Fulton (Eds.), *Mindfulness and psychotherapy* (2nd ed., pp. 184-207). New York: Guilford Press.

Siegel, R. D., Urdang, M. H., & Johnson, D. R. (2001). *Back sense: A revolutionary approach to halting the cycle of back pain.* New York: Broadway Books.

Thanissaro, B. (Trans.). (2012). *Sallatha Sutta [The Arrow].* Retrieved January 18, 2012, from www.accesstoinsight.org/canon/sutta/samyutta/sn36-006.html#shot.

Thompson, M., & McCracken, L. M. (2011). Acceptance and related processes in adjustment to chronic pain. *Current Pain and Headache Reports, 15*(2), 144-151.

Tietjen, G. E., Brandes, J. L., Peterlin, B. L., Eloff, A., Dafer, R. M., Stein, M. R., et al. (2010a). Childhood maltreatment and migraine: Part I. Prevalence and adult revictimization: A multicenter headache clinic survey. *Headache, 50*(1), 20-31.

Tietjen, G. E., Brands, J. L., Peterlin, B. L., Eloff, A., Dafer, R. M., Stein, M. R., et al. (2010b). Childhood maltreatment and migraine: Part II. Emotional abuse as a risk factor for headache chronification. *Headache, 50*(1), 32-41.

Tietjen, G. E., Brands, J. L., Peterlin, B. L., Eloff, A., Dafer, R. M., Stein, M. R., et al. (2010c).

Childhood maltreatment and migraine: Part III. Association with comorbid pain conditions. *Headache, 50*(1), 42-51.

Tucker, P., Pfefferbaum, B., North, C. S., Kent, A., Jeon-Slaughter, H., & Parker, D. E. (2010). Biological correlates of direct exposure to terrorism several years postdisaster. *Annals of Clinical Psychiatry, 22*(3), 186-195.

Veehof, M. M., Oskam, M. J., Schreurs, K. M., & Bohlmeijer, E. T. (2011). Acceptance-based interventions for the treatment of chronic pain: A systematic review and meta-analysis. *Pain, 152*(3), 533-542.

Winnicott, D. (1960). The theory of the parent-child relationship. International *Journal of Psychoanalysis, 41,* 585-595.

17장

Baer, R. A. (2003). Mindfulness training as a clinical intervention: A conceptual and empirical review. *Clinical Psychology: Science and Practice, 10*(2), 125-143.

Baldwin, C. M., Long, K., Kroesen, K., Brooks, A. J., & Bell, I. R. (2002). A profile of military veterans in the southwestern United States who use complementary and alternative medicine: Implications for integrated care. *Archives of Internal Medicine, 162*(15), 1697-1704.

Bennett, H., & Wells, A. (2010). Metacognition, memory disorganization and rumination in posttraumatic stress symptoms. *Journal of Anxiety Disorders, 24*(3), 318-325.

Biegel, G. M., Brown, K. W., Shapiro, S. L., & Schubert, C. M. (2009). Mindfulness-based stress reduction for the treatment of adolescent psychiatric outpatients: A randomized clinical trial. *Journal of Consulting and Clinical Psychology, 77*(5), 855-866.

Boscarino, J. A. (2004). Posttraumatic stress disorder and physical illness: Results from clinical and epidemiologic studies. In R. Yehuda & B. McEwen (Eds.), *Annals of the New York Academy of Sciences: Vol. 1032. Biobehavioral stress response: Protective and damaging effects* (pp. 141-153). New York: New York Academy of Sciences.

Bowen, S., Witkiewitz, K., Dillworth, T. M., & Marlatt, G. A. (2007). The role of thought suppression in the relationship between mindfulness meditation and alcohol use. *Addictive Behaviors, 32*(10), 2324-2328.

Davidson, J. R. T. (2001). Recognition and treatment of posttraumatic stress disorder. *Journal of the American Medical Association, 286*(5), 584-588.

Epstein, M. (2013). *The trauma of everyday life: A guide to inner peace.* New York: Penguin.

Gard, T., Brach, N., Holzel, B. K., Noggle, J. J., Conboy, L. A., & Lazar, S. W. (2012). Effects of a yoga-based intervention for young adults on quality of life and perceived stress: The potential mediating roles of mindfulness and self-compassion. *Journal of Positive Psychology, 7*(3), 165-175.

Gethin, R. (2011). On some definitions of mindfulness. *Contemporary Buddhism, 12*(1), 263-279.

Grabovac, A., Lau, M., & Willett, B. (2011). Mechanisms of mindfulness: A Buddhist psychological model. *Mindfulness, 2*(3), 154-166.

Hoge, C. W., Terhakopian, A., Castro, C. A., Messer, S. C., & Engel, C. C. (2007). Association of posttraumatic stress disorder with somatic symptoms, health care visits, and absenteeism among Iraq war veterans. *American Journal of Psychiatry, 164*(1), 150-153.

Kabat-Zinn, J. (1982). An outpatient program in behavioral medicine for chronic pain patients based on the practice of mindfulness meditation: Theoretical considerations and preliminary results. *General Hospital Psychiatry, 4*(1), 33-47.

Kabat-Zinn, J. (1990). *Full catastrophe living: Using the wisdom of your body and mind to face stress, pain and illness.* New York: Bantam Doubleday Dell.

Kabat-Zinn, J. (2002). Commentary on Majumdar et al.: Mindfulness meditation and health. *Journal of Alternative and Complementary Medicine, 8*(6), 731-735.

Kang, H. K., Mahan, C. M., Lee, K. Y., Magee, C. A., & Murphy, F. M. (2000). Illnesses among United States veterans of the Gulf War: A population-based survey of 30,000 veterans. *Journal of Occupational and Environmental Medicine, 42*(5), 491-501.

Kearney, D. J., Malte, C. A., McManus, C., Martinez, M., Felleman, B., & Simpson, T. L. (2013). Loving-kindness meditation for posttraumatic stress disorder: A pilot study. *Journal of Traumatic Stress, 26*(4), 426-434.

Kearney, D. J., McDermott, K., Malte, C., Martinez, M., & Simpson, T. L. (2012a). Effects of participation n a mindfulness program for veterans with posttraumatic stress disorder (PTSD): A randomized controlled pilot study. *Journal of Clinical Psychology, 69*(1), 14-27.

Kearney, D. J., McDermott, K., Malte, C. A., Martinez, M., & Simpson, T. L. (2012b). Association of participation in a mindfulness program with measures of PTSD, depression and quality of life in a veteran sample. *Journal of Clinical*

Psychology, 68(1), 101-116.

Kessler, R. C. (2000). Posttraumatic stress disorder: The burden to the individual and to society. *Journal of Clinical Psychiatry, 61*(Suppl. 15), 4-12.

Kessler, R. C., Borges, G., & Walters, E. E. (1999). Prevalence of and risk factors for lifetime suicide attempts in the National Comorbidity Survey. *Archives of General Psychiatry, 56*(7), 617-626.

Kessler, R. C., Sonnega, A., Bromet, E., Hughes, M., & Nelson, C. B. (1995). Posttraumatic stress disorder in the National Comorbidity Survey. *Archives of General Psychiatry, 52*(12), 1048-1060.

Kimbrough, E., Magyari, T., Langenberg, P., Chesney, M., & Berman, B. (2010). Mindfulness intervention for child abuse survivors. *Journal of Clinical Psychology, 66*(1), 17-33.

Kroesen, K., Baldwin, C. M., Brooks, A. J., & Bell, I. R. (2002). U.S. military veterans' perceptions of the conventional medical care system and their use of complementary and alternative medicine. *Family Practice, 19*(1), 57-64.

Kuyken, W., Watkins, E., Holden, E., White, K., Taylor, R. S., Byford, S., et al. (2010). How does mindfulness-based cognitive therapy work? *Behaviour Research and Therapy, 48*(11), 1105-1112.

Micek, M. A., Bradley, K. A., Braddock, C. H., Maynard, C, McDonell, M., & Fihn, S. D. (2007). Complementary and alternative medicine use among Veterans Affairs outpatients. *Journal of Alternative and Complementary Medicine, 13*(2), 190-193.

Mogotsi, M., Kaminer, D., & Stein, D. J. (2000). Quality of life in the anxiety disorders. *Harvard Review of Psychiatry, 8*(6), 273-282.

Murdoch, M., Polusny, M. A., Hodges, J., & O'Brien, N. (2004). Prevalence of in-service and post-service sexual assault among combat and noncombat veterans applying for Department of Veterans Affairs posttraumatic stress disorder disability benefits. *Military Medicine, 169*(5), 392-395.

Neff, K. D., Rude, S. S., & Kirkpatrick, K. L. (2007). An examination of self-compassion in relation to positive psychological functioning and personality traits. *Journal of Research in Personality, 41*(4), 908-916.

Niles, B. L., Klunk-Gillis, J., Ryngala, D. J., Silberbogen, A. K., Paysnick, A., & Wolf, E. J. (2012). Comparing mindfulness and psychoeducation treatments for combat-related PTSD using a telehealth approach. *Psychological Trauma: Theory, Research, Practice, and Policy, 4*(5), 538-547.

Olatunji, B. O., Cisler, J. M., & Tolin, D. F. (2007). Quality of life in the anxiety disorders: A meta-analytic review. *Clinical Psychology Review, 27*(5), 572-581.

Salzberg, S. (1995). *Lovingkindness: The revolutionary art of happiness.* Boston: Shambhala.

Schlenger, W. E., Kulka, R. A., Fairbank, J. A., Hough, R. L., Jordan, B. K., Marmar, C. R., et al. (1992). The prevalence of posttraumatic stress disorder in the Vietnam generation: A multimethod, multisource assessment of psychiatric disorder. *Journal of Traumatic Stress, 5*(3), 333-363.

Schnurr, P. P., Friedman, M. J., Engel, C. C., Foa, E. B., Shea, M. T., Chow, B. K., et al. (2007). Cognitive-behavioral therapy for posttraumatic stress disorder in women: A randomized controlled trial. *Journal of the American Medical Association, 297*(8), 820-830.

Seal, K. H., Bertenthal, D., Miner, C. R., Sen, S., & Marmar, C. (2007). Bringing the war back home: Mental health disorders among 103,788 U.S. veterans returning from Iraq and Afghanistan seen at Department of Veterans Affairs facilities. *Archives of Internal Medicine, 167*(5), 476-482.

Shipherd, J. C., & Beck, J. G. (2005). The role of thought suppression in posttraumatic stress disorder. *Behavior Therapy, 36*(3), 277-287.

Teasdale, J. D., Segal, Z. V., Williams, J. M. G., Ridgeway, V. A., Soulsby, J. M., & Lau, M. A. (2000). Prevention of relapse/recurrence in major depression by mindfulness-based cognitive therapy. *Journal of Consulting and Clinical Psychology, 68*(4), 615-623.

Van Dam, N. T., Sheppard, S. C., Forsyth, J. P., & Earleywine, M. (2011). Self-compassion is a better predictor than mindfulness of symptom severity and quality of life in mixed anxiety and depression. *Journal of Anxiety Disorders, 25*(1), 123-130.

Vujanovic, A. A., Niles, B., Pietrefesa, A., Schmertz, S. K., & Potter, C. M. (2011). Mindfulness in the treatment of posttraumatic stress disorder among military veterans. *Professional Psychology: Research and Practice, 42*(1), 24-31.

Williams, I., & Bernstein, K. (2011). Military sexual trauma among U.S. female veterans. *Archives of Psychiatric Nursing, 25*(2), 138-147.

Williams, J. M. G. (2008). Mindfulness, depression and modes of mind. *Cognitive Therapy and Research, 32*(6), 721-733.

추천 도서

This material is based upon work supported by the U. S. Department of Veterans

Affairs, Office of Research and Development, Clinical R&D Program.

18장

Addy, S., & Wight, V. R. (2012). *Basic facts about low-income children, 2010*. New York: National Center for Children in Poverty, Columbia University, Mailman School of Public Health.

American Psychiatric Association. (2013). *Diagnostic and statistical manual of mental disorders* (5th ed.). Arlington, VA: Author.

Bhikkhu Bodhi. (Ed.). (1993). *A comprehensive manual of Abhidhamma*. Kandy, Sri Lanka: Buddhist Publication Society.

Bondolfi, G. (2005). Mindfulness and anxiety disorders: Possible developments. *Constructivism in the Human Sciences, 10*, 45-52.

Briere, J. J., & Lanktree, C. B. (2012). *Treating complex trauma in adolescents and young adults*. Thousand Oaks, CA: Sage.

Copeland, W. E., Keeler, G., Angold, A., & Costello, E. J. (2007). Traumatic events and posttraumatic stress in childhood. *Archives of General Psychiatry, 64*, 577-584.

Copeland, W. E., Miller-Johnson, S., Keeler, G., Angold, A., & Costello, E. J. (2007). Childhood psychiatric disorders and young adult crime: A prospective, population-based study. *American Journal of Psychiatry, 164*, 1668-1675.

Corrigan, F. M. (2002). Mindfulness, dissociation, EMDR and the anterior cingulate cortex: A hypothesis. *Contemporary Hypnosis, 19*, 8-17.

Dube, S. R., Felitti, V. J., Dong, M., Giles, W. H., & Anda, R. F. (2003). The impact of adverse childhood experiences on health problems: Evidence from four birth cohorts dating back to 1900. *Preventive Medicine, 37*, 268-277.

Dube, S. R., Miller, J. W., Brown, D. W., Giles, W. H., Felitti, V. J., Dong, M., et al. (2006). Adverse childhood experiences and the association with ever using alcohol and initiating alcohol use during adolescence. *Journal of Adolescent Health, 38*, e1-e10.

Finkelhor, D., Ormrod, R. K., & Turner, H. A. (2009). Lifetime assessment of poly-victimization in a national sample of children and youth. *Child Abuse and Neglect, 33*, 403-411.

Frewen, P., Evans, E., Maraj, N., Dozois, D. A., & Partridge, K. (2008). Letting go: Mindfulness and negative automatic thinking. *Cognitive Therapy and Research, 32*, 758-774.

Gilbert, P., & Tirch, D. (2009). Emotional memory, mindfulness and compassion. In

F. Didonna (Ed.), *Clinical handbook of mindfulness* (pp. 99-110). New York: Springer Science.

Hildyard, K. L., & Wolfe, D. A. (2002). Child neglect: Developmental issues and outcomes. *Child Abuse and Neglect, 26,* 679-695.

Hofmann, S. G., Sawyer, A. T., Witt, A. A., & Oh, D. (2010). The effect of mindfulness-based therapy on anxiety and depression: A meta-analytic review. *Journal of Consulting and Clinical Psychology, 78,* 169-183.

Kabat-Zinn, J. (1990). *Full catastrophe living.* New York: Bantam Doubleday Dell.

Kabat-Zinn, J. (1994). *Wherever you go there you are: Mindfulness meditation for everyday life.* New York: Hyperion.

Kubak, F. A., & Salekin, R. T. (2009). Psychopathy and anxiety in children and adolescents: New insights on developmental pathways to offending. *Journal of Psychopathology and Behavioral Assessment, 31,* 271-284.

Mayou, R. A., Ehlers, A., & Hobbs, M. (2000). Psychological debriefing for road traffic accident victims: Three-year follow-up of a randomised controlled trial. *British Journal of Psychiatry, 187,* 589-593.

Mennin, D. S., Heimberg, R. G., Turk, C. L., & Fresco, D. M. (2005). Preliminary evidence for an emotion dysregulation model of generalized anxiety disorder. *Behaviour Research and Therapy, 43,* 1281-1310.

Merskey, H., & Bogduk, N. (Eds.). (1994). *IASP Task Force on Taxonomy: Classifications of chronic pain* (2nd ed.). Seattle, WA: IASP Press.

Michal, M., Beutel, M. E., Jordan, J., Zimmermann, M., Wolters, S., & Heidenreich, T. (2007). Depersonalization, mindfulness, and childhood trauma. *Journal of Nervous and Mental Disease, 195,* 693-696.

Mowrer, O. H. (1960). *Learning theory and behavior.* New York: Wiley.

Neff, K. D., & McGehee, P. (2010). Self compassion and psychology resilience among adolescents and young adults. *Self and Identity, 9,* 225-240.

Orzech, K. M., Shapiro, S. L., Brown, K. W., & McKay, M. (2009). Intensive mindfulness training-related changes in cognitive and emotional experience. *Journal of Positive Psychology, 4,* 212-222.

Phoenix, B. J. (2007). Psychoeducation for survivors of trauma. *Perspectives in Psychiatric Care, 43,* 123-131.

Piet, J., & Hougaard, E. (2011). The effect of mindfulness-based cognitive therapy for prevention of relapse in recurrent major depressive disorder: A systematic review and meta-analysis. *Clinical Psychology Review, 31,* 1032-1040.

Ramiro, L. S., Madrid, B. J., & Brown, D. W. (2010). Adverse childhood experiences

(ACE) and health-risk behaviors among adults in a developing country setting. *Child Abuse and Neglect, 34,* 842-855.

Robins, C. J., Keng, S.-L., Ekblad, A. G., & Brantley, J. G. (2012). Effects of mindfulness-based stress reduction on emotional experience and expression: A randomized controlled trial. *Journal of Clinical Psychology, 68,* 117-131.

Saltzman, W. R., Babayan, T., Lester, P., Beardslee, W. R., Pynoos, R., Brom, D., et al. (2008). Family-based treatment for child traumatic stress: A review and report on current innovations. In D. Brom, R. Pat-Horenczyk, & J. D. Ford (Eds.), *Treating traumatized children: Risk, resilience and recovery* (pp. 240-254). New York: Routledge.

Schwab-Stone, M., Ayers, T., Kasprow, W., Voyce, C., Barone, C., Shriver, T., et al. (1995). No safe haven: A study of violence exposure in an urban community. *Journal of the American Academy of Child and Adolescent Psychiatry, 34,* 1343-1352.

Segal, Z. V., Teasdale, J. D., & Williams, J. M. G. (2004). Mindfulness-based cognitive therapy: Theoretical rationale and empirical status. In S. C. Hayes, V. M. Follette, & M. M. Linehan (Eds.), *Mindfulness and acceptance: Expanding the cognitive-behavioral tradition* (pp. 45-65). New York: Guilford Press.

Segal, Z. V., Williams, J. M. G., & Teasdale, J. D. (2002). *Mindfulness-based cognitive therapy for depression: A new approach to preventing relapse.* New York: Guilford Press.

Segal, Z. V., Williams, J. M. G., & Teasdale, J. D. (2013). *Mindfulness-based cognitive therapy for depression* (2nd ed.). New York: Guilford Press.

Semple, R. J., & Lee, J. (2011). *Mindfulness-based cognitive therapy for anxious children: A manual for treating childhood anxiety.* Oakland, CA: New Harbinger.

Semple, R. J., Lee, J., Rosa, D., & Miller, L. F. (2010). A randomized trial of mindfulness-based cognitive therapy for children: Promoting mindful attention to enhance social-emotional resiliency in children. *Journal of Child and Family Studies, 19,* 218-229.

Shaw, J. A. (2000). Children, adolescents and trauma. *Psychiatric Quarterly, 71,* 227-243.

Shaw, J. A. (2010). A review of current research on the incidence and prevalence of interpersonal childhood trauma. In E. Gil (Ed.), *Working with children to heal interpersonal trauma: The power of play* (pp. 12-25). New York: Guilford Press.

Singer, M. I., Anglin, T. M., yu Song, L., & Lunghofer, L. (1995). Adolescents' exposure to violence and associated symptoms of psychological trauma. *Journal of the American Medical Association, 273*, 477-482.

Smith, B. W., Ortiz, J. A., Steffen, L. E., Tooley, E. M., Wiggins, K. T., Yeater, E. A., et al. (2011). Mindfulness is associated with fewer PTSD symptoms, depressive symptoms, physical symptoms, and alcohol problems in urban fire-fighters. *Journal of Consulting and Clinical Psychology, 79*, 613-617.

Speckens, A. E. M., Ehlers, A., Hackmann, A., Ruths, F. A., & Clark, D. M. (2007). Intrusive memories and rumination in patients with post-traumatic stress disorder: A phenomenological comparison. *Memory, 15*, 249-257.

Taylor, V. A., Grant, J., Daneault, V., Scavone, G., Breton, E., Roffe-Vidal, S., et al. (2011). Impact of mindfulness on the neural responses to emotional pictures in experienced and beginner meditators. *NeuroImage, 57*, 1524-1533.

Teasdale, J. D. (1999). Emotional processing, three modes of mind and the prevention of relapse in depression. *Behaviour Research and Therapy, 37*(Suppl. 1), S53-S77.

Thompson, R. W., Arnkoff, D. B., & Glass, C. R. (2011). Conceptualizing mindfulness and acceptance as components of psychological resilience to trauma. *Trauma, Violence, and Abuse, 12*, 220-235.

Twenge, J. M. (2000). The age of anxiety?: Birth cohort change in anxiety and neuroticism, 1952-1993. *Journal of Personality and Social Psychology, 79*, 1007-1021.

Vettese, L. C., Dyer, C. E., Li, W. L., & Wekerle, C. (2011). Does self-compassion mitigate the association between childhood maltreatment and later emotion regulation difficulties?: A preliminary investigation. *International Journal of Mental Health and Addiction, 9*, 480-491.

Vogel, J. M., & Vernberg, E. M. (1993). Psychological responses of children to natural and human-made disasters: I. Children's psychological responses to disasters. *Journal of Clinical Child Psychology, 22*, 464-484.

19장

Arch, J. J., & Craske, M. G. (2006). Mechanisms of mindfulness: Emotion regulation following a focused breathing induction. *Behaviour Research and Therapy, 44*, 1849-1858.

Bernstein, E. M., & Putnam, F. W. (1986). Development reliability, and validity of a dissociation scale. *Journal of Nervous and Mental Disease, 174*, 727-735.

Bishop, S. R., Lau, M., Shapiro, S., Carlson, L., Anderson, N. D., Carmody, J., et al. (2004). Mindfulness: A proposed operational definition. *Clinical Psychology: Science and Practice, 11*, 230-241.

Brewin, C. R., Dalgleish, T., & Joseph, S. (1996). A dual representation theory of posttraumatic stress disorder. *Psychological Review, 103*, 670-686.

Briere, J., & Armstrong, J. (2007). Psychological assessment of posttraumatic dissociation. In E. Vermetten, M. Dorahy, & D. Spiegel (Eds.), *Traumatic dissociation: Neurobiology and treatment* (pp. 259-274). Arlington, VA: American Psychiatric Publishing.

Briere, J., Scott, C., & Weathers, F. (2005). Peritraumatic and persistent dissociation in the presumed etiology of PTSD. *American Journal of Psychiatry, 162*, 2295-2301.

Carlson, E. B., Dalenberg, C., & McDade-Montez, E. (2012). Dissociation in posttraumatic stress disorder: Part I. Definitions and review of research. *Psychological Trauma: Theory, Research, Practice, and Policy, 4*, 479-489.

Carmody, J., & Baer, R. A. (2008). Relationships between mindfulness practice and levels of mindfulness, medical and psychological symptoms and well-being in a mindfulness-based stress reduction program. *Journal of Behavioral Medicine, 31*, 23-33.

Cloitre, M., Cohen, L. R., & Koenen, K. C. (2006). *Treating survivors of childhood abuse: Psychotherapy for the interrupted life*. New York: Guilford Press.

Cloitre, M., Petkova, E., Wang, J., & Lu, F. (2012). An examination of the influence of a sequential treatment on the course and impact of dissociation among women with PTSD related to childhood abuse. *Depression and Anxiety, 29*, 709-717.

Dalenberg, C. J., Brand, B. L., Gleaves, D. H., Dorahy, M. J., Loewenstein, R. J., Cardeña, E., et al. (2012). Evaluation of the evidence for the trauma and fantasy models of dissociation. *Psychological Bulletin, 138*, 550-588.

Ehlers, A., & Clark, D. M. (2000). A cognitive model of posttraumatic stress disorder. *Behaviour Research and Therapy, 38*, 319-345.

Follette, V., Palm, K. M., & Pearson, A. N. (2006). Mindfulness and trauma: Implications for treatment. *Journal of Rational-Emotive and Cognitive-Behavior Therapy, 24*, 45-61.

Germer, C. K. (2005). Teaching mindfulness in therapy. In C. K. Germer, R. D. Siegel, & P. R. Fulton (Eds.), *Mindfulness and psychotherapy* (pp. 113-129). New York: Guilford Press.

Holmes, E. A., Brown, R. J., Mansell, W., Fearon, R. P., Hunter, E. C. M., Frasquilho, F., et al. (2005). Are there two qualitatively distinct forms of dissociation?: A review and some clinical implications. *Clinical Psychology Review, 25,* 1-23.

Kabat-Zinn, J. (2005). *Full catastrophe living: Using the wisdom of your body and mind to face stress, pain, and illness.* New York: Delta Trade Paperback/Bantam Dell.

Kukreja, S., Carr, M., Estupinian, G., Mortensen, M. J., Penner, A., Gallagher-Thompson, D., et al. (2007, August). *Meditation homework adherence among family dementia caregivers.* Poster session presented at the 115th annual convention of the American Psychological Association, San Francisco, CA.

Lanius, R. A., Brand, B., Vermetten, E., Frewen, P. A., & Spiegel, D. (2012). The dissociative subtype of posttraumatic stress disorder: Rationale, clinical and neurobiological evidence, and implications. *Depression and Anxiety, 29,* 701-708.

Lau, M. A., Bishop, S. R., Segal, Z. V., Buis, T., Anderson, N. D., Carlson, L., et al. (2006). The Toronto Mindfulness Scale: Development and validation. *Journal of Clinical Psychology, 62*(12), 1445-1467.

Linehan, M. M. (1993). *Skills training manual for treating borderline personality disorder.* New York: Guilford Press.

Lutz, A., Slagter, H. A., Dunner, J. D., & Davidson, R. J. (2008). Attention regulation and monitoring in meditation. *Trends in Cognitive Sciences, 12,* 163-169.

Nemeroff, C. B., Bremner, J. D., Foa, E. B., Mayberg, H. S., North, C. S., & Stein, M. B. (2006). Posttraumatic stress disorder: A state-of-the-science review. *Journal of Psychiatric Research, 40*(1), 1-21.

Ospina, M. B., Bond, T. K., Karkhaneh, M., Tjosvold, L., Vandermeer, B., Liang, Y., et al. (2007). *Meditation practices for health: State of the research.* Evidence Report/Technology Assessment No. 155 (AHRQ Publication No. 07-E010). Rockville, MD: Agency for Healthcare Research and Quality.

Tanner, M. A., Travis, F., Gaylord-King, C., Haaga, D. A. F., Growsswald, S., & Schneider, R. H. (2009). The effects of the transcendental meditation program on mindfulness. *Journal of Clinical Psychology, 65,* 574-589.

Teasdale, J. D., Moore, R. G., Hayhurst, H., Pope, M., Williams, S., & Segal, Z. V. (2002). Metacognitive awareness and prevention of relapse in depression: Empirical evidence. *Journal of Consulting and Clinical Psychology, 70,* 275-287.

Thompson, B. L., & Waltz, J. (2010). Mindfulness and experiential avoidance as predictors of posttraumatic stress disorder avoidance symptom severity. *Journal of Anxiety Disorders, 24,* 409-415.

Treanor, M. (2011). The potential impact of mindfulness on exposure and extinction learning in anxiety disorders. *Clinical Psychology Review, 31*, 617-625.

van der Hart, O., Nijenhuis, E. R. S., & Steele, K. (2005). Dissociation: An insufficiently recognized major feature of complex posttraumatic stress disorder. *Journal of Traumatic Stress, 18*, 413-423.

van der Hart, O., Nijenhuis, E. R. S., & Steele, K. (2006). *The haunted self: Structural dissociation and the treatment of chronic traumatization.* New York: Norton.

Waelde, L. C. (2004). Dissociation and meditation. *Journal of Trauma and Dissociation, 5*, 147-162.

Waelde, L. C. (2005). *Inner resources for stress.* Palo Alto, CA: Palo Alto University.

Waelde, L. C. (2008). Meditation. In G. Reyes, J. Elhai, & J. Ford (Eds.), *The encyclopedia of psychological trauma* (pp. 419-421). Hoboken, NJ: Wiley.

Waelde, L. C. (2012). Trauma triggers. In C. R. Figley (Ed.), *Encyclopedia of trauma: An interdisciplinary guide* (pp. 738-741). Thousand Oaks, CA: Sage.

Waelde, L. C., Silvern, L., Carlson, E., Fairbank, J. A., & Kletter, H. (2009). Dissociation in PTSD. In P. F. Dell & J. A. O'Neil (Eds.), *Dissociation and the dissociative disorders: DSM-V and beyond* (pp. 447-456). New York: Routledge.

Walsh, R., & Shapiro, S. L. (2006). The meeting of meditative disciplines and Western psychology: A mutually enriching dialogue. *American Psychologist, 61*, 227-239.

Waelde, L. C., Thompson, J. M., Robinson, A., & Iwanicki, S. (2014). *Trauma therapists' training, personal practice, and clinical applications of mindfulness and meditation.* Manuscript submitted for publication.

20장

Centre for Focusing Oriented Therapy. (2012). *Treatment and training for complex trauma.* Retrieved February 23, 2012, from www.fotcomplextrauma.com.

Elliott, R., Greenberg, L. S., & Lietaer, G. (2004). Research on experiential psychotherapies. In M. J. Lambert (Ed.), *Bergin and Garfield's handbook of psychotherapy and behavior change* (5th ed., pp. 493-540). New York: Wiley.

Elliott, R., Watson, J., Greenberg, L. S., Timulak, L., & Freire, E. (2013). Research on humanistic-experiential psychotherapies. In M. J. Lambert (Ed.), *Bergin and Garfield's handbook of psychotherapy and behavior change* (6th ed., pp. 495-538). New York: Wiley.

Gendlin, E. (1964). A theory of personality change. In P. Worchel & D. Byrne (Eds.),

Personality change (pp. 100-148). New York: Wiley.

Gendlin, E. T. (1982). *Focusing* (2nd ed.). New York: Bantam Books.

Gendlin, E. T. (1991). On emotion in therapy. In J. D. Safran & L. S. Greenberg (Eds.), *Emotion, psychotherapy and change* (pp. 255-279). New York: Guilford Press.

Gendlin, E. T. (1996). *Focusing-oriented psychotherapy: A manual of the experiential method.* New York: Guilford Press.

Gendlin, E. T. (1997a). *A process model.* Spring Valley, NY: Focusing Institute.

Gendlin, E. T. (1997b). *Experiencing and the creation of meaning: A philosophical and psychological approach to the subjective.* Evanston, IL: Northwestern University Press.

Gendlin, E. T. (2003). Beyond postmodernism: From concepts through experiencing. In R. Frie (Ed.), *Understanding experience: Psychotherapy and postmodernism* (pp. 100-115). London: Routledge.

Gendlin, E. T. (2012). Implicit precision. In Z. Radman (Ed.), *Knowing without thinking: The theory of the background in philosophy of mind* (pp. 141-166). New York: Palgrave Macmillan.

Gendlin, E. T., Beebe, J., Cassens, J., Klein, M., & Oberlander, M. (1968). Focusing ability in psychotherapy, personality and creativity. In J. M. Shlien (Ed.), *Research in psychotherapy research in psychotherapy* (Vol. 3, pp. 217-241). Washington, DC: American Psychological Association.

Gilbert, P., McEwan, K., Gibbons, L., Chotai, S., Duarte, J., & Matos, M. (2012). Fears of compassion and happiness in relation to alexithymia, mindfulness, and self criticism. *Psychology and Psychotherapy: Theory, Research and Practice, 85*(4), 374-390.

Greenberg, L. S., Elliott, R., & Lietaer, G. (1994). Research on humanistic and experiential psychotherapies. In A. E. Bergin & S. L. Garfield (Eds.), *Handbook of psychotherapy and behavior change* (4th ed., pp. 509-539). New York: Wiley.

James, W. (1890). *The principles of psychology* (Vol. 1). New York: Henry Holt. Retrieved July 11, 2014, from https://archive.org/stream/theprinciplesofp01jameuoft#page/n5/mode/2up.

Klein, M., Mathieu, P., Gendlin, E. T., & Kiesler, D. J. (1970). *The experiencing scale: A research and training manual* (Vols. 1-2). Madison: Wisconsin Psychiatric Institute, Bureau of Audio Visual Instruction.

Parker, R. A. (2014). Focusing oriented therapy: The message from research. In G. Madison (Ed.), *Theory and practice of focusing oriented psychotherapy: Beyond the talking cure* (pp. 259-272). London: Jessica Kingsley.

Turcotte, S. (2012). [Course handout]. Retrieved February 23, 2012, from www. focusing.org/turcotte_handout.html.

Watson, J. C., & Bedard, D. L. (2006). Clients' emotional processing in psychotherapy: A comparison between cognitive-behavioral and process-experiential therapies. *Journal of Consulting and Clinical Psychology, 74*(1), 152-159.

21장

Andrews, D. A., Bonta, J., & Hoge, R. D. (1990). Classification for effective rehabilitation: Rediscovering psychology. *Criminal Justice and Behavior, 17,* 19-52.

Ariel, E., & Menahemi, A. (1997). *Doing time, doing vipassana* [Motion picture]. Tel Aviv: Karuna Films.

Begley, S. (2007). *Train your mind, change your brain.* New York: Ballantine.

Bureau of Justice Statistics. (2012). *Correctional population in the United States.* Washington, DC: U.S. Department of Justice.

Casarjian, R. (1995). *House of healing: A prisoner's guide to inner power and freedom.* Boston: Lionheart Foundation.

Casarjian, R., Phillips, J., & Wolman, R. (2005). An emotional literacy intervention with incarcerated individuals. *American Journal of Forensic Psychiatry, 26,* 65-85.

Feldman, G., Hayes, A., Kumar, S., Greeson, J., & Laurenceau, J.-P. (2007). Mindfulness and emotion regulation: The development and initial validation of the Cognitive and Affective Mindfulness Scale—Revised (CAMS-R). *Journal of Psychopathology and Behavioral Assessment, 29,* 177-190.

Foa, E. B., Hembree, E. A., & Rothbaum, B. O. (2007). *Prolonged exposure therapy for PTSD: Emotional processing of traumatic experiences—Therapist guide.* New York: Oxford University Press.

Germer, C. (2005). Mindfulness: What is it? What does it matter? In C. K. Germer, R. D. Siegel, & P. R. Fulton (Eds.), *Mindfulness and psychotherapy* (pp. 3-27). New York: Guilford Press.

Grabovac, A. D., Lau, M. A., & Willett, B. R. (2011). Mechanisms of mindfulness: A Buddhist psychological model. *Mindfulness, 2,* 154-166.

Harris, M., & Fallot, R. D. (2001). *Using trauma theory to design service systems.* San Francisco: Jossey-Bass.

Harrison, P. M., & Beck, A. J. (2005). *Prison and jail inmates at mid-year.* Washington, DC: U.S. Department of Justice, Bureau of Justice Statistics. Retrieved from www.ncjrs.gov/app/publications/abstract.aspx?ID=234627.

Herman, J. (1992). *Trauma and recovery*. New York: Basic Books.

Kabat-Zinn, J. (2003). Mindfulness-based interventions in context: Past, present, and future. *Clinical Psychology: Science and Practice, 10*(2), 144-156.

Kubiak, S. P. (2004). The effects of PTSD on treatment adherence, drug relapse and criminal recidivism in a sample of incarcerated men and women. *Research on Social Work Practice, 14*, 424-433.

Kupers, T. (1999). *Prison madness: The mental health crisis behind bars and what we must do about it.* San Francisco: Jossey Bass.

Landenberger, N. A., & Lipsey, M. W. (2005). The positive effects of cognitive-behavioral programs for offenders: A meta-analysis of factors associated with effective treatment. *Journal of Experimental Criminology, 1*, 451-476.

Langan, P. A., & Levin, D. J. (2002, June 2). *Recidivism of prisoners released in 1994.* Washington, DC: U.S. Department of Justice, Bureau of Justice Statistics.

Liptak, A. (2008, February 28). 1 in 100 U.S. adults behind bars, new study says. *New York Times*. Available at www.nytimes.com.

Meijer, L. (1999). Vipassana meditation at the North Rehabilitation Facility. *American Jails Magazine, 4*, 9-13.

Miller, N., & Najavits, L. (2012). Creating trauma-informed correctional care: A balance of goals and environment. *European Journal of Psychotraumatology, 3*. Available at www.readcube.com/articles/10.3402/ejpt.v3i0.17246.

Mills, J. F., Kroner, D. G., & Forth, A. E. (1998). Novaco Anger Scale: Reliability and validity within an adult criminal sample. *Assessment, 5*, 237-248.

Mumola, C. J., & Karberg, J. C. (2007, January 19). *Drug use and dependence, state and federal prisoners, 2004.* Washington, DC: U.S. Department of Justice, Bureau of Justice Statistics. Retrieved from http://bjs.ojp.usdoj.gov/content/pub/pdf/dudsfp04.pdf.

National Institute on Drug Abuse. (1999). *Principles of drug abuse treatment: A research based guide* (NIH Publication No. 09-4180). Rockville, MD: Author.

Orsillo, S. M., & Roemer, L. (Eds.). (2005). *Acceptance and mindfulness-based approaches to anxiety: New directions in conceptualization and treatment.* New York: Kluwer Academic/Plenum.

Perelman, A. M., Miller, S. L., Clements, C. B., Rodriguez, A., Allen, K., & Cavanaugh, R. (2012). Meditation in a Deep South prison: A longitudinal study of the effects of Vipassana. *Journal of Offender Rehabilitation, 51*, 176-198.

Phillips, J. (2001). Cultural construction of manhood in prison. *Psychology of Men and*

Masculinity, 2, 13-23.

Phillips, J. (2008). *Letters from the Dhamma brothers: Meditation behind bars*. Onalaska, WA: Pariyatti Press.

Phillips, J., Stein, A. M., & Kukura, A. (2008). *The Dhamma brothers: East meets West in the deep South* [Motion picture]. Concord, MA: Freedom Behind Bars Productions.

Samuelson, M., Carmody, J., Kabat-Zinn, J., & Bratt, M. A. (2007). Mindfulness-based stress reduction in Massachusetts correctional facilities. *Prison Journal, 87*, 254.

Salovey, P., Mayer, J. D., Goldman, S. L., Turvey, C., & Palfai, T. P. (1995). Emotional attention, clarity, and repair: Exploring emotional intelligence using the Trait Meta Mood Scale. In J. W. Pennebaker (Ed.), *Emotion, disclosure, and health* (pp. 125-154). Washington, DC: American Psychological Association.

Salzberg, S. (1995). *Lovingkindness: The revolutionary art of happiness*. Boston: Shambhala.

Shacham, S. (1983). A shortened version of the Profile of Mood States. *Journal of Personality Assessment, 47*, 305-306.

Simpson, T. L., Kaysen, D., Bowen, S., MacPherson, L. M., Chawla, N., Blume, A., et al. (2007). PTSD symptoms, substance use, and vipassana meditation among incarcerated individuals. *Journal of Traumatic Stress, 20*, 239-249.

Struckman-Johnson, C., & Struckman-Johnson, D. (2000). Sexual coercion rates in seven midwestern prisons for men. *Prison Journal, 80*, 379-390.

van der Kolk, B., McFarlane, A. C., & van der Hart, O. (1996). A general approach to treatment of posttraumatic stress disorder. In B. A. van der Kolk, A. C. McFarlane, & L. Weisaeth (Eds.), *Traumatic stress* (pp. 417-440). New York: Guilford Press.

Wallace, B., Connor, L., & Dass-Brailsford, P. (2011). Integrated trauma treatment in correctional health care and community-based treatment upon reentry. *Journal of Correctional Health Care, 17*, 329-343.

Walser, R., & Westrup, D. (2007). *Acceptance and commitment therapy for the treatment of post-traumatic stress disorder and trauma-related problems: A practitioner's guide to using mindfulness and acceptance strategies*. Oakland, CA: New Harbinger.

Wolf, N. L., & Shi, J. (2010). Trauma and incarcerated persons. In C. L. Scott (Ed.), *Handbook of correctional mental health*. Arlington, VA: American Psychiatric Publishing.

추천 도서

The Dhamma Brothers: East meets West in the deep South. (2007). Award-winning documentary film by J. Phillips, A. M. Stein, & and A. Kukura. www.dhammabrothers.com

The Dhamma Brothers on Facebook. Creating a national conversation and call to action about the need for effective prison treatment programs. www.facebook.com/DhammaBrothers

Letters from the Dhamma Brothers: Meditation Behind Bars (2008). Jenny Phillips tells the story of how the Vipassana course came to Donaldson Correctional Facility, introduces many of the "Dhamma brothers," and shares their letters of testimony about their initial and ongoing experiences of the practice and its transformation of their lives.

Vipassana Prison Trust. Website on S. N. Goenka vipassana meditation courses offered at Donaldson and other prisons and correctional environments, including information about how to bring courses to a particular facility. www.prison.dhamma.org

22장

Batson, C. D., Eklund, J. H., Chermok, V. L., Hoyt, J. L., & Ortiz, B. G. (2007). An additional antecedent of empathic concern: Valuing the welfare of the person in need. *Journal of Personality and Social Psychology, 93*, 65-74.

Cacioppo, J. T., & Hawkley, L. C. (2009). Perceived social isolation and cognition. *Trends in Cognitive Sciences, 13*(10), 447-454.

Committee on Early Childhood, Adoption, and Dependent Care. (2002). Health care of young children in foster care. *Pediatrics, 109*(3), 536-541.

Emmons, R. A., & McCullough, M. E. (2003). Counting blessings versus burdens: An experimental investigation of gratitude and subjective well-being in daily life. *Journal of Personality and Social Psychology, 84*(2), 377-389.

Foa, E. B., Hembree, E. A., & Rothbaum, B. O. (2007). *Prolonged exposure therapy for PTSD: Emotional processing of traumatic experiences: Therapist guide.* New York: Oxford University Press.

Follette, V., Palm, K. M., & Pearson, A. N. (2006). Mindfulness and trauma: Implications for treatment. *Journal of Rational-Emotive and Cognitive-Behavior Therapy, 24*(1), 45-61.

Frederickson, B. L. (2001). The role of positive emotions in positive psychology: The broaden-and-build theory of positive emotions. *American Psychologist, 56*(3), 218-226.

Frederickson, B. L., Tugade, M., Waugh, C. E., & Larkin, G. R. (2003). What good are positive emotions in crises?: A prospective study of resilience and emotions following the terrorist attacks on the United States on September 11th, 2001. *Journal of Personality and Social Psychology, 84*(2), 365-376.

Jinpa, T. (2006). *Mind training: The great collection*. Boston: Wisdom.

Kabat-Zinn, J. (1994). *Wherever you go, there you are: Mindfulness meditation in everyday life*. New York: Hyperion.

Kearney, D. J., McDermott, K., Malte, C., Martinez, M., & Simpson, T. L. (2012). Association of participation in a mindfulness program with measures of PTSD, depression and quality of life in a veteran sample. *Journal of Clinical Psychology, 68*(1), 101-115.

Lutz, A., Brefczynski-Lewis, J., Johnstone, T., & Davidson, R. J. (2008). Regulation of the neural circuitry of emotion by compassion meditation: Effects of meditative expertise. *PLoS ONE, 3*(3), e1897. Available at www.plosone.org/article/infor%3Adoi%2F10.1371%2Fjournal.pone.0001897.

Lutz, A., Slagter, H. A., Dunne, J. D., & Davidson, R. J. (2008). Cognitive-emotional interactions: Attention regulation and monitoring in meditation. *Trends in Cognitive Sciences, 12*, 163-169.

Negi, L. T. (2009). *Cognitively-based compassion training manual*. Unpublished manuscript.

Otake, K., Shimai, S., Tanaka-Matsumi, J., & Otsui, K. (2006). Happy people become happier through kindness: A counting kindnesses intervention. *Journal of Happiness Studies, 7*(3), 361-375.

Ozawa-de Silva, B., & Dodson-Lavelle, B. (2011, Spring). An education of heart and mind: Practical and theoretical issues in teaching cognitive-based compassion training to children. *Practical Matters, 4*, 1-28.

Ozawa-de Silva, B., Dodson-Lavelle, B., Raison, C. L., & Negi, L. T. (2011). Compassion and ethics: Scientific and practical approaches to the cultivation of compassion as a foundation for ethical subjectivity and well-being. *Journal of Healthcare, Science and the Humanities, 2*, 145-161.

Pace, T. W., Negi, L. T., Dodson-Lavelle, B., Ozawa-de Silva, B., Reddy, S., Cole, S. W., et al. (2012). Engagement with cognitively-based compassion training is associated with reduced salivary C-reactive protein from before to after training in foster care program adolescents. *Psychoneuroendocrinology, 38*(2), 294-299.

Pace, T. W. W., Negi, L. T., Adame, D. D., Cole, S. P., Sivilli, T. I., Brown, T. D., et al. (2009). Effect of compassion meditation on neuroendocrine, innate immune and behavioral responses to psychosocial stress. *Psychoneuroendocrinology, 34*(1), 87-98.

Pace, T. W. W., Negi, L. T., Sivilli, T. I., Issa, M. J., Cole, S. P., Adame, D. D., et al. (2010). Innate immune, neuroendocrine and behavioral responses to psychosocial stress do not predict subsequent compassion meditation practice time. *Psychoneuroendocrinology, 35*(2), 310-315.

Pesonen, A. K., Räikkönen, K., Heinonen, K., Kajantie, E., Forsén, T., & Eriksson, J. G. (2007). Depressive symptoms in adults separated from their parents as children: A natural experiment during World War II. *American Journal of Epidemiology, 166*(10), 1126-1133.

Raison, C. L., Capuron, L., & Miller, A. H. (2006). Cytokines sing the blues: Inflammation and the pathogenesis of depression. *Trends in Immunology, 27,* 24-31.

Reddy, S., Negi, L. T., Dodson-Lavelle, B., Ozawa-de Silva, B., Pace, T. W., Cole, S. P., et al. (2012). Cognitive-based compassion training: A promising prevention strategy for at-risk adolescents. *Journal of Child and Family Studies, 22*(2), 219.

Shapiro, S. L., Carlson, L. E., Aston, J. A., & Freedman, B. (2006). Mechanisms of mindfulness. *Journal of Clinical Psychology, 62,* 373-386.

Singer, T., & Lamm, C. (2009). The social neuroscience of empathy. *Annals of the New York Academy of Sciences, 1156,* 81-96.

Singer, T., Seymour, B., O'Doherty, J., Kaube, H., Dolan, R. J., & Frith, C. D. (2004). Empathy for pain involves the affective but not sensory components of pain. *Science, 303*(5661), 1157-1162.

Singer, T., Seymour, B., O'Doherty, J., Stephan, K. E., Dolan, R. J., & Frith, C. D. (2006). Empathic neural responses are modulated by the perceived fairness of others. *Nature, 439,* 466-469.

Van Dam, N. T., Sheppard, S. C., Forsyth, J. P., & Earlewine, M. (2011). Self-compassion is a better predictor than mindfulness of symptom severity and quality of life in mixed anxiety and depression. *Journal of Anxiety Disorders, 25,* 123-130.

Van Orden, K. A., Witte, T. K., Cukrowicz, K. C., Braithwaite, S., Selby, E. A., & Joiner, T. E. (2010). The interpersonal theory of suicide. *Psychological Review, 117*(2), 575-600.

Vinnerljung, B. (2006). Suicide attempts and severe psychiatric morbidity among former child welfare clients: A national cohort study. *Journal of Child Psychology and Psychiatry, 47*(7), 723-733.

Wicker, B., Keysers, C., Plailly, J., Royet, J. P., Gallese, V., & Rizzolatti, G. (2003). Both of us disgusted in my insula: The common neural basis of seeing and feeling disgust. *Neuron, 40*, 655-664.

Williams, M. J. (2010). Mindfulness and psychological process. *Emotion, 10*(1), 1-7.

결론

Grossman, P., Neimann, L., Schmidt, S., & Walach, H. (2004). Mindfulness-based stress reduction and health benefits: A meta-analysis. *Journal of Psychosomatic Research, 57*, 35-43.

Hofmann, S. G., Sawyer, A. T., Witt, A. A., & Oh, D. (2010). The effect of mindfulness-based therapy on anxiety and depression: A meta-analytic review. *Journal of Consulting and Clinical Psychology, 78*(2), 169-183.

찾아보기

인명

내용

빅토리아 M. 폴렛(Victoria M. Follette) 박사는 네바다 대학교 심리학과 교수다. 그녀의 연구는 수용 전념 치료를 이용한 복합 외상 치료에 초점을 맞추고 있다. 웨스턴 심리학 협회(Western Psychological Association)의 회원이자 전임 회장이었던 폴렛 박사는 『정신적 외상에 대한 인지 행동 요법 2판(Cognitive-Behavioral Therapies for Trauma, Second Edition)』과 『마음챙김과 수용: 인지 행동 전통의 확대(Mindfulness and Acceptance: Expanding the Cognitive-Behavioral Tradition)』의 공동 저자다.

존 브리어(John Briere) 박사는 서던 캘리포니아 대학교(USC) 케크(Keck) 의과대학 심리학 및 정신학과 조교수이자 USC 청소년 외상 훈련 센터(USC Adolescent Trauma Training Center), 국립 아동 외상 스트레스 네트워크(National Child Traumatic Stress Network)의 소장을 맡고 있다. 그는 국제 학회로부터 외상 스트레스 연구로 과학 발전에 기여한 공로를 인정받아 Robert S. Laufer 공로상을 수상했으며, 미국 정신의학회의 56과로부터 외상 심리학에 대한 뛰어난 기여로 상을 받았다. 과학 정보 재단에 의해 '자주 인용된 연구자(HCR)'로 지정된 브리어 박사는 외상, 아동 학대, 대인관계 폭력 분야와 외상 치료에 마음챙김을 적용하는 것에 관해 광범위한 글을 발표했다.

데보라 로젤(Deborah Rozelle) 박사는 인증 받은 '치료자'로, 안구 운동 민감 소실 및 재처리 요법(EMDR) 분야의 공인 컨설턴트다. 그녀는 정신적 외상, 외상 치료 그리고 이러한 외상 치료와 명상 수행의 관계에 대한 상담 및 교육을 광범위하게 하고 있다. 로젤 박사는 매사추세츠 케임브리지에서 명상 및 심리치료 연구소와 뉴욕 시 나란다(Nalanda) 명상 과학 연구소의 연구진에 소속되어 있다. 그녀는 오랫동안 수련을 해 온 불교 신자로, 매사추세츠 렉싱턴에 진료소를 두고 있다.

제임스 W. 호퍼(James W. Hopper) 박사는 하버드 대학교 의과대학 정신의학과에서 심리학 임상 강사직을 맡고 있다. 컨설턴트, 임상의 그리고 연구자로서 그의 연구는 아동 학대와 성폭력, 외상 기억의 특성, 외상의 심리학과 생물학 그리고 명상 및 기타 영적 수련의 두뇌 기반에 초점을 맞추었다. 호퍼 박사는 광범위한 기관과 전문가들을 상담 및 교육하고 있다.

데이비드 I. 롬(David I. Rome)은 교사이자 작가, 편집자로서 개인과 사회적 변화에 있어 명상 방법의 적용에 초점을 맞추고 있다. 그는 개리슨(Garrison) 연구소의 외상의 변형 (Transforming Traumna) 프로젝트와 유치원부터 12학년까지 교육에 명상 방법을 적용하는 프로그램 및 환경 변화 연구의 책임을 맡았다. 롬은 마음챙김 초점, 초점과 불교의 마음챙김 수행을 통합하는 명상 기법의 개발자이자, 포커싱 연구소와 샴발라 국제단체(Focusing Institute and Shambhala International)의 책임 교육자를 맡고 있다.

🐦 역자 소개

김도연(金度延, Kim Doyeon)

전북대학교 심리학 석사(임상심리학 전공)
전북대학교 심리학 박사(임상심리학 전공)

전 한양대학교 이노베이션대학원 겸임교수
　　가톨릭대학교 부천성모병원 정신건강의학과 임상심리과장
현 마인드플니스 심리상담연구소 대표
　　한국데이트폭력연구소 소장
　　사단법인 한국청소년자살예방협회장
　　한국임상심리학회 논문심사위원
　　서울지방교정청 교정심리위원
　　서울지방경찰청 범죄피해분석전문가 감수위원
　　한국성격 및 사회심리학회 범죄심리사 지도교수
　　보건복지부 정신건강분야 R&D 평가위원

자격증 및 수상
임상심리전문가 1, 건강심리전문가 1, 명상치유전문가 1, 범죄심리전문가
부총리 · 교육부장관상 표창(2014)

정신적 외상 극복을 위한 마음챙김
-명상을 활용한 치료적 중재-
Mindfulness-Oriented Interventions for Trauma:
Intergrating Contemplative Practices

2017년 2월 15일 1판 1쇄 인쇄
2017년 2월 20일 1판 1쇄 발행

엮은이 • Victoria M. Follette · John Briere · Deborah Rozelle
　　　　James W. Hopper · David I. Rome
옮긴이 • 김도연
펴낸이 • 김진환
펴낸곳 • (주)학지사
　　　　04031 서울특별시 마포구 양화로 15길 20 마인드월드빌딩
대표전화 • 02)330-5114　　　　팩스 • 02)324-2345
등록번호 • 제313-2006-000265호

홈페이지 • http://www.hakjisa.co.kr
페이스북 • https://www.facebook.com/hakjisa

ISBN 978-89-997-1143-5 93180

정가 20,000원

이 도서의 국립중앙도서관 출판시도서목록(CIP)은 서지정보유통지
원시스템 홈페이지(http://seoji.nl.go.kr)와 국가자료공동목록시스템
(http://www.nl.go.kr/kolisnet)에서 이용하실 수 있습니다.
(CIP제어번호: CIP2017001485)

교육문화출판미디어그룹 **학지사**

심리검사연구소 **인싸이트** www.inpsyt.co.kr
원격교육연수원 **카운피아** www.counpia.com
학술논문서비스 **뉴논문** www.newnonmun.com